海纳百川 取则行远

中国海洋大学史

历史卷（中）

主　　编　魏世江

副主编　王淑芳　杨洪勋　纪玉洪　王宣民

参编人员　（以姓氏笔画为序）

王宣民　王淑芳　冯文波　纪玉洪

杨洪勋　张　影　呼双双　魏世江

中国海洋大学出版社

·青岛·

图书在版编目（CIP）数据

中国海洋大学史. 历史卷 / 魏世江主编. —青岛：中国
海洋大学出版社，2024.8
ISBN 978-7-5670-3860-8

Ⅰ.①中⋯　Ⅱ.①魏⋯　Ⅲ.①中国海洋大学 – 校史
Ⅳ.①G649.285.23

中国国家版本馆CIP数据核字（2024）第097181号

ZHONGGUO HAIYANG DAXUE SHI　LISHI JUAN

中国海洋大学史　历史卷

出版发行	中国海洋大学出版社
社　　址	青岛市香港东路 23 号　　邮政编码　266071
网　　址	http://pub.ouc.edu.cn
出 版 人	刘文菁
责任编辑	孙宇菲　付绍瑜　王　晓　电　　话　0532-85902349
电子信箱	cbsebs@ouc.edu.cn
印　　制	青岛海蓝印刷有限责任公司
版　　次	2024年8月第1版
印　　次	2024年8月第1次印刷
成品尺寸	185 mm × 260 mm
印　　张	84.75
字　　数	1580千
印　　数	1～3300
定　　价	528.00元（全三册）
订购电话	0532-82032573（传真）

发现印装质量问题，请致电 0532-88786655，由印刷厂负责调换。

目 录 | CONTENTS

（1959—1976）

第六篇 转型为有特色的多科性大学

（1977—1987）

（1988—2000）

第七篇　特色鲜明的综合性大学

第五篇
向海而立的国家重点大学
（1959—1976）

　　1958年10月，为更好开发祖国的海洋资源及适应国防建设需要，山东省委以山东大学（青岛）为基础，筹建一所面向海洋的大学。这所大学的筹建方案几经调整，1959年3月，经中共中央批准，成立山东海洋学院，设置五系九专业。山东省委任命曲相升为山东海洋学院院长兼党委书记。1962年3月，国务院总理周恩来签署任命书，任命曲相升为山东海洋学院院长。

　　1960年中共中央公布全国重点大学，山东海洋学院位列13所综合性大学之中。1963年牵头倡建国家海洋局，1965年学校划归国家海洋局领导。国家在财政十分困难的情况下，斥巨资建造2500吨级的"东方红"海洋实习调查船。尽管受到政治运动的干扰和三年严重困难时期的影响，海院人在党委的领导下，共克时艰，团结奋斗，认真贯彻"高教60条"，办学条件大为改善，师资力量得到充实，教学质量稳步提高，逐步建立起综合性涉海学科（专业）体系，各项事业取得长足进步。

　　"文革"前期，学校党政管理体系、正常教学秩序遭到破坏，不少知识分子、干部受到打击迫害，中断招生五年。1971年在山东省高等学校布局和专业调整中，水产系并入烟台水产学校。1971年学校恢复招生。大多数干部和教师顶着压力，尽力维持正常秩序，克服困难开展教学和科研工作并取得一定成绩。

第一章
筹建一所面向海洋的大学

　　山东大学大部迁往济南后，山东大学（青岛）党委按照上级指示，着眼国家建设和海防需要，以"青岛部分"为基础，积极筹建一所面向海洋的大学。这所大学的筹建方案几经变动，1959年3月，中共中央批准了山东省委呈报的方案，成立山东海洋学院。之后，《山东海洋学院教育计划》制定完成并开始实施，学校的各项工作步入正轨。

第一节　山东海洋学院成立的背景

　　历史事件的发生，是同时代需要与现实问题密切关联的，是全局性、连续性与阶段性相统一的结果。山东海洋学院的成立就是一个典型的案例。

一、山东大学（青岛）概况

　　1958年10月，山东大学大部迁往济南。留在青岛的系、专业、教研组和人员，校史上被称为山东大学"青岛部分"。11月，校党委组建了山东大学（青岛）党委会。山东大学（青岛）党委会由校党委副书记高云昌主持，高云昌、刘欣、洪波、杨润玺、闵学颐、姜洪仁为常委。山东大学（青岛）校务委员会由成仿吾、高云昌、赫崇本等33人组成。"青岛部分"的领导机构就这样搭建起来了。党政工作的重点，就是以山东大学"青岛部分"为基础，在原校址筹建一所面向海洋的大学。

此时，山东大学（青岛）的基本情况如下：

1. 教学机构。海洋系：海洋水文专业、海洋气象专业；水产系：海洋捕捞专业、水产加工专业、水产养殖专业；专业（组）：海洋生物专业、海水化学组、声学水声组、体育教研室、马列教研组、外语教研组、数学教研组、物理教研组。附属中学。

2. 人员情况。山东大学共有教职员工931人，迁至济南的578人，占教工总人数的62.1%；留在青岛的353人，占37.9%。迁济和留青的教师数量比基本上是2∶1。

除了海洋、水产、地质三系和附中师生全部留下外，中文、历史、数学、物理、化学、生物等系和公共基础课都有教授、副教授留在青岛。资料显示，当时山东大学共有教学人员419人，其中教授44人，副教授32人；教辅人员及一般职工512人。迁至济南的教学人员257人，占教学人员总数的61.3%；留在青岛的教学人员162人，占教学人员总数的38.7%。迁济的教授31人，占70.4%；留青的教授13人，占29.6%。迁济的副教授17人，占53.1%；留青的副教授15人，占46.9%。依据以上统计数字，加权平均考察，迁济和留青的教学力量比约是2∶1；迁济和留青的教授比例约是2∶1，副教授几乎各占一半。[①]

3. 校舍及其他办学条件。山东大学（青岛）校园占地约500亩，教学用房约1627平方米。资料显示，山东大学迁济时带走资金74985.4元，留在青岛49067.6元。在书刊方面，重要参考书籍及成套期刊全部随迁济南；海洋、水产、地质三系教学设备全部留青岛，物理、化学、生物等教研组几乎未留下设备，如仅给物理教研组留下了一套普通物理实验仪器。[②]

二、山东大学（青岛）是筹建面向海洋的大学之基础

20世纪30年代，杨振声校长就立足于青岛自然地理优势，提出渐次增设海洋学、气象学等学科，创设海边生物学，主张将国立青岛大学办成海边生物学研究之中心。赵太侔校长踵事增华，支持曾省教授等人发起组建青岛海滨生物研究室、青岛海产研究所。学校与青岛市观象台合作，在物理系设置天文气象组，气象学科由此发端。学校培养出我国第一代具有海洋生物学知识与技能的高层次人才（薛廷耀、郑柏林、尹左芬等为代表）。学校涉海学科的教学与研究进步明显，在国内学界的先进地位得以确立。1946年复校

---

① 刘培平：《海大和山大是同胞兄弟》，载《中国海洋大学学报（社会科学版）》2004年第6期。
② 中共山东大学（青岛）委员会：《关于筹建山东水产学院的工作报告》，中国海洋大学档案馆藏，档号：HY-1958-DB-1。

后，赵太侔重启因战乱而停顿的涉海系科建设，成立海洋研究所，创办我国第一个水产学系、第一个水产研究所，开始培养水产领域的高层次人才。

在20世纪50年代的院系调整中，厦门大学海洋系理化组北上青岛，与赫崇本领衔的海洋物理研究所合并成立海洋系，开拓了海洋学科新领域；河北水产专科学校并入水产系，水产学科实力得到提高。学校初步构建起以海洋生物学、水产学、物理海洋学三大学科（专业）为主体的涉海高层次人才培养体系。至1958年底，水产系已有8届、241名毕业生，在校本科生150余人；海洋系已有5届、121名毕业生，在校本科生241名，教师37人；海洋生物专业有教师16人。在科研方面，1957年海洋系、水产系的研究经费分居学校首位和次席；成功研制中国标准海水，海带中提取碘和甘露醇获得成功；为主组织胶东半岛渔业资源调查；积极承担国家科委组织的第一次大规模全国海洋综合普查。所有这些，在科技、高教等领域都产生了良好影响，"海洋学科远东第一"声名鹊起。

山大"青岛部分"的师生，海洋科学、水产、海洋生物三个学科和一座校园，成为筹建一所面向海洋的大学的坚实基础。

三、国家建设与海防需要催生一所面向海洋的大学

在毛泽东主席和党中央的领导下，经过全党和全国人民五年的艰苦奋斗，到1957年，我国初步建立起社会主义的工业体系和国民经济体系。社会主义的政治制度、文化制度、社会制度等一系列上层建筑也相继建立起来，构建起了社会主义制度的"四梁八柱"，我国进入了社会主义社会。[1]《一九五六——一九六七年科学技术发展远景规划纲要（修正草案）》确定了13个方面、57项国家重要科技任务和616个重点课题。在"自然条件及自然资源"方面提出，"海洋中蕴藏着重要的生物资源、化工原料和矿产资源，过去我们研究得很少，利用得更少。'海洋学'在我国还是个空白科门，应尽速展开海洋资源的综合调查研究"，"水文、气象等自然条件的研究，既可服务于农林、水利、运输、渔捞及基本建设等事业，又可对海空军及其他兵种活动提供海洋及天气的情况"[2]，等等。

这些重要科技任务的完成，首要条件是有包括科技领军人物在内的大量科技人才。资料显示，"一五"时期高等教育取得显著发展，全国高等院校已有229所，在校生44.1万人，已毕业学生26.9万人。[3]尽管如此，"我们的科学技术力量，在今后相当长的时间内都

① 中共中央宣传部理论局编：《百年大党面对面》，学习出版社、人民出版社2022年版，第59—60页。
② 中共中央文献研究室编：《建国以来重要文献选编》（第九册），中央文献出版社2011年版，第380、379页。
③ 中央教育科学研究所编：《中华人民共和国教育大事记（1949—1982）》，教育科学出版社1984年版，第209页。

是很不足的，科学研究的领导力量，更为紧张。"①1956年6月，在人民解放军海军第一次党代会上，确定把解决人才与技术的矛盾摆到重要位置，提出"应集中力量"，"培养专业干部"②。9月，国务院总理周恩来在《关于发展国民经济第二个五年计划的建议的报告》中，强调指出："为国家培养各项建设人才，首先是工业技术人才和科学研究人才，是教育工作的首要任务。……从国家建设的要求来看，我们在高等学校和中等专业学校所培养的人才，在数量上，尤其是在质量上和门类上，还难以满足需要。因此，在第二个五年计划期间，应该进一步发展高等教育和中等专业教育，并且根据'掌握重点、照顾其他'及需要和可能相结合的方针，进行全面规划。"③

综上所述，不论是国家科技发展大局，还是从海洋开发利用、加强海防建设角度，都对发展高等教育、培养科技人才提出了更高要求，对海洋科技人才的培养显得尤为迫切，建立一所面向海洋的大学势在必行。

1958年9月29日，山大海洋系主任、国家科委海洋组副组长赫崇本教授在北京参加海洋组会议。其间，他向海洋组组长、海军副司令员罗舜初将军和海洋组副组长、国家科委副主任武衡建议，在山东大学"青岛部分"的基础上，建立一所海洋大学。他说，我国有漫长的海岸线，"有丰富的海洋资源，可是我国现在是有海无疆，海防支撑力量严重不足，无法满足未来海上战场建设的需要。究其原因，海洋科学和海洋教育落后是一个重要因素"④。并恳请他们向党中央反映他的建议。赫崇本的见解和态度深深感染了罗舜初和武衡，他们认为应当组建一所专门培养海洋科技人才的高校。于是三人联名上书中央，力主建立我国的海洋大学。中央书记处对此高度重视，原则上同意筹建，并指示山东省委尽快提出详细报告，上报中央及有关部门。由于档案管理规定限制，这封联名信及中央书记处研究的情况，详细内容现尚不能完全和准确地知晓，但其结论性意见已反映在山东省委给山东大学迁校的指示中，海洋、水产、地质三系（也就是"青岛部分"的主体）留在青岛，其目的自然明了，就是在原校址筹建一所面向海洋的大学。至于校名，此时尚无定论。

离休干部、曾任山东海洋学院科技处负责人的徐瑜先生回忆："一次，与会北京，餐桌上偶晤蒋南翔同志，语及建海院实属浪费事。蒋告我，此事譬如下棋，必须先着一子，

---

① 中共中央文献研究室编：《建国以来重要文献选编》（第九册），中央文献出版社2011年版，第446页。
② 曾呈奎主编：《中国海洋志》，大象出版社2003年版，第946页。
③ 何东昌主编：《中华人民共和国重要教育文献》，海南出版社1997年版，第697页。
④ 侍茂崇、李明春、吉国：《一代宗师——赫崇本》，中国海洋大学出版社2014年版，第51页。

将来用处不可限量。且绝不能只将眼光置于大陆，海洋，我亦有份。至于浪费，目前尚属必要。"[1]

第二节 面向海洋的大学之筹建方案

按上级的指示，以山东大学"青岛部分"为基础，筹建一所面向海洋的大学是山东大学（青岛）党委的主要任务。那么，这是一所什么样的大学，就是筹建者首先要思考和解答的问题。具体说来，就是这所大学的校名、系科专业设置及培养目标、办学规模及招生计划、机构设置与各类人员配备等，都需要尽快研究并形成筹建方案。史料显示，这并非一蹴而就，在正式方案确定前，出现过两个颇具价值的过渡性方案。

一、"学校方案"的提出

所谓"学校方案"，是指山东大学党委、山东大学（青岛）党委先后提出的两个过渡性方案和后者奉命上报的最终方案的统称。

（一）两个过渡性筹建方案

方案 Ⅰ 1958年10月17日，山东大学党委在给山东省委、省人委及相关部门上报的《关于山东大学留青部分1958—1962年发展规划的意见（草案）》[2]（简称《发展规划》）中提出，山东大学"青岛部分"处于沿海，在海洋、水产方面有较好的基础。根据海洋科学事业发展的需要，可以逐步发展成为一所规模在6000人左右的海洋大学，并就系科和专业设置、招生计划、师资充实等作了初步规划。

这个《发展规划》全文不足2000字。其拟定时，正值山东大学大部迁济之际。学校党政领导最紧要的任务是顺利完成搬迁和安顿好师生，所以很难做到底数清楚、计划详细、论证充分，此《发展规划》是个粗线条、框架性的筹建方案。

方案 Ⅱ 同年12月15日，山大（青岛）党委提出了《关于筹建海洋大学的工作报告（初稿）》（简称《筹建报告》）。较之于方案 Ⅰ，《筹建报告》除了校名同为海洋大学之外，筹建基础等方面都有了重大变化（表5-1）。

---

① 徐瑜：《良师益友》，载《青岛海洋大学报》1995年3月30日。
② 中国海洋大学档案馆藏，档号：HY-1958-DB-1。

表 5-1　学校两个过渡性筹建方案简表

过渡性方案	编制单位及编制日期	文件名称	主要内容	备注
I	中共山东大学委员会1958年10月17日	《山东大学留青部分1958—1962年发展规划的意见（草案）》	1. 校名：海洋大学 2. 设置7个系：海洋水文系、海洋气象系、海洋地质地貌系、海洋化学系、海洋物理系、海洋生物系、水产系 3. 设置17个专业：海洋水文、海洋气象、海洋地质地貌、海洋动物、海洋植物、海洋物理、海洋化学、海洋资源、生物化学、工业捕鱼、渔船动力装置、电器装备、水产加工、水产加工机械、海水养殖、淡水养殖、捕鱼机械、渔船制造 4. 规模：6000人 5. 校址：山东大学校址	水产系在本规划之中
II	中共山东大学（青岛）委员会1958年12月15日	《关于筹建海洋大学的工作报告（初稿）》	1. 校名：海洋大学 2. 设置6个系：海洋水文气象系、海洋物理系、海洋化学系、海洋生物系、海洋地质地貌系、海洋仪器制造系；1960年拟设：海洋动力工程系、水声系 3. 设置12个专业：海洋水文、海洋气象、海水声学、海水物性、无线电、原子物理、海水综合利用、海水分析、海洋动物、海洋植物、海洋地质地貌、海洋仪器制造；1960年拟设专业：河口水文、生物化学、沉积中稀有元素提取 4. 发展规模：3000～5000人；1958年寒假招生400人，1959年暑假招生600人，在校本科生达到1312人 5. 校址：原山东大学校址 6. 申请建造一艘5000吨级的远洋调查船	省委决定成立山东水产学院，故水产系不在其中

　　首先，受"大跃进"的影响，"山东省委决定成立海洋大学和山东水产学院，由山大（青岛）党委负责筹建；地质系拟在明年独立建成地质学院，另设筹备机构，筹建计划另订"[①]。如此，筹建海洋大学的基础由三个系变为一个系。海洋大学的筹备条件原本尚

———————————

① 中共山东大学（青岛）委员会：《关于筹建山东水产学院的工作报告（初稿）》，中国海洋大学档案馆藏，档号：HY-1958-DB-1。

好，此举一出，元气大伤。

其次，《筹建报告》全文近7000字（不含三个附件），内容完备而详细。除主要内容外，还就专业培养目标、招生方式及学生条件、师资配备及其来源、机构设置及干部职工配备、三年基建计划及投资概算等，均提出具体要求或者作出安排，还申请建造一艘5000吨级的远洋调查船。

最后，《筹建报告》中办学思想更加明确。系科与专业设置全部涉海，充分体现了党中央和山东省委"面向海洋"的初衷和要求；同时，为海军服务的特征突出，如海水声学、海水物性、无线电专业以及拟设水声系等，人才培养目标的指向性不言而喻。在注重理科基础上，匠心独具，提出设置海洋仪器制造系及专业，体现了赫崇本等学者们强调应用、发展工科，以改进海洋调查设备及手段，尽快培养出服务国家海洋事业和海军建设急需人才的办学理念。

（二）学校呈报的正式方案

1959年1月，中共中央召开全国教育工作会议。会议提出，1959年教育工作的方针主要是巩固、调整和提高，在这个基础上有重点地发展。[1]据此精神，山东省高等教育会议确定，"原曾计划在山东大学水产系的基础上成立山东水产学院，后根据中央指示精神，确定不单独建院，因此，原水产系即作为海洋学院的一个系"[2]。

根据上述变化和山东省委的要求，3月18日，山大（青岛）党委向山东省委、省人委及相关部门提交《关于目前学校情况的汇报》，其中关于筹建"面向海洋的大学"，作了较大调整。主要有：

1. 校名。海洋学院。

2. 系及专业设置。到1961年计划设置10个系、22个专业、8个专门化（表5-2）。

表5-2　海洋学院拟设系、专业一览

系	1959年拟设专业	1960年拟设专业	1961年拟设专业
海洋水文气象	海洋水文、海洋气象	动力海洋学	
海洋物理	海洋物理		分设四个专门化：海水声学、海水物性、无线电、原子物理
海洋化学	海水化学		分设四个专门化：无机化学、有机化学、分析化学、电化学

①《中国教育年鉴（1949—1981）》，中国大百科全书出版社1984年版，第92页。

②党青办字54号，中国海洋大学档案馆藏，档号：HY-1959-DB-8。

续表

系	1959年拟设专业	1960年拟设专业	1961年拟设专业
海洋生物	海洋动物、海洋植物	生物化学	生物物理
海洋地质地貌	海洋地质地貌		
仪器制造	海洋仪器制造	气象仪器制造	
海洋渔业	工业捕鱼	捕鱼机械、渔船动力装置及电气装置	
水产养殖	水产养殖	海水养殖、淡水养殖	
水产加工	水产加工	水产加工机械	
水产资源	水产资源	水产生物、海洋与渔业	
合计	12	10	1

3. 发展规模与招生计划。学校办学规模设定为4000人，年度招生计划见表5-3。

表5-3 海洋学院1959—1962年计划招生数

系	1959年计划招生数	1960年计划招生数	1961年计划招生数	1962年计划招生数	小计
海洋水文气象	200	190	180	180	750
海洋物理	100	100	100	100	400
海洋化学	100	100	100	100	400
海洋生物	100	110	120	120	450
海洋地质地貌	50	50	50	60	210
仪器制造	50	100	100	100	350
海洋渔业	60	110	140	140	450
水产养殖	70	90	120	120	400
水产加工	40	60	90	90	280
水产资源	30	60	90	90	270
总计	800	970	1090	1100	3960

资料来源：根据山东大学（青岛）党委《关于目前学校情况的汇报》整理。档号：HY-1959-DB-8。

4. 增加教师计划。山大（青岛）现有教师138人，根据专业设置情况，1959年需增加教师164人（不包括地质系）。其中：政治课6人、外语12人、数学11人、体育8人，海洋水文气象系10人、海洋物理系26人、海洋化学系25人、海洋生物系12人、海洋地质地貌系8人、仪器制造系9人、水产养殖系11人、海洋渔业系10人、水产加工系11人、水产资源系5人。提出解决缺额教师的办法有：一是山大迁济教师中有关海洋科学方面的，转调来青；二是希望省教育局、教育部从其他兄弟高校支援一部分；三是应届毕业中多分配些留校；四是从高年级学生中抽出一部分送出进修；五是从中国科学院海洋生物研究所、黄海水产研究所聘请兼课教师。

5. 基本建设计划。1960年建设教学楼、物理楼、海滨实验室、波浪实验室、高空气象实验室、水塔、水产实验室、海洋水文观测站、气象观测站、单身教职员宿舍，改造学生餐厅等，共需投资116万元。1961年，建学生宿舍、教师宿舍、办公楼等，共需投资69万元。1962年，建学生宿舍、扩建海边实验室，共需投资58万元。需要一艘调查船。①

从上述可见，上报的这个"筹建方案"，较之方案Ⅱ，除了在机构设置及干部职工配备上基本相同外，在校名、系及专业设置等诸多方面都有明显不同。为什么出现如此变化，尚未见史料记载。

二、"山东方案"的形成与中央批复

1958年12月8日，山东省高等教育局（简称高教局）单独向教育部呈送了一份报告。全文如下：

中华人民共和国教育部：

为了适应我省工农业大跃进的形势及科学事业发展的需要，经省委研究决定将山东工学院改为山东科学技术大学，将山东大学海洋系与中国科学院海洋生物研究所合并改为山东海洋大学。山东科学技术大学拟设物理系、化学系、无线电电子学系、冶金系、自动化系、数学力学系、动力系、机械系等八个系三十二个专业。海洋大学拟设海洋水文气象系、海洋化学系、海洋物理系、海洋生物系、海洋地质地貌系、海洋仪器制造系等六个系。

两校的筹建工作，现正在进行。特报请审核，两校具体方案拟订后再报。②

该方案也成为"山东方案"出台过程中的一个过渡性方案。

---

① 《关于目前学校情况的汇报》，中国海洋大学档案馆藏，档号：HY-1959-DB-8。
② 山东省高等教育局〔58〕高教办字第23号，中国海洋大学档案馆藏，档号：HY-1959-DB-8。

进入1959年，山东省委对山东省高等教育发展布局进行调整。2月6日，"山东方案"——《关于建立山东海洋学院的请示报告》形成并上报中央。全文如下：

中央：

为了开发祖国海洋资源，发展海洋科学事业，及适应国防需要，拟将我省青岛原山东大学海洋系及有关专业合并改建为山东海洋学院。此事去年曾由中国科学院积极倡议并得到海军司令部的大力支持。最近又与中国科学院、中央科委、海司、中央气象局等单位进行磋商，共同认为：原山大海洋系及有关各专业已有基础建成海洋学院，是完全具备条件的。海洋系和中国科学院海洋研究所、海司等单位，已在教学、实习、科学研究和海洋调查等方面，建立互相协作的关系。该院拟设置：海洋水文气象、海洋物理、海洋化学、海洋生物、海洋地质地貌、海洋仪器制造六系。学制拟定为四年。学生培养目标为海洋科学工作者和海军、气象局等各有关部门所急需之专门人才。校址可设在青岛原山大旧址。至于录取新生因机密性较大应保证其政治质量，并建议从沿海各省进行招生，如有可能，请中央予以统一安排。现在该院已有学生五百余名，教师一百四十多名，该院今年暑假前即可建成，并请中央列为全国管理的重点学校之一。

是否有当，请予批示。

中共山东省委员会

一九五九年二月六日[①]

3月30日，中央书记处研究并批准了山东省委的报告。批复如下：

山东省委：

2月6日电悉。

同意你省以原山东大学海洋系为基础成立山东海洋学院，由你省领导。

（一）同意先设海洋水文气象、海洋物理、海洋化学、海洋生物、海洋地质地貌五个系。海洋仪器制造系，由于师资条件不够，其仪器制造是机械性质的，可能以设在工学院为宜，因此是否设置，待进一步研究后再确定，至于各系的专业设置，请与有关部门进一步研究确定。

（二）该院基本理论师资，由你省自行调济解决，专业教师由有关部门给以支援，具体计划你省与各有关部门另行商定。确实不能解决，再提出补充计划报国家计划委员会（并抄致教育部）在分配今年大学毕业生时酌予补充。教学设备由海军司令部尽快协助解决。

① 鲁发〔59〕字120号，中国海洋大学档案馆藏，档号：HY-1959-DB-8。

该院1959年的招生名额,已列入你省今年高等学校招生计划内,学生来源可在沿海各省市招收一部分,以适应各省市的需要,具体人数由你省与有关省市商洽解决。

中央

1959年3月30日[①]

三、关于校名问题

在"面向海洋的大学"筹建过程中,关于校名一事存在不同说法。

从上述史料可见,最早使用"海洋大学"之名的是山大党委,显示出学校领导的大局观和对"青岛部分"未来发展的期许。之后是山东省高教局,1958年12月8日,该局在给教育部的一份报告中,所用校名是"山东海洋大学"。至于为何冠以"山东",其意不言而喻,即希望这所大学扎根山东、服务山东,由山东省管辖。而在山东大学和山东大学"青岛部分"内部,从一开始所提校名就是"海洋大学",并未冠以地方之名。这是有原因的。据时为山大海洋系教师的施正铿(曾任山东海洋学院党委书记、院长)和提前留校工作的侍茂崇教授、王滋然教授(曾任山东海洋学院党委副书记)三位长者回忆:

在海洋学院酝酿成立过程中,赫(崇本)先生是不赞成用"学院"这个名字的。他说,在国外,学院大都是一所大学的其中一部分,我们已与山东大学完全脱离了,最好不用"学院"这个名字。他喜欢用"青岛"来冠名,说用城市来命名的学校,可以是国办的,也可以是省办的。[②]

侍茂崇教授说,赫先生要举全国之力办海洋的思想是一以贯之的,他后来一直反对学校隶属于国家海洋局就是证明。赫先生在北京参加国家科委海洋组会议,与罗舜初、武衡联名上书中央,说的也应该是"海洋大学"。

第三节　曲相升任院长与开学典礼

经过半年的筹备,1959年3月30日,经中共中央批准,山东海洋学院正式成立,由山东省领导。3月31日,山东省委派曲相升主持山东海洋学院工作。曲相升到职后,了解学校各方面情况,积极推进筹建方案的落实,多次召开会议,研究干部职工配备、落实师资计

---

① 中发〔59〕321号,中国海洋大学档案馆藏,档号:HY-1959-DB-8。

② 魏世江:《口述史(五)》,中国海洋大学档案馆藏,档号:HD-2022-XZ18-C-60。

划、专业设置和暑假招生问题。7月9日，山东省委任命曲相升为山东海洋学院院长兼党委书记，侯连三为副院长。

图5-1　院长兼党委书记曲相升

曲相升（1915—2002），山东牟平人。1934年就读于文登乡村师范学校时，受到进步思想的教育与影响，开始走上革命的道路。1938年7月，到蓬黄掖抗日根据地任黄县（今龙口）教育科科员，9月加入中国共产党，1939年下半年任黄县政府秘书长；1941年调任胶东行署工作，先后任秘书、副秘书主任、秘书主任；1944年调任东海专署任民政科科长兼秘书主任；1946年6月，任牟平县县长兼县委副书记；1948年11月，离开牟平，到东海专署工作，先后任副专员、专员、党组书记；1950年2月调任山东省政府办公厅秘书处副秘书长；1954年任中共山东省委副秘书长兼省委办公厅主任；1959年起任山东海洋学院院长兼党委书记。

一、组织机构和专业设置

山东海洋学院成立伊始，百端待举，机构设置是主要工作之一。1959年4月6日，学校党委召开扩大会议，在听取包括苏联专家在内的各方面意见基础上，研究确定了学校的行政机构，并报山东省高教局、教育部批准。行政机构设院长办公室、教务处（下设教学研究科、教学行政科）、人事处（下设人事科、学生科、保卫科）、总务处（下设总务科、财务科、膳食科、保健科、出版科、生产劳动科、基建办公室）、图书馆、校刊编辑室；确定本年度招生专业为海洋水文、海洋气象、海洋物理、海水化学、海洋动物、海洋植物、海水养殖、淡水养殖、工业捕鱼、水产加工专业。6月29日，学校党委召开扩大会议，研究决定学校机关各单位编制：院长3人，书记3人；党办3人，组织部2人，宣传部2人；院办6人，人事处11人，教务处8人，总务处26人；团委3人，图书馆14人，校刊2人。

学校研究确定了部分干部的职务：赫崇本任教务长，薛廷耀任副教务长兼水产系主任；方宗熙任海洋生物系主任，李嘉泳任副主任；郭谨安任体育教研室副主任；糜白辰任水产系党总支书记，孙凤山任副书记；杨润玺任海洋水文气象系党总支书记，宗志文任副书记；邵平任附属中学党总支书记。

学校成立政治课教研室，下设社会主义、共产主义概论，中共党史，政治经济学和哲学四个教研组。政治课教师队伍由专职的政治课教师、党委委员以及符合条件的党总支正副书记、团委书记与科级以上干部组成。

二、重点抓好教学工作

1959年3月，山东海洋学院对1958年提出的各专业教学计划方案（初稿）进行修订，拟定了教育计划草案。这次修订的教学计划同以往相比有以下主要区别：把生产劳动纳入教学计划，学生每年劳动3个月；加强政治课教学，政治课的比例由约11%增加到18%；教学总学时由3300～4000学时压缩为2800～3000学时；课程门数有所减少；理论与业务学习的比例一般为6：1；增加现场教学与"三结合"教学，并加强生产实习。基础课与专业课的占比分别为20%～30%、70%～80%；假期确定为1个月。

教育计划草案拟定后，学校又根据新的形势和上级的要求，不断修改完善。4月底，学校党委召开会议，研究贯彻中央二月教育会议和山东省四月高教会议精神。曲相升院长在传达会议精神时指出，过去在教育方面的错误是"三脱离"（即脱离政治、脱离劳动、脱离实际）。根据全国教育会议规定：每年假期一个半月、劳动三个月左右、业务学习在七个半月左右；要求培养的学生有较高的社会主义觉悟，在自己的专业范围内有较广泛的知识；有一定的生产技能，达到又红又专，全面发展。强调学校必须以教学为中心，要承认教师在教学过程中的主导作用。教育工作要贯彻整顿、巩固、提高与重点发展的方针，整顿组织机构，配备干部，制订完整的教学大纲及制度，建立健全党委领导下的校务委员会负责制，生产劳动和科学研究要围绕教学来安排。

6月，学校召开全院师生员工大会，曲相升在讲话中，既肯定所取得的成绩，又指出存在的问题：在"三结合"的安排上不够好，影响了教学质量；在教学计划研究上不够认真，充分发挥教师的主导作用不够；教学、科研计划不落实，教学计划一变再变，科研形成突击；规章制度不健全。强调1959年的任务是：继续贯彻党的教育方针，大力提高教学质量；安排好教学、科研和生产劳动"三结合"；搞好学校的中心任务——教学工作；要建立健全规章制度，保证教学的正常秩序，使各项工作走上正轨。

7月下旬，学校召开院务委员会扩大会议，研究并修订3月份制订的教育计划（草案），对部分内容作了调整：劳动时间由三个月减为两个半月；由强调"三结合"教学转为以课堂教学为主；培养目标规定为又红又专的高级建设人才；增加了形势与任务课；假期由一个月增加到一个半月。

《山东海洋学院教育计划》在教务长赫崇本主持下，经上下反复讨论，历时8个月，数易其稿，于7月底修订完成，并从1959年新生入学开始施行。这个教育计划体现以教学为中心，教学、科研、劳动"三结合"的原则；培养目标是使学生成为具有较高社会主义觉悟、较系统、广泛的专业基础理论和一定的生产技能，能够理论联系实际，身体健康的海洋科学工作者和师资；10个专业学制均为4年；教学总学时控制在2800～3000学时，其中政治课约占15%，基础课与专业基础课约占65%，专业课与专门化课约占20%；每年安排两个月的生产劳动；对考试和学生参加科研活动也作出相应规定。教育计划制订后，学校对旧大纲、旧教材进行清理，并重新编出部分新大纲、新教材。

三、毕业生分配与招收新生

1959年8月19日，学校举行毕业典礼，入学时为山东大学海洋学系（34人）、水产学系（30人）、生物系海洋生物专业（16人）、化学系海洋化学专业（6人）共86名学生[①]。史料显示，他们的毕业证书仍为山东大学盖章，签发者为山东大学校长成仿吾。

8月，山东海洋学院首次面向全国招收学生，5系9专业共录取新生421人。其中海洋水文专业67人，海洋气象专业51人，海洋物理专业57人，海水化学专业52人，海洋动物专业30人，海洋植物专业30人，水产养殖专业91人，水产加工专业43人，工业捕鱼专业40人。生源涉及山东、上海、广东、浙江等十几个省市。

四、山东海洋学院成立暨开学典礼

1959年9月1日，山东海洋学院成立暨开学典礼在八关山礼堂隆重举行。全校1300多名师生员工满怀喜悦的心情出席典礼，青岛市、驻青海军部队、中国科学院海洋研究所、水产部黄海水产研究所等单位的代表到会祝贺。典礼由党委副书记高云昌主持，院长兼党委书记曲相升宣读中共中央关于成立山东海洋学院的决定和主要干部任命。青岛市委宣传部部长于光、中央水产部副部长张雨帆、苏联专家列昂诺夫、山东大学教务长吴富恒及驻青海军部队代表等先后发言，热烈祝贺山东海洋学院成立。会后，在鱼山路大门举行简短的挂牌仪式。校名由我国著名书法家、时任山东省委第一书记舒同题写。9月3日，《青岛日报》报道了山东海洋学院成立暨开学典礼的盛况：

①《山东海洋学院学生名册》，中国海洋大学档案馆藏，档号：HD-1959-JXGL-017。

为发展祖国海洋事业培养人材
山东海洋学院在青建院开学

设立在本市的我国第一所海洋学院——山东海洋学院，于9月1日举行了隆重的建院开学典礼。全院师生员工齐集一堂，喜气洋洋，决心鼓足干劲，力争上游，努力搞好教学工作，以坚决贯彻党的八届八中全会决议的以实际行动迎接学院的诞生。

山东海洋学院是在原山东大学有关海洋方面的系和教研组的基础上筹建起来的。在筹建过程中全院人员在党委的领导下批判了各种右倾思想、畏难情绪，克服了师资、设备方面的种种困难，使建院工作在假期中基本完成。假期中党委领导全院人员反复讨论、修订通过了学院的教育计划，教师们认真进行了备课，工作人员做好了一切必要的物质准备。该院现有学生九百零八名，其中来自山东、上海、广东等地的四百六十多名新生也都按时报到入校。

在开学典礼大会上，中共青岛市委宣传部于光部长、中央水产部张雨帆副部长先后讲了话。于光同志代表市委祝贺学院的诞生。并指出山东海洋学院的诞生是社会主义建设大跃进形势的必需，它在祖国的社会主义建设事业中担负着重大的责任。他在讲话中希望学院全体师生员工，正确贯彻执行党的教育方针，在教育战线上开展反对右倾保守思想，批判畏难情绪，批判"为教育而教育"、"教育与政治无关"和"劳心与劳力分离"的观点，争取在党的领导下为祖国不断的培养出大批的有社会主义觉悟的海洋生产及国防事业的科学工作者，以便更好的为社会主义事业服务。在会上讲话祝贺的有远道而来的山东大学教务长吴富恒，还有中国科学院海洋研究所，水产部黄海水产研究所，驻青海军部队等单位的代表，应邀来该院讲学的苏联专家列昂诺夫教授也到会讲话表示祝贺。

该院各民主党派、教职工、学生代表都纷纷在会上表示：一定根据上级党委的指示，在学校党委的直接领导下，坚决贯彻八届八中全会决议，搞好以教学为中心的教学、科学研究和生产劳动三结合，掀起一个教好学好工作好的新高潮，超额完成学院的跃进计划，为争取读书、劳动、思想三丰收而奋勇前进。[1]

同日，《青岛日报》还配发短评《祝山东海洋学院开学》，主要内容如下：

山东海洋学院于九月一日在本市正式建院开学。这所学院是在全国工农业生产和文教事业大跃进的形势下，根据国家发展海洋科学，开发海洋资源的规划和需要成立的。它是我国第一所培养海洋科学和水产事业专业人材的高等学校，它的成立证明了我国文

---

[1] 山东海洋学院通讯组：《为发展祖国海洋事业培养人材　山东海洋学院在青建院开学》，载《青岛日报》1959年9月3日。

化教育事业的飞跃发展，标志着我国海洋科学事业走上了新的阶段。

我国是一个海岸线漫长的国家，随着国家社会主义建设事业的发展，就需要有一大批具有一定科学理论技术水平的建设人材，去开发祖国辽阔的海洋，开发海洋无尽的宝藏。山东海洋学院担负着为国家培养开发海洋的专业技术人材，这项任务是十分重要和光荣的，也是艰巨的，这就必须认真贯彻党的教育方针和社会主义建设总路线，根据党的八届八中全会决议精神，反右倾、鼓干劲，积极执行专业教学计划，不断提高教学质量，努力做到教学、科学研究、生产劳动的三结合。

在祖国的社会主义建设中，海洋科学和水产事业是需要大力发展的，我们衷心的希望山东海洋学院的教师们，要不断提高教学质量，为国家培养出大批合乎规格的，又红又专的开发海洋的专业人材，以促进社会主义建设事业的大跃进。我们也希望在山东海洋学院学习的青年，要努力学习，积极劳动，争取做到思想、学习、劳动三丰收，准备着为祖国伟大的社会主义建设事业贡献自己的一切力量。

图5-2　山东海洋学院建院开学典礼

祝山东海洋学院不断发展和繁荣！[①]

由此，山东海洋学院与山东大学结束了长达30年的共同期，以全新面貌立于新中国大学之林，踏上为国家海洋事业培育栋梁、奉献硕果的崭新征程。

关于在庆典上，院长兼党委书记曲相升是否就山东海洋学院筹建情况和未来发展作报告一事，山东省、青岛市和学校档案均无记载。又专访施正铿、王滋然、徐瑜、侍茂崇四位先生，他们对"院长报告"没有任何印象。《青岛日报》的报道及短评虽透露了不少情况，但独对此事只字未提。

综合分析，尽管在建院典礼上未作主报告一事不合常规，让人难以理解，但现有史料显示，曲院长未作报告。至于是何原因，只能留待后人深入研究并给出结论。

---

① 《祝山东海洋学院开学》，载《青岛日报》1959年9月3日。

第二章
山东海洋学院的初期建设

　　1961年至"文革"开始前，学校积极贯彻党中央提出的调整、巩固、充实、提高的方针和《教育部直属高等学校暂行工作条例（草案）》（简称"高教60条"），不断加强党的建设，调整院务委员会，发挥知识分子的主观能动性；数次进行教学改革，探索海洋高等教育的新途径，正确处理教学、科研和劳动的关系，培养出一批海洋、水产科技人才；积极进行科学研究，涌现出一批国内外领先的科技成果。经过广大教职员工的奋发努力，学校规模不断扩大，师资队伍不断充实，学校各项工作都取得明显进步，为后续发展夯实了基础。

第一节　内部管理体系初步建立

一、学校领导体制的确立与调整

　　1960年学校管理体制改变，由山东省领导改为教育部直属，3月被列为教育部直属23所重点院校之一。10月22日，在《中共中央关于增加全国重点高等学校的决定》中，山东海洋学院被列为64所全国重点高校中的13所综合性大学之一，凸显出国家对海洋科教事业的重视。1962年3月，国务院总理周恩来签署任命书，任命曲相升为山东海洋学院院长。

　　1963年10月，山东海洋学院改由高等教育部（简称高教部）领导。1965年6月，高教部与国家海洋局联合发出通知，从7月起，山东海洋学院由高教部直属领导改为高教部与国家海洋局双重领导，以国家海洋局为主。"东方红"海洋实习调查船由国家海洋局北海分局代管。

1965年12月，国家海洋局第一海洋研究所由天津塘沽搬至青岛市山东海洋学院内，院、所合一，由山东海洋学院全面领导。所长由山东海洋学院副院长许亮兼任。

1967年5月，国家海洋局党委转发海军指示，第一海洋研究所党政工作由国家海洋局和北海舰队双重领导，脱离山东海洋学院领导。1976年3月18日，用山东海洋学院所属土地所建实验楼及附属工程交付使用，第一海洋研究所迁入，地址为阴岛支路（今红岛支路）1号。

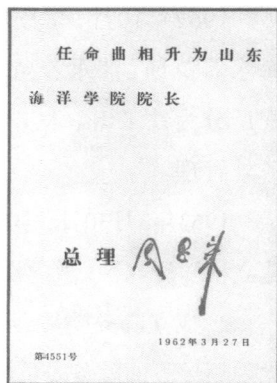

图5-3　周恩来总理签署的任命书

二、内部机构设置与调整

1960年10月，山东省委批准赫崇本为山东海洋学院教务长，薛廷耀任副教务长。1961年10月，教育部通知，许亮任山东海洋学院副院长，在国务院未批准前，先到校熟悉工作。1962年10月，教育部通知，国务院任命许亮为山东海洋学院副院长。1964年4月，山东省委常委会决定冯起任山东海洋学院党委副书记。

1. 党政机构设置。山东海洋学院在较短的时间里，建立起较为完整的党政机构和教学组织，保障了正常的办学秩序。

党群系统设有党委、团委、工会和学生会。党委下设党委办公室、组织部、宣传部，1961年增设武装部。1965年5月，根据中央批转高教部《关于加强高等学校政治工作和建立政治机构试点问题的报告》精神，院党委讨论决定，在党委系统现有部门的基础上建立政治部。政治部设办公室、组织部、宣传部、统战部、武装部。后决定冯起、高云昌分任政治部正、副主任。

海洋水文气象系、水产系、海洋物理系、海洋化学系、海洋生物系、海洋地质系分别建立了党支部。另外，学校还建立了直属教研室（外语、体育、马列主义）党支部、第一党支部（院党政机关各部门）、第二党支部（总务处）和附属中学党支部。

学校在成立之初行政系统设有院长办公室、教务处、人事处、总务处、院刊室和图书馆。教务处下设教学研究科、教学行政科；人事处下设人事科、保卫科、学生科；总务处下设总务科、财务科、膳食科、保健科、出版科、生产劳动科、基建办公室和工厂，基本没有变动。

1962年10月，学校对工厂（场）进行整顿和调整。取消钛酸钡厂和标准海水厂；海水养殖场、淡水养殖场划归水产系管理；海洋生物标本站划归海洋生物系管理；修配厂分为铁工组、木工组、瓦工组；农场改为农业生产组，连同金工厂、饲养场均归总务处管理。

1963年3月30日，学校公布机构调整方案，撤销科委办公室，科研工作并入教务处，并建立科学研究科；教学设备科划归总务处，撤销总务处的生产劳动科。

2. 成立院务委员会。1960年1月，学校根据中央决定，调整学校内部领导体制，实行党委领导下的院务委员会负责制。实行新的领导体制后，明确了党政分工，一般由党、政两条线布置工作。行政工作由院长召开院、处、系负责人研究处理；重大问题由党委研究提出意见或建议，通过院务委员会讨论决定，由分管院长组织实施。

同年3月，学校成立了第二届院务委员会，并报山东省高教局。主任委员曲相升，副主任委员侯连三，委员有高云昌、赫崇本、王彬华、杨有楝、方宗熙、李嘉泳、薛廷耀、尹左芬、邹源琳、刘忠远、白季眉、刘智白、赵森、郭谨安、丘捷、闵学颐、周惠之、董胜、陈铎、曲兰芳、刘欣、杨润玺、洪波、糜伯辰、李涛、赵子安、姜洪仁、陶冰纨、徐瑜、牟力、刘中华、贺光、邵平、孙陆一、刘龙太，共37人。

领导体制调整后，系党总支的职责由先前的领导系务工作改为起监督保证作用，集中力量加强政治思想和党建工作。系一级成立系务委员会，配备专职系办公室主任和兼职的教学、科研秘书，负责处理日常工作。

为加强党委领导下的院务委员会负责制，1961年3月，党委常委会研究决定：① 加强党委领导和个人负责相结合；② 健全党委领导下的院务委员会负责制和系党总支（支部）领导下的系委会负责制；③ 加强请示报告制度；④ 按行政系统、按级递交请示、报告；⑤ 各部门主动向领导请示或报告；⑥ 建立行政会议请示、汇报制度；⑦ 调整、健全组织机构；⑧ 制定、修订各项规章制度。

5月3日，院党委制定《关于领导制度的几项规定》。在领导体制方面，继续强调实施党委领导下的院务委员会负责制、系党总支领导下的系务委员会负责制，并就各自职责进行了具体划分。

学校于1962年改组院务委员会，成立第三届院务委员会并呈报山东省高教局。主任委员曲相升，副主任委员许亮、侯连三，委员有高云昌、刘欣、洪波、赫崇本、薛廷耀、唐世凤、李涛、赵子安、牟力、杨润玺、王彬华、文圣常、杨有楝、于良、闵学颐、唐思齐、方宗熙、李嘉泳、郑柏林、邹源琳、刘忠远、丘捷、郝颐寿、周惠之、尹左芬、李重华、何垅、周清和、刘智白、康迪安、赵太侔、郭谨安，共35人。较于上届成员，党政人员明显减少，增加了赵太侔、康迪安等学者，体现出学校对学术和学者的尊重。

1961年9月颁布的"高教60条"明确规定：高等学校的领导制度，是党委领导下的以校长为首的校务委员会负责制。学校工作中的重大问题，应该由校长提交校务委员会讨论作出决定，由校长负责组织执行。据此，学校由以前的"党委领导下的院务委员会负责制"改为"党委领导下的院长为首的院务委员会负责制"。

1962年4月，学校党委召开系主任会议，研究"系党总支与行政的监督保证关系问题"，院长曲相升在会上再三强调：系的领导决定权在系主任，系党总支的监督保证与领导有原则区别。5月，学校党委举行会议，讨论并通过《贯彻执行"高教60条"中关于党的组织和党的工作的若干规定》。明确提出，学校实行党委领导下的院长为首的院务委员会负责制，系党总支由领导系的工作转变为"保证和监督系务委员会决议的执行和本系各项工作的完成"。6月，院委会拟定院、系和教研室工作规定（草案）以及院、系两级工作职责范围划分的规定。学校重视院务委员会会议，建立院行政会议制度；系里日常工作均由系行政处理，初步改变了过去党政一揽子开展工作的做法。

3. 设立专门委员会或领导小组。学校根据实际需要，成立各专门委员会或领导小组。1962年1月，因应生活困难的形势，成立生活领导小组，侯连三任组长，下设知识分子生活、物资供应、食堂管理三个小组；11月21日，成立学报编辑委员会，由11人组成，许亮为主任委员，薛廷耀为副主任委员，委员有文圣常、陈成琳、闵学颐、李嘉泳、郝颐寿、李德尚、周清和、赵太侔、张炳根；同时公布调整后的科学技术委员会名单，许亮为主任委员，薛廷耀为副主任委员，文圣常等13人为委员；11月27日，成立外国留学生工作组，高云昌任组长，洪波任副组长；1963年4月，成立计划生育委员会，侯连三为主任委员；9月，成立由15人组成的学术委员会，并制定了工作条例。

4. 停办附属中学。1959年3月，山东大学附属中学更名为山东海洋学院附属中学（简称海院附中）。海院附中是一所普通高级中学，由学校党委直接领导，教育部直接拨款办学，在全省招收学生。设高中10个班，分文、理科，学制二年，有教职工30余人，教学楼在现水产馆内。邵平任校长兼党支部书记。

为了集中办好大学，同时也因校舍紧张，1962年5月学校呈请教育部和山东省教育厅，提出停办附属中学。6月9日，教育部批复同意停办。1963年夏，青岛市教育局接收海院附中的师生员工和设备。海院附中更名为山东省青岛第三十九中学，隶属于青岛市教育局，校址位于登州路5号。

三、建章立制适应实际需要

科学规范的制度是学校发展的保障。山东海洋学院成立伊始，建章立制任务十分繁重，学校党委在调研的基础上，开始制定各项规章制度。

1959年10月，院务委员会讨论通过《山东海洋学院院务委员会工作条例》《山东海洋学院系的工作条例》《山东海洋学院教研组工作条例》《山东海洋学院学年论文与毕业论文暂行办法》《山东海洋学院教师进修和接受进修教师工作暂行办法》《山东海洋学院学生生产实习暂行办法》等八个条例和暂行办法，并公布施行。

《山东海洋学院院务委员会工作条例》明确规定，院务委员会是在院党委领导下，对学校工作实行集体领导的行政领导组织，其组成人员由院党委与各方面协商提出人选名单，报请上级审查批准，每年调整一次；院长、副院长是院务委员会的当然委员，并分别担任正、副主任；院务委员会每月举行一次会议，必要时召开临时会议。《山东海洋学院院务委员会工作条例》规定院务委员会职责八项，包括讨论审查学校重要工作报告和总结，讨论通过学校机构设置、干部任免以及学校预算和基本建设等重大事宜，讨论批准重大奖惩事项和制定修订全院性规章制度，等等。[①]

1960年，学校研究制定18项规章，内容涉及领导体制、行政规则、保密、宣传、财务制度、水电与伙食管理等诸多方面，管理工作逐渐规范化。

5月，学校实施《关于领导制度的几项规定》，除重申领导体制及职责划分外，还确定院务委员会主要任务八项，包括讨论通过学校机构的设置和变动、教研组主任和科长以上行政干部的任免、学校预决算和重大的基本建设以及讨论批准重大奖惩事项和制定修订全院性的规章制度等重大事项。确定系务委员会的主要任务十项，包括讨论专业教育计划、教学大纲、教材的编写，本系经费预决算及重大设备配置计划，师资培养及教师的升级等事项。加强请示报告制度，列举各单位必须请示报告的问题八项，明确需要提交学校的报告有总结报告、专题报告以及请示报告等。对院长办公室与其他单位的分工和工作流程也作出相关的要求。[②]

1962年，学校在调整专业、压缩规模的同时，相继制定包括改善领导体制和领导制度等在内的14项规章制度，涉及人事、教务、总务各部门的职能，以及教学、科研和系的管理工作等方面，使各项工作基本上有章可循。1963—1965年，根据上级要求和实际情况，学校制定了党委、总支、支部工作暂行规定；在行政方面制定了院、系、教研室工作条例

---

①《山东海洋学院有关工作条例》，中国海洋大学档案馆藏，档号：HY-1959-XB-4。
②《关于领导制度的几项规定》，中国海洋大学档案馆藏，档号：HY-1961-XB-31。

等制度，并努力使之落实到位。

第二节　海洋科学学科体系初步形成

　　山东海洋学院经过不断探索，建立起海洋水文、海洋气象、海洋物理、海洋化学、海洋生物、海洋地质、水产学等学科。作为当时中国唯一的海洋高等学府，学校的这个海洋科学学科体系基本框架，是当时中国海洋高等教育最为完整的学科体系，也为后来国内涉海院校建立学科体系提供了范本。

一、海洋科学学科框架的形成

　　1. 山东大学水产系并入山东海洋学院。1958年10月，山东大学六部西迁济南后，山东省委拟以留在青岛的水产系为基础筹建山东水产学院。12月15日，山大党委在关于筹建山东水产学院的报告中提出："山东水产学院设立4个系8个专业。即渔捞系设工业捕鱼、渔船动力装置与电气设备两个专业；水产加工系设水产加工、水产加工机械两个专业；水产养殖系设淡水养殖与海水养殖两个专业；水产资源系设水生生物、海洋渔业资源两个专业。发展规模为3000人的大学。院址拟选在青岛团岛一带，建筑面积为43150平方米。1959年开始施工兴建，1959年底或1960年初迁入新院址等。"①此外，学校还曾派人去浮山所勘察建院地址。

　　这个报告未获山东省委批准。1959年7月，山东省委批复：根据山东省高教会议意见和中央指示精神，不再单独建立山东水产学院，水产系并入山东海洋学院。

　　2. 山东地质学院主体并入山东海洋学院。1958年7月，教育部在山东大学筹建地质系，建有岩矿、测绘等教研室，系址设在现中国海洋大学鱼山校区"胜利楼"。师资力量主要来自东北地质学院，有丘捷、白季眉、郝颐寿、王德文、孙叶、刘仲衡、且仲禹、崔垂虹、任安身、陈启林、李桂林、周莉、张法先、赵湛宇、赵研斌、李昭荣及山东大学生物系教师程广芬。同年，山东大学地质系招收地质普查专科两个班共100名学生。

　　1958年山东省委与地质部、山东地质局商定，在山大地质系的基础上成立山东地质学院，调华北石油普查大队队长贺光和山东省地质局刘忠远到山大地质系担任领导，负

---

① 青岛海洋大学水产学院编印：《青岛海洋大学水产学院（山大水产系、海院水产系）发展史（讨论稿）.946—1996》，1996年刊印，第7页。

责筹建工作，两人被增补为山东大学（青岛）党委委员。

1959年，烟台大学[1]地质专业教师朱而勤、王琦、雷启修及60多名学生并入山东大学地质系。同年山大地质系系址从"胜利楼"迁至学习馆（今校地质馆）。

经过两年的筹建，1960年7月，山东地质学院成立。由于条件所限，暂与山东海洋学院同一校址，由山东海洋学院党委领导。1961年6月，经中共青岛市委批准，中共山东地质学院总支成立，刘忠远任书记，由市委直接领导。

海洋地质地貌系是中共中央在批复山东海洋学院成立文件中同意设置的五个系之一，但因师资匮乏，学校决定暂缓设置。为了早日建系，教务长赫崇本于1959年7月以海洋系、水产系教师为主，成立了由13名师生组成的地质地貌系筹建小组，成员有金有根、王敏、于联生、张利丰、于圣睿、江乃萼、蔡月娥、于锡英、刘春溥、苏志清和三位海洋水文专业三年级学生范文炳、吴铭先、常瑞芳，海洋系党总支副书记金有根任组长。筹建小组主要研究教育计划、课程设置、实验室建设以及师资培养等问题。[2]

1962年6月，教育部决定撤销山东地质学院。具体处理意见是：部分教师调到地矿局充实地质调查工作；丘捷、白季眉、郝颐寿三位教授，朱而勤、刘仲衡、程广芬、王琦、孙叶、雷启修、且钟禹七位讲师，118名三年级学生（地质、水文、物探专业三个班）以及全部教学设备、图书资料，并入山东海洋学院海洋地质地貌系，进一步充实了海洋学科的力量。

至此，山东海洋学院初期的专业、系科设置基本定型。在山东省主导的省内高校布局与教育资源整合过程中，山东海洋学院学科及专业、师资力量和基本办学条件得到进一步改善，走上稳步发展的轨道。

二、专业调整与教研室建设

1. 专业调整与完善。学校立足实际，不断加强专业建设。1960年6月，教育部批准学校增设海洋无线电电子学、海洋地质地貌、海洋生物物理三个专业，并列入当年招生计划。1961年4月，教育部批准学校专业调整方案，将海洋动物、海洋植物两专业合并为海洋生物专业；淡水养殖、海水养殖两专业合并为水产养殖专业；海洋地质地貌专业分为海洋地质、海洋地貌两专业；单独设立水声学专业。所有专业学制由四年改为五年。至

① 山东省水产学校成立于1951年10月，1958年8月升格为烟台大学。1959年5月，国家对新建高校进行调整，撤销了烟台大学。
② 《何作霖先生：诞辰110周年纪念文集》（内部发行）2010年，第107页。

1961年，学校设有海洋水文、海洋气象、海洋物理、水声学、海水化学、海洋生物、海洋生物物理、海洋地质、海洋地貌、水产养殖、水产捕捞、水产品加工12个专业。

1962年8月，经教育部批准，海洋生物物理专业撤销，该专业二、三、四年级学生于该年暑假后合并到海洋生物专业学习。

1963年5月，根据全国高校专业调整工作会议精神，教育部同意学校专业调整意见：海洋地质地貌系改为海洋地质系，海洋地质地貌专业改为海洋地质专业，原设立的海洋地质专门组，改为海洋沉积学专门组；海水化学专业改为海洋化学专业，原设立的化学海洋及海水分析两个专门组撤销。其他专业不变。1964年10月，学校呈文高教部并获批准，海洋生物专业的海洋动物胚胎学专门组停办，与海洋无脊椎动物学专门组合并。

山东海洋学院的专业或专门组几经调整，至1965年设有海洋水文、海洋气象、海洋物理、水声学、海洋化学、海洋生物、海洋地质、水产养殖、工业捕鱼、水产加工共10个专业。经过七年建设，学校海洋科学学科的基本框架构建完成，奠定了中国海洋科学研究与人才培养的基础，成为中国高等教育体系的一个重要组成部分。

2. 加强教研室建设。1962年3月，为完善教学组织，加强教学管理，院务委员会决定将各系教研组和直属教研组改为教研室和直属教研室。

各系下设教研室及负责人如下：海洋水文气象系下设物理海洋、海洋学、气象教研室，分别由文圣常、施正铿、王彬华任主任；海洋物理系下设声学水声教研室、物理教研室，分别由杨有梣、于良任主任；海洋化学系下设物理化学、有机化学教研室，分别由唐思齐、周家义任主任；海洋生物系下设海洋动物、海洋植物教研室，分别由高哲生、郑柏林任主任；水产系下设淡水养殖、海水养殖、加工、捕捞教研室，分别由李重华、张定民、闵菊初、马绍先任主任；海洋地质系下设地质教研室（普地组、地古组、物探组）、沉积教研室（矿物组、岩石组、矿床组）、地貌教研室（测量组、地貌组、水文与工程地质组），负责人分别是丘捷、白季眉、郝颐寿。

马列主义、数学、外语和体育四个直属教研室，分由洪波（兼）、刘智白、赵森、郭谨安任主任。

1959—1965年各系系主任、副系主任名单见表5-4。

表 5-4　1959—1965 年各系系主任名单

系	主任	副主任
海洋水文气象系	赫崇本（兼）	王彬华　施正铿
海洋物理系	杨有楙	
海洋化学系	闵学颐	周家义
海洋生物系	方宗熙	李嘉泳　高哲生
水产系	薛廷耀（兼）　尹左芬	尹左芬　李重华 李爱杰　景方民
海洋地质系 （前为海洋地质地貌系）	丘捷	金有根　于联生

第三节　建造"东方红"海洋实习调查船

自20世纪30年代海洋生物学科设置以来，师生出海调查实践，大都靠租借小渔船。新中国成立后，随着海洋学科的发展，建造一艘海洋实习调查船成为海洋人的梦想。

1952年7月，在海洋系组建过程中，赫崇本在多个场合提出，希望建造一艘培养海洋人才的调查船。各系尤其是海洋系师生出海实习依靠借船，借来的船不是专业的海洋调查船，存在着安全、交通、吃饭、住宿等实际问题，影响了教学实习，成为教学、科研和专业发展的短板。建造一艘海洋实习调查船，不仅必要而且迫切。

赫崇本教授为建造海洋实习调查船奔走呼号。1953年夏，他向来青岛休假的中国科学院副院长竺可桢提出建造调查船的建议，说1954年将有50名三年级的学生实习，需要一艘船，大学自身无力承担，教育部也没有列入预算。当时抗美援朝战争刚结束，国家经济急需恢复，为一所大学建造造价不菲的海洋调查船难度之大可想而知。竺可桢理解赫崇本的迫切心情，但他无法作出支持的表态。

尽管如此，赫崇本并不想放弃，事实上也没有放弃。1953年，他与助手景振华、马连衡等人决定先建一个海洋调查船的模型。经过反复讨论、修改，调查船模型于1954年10月制作成功，这是新中国第一艘海洋调查船的模型。

对于赫崇本建造海洋调查船的设想，学校党政领导有力支持，并积极组织力量研讨设计方案，蓄势待发。1959年5月，赫崇本利用参加广州全国海洋普查工作会议的机会，拜访国家科委副主任武衡，正式提出希望为学校建造海洋实习调查船。他阐述了海洋实习调查船对海洋教育和海洋研究的重要性,以及国家在这方面的落后局面。与会的一些专家,包括在学校工作的苏联专家列昂诺夫,也支持山东海洋学院申报建造海洋实习调查船。经过多方奔走、呼吁,建造海洋实习调查船的提议得到国家相关部委和山东省的认可与支持。

资料显示,8月2日,党委书记曲相升主持召开党委扩大会议,决定将3000吨级海洋实习调查船列入1960年基建计划。9月,国家科委在草拟的《1960年科学技术重点任务说明书》中,把建造500吨左右的海洋实习调查船纳入其中,计划造价为250万至300万元。11月16日,国家科委和教育部联合致函国家计委,要求为山东海洋学院建造一艘海上实习调查船;12月24日,山东省人委函报国家计委提出立项要求,国家计委于1960年1月26日批复山东省人委:同意为山东海洋学院建造海洋实习调查船一艘,争取1960年投入生产,次年建成。但由于设计和原材料等方面的原因,1960年未能开工。

1960年国民经济处于困难时期,国家建设计划也在年底面临调整,全国26万吨造船计划压缩了一半,海洋实习调查船项目暂停。得知这个消息后,侯连三和赫崇本立即专程赴京面晤教育部副部长蒋南翔。12月15日,蒋南翔为此专门召开有关司、局长参加的会议。蒋南翔指出:造船是件好事,当前国家经济困难,要缩短战线,万一今年搞不成就明年搞,不要泄气。同时指示把投资问题尽快定下来,不要超过700万元。[①]

为了争取海洋实习调查船重新列入国家计划,侯连三、赫崇本在教育部管理局余震局长的陪同下,走访了海军司令部、国家计委、国家科委和交通部等部门负责人,陈述建造海洋实习调查船的重要性。经有关部门研究后该项目被保留。

1961年7月下旬,由于国民经济困难持续,国家对列入国家计委的建设项目再行调整,海洋实习调查船再次停建。学校又派赫崇本等人赶赴北京,见了教育部副部长刘凯风。刘凯风通过电话向蒋南翔副部长通报了有关情况,同时又给国家计委副主任范慕汉写信。赫崇本还通过海军司令部首长秘书处与参加北戴河全国计划工作会议的海军副司令员赵启民通了电话。

在北戴河会议期间,教育部副部长蒋南翔与海军司令部、国家计委、国家科委、交通部等单位领导商谈,一致认为应该保留建造海洋实习调查船。会上,海军司令员肖劲光从国防建设的高度提出:"山东海洋学院拟建造的海洋调查船是海军国防建设的需

---

① 《中国海洋大学海洋实习调查船大事记》,中国海洋大学出版社2004年版,第9页。

要，希望不要下马。"①肖劲光司令员的意见受到有关部门的重视，分管计委工作的副总理李富春在听取汇报后，表示同意建造海洋实习调查船。这艘船的建造得以继续列入国家计划。

在这次会议上，由于国家压缩建设规模，很多大型工业项目都下马了。教育部只保留两个大项目：一个是清华大学的原子反应堆，投资1500万元；另一个是山东海洋学院的实习调查船，投资近1000万元。1961年11月，教育部重新申报造船计划，国家计委在1962年6月下达国民经济年度指标时，正式将海洋实习调查船列入其中。

建造一艘海洋实习调查船是山东海洋学院发展的需要，更是国家海洋事业发展的需要。国家在经济形势十分困难的情况下，毅然决定斥巨资建造该船，体现出新中国独立发展海洋事业的决心和对海洋科教事业人才培养的重视。

海洋实习调查船由第三机械工业部船舶设计院负责设计，上海沪东造船厂负责建造。为了设计好国家首艘海洋实习调查船，学校与船舶设计院紧密合作，反复研讨，历经两年时间，设计任务书四易其稿，先后形成了579甲、乙和丙三个设计方案。1961年10月，在上海召开的第四次技术设计审查会上，重点对船型进行审查，对设计任务书未作原则性修改，最后对准三岛式579丙技术设计方案达成共识。至此，海洋实习调查船技术设计完成。

海洋实习调查船主要指标如下：船长86.84米，型宽13.2米，型深7.5米，设计吃水4.4米，排水量2345吨，主机额定功率2660马力，设计时速14.5节，续航力7000海里，自持力35天。

1962年8月8日，海洋实习调查船进入建造阶段。11月，为了加强对海洋实习调查船建造工作的领导，确保建造质量和便于与沪东造船厂联系，学校成立造船工作组常驻上海。造船工作组有9人。刘仁民任组长，重点负责与沪东造船厂领导的协调。造船工作组成员分工明确，各司其职。

海洋实习调查船在沪东造船厂建造的同时，学校决策层开始筹划船上实验室建设及实验室技术队伍的组建工作。副院长许亮、侯连三就船上实验室及其仪器设备、专业人员的配备、教学实习及科研调查项目等，多次召开由各系领导及教授、专家参加的座谈会，明确了"以教学为主，适当考虑科研；海上陆上兼顾；确实有把握的设备要上，没把握的不上"等原则，确定在船上设置水文、气象、物理、地质、生物、化学六个实验室。

---

① 侍茂崇、李明春、吉国：《一代宗师——赫崇本》，中国海洋大学出版社2014年版，第105页。

这艘船是国内第一艘自行设计、建造的大型海洋综合调查船,备受国内外关注。1963年7月,学校面向全体师生征集船名,最终将该船命名为"东方红"。

为使"东方红"船实验室能正常运行,学校于1964年7月从骨干教师中挑选政治觉悟高、业务好、身体好的人员,组成一支由27人组成的实验室

图5-4 "东方红"海洋实习调查船

队伍,首任队长是王滋然。这支队伍从建立到结束历时15年,是我国海洋调查事业探索发展中的首支专业实验技术队伍,锻炼出一批海洋事业的骨干力量,为专业人员到海上调查第一线树立了典范,也为更好地管理、利用海洋实习调查船积累了经验。

1965年11月25日,"东方红"船在吴淞口和青岛海区进行重载试航和六站位的试验海上调查。试航结果表明,该船主要性能指标达到或超过了设计要求,建造是成功的。对试航中暴露的问题,厂方积极予以解决。27日,"东方红"船抵达青岛,学校副院长许亮、侯连三、高云昌及师生175人前往迎接,在青岛大港码头举行了隆重的仪式。

第四节 改进教学 加强基础

围绕着高层次海洋科技人才培养,学校多次修改教学计划,开展教学改革,倡导教师自己动手编写教材、讲义,以保证教学质量;逐步加强实验室以及图书、仪器设备等基础建设,为办学提供物质保障;创办学报,搭建学术平台,成为展现学校海洋、水产学术成果的园地。经过持续建设,学校的办学基础得以不断夯实。

一、进行教学改革

山东海洋学院筹建伊始,《山东海洋学院教育计划》就开始制定,自1959年春季学期施行,是学校教育教学工作的纲领性文件。1961年10月,学校开始贯彻落实"高教60条",明确以教学为中心,努力提高教学质量,其他一切工作都要围绕着这个中心进行安排,12月制定出第一个五年制的各专业教育方案。这个教育方案是在先前各专业教学方案和教学计划的基础上修订而成的。

　　新教育计划特点是"三增二减"：在培养规格中，确立"拥护党，拥护社会主义，愿为社会主义服务"的政治要求；劳动减少，由原平均每学年8～10周，减为4～6周；基础理论课的内容和学时增加，如海洋气象专业的流体力学由90～100学时增至140学时；教学实习和生产实习减少，如水产养殖专业由四年制的18周减至五年制的15周；外语课增加，如海洋系水文和海洋气象两个专业的俄语由216学时增至260学时。从1961年下半年到1962年上半年，学校力求有计划、有步骤地解决教学工作中存在的各种问题，不断提高教学质量。具体做了以下工作：

　　第一，修订教学方案和教学计划。根据国家建设的需要、科研发展的状况和学校的具体条件，进一步确定专业方向和专业组设置，基本上克服了过去要求过高、方向不明的问题；进一步研究学生的培养规格，确定课程的设置和教学过程安排；强调加强基础、保证重点，注重劳逸结合，适当控制学时，妥善安排劳动和实习。

　　第二，采取多种措施，改进教学，提高质量。适当调整教学力量，安排有经验的教师到教学第一线。一学年下来，绝大部分基础课的教学有了改进，基本上达到教学大纲的要求。学年学期考试中，多数学生对基本概念能比较正确地回答。改进实验课和习题课，组织有关教师进行专门研究，实验基本操作技术和习题课的质量有了明显提高。改进外语教学。从学年外语测验的结果看出，各年级学生的外语程度都有明显提高。强调劳逸结合，既严格要求，又从实际出发，适当控制学时，解决某些课程超学时现象，安排好课外活动。改善教师的工作条件，改善青老教师关系和师生关系。

　　这些工作，对纠正"左"的错误、整顿学校秩序、提高教学质量是有积极作用的。

　　1964年初，高等学校的第三次教学改革开始。学校通过修订各专业教学计划，进一步削减总学时和周学时，基础课、专业基础课和部分专业课逐步施行新的教学大纲，初步贯彻了因材施教的原则。毛泽东主席的春节讲话传达后，学校以讲话精神为指导，进一步削减课程门类，调整课时数，精选教学内容，改革教学方法和考试办法。7月，学校召开教学工作会议，决定实施以下整改措施：

　　1.重申三个规定：即保证周学时在48小时以内，保证学生每天睡眠时间8小时，严格遵守学习制度。2.适当减少考试门数，期考不超过三门课，必须测试的课程，一学期不超过二次。3.自习时间，由学生自己安排。4.改进教学方法，尽可能用启发式。5.把握课程的基本要求，减少次要的教学内容。[1]

---

[1]《山东海洋学院校史（征求意见稿）》，中国海洋大学档案馆藏，档号：HY-1986-CB-12-1。

通过以上措施，初步减轻了学生的负担，学生学习的被动局面有所好转，学习效果有所改善。

11月，高教部召开理科教学工作会议。副院长许亮在传达、贯彻这次会议精神时称，围绕着减轻学生负担所进行的精选教学内容、改进教学方法和改进考试方法，只是初步的改进。各高校为了进一步贯彻执行毛泽东主席的春节讲话精神和党的教育方针，对学制、课程、教学方法、考试制度等方面进行了全面的改革。就改革的程度而言，有小改、中改和大改。所谓小改，是指在学习年限、专业划分和教学计划基本不变的前提下，在各门课程、各个教学环节的教学中，进一步精选教学内容、改进教学方法，并对少量课程的学时进行调整；所谓中改，是指在学习年限、专业划分和主要课程设置基本不变动的前提下，在课程方面，变更次要课程的性质、任务、基本内容及其系统，大幅度调整课程的学时，合并某些性质相近、内容密切关联的课程，增设某些新的课程，取消某些课程，增设或取消某些教学环节等。①各高校在过去工作的基础上，在进行小改的同时，积极地、有重点地进行中改的试验。

1964年9月，高教部委托部分学校拟订综合大学和高等师范理科五个专业的全日制大改方案与半工半读方案，要求山东海洋学院在小范围内进行中改试验。

在社会主义教育运动的推动下，1965年4月，高教部召开直属高校党委书记会议，布置贯彻落实《农村社会主义教育运动中目前提出的问题》。根据会议精神，学校在修订教育计划的时候，提出不大改，以中小改为主，同时在海洋化学系进行大改试点，由副院长许亮负责。但由于"左"的思想影响，学校对教学计划作了较大的修订：一是总学时由3000学时左右降为2100～2300学时；二是政治教育比例增至35%（四、五年级都增加学习毛泽东著作课）；三是五年内安排半年的集中劳动，半年社教运动（或生产劳动），每年有3～4周生产劳动；四是学生入学第一年安排6周到连队当兵；五是加强生产实习与现场教学，如海洋物理专业由9周增至16周，捕捞专业由23周增至47周，海洋生物专业由11周增至17周，水产加工专业由27周增至37周；六是各专业减少或合并一些课程；七是低年级周学时一般在44学时之内，高年级一般在30学时左右。

二、改善办学基础

1. 基建工作。这一时期，学校的基本建设处于停滞状态。为配合教学需要，学校于

---

① 栾开政主编：《山东高等教育发展史（1840—2000）》，山东教育出版社2003年版，第336页。

1959年建设海洋仪器厂、印刷厂、修配厂。1961—1963年，学校在平度大泽山区进行"小三线"工程建设，先后建成平房及楼房共约3500平方米。从勘察选址、设计到建成，全部是由学校职工完成。[①]

1964年3月，学校上报《山东海洋学院校舍情况统计表》，校舍总面积86585平方米。其中教学用房面积为30864平方米，生活用房面积为36311平方米。

2. 图书建设。山东大学大部西迁济南后，新成立的山东海洋学院图书馆沿用山大图书馆馆舍，总面积2500平方米，工作人员14人。山大迁济后，所剩图书约13万册。至1960年12月，图书增至20余万册，期刊69种。1961年底，有图书24万册、期刊234种。1962年，山东地质学院撤销，增加图书6.3万册。1964年3月，图书增至33万册，期刊达到2.2万余册。1962年，唐世凤教授兼任图书馆馆长。

3. 创办学报和校刊。1959年9月，中共山东省委宣传部批准学校创办《山东海洋学院学报》，教务长赫崇本任主编。10月，出版创刊号，每年出版两期，每期15万～20万字。《发刊词》阐明学报的编辑方针是：在为社会主义建设服务的前提下，面向生产、面向海洋，结合实际、结合教学，介绍本校科学研究的成果和科学研究的动态；对有关海洋科学中的理论和实际问题做深入的探讨；贯彻百花齐放、百家争鸣的方针，批判资产阶级学术思想；交流教学与科学研究工作中的经验。

1962年11月，学报编辑委员会调整，副院长许亮任主任委员，副教务长薛廷耀任副主任，赫崇本为主编，文圣常、陈成琳、闵学颐、李嘉泳、郝颐寿、李德尚、周清和、赵太侔、张炳根等9人为委员。1966年1月停刊，共出版9期。1978年6月复刊。

1959年10月1日，校报《山东海洋学院》创刊，并发表创刊词。校报为四开四版，半月刊。1960年12月10日因纸张缺乏，经中共山东省委宣传部同意停刊。1979年3月30日复刊。

三、改善教材体系

1959年10月，学校为了改进教学和提高教学质量，采取若干措施，其中包括组织教师编写教学大纲和教材。至1959年底，学校当年开设的85门课，已编出56门教学大纲，接近完成的20门，尚在编写的9门。

1960年10月，学校在给山东省高教局呈文中称，为贯彻教育部关于加强教材建设的

---

① 马连衡：《高校工作四十年》，冉祥熙主编：《往事集》，青岛海洋大学出版社1993年版，第158页。

指示，学校采取得力措施，加快课程教材、讲义编写，已编写教材67部、讲义7种，新编教学大纲15种，基本上满足了教学需要。同年底，学校对教学、科研工作进行总结说，两年来已开出课程120门，编写讲义72种，教学内容得到较多充实。专业课大都从无到有逐步开设。海洋水文的三门主要课程（海浪学、海流学、潮汐学），已编出基本上可供教学使用的教材。新开的区域海洋学，较多地增添了中国海的内容。海洋生物学在一般微生物学的基础上，通过翻译所搜集的资料及学校自己的科研成果，已发展成一门单独的专业课。水产养殖专业的藻类养殖学教材内容增加一倍多。专业基础课一般都增加了海洋的内容，生物化学增加海洋生物化学，动物生理增加鱼类生理等。[①]

1961年4月，院务委员会举行扩大会议，传达贯彻教育部关于教材建设的指示。针对"理论上压缩较多""质量高的只是少数"的情况，会议布置了重新编写各门课程教材工作。这次大量编写教材，其特点是强调学科的系统性和加强基础理论，其结果是使课程内容、时数增加，教材种类成倍地增长。到1962年上半年，编写教材29种。

1963年，学校在贯彻落实"高教60条"的过程中，根据少而精、学到手和因材施教的原则，教材编写取得显著成绩。新开11门新课，完成新编教材29种、教学参考书2种，修订教学大纲51门、教材30种。

至1964年3月，学校已开出课程220门，新编教材93种，基本上做到新开课程均有教学计划或讲义。从1965年9月至1966年1月，学校在教改方面重点抓16门教材的编写，大部分课程内容压缩三分之一，一部分课程减少四分之一，个别课程减少二分之一。[②]

四、加强实验室建设

1959年3月，除了海洋系、水产系外，其他各系实验室几乎为空白。至1965年学校建立的实验室有海洋水文气象系的海洋调查、大气探测、气象仪器实验室，海洋物理系的电子线路、基础物理、表征、近代物理、水声等实验室，海洋化学系的分析化学、有机化学实验室，海洋生物系的无脊椎组织胚胎、脊椎动物、植物与海藻、生化、动物生理、同位素等实验室，海洋地质系的测量、普通地质、结晶矿物、矿床、粒度分析、岩石、微体古生物、区域地质、地貌等实验室，水产系的水产动物、藻类养殖、生物化学、微生物学、水产食品工艺、渔具材料工艺、航海等实验室和水产生物标本室等。

---

① 《山东海洋学院校史（征求意见稿）》，中国海洋大学档案馆藏，档号：HY-1986-CB-12-1。
② 栾开政：《山东高等教育发展史（1840—2000）》，山东教育出版社2003年版，第336页。

1959年11月，山东高教局批准学校气象观测场立项建设。1960年在校内（大学路2号楼）建立了气象实习台，设有预报室、报务室、填图室、气象观测室等，在海洋馆前填沟平地建立了一个标准地面观测场。5月1日，开始对校内发布每日天气预报，由校广播站播送。1966年"文革"开始，气象实习台停止工作。

随着实验室数量的不断增加，学校逐年加大购置仪器设备的力度。至1960年12月，充实原实验室9个，新增实验室15个，价值在50元以上的仪器由原来的800余件增至5000余件。1961年底，仪器6000余件（套）。至1963年6月，充实扩建实验室22个，已建实验室40个，正在建设的31个。至1964年3月，学校已建立实验室50个，购置仪器设备的投入由1959年初的48.7万元增加到442.4万元。

1965年10月，学校呈报山东省计委：淡水养殖试验场工程原计划在崂山水库旁建池71.4亩，批准投资18.94万元。由于当地造价太高，经学校研究转址到即墨县蓝村火车站荒地筹建。经过40多天的紧张施工，至1965年12月，蓝村淡水养殖试验场建成。该试验场总面积78亩，水池面积48亩，建有楼房、平房及鱼池、孵化池等，建筑面积413平方米；铺设管道900余米，修筑道路1500多米，共投资7万多元。

山东海洋学院继承校史上的优良校风并发扬光大，初建时期虽困难重重，但海院人团结奋斗、艰苦创业、勇于探索、治学严谨，对后续办学产生了深远影响。

五、研究生培养

学校水产系、水产研究所于1948年时进行的研究生教育实践，因系主任朱树屏返回中研院工作，加上战争影响而中止。海洋、水产学科经过十余年的发展，研究生教育再度提上日程。1960年10月，两学科招收硕士研究生16人，其中海洋水文专业1人，海洋气象专业2人，海洋动物专业1人，海洋植物专业1人，海水养殖专业4人，淡水养殖专业4人，工业捕鱼专业1人，水产加工专业2人。其中的8名学生于1963年以本科生身份毕业，1964年毕业硕士研究生2人。

第五节　师资队伍建设卓有成效

建院初期，师资力量相对薄弱，学校采取多种方式、通过各种渠道引进教师。制定并实施师资培养计划，通过进修、晋升、确定骨干教师等多种举措，提高教师的业务能力。在较短的时间里建立一支素质较高、能够适应教学需要的教师队伍。

一、提高教师水平

学校十分重视师资队伍建设。1959年10月，实施《山东海洋学院教师进修和接受进修教师工作暂行办法》。1960年7月，学校对师资培养进行专题研究，制定了培养具体办法：① 加强政治思想教育，以促进教师业务素质的提高；② 由易到难，先协助后独立；③ 派出短期培训；④ 以科研带动提高师资水平；⑤ 以带实习方式，培养青年教师独立工作能力及理论联系实际的能力。

1961年下半年至1962年上半年，学校对全体教师特别是青年教师进行摸底，对教学任务和师资力量之间的矛盾认识更加清晰，确定以基础课和专业课的教师为培养重点，青年教师以补基础和学外文为主。在培养途径方面，以在校培养为主，辅以适当派出进修。在校培养，除了参加经常性的教学活动外，还为青年教师专门开课或举办短期训练班；组织读书讨论或学术报告会，一年中组织学术报告会44次、读书报告会140次；随班听课，主要听专业基础课和专业课；通过科研、编写教材或资料整理进行培养；改善教师特别是老教师的工作条件等。

1963年2月，根据教育部指示，制定并上报《山东海洋学院十年培养师资计划》。1963年上半年，学校落实教育部召开的科研工作会议精神，在摸清情况、调整师资队伍的基础上，制定师资培养五年规划。强调发挥老教师的指导作用，用"带徒弟"的办法培养青年教师，要求青年教师虚心学习、刻苦钻研，老、中、青教师团结互助，教学相长，共同提高。要求普通教师每周五个工作日以上用于业务工作；兼系主任以上行政职务的教师不能少于二分之一或三分之一的工作日用于业务工作；重点培养的教师，减少教学或行政工作，保证他们有二分之一或三分之一的业务时间用于学习或进修。

经过一年的培养，教师的业务水平和能力有明显提高。增开11门课，12名助教独立开课；结合教学开展63个项目的科研工作，提交论文40余篇。外语补修方面，已有一半左右的青年教师基本上掌握了一门外语。

学校特别注重青年教师的培养，根据"高教60条"要求和教学需要，制定专门培养计划。其中讲师有张炳根、于良、方同光、李重华等，助教有余宙文、高文绣、包青华等。要求他们自学恩格斯《自然辩证法》，每两周座谈一次，坚持了一年。他们在自学中逐渐掌握了辩证唯物主义方法论，由此进行教学和科研，受益良多。海洋水文气象系动力教研室大力培养青年教师，要求他们埋头苦读。文圣常和景振华专门为青年教师讲授外语和数学，以便打好扎实的基础。经过有组织、有计划地培养，培养出余宙文、冯士筰等有成就的人才。[1]

1961年、1964年先后确定两批骨干教师进行重点培养。第一批骨干教师为余宙文、俞光耀、秦曾灏、吕增尧、高文绣、于良、周家义、潜婉英、方同光、王筱庆、高清廉、李重华、林振宏、冉祥熙、张炳根、赵森、何立德、陈杏生；第二批骨干教师为冯士筰、王如才、汪人俊、沈剑平、杜曾荫、林俊轩、高曼娜、申钧、谢式南、赵茂祥、徐德伦、侯恩准等。

1963年11月，曲相升院长代表学校与厦门大学、中国科学院华东海洋所签订合作协议，内容之一就是互派教师进修，互相提供参观、学习的便利等。学校利用这种合作方式，开阔教师的视野，提高业务水平。实践证明，师资培养工作对于学校事业的发展具有深远影响。当年重点培养的绝大多数教师，后来在各自的专业领域多有建树，为学校发展和国家海洋科教事业作出了重要贡献。

二、改善教师待遇

1960年7月，学校根据国家关于高校教师职务确定与提升和工资调整的指示，将教师职务名称定为教授、副教授、讲师、助教四级。通过对163名参评教师的政治表现、业务水平、科研能力等方面的考察，经过充分酝酿、民主评议、系委会推荐、党委研究，于7月14日在第12次院委会会议上讨论通过了职务提升、工资升级的教师名单，其中康迪安、温保华晋升为副教授，施正铿、冉祥熙等29人晋升为讲师。工资提级的共有72人，其中教授4人、副教授5人、讲师14人、助教49人。

1962年5月，学校确定教师职称评定名单，共有34人晋升，其中陈成琳、李重华、李爱杰、孙月浦晋升为副教授；苏育嵩、张炳根等27人晋升为讲师。

1963年10月，学校根据国家有关政策调整部分教职工的工资。在全部737名教职工中，有245人升级，其中教学人员114人、行政人员79人、工勤人员52人；另有套级、定级的23人。

这些政策、措施的有效落实，改善了知识分子的待遇，提高了教职员工的工作积极性，对学校的发展有很大的促进作用。

这一时期，学校汇集了一批著名的学者，他们分别在各系主持工作和任教。海洋学方面有赫崇本、唐世凤、文圣常，气象学方面有王彬华、牛振义，物理学方面有杨有楙，生

---

[1] 许亮：《往事沧桑——回忆山东海洋学院》，冉祥熙主编：《往事集》，青岛海洋大学出版社1993年版，第222页。

物学方面有方宗熙、薛廷耀、邹源琳、李冠国、高哲生、李嘉泳、王敏、郑柏林，水产学方面有沈汉祥、何垅、尹左芬、彭其祥，地质学方面有丘捷、白季眉、郝颐寿等，其他学科有赵太侔、乔裕昌、许继曾、刘智白、郭谨安等。

第六节　科学研究与技术革新取得进展

山东海洋学院将科研工作置于重要的位置，以教学促进科研，又以科研加强教学，教研相长，不断活跃学术氛围。这一时期，学校在科研领域涌现出一批学术成果，有的在国内处于领先地位。

一、科研工作蓬勃开展

学校年度总结和党代会报告显示：1959年完成科研项目237项，在国家级刊物上发表学术论文6篇，本校学报发表15篇，举行学术研讨会60多次。1960年完成科研项目200余项，在国家级刊物上发表学术论文16篇，本校学报发表37篇，有3篇提交到中国、苏联、朝鲜、越南四国渔业会议上。各单位共举办学术报告会、读书报告会120余次，学术气氛日趋活跃。1961年学校组织学术报告会44次，读书报告会140次，完成科研项目11项。1962年3月至1963年6月，学校结合教学开展63项科研项目，提交论文40余篇。

1963年12月，在中国水产学会成立大会暨首次综合性学术讨论会上，学校有3篇论文作大会交流。1964年1月，为更好服务于青岛市水产业开发，学校向市科委报送《落实青岛市水产十年规划项目表》，提出研究项目共14项。3月，按国家科委要求，学校上报科研论文和成果如下：①《台湾海区海水环流及黄东海水平衡的初步探讨》（苏育嵩）；②《非线性自动调节系统的稳定性》（张炳根）；③《金乌贼在黄渤海的结群、生殖发育和洄游》（李嘉泳）。据统计，1963年学校承担国家级科学研究项目44项，到1964年11月时有61项，两年共发表论文53篇。[①]

1964年3月，山东海洋学院对五年来科研工作进行总结。共发表科研论文103篇，仅1963年就在国内学术会上提交论文40多篇，有的已被生产单位所采用，有的引起国际上重视。1962—1963年在校内举行学术会议290余次。五周年院庆期间，共提交论文96篇，组织了76场学术报告会，还举办了为期半年的大型教学、科研成果展览。

---

① 张静主编：《中国海洋大学大事记》，中国海洋大学出版社2014年版，第79页。

1965年，学校着力推动所承担的四项国家重点项目。在海浪理论及预报方法的研究方面，提出适合我国实际情况的预报方法，对青岛海运局、捕捞公司、水产公司和北海舰队等单位所作海浪预报，准确度达到80%以上；水声物理研究方面，解决"东方红"船水声实验室的仪器设备配套问题；海洋调查仪器研制方面，进行了深度计、温度计、水文绞车、振动活塞取样管、重力活塞取样管、水下透明度仪的试制；在滩涂港湾调查及增殖利用方面的研究，解决了生产中一些急需的问题。

二、国内领先的学术成果

自20世纪50年代起，以赫崇本、方宗熙、薛廷耀、文圣常等为代表的学者，在物理海洋、海洋生物、海洋化学和水产等领域，取得一批国内领先的学术成果，有的达到国际先进水平，代表了当时中国海洋、水产研究的前沿水平。

1. 海洋水文气象系的科学研究。水团是中国物理海洋学的基本问题和开展最早的一个研究领域，赫崇本是主要奠基人。赫崇本于1959年发表论文《黄海冷水团的形成及其性质的初步探讨》，1964年主编的《全国海洋综合调查报告·第四册》出版，对水团特别是对黄海冷水团进行了充分的研究，对冷水团的性质、季节变化以及它所能达到的范围作出系统论述。

海浪是中国最早开展研究的物理海洋学分支之一，文圣常是中国海浪研究的开创者。他在1960年发表论文《普遍风浪谱及其应用》，普遍风浪谱被誉为"文氏风浪谱"；在涌浪研究中，文圣常于1960年发表论文《涌浪谱》。这两篇论文在《中国科学》上以英文发表。其中，《普遍风浪谱及其应用》还被译成俄语，在苏联著名海洋学家克累洛夫编著的《风浪》论文集中全文刊出。1962年，文圣常出版《海浪原理》一书，这是世界上第一部海浪理论专著，在海浪研究领域具有里程碑意义，被列为国际五大海浪名著之一。

1966年8月14日，国家海洋局海洋水文气象预报总台根据文圣常的研究成果，向全国播发第一条海浪预报。该方法作为中国近岸工程设计和管理标准之一，列入中华人民共和国交通部《港口工程技术规范（海港水文）》（1978年）中，从而结束了中国在有关规范中长期依赖国外方法的状况。

景振华主要致力于海流理论、计算及预报的教学和科研工作。1966年，科学出版社出版了他的中国第一部有关海流生成机制、运动和变化的专著《海流原理》。

陈宗镛致力于潮汐学和海平面变化的研究。1959年夏，陈宗镛引入当时国际上最先进的杜德森方法，计算出61个分潮的调和常数，在我国首次作出一年潮汐观测资料的分析并准确预报，使潮汐预报达到国际水平。1960年，陈宗镛提出后来被称为"陈宗镛公式"的计算日平均海平面的低通数值滤波公式。这是当时世界上计算日平均海平面最简便的公式。1965年，陈宗镛开展含摩擦效应的"泰勒问题"研究，发表了《长方形浅水海湾的一种潮波模式》，推动了"泰勒问题"的研究。

唐世凤致力于潮汐研究。1959年，他发表论文《八分算潮法》，首次将民间流传的潮水涨落估算方法，从潮汐运动规律角度总结成简单易记的6种计算方法。1965年，他与陈宗镛合作完成《胶州湾东洋嘴验潮站研究报告》，为纳入高浓度海水晒盐提供了一整套科学方法。青岛马戈庄等盐场采用后，获得巨大经济效益。

王彬华主要从事海洋气象方面的教学和科研工作，出版教材《普通气象学》、科普作品《云空漫游》等；研究太平洋海洋环流和东亚大气环流之间的关系及其对中国气候的影响，撰有学术论文《人工造雾试验报告》《北太平洋西部海流环流与大气环流的对应关系》等。

2. 水产系的学术研究。1962年10月，尹左芬与王贻观等23位科学家在国家科委水产组会议上，向聂荣臻、谭震林副总理及国家科委、水产部提出书面报告《关于加强水产科学技术工作大力发展水产事业的若干紧急建议》。在学术研究方面，尹左芬专长于海洋无脊椎动物学。1961年10月，她编著的《无脊椎动物学》一书出版，该书一直是全国高等水产院校的基础教材。1965年，她发表对虾性腺发育的初步研究成果。同年3月，尹左芬作为课题负责人，承担水产部重点科研项目——滩涂开发利用中的对虾人工养殖，并开始在乳山湾金港建设实验基地，课题组成员有王克行、胡维兴、俞开康等。

新中国成立前，中国的海洋细菌研究几乎是空白。新中国成立后，随着海洋科学的发展，海洋细菌研究日益受到重视。薛廷耀、陈世阳是海洋细菌研究的代表学者。

1959年，薛廷耀建立微生物实验室，专注于海洋发光菌研究，进行了海洋生物发光的比较生化研究，以及发光细菌在海水中重金属的监测和消除的应用研究。薛廷耀与孙国玉等首次从青岛近岸潮间带底泥中分离出排硫杆菌、氧化硫杆菌及脱氧硫杆菌，并发现在含硫化细菌少的碱土中，施入硫黄并接种适当的硫杆菌，对强碱二的改良会产生有益效用；1960年，薛廷耀从胶州湾海水中获得11株小球菌，对其生理生化特征和生物学分类进行深入研究。1962年，薛廷耀编译的《海洋细菌学》出版。

陈世阳从事微生物的研究与教学工作。1961年，他从青岛近海分离获得嗜盐性自身固氮菌海洋变种。同年编著出版《微生物学》。

李德尚主要从事浮游生物学和内陆水域鱼类增养殖学的教学与研究。1958年翻译并出版苏联高等学校教科书《天然水域鱼类增殖学》，1961年出版我国养殖学的第一部统编教材《内陆水域鱼类增殖学》；负责起草我国水产高校内陆水域鱼类增殖学课程的第一部通用教学大纲。在此期间，他还编写鱼类学讲义，以鱼类生物学内容为特色，涵盖基础生物学和群落生物学，为国内鱼类学领域增添了新的内容，成为当时全国水产养殖专业的主要参考资料。

彭其祥长期致力于电机工程方面的研究与教学，编写《电工学》《渔船电气设备》等教材，翻译、出版了《电工学与电气设备》《船舶的电气系统》等著作；1957年从事渔船发电机保护系统自动化的研究；1959年进行小型异步电机的发电机运用的研究，1961年研制成功直流脉冲捕鱼装置。

许继曾长期从事教学工作，教授工程力学、材料力学、结构力学、弹性力学、化学等课程，编有讲义《工程力学》《静力学》，在《水产译丛》发表译文《渔具力学研究的发展》。

沈汉祥致力于鱼类饲养及渔业工程研究。撰写、出版了《淡水养殖学》《钓鱼技术》《渔具学》《网具捕鱼技术》等著作。1957年后，他在青岛女姑口养殖场期间，开展鲤鱼的繁殖育苗研究，同时对"四大家鱼"做育苗与养成等工作。

这个时期，水产系出版的学术著作还有《鱼病学》（陆琎、葛国昌译）、《水产动物胚胎学》（高洁主编）、《贝类养殖学》（王如才主编）、《生物化学》（李爱杰著）、《捕鱼机械与设备》（侯恩淮等著）、《水生生物学》（李冠国、陆琎合编）、《实用航海术》（何埗著）等。

3. 海洋生物系的学术研究。20世纪50年代末，方宗熙等开始海带数量性状和新品种的培育研究。从1958年到1964年，先后选育出"海青一号"（宽叶品种）优良养殖品种和"海青二号"（长叶品种）、"海青三号"（厚叶品种）等几个自交系，创中国海水养殖业良种化养殖的纪录，大大推动了中国海带养殖业的发展。开创对多细胞海藻遗传的研究，获得的社会效益和经济效益相统一，并为后期海洋生物遗传改良研究奠定了重要的理论与方法论基础。与此同时，方宗熙带领研究团队在广东汕头选育出耐高温的"59-1"海带高产新品种，引领并推动中国第一次海水养殖浪潮蓬勃发展。

邹源琳长期从事鱼类学教学和科研工作，发表《中国的水产资源分布》《山东省沿海滩涂鱼类调查》《鲅鱼的鳃上的器官》《鱼类的分类系统和各纲各类鱼类的分目检索》等学术论文；1962年完成《鱼类分类系统》《鳓鱼的骨骼系统》（与林华英合写）。

其间，修订《鱼类形态学》讲义。1966年7月，邹源琳翻译的J. R.诺曼著的《鱼类史》出版，成为国内一些大专院校的生物专业或水产专业的教科书。

郑柏林主要进行植物学、海藻学和海藻加工利用等课程的教学和相关领域的科研工作。著述有论文《黄海和渤海的经济海藻》《青岛几种褐藻维生素PP（Niacin）含量的研究》《秋水仙素（Colchicine）对海带生产的影响》等；与曾呈奎等编著的《中国常见的海藻》（英文版）于1962年出版，是国内海藻研究和生产人员的重要参考书。1961年，她与王筱庆编著的《海藻学》，是我国第一本海藻学的专业教材。

李嘉泳致力于无脊椎动物胚胎学的研究和教学工作。先后发表学术论文《强棘红螺的生殖和胚胎发育》（1959年）、《金乌贼在我国黄渤海的结群、兰殖、洄游和发育》（1960年）、《胶州湾两种习见帘蛤的生殖周期》（1962年）、《胶州湾潮间带底内动物的生态学观察》（1962年）、《强壮箭虫的发育生物学研究》（1965年）等。

高哲生致力于无脊椎动物研究，先后发表论文《山东沿海水螅虫的研究（一）》（1956年）、《山东沿海水螅水母的研究（一）》（1958年）、《华北沿海的多毛类环节动物》（1959年）、《舟山的水螅水母类》（1962年）、《海洋有毒动物的毒性研究——河鲀的毒性实验》（1964年）等。

4. 海洋物理系的科学研究。海洋物理学主要包括海洋声学、海洋光学、海洋电磁学和海洋热学、海洋重力学、海洋磁学等。在中国仅前三项开展的研究工作较多些，其中海洋声学的成就最大。[①]

1961年，海洋物理教研室开始海洋光学的教学和科研工作，并于1963年开始研制多波段海水透明度仪。

1965年7月28日，由国防科委、中国科学院、国家海洋局联合举办，山东海洋学院承办的全国首次海洋光学专业协调会议在学校召开。主要解决已列入国家海洋科技十年规划的中心问题——"中国近海光学现象的调查研究"的近期分工协作，共同探讨海洋光学如何为国防服务等。与会学者交流了海洋光学仪器研制和实验室建设等方面的经验。学校10人参加这次会议，海洋物理系主任杨有栖担任会议主席并主持大会。

赫崇本在国家海洋局支持下组织了两次大规模的海洋仪器会战，推动海洋仪器装备向国产化、现代化发展。第一次全国海洋仪器会战于1965年9月至1966年10月在青岛开展。在这次会战中，海洋光学领域有三台仪器参加，即海洋物理系的多波段海水透明度

① 徐鸿儒主编：《中国海洋学史》，山东教育出版社2004年版，第226页。

仪、中国科学院南海研究所的多光谱水下辐照度计和小型透明度仪。1966年10月，三台仪器先后研制完成，并通过由第一机械工业部主持的鉴定。

1964年前后，我国开始研制电子温度、深度测量仪器。山东海洋学院率先研制成功的电子温度计和浅海电子深度计，1965年在海洋仪器会战中被列为改造产品，1966年鉴定后定型生产。

学校是中国最早开展声学研究的高校之一，杨有桢是声学研究领域的代表学者。1959年，海洋物理系改进了建于1958年的钛酸钡工厂的生产过程，工厂全年总产值达9470元，比原计划超额完成近四倍。在杨有桢指导下，钛酸钡工厂研制出高机械强度的钛酸钡并成批生产，满足了有关单位装配水声换能器的需要，为我国刚刚兴起的水声学科的发展起到推动作用。这一时期，杨有桢发表《超声干涉原理》《胡琴声谱分析》等研究文章，编写《无线电电子学基础》《半导体电路》《晶体管电路》和《声学原理》等讲义。

5. 海洋化学系的科研工作。为满足我国海洋调查的需要，孙秉一等于1958年首次研制出以IAPSO标准海水为基础的中国标准海水，1959年山东海洋学院在化学馆建立中国第一个标准海水工厂，自制大量的标准海水，供应全国海洋机构使用。1965年海洋化学系生产的中国标准海水正式通过国家鉴定。

1959年海洋化学系提出海水中硫酸根和钠的快速测定方法。1961年潜婉英提出海水中钾的分析方法。1964年孙秉一研制成功氯度、盐度计算尺，为中国海洋研究和调查建立起国家级标准。1960年周家义、赵鸿本等开展卤水、海砂综合利用及钛、锆等稀有元素提取的研究。还创办化学试剂厂，进行粗硫酸提纯等。

1965年，我国第一台反渗透海水淡化装置在海洋化学系问世，并用自制的反渗透膜实现海水脱盐，闵学颐、钱佐国负责此项工作。

6. 海洋地质系的科研工作。海洋地质系较之其他系成立较晚，丘捷、白季眉、郝颐寿、张保民等知名学者在该系执教。白季眉是我国著名水利工程及测量学专家，著有《普通测量学教本》《普通计算用表》《最小自乘法》《普通测量学》。这一时期研究星球运转，著有《北天·南天·赤道天·星球之运转》，其中自绘星图多幅，一时被国内外的太空科学学者引为重要资料。

郝颐寿是知名地质专家，1934年7月毕业于南京中央大学地质学系，先后在浙江大学、贵州大学、山东大学任教。长期从事野外地质调查、矿床勘探和高等学校的地质课教学工作，擅长野外地质调查、多种矿床（特别是铜矿）的勘探和开采，对矿床成因理论的研究有较高造诣。著有《生物在地史上的分布概况》，译作有《太平洋海洋地质》。

这个时期,海洋地质系教师在《山东海洋学院学报》发表的论文有《胶东深断裂体系》(王德文、李桂群)、《宁镇山脉孔山地区栖霞组底部之新观察》(王德文、程广芬)、《山东招远南部近东西向断裂带的基本特点》(王德文、钱凯)、《某海岸带钴英石砂矿矿床特征和富集规律的初步研究》(黎权伟、且钟禹、王玉文、林振宏、杨作升)、《浅水波浪水质点运动的不对称性与海岸泥沙横向移动问题》(沈剑平)等。

三、牵头倡建国家海洋局

1958年,我国大规模的海洋科学综合调查取得丰硕成果,极大鼓舞了全国海洋科学工作者,也使国家更加重视海洋科学调查和研究,深切认识到探索海洋的必要性和重要性。

全国海洋普查结束后,我国的海洋事业如何发展,成为海洋科学家和国家有关部门领导极为重视与关心的问题。调查领导小组副组长赫崇本、曾呈奎认识到,海洋普查的意义重大,采用社会主义大协作的方式,调集相关单位的人力、物力共同开展调查是卓有成效的。他们认为,国家应该成立一个专门机构,把国家的海洋事业统一管起来。

1963年3月,国家科委海洋组在青岛召开会议,研究讨论《海洋科学十年发展规划(草案)》。会议前后,赫崇本、曾呈奎等海洋科学家提出建议,为加快发展中国海洋事业,统一管理国家的海事工作,应设置全国性海洋管理协调机构。5月,国家科委海洋组在北京香山召开会议,继续研讨《海洋科学十年发展规划(草案)》。5月6日,赫崇本联合地学界28名专家联名上书国家科委,建议设立国家海洋局。[1]

涉及成立国家海洋局的报告由赫崇本、曾呈奎、毛汉礼等7位著名科学家起草,29位专家签名。他们是么枕生、毛汉礼、文圣常、业治铮、刘恩兰、刘好治、刘瑞玉、刘光鼎、丘捷、朱树屏、任美锷、吕炯、严恺、李法西、何恩典、陈吉余、李树勋、李嘉泳、郑重、郑执中、施成熙、陶诗言、张玺、张孝威、曾呈奎、程纯枢、杨有桦、杨剑初、赫崇本。[2]这些专家中,赫崇本、文圣常、丘捷、李嘉泳、杨有桦是山东海院学者,曾呈奎、朱树屏、毛汉礼、张玺、刘光鼎曾在山东海洋学院的前身——国立山东大学、山东大学的海洋系、水产系、生物系任教或求学。29人中有10人与学校有直接或间接的关系,加之赫崇本先生是首先倡议者之一,故说学校牵头倡议设立国家海洋局名副其实。

①《新中国海洋事业的开拓者——赫崇本》,载《中国海洋报》2009年9月10日。
②陈国达、陈述彭等主编:《中国地学大事典》,山东科学出版社1992年版,第655页。

国家科委党组和国务院副总理兼国家科委主任聂荣臻非常重视科学家们的建议。1964年1月4日，国家科委党组和聂荣臻副总理同时致信中共中央书记处和邓小平总书记，反映专家们关于成立国家海洋局的建议。2月11日，中共中央作出经毛泽东主席圈阅的批示：同意在国务院下成立直属的海洋局，由海军代管。7月22日，第二届全国人民代表大会常委会第124次会议批准在国务院下成立国家海洋局。10月31日，国务院第148次全体会议决定，任命齐勇为国家海洋局局长，刘志平、周绍棠为副局长；赫崇本教授任国家海洋局顾问。11月1日，中共中央、国务院对国家海洋局的管理体制作出批复："海洋工作方面有关科学调查研究工作的方针政策、远景规划、年度计划等由国家科委归口管理；党政领导及海上行动的指挥等统由海军负责。"[1]

国家海洋局的成立结束了中国海洋事业无专责部门管理的历史，开启了国家海洋科研和海洋管理迈向统筹、协调发展的新时期。

第七节　党建与政治思想工作稳步发展

自"高教60条"发布至1965年，学校召开了四次党代会，制定并适时调整学校的发展目标。不断改革领导制度和加强党组织建设，积极落实知识分子政策，开展形式多样的政治教育，党建工作和政治思想工作稳步发展。1962年到1965年是学校在党的思想建设、作风建设和组织建设方面开展得比较扎实的时期之一。

一、四次党代会与党委会调整

1960年3月12日至13日，中共山东海洋学院第一次代表大会在"六二礼堂"召开。曲相升致开幕词，高云昌代表党委作工作报告。报告共分两个部分，第一部分是一年来的工作总结，第二部分为学校今后工作的方针和任务。

工作报告指出：一年来，学校在"反右倾"整风、社会主义教育运动、揭批和清除各种"右倾"思想、学习毛主席著作等各方面都取得了巨大的成就，各项工作出现了新局面，师生的思想面貌发生了巨大的变化；坚持贯彻党的教育为无产阶级政治服务、教育与生产劳动相结合的方针，实现了以教学为中心的"三结合"，从而在教学、生产劳动、科学研究及其他各项工作方面，都取得了巨大的成绩。学校今后工作的方针和任

---

[1] 陈国达、陈述彭等主编：《中国地学大事典》，山东科学技术出版社1992年版，第655页。

务：高举毛泽东思想红旗，不断促进生产、学习、技术革命运动的新高潮，为更好更快地完成1960年的国民经济任务而奋斗；进一步贯彻党的教育方针，深入开展教育革命；继续大抓教学和以教学为中心的"三结合"，积极改进教学，努力提高教学质量，加强生产劳动，大搞科学研究，实现更好更全面的发展，迅速把学校建成"五红基地"，争取在短时间内达到全国先进水平。①

大会选举曲相升、高云昌、刘欣、洪波、杨润玺、糜白辰、侯连三、邵平、李涛、牟力、陈铎、周惠之、董胜、曲兰芳、徐瑜15人为党委委员；曲相升、高云昌、刘欣、洪波、杨润玺、糜白辰为党委常委。大会还选出31人为出席青岛市高教党代会代表。

1962年3月7日，中共山东海洋学院第二次代表大会召开。大会通过《贯彻〈教育部直属高等学校暂行工作条例（草案）〉的三年规划》；选举曲相升、高云昌、许亮、侯连三、刘欣、洪波、杨润玺、鲁希平、糜伯辰、周惠之、牟力、邵平、陈铎、曲超、李涛、齐秀山、赵子安、赫崇本、董胜、赵磊、徐瑜等21人组成党委会；选举曲桂升、高云昌、洪波、侯连三、许亮、刘欣、杨润玺7人为常务委员；选举曲相升为书记，高云昌为副书记。

1963年6月8日，中共山东海洋学院第三次代表大会召开。大会通过上届党委工作报告，选举曲相升、高云昌、许亮、侯连三、刘欣、洪波、杨润玺、邵平、李涛、鲁希平、何庆丰、赵子安、赫崇本、张克、赵磊、齐秀山、曲超、周清和、牟力等19人为新一届党委委员。党委常委、副书记、书记，没有变动。

党委在工作报告中，对一年来的工作作出总结。认为党的领导和党的工作日益加强，政治思想工作更加深入、细致，师生员工的思想觉悟不断提高，工作积极性日益增强，教学质量逐步提高，行政管理工作不断完善。会议讨论通过《关于进一步加强思想政治工作的意见》和《关于加强党的组织建设工作的意见》，并作出决议。

1965年7月27日，中共山东海洋学院第四次代表大会在"六二礼堂"召开。全院220名党员选出的75名代表全部出席会议，党委书记曲相升代表上届党委作工作报告。大会选举曲相升、冯起、高云昌、许亮、侯连三、李涛、牟力、赵磊、高欣山、张克、何庆丰、刘仁民、张乱则为新一届党委委员，曲相升、冯起、高云昌、许亮、侯连三为常务委员。

学校不断加强干部作风建设，1964年12月，党委常委会讨论、研究改进干部工作作风问题。决定：① 任何领导到食堂买饭都要排队；② 任何领导到保健科看病都要挂号，取消代挂号和医生陪同看病；③ 领导人在校内看电影一律排队买票；④ 除因公事，一律

①《山东海洋学院第一次党员大会通知、议程名单、工作报告、会议决议》，中国海洋大学档案馆藏，档号：HY-1960-DB-021。

不坐小汽车；⑤ 所有领导干部（体弱有病者除外）都要同教职工一样定期参加劳动。

二、落实党的知识分子政策

（一）开展甄别工作，纠正部分错误

自1957年反右派斗争后，山东大学在整风、"反右倾"、大炼钢铁、"拔白旗"、"双反"等多项运动中，批判、处分了一些教师、干部和学生，使党内关系、党群关系结下许多疙瘩，妨碍了党内外正常的民主生活。有些人长期背着沉重的政治包袱，心情压抑，工作积极性受到严重影响。

1961年8月，根据中共中央关于对1958—1960年整风、"反右倾"、大炼钢铁、"拔白旗"等运动中受到错误批判处理的党员、干部和学生进行甄别和重新作出结论的指示精神，学校按照山东省委的具体部署，对受到错误批斗的101名师生进行甄别，对93人予以改正。1962年4月27日，中央又发出《关于加速进行党员干部甄别工作的指示》，学校根据中央的精神，于1962年上半年，对上一次的甄别工作进行复查，强调应甄别的不要漏掉，同时强调干部和群众都要正确接受教训，加强团结。学校对已甄别、改正的干部、教师，在工作上作了合理的安排，生活上尽量给予照顾，充分发挥他们在管理、教学工作中的作用。1962年，还进行了为"右派摘帽"工作[1]。由此，党内外关系得到明显改善。

（二）调动知识分子工作积极性

1962年2月至3月，国家科委在广州召开全国科学工作会议，教务长赫崇本参加了这次会议。在会上，周恩来、陈毅同志讲话，郑重宣布知识分子是人民的劳动者，是为无产阶级服务的脑力劳动者；给广大知识分子"脱帽加冕"（即脱"资产阶级知识分子"之帽，加"劳动人民知识分子"之冕）[2]。

3月27日，周恩来在第二届全国人大三次会议上作政府工作报告，重申："知识分子中的绝大多数，都是积极地为社会主义服务，接受中国共产党的领导，并且愿意继续进行自我改造的。毫无疑问，他们是属于劳动人民的知识分子。"[3]政府工作报告是经过中央政治局讨论同意的，又由全国人民代表大会通过，因而关于知识分子政治属性的这一结论，是党和政府的正式意见。[4]

---

① 《常委会会议记录》，中国海洋大学档案馆藏，档号：HY-1962-DB-056。
② 中共中央党史研究室：《中国共产党历史》第二卷（1949—1978）下册，中共党史出版社2011年版，第609页。
③ 中共中央文献研究室编：《建国以来重要文献选编》（第十五册），中央文献出版社2011年版，第258页。
④ 中共中央党史研究室：《中国共产党历史》第二卷（1949—1978）下册，中共党史出版社2011年版，第609页。

4月，在讲师以上教师参加的院务委员会扩大会议上，赫崇本传达了周恩来总理，陈毅、聂荣臻副总理的报告和会议精神，然后进行了讨论。广大教师普遍感到党和国家对知识分子的正确政策又回来了，由衷地感到振奋。

为了更好地调动知识分子工作积极性，学校于1962年3月讨论通过教学行政组织大改组的名单，尹左芬、邹源琳等一批学有专长的教授、学者，被安排在系、系务委员会和教研室的重要岗位上。同月，学校上报并获准公布第四届院务委员会名单，共35人。主任委员为曲相升，副主任委员为许亮、侯连三，委员有高云昌、刘欣、洪波、赫崇本、薛廷耀、唐世凤、李涛、赵子安、牟力、杨润玺、王彬华、文圣常、杨有棣、亖良、闵学颐、唐思齐、方宗熙、李嘉泳、郑柏林、邹源琳、刘忠远、丘捷、郝颐寿、周惠之、尹左芬、李重华、何垙、周清和、刘智白、康迪安、赵太侔、郭谨安。这份名单，除曲相升等11人是党政领导外，其他24位委员均是教授、学者，其中吸收了多位非党员学者。据统计，第四届院务委员会中党员的比例由第一届的63.6%降至42.8%。

在院、系、教研室三级教学管理组织中，学校吸收教授、学者参与治校理学工作决策，最大限度地调动知识分子的积极性。通过贯彻广州会议精神，学校中的党员与非党员的关系、青年与中老年教师的关系、师生关系都得到了改善。1963年10月，党委对落实知识分子政策的情况进行总结，认为大部分民主党派成员在工作岗位上表现是比较积极的，总结中指出：经过职务上的安排，保证他们的必要职权，照顾了生活，进行了甄别等一系列工作后，知识分子在政治思想上开始活跃了，工作开始积极了，逐步形成一个民主和专业的高潮。1959—1963年，为非党知识分子安排了副教务长1人，正、副系主任9人，教研室主任41人。

三、加强政治理论课教学

"高教60条"规定，高等学校各专业都必须加强政治理论课程的教学，指导学生认真学习马克思列宁主义、毛泽东著作，学习党的方针政策，了解国内外形势，进行共产主义道德品质的教育。在学校党委的领导下，政治理论课的教学不断得到加强。

1962年上半年，党委组织马列主义教研室制定《关于改进马列主义教研室工作的几点意见》；下半年，根据山东省委政治理论教学会议的精神，组织各系党总支对学生政治理论课的教学情况进行调查研究，针对存在的问题，提出相应的改进措施。

关于理论联系实际的问题，进一步明确理论联系实际是政治理论课教学的根本方针，澄清了一部分人的模糊认识，打消了一部分人不敢联系实际和怕联系实际错了受批评的顾虑。关于如何坚持理论和实际的联系，学校的做法是，首先必须正确地讲清楚基本理论，在此基础上有目的地根据理论原则阐明一定的实际问题，并引导学生开展自由讨论，分析实际问题。其次是联系党的政策，着重阐明党的政策的理论根据，使学生从理论上、实际上理解党的政策，自觉执行党的政策。再次是定期研究、分析学生思想情况，密切结合学生思想，抓住带有普遍性、关键性的问题，引导学生用马克思列宁主义立场、观点、方法进行分析。[①]

关于学习贯彻政治理论"少而精"的问题。根据"少而精"的原则，修订了教学大纲，强调备课，改进教学方法，努力提高教学质量。

关于系统的政治理论教学和一般的思想教育工作相结合的问题。通过各系党总支和团组织了解学生的情况，将学生反映的某些问题，在上课时适当联系实际予以解答。同时，教授也直接深入班级联系学生，了解其思想情况，指导和帮助其提高政治觉悟。

1964年9月，党委根据全国高等学校、中等学校政治理论课会议精神要求，作出《关于贯彻中央政治理论课工作会议的决定》，强调政治理论课的根本任务是用毛泽东思想武装青年，培养又红又专的工人阶级知识分子，培养坚定的革命接班人。政治理论课要尽可能地用毛泽东著作作为教材。在课程设置方面，一年级开设中共党史课，二年级开设政治经济学课，三年级开设哲学课，四、五年级选读《毛泽东著作选读》（甲种本），明确政治理论课由党委统一领导。

1965年5月，学校党委发出《加强政治思想工作的意见》，强调必须高举毛泽东思想红旗，以阶级斗争、两条路线斗争为纲，坚持"四个第一"、大兴"三八作风"[②]，认真贯彻教育为无产阶级政治服务、教育与生产劳动相结合的方针，积极开展"兴无灭资"的斗争，不断促进师生员工的革命化，使海院成为一所培养德、智、体全面发展的有社会主义觉悟、有文化的劳动者的社会主义大学。

四、民主党派与群众组织建设

1959年5月，学校有民主党派人士38人，其中民革党员1人、民盟盟员15人、九三社员22人。至1965年，学校民盟盟员25人，其中教授5人、副教授5人、讲师等15人；九三社员27人，其中教授9人、副教授4人、讲师14人。

① 栾开政主编：《山东高等教育发展史（1840—2000）》，山东教育出版社2003年版，第323—344页。
②《山东海洋学院校史（征求意见稿）》，中国海洋大学档案馆藏，档号：HY-1986-CB-12-1。

学校民主党派积极参政议政，多人当选山东省、青岛市政协委员或民主党派委员。任山东省政协委员的有刘智白（常委）、方宗熙（常委）、赵太侔、薛廷耀；任青岛市政协委员的有方宗熙（常委）、唐世凤、高哲生、赫崇本；担任民盟青岛市委委员的有尹左芬、刘智白、李嘉泳、马绍先、郑柏林；在九三学社青岛分社中，赫崇本任常委，唐世凤、文圣常任委员。

赵太侔于1954年参加中国国民党革命委员会，1960年当选为民革中央第四届团结委员会委员，1962年任民革青岛市第三届委员会副主任委员。方宗熙曾担任山东省侨联副主席、青岛市侨联主席。

山东海洋学院工会于1959年3月成立，各单位相继建立工会组织。1961年3月，第一次学生代表大会召开。

第三章
"文革"十年艰难前行

　　1966年，一场始自文化领域并迅速扩展到全国的"文化大革命"爆发，中断了中国四个现代化的进程，迟滞了山东海洋学院的正常发展。"文革"的发生绝非偶然，而是有着复杂而深刻的国际国内背景。"实际上，它根本不是任何意义上的革命或社会进步，而只是一场由领导者错误发动，被反革命集团利用，给党、国家和各族人民带来严重灾难的内乱，使党、国家和人民遭到新中国成立以来最严重的挫折和损失，使全国人民艰苦创建的社会主义事业遭到前所未有的洗劫。"[①]

　　在这场内乱的前期，学校正常秩序完全被打乱，教学、科研被迫中断，一大批干部和师生受到不同程度的迫害，山东海洋学院发展遭受严重挫折。在"文革"后期，学校的大多数党员干部和师生，基于对党和国家的信任，以不同方式对"左"倾错误和极左思潮进行抵制和抗争，尽最大努力开展教学、科研、生产和后勤工作，有些方面取得了一定成效。

第一节　"文革"开始与"停课闹革命"

　　1965年11月，《文汇报》发表姚文元的《评新编历史剧〈海瑞罢官〉》是"文化大革

---

① 中共中央党史研究室：《中国共产党历史》第二卷（1949—1978）下册，中共党史出版社2011年版，第752页。

命"的导火索。①该文点名批判史学家、北京市副市长吴晗所写的京剧剧本《海瑞罢官》是为彭德怀翻案的"毒草"。山东省则开始对中共山东省委常委、省政府副省长余修的所谓"修正主义"点名批判。1966年5月间，山东海洋学院按照上级指示，成立了"院骨干战斗组"，开始组织撰写批判余修同志（曾任山东大学副教务长，时任山东省分管文教工作的副省长）的文章。

5月16日，中共中央政治局扩大会议通过《中国共产党中央委员会通知》，标志着"文化大革命"的正式开始。

6月1日晚，聂元梓等七人的大字报被中央人民广播电台全文播发后，在山东海洋学院引起强烈的反响，当晚校园里出现针对学校党委和各级领导的大字报。各种规章制度相继被指为"修正主义"的东西，正常的教学和其他工作遭到严重冲击。

6月3日，学校党委召开全校师生员工大会，高云昌副书记代表党委总结前一阶段"文化大革命"运动的情况。6月9日，学校再次召开全校师生员工大会，曲相升院长代表学校作《高举毛泽东思想伟大旗帜，放手发动群众，把无产阶级文化大革命进行到底》的报告。19日，学校党委研究决定，成立文化革命领导小组，曲相升任组长，高云昌任副组长，成员有许亮、冯起、张克。

6月13日，中共中央、国务院发出通知，决定改革高等学校招生考试办法。依据通知要求，学校将1966年招收新生工作推迟半年进行。根据高教部关于"本届高等学校毕业生一律在本校文化大革命基本结束时再分配工作"②的指示，296名应届毕业生暂缓分配工作。

6月20日，部分学生不听院党委劝阻，在校园广场广播站前，揪斗了水产系主任尹左芬教授、地质系主任丘捷教授以及其他教师、干部10多人。被批斗者身心受到极大摧残。

"文革"开始后，各高校办学秩序遭到严重破坏，处于瘫痪状态。为了控制混乱局面，1966年6月初，中共中央政治局常委扩大会议决定，向北京市高校和中学派出工作组并提出具体要求。此后，许多省、市效仿这一做法，开始相继向大专院校派出工作组。

6月28日，山东省委抽调15名干部组成工作组，进驻山东海洋学院。从6月29日至7月8日，工作组连续主持召开党委扩大会议，副科以上干部参加。迫于形势，曲相升、高云昌、许亮等常委先后在会上作检查。7月26日，在学校党委扩大会议休会时，省委工作组

---

① 中共中央党史研究室：《中国共产党历史》第二卷（1949—1978）下册，中共党史出版社2011年版，第753页。
② 张静主编：《中国海洋大学大事记》，中国海洋大学出版社2014年版，第85页。

宣布：根据群众要求，市委决定撤销曲相升、高云昌、许亮等人"文化大革命"领导小组成员职务。

从8月9日起，学校党政主要领导和系主任及部分所谓有问题的干部、教师，被迫半天检查、半天劳动。有的被揪斗、挂牌子在校内游街，受到残酷斗争。部分群众将院党委和工作组视为"文革"的障碍和阻力，省委工作组已很难控制住局面。鉴于此，奉山东省委指示，工作组于8月撤离学校。

11月至年底，外出串联的师生陆续返校，先后成立毛泽东思想红卫兵（简称"思想兵"）、中南海兵团红卫兵（简称"中南海兵团"）、"红教联""革教司"等十多个红卫兵组织。其间，大辩论、大批判、破"四旧"继续发展，部分人参与了砸青岛市天主教堂和崂山寺庙等破坏活动，造成严重损失和恶劣影响。

1967年1月22日，包括山东海洋学院"中南海兵团"在内的23个造反派组织联合夺了青岛市的党政大权，成立以王效禹为首的"青岛市革命造反委员会"（同年3月1日改称"青岛市革命委员会"），由此引发了青岛全面混乱。

3月1日，山东海洋学院"中南海兵团"等14个群众组织联合在青岛市人民会堂召开大会，宣布夺了山东海洋学院党、政、财、文一切大权，宣告"山东海洋学院革命委员会"（简称院革委会）正式成立。并发表《告全院革命师生员工书》，宣布旧党委从1966年5月16日开展"文革"以来所发的一切指示、文件，除了转发中央的以外，自即日起一律作废。

3月2日，院革委会召开第一次会议，研究决定院革委会由25人组成，下设办公室、组织组、宣传组、调查研究组、接待组、总务组、保卫组。5日，院革委会研究决定曲和令等七人为常委（23日又增补2人为常委），曲和令为革委会主任。10日，山东海洋学院革命委员会印章启用，同时宣布旧章作废。

为了控制全国的混乱局面，1967年3月，中央军委发出《关于集中力量执行支左、支农、支工、军管、军训任务的决定》。3月27日，北海舰队军训团"支左"小组奉命进驻山东海洋学院，组织学生开展军事训练，宣布复校闹革命，成立毕业生分配领导小组，"解放"干部，对稳定学校局面起了积极作用。

10月14日，中共中央、国务院、中央军委、中央文革小组联合发出《关于大、中、小学校复课闹革命的通知》，要求全国大、中、小学一律开学。10月30日，院革委会召开全院大会，宣布从即日起复课闹革命。

1967年10月，"两报一刊"①发表文章，公布毛泽东主席"关于革命的红卫兵和革命的学生组织要实现革命的大联合"的指示。中央发文，要求学生返校后认真贯彻执行毛主席的教育思想，按照班级和系的系统，实行革命大联合，建立革命的"三结合"领导班子。特别强调指出，教师干部的绝大多数是好的和比较好的，要让他们出来工作。根据中央的指示精神，学校在11月前后共"解放"干部11人，占全校中层以上干部总数的73%。

1968年3月10日，"中南海兵团""思想兵"等群众组织实现大联合。在此基础上，院革委会进行调整，委员由25人增至29人，常委由9人增至11人。

第二节　师生下放文登、日照

1968年5月25日，中共中央、中央文革小组发出《转发毛主席关于〈北京新华印刷厂军管会发动群众开展对敌斗争的经验〉的批示的通知》，布置开展"清理阶级队伍"（简称"清队"）。"清队"的对象是所谓的叛徒、特务、顽固不化的"走资派"等。

1968年夏天，学校没有放假。为了建"五七"干校，革委会组织人员选择地址，最后选定学校在即墨蓝村的淡水养殖场。1969年3月，"五七"干校成立，在养殖场附近三个村的大片洼地，开垦荒地百余亩种植水稻。

遵照中央指示精神，山东省陆续派出工人毛泽东思想宣传队（简称工宣队）进驻高等院校。8月28日，青岛市工宣队进驻山东海洋学院。11月20日，工宣队组织1200多名师生员工，乘坐十余辆卡车，到文登县沿海的侯家、泽库两个公社，和贫下中农同吃、同住、同劳动，接受再教育。

在文登农村两个月的时间里，除了劳动外，就是以"活靶子"为对象，对其"修正主义教育路线"进行一系列的大批判和"清理阶级队伍"的所谓"深挖"活动，为整党和精简机构、下放科室人员作准备。

即使在这种极端恶劣的环境中，有的教师依然初心不改，心系海洋事业。赫崇本教授、唐世凤教授、王彬华副教授以及青年教师冯士筰和前院长曲相升，住在前岛村一位王姓农民家里。他们挤在一间破旧的磨坊里，除了一盘残旧的石磨和一张土炕外，别无他物。每天凌晨，他们顶着凛冽的寒风，怀揣两把冰凉的地瓜干，被迫到海滩上去劳动改

---

① 即《人民日报》《解放军报》和《红旗》杂志。

造，直至太阳落山的时候才收工。晚上的批斗会散会后，若不太晚，他们还必须伏在石磨上在小油灯下写"检查材料"。

年逾花甲又体弱多病的赫崇本先生坚定地告诉年轻的冯士筰，要相信这种情况不会永远不改变，国家一定会有用大家的那一天；党的政策是"惩前毖后，治病救人"，国家还是要建设现代化社会主义强国，不要荒废学术研究。赫崇本先生隔三岔五，在午夜后，不管身心多么疲惫，总要给冯士筰讲世界和中国的海洋科学发展史。在数九寒天，在朔风呼啸的小渔村的漆黑夜晚，赫崇本先生在前方海洋的碧波上，给"牛棚"中的人们点亮一盏导航的明灯。①

文登县是革命老区，广大贫下中农觉悟高。有些农民公开说："这里是老解放区，我们懂得党的政策，三大纪律八项注意规定，对放下武器的俘虏还不准侮辱人格和虐待。你们对教师、干部这样折磨，是违背党的政策的！早知道这样，我们是不准你们来的，如果再如此胡来，我们就撵你们回去。"②贫下中农的朴素情感和觉悟，教育、鼓舞着身处逆境的教师和干部，让他们看到了光明，增添了信心和希望。1969年1月，全校师生冒着大雪，从文登县回到青岛。

1969年12月，青岛市革委会党的核心领导小组要求山东海洋学院以临战的姿态做好临时迁校和疏散人口准备，学校于12月底之前迁出青岛，强调这是加强战备"要准备打仗"的重要措施。临时迁校是疏散人口，不作为学校布局的调整。时间暂定三至四个月。

山东海洋学院这次"迁校"采取大集中和小分散相结合的方式，疏散地点有三处。第一处是大泽山区。少数人迁到位于平度和掖县交界的大泽山区，理由是：这个地区历史上是抗日根据地，群众觉悟高，基础好，有利于师生接受贫下中农的再教育；学校在此地建设了一个"小三线"，有一定的物质基础；人员比较集中，有利于完成各项斗、批、改任务。第二处是青岛。30%左右的教职工留校护校、搞科研和参加设在蓝村的"五七"干校劳动。第三处是日照县。44%的教职工于12月底之前迁到战备疏散点。

12月25日，学校1200多名师生被疏散到日照县丝山公社的四个自然村，接受贫下中农的再教育。当地有社员1000余户，学校占用民房315间，和当地社员同住、同吃、同劳动，历时八个月。其间，军、工宣队组织师生学习毛泽东《在延安文艺座谈会上的讲

---

① 冯士筰：《恩师》，侍茂崇、李明春、吉国：《一代宗师——赫崇本》，中国海洋大学出版社2014年版，第232–235页。
② 《山东海洋学院校史（征求意见稿）》，中国海洋大学档案馆藏，档号：HY–1986–CB–12–1。

话》、"老三篇"[①]；进行"一打三反"（打击反革命分子，反对贪污盗窃、投机倒把、铺张浪费）等政治运动。又有一些人遭受批判。

后因教职工的生活困难及当地农村住房紧张等实际问题，院革委会向青岛市革委会请示并获批准，这些师生从1970年8月6日起分三批返回青岛。

大部分师生迁到日照后，学校还将上千件贵重仪器和40万册图书运至日照县。由于不具备保管条件，不少仪器设备损毁，图书霉烂。从青岛到日照，来回折腾，师生员工精神上饱受折磨，图书仪器设备损失严重。

在下放日照县期间，海洋水文气象系教师侯国本住在丝山公社厉家庄的一位渔民家。侯国本通过对石臼湾海域的观察，发现这里海域广阔，岸基是花岗岩；岸线变化不大，远离大江大河，是建设国际大港的绝佳地址。

第三节　水产系并入烟台水产学校

1967年7月21日，根据毛泽东主席"五七指示"的精神，教育部、水产部、国家海洋局联合在山东海洋学院召开教改座谈会。会上决定水产系暂停招生，现有一、二、三年级学生改学其他专业，具体实施方案由学校提出并报教育部和国家计委。水产系将被调整的端倪初露。1968年6月，学校上报教育部、水产部、国家海洋局1967年各专业毕业人数，其中水产养殖专业46人、水产加工专业23人、海洋捕捞专业32人。

山东省于1970年开始对高等学校布局和专业进行调整。是年6月，山东省革委会召开全省高等学校教育革命会议。会议确定的大学调整指导思想是"到农村去，到工矿去，到工农群众中去，到工农业生产基地去"[②]"对省属各院校适当调整合并，缩小规模，分散下伸到厂矿或农村办学"[③]。调整的目的是面向农村，面向工矿，面向工农兵，开门办学。"厂校挂钩，学校办工厂（农场），建立教学、科研、生产相结合的新体制。"[④]

7月29日，中共山东省革委会党的核心领导小组公布《山东省高等学校布局和专业调整方案》。在这个方案中，大部分高校下放到偏远的工矿、农村去办学。山东海洋学院虽然不在下放之列，但该方案要求学校要面向国防，面向海洋，培养海洋专业人才；校址

---

① "老三篇"是指毛泽东的三篇文章：《为人民服务》《纪念白求恩》和《愚公移山》。
② 《山东教育四十年》，山东教育出版社1989年版，第524页。
③ 常连霆主编：《中共山东编年史》（第11卷），山东人民出版社2015年版，第231页。
④ 常连霆主编：《中共山东编年史》（第11卷），山东人民出版社2015年版，第230页。

设在青岛，在日照县建立战备疏散基地；水产养殖、海洋捕捞、水产加工三个专业并入烟台水产学校，理由是集中力量办好水产大专。

随后，学校向水产系传达《山东省高等学校布局和专业调整方案》，并组织搬迁工作。对于水产系并入烟台水产学校，多数教师深感不解。他们认为，水产系有多年办学经验，青岛有优越的条件，我国水产事业的发展需要大量的高级人才，撤销水产系的决定是十分不明智的。为了"打通"思想，驻水产系军、工宣队负责人，从9月20日至28日，在水产系办了"毛泽东思想学习班"，做教职员工的思想工作。

1971年2月20日，两校代表高云昌和杨国彬签署《山东海洋学院水产系并入烟台水产学校交接书》。确定去烟台人员有61人，其中教师46人、干部7人、教辅7人、工人1人。随带40元以上的仪器设备1261件，价值超过69万元；家具2498件，价值近5万元；中外文图书15894册，期刊7536种。

2月28日起至4月初，水产系人员及物资分三批搬迁完毕，水产系并入烟台水产学校。由于水产系建系已有25年，仪器设备及实验台桌众多，而烟台水产学校房舍有限，不少设备和家具露天存放，长期日晒雨淋，有的被盗、损坏，令人心痛。不少教师因水产学校是中专而无课可教，部分教工夫妇分居两地，给工作和生活造成很多不便。

烟台水产学校是一所中等专科学校，几乎没有科研条件和氛围，连起码的实验设施也没有。水产系的教师在这样艰苦的条件下，克服重重困难，依旧开展教学和科研。其中，青年教师管华诗就是典型例子。因为没有实验室，管华诗将烟台水产学校一间废弃的厕所改建成实验室。在后来的日子里，管华诗不但承担省、市和企业的一些科研项目，还带领课题组承担了国家下达的"褐藻酸、甘露醇工业再利用"课题。在烟台水产学校的七年间，先后研制出农业乳化剂、石油破乳剂、食用乳化增稠剂、褐藻酸钠代血浆等。[①]其中，管华诗课题组研制的海藻丙二酯和农业乳化剂，获得1978年全国科学大会奖。

在烟台期间，李爱杰与天津化工研究院乐志强等合作编写了《无机盐工业手册》，其上、下册分别于1979年和1981年出版；根据当时由海带提碘的需要，主编了《海藻工业资料》（共9期）。李德尚担任全国中专通用教材《池塘养鱼学》编写的主要责任人，该教材系统介绍了我国混养、轮养、池塘水质管理技术及其生态学原理，教材整体尤其是生态学部分得到同行高度评价。王如才的"栉孔扇贝的半人工采苗技术"研发成功，先后为全国和地方举办了三期培训班，有力推动了贝类养殖业在全国的发展。他还着手"栉孔

---

① 魏世江主编：《中国现代海洋药物研究的开拓者——管华诗》，山东科学技术出版社2002年版，第78页。

扇贝的人工育苗技术"研究。

第四节　招收工农兵学员

1965年9月，山东海洋学院有在校本科生1635人、硕士研究生3人、留学生13人。1968年6月，学校上报教育部、国家计委、国家海洋局1967年各专业毕业生人数：海洋水文51人、海洋气象26人、海洋物理52人、海洋化学39人、海洋生物75人、水产养殖46人、水产加工23人、海洋捕捞32人、海洋地质1人，共计345人。1969年学校上报国家海洋局当年毕业生人数323人，1970年毕业生人数330人；1970年7月，学校按照中央文件规定，让1969、1970两届毕业生共653人进行了为期两周的政治学习、培训，于7月31日完成派遣。至此，学校已无在校学生。

"文革"开始后，全国的大学停止招生，国家培养高级专业人才的工作陷入停顿。1968年7月，毛泽东主席提出："大学还是要办的，我这里主要说的是理工科大学还要办，但学制要缩短，教育要革命，要无产阶级政治挂帅，走上海机床厂从工人中培养技术人员的道路。要从有实践经验的工人农民中间选拔学生，到学校学几年以后，又回到生产实践中去。"[①]1970年6月7日，中共中央批转《北京大学、清华大学关于招生（试点）的请示报告》，提出"实行群众推荐、领导批准和学校复审相结合的办法"，招收"政治思想好、身体健康、具有三年以上实践经验的工人、贫下中农、解放军战士和青年干部"。据此，山东省革委会制定《关于1971年度省属大学招生方案》，实行"自愿报名，群众推荐，领导批准，学校复查"的办法，招收第一届工农兵学员。山东海洋学院根据山东省的招生政策，决定面向全国，在有两年实践经验的具有高（初）中文化水平的工人、农民、解放军官兵中招收学生。招生专业为六个，即海洋水文气象、海洋声学、海洋光学、海水综合利用、海洋重力磁力、海洋地质调查。学制三年。

学校调整了教学计划，每学年安排总学时为1886学时。其中政治活动（包括政治课）、学军学农、体育课占31.6%；教学占68.4%；全年假期30天，机动15天。此教学计划在首届工农兵学员中施行。

经过积极筹备，1971年3月中旬，首届工农兵学员311人报到。这些学生来自北京、上海、浙江、广东、山东等地，其中工人、贫下中农子女占81%，团员占总数的83.5%。3月26

---

① 马齐彬等：《中国共产党执政四十年（1949—1989）》，中共党史资料出版社1989年版，第312页。

日，学校在八关山礼堂隆重举行开学典礼，国家海洋局、山东省、青岛市党政军代表和42所高校代表到校祝贺。学校在停止招生五年后重新恢复教学活动。

至1976年学校共招收五届工农兵学员，其中1971年招收311人，1972年招收198人，1974年招收241人，1975年计划招生223人、实际录取221人，1976年招收290人，另有学制二年的海水养殖班20人、气象预报班60人，共计370人。

学校的老师们克服重重困难，编制教学计划，编写教材，整顿、恢复实验室和教学设备，认真备课，努力探索适应新形势的教学方法，教学工作取得了一定成效。工农兵学员虽然有强烈的求知欲望，但由于学校大搞开门办学、厂校挂钩等，占用了大量的教学时间，导致他们的学业受到严重影响。

从1972年起，学校开始恢复遭到破坏的教学秩序。2月，院革委会党的核心领导小组决定：成立基础教研室，下设政治、数学、外语、体育教研组。政治教研组归政治部领导，其余教研组属教务部领导。随后院革委会公布机构改革方案：学校设海洋水文气象、海洋物理、海洋化学、海洋地质、海洋生物五个系；院部机关设政治部、教务部、院务部、办公室。10月，学校又将政治、数学、外语、体育四个教研组改为院直属教研室。

同年10月，学校贯彻山东省高等教育工作会议精神，在各系讨论的基础上，革委会组织专人分赴国家海洋局、海军等30多个用人单位，就专业方向、培养目标、课程设置等方面如何体现面向海洋、面向国防、兼顾民用等进行调查研究，制定《关于省高等教育工作会议的贯彻意见》，提出了修改教学计划、加强教材建设、改进教学方法、整顿组织纪律、加强学校管理等具体措施。

1973年5月，根据上级指示，学校研究并上报山东省和国家海洋局专业调整及设置意见：海洋水文气象专业分设物理海洋和海洋气象两个专业；海洋水声专业改为水声物理专业；海水综合利用专业改为海洋化学专业；海洋重力磁力专业改为海底地球物理勘探专业；海洋地质调查专业改为海洋地质专业；海洋生物、海洋光学两个专业不变。除了海洋水文专业保持不变、海底地球物理勘探改为海洋地球物理勘探外，山东省教育组同意了学校的专业设置意见。

为适应国家有关部门和地方生产、工作急需，学校接受委托举办各类短训班。1975年，应地方和国家海洋局的要求，举办水文、气象、污染调查、物探仪器、激光技术、集成电路与计算机等短训班共27个，培养各类技术人员927人。其中，从10月上旬开始，学校首次举办为期一年的气象进修班，参加学习的学员39人，大都来自国家海洋局系统的气象台。1976年学校举办外语、水文预报、气象预报、水质分析、污染监测、地质测绘、舰船噪声控制、遗传育种、集成电路、理论培训等短训班、函授班40多期,共培训技术人员、干部近3000人。

1974年8月8日,山东海洋学院举行首届工农兵学员毕业典礼,这批学生是1971年经过单位推荐由工厂、农村、部队选拔入校的。他们将各自回到原工作单位工作。1975年8月2日,学校为197名应届毕业生举行毕业典礼。

从1970年至1976年,全国大学共招收了7届学生,计74万人。工农兵学员多来自基层,具备较丰富的实践经验,且政治条件好。进入大学后,他们中的绝大多数尊重师长,渴望学有所长,珍惜来之不易的深造机会,勤奋学习。改革开放后,工农兵学员或成为专家、学者、业务骨干,或被选拔到各级领导岗位,他们中的大多数成为社会的中坚力量。就毕业后留在山东海洋学院工作的工农兵学员而言,他们中有的成为知名学者,有的成为中层或校级领导干部,为学校的发展作出了重要贡献。

第五节　逆境中坚持科学研究

1971年国家恢复大学招生后,山东海洋学院的教学、科研工作陆续恢复。许多教师在形势艰难的情况下,坚持进行科学研究。特别是在"文革"后期,科研工作取得了令人瞩目的成果。

学校于1971年制定"四五"发展规划,提出加强海洋水文气象调查研究和海洋仪器研制,参加全国海洋仪器大会战。积极开展海水综合利用和海洋学基础理论研究,在水下光散射仪、盐度计、海水提铀等方面的研究取得了一定的成绩,有多项学术成果荣获1978年全国科学大会奖。

一、实验室、八关山气象台的建设

1. 动力实验室建设。侯国本早在1964年提出要建立国内一流的海洋动力实验室,得到学校的支持并呈文高教部,得到批准。1966年3月,动力实验室建设方案形成,主要设施有大、小风浪槽各一个,海洋动力平面水池、动力地貌水面水池、水库、泥沙研究活动水槽、渔具研究风洞等。因"文革"爆发,筹建工作暂停。

1967年,交通部在建的重大工程项目及援外项目因"文革"而无法正常进行水工模型试验,影响了设计、施工进程。应交通部设计院的要求,侯国本在驻校军、工宣队的支持下,白手起家,开始筹建功能较为齐全的海洋动力实验室,1972年完工。

海洋动力实验室的规模之大，时为国内高校之冠。1969年建成大平面水池，长60 m、宽40 m、水深0.8 m，摇板造波机造波高度30 cm、周期2 s。1970年建成国内最大风浪水槽，长85 m、宽1.2 m、水深0.8 m、气层1.6 m，可造风浪最大波高36 cm、周期1.8 s；建成国内最大涌浪水槽，长120 m、宽10 m、深4 m、活塞式造波机造波高度80 cm、周期4 s，可适用大西洋波长120 m、波高10 m、周期35 s的海况。实验室还建有长30 m、宽25 m、深3 m的地下水库，贮水量1000 m³；开掘水井一眼，出水量10 m³/h，解决了实验用水量大的问题。海洋动力学实验室建成后，先后完成了60多项实验任务。[①]主要工程项目有交通部北海造船厂防波堤、干船坞水工模型试验，其中轴流式水泵采集池、工字块、Dolos块体、栅栏板等研究成果被列入交通部干船坞设计规范和防波堤设计规范；毛里塔尼亚友谊港防波堤长周期水位超高实验；马耳他30万吨船坞水工模型试验；马耳他萨哈洛士港防波堤试验；海军某军港防波堤、码头、航道等项目试验；黄岛前湾港油码头防波堤、码头试验；黄岛发电厂防波堤试验；大亚湾核电站防波堤、码头试验；渤海二号钻井船滑移水工模型试验；石岛、沙子口、女岛、鳌山卫等渔港水工模型试验；黄河三角洲泥沙试验等。1978年，海洋动力实验室在全国科学大会上获得"重大贡献集体"称号。

2. 小麦岛综合性海洋实验站建设。1956年，学校在小麦岛建有波浪观测站。1971年8月，由学校选址，青岛市城建局批准将青岛近郊的小麦岛5.5亩国有土地划拨给学校，用于筹建海水综合利用实验室、海水淡化和海洋仪器实验室，统称综合性海洋实验站，以便开展海水综合利用、海洋仪器、海水淡化等实验研究。

3. 八关山气象台建设。学校恢复招生后，海洋气象专业由于教学的需要，海洋水文气象系向学校申请在八关山建造气象台。学校经过研究后，拟定了气象台的设计图纸、申报计划书，呈报国家海洋局。1975年国家海洋局同意立项，主体工程于1976年建成。气象台主体完工后，按正规地方气象台的标准配备了"711"测雨雷达、气象卫星资料接收设备、气象资料单边带接收机等，这些都是当时较为先进的设备。

八关山气象台与国内地市级气象台相比属于上乘，有4～6名专职预报员、5名填图员、2名气象卫星接收员、1名单边带气象资料接收员、2名"711"雷达操作人员，每天按正规地方气象台的工作程序接收天气预报所需要的资料，每天分析天气图，作出短、中期天气预报。气象专业高年级学生每天轮流到预报组跟班学习，在预报员的指导下建立预报

① 侯永海、侯永庭：《鞠躬尽瘁为河山——怀念我的父亲侯国本》，魏世江主编：《走近海大园——魂牵梦萦篇》，中国海洋大学出版社2007年版，第230页。

思路,制作天气预报,参加天气会商,培养了实际工作能力。[①]

由于八关山气象台所配备的"711"雷达可以监测降水云团的演变发展,单边带可以接收高空气象预报,这些已经超过了青岛市气象台的设备配置。青岛市气象台预报员日复一日、从未间断地来校抄填高空形势图,再拿回市气象台进行预报分析。遇有降水过程,还要重点分析"711"雷达回波。从这个意义上讲,八关山气象台为青岛市的气象事业作出了一定的贡献。[②]

二、参加全国海水淡化研究、全国海洋仪器研制会战

"文革"后期,在赫崇本的努力和倡导下,国家海洋局先后组织了全国海水淡化研究会战和两次全国海洋仪器研制会战,学校作为主要参加单位,取得了一些重要成果。

1. 参加全国海水淡化研究会战。20世纪50年代,海洋化学系在国内最先进行了反渗透醋酸纤维素不对称膜的研究。为加快我国海水淡化研究步伐,国家科委委托国家海洋局于1965年8月和1966年8月分别在青岛、北京召开全国海水淡化会议,学校均派人参加。1966年,山东海洋学院与国家海洋局第一海洋研究所研制出一台静压式反渗透淡化器模型。1967年10月,国家科委和国家海洋局共同组织全国海水淡化研究会战,分别在上海、青岛、北京、天津设置海水淡化研究会战点,根据所在地区的技术力量和研究基础,分别选定电渗析法、反渗透法、蒸馏法等方法进行技术攻关。山东海洋学院副院长许亮担任青岛会战领导小组副组长兼会战办公室(设在学校)副主任。青岛会战点以山东海洋学院、中国科学院海洋研究所和国家海洋局第一海洋研究所为主,完成了反渗透日产一吨水的海水淡化器设计和现场运转试验。全国海水淡化研究会战历时一年半,海洋化学系王俊鹤、彭启强、周迪颐、李鸿瑞等教师参加了这次会战。

1970年3月,学校标准海水厂恢复生产。

2. 参加全国海洋仪器研制会战。1970年6月,学校完成国家海洋局、青岛市下达的1969—1970年度科研课题21项。其中,转子机、海雾观测设备、射流元件、新药物"三合素"的研制受到表扬和好评。

1971年9月,国家海洋局组织有120多名技术人员参加的第二次全国海洋仪器研制会战,分设天津、哈尔滨、青岛三个会战点,青岛会战点设在山东海洋学院。这次会战的重

① 张苏平、王冠岚、田瀛:《八关山气象台小史》,《八关山下——中国海洋大学的文脉延承》,中国海洋大学出版社2012年版,第193页。
② 张苏平、王冠岚、田瀛:《八关山气象台小史》,《八关山下——中国海洋大学的文脉延承》,中国海洋大学出版社2012年版,第195页。

点是对雷达测波仪、走航测流仪、走航温盐深自记仪和激光电视等六项产品进行技术攻关。山东海洋学院负责研制船用温盐深走航自记仪、600～1000米定点温盐深自记仪和水下激光电视。

会战历时五年，于1976年结束，海洋调查仪器与装备水平有了明显提高，对推动我国海洋电子温、盐、深度综合测量仪器和声学测流仪器的发展，促进新技术在海洋仪器中的应用，都发挥了重要作用。

山东海洋学院研制的光学仪器——水下激光电视，在观察水下井架、桥墩等建筑物方面发挥了很好的作用，也为我国水下机器人视觉系统的研制提供了有用的资料和经验。此外，学校研制了海水散射仪，小批量生产了浅水照度计，供生物研究和水产养殖场使用。[①]

在海洋水文测量仪器方面，1975年陈国华承担海水电导盐度计的科研任务，所研制的"HD–2型实验室海水电导盐度计"，改变了以往依靠化学滴定法测定海水盐度的状况。1977年11月，该项目通过国家海洋局的鉴定。该研究成果于1978年全国科学大会上荣获科技成果重大贡献奖，1983年获得国家技术发明奖四等奖。这是学校历史上获得的第一个国家技术发明奖。

三、承担国家海洋调查任务

受"文革"影响，学校的海洋调查研究工作开展得不多，主要有"南黄海北部海域石油污染联合调查""东方红"海洋实习调查船执行的海上调查，以及郑柏林教授进行的海藻资源分布调查。

受国家环保办委托，学校与中国科学院海洋研究所共同承担了南黄海北部海域石油污染联合调查任务，内容之一是潮间带调查。海洋生物系的49名师生如期完成烟台、蓬莱、乳山、龙须岛、石岛五个点位的四次（3月、6月、9月、10月各一次）潮间带调查。

"东方红"海洋实习调查船从1965年至1979年，由国家海洋局北海分局代管。据资料记载，其间进行的海洋实习调查有以下几项：1968年参加"09工程"重点项目之一"603工程"在胶州湾进行的试验；1969年承担了国家海洋局第一海洋研究所黄海北部重力调查任务；1972年分别执行海洋水文、海洋气象、海洋物理专业的学生海洋学课程实习任务；1975年参加"7402工程"渤海海峡磁场强度测量海上调查任务。

---

① 徐鸿儒主编：《中国海洋学史》，山东教育出版社2004年版，第242页。

我国的海洋综合调查始于20世纪50年代,使用的是我国自主制定的统一调查规范,后经国家科委海洋组修改和补充,于1961年正式出版,名为《海洋调查暂行规范》。随着海洋调查的项目和方法逐渐合理化与标准化,已经形成比较固定的概念和比较完善的工作程序。国家海洋局在《海洋调查暂行规范》的基础上,总结我国十余年来海洋调查工作的经验,组织相关单位编写我国第一个《海洋调查规范》,山东海洋学院是参编单位之一。1973—1975年,海洋生物系、水产系参与《海洋调查规范》第五分册"海洋生物调查"的编写和审定。1975年,《海洋调查规范》通过国家海洋局鉴定。

四、科研取得进展

自1971年3月首批工农兵学员入校后,学校恢复正常的教学活动,虽然受到"左"倾思潮的冲击,教师仍然克服重重困难,坚守教学、科研阵地,取得了一些成绩,尤其是科研工作,成果颇丰。

1. 方宗熙的海带单倍体遗传育种研究。1970—1975年,方宗熙带领课题组选育出"860""1170"等高碘、高产海带新品种。这些新品种的推广应用,可提高养殖产量10%～40%,有力推动海带养殖业在我国沿海各地的发展。方宗熙是第一次海水养殖浪潮的先驱者之一。

1973年,方宗熙带领课题组在简陋的实验条件下,在我国首次开始探索海带单倍体遗传育种的实验,打破了国外某些学者认为海带单倍体遗传育种不能成功的观点,获得单倍体的雌性克隆与雄性克隆。方宗熙课题组通过单个生殖细胞形成雌雄配子体的分离培养,于1976年首次发现海带的雌性生活史,其在人工隔离培养条件下,可以稳定遗传。他首次发现海带配子体在人工条件下可以无限生长,由此形成海带配子体无性生殖系,使短命的配子体变为长寿。这些单倍体细胞系为海带的种质保存和遗传研究提供了前所未有的应用前景。

这个时期,方宗熙发表的学术文章有《海带变异的初步分析》(1973年)、《进化论与特创论的斗争》(1973年)、《海带雌配子体对维生素C的反应》(1974年)、《〈矛盾论〉对遗传学工作的指导意义》(1974年)、《略谈生命的属性——评莫诺的〈偶然性与必然性〉》(1974年)、《海带孤雌生殖的初步观察》(1976年)等。

2. 管华诗的褐藻胶、甘露醇工业再利用。20世纪60年代中期,由于碘资源缺乏,国家决定在青岛建设一座大型的海带制碘厂,管华诗参加了该厂的建设,并着手进行海藻提碘及后期工程化的研究工作。

随着海带制碘工业的发展，制碘过程中产生的褐藻胶、甘露醇等连带产品的过剩问题日益突出。1972年，管华诗承担了国家"褐藻胶、甘露醇工业再利用"课题，获得石油化工部立项，1974年完成。管华诗课题组利用甘露醇研制成功石油破乳剂、农业乳化剂，用褐藻胶研制成功食用乳化增稠剂等多项有应用价值的新成果，填补了我国这一领域的空白，开拓了褐藻胶、甘露醇利用新途径，为海洋药物的研究开发奠定了重要基础，于1978年荣获全国科学大会奖。他与陈世阳主持的"低聚藻酸钠代血浆"研究，也获得全国科学大会奖。

3. 海水提铀及张正斌的理论建树。在20世纪六七十年代，国内开始发展海水提铀的技术，并进行相关的机理及动力学研究，后来发展了从海水中提取钾、碘、溴以及溴代化合物的系列方法。1965年后，张正斌相继参加了海水提重水、海水提铀和海水提钾等工作。1967年作为国内海水提铀的主要参加者，经十年工作，他从实验室到室外中试，最后提取出"铀饼"，受到教育部嘉奖，成果被列入1978年教育部科技局的《科技成果选篇》。[①]张正斌等结合海水提铀课题，对钛系提铀剂的过程重力学作了研究，提出提铀机理，被日本化学界有关方面多次引用。1974—1976年，张正斌发表了十几篇高水平学术论文。

张正斌研究小组在海水提铀、海水提重水等研究基础上，在理论上创建了"交换–吸附法"提取海水中的微量元素的方法。1974年起，张正斌研究小组对海水溶解粒子与固体粒子相互作用的规律进行研究，发现若干种新型的等温线、台阶型pH曲线和台型动力学曲线，由此提出海水中液固界面分级/配位子交换理论这一海水中元素与固体粒子相互作用的三个主要理论之一，在国际上有影响，1978年荣获全国科学大会奖。

4. 王克行养虾全国先行。1964年，王克行在系主任尹左芬的领导下，与几名同事一起在乳山县建立简易实验室，带领村民修建了养虾试验场。经过四年的努力，克服重重困难，于1968年在文登县后岛村和乳山县金港湾两地同时取得了对虾大面积丰收。

在此基础上，王克行又与黄海水产研究所、文登水产局等单位的同仁开始推广工作，在全县建立四个示范点，带着自编的讲义和显微镜，到各试验点为农民讲课，推广养虾技术，使对虾养殖由试验阶段发展到产业化生产，在文登县、乳山县等首先建立起对虾养殖业。他们的研究成果受到国家水产总局的重视，1978年在文登县召开全国对虾养殖现场

---

① 王修林、于志刚、杨桂朋、俞志明：《音容宛在　师恩永存——深切缅怀我们的恩师张正斌先生》，魏世江主编：《走近海大园：魂牵梦萦篇》，中国海洋大学出版社2007年版，第217页。

会，推广文登、乳山等县的养虾经验，带动了全国养虾业的发展。王克行是我国以对虾养殖为代表的海洋虾类养殖浪潮的引领者，为推动第二次海水养殖浪潮作出了卓越贡献。

5. 秦曾灏、冯士筰的风暴潮研究。我国是一个多风暴潮灾害的国家。在不同的季节里，由台风等因子引起的风暴潮频繁地袭击我国沿海地区，给人民的生命和财产造成巨大损失。研究风暴潮发生和发展的规律，及时准确地进行预报，成为摆在我国海洋气象学界科技工作者面前的一项艰巨任务。

20世纪70年代初期，山东海洋学院接受国家有关渤海风暴潮的调查研究任务，成立由秦曾灏、冯士筰、孙文心组成的风暴潮研究小组，秦曾灏为负责人。研究小组成员跑遍了渤海沿岸，逐个抄写实测气象和风暴潮记录，以及自汉代以来有风暴潮灾害的县志。经过理论分析与数据计算，他们从动力学机制方面研究风暴潮的发生和发展过程，建立起我国独特的浅海风暴潮理论体系和预报方法，提出超浅海风暴潮的理论和数值预报模型，为我国沿海风暴潮的预报奠定了理论基础。

1974年，风暴潮研究小组在《海洋科技》杂志连续发表《渤海风暴潮的机制和预报（Ⅰ）——天气型式和简单回归》《渤海风暴潮的机制和预报（Ⅱ）——动力学基础》《渤海风暴潮的机制和预报（Ⅲ）——动力学模型和多元回归模型》；1975年，秦曾灏、冯士筰在《中国科学》杂志，发表《渤海风暴潮动力机制的初步研究》。风暴潮的研究成果先后获1978年全国科学大会奖（集体）和1982年国家自然科学奖三等奖。

6. 郑柏林的西沙群岛海藻资源分布调查。1973年，郑柏林参加《中国植物志》的编写，主要承担《海藻分志》仙菜科和绒线藻科的编写工作。10月至12月，由她牵头，中国科学院海洋研究所、厦门水产学院、上海自然博物馆等单位的七名藻类专家参加的海藻专题考察团，对浙江南麂列岛进行历时两周的科学考察，采集到海藻标本600多号、5000多件。为查清我国沿海的海藻资源分布情况，为开发利用这些海藻资源提供科学依据，及早完成编写任务，郑柏林于1976年1月和中国科学院海洋研究所相关专家一起到西沙群岛，经过半年艰苦工作，完成对西沙群岛海藻资源生态、地理分布的考察和标本采集任务。在获得的1000多号海藻标本中，不少标本在我国是首次采到。这次科考活动为充实教学内容、编纂《中国海藻志》提供了丰富素材。

第六节 建立党政工作机构

"文革"初期，山东海洋学院各级党组织被冲击、搞垮，党内正常生活被迫中断。后来虽然进行了一些党的活动，但基本上是革委会的一元化领导。按照上级要求，从1969年党的九大以后，学校开始"解放"干部和整党建党工作。

一、"解放"干部

1969年4月，学校的工宣队进行调整，四方机车车辆厂88人组成的工宣队进驻学校。6月7日，根据中央指示，学校成立整党办公室，对学校的整党建党工作作出具体安排，随后进行了为期40天的思想整顿和组织整顿。

6月下旬，学校根据中共九大精神，开始对院系领导班子进行"补台"，研究干部的"解放"和使用问题。经过检查，对原党委书记、院长曲相升宣布"解放"，并被结合为院革委会委员，对原党委常委、副院长侯连三也宣布"解放"，被结合为院革委会委员。同年秋，军宣队作了调整。同年冬，经省、市革委会批准，将留校担任院革委会领导的六名1966届毕业生进行分配，调离学校。12月10日，青岛市革委会党的核心领导小组决定，军代表孟宪诚主持山东海洋学院工作。

二、建立党政工作机构

1970年2月23日，青岛市工、军宣队指挥部派叶树等16人组成工、军宣队进驻学校。4月22日，中共山东省革委会党的核心领导小组研究，同意建立山东海洋学院革委会党的核心领导小组，由孟宪诚（军代表）、叶树（工代表）、车述芳（军代表）、刘俊卿（工代表）、高云昌、刘欣、侯连三组成，孟宪诚为组长，叶树为副组长；同意山东海洋学院革委会常务委员会由孟宪诚、叶树、高云昌、刘欣、侯连三等11人组成，孟宪诚为主任，叶树、高云昌为副主任。

8月18日，驻校军、工宣队和院革委会党的核心领导小组主要负责人主持召开由老中青教师参加的教育革命座谈会，就结合实际情况如何办好学校征求意见。8月31日，院革委会党的核心领导小组研究并最后决定了学校的机构设置方案。① 成立"五七"工厂，下设三个车间。一车间为金工车间，以研究、试制生产海洋仪器为主；二车间为修配车间，设木、瓦、铁、电四个工种，为教学、生产和生活提供服务；三车间为印刷车间，承担全校的教材、讲义以及文件印刷任务。② "五七红校"改名为"五七"农场，包括海水养殖场和淡水养殖场。③撤销直属教研室建制，外语、数学教研室划归物理系领导，保留原建制；马列主义教研室、体育教研室除抽调少数人充实基层外，其余划归"五七"农场，参加生产劳动。④ 院直机关设院革委会办公室、组织组、宣传组、保卫组、教育革命组、科研生产组、图书馆、调查船、战备办公室。⑤后勤设财务设备组、生活管理组、卫生保健组、幼儿园。

在这个方案中，提出水产系划归烟台水产学校的一些基本原则。

三、开展整党建党工作

1970年初，按照山东省整党建党工作会议精神，学校开始了为期半年的整党建党运动。之前，院革委会党的核心领导小组首先举办为期半个月的整党建党骨干培训班。参加培训的有院革委会党的核心领导小组成员，院革委会委员，各单位负责人，工、军宣队成员和部分党员骨干。

从11月份开始，学校整党建党工作全面展开，至翌年3月结束。整顿党的组织，恢复正常的组织生活，受到了党员的积极拥护。在整党过程中，所有党员谈个人认识，进行个人总结和检查。最后，通过党内外群众酝酿、民主协商，再通过党内选举，产生了各单位党的基层组织成员。

四、批林整风运动

林彪反革命集团覆灭后，中央组织开展"批林整风"运动。根据上级部署，1972年4月24日，学校召开全体师生员工大会，革委会副主任高云昌作"批林整风"动员报告。在开始阶段，把批判林彪与批判极左思潮结合起来，但在"四人帮"干扰影响下，把"批林整风"引导为批判林彪的"极右"实质，广大师生和干部的兴奋心情重新被压了下去。上半年，学校主要领导和一部分中层干部到市里参加为期40天的批判林彪反革命集团的会议。7月23日，学校在批林整风扩大会议总结中指出，"紧紧抓住第十次路线斗争这个纲，认真贯彻'首先是批林，其次才是整风'的方针，紧密联系实际，深入揭发批判了林彪一伙的反革命罪行和修正主义路线，对林彪及其死党在青岛搞的反革命阴谋活动进行了揭发、批判和清查。在批林的基础上进行了整风，着重总结了在第十次路线斗争中的经验教训，检查了不正之风，研究了进一步深化开展批林整风和各项工作的安排"[1]。至此，学校的"批林整风"运动告一段落。

10月18日，院革委会党的核心领导小组召开全体师生员工大会，传达《山东海洋学院党的核心领导小组关于彻底纠正错误，落实政策的几点措施》，就清查"五一六"中所犯的扩大化错误进行检查，向受伤害的干部、教师赔礼道歉，并采取切实措施落实政策。

---

[1]《海院关于批林整风运动计划总结意见简报》，中国海洋大学档案藏，档号：HY-1973-DB-134。

1974年3月开学伊始，院革委会党的核心领导小组对清查"五一六"运动中的错误及材料处理提出如下意见：① 凡被错误地作为"五一六"分子来清查的人员，其检查、交代材料一律退还本人；② 在清查中群众揭发、检举、查证材料一律不入档；③ 关于协查的所谓大事件的内查外调材料整理登记后由档案室暂存；④ 省市发来的清查"五一六"文件及学校形成的材料一律交档案室暂存或销毁；⑤ 受清查的人员在清查期间受牵连的家属和他人提供的关于入党、提干、政审等证明材料，按原渠道予以销毁、撤销，消除影响，对受到错误审查的部分干部、教师予以改正。

五、党的基层组织建设

在纠正清查"五一六"运动所犯扩大化错误的同时，学校逐步配齐各单位的党政负责人。1974年5月，院革委会党的核心领导小组研究决定：高欣山、陶冰纨参加物理系党支部的领导工作；张鼎周、张克参加海洋水文气象系党支部领导工作；赵磊、钟砺参加海洋生物系党支部的领导工作；孙玉善、牟力、杨慎英、窦志宽、张敏秀参加海洋化学系的领导工作；李继舜、张利丰参加海洋地质系党支部领导工作；张春桥、王树温参加"五七"工厂党支部的领导工作；孙洛民、潘生林参加院务部党支部的领导工作；王光任财务组组长并参加财务党支部的领导工作；姚明达、邵俞华、王滋然参加教务部党总支的领导工作；刘仁民参加院务部的领导工作；李相敦任院务部总务组组长；于德恩参加院务部总务组领导工作；侯栋源为院务部设备组副组长；林乐夫任院革委会办公室秘书。[①]

11月1日，院革委会党的核心领导小组调整。中共山东省委决定：张国中任山东海洋学院党的核心领导小组组长、院革委会主任；仲侃伯任院党的核心领导小组副组长、院革委会副主任；高云昌任院党的核心领导小组副组长。马秉伦任院党的核心领导小组成员。张国中、仲侃伯于12月13日到校工作。

1975年1月，邓小平主持中央日常工作和国务院工作，开始对军队、地方、工业、农业、商业、文化、教育、科技、文艺等领域进行全面整顿。在教育领域恢复了教育部。教育部强调要抓教学秩序和教学质量，要尊重知识分子和充分发挥他们的作用。学校通过整顿，各方面工作焕发生机，教学科研等工作有了明显改善。邓小平在整顿工作中，部分地纠正了"文化大革命"一些"左"的错误。

1975年11月，学校开始加强党的基层组织建设。11月10日，院党的核心领导小组发

---

① 张静主编：《中国海洋大学大事记》，中国海洋大学出版社2014年版，第98页。

布《关于加强党的基层组织建设的意见》，提出对各级领导班子进行整顿，把那些思想好、党性强、能联系群众、能带头实干、能艰苦奋斗的人选到领导班子中来。各系、部要成立党总支或直属党支部，学生中成立级队党支部。经学校推荐，中共山东省委组织部研究同意：吴飞任山东海洋学院革委会办公室主任，马秉伦任政治部主任，徐德伦、赵磊任教革部副主任，赵福记、钟砺任后勤部副主任，张克任海洋水文气象系党总支书记，张鼎周任海洋生物系党总支书记，孙秀林任海洋物理系党总支书记，鲁希平任海洋地质系党总支书记，高欣山任海洋化学系党总支书记，牟力任海洋地质系主任，孙玉善任海洋化学系主任。

1976年1月8日，周恩来总理病逝，举国哀痛。山东海洋学院师生和全国人民一样，设灵堂、戴黑纱、公开举行祭奠，校园里出现了"周恩来总理永远活在我们心中"的大标语。虽然上级指示不准大规模的祭奠，但是师生仍在不同范围、以各种形式表达哀悼之情。

9月9日，毛泽东主席逝世。学校师生沉浸在巨大的悲痛之中。连续十天，学校师生员工怀着极其沉痛的心情，举行各种悼念活动，寄托哀思，缅怀一代伟人的丰功伟绩。

10月6日，中共中央政治局顺应全党和全国人民的意志，一举粉碎了祸国殃民的"四人帮"。从危难中挽救了党，挽救了国家，挽救了中国的社会主义事业，为实现党的历史伟大转折创造了前提。[1]

10月21日，粉碎"四人帮"文件传达后，当天晚上，全校师生怀着喜悦的心情敲锣打鼓，鸣放鞭炮，排着队走向青岛市委大楼，表达对党中央英明措施的衷心拥护。一连数日，广大师生在欢呼党和人民伟大胜利的同时，以系为单位，召开声讨"四人帮"罪行大会。

《中国共产党中央委员会关于建国以来党的若干历史问题的决议》中指出，"文化大革命"是一场由领导者错误发动，被反革命集团利用，给党、国家和各族人民带来严重灾难的内乱。[2]"文革"结束，山东海洋学院的历史翻开崭新一页。

---

[1] 中共中央党史研究室：《中国共产党历史》第二卷（1949—1978）下册，中共党史出版社2011年版，第965页。
[2]《中国共产党中央委员会关于建国以来党的若干历史问题的决议》，人民出版社1981年版，第25页。

第六篇
转型为有特色的多科性大学
（1977—1987）

1976年"文化大革命"结束后，学校积极拨乱反正，平反冤假错案，开展真理标准问题大讨论，落实党的知识分子政策。水产系归建，学校重归教育部直属。各项工作得以恢复性发展。

1978年党的十一届三中全会后，学校的工作着重点开始向教学科研转移。1979年9月院党委恢复，张国中任党委书记、院长。之后华山、施正铿、冉祥熙先后任党委书记，文圣常、施正铿先后任院长。学校陆续对教学、科研、后勤、管理等内部运行机制进行改革。着眼国家经济和社会发展需求，学校在加强海洋科学学科建设的基础上，着力于转型发展，大力调整学科专业结构。至1987年底，学校获批5个博士点、10个硕士点，设置本科专业24个，使基础学科与应用学科的比例由7∶3变为3∶7，转型为一所以涉海优势学科为骨干，包括理、工、农（水产）、文、管理等在内的多科性大学。

以文圣常、方宗熙、管华诗、冯士筰等为代表的一批学者，取得了丰硕的科研成果；培养了学校历史上第一个博士，亦是新中国第一个海洋科学博士；学校发扬从严治校传统，严谨治学，严格管理，适时拓宽专业口径，加强基础理论、外语和实践教学，教育质量稳步提高，毕业生受到用人单位的普遍好评。

第一章
拨乱反正和恢复办学秩序

　　从粉碎"四人帮"到1978年12月，学校按照上级统一要求和部署，从政治上、思想上和工作上对"文革"造成的一系列问题进行了拨乱反正。与此同时，从调整机构、编制规划、检查教学和科研工作等环节入手，大力整顿和恢复办学秩序。

第一节　拨乱反正

一、"揭批查"运动

　　1976年10月，党中央一举粉碎了"四人帮"，举国欢腾。山东海洋学院全体师生员工怀着喜悦心情参加校内外集会和游行，庆祝这一伟大胜利。"文革"前期，学校的办学秩序遭到严重破坏，一些干部、教工受到迫害或不公正待遇，因而粉碎"四人帮"后，亟须正本清源，拨乱反正。

　　自粉碎"四人帮"至党的十一届三中全会召开，"在这两年多时间里，各级党组织按照党中央的部署，积极开展了揭发批判'四人帮'的斗争，清查他们的帮派体系，对'文化大革命'造成的混乱进行拨乱反正，推动经济建设和各项建设事业逐步走上正轨，取得很大成绩，为历史转折的实现准备了必要的条件"[1]。从1976年12月至1977年9月，党中央

---

[1] 中共中央党史研究室：《中国共产党历史》第二卷（1949—1978）下册，中共党史出版社2011年版，第985页。

分三批下发"四人帮"反革命集团罪证材料。按照上级部署,学校通过宣讲、讨论、批判、清查等方式,分三场战役开展"揭批查"运动。

1977年4月,学校召开第一场大型揭批会,参加会议的是各系党总支委员、部(室)组长以上党员干部。会上,党的核心领导小组成员及各系党总支书记、部(室)负责人,结合第一批罪证材料纷纷发言,狠揭猛批"四人帮"及其帮派分子大搞派性斗争、破坏教育事业、迫害知识分子等祸国殃民的罪行。之后半年多时间里,学校共举办校、系两级干部和骨干教师学习班17期,召开大、中型揭批会60余次。广大教职员工人人参与,情绪高涨。揭批会注重联系山东海洋学院被"四人帮"搞乱、颠倒的一些重大是非问题,摆表现,论危害,批实质,划界限,肃流毒。

1977年7月召开的党的十届三中全会决定,恢复邓小平同志党内外一切职务,永远开除"四人帮"的党籍。7月23日,学校集体收听青岛市传达全会精神。在随后的学习讨论会上,师生员工纷纷表示,坚决拥护党中央的正确决定。海洋生物系教授方宗熙说:"长期以来,'四人帮'残酷迫害广大知识分子,扣帽子,打棍子,严重挫伤了教师们的工作积极性,打倒'四人帮'使我们获得了第二次解放。"①海洋化学系教授薛廷耀说:"我现在感觉越活越年轻,干什么都浑身是劲。"②

第二批罪证材料下发后,学校组织开展"揭批查"运动的第二场战役。校、系两级领导班子集中召开"讲清楚会",弄清帮派体系在山东海洋学院的流毒和影响。成立专门班子,并发动群众,开展大清查,基本查清了极少数人的问题。

1977年11月15日至17日,学校党的核心领导小组召开扩大会议,把"揭批查"运动推向新的高潮。通过分组讨论,大家认为,"前一阶段海院揭批'四人帮'的运动,是健康发展的,取得很大的胜利,但也存在有的同志顾虑重重等问题"。17日,学校党的核心领导小组组长、革委会主任张国中在会上强调:"各单位要在原原本本传达中央37号文件的基础上,联系罪证材料之一、之二的有关部分,一个专题一个专题向群众宣讲,并组织好讨论。……在前段作了大量清查工作的基础上,抓紧下一步清查工作,绝不留下后患。"③

12月24日,根据中央37号文件精神,学校启动"双打"(打击阶级敌人破坏活动、打击资本主义势力)斗争,"揭批查"运动打响第三场战役。为此,学校成立"双打"办公

---

①《我院情况大事记》,中国海洋大学档案馆藏,档号:HY-1977-DB-146。
②《情况简报(第七期)》,中国海洋大学档案馆藏,档号:HY-1977-XB-174。
③《情况简报(第九期)》,中国海洋大学档案馆藏,档号:HY-1977-XB-174。

室，各部门、各系成立"双打"小组，统一思想，明确任务，层层发动，联系实际进行大揭发、大检举、大控诉。年后召开"双打"斗争大会，对揭发出来的四名犯罪分子进行现场批斗，大快人心。

　　1978年，学校对前期清查出来的问题、群众揭发出来的问题、外单位报送的检举材料、一些有问题的人自己交代的问题，进行全面深入的调查、核实，查清"文化大革命"期间校内出现的与"四人帮"及其帮派体系有牵连的人和事，并按照中央文件精神区别不同情况一一予以清算和处理。

二、推翻"两个估计"

　　1971年，张春桥等起草《全国教育工作会议纪要》，污蔑新中国成立后至"文革"前十七年教育战线是"资产阶级专了无产阶级的政"，大多数教师和十七年培养出来的大学生的"世界观基本上是资产阶级的"[①]（通称"两个估计"）。粉碎"四人帮"后，"两个估计"如同一片阴霾，依旧笼罩在广大知识分子头上。1977年8月8日，邓小平在科学和教育工作座谈会上总结时说："对全国教育战线十七年的工作怎样估计？我看，主导方面是红线。"[②]9月19日，他在与教育部主要负责人的谈话中再一次鲜明地指出："对这个《纪要》要进行批判，划清是非界限。"[③]11月18日，《人民日报》发表署名教育部大批判组的文章《教育战线的一场大论战》。

　　邓小平讲话精神传达到学校后，师生员工非常激动。11月15日至17日，学校党的核心领导小组召开扩大会议。张国中在17日的会上布置工作时说，这学期要"集中批判'四人帮'炮制的'两个估计'"[④]。随后，学校举办校、系两级学习班，深入学习《教育战线的一场大论战》这篇文章。在学习的同时，各系、部（室）还组织召开各种批判会，领导干部带头发言，结合实际揭批"四人帮"炮制"两个估计"摧毁教育事业的种种罪行。广大教师也争着在大、中、小型批判会上发言，很多教师特别是老教师激动地说，砸碎"两个估计"这个精神枷锁，像是得到第二次解放一样。各单位都办了批判"两个估计"专题板报，有的教师还积极给报社、广播电台写批判稿。通过批判，大家从思想上解开了疙瘩，振奋了精神，鼓足了干劲。

---

① 中央教育科学研究所编：《中华人民共和国教育大事记（1949—1982）》，教育科学出版社1984年版，第437页。
② 《关于科学和教育工作的几点意见》，《邓小平文选》（第二卷），人民出版社1994年版，第49页。
③ 《教育战线的拨乱反正问题》，《邓小平文选》（第二卷），人民出版社1994年版，第67页。
④ 《情况简报（第九期）》，中国海洋大学档案馆藏，档号：HY-1977-XB-174。

三、真理标准问题大讨论

1978年5月11日，《光明日报》以特约评论员名义公开发表《实践是检验真理的唯一标准》一文，新华社向全国转发。这篇文章在广大干部群众中激起强烈反响，引发了关于真理标准问题的大讨论。[①]

在前期学习的基础上，10月19日至24日，利用六个半天时间，学校召开各部（室）、系主要负责人和机关组长以上干部会议，重要议题之一是集中深入地学习《实践是检验真理的唯一标准》这篇文章。学习过程中既有小会讨论，也有大会发言。张国中在总结讲话时强调，要进一步认清实践是检验真理唯一标准的重要性。他说："通过学习，大家进一步认识到，加快四个现代化的步伐最根本的一条，就是坚持马克思主义的认识路线，实事求是，从实际出发，理论和实践相结合。实践是检验真理的唯一标准，是马克思主义的基本观点……为了拨乱反正，必须首先弄清这个问题。"[②]

10月26日，学校又举办党员、干部"实践是检验真理的唯一标准理论讨论会"[③]。之后，各部（室）、系通过不同方式进行深入学习和讨论。通过讨论，大家认识到，实践是检验真理的唯一标准是马克思主义基本观点，应该坚持。"四人帮"横行时，从根本上颠倒了理论和实践的关系，搞乱了思想，搞乱了理论，妄图达到其不可告人的政治阴谋。这是完全错误的，必须坚决予以批判，彻底予以纠正。

这场深刻而广泛的思想解放运动，成为正本清源、拨乱反正和改革开放的思想先导。通过这场讨论，广大干部、教师受到一次生动而深刻的马克思主义教育，从"四人帮"设置的禁区和"两个凡是"的禁锢中解放了出来。

四、平反冤假错案

"文化大革命"造成的一批冤假错案及以前历次"左"倾运动中形成的许多历史遗留问题，给一些师生员工造成了严重的影响。特别是"文革"前期，山东海洋学院有一大批教职员工被扣上所谓"走资派""叛徒""特务""反革命""反动学术权威""国际间谍""臭老九""牛鬼蛇神"等帽子，受到不同程度的批斗，对他们的身心造成严重摧残。

在拨乱反正中，平反冤假错案成为干部、群众最迫切的要求，也是一项严肃的政治任务。1978年1月，学校成立落实干部和知识分子政策小组，专抓这项工作，先后召开四次

---

① 《中国共产党简史》，人民出版社、中共党史出版社2021年版，第220页。
② 《张国中同志在全院党员负责干部会议上的讲话》，中国海洋大学档案馆藏，档号：HY-1978-XB-185。
③ 《1978年大事记》，中国海洋大学档案馆藏，档号：HY-1978-XB-181。

会议，传达上级文件精神，检查督促工作进程，各部、系也都有一名负责人靠上抓，对"文革"期间的冤假错案进行深入调查和审查，做了大量艰苦而细致的工作。

12月9日，学校召开落实政策大会。张国中代表党的核心领导小组在会上宣布几项决定。要点有：

1. 山东海洋学院党委自成立以来是贯彻执行党中央的路线、方针、政策的，为发展我国海洋科学教育事业做了大量工作，成绩是基本的、主要的，这是必须肯定的。"文革"中夺了院党委的权是错误的。对强加给原院党委的各种"政治帽子"和强加给各级领导干部的"死不悔改的走资派""走资派"等诬蔑不实之词，一律推倒，恢复名誉。对"文革"中给各级干部所作的错误决定，全部撤销。

2. 为在"文革"中被错误地打成"资产阶级反动学术权威"等的赫崇本、方宗熙、丘捷、郝颐寿、刘智白、许继曾、王彬华、杨有楙、高哲生、李嘉泳、尹左芬、温保华、陈成琳等，给予平反，恢复名誉，对强加给他们的一切诬蔑不实之词一律推倒。对"文革"前重点培养的教师、教授的助手和被指导的学生，以及刻苦好学、业务水平提高较快的讲师、助教等，被错误地扣上的"修正主义苗子""资产阶级接班人"等帽子和一切诬蔑不实之词全部推倒。

3. 所谓"海洋学院地下黑司令部"纯属冤案、假案，与此有牵连受到审查及受株连的人员，应予彻底平反，恢复名誉。

4. 所谓"地质系反革命小集团"完全是一起冤案，以前对此所作的一切错误结论全部撤销，有关这方面材料全部销毁，受株连的人一律平反，恢复名誉。

5. 对"文革"期间被非法关押、刑讯逼供、迫害致死的四名教职工给予平反昭雪，恢复名誉，推倒一切不实之词；对其他四名非正常死亡人员，也区别情况，作出结论，予以妥善处理。①

至此，学校对124件"文革"中的案件已进行复查，作出结论的有102人。与此同时，对无辜受牵连的亲属、子女、身边工作人员的问题作出妥善处理，为受迫害致死人员举办追悼会或骨灰安放仪式，对遗属按规定做好抚恤工作。此前，各系都召开全系教职工落实政策会议，对冤假错案进行平反，对受诬陷的人员恢复名誉，对有关材料进行处理。

1979年10月，有关部门为赵太侔平反昭雪，恢复名誉。1980年5月22日，学校为赵太

①《张国中同志在全院落实政策大会上的讲话》，中国海洋大学档案馆藏，档号：HY-1978-XB-185。

俦举行追悼会,在悼词中赞其"为党和人民的教育事业作出了可贵的贡献"①。

1980年7月,学校再次组织力量,对"文革"中部分冤假错案及历史遗留案件进行复查、处理,做到了让群众满意。②

对"文革"中形成的大量不实材料,1970年和1975年各销毁过一次。1978年落实政策以后,将收集的审查材料进行清理,经学校党委批准,1981年1月22日,对"文革"中的一切不实材料予以全部销毁。③

五、错划右派改正工作

1978年9月,中央批准下发《贯彻中央关于全部摘掉右派分子帽子决定的实施方案》。按照中央指示精神,11月,山东海洋学院党的核心领导小组召开专门会议,研究落实措施,并组成领导小组,设立专门办公室,各有关单位也都确定一名干部负责这项工作。

工作中,领导小组始终坚持实事求是、有错必纠的原则。为了弄清情况,参加这项工作的同志通过开调查会、个别走访、请人介绍情况、查阅材料等方式,进行广泛调查研究。在此基础上利用典型案例,本着先易后难、先近后远、先校内后校外的步骤进行工作。对难度较大而有影响人员的复审工作,校、系领导和领导小组全体同志一起逐个分析研究,形成改正材料,一一与本人和所在单位负责人见面。至1979年4月底,"经过复审的原划43名右派分子中有40名属于错划已经改正。其余3名当时属于两罪俱罚的也已初步复审完毕。……改正错划右派的善后工作和1957年整风反右运动中因所谓'右派言论'而受到错误处分的党、团员的复审工作也已基本结束"④。对校内改正人员需要调整工作的都作调整;对外地四名没有正式工作的改正人员,通过与当地有关部门联系予以妥善安排;给被错划右派的离校生补发毕业或肄业文凭。

得到改正的人员个个如释重负,心情舒畅,工作积极性大为提高。已恢复党籍的李中兴同志在写给党组织的信中说,"是党给了我第二次政治生命";老教师景振华被选为教研室主任和系副主任,在各项工作中积极主动完成任务;基础部教师刘桓除做好本职工作外,还积极为校报写稿。广大干部和群众一致拥护党中央关于全部摘掉右派分子帽

---

① 赵太俦档案,中国海洋大学人事处藏,档号:246。
② 张静主编:《中国海洋大学大事记》,中国海洋大学出版社2014年版,第114页。
③ 孙秉锦:《十年浩劫中我院形成的不实材料已全部销毁》,载《山东海洋学院》1981年3月7日。
④ 窦志宽:《我院错划右派改正工作已结束》,载《山东海洋学院》1979年5月11日。

子的决定，纷纷表示，中央落实的是一部分人的政策，调动的是一大批人的积极性。

根据山东省委组织部、统战部、纪检委《关于解决错划右派改正结论中"尾巴"问题的通知》，1984年7月至8月，学校组织人员复查了沈汉祥等43人错划为右派分子已予改正，"但改正结论中或多或少留有'尾巴'的问题，重新作出复查决定，予以彻底纠正"[①]。本人及家属对此均表示满意。

六、落实党的知识分子政策

1978年11月，《中共中央组织部关于落实党的知识分子政策的几点意见》印发，提出对知识分子队伍应当有一个正确的估计；继续做好复查和平反冤假错案工作；充分信任，放手使用，做到有职有权有责；调整用非所学，做到人尽其才，才尽其用；努力改善工作条件和生活条件等。[②]根据这一精神，学校加大平反冤假错案工作力度。其中，"对2名被公安机关判刑，4名被公安机关长期关押的中高级知识分子，经查实，均由政法机关无罪释放，并予以平反，恢复名誉，补发工资，安排工作"[③]。海洋物理系讲师秦启仁在"文革"中被判刑十年，无罪释放后，一人开两门课，且教学效果好，获学校教学评比一等奖。与此同时，学校采取切实措施，对广大知识分子"思想上引导进步，政治上充分信任，业务上用其所长，生活上尽量照顾"[④]。至1982年底，在知识分子中发展党员31人，选拔3人担任副院长，7人担任正、副处长，22人担任系主任，提升教授9人、副教授56人，确定和提升讲师327人、会计师2人，并选派30名教师去兄弟院校进修、44名中年以上骨干教师到国外进修，还将3名由军队院校教师复员的工人调为讲师，为部分老教授配助手，为17名中高级知识分子解决夫妇两地分居问题。

为进一步落实党的知识分子政策，1984年9月，学校党委出台《关于落实知识分子政策的几点意见》，提出要"在政治上信任和关心知识分子……进一步把德才兼备的知识分子选拔到各级领导岗位上来；……凡与他们业务关系较大的会议、文件和内部资料，应允许高、中级知识分子参加、阅读和订购；……要尽快给造诣较深的专家、学者、教授配备助手……给从事教学、科研工作的中级以上知识分子进修学习时间，定期为知识分子发放图书补助费，鼓励发明创造，奖励有突出贡献的知识分子；……在现有住房中进行必要

① 张静主编：《中国海洋大学大事记》，中国海洋大学出版社2014年版，第128—129页。
② 张树军、高新民主编：《中共十一届三中全会历史档案 上》，解放军出版社1998年版，第466—475页。
③《关于我院检查知识分子工作的情况汇报》，中国海洋大学档案馆藏，档号：HY-1982-DB-157。
④《加强党的领导　把学院工作着重点迅速转移到教学科研上来》，中国海洋大学档案馆藏，档号：HY-1979-XB-196。

的调整，以解决少数贡献大住房条件差的高、中级知识分子的住房问题；积极解决知识分子两地分居和家属'农转非'问题，关心知识分子的身体健康，解决高级知识分子因公外出或到医院就诊的用车问题，积极解决南方籍高、中级知识分子大米供应问题"[1]。

1986年10月，山东省委落实知识分子政策检查组来校检查。针对检查组提出的问题，学校进行查漏补缺，又对照检查标准有重点地进行自查。12月，向国家教育委员会落实知识分子政策领导小组报送《山东海洋学院落实知识分子政策情况自检报告》。要点有：

（一）基本情况。我院共有知识分子1094人，其中教授22人、副教授150人、讲师292人、干部149人。

（二）冤假错案平反情况及善后工作。我院知识分子中共有冤假错案130件，其中"文革"前的25件，"文革"中的105件。这些案件，经过几年来的工作，已全部得到了平反纠正，其中应结论的95人均已结论；不需结论的35人，也通过口头和其他方式进行了平反。随着冤假错案的平反，这些同志长期以来应该解决而未解决的问题得到妥善解决。诸如，冤假错案平反后入党的19人，重新安排工作的12人，还有13位同志平反后安排了荣誉职务。其中全国人大代表及政协委员3人，省政协3人，市人大及政办6人，区人大2人。另外，被错误处理的知识分子家属、子女受株连的2人，也得到了妥善解决。

（三）被查抄财物及清退情况。"文革"中共查抄字画图书1105件，原物退还175件；古玩129件，原物退还88件；黄金20.6两，全部退还；白银200两，全部退还；金银制品206件，退还154件；现金15272元，全部退还；其他物品2839件，原物退还2541件。尚有一些物品因丢失、损坏未清退。

（四）清退被挤占私房情况。我院共有11户49间私房被挤占，其中属"文革"中被占的7户25间，已退6户20间，1户5间未退；"文革"前被占的4户24间均未退还。这5户未退的，其中在本市的1户正在办理退还手续，在外地的4户，因被占时间久，情况复杂，迄今尚无结果。

（五）扣发工资退还情况。"文革"中我院知识分子被扣发工资的42人，共扣发工资99006.26元，均已如数退还本人。[2]

至此，这一时期学校集中落实知识分子政策工作告一段落。

---

[1]《中共山东海洋学院委员会关于落实知识分子政策的几点意见》，中国海洋大学档案馆藏，档号：HY-1984-DB-167。

[2]《山东海洋学院落实知识分子政策情况自检报告》，中国海洋大学档案馆藏，档号：HY-1986-ZZ-193。

第二节　恢复办学秩序

一、调整领导班子和机构设置

粉碎"四人帮"时，山东海洋学院领导班子组成情况是：张国中任党的核心领导小组组长、革委会主任，段连贵（工代表）、仲侃伯、高云昌任党的核心领导小组副组长，仲侃伯、高云昌、许亮任革委会副主任。1977年8月，仲侃伯调任山东化工学院党的核心领导小组组长、革委会主任。9月，段连贵返回青岛港务局。1978年2月1日，山东省委发文，马秉伦、吴飞任山东海洋学院革委会副主任。5月，许亮调往成都地质学院任职。经此番调整后，学校领导班子由四人组成：张国中任党的核心领导小组组长、革委会主任，高云昌任党的核心领导小组副组长、革委会副主任，马秉伦、吴飞任革委会副主任。

1977年11月，根据中央批转教育部文件规定，驻山东海洋学院工宣队、军宣队全部撤离。1978年1月，学校撤销各系下属的专业委员会，全面恢复教研室建制。4月，学校党的核心领导小组发文，成立山东海洋学院体育运动委员会。6月，《山东海洋学院学报》复刊，11月成立学报编辑委员会，赫崇本任主任委员，方宗熙、文圣常任副主任委员，王彬华、杨有桢、郝颐寿、尹左芬、周家义、孙凤山、徐瑜（兼秘书）任委员。8月29日，学校发文，成立山东海洋学院海洋研究所，赫崇本任所长，方宗熙、薛廷耀、文圣常、杨有桢、郝颐寿、尹左芬任副所长。

1978年10月，教育部印发《全国重点高等学校暂行工作条例（试行草案）》（即"新高教60条"），其中规定"取消原来的校务委员会，改设学术委员会"[①]。11月10日，学校党的核心领导小组发文，建立山东海洋学院学术委员会，由赫崇本、高云昌、方宗熙、文圣常、薛廷耀、许继曾、王彬华、奚盘根、秦曾灏、杨有桢、陈肯、于良、郑柏林、李嘉泳、李冠国、尹左芬、李爱杰、温保华、王德文、于联生、孙玉善、徐德伦、施正铿、刘智白、冉祥熙、郭谨安、李来伙、赵森等28人组成。赫崇本任主任，高云昌、方宗熙、文圣常、薛廷耀、许继曾任副主任。

1978年12月29日，山东省革委会文教办公室党组发文，批准山东海洋学院上报的一些部门和单位负责人名单，标志着"文革"中撤销的院部党政管理机构正式恢复，这些机构主要有院办公室、党委组织部、党委宣传部、党委统战部、人事处、教务处、科研处、生产设备处、总务处等。

---

① 中央教育科学研究所编：《中华人民共和国教育大事记（1949—1982）》，教育科学出版社1984年版，第529页。

这一时期，学校大力开展领导班子作风整顿工作。要求各级领导班子严格执行民主集中制，坚持参加集体学习、听课和劳动，校、系两级党组织每月召于一次民主生活会，工作要讲求实效，反对空谈，反对形式主义。1978年10月，张国中强调要"加强调查研究，从实际出发关心群众生活，克服官僚主义"。要求党的核心领导小组成员都要联系一个点（教研室或班级），每周最少抽出两个半天深入基层调研，各部、室、系正副职也要抓点，并确定每周三上午为党的核心领导小组群众接待日，以倾听群众呼声。①

二、整顿和恢复办学秩序

1977年在进行"揭批查"运动的同时，在教学、科研、政治思想工作和行政等方面开始拨乱反正，广大师生员工干劲倍增，各项工作都出现了新气象，办学秩序逐步恢复。教学工作方面，1977年春季学期开始整顿课堂纪律和教学秩序，并修订教学计划，适当减少专业课和实践课课时，加强基础课教学。"工农兵学员学习业务的劲头越来越大，原来学习较好的更加努力学习，过去放弃英语学习的又重新学起来，数理基础差的积极进行补课。"②同时切实加强师资培训，全校举办外语学习班四个，数学教研室、体育教研室和海洋水文气象系也通过办进修班、组织外出学习、相互听课等方式提高教师专业水平。

科研工作方面，执行的国家海洋局、省市科委和其他单位以及自拟的32个科研项目中，有28个完成年度预定进度。胶州湾污染调查、从海水中直接提取碘的研究等取得重大进展。以方宗熙教授为首的科研小组完成的海带单倍体育种研究成果，在专家鉴定会上被认为达到国际先进水平。学术活动也开始活跃起来，系一级举办有分量的学术报告会8次以上，教师参加全国性学术交流会13次，宣读论文或报告31篇，还在《中国科学》《科学通报》《遗传学报》《化学学报》等发表专业文章。

10月，学校召开表彰先进大会，表彰推荐出席全国科学大会的先进集体2个、先进个人7名，出席山东省教育工作先进代表大会的先进集体2个、先进个人5名和校级先进工作者169名、三好学生109名、模范团员49名。

12月，学校先后制定《1978—1985年山东海洋学院科学技术发展规划纲要（草稿）》和《山东海洋学院发展规划纲要（草案）》。后者提出的奋斗目标是："三年调整，打好基础，五年大变，赶中有超，在本世纪末，使我院主要学科大部分接近当时世界先进水

---

①《张国中同志在全院党员负责干部会议上的讲话》，中国海洋大学档案馆藏，档号：HY-1978-XB-185。
②《情况简报（一）》，中国海洋大学档案馆藏，档号：HY-1978-XB-183。

平，有相当部分赶上当时世界先进水平，个别居于领先地位。"[1]1978年1月，学校将两个发展规划纲要一并报送教育部。

这一年还完成雷达站和一批平房宿舍的建设，并按上级文件规定为41.8%的教职工增加了工资。

1978年4月至5月，全国教育工作会议在北京召开。按照会议精神，学校进一步修订1978—1985年发展规划，对八年内增设专业、扩大招生、建设校舍和增加教职工等一一作出规划。[2]并进一步修订教学计划，"重点加强基础课和学生科研技能的培养，将四年制的专业原来规定的二年半基础课教学改为三年，增加学生学年和毕业论文的安排"[3]。10月24日，张国中在会上强调，要以"新高教60条"为依据，以提高教育质量为中心，切实搞好学校的各项整顿工作。[4]从10月底至12月初，学校对教学工作进行全面大检查，内容包括教学计划执行、实验室建设、教材建设和课堂教学等方面。全校上下对这次检查都十分重视，干部和教师参加听课350余人次，召开师生座谈会35次。通过检查，"首先应该肯定的是，在教学第一线的教师绝大多数都是积极努力、认真负责的……特别是数学、外语、物理（包括实验）这些公共基础课的教师，工作量大，任务重，更加辛苦，同学们对这部分教师既钦佩又感激。例如胡正琪、吕明达等，几年甚至十几年如一日，坚持在教学第一线，把全部精力都倾注在学生身上，被学生誉为'辛勤的园丁'；再如汪人俊、李平衡、初汉平、姜福德、李淑霞、杨自俭等，教学态度认真，教学效果好，受到学生一致好评。许多专业课教师，如海洋地质系且钟禹，备课仔细，既重讲课，又重实际，调动了学生学习的积极性，受到好评"[5]。从检查情况看，学校在恢复和建立教学秩序方面也取得一些成绩：各专业、各年级都有教学计划，各门课都有教学大纲，除个别课程外，都能按教学计划和教学大纲进行授课。通过检查也发现了许多问题，主要有：教学方法不当，缺乏辅导教师，实验课和实习课薄弱，教具、挂图、标本、幻灯严重缺乏，有的系有经验的老教师长期没有被派到教学第一线，大班课课堂纪律不好，有的学生学习上"吃不饱"，有的教师对教学与进修的关系处理不当，教材建设与写专著存在矛盾，学生睡眠时间得不到保证等。据此，学校提出一些相应的改进措施，如建立教师工作量及考核制度、实行学分制、加强教学方法的研究、迅速开展电化教学、改建教室和阅览室、整顿学生宿舍秩序等。

---

[1]《山东海洋学院发展规划纲要》，中国海洋大学档案馆藏，档号：HY-1977-JXGL-301。

[2]《山东海洋学院1978—1985年发展规划》，中国海洋大学档案馆藏，档号：HY-1978-JXGL-312。

[3]《情况简报（第八期）》，中国海洋大学档案馆藏，档号：HY-1978-XB-183。

[4]《张国中同志在全院党员负责干部会议上的讲话》，中国海洋大学档案馆藏，档号：HY-1978-XB-185。

[5]《我院教学工作大检查的情况》，中国海洋大学档案馆藏，档号：HY-1978-JXGL-313。

这一年继续加强教师外语培训,举办脱产和不脱产英语进修班各一个、英语和日语口语班各一个,并对111名助教进行外语测验。

1978年,科研工作进一步走上正轨。3月,全国科学大会在北京召开,赫崇本、方宗熙、文圣常、侯国本出席。海洋动力学实验室获全国科学大会"重大贡献先进集体"奖;方宗熙获全国科学大会"重大贡献先进工作者"奖;陈国华、吴葆仁完成的成果"船用实验室HD-2型海水电导盐度

图6-1　赫崇本先生(右)与冯士筰探讨学术问题

计"获全国科学大会"重大贡献"奖。6月,学校分别向青岛市科委和山东省革委会教育局呈文,报告"海浪理论及应用研究""海岸与河口基础理论及应用研究""海洋遥感技术研究""高频电磁荧光灯的研制""海水稻培育技术研究""761(鲸鱼骨)注射液研究""海水提铀研究"等重点科研项目上半年均进展顺利。①

三、恢复高考后的首次招生

1977年10月,国务院批转教育部《关于一九七七年高等学校招生工作的意见》,至此中断了11年的高等学校统一招生考试制度恢复。12月,按照教育部的统一部署,学校进行恢复高考后的首次招生,海洋水文学、海洋气象学、水声物理学、海洋光学、海洋化学、海洋生物学、海洋地质学、海洋地球物理勘探等八个专业共录取新生332人。

这是恢复高考第一年,包括"老三届"在内的许多大龄考生参加考试且取得不俗成绩,但由于年龄偏大,一时被大学拒之门外。这个问题反映到中央后,便有了后来出台的扩招政策。根据这个政策,学校报请教育部批准,扩招一个四年制数学班,主要目标是为山东省培养急需的中学数学师资,共招收40名学生。因是扩招,学生宿舍准备不足,这个数学班只招收青岛本地考生,实行走读。

录取的这372名新生来源于13个省(自治区、直辖市),其中山东212人、广东61人、广西7人、福建14人、上海12人、浙江23人、江苏9人、北京7人、天津17人、安徽4人、河北2人、湖北3人、辽宁1人。他们中有工人、知青、农民和应届高中毕业生等,男生294人,女

---

① 《关于报送我院一九七八年上半年重点科研项目进展情况的函》,中国海洋大学档案馆藏,档号:HY-1977-KY-97。

生78人，20岁以下153人，21～25岁185人，26岁以上34人。

1978年2月27日、28日，1977级新生报到。各专业报到情况是：海洋水文学46人、海洋气象学51人、水声物理学31人、海洋光学23人、海洋化学42人、海洋生物学41人、海洋地质学46人、海洋地球物理勘探31人，共计311人。[1]加上后续报到的学生和4月8日报到的39名数学班学生（1人未报到，1人一年后转入海洋水文气象系），1977级实际入校学生369人。

3月1日，学校在"六二礼堂"举行开学典礼。已报到的新生和教师、老生代表参加，张国中到会，勉励新生勤奋学习，立志成才。

经过四年学习，1977级学生的质量"总的来看是比较好的，在业务上基本接近或相当'文革'前毕业生的水平……毕业生共354人，其中男生279人、女生75人，党员67人、团员203人。他们入学时，来自应届高中毕业生29人，占毕业生总数的8%，来自工农兵及待业知识青年325人，占毕业生总数的92%，平均年龄约25岁。本届毕业生中，有107人被评为三好学生，其中31人连续四年被评为三好学生"[2]。另外，"已被录取研究生的28人"[3]。

1982年1月11日，学校举行1977级学生毕业典礼，354名应届毕业生意气风发，欢聚一堂。党委副书记、副院长高云昌热情赞扬他们在政治上和业务上取得了可喜的进步，并寄语"进一步树立全心全意为人民服务的思想，努力做好本职工作"[4]。这些毕业生均响应党的号召，服从国家分配，奔赴国家建设的各条战线。后来他们中许多人在各行各业作出显著成绩，有的还成为相关领域的栋梁之材。

第三节　水产系归建

1971年2月，根据《山东省高等学校布局和专业调整方案》，水产系并入烟台水产学校。水产系迁走对学校的学科建设和国家水产人才培养造成重大损失，为此校内外许多专家、教授多次向有关部门申诉，要求恢复山东海洋学院水产系建制。1976年粉碎"四人帮"后，原水产系教职工要求归建的愿望更加强烈，通过各种方式和渠道向上级反映。

---

①《1977年招生情况统计表》，中国海洋大学档案馆藏，档号：HY-1977-JXGL-310。

②《山东海洋学院七七级本科生教学质量分析》，中国海洋大学档案馆藏，档号：HY-1982-JXGL-367。

③《山东海洋学院关于七七级毕业生分配工作的情况报告》，中国海洋大学档案馆藏，档号：HY-1981-JXGL-365。

④《我院举行七七级学生毕业典礼大会》，载《山东海洋学院》1982年1月12日。

李爱杰、高清廉、管华诗等两次去济南，向山东省领导及山东省革委会教育局陈述归建理由，并寻求约见在烟台疗养的农林部副部长肖鹏和山东大学原校长成仿吾，请他们对恢复水产系建制给予支持和帮助。尹左芬多次登门拜访在京的童第周教授。童教授对此事非常关心，亲自写信给教育部和有关单位，阐述水产系归建的必要性和重要性，引起有关部门的重视。

1977年10月4日，学校党的核心领导小组向山东省革委会文教办党的核心领导小组（并转省委）呈报《关于恢复山东海洋学院水产系的报告》，陈述的主要理由如下：一是海洋和水产两个学科是有密切联系的，山东海洋学院办水产系，可使海洋学科与水产学科相互配合、相互促进；二是原水产系建系于1946年，是全国高等水产院校建系最早的单位，这样一支师资和设备力量，放到中专是不能充分调动其革命积极性和很好发挥其作用的；三是恢复水产系，不但是我省及附近省发展水产事业的需要，而且也是有条件的。[1]

11月10日，山东省革委会下发通知："将1971年并入烟台水产学校的山东海洋学院水产系，原建制仍划归山东海洋学院。有关交接事项，由烟台地革委和青岛市革委协商研究办理。"[2]根据这个通知精神，11月23日，山东海洋学院革委会向山东省革委会上报《关于水产系搬迁问题的请示报告》，提出"原水产系并入烟台水校的干部、教职工等人员，除调离者，应全部回青岛山东海洋学院。水产系教职工工资、教学经费指标，应随同搬迁拨回青岛山东海洋学院。……原水产系的仪器设备、图书资料、交通工具、办公用具（包括桌、椅、书架、橱窗等），教学及学生用的桌、椅、床等，全部搬回海洋学院。……原水产系教职工带去的宿舍家具，随教职工全部带回"[3]等意见。12月29日至30日，山东省革委教育局、水产局"约请和召集青岛市、烟台地委文教办公室和山东海洋学院、烟台水产学校等有关单位的负责同志参加会议，研究了山东海洋学院原水产系归建问题"[4]。1978年1月5日，山东省革委会教育局、省革委会水产局下发《关于贯彻执行省革委鲁革发〔1977〕104号文件的几点意见》。主要内容有：

一、山东海洋学院原水产系归建，是我省进一步整顿教育的重要措施，山东海洋学院、山东省烟台水产学校均应认真传达贯彻省革委的指示精神，做好两校教职员工的思

①《关于恢复山东海洋学院水产系的报告》，中国海洋大学档案馆藏，档号：HY-2010-XZ18-C-61。
②《关于将原并入烟台水产学校的山东海洋学院水产系归建的通知》，中国海洋大学档案馆藏，档号：HY-2010-XZ18-C-62。
③《关于水产系搬迁问题的请示报告》，中国海洋大学档案馆藏，档号：HY-1977-RS-299。
④青岛海洋大学水产学院编印：《青岛海洋大学水产学院（山大水产系、海院水产系）发展史（讨论稿）1946—1996》，1996年刊印，第13页。

想教育工作。本着顾全大局、互相支持、加强团结和有利于水产教育事业发展的原则搞好水产系的归建工作。

二、山东海洋学院原水产系的教职工，除调出、退休和自然减员外，原则上均应回山东海洋学院，个别如因特殊情况确需留校者，须经双方协商同意，对于调至烟台及省内其他地区的教师，为发挥他们的业务专长，请有关地区和部门帮助做好这些人员的归队工作。

山东海洋学院水产系教职工的工资，自1978年2月份由山东海洋学院发给。原水产系教师分工的农林部委托的教材编写任务，仍应继续完成。

三、山东海洋学院原水产系合并到水校去的物资、设备、家具、图书资料等，经清点后如数移交给海院，对损耗、遗失和调出的上述物资，要列清单交接清楚。为支援水校教学急需，经征得海院同意，将海院原水产系的万能显微镜和分析天平各一架，调拨给烟台水产学校。

山东海洋学院原水产系合并到烟台水校后，烟台水校购置的期刊资料，有两套的移交给海洋学院一套。山东海洋学院原水产系归建所需搬迁经费，由海院负责解决。

四、由烟台水校承担，有海洋学院原水产系教师参加的科研项目，仍由水校继续完成，个别项目需要海院协助的，海院应积极协助完成。

五、由于归建涉及职工家属的户口转移和工作安排等问题，应按有关政策和规定办理。两校要认真做好有关人员的思想政治工作。并请青岛市和烟台地区革委根据有关政策规定，协助做好他们的迁移、落户、宿舍安排和工作安排。对海院下乡的两名知识青年，请烟台、青岛协助转移到海院知青点去。

六、为搞好海洋学院原水产系的归建工作，可由两校共同建立四至六人的归建领导小组，负责归建交接过程中的具体事宜。

七、为适应当前大干快上的跃进形势，归建工作必须抓紧进行，要争取在一九七八年二月底前结束。

八、海洋学院原水产系归建后，烟台水产学校和海洋学院水产系均应继续办好，有关部门要从人力、物力等方面给予积极支持，以利于我省水产事业的发展和培养、造就水产技术人才。[1]

1978年3月，归建的水产系教职工及其家属陆续从烟台水产学校迁回。迁回时一

---

[1] 青岛海洋大学水产学院编印：《青岛海洋大学水产学院（山大水产系、海院水产系）发展史（讨论稿）1946—1996》，1996年刊印，第13页。

名职工留在烟台水产学校，一名教师（刘永彬）已病逝，一名教师（许继曾）早先已调回，另有三人已从烟台水产学校调往外单位。归建的教职工共51人，其中教师36人、职工12人、在烟台水产学校就工的教职工子女3人。归建至水产系共41人，到其他系或部门工作的有10人。沈汉祥、尹左芬、管华诗、王克行、李德尚、王如才、陈大刚、马绍先、俞开康、高清廉、温保华、彭其祥、何垯等均在归建之列。迁回图书共12916册，其中中文图书4665册、日文图书2279册、俄文图书3181册、英文图书2791册。迁回仪器设备有显微镜146台、解剖镜30台、光电分析天平30台、电冰箱3台、恒温培养箱及干燥箱17台、真空冻结干燥箱1台以及照相机、酸度计、电泳仪、反拍仪、网线拉力机等，共895件，价值约61万元。

　　水产系迁出迁回，遭受严重损失。一是造成人员流失。水产系在迁走时教职工为82人，归建时仅为半数，除转到学校其他系或部门的，还有调往校外的。如1956年从厦门大学毕业后来水产系任教并担任过教研室主任、养殖场场长的郑镇安，1972年从烟台水产学校调往厦门工作，后成为著名鱼类养殖专家。二是造成仪器设备损坏。有的因搬运而损坏，有的因长期不用而锈蚀。三是图书期刊缺失较严重。丢失318册，且八年中断订购，已无法补缺。四是标本模型损失惨重。鱼贝藻类标本室、渔船渔具模型室、水产品样品室的物品，除搬迁途中损失外，在烟台水产学校长期得不到使用，被作为废品处理掉，归建时已荡然无存。五是原该系办公楼因长期为住户和别的单位所占用，疏于管理和修缮，门窗玻璃等破损不堪。在教学、科研等方面的损失更是无法估量，特别是各专业停止招生，约少培养1200名大学生。

　　水产系归建时，虽然面临师资缺乏、设备陈旧、房舍短缺等种种困难，但在学校的支持下，通过全系人员的共同努力，归建当年，水产养殖专业就实现招生。1979年、1980年海洋捕捞专业、水产加工专业又相继招生。1982年恢复招收研究生。1984年水产养殖、海洋捕捞、水产品贮藏与加工同时获批硕士学位授予权，为后来学校水产学科的不断壮大奠定了坚实基础。

第四节　重归教育部直属

　　1959年3月，中共中央批准成立山东海洋学院，并由山东省领导。后因海院"是一所面向全国、面向海洋的综合性高等院校，归省领导不便，又经山东省委研究，报请国务院批准，于1960年改由教育部领导"①。1960年10月，学校被中共中央增列为全国重点高校中的13所综合性大学之一。

1965年国家海洋局成立后，在其争取下，山东海洋学院由高等教育部直属领导改为高等教育部与国家海洋局双重领导、以国家海洋局管理为主。"文革"初期，高教部撤销，1969年各部委所属高校大都下放地方领导，山东海洋学院未办理下放手续。1971年《全国教育工作会议纪要》对海院的管理体制问题也未作明确规定。后海院归谁领导一直"未获解决"②，这严重影响学校各项事业的发展。

1977年7月底，中央决定恢复和办好一批全国重点高等学校。据此，教育部开始酝酿恢复重点大学建设名单，并向高校所在省征求意见。8月9日，山东海洋学院革委会在向山东省革委会教育局报送的《关于呈报将我院列入全国重点高等院校的报告》中说，"我院自1959年建院以来，因祖国海洋事业涉及的面广，急需培养大量人才从事海洋事业的发展，因此，在历次确定全国重点高等院校中，我院均被列入"，恳望省革委会教育局"能在向国家报批全国重点高等院校时，将我院仍列为全国重点高等院校"③。9月3日，山东省革委会教育局行文上报教育部，建议将山东大学和山东海洋学院列为全国重点高校。

给省里报送上述报告时，学校领导意识到这也是解决海院领导体制问题的一个良机。在5月和7月两次报请国家海洋局解决"东方红"船归属问题而无果后，学校于8月17日再次报请国家海洋局将"东方红"船"归我院建制领导"④。9月1日国家海洋局作出批示，"维持现状，与学校隶属关系一并考虑解决"⑤。就在当月，山东海洋学院部分教师和干部联名向方毅同志写信，"建议中央考虑尽快改变海院的领导管理体制，以利于我国海洋科学教育事业的发展"⑥，并附《关于山东海洋学院情况汇报与改变领导体制的建议》。与此同时，赫崇本给邓小平同志写信，如实汇报自己报效祖国海洋科教事业的历程和山东海洋学院当前面临的困境，"建议尽早改变体制，将海院划归教育部直接领导"⑦。

① 《关于山东海洋学院领导管理体制归属教育部的请示报告》，中国海洋大学档案馆藏，档号：HY-1977-DB-145。
② 《关于山东海洋学院领导管理体制归属教育部的请示报告》，中国海洋大学档案馆藏，档号：HY-1977-DB-145。
③ 《关于呈报将我院列入全国重点高等院校的报告》，中国海洋大学档案馆藏，档号：HY-1977-DB-145。
④ 《关于"东方红"船归我院建制领导的报告》，中国海洋大学档案馆藏，档号：HY-1977-JXGL-306。
⑤ 张静主编：《中国海洋大学大事记》，中国海洋大学出版社2014年版，第104页。
⑥ 山东海洋学院部分教职工写给方毅的信，中国海洋大学档案馆藏，档号：HY-1978-DB-148。
⑦ 赫崇本写给邓小平同志的信，中国海洋大学档案馆藏，档号：HY-1978-DB-148。

10月4日，学校党的核心领导小组正式向教育部呈报《关于山东海洋学院领导管理体制归属教育部的请示报告》。报告说：

当前，为在本世纪末实现四个现代化，海洋事业亦急需培养科技人才，所以，急需解决好我院的领导管理体制问题，以利加强领导，统筹规划，加快发展速度。另外，多年来，我院担负的培养海洋科技人员和科研任务，涉及到国家海洋局、石化部、地质总局、农林部、交通部、四机部、冶金部、卫生部、中央气象局、中国科学院、国务院环办、海军、国防科委及广西、广东、福建、浙江、江苏、山东、河北、辽宁、上海、天津等20多个部、局及省市，他们对培养对象的要求各有不同，单依国家海洋局规划领导，确有很大局限性。因此，由教育部直接领导是非常必要的。这样，可使我院各专业更有较强的针对性，也便于统一规划，将某些专业归口于某些部、局，以利教学、科研、生产三结合的开展，促进学科的发展，适应国民经济迅速发展的需要。①

报告最后表示，全校教职员工深感发展祖国海洋事业责任重大，恳请迅速解决这一困扰学校发展的问题。

10月12日，学校党的核心领导小组给邓小平同志写信，通过具体分析，说明"海洋学院归属教育部领导是适宜的"②，希望领导体制问题早日得到解决。

为取得国家海洋局的支持，学校领导请山东大学原校长成仿吾给予帮助。成仿吾于10月15日致信海军第一副司令员刘道生。信中写道："目前教育部正在研究提出一批重点学校名单，报请中央批示，据了解教育部已向山东省征求了意见，将山东海洋学院列为全国重点学校，归属教育部直接领导。我几年来从旁边知道一点情况，觉得这样比较好……为便于中央统一规划并与各业务部局和沿海省市联系协调配合，促进海洋事业的发展，我想请你与海洋局领导同志打个招呼，同意教育部意见，这样对发展教育事业更为有利。"③

因10月4日向教育部呈报的报告一直未获批复，10月27日，学校党的核心领导小组向教育部党组呈报《关于再次请求解决我院领导管理体制的报告》。报告特别申明：

我院建院18年来的实践证明，在归属教育部期间，由于教育部的全面规划和领导，并与有关业务部、局密切配合，因此学院的发展是迅速的，与各方面的关系是协调的。自归属海洋局以来，由于其业务范围狭窄，难于使我院的发展适应整个海洋事业发展的要

---

①《关于山东海洋学院领导管理体制归属教育部的请示报告》，中国海洋大学档案馆藏，档号：HY-1977-DB-145。
②山东海洋学院党的核心领导小组给邓小平同志的信，中国海洋大学档案馆藏，档号：HY-1977-DB-145。
③成仿吾写给刘道生的信，中国海洋大学档案馆藏，档号：HY-1977-DB-145。

求。我院为海洋局培养的人员只占四分之一，科研任务仅占15%左右，大量的培养学员和科研任务是来自其他业务部局和省市。因这些任务不属海洋局的业务范围，所以就不能纳入海洋局的计划，致使我院的教育革命和科研工作受到严重影响。这样下去，不仅使我院的发展受到限制，也不利于整个海洋事业的发展。为此，特再次请求将我院归属教育部直接领导，以利于学院的发展，使其适应整个海洋事业发展的需要。①

11月，教育部向山东省征求关于重点高等学校和领导体制问题的意见时，山东省向教育部提出"海洋学院归属教育部领导"的建议。

1978年2月17日，国务院转发教育部《关于恢复和办好全国重点高等学校的报告》，公布全国重点高等学校名单共88所，其中恢复原全国重点高等学校60所，增加28所，山东海洋学院位列其中。在这88所高校中，综合大学16所，理工科院校54所，师范院校2所，农林院校4所，医药院校5所，外语院校2所，政法财经院校2所，艺术院校1所，体育院校1所，民族院校1所。山东海洋学院被列在理工科院校中。

这个报告还提到山东海洋学院等高校的归属问题，称"在征求意见的过程中，有的省、自治区、直辖市和部委提出，对山东海洋学院、上海化工学院及其分院等几所全国重点高等学校和部委领导的非重点高等学校的归属、面向等做些调整。我们考虑，这些问题涉及许多具体情况，需要一定的时间与有关方面充分协商，不宜仓促处理。目前以维持现状暂不调整为好。待今后经过一段工作，有关方面充分协商取得一致意见后，再行报批"②。

得知这个问题被"维持现状"，学校领导十分着急。在4月22日至5月16日全国教育工作会议期间，学校党的核心领导小组向教育部党组呈报《关于山东海洋学院管理体制归属教育部领导建议的报告》，报告陈述道："除教育部外，任何一个部、局或省（市）领导我院都会在学科发展，教学、科研工作及各种计划、规划等方面，不可避免产生局限性。国家海洋局的工作职能范围，仅是海洋科学的一个方面。由国家海洋局领导我院，对海洋事业的发展极为不利。如海洋生物科学是整个海洋科学的重要方面，前几年，海洋局曾几度要我院海洋生物专业下马、停办，试想若照此办理，势必造成我国海洋科学的畸形发展，将对今后工作造成不可估量的损失。"因而再次"恳切建议将我院领导管理体制改为教育部领导"③。就在这次会议上，问题的解决终于迎来一缕曙

① 《关于再次请求解决我院领导管理体制的报告》，中国海洋大学档案馆藏，档号：HY-1977-DB-145。
② 《关于恢复和办好全国重点高等学校的报告》，中国海洋大学档案馆藏，档号：HY-1978-JXGL-321。
③ 《关于山东海洋学院管理体制归属教育部领导建议的报告》，中国海洋大学档案馆藏，档号：HY-1978-DB-148。

光，会议明确山东海洋学院为教育部部属高校。然而，6月海院领导在参加南京交接会议期间，与国家海洋局代表洽谈交接事宜，因未见国务院批件，海洋局不予办理，之后一系列有关事宜均受此限制。

7月14日，学校党的核心领导小组向教育部党组呈文说明这一情况，"考虑到今后一两年正是整顿、提高的关键时期，如不及时解决，将使我院工作受到严重影响。为此，恳请部党组报请国务院早日批复下达有关文件为盼"[①]。

报告递上去后，张国中又赴京拜会全国政协副主席、中国科学院副院长、山东大学原副校长童第周（5月时张国中曾致信童先生说过此事）。两人见面后，童先生提出请学校老教授联名上书中央领导的建议，并表示他会拿着联名信去找国务院副总理。张国中当即打电话给学校有关部门，要求迅速组织撰写联名信。7月22日，上书国务院副总理王震、方毅的联名信写好，签名者多达62人，其中既有张国中、高云昌等学校领导，也有赫崇本、方宗熙、薛廷耀、文圣常等著名教授。信的第一段写道：

关于我院领导管理体制归属教育部问题，在今年5月全教会期间，教育部会同海洋局、山东省及山东海洋学院做了研究协商，一致认为：从海院的性质和面向考虑，海院归教育部领导，对办好海院使其适用整个海洋事业的需要，包括对海洋局工作的需要都是重要的。因此确定由教育部、海洋局联衔拟文上报中央批准。但是这两个多月，问题尚未解决。据了解，全教会后，教育部起草了上报文件，并转请海洋局会签，海洋局拖延了一个多月，又否定了原来协商的意见：（1）不联衔上报，（2）表示如中央决定，海洋局服从，但有保留意见，因此使我院归属教育部领导问题，至今未能上报中央批准。[②]

不久，王震副总理在联名信上批示："呈方毅同志，我意海洋学院似应归属教育部重点院校之列，请审示。"随后，方毅副总理批示："请刘西尧同志研究，应重视王震同志的意见。"

9月4日，教育部、国家海洋局联衔向国务院呈报《关于改变山东海洋学院归属的请示报告》：

国务院：

根据方毅同志和王震同志批示，我们与山东省及山东海洋学院的同志商议，同意山东海洋学院归属教育部领导。现将情况和意见报告如下：

---

①《山东海洋学院关于管理体制归属教育部的请示报告》，中国海洋大学档案馆藏，档号：HY-1978-DB-148。
②上书国务院副总理王震、方毅的联名信，中国海洋大学档案馆藏，档号：HY-1978-DB-148。

一、山东海洋学院是1959年以山东大学海洋专业为基础建立的,当时由山东省领导,1960年改由原高教部领导,1960年经中央批准列为全国重点高等学校。1965年国家海洋局与原高教部双重领导,以国家海洋局为主。"文化大革命"初期高教部撤销,1969年各部委所属高等学校下放地方领导后,山东海洋学院未办理下放手续,实际上实行国家海洋局和山东省双重领导,以国家海洋局为主。

十多年来,该院和全国其他高等学校一样,遭受到林彪,特别是"四人帮"的干扰和破坏,给教学、科研和发展、建设等方面造成很大困难,国家海洋局和山东省领导该院,尽了很大努力,使该院基本上保持稳定,未遭受严重破坏。

二、该院是全国仅有的一所海洋学院,经国务院批准已恢复为全国重点高等学校,现有8个海洋专业和3个水产专业面向全国。该院改属教育部后,任务不变,继续为国家培养海洋、水产专业人才,并承担有关科研任务。

三、山东海洋学院归教育部后,实行教育部与山东省双重领导,以部为主。为保证国家海洋局系统所需人才的来源,该院所有海洋专业方向不变。海洋学院要积极承担海洋局安排的教学、科研任务,加强与国家海洋局所属单位的协作。

四、山东海洋学院改变领导的交接仪式,由教育部、海洋局、山东省共同具体商办。

以上意见已征得国家计委同意。[①]

10月13日,教育部、国家海洋局下达《关于山东海洋学院改变归属的通知》:

根据国务院领导同志的批示,现通知:同意山东海洋学院改为教育部和山东省双重领导,以教育部为主。

该院改为归属教育部领导后,任务不变,继续为国家培养海洋和水产专业人才,并承担有关科研任务。为保证国家海洋局系统所需海洋专业人才的来源,该院所设海洋专业方向不变。该院要积极承担国家海洋局安排的教学、科研任务,加强与国家海洋局所属单位的协作。[②]

根据国务院批示和《关于山东海洋学院改变归属的通知》,12月26日至30日,教育部计划司主持召开山东海洋学院改变归属交接工作会议,教育部计划司司长舒苔、国家海洋局科技部副部长曹玉峰、山东省教育局局长高维英、山东海洋学院副院长侯连三等参加会议。1979年1月8日,教育部下发《山东海洋学院交接工作会议纪要》,要点有:

---

① 《关于改变山东海洋学院归属的请示报告》,中国海洋大学档案馆藏,档号:HY-1978-DB-148。
② 《关于山东海洋学院改变归属的通知》,中国海洋大学档案馆藏,档号:HY-1978-DB-148。

1. 海院的各项计划自1979年1月1日改变领导关系，实行教育部和山东省双重领导，以教育部为主。

2. 海院858人的劳动工资关系转给山东省教育局。

3. 海院的教育经费，1978年由国家海洋局核拨，1979年1月开始由教育部拨给。

4. "东方红"号海洋调查船移交海院，包括45名船员和物资、设备。

5. 国家海洋局驻青单位所用海院的房屋，由国家海洋局尽早安排腾出，交给海院使用。①

山东海洋学院重归教育部直属虽历经波折，但终是得偿所愿。何以成功，除海院人"咬定青山不放松"的执着精神外，有三点至关重要：一是有"尚方宝剑"。海院成立翌年即由教育部领导，并列为全国重点院校之一，由此申请回归便理直气壮，得以回归则理所应当。二是发展实践的启示。"在归属高教部直接领导期间，发展是迅速的，各方面的关系是协调的……但自改变领导管理体制后，却基本上处于停滞状态。"②三是使命使然。海院是一所面向全国、面向海洋的综合性高等学校，肩负着为国家海洋事业培养人才的重大责任，在向科学进军的时代背景下，改变领导体制成为一个迫切性的问题。或许正是那些报告和那封联名信字里行间透露出的对发展国家海洋科教事业的真挚情感和迫切愿望，给了决策者尽快解决问题的决心。

重归教育部直属对山东海洋学院的发展有着重大而深远的影响，显而易见的事实是，学校重归我国高等教育国家队方阵，在办学定位、学科规划与队伍建设、人才培养目标和科学研究任务，以及与国家有关部委和地方政府的有效互动方面，均与之前不可同日而语，更好地肩负起了我国高层次海洋科技人才的培养任务，在促进国家海洋事业发展的同时，自身也得到前所未有的发展。

值得一提的是，在1960年《中共中央关于增加全国重点高等学校的决定》中，山东海洋学院即被列为13所综合性大学之一。但1978年教育部《关于恢复和办好全国重点高等学校的报告》，将山东海洋学院列在"理工科院校"中，对此，当时学校上下均不认同。学校党政领导到教育部极力反映此事，坚持应遵守1960年中共中央的相关决定，教育部采纳了学校的意见，予以改正。1979年5月下发的《教育部属综合大学理科专业设置调整方案（征求意见稿）》中，共列有13所综合性大学，其中就有山东海洋学院。

---

① 张静主编：《中国海洋大学大事记》，中国海洋大学出版社2014年版，第108—109页。
② 《关于山东海洋学院领导管理体制归属教育部的请示报告》，中国海洋大学档案馆藏，档号：HY-1977-DB-145。

第二章
在改革开放中转型发展

党的十一届三中全会后，学校乘着改革开放的东风，在几任主要领导的主持下，制定学校事业的长远发展规划，积极贯彻执行党的教育方针和教育政策，走出了一条既适应国家和地方需求又切合自身实际的转型发展之路。

第一节　工作着重点转移

一、贯彻党的十一届三中全会精神

1978年12月，党的十一届三中全会（简称"三中全会"）在北京召开。全会高度评价关于真理标准问题的讨论，冲破"左"的束缚，将人们从"两个凡是"的禁锢中解放出来，结束了1976年10月后党的工作在徘徊中前进的局面，开启了改革开放的序幕。

"三中全会"的胜利召开给全校师生员工带来极大鼓舞，大家在不同场合以不同形式纷纷表示，对全会作出的把党的工作着重点转移到社会主义现代化建设上来，全面纠正"文革"及以前"左"倾错误等一系列决策，表示衷心拥护。全会闭幕不久，学校党的核心领导小组就在学习会议精神时提出，"必须迅速把工作重点转移到为社会主义现代化建设培养德智体全面发展的人才上来，努力把山东海洋学院办成既是教育中心、又是科研中心的社会主义大学"①。

乘着"三中全会"的东风,1979年3月30日,经山东省委宣传部批准,交报《山东海洋学院》在停刊近20年后正式复刊。复刊第一期是山东海洋学院建院二十周年专号,一版头条导语"在全国积极贯彻党的十一届三中全会精神,政治上安定团结,经济上持续跃进,文化教育和科学技术蓬勃发展的大好形势下,迎来了我院建院二十周年的大喜日子……"②为整张报纸定下基调。纵观四个版面,无论是主消息,还是院长报告、嘉宾讲话,乃至副刊上的诗文,无不体现党的十一届三中全会精神,凸显把工作着重点转移到教学和科研上来的主题。此后半年多时间里,校报围绕宣传贯彻"三中全会"精神刊发大量文章,除及时报道学校的有关活动外,更是刊发《谈谈当前的学习问题》《继续解放思想是革命实践的需要》《小议转移》《略谈实事求是》《再谈实事求是》《三谈实事求是》等评论文章,助推学习活动一步步走向深入。

4月,为进一步用"三中全会"精神统一师生员工的思想,学校先后召开党的核心领导小组扩大会议和全校党员干部会议,集中学习中央文件和党的核心领导小组贯彻中央文件、促进工作着重点转移的意见。与会者结合学校实际展开热烈讨论。大家一致认为,"自贯彻工作着重点转移以来,学校工作在各方面都有了可喜的变化,学生勤奋学习,教师专心搞教学、科研,干部、职工团结战斗,工作步步向上"③。其后各部、处、系都召开党总支或党支部会议,研究贯彻会议精神的具体措施。

6月,学校党的核心领导小组再次召开扩大会议,学习讨论深入贯彻"三中全会"精神的问题。讨论中,与会者一致认为,"总的形势是好的,教学、科研、基建、后勤和落实政策等各项工作,都取得了很大成绩。但在学校发展规划、专业设置、科学管理、工作效率等方面,还存在不少问题,思想政治工作有所削弱,前进的步伐还不够整齐"④。在学习讨论的基础上,学校党的核心领导小组强调,全体师生员工要认清形势,全面贯彻"调整、改革、整顿、提高"八字方针,充分调动各方面积极性,以确保完成本年度各项任务。

9月,为贯彻山东省委宣传工作会议精神,学校党的核心领导小组举办校、系两级领导干部学习班,利用七个半天的时间深入学习"三中全会"文件,并进行讨论,"把思想和行动统一到'三中全会'精神上来"⑤。10月又举办副科级以上干部学习班,以此"集中

①《山东海洋学院校史(征求意见稿)》,中国海洋大学档案馆藏,档号:HY–1986–XB–263。
②《庆祝我院建院二十周年大会隆重举行》,载《山东海洋学院》1979年3月30日。
③《院党的核心小组召开扩大会议》,载《山东海洋学院》1979年4月21日。
④《深入学习贯彻三中全会精神　努力搞好教学科研各项工作》,载《山东海洋学院》1979年6月16日。
⑤《联系实际开展真理标准问题讨论》,载《山东海洋学院》1979年10月3日。

解决如何解放思想和工作着重点转移问题"①。

二、工作着重点向教学科研转移

1979年2月17日，学校在八关山礼堂召开全体师生员工大会。张国中作题为《加强党的领导，把学院工作着重点迅速转移到教学科研上来》的讲话，着重谈如何实现工作着重点转移的措施。要点有：

一、努力提高教育质量。本学期着重抓好"三材"（即师材、教材、器材）建设，这是提高教学质量的重要环节。当前要正确引导教师处理好教学、科研、进修的关系。现有教师的进修，要坚持在职学习为主、脱产学习为辅、国内进修为主、出国进修为辅的原则。对老教师要配好助手，充分发挥他们的业务专长和对中青年教师传、帮、带作用。中年教师是教学、科研骨干力量，当前要求他们在外语和专业基础理论方面有大幅度提高。对青年教师要大力鼓励他们刻苦读书，大胆实践，有计划地补好基础理论和实验技能的短板。要贯彻全面发展、因材施教的精神，注意减轻学生负担，改进考试制度。1978级实行学分制后，1977级也将按因材施教的精神，可以选课，允许成绩优异的学生跳级，教师要注意发现学习拔尖的学生，不拘一格地进行培养。要引导学生德、智、体全面发展，继续开展"学雷锋、创三好"活动，研究试行奖学金制。加强学术交流活动是提高教学质量的有效方法之一，本年度计划聘请4～5位国内学者来校讲学，还要选派教师出国考察、参加国际学术会议和进行科研合作等活动。

二、努力搞好海洋科学研究。全院教职员工要有信心有勇气为我国海洋科学赶超世界先进水平作贡献。学校科研工作本着起点要高、方向要准、决心要大、见效要快的精神，调整重点项目与一般项目的力量部署，集中力量在海洋动力学、生物生态学、海洋工程和海洋遥感技术等重大项目上开展科学研究。要管好、用好"东方红"号调查船，充分发挥它在科研中的作用。建立健全科研机构和科研队伍，本学期要把各教研室的工作建立健全起来，要组成一支中、老教师为主的科研攻关队伍。提高科研工作的管理水平，健全科研管理制度，实行"五定"并建立科技档案。②

为切实推动工作着重点转移，6月中旬，学校组织开展教学科研大检查。其间"对开出的146门课程、在研的包括国家重点课题在内的75项科研项目进行了全面检查"③，有

① 《联系实际开展真理标准问题讨论》，载《山东海洋学院》1979年10月3日。

② 《加强党的领导　把学院工作着重点迅速转移到教学科研上来》，中国海洋大学档案馆藏，档号：HY-1979-XB-196。

③ 张静主编：《中国海洋大学大事记》，中国海洋大学出版社2014年版，第111页。

效促进了教学质量和科研水平的提高。

随着工作着重点的转移,学校承办的全国性学术和教学工作会议也多了起来。1979年4月,教育部直属高校海洋规划与协作会议在山东海洋学院召开。教育部科技局、南京大学、山东海洋学院等12个单位的代表与会。文圣常教授和温保华副教授分别作访美、访日报告。厦门大学、大连工学院及山东海洋学院等校的九位学者作关于海洋科学发展动态的报告。与会代表通过讨论,制订了教育部直属高等学校1979—1985年海洋科学发展规划,会议还研究加强校际的协作问题,成立海洋科学协作组,下设海洋物理、海洋化学、海洋地质、海洋工程、海洋生物、海洋仪器及新技术六个协作分组。[①]

1979年10月,由教育部主持召开的生物学基础分支学科科研工作座谈会在学校召开,会期8天,来自全国23所高校的60多名代表与会。教育部副部长黄辛白和山东海洋学院党委书记、院长张国中出席开幕式并讲话。[②]

贯彻党的十一届三中精神,实现工作着重点转移关乎学校的发展与前途。对此,学校上下都极为重视,不断统一认识,出台措施,扎实推进,使这项工作短期内取得明显成效,为学校步入改革开放新时期打牢了思想基础,提供了基本条件。

三、举办建院二十周年活动

在全校上下大力开展学习贯彻党的十一届三中全会精神和推动工作着重点向教学科研转移之际,1979年3月30日,山东海洋学院建院二十周年庆祝大会在八关山礼堂举行。教育部和国家海洋局分别发来贺信。教育部在贺信中说:"山东海洋学院是我国唯一的一所面向海洋的多科性大学,肩负着发展海洋教育、科研事业的重任。……我们热切希望全院师生员工,在党的十一届三中全会精神指引下,运用'实践是检验真理的唯一标准'的思想武器,认真总结二十年来教学和科研工作的经验,抓紧恢复、整顿、充实、提高,把学院办成既是教育中心,又是科学研究中心的新型社会主义大学。"[③]

张国中在大会上发表讲话,在谈到所取得的主要成绩时说:"二十年来,我院共毕业大学生4000余人,研究生15人,留学生27人,进修生1000余人,还举办训练班培养学生5000余人,夜大学生1100余人。……共完成科研和勘测项目300多个。"[④]在讲到今后一

① 《教育部直属高等学校海洋规划与协作会议在我院召开》,载《山东海洋学院》1979年4月21日。

② 张静主编:《中国海洋大学大事记》,中国海洋大学出版社2014年版,第112页。

③ 《贺信》,载《山东海洋学院》1979年3月30日。

④ 《张国中同志在建院二十周年庆祝大会上的讲话(摘要)》,载《山东海洋学院》1979年3月30日。

段时期的工作时，他说："为了切实把工作着重点转移到四个现代化上来，从现在到1985年，我们要努力创造条件，把我院办成我国海洋事业的教育中心和科研中心。使我院初步成为在海洋科学领域内学科齐全，实验室技术装备先进的教学、科研基地；形成一支基础雄厚，本领过硬，能成批培养研究生和解决若干重要海洋科学技术问题的教学、科研队伍，为发展我国的海洋和水产事业多作贡献。"[1]为实现上述目标，他从加强思想和作风建设、努力提高教育质量和学术水平、大力开展海洋科学研究、充分调动广大干部和知识分子的积极性、积极组织国内外学术交流活动、改进和加强总务后勤工作、搞好管理工作等七个方面提出具体要求和措施。

在庆祝活动期间，校、系、教研室还举办形式多样、内容丰富的科学报告会，共交流论文155篇，这是"文革"后学校举办的规模最大的一次学术活动。仅海洋生物系就交流论文45篇，难能可贵的是，不少论文是中青年教师宣读的。水产系举办的报告会交流论文20篇，其中《对虾育苗池中的桡足类对对虾幼体的危害及其防治》是一项突破性科技成果。在大部分系、教研室举办报告会的基础上，3月29日，全校性学术报告会举行。赫崇本、毛汉礼、文圣常、方宗熙依次主持报告会。王彬华拄着拐杖上台作题为《中国海海雾的初步分析》的报告。景振华和张炳根分别以《物理海洋学的进展》和《常微分方程的随机扰动》为题作报告。欧毓麟、王德文、孙玉善、潜婉英等十几位教师分别结合自己的专业研究作报告。赫崇本就海洋科学发展问题谈了看法。他说："海洋科学发展和研究的关键是建立正确的科学概念；海洋研究与海上实践是分不开的；科学发展的趋势是各学科互相渗透的，不仅由此而取得重要成果，而且会产生新的学科；科研成果要用不同的形式表达；现代科学已进入发挥集体智慧的时代，通力协作是必须采用的途径。"[2]

庆祝建院二十周年活动使教职员工受到很大鼓舞，把工作着重点向教学、科研转移的劲头更足了。

第二节　张国中任党委书记、院长和制定发展规划

1979年9月17日，教育部党组下文：经党中央批准，张国中任山东海洋学院党委书记、院长；高云昌、王辉任山东海洋学院党委副书记、副院长；赫崇本、侯连三、马秉伦、吴

---

①《张国中同志在建院二十年庆祝大会上的讲话（摘要）》，载《山东海洋学院》1979年3月30日。

②《繁花似锦　交相辉映》，载《山东海洋学院》1979年3月30日。

飞、方宗熙、文圣常任山东海洋学院副院长。[①]这次学校党政领导班子调整有双重意义：一是恢复了"文革"中被破坏的学校党委；二是德高望重的赫崇本、方宗熙、文圣常三位教授进入班子，表明党重视知识分子治校的优良传统得以恢复。1980年1月，山东省委组织部通知，经省委研究同意，侯连三、马秉伦、吴飞、孙洛民、王滋然任山东海洋学院党委常委。

图6-2 党委书记、院长张国中

张国中（1919—1980），曾用名张经荣、张心，山东桓台人。1938年3月，参加桓台县抗日游击队，先后任桓台县游击队宣传队队长，山东人民抗日联军第二师宣传队队长，桓台县第三区委宣传科科长、书记，桓台县委宣传部部长，清河地委宣传部科长，渤海区委城工部科长等职。新中国成立后，历任德州市委书记、市长，德州地委副书记兼工业部长，五〇一厂党委书记，淄博市委第二书记，山东工学院党委书记，山东大学革委会主任、党的核心领导小组第一副组长等职。1974年11月，任山东海洋学院党的核心领导小组组长、革委会主任。1979年9月，任山东海洋学院党委书记、院长。

科学合理地制订发展规划对引领学校的发展方向有着至关重要的作用，张国中对此非常重视。"文革"结束后，他先后主持制定了《1978—1985年山东海洋学院科学技术发展规划纲要》和《山东海洋学院发展规划纲要》。1979年9月，学校新的党政领导班子成立后。为谋划好学校的长远发展，更好地为"四化"作贡献，在前期发展规划的基础上，张国中开始主持制订《山东海洋学院1981—1990年教育事业发展规划》（下称"十年规划"）。1980年10月，"十年规划"正式出台。规划认为，"海洋科学是一门在数学、物理、化学、生物等基础科学基础上发展起来的综合性新兴学科，又是理论和技术紧密结合的一门应用学科。因此，要发展海洋科学，体现海洋的特点，就要按照海洋科学发展的规律和特点，逐步把我院发展成为以海洋科学为特点，设有理、工、文、农等科的一所综合大学"[②]。"十年规划"主要内容有：

一、发展目标

前五年（1981—1985年），坚决贯彻"八字方针"，调整好专业设置和各个环节的比

① 《关于张国中等同志任职的通知》，中国海洋大学档案馆藏，档号：HY-1979-RS-322。
② 《山东海洋学院1981—1990年教育事业发展规划》，中国海洋大学档案馆藏，档号：HY-1980-XB-203。

例关系，为向综合大学发展，为高速度、高质量发展海洋科学教育打下良好基础。同时，要切实搞好师资队伍、实验室和教材三项基本建设，使教学条件有较大的改善，教学质量提高到一个新的水平。争取部分专业本科毕业生接近国际同类专业毕业生的水平。搞好科学研究工作，争取部分课题达到世界先进水平。

后五年（1986—1990年），为发展提高阶段。为此，必须建设一支基础雄厚、学术水平较高的师资队伍和技术装备先进的实验室；能够成批培养博士、硕士等海洋科学方面的研究生。在海洋科技领域内，争取在几个学科或分支学科接近世界先进水平，为四化建设解决一批重大的科技问题，完成以海洋为特点的综合大学的建设工作。

学校规模初步拟定：1985年在校生人数2200人（其中本科生2000人，研究生、进修生200人）；1990年在校生人数达到4000人（其中本科生3500人，研究生、进修生500人）。

二、专业设置和发展方向

根据海洋科学的特点及发展规律，我院的专业设置需要适当调整，使海洋科学的发展有更雄厚、扎实的基础，培养出的人才有更广泛的工作适应性。1985年前，除要努力办好现有各专业外，还要改造、增设一批专业，将某些专业改造为宽口径的通用专业，增设电子技术、科技外语（英、日语语种）、海洋经济与管理等专业。在全面搞好各专业发展的同时，根据海洋科学发展的特点和我院的实际情况，确定物理海洋、海洋生物、海洋化学等专业为重点专业，以带动和促进其他专业的发展。

三、搞好教师队伍建设

对我院教师的要求是：认真学习马列主义和毛泽东思想，全心全意为人民服务，贯彻党的教育方针，努力搞好教学、科研等各项工作，具有系统的巩固的专业基础理论和基本技能，胜任本专业一门或一门以上课程的教学工作。在一定业务范围内，能深入地进行科学研究，熟练地掌握一门外语。采取坚决、果断的措施，把教师队伍的业务提高到一个新的水平。要拟定切实可行的师资培养计划，建立健全教师业务考核制度等。初步拟定，1990年教授、副教授将占教师总人数的1/5（约250人）。并有一批学术造诣较高的学术领导人。

四、教材建设

各专业基础课教材尽量选用全国通用教材，集中力量把各专业基础课、专业课的教材建设好。要求1985年前，各专业的主要教材质量要达到国内先进水平（约占全部编写教材总数的80%），1990年要有50%的教材达到世界先进水平。

五、实验室的改造和建设

加强实验室的改造和建设，是当前教学、科研工作中最紧迫的任务之一。1981年力争把基础课实验室建设好，同时兼顾专业基础课和专业实验室的建设。1985年前，争取把现有各实验室全部建设好，担负基础课、专业基础课及专业课的全部教学任务。同时，保证用先进的设备装备部分承担重点科研项目的实验室，并建成部分中心实验室。1990年前，重点建设一批设备先进的供科研和研究生学习的实验室。完成中心实验室的建设，以适应教学、科研工作的需要。

装备好、管理好、使用好调查船及船上各实验室，是我院实验室建设中的重要组成部分。1985年前除装备好"东方红"船各实验室外，还需引进一艘千吨级的海洋生物水产资源调查船。1990年前，需再增加一艘2000～3000吨级地质物探为主的综合调查船，以满足教学、科研需要。

建设好海滨实验基地，是我院建设的另一个重要问题，有计划地将太平角、麦岛等实验基地建设好。

六、建立科学技术交流中心

加强国内外的科学技术交流活动，是培养师资队伍、提高教学和科学研究水平、学习国内外先进经验的主要途径。我院地处美丽的海滨城市，有着良好的自然条件。请部批准后，建设一个有300张床位的学术交流中心，对我院的发展具有非常重要的意义。

七、集中力量，发挥优势，搞好科学研究工作

坚决贯彻"八字方针"，缩短战线，集中力量，突出重点，组织好跨学科的重点项目。1985年前，在"海洋动力理论""海藻遗传""海水无机离子分级平衡理论""砂砾质海岸""对虾养殖"等方面做出新的成绩，争取达到世界先进水平。为此，要配备具有一定业务水平的班子，增设必要的先进设备，以保证在现有水平基础上有更大的飞跃。同时，还要积极争取"实验胚胎""海洋生态""海洋环保""海洋动力模拟"等方面做出新的成绩。[1]

时为改革开放之初，"十年规划"描绘的宏伟蓝图，既指明了发展方向，又鼓舞了干劲，其中增设专业、增加调查船、建立学术交流中心等若干设想颇具远见。特别值得书写的一笔是，经过十年持之以恒的努力，规划确定的"把我院发展成为以海洋科学为特点，设有理、工、文、农等科的一所综合大学"的目标，由蓝图变成了现实。然而令人痛

---

[1]《山东海洋学院1981—1990年教育事业发展规划》，中国海洋大学档案馆藏，档号：HY-1980-XB-203。

心的是，就在"十年规划"正式出台之际，张国中因罹患癌症于1980年10月28日去世。在11月13日举行的追悼会上，党委对他为学校发展作出的贡献给予高度评价："他对海洋学院的工作，呕心沥血，全力以赴，在拨乱反正、医治海院遭到十年浩劫的创伤中，作出了重要贡献，受到全院师生员工的爱戴和尊敬。"党的十一届三中全会后，"他以极大的革命热情和高度的革命责任感，致力于海洋科学教育事业，他在中央党校带病坚持学习，回校后又带病坚持工作。直至病危，仍关怀着海洋学院的教学、科研事业的发展，关怀着全院师生员工的工作、学习和生活"[①]。

张国中去世后，党委副书记、副院长高云昌代行院长职责。

第三节　华山任党委书记和贯彻全国高教会精神

1981年8月5日，中央组织部下发通知，中央同意华山任山东海洋学院党委书记。

图6-3　党委书记华山

华山（1912—2002），原名郑化善，山东惠民人。1934年，入国立北平大学农学院学习。1938年5月，在陕北公学加入中国共产党。1938年8月起，先后任八路军山东纵队政治部宣传科副科长、边联县抗日民主政府县长、鲁南第二专署专员、中共鲁南区党委调研室副主任、曲阜师范学校校长等职。新中国成立后，历任山东农学院党委书记，山东省临沂地区革委会副主任、山东大学党委副书记、革委会副主任，北京农业大学党委副书记、副校长等职。1981年8月，任山东海洋学院党委书记。

华山长期担任高校领导职务，懂教育，会管理，到校视事后，即强调要"坚决贯彻党委领导下的院长分工负责制"。当时学校正在按教育部要求编制"五定"（定任务、定专业、定学制、定规模、定编制）方案，这项工作由党委副书记、副院长高云昌主抓。华山对此给予大力支持，并提出意见。1981年12月，《山东海洋学院"五定"方案》上报教育部。其主要内容如下：

一、任务：为适用国民经济和海洋事业的发展，逐步把海院办成一所具有海洋特色的理、工、农（水产）结合的高等学校。一方面要培养高质量的本科生，另一方面要逐步增

[①]《悼词》，载《山东海洋学院》1980年11月29日。

加研究生比重。充分体现海洋的特点，同时也培养部分与海洋有关的一般理工及外语方面的大学生。在担负对人才的培养任务外，还承担着海洋方面的科研任务。

二、专业调整与设置：1. 物理海洋学、海洋气象学、海洋地质学、海洋地球物理、海洋动物学、海洋植物学、海水养殖、水产加工、海洋捕捞、海洋渔业资源、应用数学、海洋机械工程等12个专业予以保持；2. 拟将海洋物理学、海洋化学两专业调整为一般性的物理、化学专业；3. 拟增设无线电工程专业、英语专业，并根据海洋事业发展的需要和学校实际情况，再考虑逐步设置与海洋有关的新专业；4. 在办好物理海洋学（博士、硕士）、海洋气象学（硕士）、海洋化学（硕士）、海洋生物学（硕士）等专业研究生培养的基础上，拟逐步增加海洋物理学、海洋地质学、水产养殖、水产加工、海洋捕捞、应用数学专业等硕士、博士学位授权点；5. 拟从1982年起恢复夜大。

三、学制：本科生四年，硕士生二至三年，博士生四年。

四、学校规模：海院现有土地500亩，学生人数最大规模以4000人为宜，一方面要适当控制海洋专业在校学生数，另一方面必须增加一般专业和研究生人数。据此，1985年大学本科在校生拟为2500人左右，研究生在校生120人，夜大在校生200人以上，合计2820人，1985年之后视情况再逐步扩大到4000人。

五、编制：根据实际情况，1985年教师编制应为600人，其中科研编制为200人；职工与教师编制应大致相同；"东方红"号海洋调查船、养殖场及生产性工厂等另列编制。[①]

其后，学校根据国家需求和自身发展需要，对上述方案进行了修订。1983年8月，学校将《山东海洋学院"五定"方案（修订意见稿）》上报教育部，其中办学方向修订为"以海洋为重点，理工结合，适当增设一些文科专业"[②]。

1983年5月，教育部在武汉召开全国高等教育工作会议。会后教育部印发《关于调整改革和加速发展高等教育若干问题的意见》，提出高等学校在遵守国家政策、法令和制度，保证完成国家下达的培养人才、科研任务，并在国家核定的人员编制、基建投资和经费预算的范围内，可以行使下列权力：① 接受委托培养学生，自行承担科学研究任务和业务服务；② 根据国家制定的培养目标，制定本校各专业的教学计划、教学大纲和处理其他教学业务问题；③ 包干使用教育经费，自行安排使用本校各项基金，节余不上缴；④ 选任教师，录用职工，进行奖惩。领导班子健全的学校可以任免系、部、处级及以下的干部；⑤ 在完成国家安排的对外活动任务外，经有关部门统筹安排，开展国际教育、科研交

---

①《山东海洋学院"五定"方案》，中国海洋大学档案馆藏，档号：HY-1981-JXGL-348。
②《山东海洋学院"五定"方案（修订意见稿）》，中国海洋大学档案馆藏，档号：HY-1983-XB-223。

流活动，使用所得的外汇。此外，经过批准，有条件的学校可以试行教师聘任制，少数有条件的重点学校和学科可以审批教授、副教授职称。

参加武汉高教会的华山返校后，先后主持召开党委常委会会议和各单位负责人会议，传达学习会议精神和研究落实措施。7月9日，学校党委召开全体教职工大会，华山就如何贯彻武汉高教会精神讲话，在讲了当下形势、办学方向、发展速度和规模、加强重点学科建设、加强科研工作、加强师资队伍建设、改善办学条件等方面后，重点谈了机构改革问题。他要求，"每个同志都要充分认识机构改革的重大意义，提高自觉性，增强紧迫感，以对党对人民高度负责的精神，满腔热情地投入这项改革，做机构改革的促进派"[①]。8月10日，学校党委向教育部党组上报《关于贯彻武汉高教会议精神的情况报告》。要点如下：

关于办学方向问题。我院的办学方向原定为面向海洋，为研究开发海洋培养人才。但是，由于我国海洋事业的发展较晚，人才预测工作做得不够，因而近几年某些专业出现了"分配难"的问题。另外，由于国际交往的不断增多，省、市领导同志曾提出建立青岛大学的建议，为此，我们曾向山东省人民政府写过在我院基础上建立青岛大学的报告，山东省人民政府也曾向国务院写过专门报告，要求批准建立青岛大学。但是，后来通过我院毕业生分配的试点调查，了解到我国一些单位还是大量需要海洋和水产方面的人才的，再加上改建青岛大学问题很多，弄不好可能使我院失掉面向海洋的特色。经党委反复研究，同意教育部"五定"中的第二种意见，即"如果这样做问题很多，那就持慎重态度，可不改变办学方向，在不削弱海洋人才培养的同时，适当增加一些专业，为山东省和青岛市培养一些人才"。通过贯彻武汉高教会精神，我院的办学方向更加明确，即：暂不改变名称，仍坚持以海洋为重点，以理工科为主体，适当增加一些有关经济、管理、海洋法等学科和专业。

关于发展速度和学校规模问题。经研究确定，办好现有本科各专业仍是工作的重点，本科生仍维持现有的规模不变，每年招生五百人左右。每个专业每年招生人数的多少，可根据社会的需要进行调整，各专业要下大力抓好教学质量的提高。今后我院发展的重点，一是通过增办专修科、专修班、干部培训班、夜大、函授班等形式来培养适应海洋事业及其他事业所需的人才；二是积极创造条件多招收研究生，在保证质量的前提下，不断增加数量，以为国家培养更多高质量的海洋科技人才。

---

① 《贯彻落实全国高等教育工作会议精神》，载《山东海洋学院》1983年7月13日。

关于机构改革,加强科学管理问题。我院部门多,人员构成不合理,有些工作互相推诿、扯皮,会议多、办事效率低,领导班子年龄老化,职务偏多,缺少文化专业知识等。这些问题不解决,要开创新局面,实现为四化培养高质量的又红又专的建设人才是困难的。因此,我们要增强紧迫感,提高自觉性。当前要根据精简机构的要求,积极做好调查研究,制订方案,尽早进行机构调整,合理安排使用干部,明确职责范围,加强岗位责任制,加强科学管理,进一步做好各项工作。[①]

分析这个汇报材料,不难发现,进入20世纪80年代,学校根据社会发展需求情况,开始对专业设置、办学规模进行探讨,并对内部改革和学校更名统筹进行谋划。在坚持以海洋为重点、以理工科为主的前提下,适当增加一些有关经济、管理、海洋法的学科和专业,转型发展开始付诸实践。

第四节 文圣常任院长和制定新发展规划

1984年4月6日,教育部党组下发通知:"中央宣传部转发中央组织部通知,同意你院下列同志的任免:王辉留任党委副书记(主持党委工作),免去其副院长职务;文圣常任院长;王滋然任党委副书记;冉祥熙(任期四年)、徐家振任副院长;华山任顾问,免去其党委书记职务;免去高云昌的党委副书记、副院长职务,离职休养;免去赫崇本、方宗熙的副院长职务。"[②]

图6-4 院长文圣常

文圣常(1921—2022),河南光山人,物理海洋学家。1944年,从位于四川乐山的武汉大学机械工程系毕业。1946年,赴美国航空机械学校短期进修。1947年回国,任重庆中央工业学校副教授。新中国成立后,先后任重庆西南工业专科学校副教授、湖南大学副教授、广西大学教授。1952年全国高校院系调整,前往哈尔滨军事工程学院任教授。1953年,调任山东大学海洋系教授。1978年11月,任山东海洋学院海洋研究所海洋动力学研究室主任。1978年12月,任海洋水文气象系主任。1979年9月,任山东海洋学院副院长。1984年4月,任山东海

---

① 《关于贯彻武汉高教会议精神的情况报告》,中国海洋大学档案馆藏,档号:HY-1983-DB-163。
② 《关于王辉等同志职务任免的通知》,中国海洋大学档案馆藏,档号:HY-1984-ZZ-114。

洋学院院长。

1984年4月7日，文圣常主持召开山东海洋学院事业规划委员会第一次会议。他强调："制订规划是一件大事，制订一个好的规划是全校师生的共同愿望。各单位要认真总结海院25年来的办学经验和教训，认清新技术革命的发展形势，要虚心向兄弟单位学习，借鉴外国科技发展的经验，把规划工作做好。"[①]4月17日，学校事业规划委员会召开第二次会议，听取各系和直属教研室对专业设置和重点专业、重点学科建设的汇报。从汇报情况来看，各系和直属教研室在第一次会议后都进行了认真的讨论，反映出广大教职工对制订规划的高度责任感，使规划制订有了群众性和科学性的基础。研讨中，大家认为，"山东海洋学院是我国唯一的面向海洋的多科性重点院校，面向海洋是我们的特点，海洋学科的专业比较齐全是我们的优势，这个特点一定要保持，这个优势一定要发挥"；同时也取得广泛共识，"海洋开发是新技术革命的重要内容，也是学校的主要方向，必须加快发展应用学科"[②]。

10月22日，学校向教育部上报《报送〈山东海洋学院事业发展规划〉的函》，介绍了制订发展规划的背景、过程和着重研究的几个问题。新发展规划是基于学校现实问题和国家海洋事业发展需要，发动全体教师、干部，反复讨论研究最终确定的。"我院在毕业生分配制度改革试点所进行的两次全国性调查和在制订规划过程中进行的补充调查，为本次规划制订工作提供了依据材料。"通过分析研究，大家一致认为，"当前我院以理为主的学科专业设置已不适应当前我国海洋开发事业和新技术革命的需要，是我院今后发展存在的根本性问题，必须尽快改变，这个问题是本次制订规划需要研究解决的核心问题"。在制订规划过程中，大家还提出改变学校名称的建议，"山东海洋学院改名为海洋科学技术大学，并冠以'青岛'或'中国'二字，其理由是培养海洋科学和技术人才是我校的主要任务，大学则反映学校专业设置的多科性和综合性"[③]。《山东海洋学院事业发展规划》的主要内容有：

一、关于学校的性质和发展方向

海洋科学必须根据社会发展的需要调整其发展方向，制定新形势下学校发展规划，需以能满足四化建设和新技术革命的需要为前提，充分考虑下列需要：（1）基础学科发展的需要；（2）海洋开发的需要；（3）地方建设的需要。鉴于此，学校今后的性质和发展

---

① 《院事业规划委员会召开第一次扩大会议》，载《山东海洋学院》1984年4月21日。
② 《院事业规委会召开第二次会议》，载《山东海洋学院》1984年4月21日。
③ 《报送〈山东海洋学院事业发展规划〉的函》，中国海洋大学档案馆藏，档号：HY-1984-XB-234。

方向应是：成为一所面向海洋科学技术，以为海洋开发服务为主的多科性高等学校。

二、专业设置和重点专业（学科）

（1）调整并办好现有专业。在现有的物理海洋、海洋气象、物理、化学、海洋植物、海洋动物、海洋地质、海洋地质地球物理、水产养殖、水产品加工、海洋捕捞、渔业资源、应用数学、海洋机械工程和英语专业中，将海洋植物、海洋动物两专业合并为海洋生物专业（既属基础学科性质又着重发展生物技术这一新兴学科），以增强毕业生的适应能力；将海洋地质地球物理专业改名为海洋应用地球物理专业，以适应海洋开发的需要；恢复海洋物理专业和海洋化学专业，以便于与物理专业、化学专业平行招生或交替招生。

（2）增设新专业。1985年拟增设环境生物学专业、经济管理专业、淡水渔业专业、应用电子学专业、海岸工程专业、计算机应用专业；1987年拟增设工程地质专业、思想政治教育专业；1990年前拟增设海洋环境工程专业。

（3）重点专业（学科）建设。1990年前，除办好现有的物理海洋、海洋气象二个重点专业外，要创造条件，根据国家和学科发展的需要，努力把海洋化学、水产养殖、海洋地质、海洋生物、海洋应用地球物理、应用数学等专业建成重点专业，使博士研究生培养点增加到十个以上。

三、科学研究和科研机构设置

大力开展应用和开发方面的研究工作，充分发挥我院海洋科学方面专业科类齐全的特点，集中力量，协同攻关，为我国海洋开发解决一批重要课题。要在黄河三角洲综合开发、海水防腐、海洋工程技术、水产品增养殖技术、海洋环境保护、海洋污染控制和治理方法、海洋应用光学、海洋遥感、计算机应用等方面作出重大成绩，多数的成果要达到国内先进水平。继续重视基础理论研究工作，使物理海洋、海洋气象、海洋物理、海洋化学、海洋生物、海洋地质等学科中的基础理论研究达到或接近世界先进水平。此外，还要对海洋经济、海洋法规、海洋学史等方向开展专门研究。

要保证科研任务的圆满完成，必须设置相应的研究机构。我院的研究机构分三类：研究所、研究室和研究中心，这些机构一般挂靠在一个系。已经教育部批准的研究机构有物理海洋研究所、河口海岸带研究所、海洋生物遗传研究室和海藻培养研究室。1985年以前将建立以下科研机构：海洋环境保护研究所、水产养殖研究所、海岸工程研究室、海洋应用光学研究室、海洋物理化学与海水防腐研究室、水产食品加工与海洋药物研究室、计算机应用研究室、海洋生态系研究中心、海洋遥感中心。1985年以后，将根据学科发展和我院条件，陆续建立有关海洋气象、海洋声学、海水资源化学、海洋应用生物学、海洋矿产、应用地球物理、远洋渔业与资源开发、应用数学、海洋工程技术、海洋经济、地下水资源等相应的研究机构。

四、学校发展规模

根据今后海洋开发事业的需要和专业设置情况确定招生数量，在校学生是：（1）1985年各类学生约为3140人（不包括夜大学），其中本、专科生约为2300人，研究生约为180人，干部专修科约为240人，委托办学约为320人，进修教师及进修班约为100人。（2）1987年各类学生约为4500人（不包括夜大学），其中本、专科生约为3500人，研究生约为280人，留学生约为20人，干部专修科约为250人，进修教师及进修班约为100人，委托办学约350人。（3）1990年左右各类学生约为6000人（不包括夜大学），其中本、专科生约为4800人，研究生约为400人～500人，留学生约为50人，干部专修科约为250人，进修教师及进修班约为150人，委托办学约为350～400人。（4）夜大学最大规模定为500人。

五、为实现以上规划，需抓好以下几方面的工作。（1）继续贯彻调整、改革、整顿、提高的方针，当前着重抓好教职工的思想建设，解放思想，促进改革工作的深入开展；（2）全面深入地落实知识分子政策，整顿师资队伍，加强师资培养，并逐步解决教师队伍的老化问题；（3）加强基建工作。根据上述规划的要求，学院现在土地面积不足，教育部已批准另征地300亩，从长远发展考虑尚需200～400亩；（4）抓好实验室建设。根据上述专业发展的规划，今后必须加强应用学科和工科实验室的规划和建设，并充实更新老专业的实验室。当前着重做好世界银行贷款工作，由于海洋方面的教学、科研手段投资较大，一方面希望上级给支持外，同时采取多种途径提供技术服务，开辟财源，改善教学与科研条件。①

1985年11月，在山东海洋学院首届教职工代表大会上，文圣常作题为《加快改革步伐　提高教育质量　为实现我院发展规划而奋斗》的报告。他说："建院以来我院的性质是以面向海洋科学，以理为主的高等学校。这在当时我国海洋科学处于由无到有的发展阶段，需要相当数量的基础学科人才的时候，还是必要的。但是，四化建设、海洋开发事业和新技术革命都在飞速发展，仍按原来的模式办学已不能适应时代的发展和社会需要，学校就会缺乏活力，不利于发挥广大师生员工办学的积极性。鉴于此种情况，在改革过程中，在制订发展规划时，通过社会调查和全院上下结合进行讨论、分析、研究，和在全面考虑基础学科发展的需要、海洋开发事业发展的需要以及地方四化建设需要的基础

---

① 《报送〈山东海洋学院事业发展规划〉的函》，中国海洋大学档案馆藏，档号：HY-1984-XB-234。

上，确定了我院的性质和发展方向，就是：把我院办成一所面向海洋科学技术，以为海洋开发服务为主，包括理、工、水产、环境科学、管理科学及文科等多科性的高等学校，这一调整业已得到国家教委的同意和有关部门的赞同。"①

　　这个发展规划产生了重要而深远的影响。它符合学校的办学基础，解决了当时发展之困，指明了学校的发展方向，并且在规划的制订过程中，凝聚起广大教职工的智慧和力量。以此为契机，学校更加主动地发展适应时代需求的应用性学科，适时扩大办学规模，向多科性大学转型发展的步伐明显加快。

第五节　施正铿任党委书记和第五次党代会召开

　　1984年9月15日，教育部党组发文：经研究，决定施正铿同志任山东海洋学院党委书记。

　　施正铿（1932—　　），福建龙溪（今福建漳州）人。1954年9月，山东大学毕业后留校任教。1959年9月至1981年5月，历任山东海洋学院海洋水文气象系海洋学教研组主任、海洋水文气象系副主任、海洋水文气象系党总支副书记、教革部科研组副组长、科研处副处长、科研处处长等职。1981年5月，任中国驻美国大使馆一等秘书。1981年11月，任中国驻纽约总领事馆领事、教育处处长。1984年9月，任山东海洋学院党委书记。

图6-5　党委书记施正铿

　　1984年11月，施正铿到校不久即组织开展整党工作。12月，根据《中共中央关于整党的决定》和山东省委有关工作部署，学校党委成立整党办公室。1985年1月，党委在八关山礼堂召开全体党员大会，施正铿作《提高认识，统一思想，联系实际，搞好整党》的动员报告。报告说："只有搞好整党，我们的业务指导思想才能得到进一步端正，党的知识分子政策及其他各项政策才能得到进一步落实，教学、科研及其他各项工作才能搞上去，我们的改革步伐才能进一步加快。"②

　　在整党过程中，他在专题会上强调，"要把整党同改革结合起来……密切联系我院

---

① 《加快改革步伐　提高教育质量　为实现我院发展规划而奋斗》，载《山东海洋学院》1985年11月29日。
② 《我院整党工作于本月正式开始》，载《山东海洋学院》1985年1月12日。

实际，做到边学边改，边整边改，雷厉风行地解决问题"[1]，要"抓住培养学生能力这个核心，大胆进行教学、科研领域中的各项改革。……要进一步搞好管理体制改革……继续搞好机构改革和领导班子调整工作"[2]。由此，学校在教学方面推出"改革的十七条措施"；科研方面提出"八条改革意见"；在管理改革方面，本着简政的原则进行机构调整，按照干部"四化"要求选拔任用中青年知识分子，在定编定员的基础上建立岗位责任制，启动教师职务聘任制改革试点工作；总务方面进一步推进承包责任制[3]；基建方面全面实行经费、任务大包干责任制[4]。这些系统性改革措施的铺开，促使学科建设、专业结构调整、研究生教育、海洋开发服务，以及基建工作均取得显著成绩。

1986年3月8日，中国共产党山东海洋学院第五次代表大会在"六二礼堂"举行，169名正式代表、12名列席代表和4名特邀代表参加。青岛市委副书记刘镇出席开幕式并讲话，民盟海院支部、九三学社海院支社向大会致贺词。党委副书记王滋然主持大会并致开幕词，施正铿代表上届党委作《继续解放思想　不断进行改革　努力开创我院工作新局面》的工作报告，刘裕代表上届纪委作纪委工作报告。大会审议并通过两个报告，选举产生中国共产党山东海洋学院第五届委员会和新的纪律检查委员会，新当选的党委委员是文圣常、王薇（女）、王元忠、王滋然、冉祥熙、冯瑞龙、吕增尧、李耀臻、施正铿、秦启仁、徐家振、郭田霖、董柏林、喻祖祥、蔡国楷、管华诗、魏传周。新当选的纪委委员是王岚、王元忠、王庆仁、刘裕、孙秀林、严国光、韩丽梅（女）。

3月9日下午，中国共产党山东海洋学院第五届委员会举行第一次全体会议，选举党委常务委员会委员、书记、副书记，会议一致同意制定《加强党委自身建设的几项规定》；新的纪律检查委员会举行第一次全体会议，选举纪委书记、副书记。

3月27日，中共国家教委党组下文，批准中国共产党山东海洋学院第五届委员会一次全会和新的纪委一次全会的选举结果。施正铿、王滋然、文圣常、冉祥熙、徐家振、王元忠、蔡国楷组成党委常务委员会；施正铿任党委书记，王滋然任副书记；王元忠任纪委书记，刘裕任纪委副书记。

第五次党代会具有特殊的意义。第四次党代会是1965年召开的，因为"文化大革命"，到这次党代会召开，中间隔了20多年。其间，学校经历了两个阶段，即"文革"阶

① 《院党委进一步动员部署我院的整党工作》，载《山东海洋学院》1985年1月26日。
② 《彻底清除"左"的影响，进一步解放思想，加快改革步伐》，载《山东海洋学院》1985年5月15日。
③ 《总务处改革有新招》，载《山东海洋学院》1985年1月12日。
④ 《我院本学期将做好六个方面的改革》，载《山东海洋学院》1985年3月16日。

段和党的十一届三中全会以后的转型发展阶段。因此党委的报告中既肯定成绩，又总结教训，也找出差距。报告特别强调："党中央多次指出，进行社会主义现代化建设，关键是科学技术现代化。党的十二大把科学和教育列为国民经济发展的战略重点之一，中央又作出关于科技和教育体制改革的决定。邓小平同志又进一步指出，教育要面向现代化，面向世界，面向未来。这些重要指示，为教育和科技的发展指明了方向，提出了要求。我们要坚定不移地贯彻党中央的战略思想，团结奋斗，锐意改革，努力开创我院各项工作新局面，使我院的工作在各方面都能够持续、稳定、协调地发展，为四化建设培养更多的优秀人才，为实现党的总任务、总目标贡献力量，为努力把我院办成一所面向海洋科学技术，以海洋开发服务为主，包括理、工、农（水产）、文、管理等多科性的综合大学而努力奋斗。"[1]第五次党代会确定的这个办学任务和方向，是基于国家需要和山东海洋学院的历史发展经纬而作出的战略定位，继续推动学校向多科性、综合性转型发展。

为实现上述任务，施正铿在报告中提出：要进一步改善和加强党的领导，加强党性、党纪教育，实现学校党风的根本好转；必须积极慎重地做好组织发展工作，要重视在教师、低年级学生和青年职工中发展党员；要根据革命化、年轻化、知识化、专业化的要求做好各级领导班子梯队的选拔和培养工作，把年富力强、勇于改革、能开创新局面的同志选拔出来，认真做好培养，把学校的各级领导班子建设好；要切实改进领导作风和工作作风，进一步落实党的各项政策，充分调动各方面的积极性。他在报告中强调：

学校的根本任务是培养人才。要培养符合四化建设需要的有理想、有道德、有文化、有纪律的合格人才，我们必须坚持社会主义的办学方向，坚持德、智、体全面发展的方针。要继续学习、深刻领会中央关于教育和科技改革的决定和党的全国代表会议精神，进一步解放思想。坚持改革，坚持为开放服务，为地方建设服务，在我们的各项工作中，一定要坚定不移地贯彻这一指导思想。

为了适应四化建设的需要，为国家多培养合格人才，国家教委批准我院的发展规模为六千人。这是一项极为艰巨而光荣的任务，全院师生员工，尤其是党员同志都要关心这件事。我们要根据党的全国代表会议和教委广州教学研讨会的精神，认真调查研究，深入进行分析，对实现我院规划目标的可能性和可行性进行充分论证。在此基础上，制订出具体落实措施。为了保证我院规划目标的实现，我们除了积极争取国家在经费等方

---

[1]《继续解放思想　不断进行改革　努力开创我院工作新局面》，载《山东海洋学院》1986年3月15日。

面支持外，还要积极创造条件，挖掘潜力，在完成国家指令性招生计划的前提下，广开办学门路，采取联合办学、委托办学等形式，增加招生数量，扩大财源。在落实规划目标时，要做到统筹安排，协调发展，周密规划，稳步前进。

在增加招生数量的同时，我们要着重解决好培养人才的质量问题。要继续加强基础课的教学，不断加强和改进实践性教学环节，狠抓教学质量，使培养出的人才具有较强的自学能力、独立工作能力和创造能力。

学校的中心工作是教学，教学工作是学校工作的主体。我们要以第一流的教学评估标准为奋斗目标，在我们已制订的各项教学改革方案基础上，要继续对教学内容、教学方法和考试方法进行改革，提高教学质量。按照评估的要求做好各项工作，新建专业，要积极创造条件，争取尽快达到评估要求；条件好的系、学科、专业都要按高标准的要求通过评估。

在科研工作方面，我们一定要继续重视基础理论的研究，大力开展海洋开发应用技术的研究，不断提高学术水平，为在我院逐步形成教学、科研两个中心而努力，为培养高级专门人才和发展我国的海洋科学技术作出我们的贡献。为此必须积极鼓励和支持广大教师和学生开展科研工作，积极进行学术交流，取得更多更好的科研成果，培养更多的博士和硕士研究生。[1]

大会批准了施正铿代表第四届党委所作的工作报告。通过的《关于党委工作报告的决议》认为："报告对我院第四次党代表大会以来的工作回顾和提出的今后任务和努力方向，符合党的全国代表会议和十二届四中、五中全会精神，符合我院实际情况，是实事求是的，体现了团结奋斗、再展宏图的精神，对鼓舞全院师生员工，为实现我院规划和为四化建设培养更多的合格人才必将起到重要的保证作用。"[2]

第六节 学校领导班子调整 冉祥熙、施正铿分任书记、院长

1987年4月20日，国家教委党组发文，对山东海洋学院领导班子作出调整：冉祥熙任山东海洋学院党委书记，免去其副院长职务；王滋然留任党委副书记；施正铿任山东海洋学院院长，免去其党委书记职务；秦启仁任副院长；徐家振留任副院长。

---

[1]《继续解放思想 不断进行改革 努力开创我院工作新局面》，载《山东海洋学院》1986年3月15日。
[2]《关于党委工作报告的决议》，载《山东海洋学院》1986年3月15日。

图6-6　党委书记冉祥熙

冉祥熙（1932—2021），山东济南人。1953年8月，山东大学数学系毕业后留校任教。自1959年9月起，历任山东海洋学院数学教研组副主任、数学教研室主任、数学系主任等职。1983年，当选为中共山东省第四届委员会候补委员。1984年4月，任山东海洋学院副院长。1987年4月，任山东海洋学院党委书记。

1987年5月，中共中央作出《关于改进和加强高等学校思想政治工作的决定》，指出："要使我们培养的学生能够坚持四项基本原则、坚持改革开放，增强对资产阶级腐朽思想和各种错误思潮的识别力，从根本上提高思想政治素质，必须认真研究新时期的新情况和青年学生的特点，切实改进思想政治教育的内容、形式和工作方法，把思想政治工作提高到新的水平。"据此，冉祥熙多次主持会议研究落实措施。9月，学校党委制定《关于贯彻中共中央〈关于改进和加强高等学校思想政治工作的决定〉的意见》。要点有：

全院的思想政治工作由党委统一领导，各级党组织要把做好思想政治工作作为主要任务，党政各部门的负责人都要亲自做思想政治工作，教职工要结合自己的工作履行教书育人、服务育人的义务，同时要在政治思想、道德品质、文明教养、治学态度等各方面，严格要求自己，起表率作用。

成立学生工作委员会，加强对学生工作的统一领导。其职责是：在党委和院长领导下，全面负责学生的思想政治工作，研究决定学生日常管理中的有关问题。学生工作委员会办公室是学生工作委员会的办事机构，负责组织实施和协调、配合有关部门落实学生工作委员会提出的工作意见与决定；负责有关学生的奖惩、操行评定、贷学金、毕业生分配以及校风校纪教育等项工作。各系、学部根据各自的情况，可成立党政合一的学生工作小组。

成立思想政治教育研究室，加强学生思想政治教育研究工作。研究室除担负形势政策、人生哲理、法律常识、职业道德、成才之路等内容的教学任务，还要组织有关人员大力开展思想政治工作的研究，以适应新形势下的思想政治工作的内容、形式与方法，使思想政治工作逐步做到科学化，入耳入脑。党委每年召开一次思想政治工作研讨会。

思想政治工作要坚持实事求是、理论联系实际、一切从实际出发的原则，密切联系师生员工的思想问题与实际问题进行工作，把思想政治工作同解决实际问题结合起来，为群众排忧解难；与加强管理结合起来，努力改变某些思想政治教育与实际脱节、神不附体的状况；与组织青年教职工、学生参加社会实践结合起来，为他们开阔视野、增长才干创造条件。

要加强民主与法制建设，逐步为师生员工创造高度民主和高度文明的政治环境和学术空气，提倡和鼓励师生员工大胆探索问题。要充分发挥各委员会的作用，建立正常的民主渠道。要防止和克服官僚主义，主动深入群众听取意见，尊重群众的民主权利，实行民主管理、民主办校，尊重和爱护师生员工的主人翁精神。要落实各民主党派、工会和学生代表参政议政的措施，建立健全有关的制度和规定。[①]

这个意见很好地贯彻了中央文件精神，提出了许多切实可行的措施，并付诸实践，加强和改进了学校的思想政治工作和学生管理工作，提高了师生员工对各种错误思潮的鉴别力和抵御力，为稳定校园秩序、提高教育质量发挥了重要作用。

---

①《关于贯彻〈中共中央关于改进和加强高等学校思想政治工作的决定〉的意见》，中国海洋大学档案馆藏，档号：HY-1987-DB-184。

第三章
内部管理体制机制改革

这一时期，学校按照上级要求，认真实行党委领导下的院长分工负责制。1983年开始在数学系试行以系主任负责制为中心的改革，并逐步推开。随后又在机构设置、干部以及人事管理制度等方面推进改革。这些改革措施很好地调动了广大教职员工的工作积极性，显著地提高了办学效益。

第一节　实行党委领导下的院长分工负责制

新中国成立后，高等学校内部领导体制经历过几次大的变化，先后实行过校长负责制、党委领导下的校务委员会负责制、党委领导下的以校长为首的校务委员会负责制。"文革"期间，高等学校内部领导体制陷入混乱。

1978年10月，教育部印发"新高教60条"，规定高等学校的领导体制是"党委领导下的校长分工负责制"[1]。当月，学校就明确提出，"要认真贯彻党委领导下的院长分工负责制，使负责行政工作的同志有职有权"[2]。

1979年9月，中共中央批准学校党委书记、副书记和院长、副院长组成人员名单。

① 中央教育科学研究所编：《中华人民共和国教育大事记（1949—1982）》，教育科学出版社1984年版，第530页。
② 《情况简报（十五）》，中国海洋大学档案馆藏，档号：HY-1978-XB-183。

1980年1月，中共山东省委正式批准，"院党的核心领导小组改为院党委"①。这为切实实行党委领导下的院长分工负责制提供了组织基础。4月，党委印发《关于贯彻十一届五中全会精神　改进党委领导的若干规定》，重申"严格执行民主集中制和党委统一领导下的院长分工负责制"，其中既对党委领导制度作出规定，也对院长办公制度作出规定。要点有：

凡属重大问题都必须经常委会集体讨论决定，一经集体决定的问题，都要口径一致地执行，禁止将会上的分歧意见和未公布的决议对外泄露。院党委成员的分工要更加科学和明确，要切实解决好党委统一领导下的党政分工负责和充分发挥职能部门作用。

党委的会议主要讨论决定：对党的路线、方针、政策的贯彻执行问题，思想政治工作中的重大问题，本院教学、科研、基建的长远规划和年度计划，重大工作任务的实施，党的建设，机构编制，干部任免与纪律处分。对于行政业务经常工作中的问题，应由院长或副院长召开行政会议去讨论解决，尤其在教学、科研工作上，要充分发挥专家副院长的重要作用，使其有职有权有责。对一般性的工作，要由职能部门按照职权范围发挥主动性去负责办理。

要改进会议：少开会，开短会，未经预先统一安排的议题不准在会上乱插；院党委每半月召开常委会会议和集体办公会各一次，常委会会议上主要讨论决定全院较重大的问题，集体办公会上主要汇报和商定党群工作执行中的问题；院务会议每月初召开一次，商讨教学、科研及其他行政业务工作方面重大问题；院长集体办公会每周一下午召开一次，商定和协调行政业务工作进行中遇到的一般性问题。②

1981年10月，学校党委召开政治工作会议，研究贯彻全国思想战线问题座谈会精神的措施，明确要求"进一步搞好党委领导下的院长分工负责制。在党委统一领导下实行党政科学分工，院长要自上而下地建立起强有力的行政指挥系统，明确职责范围，独立地抓好教学和行政管理工作"③。

1983年，学校在学习贯彻武汉高教会议精神时再次强调，坚决实行党委领导下的院长分工负责制，并对党委和院长的工作职责作出新规定：

院党委主要抓四方面的工作：一是贯彻党的路线、方针、政策；二是加强党内外干部群众的思想政治工作；三是加强党的组织建设；四是管理一定范围的党政干部。院行政

① 张静主编：《中国海洋大学大事记》，中国海洋大学出版社2014年版，第113页。
② 《关于贯彻十一届五中全会精神　改进党委领导的若干规定》，中国海洋大学档案馆藏，档号：HY-1980-DB-152-5。
③ 《院党委关于贯彻思想战线问题座谈会精神的措施》，载《山东海洋学院》1981年10月24日。

设院务会议，院长及机关各部门参加，党委领导同志可以列席，必要时可召开院务扩大会议，吸收系主任参加；另外，还可召开院长办公会、院长联合办公会，也可由分管某一方面工作的副院长召开有关部门研究某些问题的办公会；院学术委员会，负责对科研方向、科研成果的评价、教师职称评议等问题讨论，向院长提出建议。[1]

　　1985年5月，《中共中央关于教育体制改革的决定》提出"学校逐步实行校长负责制"。其后，国内部分高校开始探索实行校长负责制，山东海洋学院也逐步强化了院长的职责，赋予院长更多、更大的权利与责任。但是，在这一时期，学校一直实行的是党委领导下的院长分工负责制。这既保证了社会主义办学方向，又为调动行政领导班子的工作积极性、主动性和创造性提供了制度保障，促进了教学、科研等各项工作健康快速地发展。

第二节　试行系主任负责制

　　"新高教60条"规定，高等学校系一级实行"系党总支委员会（或分党委）领导下的系主任分工负责制"[2]。这一领导体制对"文革"后搞好拨乱反正、整顿教学秩序发挥了重要作用。但高等学校长期以来受到以政治运动为中心的影响，在组织机构设置、干部配备和工作方法上不同程度地存在着"党委包揽一切"的现象。

　　随着工作着重点的转移，这一不合理现象应当予以纠正。1979年2月，学校党委书记、院长张国中指出，要"克服党委包揽一切，工作职责不清，办事效率低的现象"[3]。11月，党委进一步提出，要明确分工，各负其责，纠正党政不分、以党代政的现象。对此，物理海洋与海洋气象学系便尝试做一些探索，在调整充实党总支和行政领导班子的基础上，民主改选教研室主任，并着力发挥系主任、教研室主任的作用，使其有职有权。1980年7月，该系党总支书记张克在学校思想政治工作经验交流会上谈到这些做法时说："现在党内外大多数同志认为上述措施是必要的，有利于党的领导，有利于教学、科研工作，保证了工作着重点的转移。"[4]

　　1982年9月召开的党的十二大提出，要全面开创社会主义现代化建设的新局面。学校在学习贯彻党的十二大精神过程中，大力宣传勇于改革的精神。数学系率先成为内部管

---

[1]《关于贯彻武汉高教会议精神的情况报告》，中国海洋大学档案馆藏，档号：HY–1983–DB–163。
[2] 中央教育科学研究所编：《中华人民共和国教育大事记（1949—1982）》，教育科学出版社1984年版，第530页。
[3]《加强党的领导　把学院工作着重点迅速转移到教学科研上来》，中国海洋大学档案馆藏，档号：HY–1979–XB–196。
[4]《如何适用党的工作着重点的转移》，载《山东海洋学院》1980年7月12日。

理制度改革的探索者。1983年1月，学校党委听取数学系关于改革的一些设想，并确定该系为试点单位。随后，学校召开各单位负责人会议，华山代表党委在会上提出开创学校新局面七条措施，其中包括"系级实行系主任负责制，系党总支改为保证监督"①。当年春季学期开学伊始，党委批准数学系提出的以"系主任负责制"为中心的十项改革措施，并决定从该学期开始试行。"2月22日，院党委领导亲自向全系教职工进一步作改革动员，并宣布任命了系主任"②。至此，数学系改革试点工作在学校党委的领导和各方面的支持下正式展开。这十项改革措施是：

1. 关于体制问题：实行系主任负责制。系行政机构由系主任"组阁"，系主任由学校任命，每届任期二年，连续任职不得超过二届。

2. 实行聘请制，取消教研室（因该系教师较少），教师直接对系主任负责，全校各系所开数学课，均可向该系聘请教师，同时，也允许外单位向该系聘请教师，然后由系主任统一调配；对未聘请的教师，根据工作需要和其本人的能力，由系安排适宜工作。教学法的研究由系直接组织，教学质量的检查由系主任或者委托有经验的教师进行。

3. 建立教师规范，明确各类职称的教师在政治和业务水平及教学能力方面应达到的指标。健全人事考核档案，严格进行考核，对达到规范要求的教师及时提请学校予以晋升，在规定年限达不到要求的教师，系主任有权提请学校调整其工作。系行政和教辅人员实行岗位责任制，明确职责，接受考核，定期投信任票，半数以上人员不信任的干部，提请调离工作；对完全胜任现职，而工资待遇与现职不相称者，予以适当岗位津贴。

4. 面向四化发展专业，根据实际需要培养学生。着重培养直接为国民经济服务的应用数学人才，应用数学专业，要以有广泛应用的概率论与数理统计为发展重点，并注重与经济相联系，根据需要增开应用方面的选修课。

5. 为给国家培养急需的建设人才，实行多种形式办学，开办住读班、走读班及各种形式的训练班，特别是培养当前急需的企业管理、质量管理、经济管理、微型机运用方面的人才。

6. 在系自创资金范围内，实行奖励制度，体现多劳多得，对发展本专业有较大贡献、教学优秀、科研成果突出的教师，予以奖励。

7. 扩大系的权限。在定编范围内，实行"招贤"，允许校内人员流动和对外聘请教

①《院党委提出开创新局面的措施》，载《山东海洋学院》1983年3月12日。
②《关于报送我院数学系进行改革试点工作情况材料的函》，中国海洋大学档案馆藏，档号：HY-1983-JXGL-387。

师,有招收临时合同人员权和批准见习人员转正权。在财权方面,学生助学金,教学维持费,各种资料费、奖金、旅差费,对外咨询服务、办班收入按比例提成的部分,由系支配。

8. 科学研究面向实际,直接为国民经济服务。科研项目实行自由结合承包责任制,定任务,定指标,定时间,定提成,定奖罚。

9. 实行以奖学金为主的助学金制,除对确有困难的学生视其具体情况予以补助外,助学金的使用主要是对在德、智、体诸方面进行考察,对其中优秀的学生分三等发给奖学金,而对在某方面确有优异成绩者,发给特别奖。

10. 改革学生管理办法,其指导思想是因材施教,调动学生主观的积极性。取消上课点名制,鼓励学生选学高年级或外系课程,并注重培养能获得二个学士学位的学生。对品学兼优、多次获得一等奖学金的学生,允许其在毕业时选择分配方案以内的工作岗位。[1]

十项改革措施试行不到半年,效果就显现出来。1983年7月,华山在学校贯彻全国高教会精神大会上对数学系改革的评价是"总的看情况比较好"[2],并指出最大的收获有三条:一是发挥了系领导班子的主动性,二是调动了广大教师的积极性,三是学生努力学习的自觉性加强了。他还说党委准备在总结经验的基础上,提出几条在全校实行。10月,作为全省高教会典型材料,学校将数学系改革试点情况报送山东省教育厅。报告中说:"通过半年多的实践,对照中央有关改革的精神和兄弟院校的经验,我们认为我院改革总的指导思想和方向基本上是对头的。我们的改革试点虽然是初步的,但是我们充分体会到,改革势在必行,只有不断改革,才能进一步发展教育,才能开创教育事业新局面。"[3]

随着时间的推移,改革的积极作用更加凸显出来。如改革助学金制度,实行奖学金和助学金并存制,既保证了家庭困难学生的学习和生活,又对调动学生学习积极性和促进学生在德、智、体诸方面全面发展起到了鼓励作用,受到学生和家长的普遍赞同。而且,实行系主任负责制也未出现有些人担心的会削弱党组织领导作用的问题,正如学校党委常委、教务处处长王滋然在1984年3月召开的部署新学期工作会上说的:"实践证明,数学系实行以系主任负责制为中心内容的全面改革,既加强了系主任的责任心,又使系党总支摆脱了日常行政事务,有力地加强了政治思想和组织建设工作。"[4]其后下

---

① 《数学系本学期施行十项改革措施》,载《山东海洋学院》1983年3月12日。

② 《贯彻落实全国高等教育工作会议精神》,载《山东海洋学院》1983年7月13日。

③ 《关于报送我院数学系进行改革试点工作情况材料的函》,中国海洋大学档案馆藏,档号:HY-1983-JXCL-387。

④ 《加快开创我院新局面的步伐》,载《山东海洋学院》1984年3月10日。

发的学期工作要点中提出："要在认真总结的基础上有领导有计划地推广数学系的改革经验。"5月，《山东海洋学院领导体制、机构改革方案》公布，其中包括"扩大系的自主权，实行系主任负责制"。王辉在全校中层干部会上说："要以系主任负责制为突破口，深入搞下去，要使系主任真正做到有一定的人权和财权。凡是系里不聘任的人，系里有权提交学校人事部门，统一安排。综合奖统一发到系里，系里如何发放，各系有权决定。其他费用也准备包干发到系里，系里有权安排使用。"[①]他还要求，机关各部门要多动脑子，尽量简化手续，把一些权力适当放给系里，以便进一步扩大系里的自主权。7月，《山东海洋学院关于实行系主任负责制的试行规定》公布施行。明确提出，系主任在院长领导下，系党总支监督保证下，领导和主持全系教学、科研、研究生培养、师资队伍建设、实验室建设、国内外学术交流等工作；系主任具有教学、科研、人事、财务及奖惩等诸项权力。

　　试行系主任负责制，是学校顺应全国改革大势对内部管理体制进行改革的尝试，其本质上是对校、系和党、政职权关系的调整，大大调动了系主任的工作积极性、主动性和创造性。这次改革对其后学校推行一系列改革具有重要的启示意义。

第三节　机构设置和干部制度改革

　　1979年3月，学校机构设置及人员情况是：党委组织部3人，党委宣传部4人，党委统战部1人，武装部6人（含武装部下设的保卫科3人），团委4人，工会2人；院办公室12人，人事处8人，教务处12人（处长室2人、教学行政科4人、教学研究科6人），科研处10人（处长室3人、科研科4人、情报科1人、院刊学报编辑室2人），总务处37人（处长室5人、总务科12人、财务科8人、膳食科8人、修配厂4人），生产设备处14人（处长室3人、设备科6人、生产科5人、实验室管理科0人），基建办公室9人，知青办公室2人。[②]其后随着我国改革开放的不断推进和学校事业的持续发展，机构设置也不断调整。

　　1980年2月，经山东省文教委员会党组批准，学校设置党委纪律检查委员会和处级的基建办公室。10月，教育部下文，同意山东海洋学院建立保卫处。11月，根据教育部关于"部属院校都必须单独设置财务处（室），作为学校的一级机构，在校（院）长的直接领

①《我院改革迈出了新的步子》，载《山东海洋学院》1984年6月23日。
②《报送我院人员编制和机构设置情况表》，中国海洋大学档案馆藏，档号：HY–1979–RS–321。

导下和上级财务部门的指导下,统一管理全校的财务会计工作"的规定,学校设立财务室。1981年3月,山东省编制委员会发文:"同意你院党委设立学生工作部,与院共青团委合署办公,一个机构,两个牌子。所需干部在你院现有人员内调剂安排。"①6月,学校正式建立学生工作部,与团委合署办公。学生工作部统管全校学生思想教育、生活指导等工作,并对政治辅导员、班主任进行指导。1982年4月,学校撤销院办公室,恢复设立党委办公室和院长办公室。5月,学校成立德育基础教研室,与学生工作部合署办公,主任由学生工作部部长兼任。至1983年1月,学校机构设置及人员情况是:党委办公室3人,党委组织部4人,党委宣传部6人,党委统战部2人,党委纪律检查委员会2人,武装部2人,学生工作部4人,团委3人(干部1人、以工代干1人、工人1人),工会4人,保卫处11人(干部3人、工人8人);院长办公室14人(干部9人、以工代干1人、工人4人),人事处8人,教务处15人(干部14人、以工代干1人),科研处14人(干部12人、工人2人),财务室15人(干部13人、以工代干2人),总务处153人(干部20人、以工代干4人、工人129人),生产设备处79人(干部26人、以工代干5人、工人48人),基建办公室27人(干部20人、工人7人)。②

　　1983年在贯彻武汉高教会精神时,学校开始酝酿进行机构改革,一是精简机构,二是调整人员结构。1984年2月,学校在上报教育部的工作要点中提出:"本学期要完成机构改革,调整好各系、处、室的领导班子,在此基础上,修订系、处、室工作职责细则,制订各级各类工作人员的岗位责任制。"③4月,在宣布成立学校新领导班子大会上,王辉说,当前要突出抓好机构改革等工作,要定机构、定编制,制订岗位责任制,建立考核和奖惩制度。随后,学校新领导班子在深入听取群众意见的基础上,经过反复讨论、多次研究,对机构改革、中层干部调整等重大问题统一了认识。5月29日,学校召开全校中层干部大会,王辉代表党委宣布有关机构和干部制度方面的改革决定。要点有:

　　1.为了提高工作效率,适当精简部分机构。

　　党委系统撤销学生工作部和机关党总支。机关总支撤销后,有关部门成立直属支部。行政方面撤销生产设备处和保卫处。设备处的教学设备科和实验室管理科合并到教务处;设备处所属的生产部门,意见尚不一致,有待于进一步研究(6月18日,学校发文撤销生产设备处,建立生产处——编者注)。保卫处撤销后,有关工作划归人事处领导。

---

① 《关于山东海洋学院设立学生工作部的批复》,中国海洋大学档案馆藏,档号:HY-1981-ZZ-78。
② 《高等学校机构、人员统计表》,中国海洋大学档案馆藏,档号:HY-1982-RS-385。
③ 《山东海洋学院1983年工作总结及83-84学年第二学期工作要点》,中国海洋大学档案馆藏,档号:HY-1984-XB-233。

2. 进行干部制度方面的必要改革，试行行政干部聘任制和任期制。

党委系统的干部，仍按党章中规定的办法办。行政系统的干部实行院长提名，党委审查，按程序公布的办法。具体办法是：各处、室、所一级的正职，在征求群众意见的基础上，由院长提名，党委审查，院长任命；副职（包括科级干部），由各部门正职在征得群众意见的基础上，提出推荐人选，院长同意后，经党委审查，由院长任命。

试行干部任期制，院机关处、科级干部，每届任期三年；系正副主任任期两年。任期期满经考察称职者，可以连任。为了照顾系正副主任的业务，任期一般不超过两届。①

9月，为进一步激发处长（室主任）的工作责任心和积极性，提高行政效率，学校实施处长（室主任）责任制。其中规定处长（室主任）有权向院长提名推荐副职及正副科长人选；根据国家和学校的有关规定，经与副职和直属党支部（总支）书记商讨后，有权决定本处（室）新参加工作人员是否转正，确定办事员、科员级的职称；根据财务制度规定，审批本处（室）掌管的业务包干经费，决定使用本单位创收的提成经费；本单位的综合奖金，由处长根据本单位职工的工作成绩和表现予以分配等。还规定处长（室主任）在任职期间，能正确贯彻党和国家的方针、政策和学校的工作计划及决定，富于改革创新精神，善于团结群众，出色地完成工作任务，经有关部门评议推荐，院长审批，党委同意，学校给予精神和一定的物质奖励，同时授予先进处（室）和先进领导班子的荣誉称号；对于在一年内，贯彻党和国家的方针政策好、团结互助好、完成工作任务好的处（室），经有关部门评议，院长审准，适当提高处长（室主任）及其单位的综合奖金，反之扣发或降低处长（室主任）的奖金，并适当降低其单位的综合奖金。②

1984年是学校试行一系列改革取得成效的一年。年底学校对各系、处、室、馆的工作进行交叉检查评选，评出前四名的系（室）是：水产系，应用数学系、海洋生物系，海洋地质系，外语系、马列主义教研室；评出前四名的处（馆、室）是：调查船办公室，教务处、人事处，图书馆，院长办公室、财务室。按照年终发放浮动奖金不拉平的精神给这些系（处、室、馆）全体职工增加奖金额度，对获得前五名的系、处、室、馆正副负责人，从第五名开始每人奖给20元，并按向前一个名次每人递增5元发给奖金。③另外，对一批先进集体和个人进行表彰奖励，其中计划生育办公室、图书馆采编组、世行贷款办公室分别

---

①《我院改革迈出了新的步伐》，载《山东海洋学院》1984年6月23日。

②《山东海洋学院实行处长（室主任）责任制暂行规定》，中国海洋大学档案馆藏，档号：HY-1985-RS-470。

③《关于表彰一九八四年度先进集体、先进个人的决定》，中国海洋大学档案馆藏，档号：HY-1985-RS-466。

得奖金500元、300元和200元。^①

1985年4月，学校将财务室改为财务处，8月恢复设立保卫处。1986年5月，将审计室改为审计处。1987年7月，将外事办公室改为外事处，离退休办公室改为老干部处，调查船办公室改为船舶管理处。8月，学校成立学生工作委员会办公室，将教务处的学生管理和人事处的毕业生分配等职能和相关人员一并划入。

至1987年12月底，山东海洋学院院部党群系统管理机构有：纪委、党委办公室、组织部、宣传部、统战部、思想政治教育研究室、老干部处、计划生育委员会、团委、工会、妇委会、武装部。行政系统管理机构有：院长办公室、人事处（内设人事科、师资科、档案科）、教务处（内设教务科、教研科、设备科、实验室管理科、成人教育科、电教中心、招生办公室、高教研究室）、科研处（内设计划科、综合科、成果科、学会办）、总务处（内设总务科、房产科、膳食科、修配厂、保健科、幼儿园、学生宿舍管理站、汽车队）、学生工作委员会办公室、财务处、审计处、保卫处、基建处、分部筹建处、生产处、船舶管理处、外事处、学术交流中心筹备处、退休职工办公室、研究生部。^②

第四节 教师管理制度改革

一、试行教师工作量制度

"文革"结束后，高校教师的工作任务陡然增多。为引导他们正确处理教学、科研、进修的关系，山东海洋学院于1978年开始制订《教师教学工作量试行办法》。在1979年6月对教学和科研工作大检查后，学校提出"在教师中要积极创造条件，尽快实行工作量制度，把教师的教学、科研、进修、写书、兼课纳入统一计划，加强领导，保证教学、科研各项工作的顺利进行"^③。1980年9月，《海洋地质系教师工作量试行办法》出台。办法对教师教学工作量安排原则、计算办法，专职或主要从事科研、生产等工作的教师工作量，兼职党政干部的教师减免工作量的标准，超额或不足工作量的处理办法等，均作出具体规定。^④这一办法于该学期开始试行。

1981年4月，教育部下发《高等学校教师工作量试行办法》和《高等学校教师教学工

①《关于表彰一九八四年度工作被评为前四名系、处的决定》，中国海洋大学档案馆藏，档号：HY–1985–RS–466。
②《山东海洋学院处、科单位、领导一览表》（1987年12月31日填表），中国海洋大学档案馆藏，档号：HY–1987–ZZ–201。
③《我院教学科研工作大检查胜利结束》，载《山东海洋学院》1979年7月7日。
④《海洋地质系教师工作量试行办法》，载《山东海洋学院》1980年9月27日。

作量超额酬金暂行规定》。根据这两个文件精神，在总结前期试点工作经验基础上，学校于当年8月实施《关于〈高等学校教师工作量试行办法〉的实施补充办法》。其要点有：

一、教师工作量定额。1. 教师全年工作量定额，按教育部《试行办法》第一条的规定计算。2. 凡纳入学校科研计划的项目及签订合同的科研生产任务以及与科研生产有关的辅助工作，均计算科研工作量。3. 主要从事科研生产、实验室建设或承担科研生产等工作，以及为科研和科研生产服务的教师原则上均实行八小时上班制。4. 每个科研项目均应制定科研进度计划，有关部门要定期对科研进度进行检查，并根据每个项目实际进展情况，核实所需工作量。计划工作量和实际所需工作量均应由项目负责人或课题组提出，由教研室和系共同核定，记入教师科研工作量，并报科研处备案。

二、工作量计算方法。1. 教师教学工作量的计算方法，按《试行办法》第二条中的有关规定执行。由于各系之间、课程之间、教师之间有一定的差异，因之，各单位可根据自己的实际情况进行计算。2. 指导海上实习的工作量=出海天数×12小时。3. 纳入国家出版社出版的教材、本院自编的教材（讲义）、编写基础课或专业课的教材（讲义）、新编或修改的教材（讲义），所需的时间是不同的。因此，编写不同类型的教材，可根据实际需要的时间，经系（或部）核准后，计入工作量。4. 为我院自费走读班开课及到校外兼课，应一律纳入教师工作量。超工作量按规定发给酬金。助教、讲师到校外兼课，需经系批准报教务处备案；副教授、教授需经教务处同意。[①]

该补充办法还规定系正、副主任，总支书记正、副书记，各民主党派、各群众团体负责人，教研室（研究室）正、副主任，教工党支部正、副书记，教学秘书，直属教研室负责人，兼职辅导员（班主任），实验室主任，教学组长都有不等额度的工作量减免，并对超额完成工作量和无故不完成工作量者的奖惩作出规定。

在该补充办法实施过程中，学校对教师外出兼课作出更具体的规定：一是教师在完成本校规定的教学、科研等工作的前提下，方可外出兼课，且须经教研室主任和系主任同意，报教务处批准。二是教师所得兼课费，按教育部《关于高等学校兼课教师酬金和教师编译教材稿酬的暂行规定》执行。"兼课酬金一律由学校结算，转交授课教师本人。"[②]但经批准外出作报告或讲座，酬金可由教师本人直接接受。

教师工作量制度试行满一年时，学校对此进行总结并报送教育部，指出其优越性有

①《关于〈高等学校教师工作量试行办法〉的实施补充办法》，中国海洋大学档案馆藏，档号：HY-1981-JXGL-349。
②《山东海洋学院关于教师外出兼课问题的暂行规定》，中国海洋大学档案馆藏，档号：HY-1982-JXGL-367。

三：一是可以较合理地计算教师的编制；二是对调动部分教师的教学积极性有一定促进作用；三是有利于海上及野外实习等教学环节的加强。总结中也指出施行过程中暴露出的问题：部分教师有单纯追求教学工作量的现象，而忽视了教学质量的提高；编写教材只计教师工作量，不计教学工作量，对教材建设不利；由于教师不实行坐班制，科研工作量又无更好计算办法，部分科研任务轻的教师实行八小时上班制难以兑现。[①]为此，1983年5月，学校出台《关于我院1982—1983学年教师工作量计算的几点补充规定》，对编写教材和实验室建设工作量计算、承担科研任务的教师工作量减免等问题作出新的规定。[②]其后学校又进一步修订教学工作量计算方法，使量与质结合起来，使教学工作量与科研工作量结合起来，这项制度逐步趋于合理。

二、教师学衔评定工作

"文革"期间，与知识分子职称相关的各项工作都停顿下来。1977年9月，中共中央《关于召开全国科学大会的通知》中提出，应当恢复技术职称。就在这个通知发出的第二天，邓小平指出，"教育部门要紧紧跟上。大专院校也应该恢复教授、讲师、助教等职称"[③]。1978年3月，国务院批转教育部《关于高等学校恢复和提升职务问题的请示报告》，宣布"原来已经确定提升为教授、副教授、讲师、助教的，一律有效，恢复职称"，同时将提升教授的审批权限"改为由省、自治区、直辖市批准，报教育部备案"。

根据上述精神，学校迅速启动恢复职称工作，按要求向省里上报拟提升副教授人员的名单和相关材料。1978年5月，山东省委下发《关于任命科技人员职务的决定》，山东海洋学院共有15人获批提升为副教授，他们是侯国本、陈成琳、于良、孙志楷、孙玉善、张正斌、王筱庆、张定民、王德文、李爱杰、冉祥熙、张炳根、林俊轩、秦曾灏、余宙文。[④]7月17日，学校党的核心领导小组印发通知，决定赵成璇等144人为讲师。[⑤]这159人成为国家恢复技术职称后山东海洋学院第一批提升职称的教师。

1979年1月，学校恢复设立人事处，其工作职责包括"会同有关部门办理教师和其他专业技术人员的职称评审工作"[⑥]。确定和提升职称是落实知识分子政策和加强师资队

---

① 《山东海洋学院试行教师工作量制度情况小结》，中国海洋大学档案馆藏，档号：HY-1982-JXGL-367。
② 《关于我院1982—1983学年教师工作量计算的几点补充规定》，中国海洋大学档案馆藏，档号：HY-1983-JXGL-387。
③ 邓小平：《教育战线的拨乱反正问题》，《邓小平文选》（第二卷），人民出版社1995年版，第70页。
④ 《中共山东省委关于任命科技人员职务的决定》，中国海洋大学档案馆藏，档号：HY-1978-RS-306。
⑤ 《关于任命讲师职务的通知》，中国海洋大学档案馆藏，档号：HY-1978-RS-306。
⑥ 《山东海洋学院各部门工作职责范围暂行规定汇编》，中国海洋大学档案馆藏，档号：HY-1982-XB-219。

伍建设的一项重要工作，学校对此极为重视，工作中认真执行"坚持标准、保证质量、全面考核、择优提升"的原则。

国家恢复高校职称评定工作五年时间，评价教师的学术水平、教学水平和工作成就，对稳定教师队伍、促进人才成长、加快专业建设、改善师资队伍结构等起到了积极作用。但也出现了评价不尽合理、个别提升者名不副实等问题。1983年9月，中共中央办公厅、国务院办公厅下发《关于整顿职称评定工作的通知》。从10月开始，教育部对1978年以来高校恢复和提升教师职称工作进行整顿复查。1984年6月，教育部在北京、上海两市选定八所高校进行教师职称复查验收试点工作。随后，又部署全国各高校结合学年末对教师履职进行考核，全面进行教师职称复查验收工作。按照教育部和山东省教育厅的要求，学校进行了实事求是的复查验收，并作出总结。1985年1月，学校向山东省教育厅报送《关于教师职称复查验收情况的报告》。基本情况是：

1978年以来确定与提升职称的教师共511人，除6名教授因正在办理离、退休手续，没参加复查外，其余505人全部参加了复查。复查结果，合格者465人，占参加复查人数的92.1%；基本合格者37人，占7.3%；不合格者3人，占0.6%。教授8人参加复查，全部合格；副教授114人参加复查，合格者107人，基本合格者7人；讲师319人参加复查，合格者291人，基本合格者25人，不合格者3人；助教64人参加复查，合格者59人，基本合格者5人。[1]

从复查情况可见，五年来学校确定与提升教师职称的质量是好的，绝大多数合格或基本合格，但也有极少数不合格。为此报告提出，学校将进一步加强师资队伍管理，结合岗位责任制的建立，修改完善考核制度，为今后职称晋升提供依据。报告还提出申请，将山东海洋学院列为学衔条例试点高校。

8月下旬，山东省教育厅召开学衔条例试点工作会议，被确定为试点单位的山东海洋学院派人参加会议。会后，根据会议精神和国家教委发布的《高等学校教师学衔条例（草案）》，学校着手制订试点工作方案。9月10日，《山东海洋学院试行〈高等学校教师学衔条例（草案）〉实施细则》发布。细则规定山东海洋学院设立助教、讲师、副教授、教授和高级讲师五个学衔，并对授予教师学衔的政治条件和授予各级学衔的业务标准都作出详细规定，同时提出"符合本细则政治条件要求，在教学或科研工作方面成绩特别卓著的教师，可不受学历、学位、任职年限的规定限制，授予相应学衔"[2]。细则特别

①《关于教师职称复查验收情况的报告》，中国海洋大学档案馆藏，档号：HY-1985-RS-468。
②《山东海洋学院试行〈高等学校教师学衔条例（草案）〉实施细则》，中国海洋大学档案馆藏，档号：HY-1986-RS-488。

指出："在1983年9月1日前取得教师职称经复查合格的，均承认具有相应学衔，对待批的教授和副教授，经复查合格的，不再重新进行院级评审程序，按授予权限授予相应的学衔。"①另外，细则还规定：凡无高校学衔调入海院任教的，一般应经过一年以上教学、科研工作的考察，按细则要求授予相应学衔，在未正式授予学衔以前，暂称教员。

9月25日，学校党委研究决定，成立学衔委员会以及下设的11个学科评审组。学衔委员会主任为文圣常，副主任为施正铿、冉祥熙，委员为王景明、戚贻让、张正斌、李荣光、徐世浙、李德尚、梁中超、徐维垣、侯国本、李平衡、郭谨安、何庆丰、秦启仁、沈剑平。②下设的11个学科评审组是物理海洋及海洋气象学科、物理学科、化学学科、生物学科、地质及地球物理学科、水产学科、应用数学学科、外语学科、海洋工程学科、政治学科、体育学科。为保证学衔评定工作的顺利进行，学校制定《山东海洋学院学衔委员会及学科评审组成员守则》和《投票表决办法》。评审程序分为个人申请、系主任推荐、材料送审、学科评审组评审和学衔委员会审议等环节。凡申请授予学衔的教师，都要填写晋升学衔申请表，对自己的教学、科研等工作进行总结，并提交担任现职以来反映个人学术水平的论文、著作、科研成果等材料。系主任根据个人申请，利用开座谈会、民意测验、教师个人成果展示等形式征求老年教师、中年骨干教师和青年教师的意见。之后系主任综合大家的意见，经与党总支协商，提出推荐名单报学衔委员会，推荐的副教授名额可超出分配限额指标20%左右。对申请授予高级学衔的教师所提交的材料，须送交两名同行专家（至少有一名校外专家）进行评审，写出书面评审意见。学衔委员会对系主任推荐人选首先委托相关学科评审组进行业务评审，以无记名投票表决，规定赞成票必须超过全体成员半数方为通过。将通过名单报学衔委员会审议，各学科组可略多出限额向学衔委员会推荐，以便使学衔委员会有择优的余地。学衔委员会根据个人申报材料，教务、科研、人事职能部门提供的考核情况，以及相关学科评审组评审意见和校内外同行专家的书面评审材料，逐人进行综合评审，以无记名投票表决，赞成票数超过全体成员半数方为通过，并提出上报省学衔委员会晋升高级学衔人员名单。这样就从制度上、程序上保证了学衔评定工作的公开、公正、公平。

经过两个多月严谨而细致的工作，山东海洋学院教师学衔评定试点工作基本结束。这次授予教授学衔的有12人，再加上过去待批而此次授予教授学衔的5人，合计17人；授

①《山东海洋学院试行〈高等学校教师学衔条例（草案）〉实施细则》，中国海洋大学档案馆藏，档号：HY-1986-RS-488。
②《关于成立院教师学衔委员会及学科评议组的通知》，中国海洋大学档案馆藏，档号：HY-1985-RS-451。

予副教授学衔的有64人（其中包括只授学衔不聘任职务的党政干部3人），再加上过去待批而此次授予副教授学衔的54人，合计118人。提升与确定讲师的有32人，确定助教95人。据统计，教授约占现有教师总人数的2.7%，副教授约占教师总人数的18.7%，讲师约占教师总人数的45.8%。[①]教师队伍的职称结构趋于合理。

中央批准高等学校试行学衔评定制度，旨在鼓励教师不断提高学术水平、教学水平和履职能力，以利于进一步调动他们为社会主义服务的积极性、创造性。但因全国职称评审工作停滞多年，历史遗留问题较多，给评定工作带来诸多困难。为此，学校党委高度重视，从召开动员大会、传达学习文件精神，到制定实施细则和办法，再到评定环节，都一一抓细抓实，评定结果达到了预期目的，为下一阶段教师职务聘任制改革打下了良好基础。

三、试行教师职务聘任制

高等学校试行教师职务聘任制准备工作从1983年贯彻中央《关于整顿职称评定工作的通知》就开始了。1984年12月，教育部在北京、上海两市选定八所高校进行教师职称评定改革试点工作。1985年，教育部结合八校试点情况，对《高等学校教师职务聘任工作试行条例（草案）》等文件作修改和补充。[②]为稳妥起见，教育部要求各省、自治区、直辖市选一两所高校和部分部属重点高校，在八校试点的基础上进行第二批试点。山东海洋学院被山东省教育厅和国家教委确定为第二批试点高校。

1985年8月，学校制定《关于教师职务聘任制试点工作计划》，对组织领导、工作任务、工作步骤和应注意的问题均作出安排，提出"在学衔评定工作的基础上，选择生物、化学两个系作为试点单位，从下学期开始试行聘任制，全院将于下学期全面展开教师职务聘任试点工作"[③]。8月25日，学校在报送山东省教育厅有关报告中写明："经研究，我院决定：对在各系（室）教学、科研岗位上的教师，在授予学衔时，同时也聘任相应的职务，即学衔的授予数与职务的聘任数相一致。"[④]9月，学校制定《山东海洋学院〈高等学校教师职务聘任工作试行条例〉（草案）实施细则》，明确规定："各级教师职务应在具有相应学衔的教师中进行聘任。……凡受聘教师，根据国家有关规定发给相应的职务工

---

① 《山东海洋学院教师学衔评定试点工作总结》，中国海洋大学档案馆藏，档号：HY-1986-RS-468。
② 《关于高等学校实行教师职务聘任制试点的报告》，中国海洋大学档案馆藏，档号：HY-1985-RS-470。
③ 《关于教师职务聘任制试点工作的计划》，中国海洋大学档案馆藏，档号：HY-1986-RS-488。
④ 《关于报送〈山东海洋学院教师职务聘任制试点方案〉的报告》，中国海洋大学档案馆藏，档号：HY-1986-RS-468。

资；对于不接受聘任的教师，列入编外人员。对无正当理由不能履行聘约者，可以中途解聘，并提前半年通知对方。应聘人如在聘期内提出辞聘，亦应提前半年通知聘方。对于未聘人员应鼓励他们到充分发挥专长的单位去任职，允许本人在校内外联系接收单位，学校帮助办理调动手续；个人联系不到工作单位的，学校也可以帮助联系，本人应服从调动；如果拒绝到学校为他们联系的接收单位，将列入编外人员。没被聘任，也联系不到合适接收单位的教师，学校将根据情况安排适当的临时性工作，如果拒绝，将列入编外人员。对于列入编外的人员，停发一切奖金，不得晋级增资，自第二个月起扣发其职务工资的10%，自第四个月起扣发其职务工资的25%，超过半年者扣发全部职务工资。"[①]

实行教师职务聘任制是高校人事管理制度的一项重要改革，是一项政策性很强的工作，既关系到学校教学、科研任务的顺利完成，又关系到每个教师的切身利益。为此，学校于1986年5月制定《山东海洋学院关于教师职务聘任工作实施方案》，并成立山东海洋学院职称改革领导小组；成立专业技术职务评审委员会，委员会下设11个学科评议组，负责对拟聘任教师的任职资格进行评审。[②]6月10日，学校职称改革领导小组制定《山东海洋学院关于教师职务聘任工作中若干问题的暂行规定》，对出国人员的聘任问题，病号的聘任问题，未聘教师的安排问题，超聘问题，拒聘、兼聘、解聘和辞聘问题，教授德育课人员聘任职务问题，已离、退休教师返聘问题，聘期问题，在聘期内任职资格的晋升问题，助教讲课的聘任问题等一一作出具体规定。[③]6月23日，学校职称改革领导小组出台《山东海洋学院关于实行教师职务聘任制工作的意见》，对各单位提出四点要求：一是定出本单位教学、科研等事业发展规划，主要包括重点专业发展方向及规划拟增设或改造的专业及其将要更新的教学内容；二是结合本单位专业学科的发展规划，在分析本单位现有人员的素质、职务与年龄结构与任务情况的基础上，按照定编数提出一个逐步调整结构、有利于事业发展的师资队伍规划（包括博士、硕士点的建立、增设，队伍配备，达到目的年限等）；三是根据本单位人员编制，结合人员及各种任务情况，定出岗位及其职责。四是在聘任过程中，合理调配使用力量，既要注意扶持重点，又要充实薄弱环节，把相当数量具有高级任职资格的教师安排在教学第一线和科研重点攻关项目上来，把不适应于现岗位的教师或剩余力量调整到其他岗位上去。[④]

[①]《山东海洋学院〈高等学校教师职务聘任工作试行条例〉（草案）实施细则》，中国海洋大学档案馆藏，档号：HY-1986-RS-488。
[②]《山东海洋学院关于教师职务聘任工作实施方案》，中国海洋大学档案馆藏，档号：HY-1986-RS-487。
[③]《山东海洋学院关于教师职务聘任工作中若干问题的暂行规定》，中国海洋大学档案馆藏，档号：HY-1986-RS-487。
[④]《山东海洋学院关于实行教师职务聘任制工作的意见》，中国海洋大学档案馆藏，档号：HY-1986-RS-487。

试行教师职务聘任工作程序是：① 系（所）主任公布本系（所）近期内所承担的教学、科研等任务，教师根据自己的情况向系（所）主任提出所能承担的任务；② 系（所）主任根据实际工作的需要，结合本单位编制定额、结构的调整、岗位设置及发展设想，在广泛征求意见的基础上，与党总支协商后，提出推荐名单；③ 系（所）主任提出推荐名单，交学校职改领导小组办公室；④ 学校职改领导小组汇总后，报院长批准；⑤ 系（所）主任与受聘人员签订聘约；⑥ 院长颁发聘书。

这项工作到1986年7月基本结束。当年学校教师共665人，其中教授22人、副教授161人、讲师301人、助教131人、未定职称者50人。经过聘任，共聘任教师608人，未聘或调整其他工作的57人，其中副教授5人、讲师34人、助教7人。截至1986年11月，未聘人员根据本人情况及工作需要，转做行政干部者10人，转工程技术和实验技术人员26人，转图书资料人员5人，向校外流动5人。[①]

学校教师聘任工作取得显著效果，得到山东省职称改革领导小组的肯定。效果主要表现在五个方面：一是教师队伍年龄结构趋向合理，教授平均年龄由聘任前的64.1岁下降为57.1岁，副教授由53.6岁下降为52.8岁；二是各级教师更加明确了自己的职责；三是调动了教师的工作积极性，一定程度上改变了过去存在的吃"大锅饭"现象，聘任为高级职务的教师40%以上承担基础课教学、80%以上承担研究生课程教学，过去最难安排的出海实习课也顺利得到落实；四是实验和图书资料人员队伍得到充实；五是促进了人员合理流动。[②]

在教师职务聘任制试点工作结束后，学校又完成了对工程技术、实验、图书资料、出版（编辑）、财会、医疗卫生等其他系列专业技术人员的职务聘任工作。

---

① 《深入进行以教学为中心的各项改革》，中国海洋大学档案馆藏，档号：HY-1986-JXGL-462。
② 《我院试行教师职务聘任制效果显著》，载《山东海洋学院报》1987年3月14日。

第四章
学科拓展和师资队伍建设

"文革"结束后恢复高考元年，学校的学科拓展即迈出坚实步伐。其后，着眼于国家与地方的需求，遵循学科发展的内在规律，大刀阔斧地进行学科设置调整。在强化海洋学科特色的同时，增设了若干社会急需的应用学科专业，使学校由一所以理科为主的高等学校，历史性地转变为一所理、工、农、文、管等学科融合发展的多科性大学。

第一节　构建面向海洋的多学科体系

一、在专业调整中加强涉海学科

山东海洋学院向海而立。1959年首次招生的专业为海洋水文、海洋气象、海洋物理、海水化学、海洋动物、海洋植物、水产养殖、水产加工、工业捕鱼九个专业，均为涉海学科。后应国家经济社会发展及国防建设之需，专业设置数次调整，到1977年1月时呈现"五系八专业"架构。五系即海洋水文气象系、海洋物理系、海洋化学系、海洋地质系、海洋生物系；八专业是海洋水文学专业、海洋气象学专业、水声物理学专业、海洋光学专业、海洋化学专业、海洋生物学专业、海洋地质学专业、海洋地球物理勘探专业[①]，所有专

[①]《山东海洋学院专业介绍》，中国海洋大学档案馆藏，档号：HD-1977-JXGL-301。

业依然是涉海专业。

学科建设是一所高校事业发展的重中之重。1977年12月制定的《山东海洋学院发展规划纲要》提出，"我院是一所面向海洋综合性的学科齐全的理工科高等学校"。这里的"面向海洋"是办学方向与特色，"学科齐全"是指"在海洋科学领域内学科设置齐全"①。其后，"力争经过10年的建设……新设社会急需的专业，现有专业进行宽口径培养，扩大办学规模，基本形成以海洋为特色的综合性大学的框架"②"要逐步把海院办成一所具有海洋特色的，理、工、农（水产）结合的高等学校"③"成为一所面向海洋科学技术，以为海洋开发服务为主的多科性高等学校"④等，相继被写进学校的发展规划中。可见，"面向海洋""海洋特色"是学校一直秉持的学科建设战略，但其内涵随着时代发展、国家需求而不断深化和拓展，突出表现就是涉海学科的基础性越来越强、应用性越来越广。1986年3月，施正铿在学校第五次党代会上所作报告中对此作出精确表述，就是"努力把我院办成一所面向海洋科学技术，以海洋开发服务为主，包括理、工、农（水产）、文、管理等多科性的综合大学"⑤。

为了全面纠正"文革"期间专业设置混乱的局面，1978年8月教育部下发《关于做好高等学校专业设置与改造工作的意见》，布置高等学校开展专业调整工作。根据文件精神，1978年秋季学期，学校组织各系针对专业设置与改造问题进行多次讨论，并提出初步意见，之后学术委员会研究决定，1985年前拟设置14个专业。⑥从1978年学校填报的专业设置调查表、专业调整意见表和新建专业申请表来看，学校已经有将海洋水文学专业改名为物理海洋学专业、水声物理学和海洋光学两专业合并为物理学专业、水产养殖专业改为海水养殖专业的设想，拟申请新建的专业是数学、海洋机械工程、海洋渔业资源和海洋沉积。⑦

1979年2月，学校按要求向教育部报送专业目录表，共有14个专业。与1978年相比明显的变化是：申请新建的数学专业改为应用数学专业，不再申请新建海洋沉积专业，申请将海洋地球物理勘探专业改名为海洋地质地球物理专业。⑧5月，教育部下发《教育

---

① 《山东海洋学院发展规划纲要》，中国海洋大学档案馆藏，档号：HD–1978–JXGL–312。
② 《山东海洋学院1981—1990年教育事业发展规划》，中国海洋大学档案馆藏，档号：HD–1980–XB–203。
③ 《山东海洋学院"五定"方案》，中国海洋大学档案馆藏，档号：HD–1981–JXGL–348。
④ 《报送山东海洋学院事业发展规划的函》，中国海洋大学档案馆藏，档号：HD–1984–XB–234。
⑤ 《继续解放思想　不断进行改革　努力开创我院工作新局面》，载《山东海洋学院》1986年3月15日。
⑥ 《关于认真讨论确定我院专业设置问题的通知》，中国海洋大学档案馆藏，档号：HD–1979–JXGL–329。
⑦ 《专业设置调查表》《专业调整意见表》《新建专业申请表》，中国海洋大学档案馆藏，档号：HD–1978–JXGL–312。
⑧ 《专业目录表》，中国海洋大学档案馆藏，档号：HD–1979–JXGL–329。

部属综合大学理科专业设置调整方案（征求意见稿）》，并附了教育部属综合大学理科专业设置、拟调整概况统计表（表6-1）。

表6-1　教育部属综合大学理科专业设置、拟调整概况统计表 [①]

学校名称	原有专业	学校调整后专业数	初步平衡专业数	调整方式						
				不变	合并	改名	扩大	撤销	新设	分开
四川大学	14	16	14	9	4→2	0	1	0	2	0
兰州大学	23	23	18	11	9→2	1	0	2	4	0
中山大学	25	11	11	4	21→6	0	0	0	1	0
武汉大学	20	26	16	9	7→2	0	4	0	1	0
南京大学	38	35	31	18	15→4	3	0	1	3	1→3
复旦大学	28	23	23	13	8→3	2	3	0	1	0
厦门大学	16	21	17	10	3→1	0	3	0	3	0
山东大学	19	23	17	8	10→4	0	1	0	4	0
北京大学	44	33	29	17	15→5	4	2	6	1	0
南开大学	23	11	13	6	14→4	0	1	2	2	0
吉林大学	21	19	14	7	11→4	1	1	0	2	0
山东海洋学院	11	15	11	6	2→1	3	0	0	1	0
暨南大学	5	9	8	4	0	1	0	0	3	0
合　计	287	264	222	122	119→40	16	15	13	28	1→3

从表中可见，部属综合大学拟调整变动专业数为原有专业数的57.5%；不变的专业数为原有专业数的42.5%；新设专业数为原有专业数的9.8%；撤销专业数为原有专业数的4.5%。据资料显示，学校的专业设置、调整情况是：拟不变的专业是海洋气象学、海洋化学、海洋生物学、海洋地质学、水产加工、海洋捕捞；水声物理学、海洋光学拟合并为海洋物理学；海洋水文学拟改名为物理海洋学，海洋地球物理勘探拟改名为海洋地质地球物理，水产养殖拟改名为海水养殖；拟新设应用数学。

6月18日至30日，教育部部属综合大学理科专业调整会议在京召开，与会代表共21

---

① 《教育部属综合大学理科专业设置调整方案（征求意见稿）》，中国海洋大学档案馆藏，档号：HD-1979-JXGL-328。

人，山东海洋学院原教务长赫崇本、教务处处长王滋然出席会议。会议重点对《教育部属综合大学理科专业设置调整方案（征求意见稿）》和《教育部属综合大学理科专业目录修订草案》进行讨论修改①，确定将13所综合大学理科专业原有的125种、287个点，调整为78种、227个点，其中新设19种、29个点。②8月，学校根据《教育部属综合大学理科专业设置调整方案》向教育部报送专业调整方案，含《理科专业设置报表》14个，所列专业依次是物理海洋学、海洋气象学、海洋物理学、海洋化学、海洋动物学、海洋植物学、海洋地质学、海洋地质地球物理、应用数学、海洋机械工程、海水养殖、水产加工、海洋捕捞、海洋渔业资源。其中新建专业3个，分别是海洋机械工程、应用数学和海洋渔业资源。③不久，教育部下发《关于印发教育部属综合大学理科专业调整会议文件的通知》，批准了学校报送的这个专业调整方案。

1980年1月，学校向教育部报送《对教育部〈关于印发教育部属综合大学理科专业调整会议文件的通知〉的贯彻意见》，在对"原有专业调整和教学安排"方面提出如下意见：① 1977级数学班按数学专业培养（开设部分应用数学选修课），1979级数学专业学生，按应用数学专业培养；② 1977级海洋水文专业学生，仍按原专业进行培养，从1978级学生开始按物理海洋学专业培养；③ 1977、1978级水声物理专业学生，专业名称和方向不变，该专业从1979级学生开始按海洋物理学专业培养；④ 1977级海洋光学专业学生，专业名称和方向不变，1978级光学专修班按光学专业（本科）进行培养；⑤ 1977、1978、1979级海洋生物专业学生，专业名称和方向不变，1980年分成两个专业，分别按海洋动物专业和海洋植物专业招生；⑥ 1977、1978、1979级海洋地球物理勘探专业的学生，专业名称和方向不变，1980年按海洋地质地球物理专业招生；⑦ 水产养殖专业，自1978级学生开始按海水养殖专业培养。④

这次教育部部属综合大学理科专业设置调整，"对稳定教学秩序，提高教学质量，开展科学研究，整顿和建设学校，都具有重要作用"⑤。在这次调整中教育部属综合大学理科专业总体大幅减少的情况下，山东海洋学院专业不减反增，新增三个专业，且在数学和工科领域取得突破，为学校向多科性大学转型发展开了一个好头。

<hr/>

① 《教育部属综合大学理科专业调整会议纪要（讨论稿）》，中国海洋大学档案馆藏，档号：HD-1979-JXGL-328。
② 中央教育科学研究所编：《中华人民共和国教育大事记1949—1982》，教育科学出版社1984版，第551页。
③ 《上报专业调整方案表》，中国海洋大学档案馆藏，档号：HD-1979-JXGL-329。
④ 《对教育部〈关于印发教育部属综合大学理科专业调整会议文件的通知〉的贯彻意见》，中国海洋大学档案馆藏，档号：HD-1980-JXGL-341。
⑤ 《教育部属综合大学理科专业调整会议纪要（讨论稿）》，中国海洋大学档案馆藏，档号：HD-1979-JXGL-328。

进入20世纪80年代后，随着我国改革开放事业的持续推进，社会对人才的需求不断变化，高校的专业设置也必须相应地作出调整。

1981年12月上报教育部的《山东海洋学院"五定"方案》提出，"拟将海洋物理学、海洋化学两专业调整为一般性的物理、化学专业；拟增设无线电工程专业、英语专业"[①]。1982年4月、7月，学校先后两次向教育部申报将海洋物理学专业、海洋化学专业改为普通的物理专业、化学专业，陈述的理由是："海洋科学事业本身对本科大学毕业生需要量不多，致使我院有些专业毕业生分配越来越困难，毕业生大都不能对口分配。……两专业改名后，仍将保持海洋特点，以选修课来体现。根据国家的需要情况，指导学生在高年级时选课。这样做既可适用国家海洋事业对专门人才的需要，又可发挥现有师资与实验设备的潜力，多招一些学生，为祖国四化建设多培养一些专门人才。"[②]7月19日教育部下发通知，"同意海洋物理学专业改名物理学专业、海洋化学专业改名化学专业，从1982年开始按新的专业名称安排招生"[③]。1983年4月，学校获批增设英语专业。

1983年下半年，在党中央的推动下，一场关于迎接新技术革命挑战的大讨论席卷全国。1983年9月，邓小平为北京景山学校题词：教育要面向现代化，面向世界，面向未来。"三个面向"成为我国教育改革的重要指导方针。面对新形势，学校党政领导审时度势，开始谋划新一轮学科专业布局调整。1984年3月，王辉在山东海洋学院建院二十五周年庆祝会上作报告时说："我们正处在一个新技术革命的时代，科学技术突飞猛进，教育发展竞争激烈。我们必须敢于迎接新技术革命的挑战，加快前进的步伐，狠抓重点学科和重点专业的建设，在办好现有专业的基础上，适当增加一些国家急需的新专业，特别是工科专业。"[④]4月，文圣常、高云昌主持召开的学校事业规划委员会会议达成共识：海洋开发是新技术革命的重要内容，也是学校的主要方向，必须加快发展应用学科，以适应国家的需要。

1984年8月，学校向教育部报送《关于调整与增设专业的报告》。其要点：一是原有专业调整：① 将海洋动物学与海洋植物学两个专业合并为海洋生物学专业，将原来海洋环境生物学的内容单独设置为环境生物学专业；② 将水产养殖专业分设为海水增养殖专业和淡水渔业专业；③ 将海洋地质地球物理专业改为海洋应用地球物理专业；④ 恢复海洋物理学

① 《山东海洋学院"五定"方案》，中国海洋大学档案馆藏，档号：HD-1981-JWGL-348。

② 《关于将我院海洋物理学、海洋化学两专业改变专业名称的请示报告》，中国海洋大学档案馆藏，档号：HD-1982-JXGL-366。

③ 《关于你院海洋物理学、海洋化学两专业改名及调整一九八二年招生计划的通知》，中国海洋大学档案馆藏，档号：HD-1982-JXGL-366。

④ 《为把我院建成一所高水平的理工为主的多科性重点大学而奋斗》，载《山东海洋学院》1984年3月31日。

和海洋化学两个专业。二是申请增设计算机应用、应用电子学、经济管理、海岸工程和日语等专业。[①]11月19日，教育部批复："同意将海洋动物学和海洋植物学两个专业合并为海洋生物学专业，水产养殖专业分为海水养殖和淡水养殖两个专业；海洋地质地球物理专业改名为应用地球物理专业；设置应用电子学专业和海岸工程专业，修业年限均为四年。因专业方向不明确以及师资等条件尚不完全具备，暂不设日语、环境生物学、计算机应用、经济管理等专业；物理专业和化学专业是否改变名称，要进一步研究。"[②]

对"因专业方向不明确以及师资等条件尚不完全具备，暂不设日语、环境生物学、计算机应用、经济管理等专业"的说法，学校在做进一步研究和论证后，于11月28日向教育部报送报告，表示"从国家整体需求情况和我院当前师资条件考虑暂不设置日语专业……关于环境生物学、计算机应用、经济管理三个专业，仍望教育部批准于1985年设置并招生"[③]，并补充说明了理由。12月12日，学校再次向教育部报送报告，对前一个报告作了修改补充，申请"计算机应用专业和经济管理专业先招二年制专科，1985年招生数各40名，待师资等方面具备了较好的条件后再招收本科生"[④]。1985年4月，教育部批复："同意山东海洋学院增设计算机应用、经济管理两个专业，均先设二年制专科。不设环境生物学专业，可设环境生态学专业，学制四年。"[⑤]1986年2月，国家教委下文，同意恢复设立海洋物理学和海洋化学专业；同意海洋渔业资源专业改名为渔业资源与管理专业、海洋捕捞专业改名为渔业工程专业。

肇始于1984年的这次专业结构大调整，是学校决策层根据国家和地方经济社会急需及发展趋势，及早谋划、主动作为的结果。改变了之前专业设置多属于海洋科学基础理论方面的状况，增设了一批社会急需的应用学科方面的专业，对老专业也逐步作了一些相应的改造，注重了理工结合、文理结合、新旧结合，在保持和发展海洋类重点学科的基础上，加快向多科性大学的转型发展。大力发展应用学科的理念与实践为学校的发展开辟了广阔前景。

1986年9月，学校向国家教委报送报告称："根据国家教委批准的我院事业发展规划，我院的发展方向已调整为面向海洋科学技术，以为海洋发展事业服务为主的包括理、工、农（水产）、管理科学和应用文科的多科性高等学校；……现根据国家的需要和我院的

①《关于调整与增设专业的报告》，中国海洋大学档案馆藏，档号：HY–1984–JXGL–414。
②《关于华东化工学院等校要求增设专业的批复》，中国海洋大学档案馆藏，档号：HY–1984–JXGL–414。
③《关于增设计算机应用等专业的报告》，中国海洋大学档案馆藏，档号：HY–1984–JXGL–414。
④《关于设置计算机应用等专业先招专科的报告》，中国海洋大学档案馆藏，档号：HY–1984–JXGL–414。
⑤《关于北京大学等校要求增设专业问题的批复》，中国海洋大学档案馆藏，档号：HY–1984–JXGL–414。

实际情况拟增设海洋工程地质专业、马克思主义基础专业和体育专业。"[1]1986年12月，国家教委下文，同意增设马克思主义基础专业。[2]1987年5月，学校充实论证材料后，再次向国家教委"报批增设海洋工程地质专业"。10月国家教委批复，"同意增设水文地质与工程地质专业"[3]。

1987年11月，国家教委颁布《普通高等学校理科本科基本专业目录实施办法》。据此，学校对部分现设专业进行整理，有七个专业在整理中名称有变动：海洋气象学专业改为天气动力学专业，应用电子学专业改为电子学与信息系统专业，环境生态学专业改为生态学与环境生物学专业，计算机应用专业改为计算机及应用专业，海洋应用地球物理专业改为勘查地球物理专业，海洋机械工程专业改为机械设计与制造专业，海岸工程专业改为港口及航道工程专业。[4]整理后，学校共设置8个系、2个学部、24个本科专业。详见表6-2。

表6-2　1987年底山东海洋学院系（学部）及本科专业设置表

系（学部）	本科专业
物理海洋与海洋气象学系	物理海洋学、天气动力学
海洋物理系	物理学、海洋物理学、电子学与信息系统
海洋化学系	化学、海洋化学
海洋地质系	海洋地质学、勘查地球物理、水文地质与工程地质
海洋生物系	海洋生物学、生态学与环境生物学
水产学部	海水养殖、淡水养殖、食品工程[5]、渔业工程、渔业资源与管理
应用数学与管理学部	应用数学、计算机及应用、经济管理
海洋工程系	机械设计与制造、港口及航道工程
外语系	英语
社会科学系	马克思主义基础

上述专业中涉海专业达16个，相较于1977年翻了一番。而且不仅是量的增加，更重要的是在多次专业调整中，涉海专业的名称、内涵和外延发生很大变化，比较普遍的是培

①《关于申请增设海洋工程地质、马克思主义基础和体育三个专业的报告》，中国海洋大学档案馆藏，档号：HY-1986-JXGL-463。

②《关于部分高等学校要求增设专业问题的批复》，中国海洋大学档案馆藏，档号：HY-1986-JXGL-485。

③《关于部分高等学校要求增设专业问题的批复》，中国海洋大学档案馆藏，档号：HY-1987-JXGL-501。

④《我院整理部分现设专业》，载《山东海洋学院报》1988年1月10日。

⑤1984年，根据教育部按照"拓宽专业面、增加适应性"修订工科专业目录的意见，水产加工专业改为食品工程专业。

养口径加宽、层次提高，基础性和应用性都有所增强。总之，在这十年的学科发展中，学校的涉海学科得到显著加强，面向海洋的特色和优势愈加突出。下面介绍6个传统涉海系（学部）。

物理海洋与海洋气象学系

海洋学系成立于1952年，1959年改为海洋水文气象系，1980年改为物理海洋与海洋气象学系。

1977年1月，该系设海洋水文学和海洋气象学两个专业。1979年教育部部属综合大学专业调整时，改设物理海洋学和海洋气象学两个专业。物理海洋学以研究海水运动（包括浪、潮、流和热力过程）机制和分布变化规律为主要内容和方向，海洋气象学以研究海洋和大气相互作用的机制以及海上天气的演变规律和预报方法为主要内容和方向。除基础课和公共课（主要有高等数学、普通物理以及政治、外语、体育等）外，两个专业分别开设气象与天气学、物理海洋学、海洋调查，气象学、动力气象学、天气学等业务课程；还分别开设海浪、潮汐、海洋环流、海洋湍流、浅海动力学、海洋热学、风暴潮，台风动力学、海洋天气学、海洋气候学、海洋与大气边界层动力学、大气环流、数值天气预报、气象统计预报、遥感气象学等选修课程。[①]1984年增设海岸工程学专业，1985年该专业划归海洋工程系。1987年本科各专业招生情况是物理海洋学33人、海洋气象学30人。

1979年3月，海洋水文气象系有教学人员50人，其中海洋热力学教研室9人、海洋环流教研室5人、海洋动力学教研室8人、天气学教研室15人、气象学教研室13人，有教学辅助人员8人。[②]1981年5月时，海洋环流教研室有教师16人（副教授4人、讲师9人、青年教师3人），海洋动力学教研室17人（教授1人、副教授4人、讲师9人、青年教师3人），海洋气象学教研室15人（教授1人、副教授2人、讲师7人、助教1人、青年教师4人），海洋热力学教研室14人（教授1人、讲师10人、助教2人、青年教师1人），天气学教研室14人（副教授1人、讲师9人、工程师1人、青年教师3人），气象台7人（讲师1人、工程师1人、教员2人、青年教师3人），另海洋动力学实验室教师15人。[③]

1977至1987年历任系主任是文圣常、王景明，历任系党总支书记是张克、吕增尧、喻祖祥、魏传周，教授有文圣常、王彬华、许继曾、牛振义、景振华、陈宗镛、王景明、左中道、苏育嵩、侯国本、秦曾灏、冯士筰、余宙文。

---

①《专业介绍》，中国海洋大学档案馆藏，档号：HY-1979-JXGL-329。

②《报送我院人员编制和机构设置情况表》，中国海洋大学档案馆藏，档号：HY-1979-RS-321。

③《山东海洋学院基本情况》，中国海洋大学档案馆藏，档号：HY-1981-KY-131。

海洋物理系

1930年，国立青岛大学成立物理学系，几经变迁后，于1959年成立海洋物理系，设海洋物理学专业。1977年1月，设置水声物理学和海洋光学两个专业。1979年专业调整时，两个专业合并为海洋物理学专业。该专业以研究海洋环境中的声、光、热、电磁等物理现象的规律为主要内容，开设业务课程有高等数学、普通物理、数理方法、理论力学、热力学与统计物理、电动力学、量子力学、无线电电子学、海洋学等，选修课程有固体物理、概率论与数理统计、计算数学、声学原理、海洋声学、换能器、应用光学、激光原理等。[①]1982年，海洋物理学专业改为物理学专业。1984年增设应用电子学专业，该专业以现代电子学为基础，培养学生掌握电子技术（包含信息电子技术）的基本理论和实验技能，能将微型电子计算机应用于电子仪器及对信号的自动检测、处理和控制，并具有在某一非电子工业部门，特别是海洋科技部门从事设计、制造和研究有关电子仪器的能力，开设微型机原理与应用、海洋智能仪器、电视原理与水下电视、数字信号处理等专业课和集成电路应用、通讯系统原理、算法语言与程序设计、人工智能原理等选修课。[②]1984年和1985年招收二年制专科生，1986年开始招收本科生。1986年恢复设置海洋物理学专业。1987年底应用电子学专业改为电子学与信息系统专业。1987年本科各专业招生情况是海洋物理学11人、物理学17人、应用电子学46人。

1979年3月，海洋物理系有教学人员56人，其中基础物理教研室34人、光学教研室4人、声学教研室10人、无线电教研室8人，有教学辅助人员17人。[③]1981年5月时，基础物理教研室（一）（二）有教师33人（副教授4人、讲师17人、教员4人、助教1人、青年教师7人），水声物理教研室12人（教授1人、副教授1人、讲师7人、教员1人、助教1人、青年教师1人），光学教研室16人（副教授2人、讲师10人、教员3人、助教1人），无线电教研室10人（副教授2人、讲师5人、教员3人）。[④]

1977至1987年历任系主任是杨有棵、戚贻让、于良，历任系党总支书记是孙秀林、吕增尧、张长业，教授有杨有棵、于良。

海洋化学系

1930年，国立青岛大学成立化学系，几经变迁后，于1959年成立海洋化学系，设置海

---

①《专业介绍》，中国海洋大学档案馆藏，档号：HY–1979–JXGL–329。

②《山东海洋学院专业介绍》，中国海洋大学档案馆藏，档号：HY–1986–JXGL–465。

③《报送我院人员编制和机构设置情况表》，中国海洋大学档案馆藏，档号：HY–1979–RS–321。

④《山东海洋学院基本情况》，中国海洋大学档案馆藏，档号：HY–1981–KY–131。

洋化学专业。1979年专业调整时，仍然设置海洋化学专业。该专业以研究存在于海洋环境中物质的组成、结构、性质及其化学过程规律为方向，包括海洋环境化学、海水物理化学和海洋资源化学等内容，在教授化学的基础理论和实验训练的基础上，进一步教授海洋化学的基础理论和实验技能，开设业务课程有无机化学、分析化学、有机化学、物理化学、海洋学、化学海洋学、物理结构、仪器分析、化工原理、海洋环境化学、海洋资源化学、海水物理化学等。[①]1982年海洋化学专业改为化学专业。1986年恢复设置海洋化学专业。1987年本科各专业招生情况是海洋化学31人、化学27人；专科招生情况是化学委托培养49人、自费30人。

　　1979年3月，海洋化学系有教学人员52人，其中物理化学教研室8人、无机化学教研室9人、有机化学教研室12人、分析化学教研室15人、化学海洋学教研室8人，有教学辅助人员14人。[②]1981年5月时，分析化学教研室有教师14人（副教授1人、讲师9人、教员1人、助教1人、青年教师2人），有机化学教研室10人（讲师7人、教员2人、青年教师1人），无机化学教研室11人（副教授1人、讲师5人、教员2人、助教2人、青年教师1人），海水化学教研室6人（副教授1人、讲师2人、助教2人、青年教师1人），物理化学教研室11人（副教授2人、讲师7人、教员1人、青年教师1人）。[③]

　　1977至1987年历任系主任是孙玉善、杨靖先、张正斌，历任系党总支书记是高欣山、何庆丰、谈家诚、王庆仁，教授有薛廷耀、孙玉善、佘敬曾、张正斌、孙秉一。

海洋地质系

　　1946年，国立山东大学成立地质矿物学系。1952年全国院系调整，该系并入新组建的东北地质学院。1958年，山东大学建立地质系。山大大部迁济时，地质系留青，以此为基础，1960年成立山东地质学院。与此同时，1959年山东海洋学院成立时，开始筹建海洋地质地貌系，1961年该系成立。1962年，山东地质学院撤销，其大部分教师和全部仪器设备并入山东海洋学院海洋地质地貌系。1963年，改名为海洋地质系。

　　1977年1月时，该系设海洋地质学、海洋地球物理勘探两个专业。1979年专业调整时，改设海洋地质学、海洋地质地球物理两个专业。海洋地质学专业是研究海岸、海底地质和地貌的一门科学，以海洋沉积、海底构造和海岸动力地貌为主要内容和方向，开设业务课程有物理化学与胶体化学、普通地质学、结晶矿物学、岩石学、古生物及地史学、

① 《专业介绍》，中国海洋大学档案馆藏，档号：HY-1979-JXGL-329。

② 《报送我院人员编制和机构设置情况表》，中国海洋大学档案馆藏，档号：HY-1979-RS-321。

③ 《山东海洋学院基本情况》，中国海洋大学档案馆藏，档号：HY-1981-KY-131。

构造地质学、测量学、海洋学、海洋地质学和海洋物探等，选修课有海洋沉积学、海洋矿产地质学、海底构造、海岸动力地貌、海洋地球化学、沉积物分析、岩相古地理、微体古生物、石油地质、数学地质学、海洋地质调查、大地构造学、动力海洋学、海洋工程地质学等。海洋地质地球物理专业以运用物理学的原理与方法研究海床、海底、地壳地质构造为主要内容和方向，开设业务课程有弹性力学与断裂力学、海洋学、地质学、构造地质学、地球物理学、地震学、海洋地震与勘探、海洋重力与勘探、海洋地磁与勘探等。[①]1984年海洋地质地球物理专业改为海洋应用地球物理专业。1987年增设水文地质与工程地质专业，主要任务是培养从事海岸、离岸及河口工程地质勘察、研究设计和防护工作的人才，开设普通地质学、矿物和岩石学、构造地质学在工程地质调查中的应用、地史和古生物学、地貌学、第四纪地质及沉积相、物探在工程地质调查中的应用、遥感和工程地质勘测、海洋沉积学、海洋沉积动力学等专业基础课。[②]1987年本科各专业招生情况是海洋地质学30人、海洋应用地球物理29人；专科招生情况是地理学委托培养60人、自费16人。

1979年3月，海洋地质系有教学人员52人，其中海洋物探教研室14人、海洋沉积教研室19人、区域地质教研室14人、海洋地貌教研室5人，教学辅助人员9人。[③]1981年5月时，海洋物探教研室有教师12人（讲师6人、青年教师6人），海洋沉积教研室11人（教授1人、副教授2人、讲师6人、青年教师2人），岩矿教研室9人（副教授1人、讲师8人），区域地质教研室17人（副教授2人、讲师8人、教员3人、青年教师4人），海岸教研室9人（讲师8人、助教1人）。[④]

1977至1987年历任系主任是王玉文（副主任、主持工作）、郝颐寿、张保民、徐世浙，历任系党总支书记是鲁希萍、魏传周、涂仁亮（副书记、主持工作），教授有赫颐寿、张保民、徐世浙、程广芬、朱而勤。

海洋生物系

1930年，国立青岛大学成立生物学系，创设海边生物学。1946年，国立山东大学设立动物学系和植物学系。1953年，两系合并为生物系。1958年，山大大部迁济，海洋生物学专业留青。1959年，山东海洋学院成立海洋生物系。

1977年1月时，该系设海洋生物学专业。1979年专业调整时，改设海洋动物学专业

---

① 《专业介绍》，中国海洋大学档案馆藏，档号：HY-1979-JXGL-329。
② 《关于申请增设海洋工程地质、马克思主义基础和体育三个专业的报告》，中国海洋大学档案馆藏，HY-1986-JXGL-463。
③ 《报送我院人员编制和机构设置情况表》，中国海洋大学档案馆藏，档号：HY-1979-RS-321。
④ 《山东海洋学院基本情况》，中国海洋大学档案馆藏，档号：HY-1981-KY-131。

和海洋植物学专业。海洋动物学专业以研究海洋动物区系、生理、生态为主要内容与方向，开设业务课程有生物化学、胶体物理化学、无脊椎动物学、脊椎动物学、动物生理学、植物学、组织胚胎学、浮游生物学、鱼类学、海洋底栖生物学、遗传学、组织学、进化论、生物技术、生物统计学、海洋生物资源等，选修课程有海洋生态学、海洋附着生物学、实验动物生态学、放射生物学、污染生物学、鱼类生物学、海兽生物学、分子生物学等。海洋植物学专业以研究海洋植物（侧重海藻）的区系、生理、生态为主要内容和方向，开设业务课程有生物化学、胶体物理化学、植物学、动物学、植物生理学、微生物学、遗传学、细胞生物学、生物技术、生物统计学、进化论、海洋生态学、海藻学等，选修课程有海藻生理学、海藻化学、海藻生态学、海藻遗传学、海藻细胞学、分子生物学、污染生物学等。[1]1984年海洋动物学、海洋植物学两个专业合并为海洋生物学专业。1985年增设环境生态学专业，开设必修课程有植物学、动物学、生物化学、植物生理学、生态学、动物生理学、微生物学、细胞生物学、生物统计学、遗传学、浮游生物学、底栖生物学等，指定选修课程有环境科学概论、环境生态调查、环境生物学、环境工程等，另有生态毒理学、环境微生物学、生物系统的数学分析等任选课程。[2]1987年本科各专业招生情况是海洋生物学36人、环境生态学31人；专科招生情况是生物学委托培养40人、自费25人。

1979年3月海洋生物系有教学人员50人，其中遗传学教研室7人、脊椎动物学教研室7人、无脊椎动物学教研室11人、植物学教研室8人、生物生理学教研室12人、实验生态学教研室5人，教学辅助人员10人。[3]1981年5月时脊椎动物学教研室有教师8人（副教授1人、讲师6人、助教1人），无脊椎动物学教研室14人（教授1人、副教授1人、讲师9人、教员1人、助教1人、青年教师1人），遗传学教研室8人（教授1人、讲师4人、教员3人），植物学教研室12人（教授1人、副教授1人、讲师6人、教员1人、青年教师3人），植物生理学教研室13人（讲师10人、教员1人、青年教师2人），实验生态学教研室8人（教授1人、副教授1人、讲师5人、教员1人）。[4]

1977至1987年历任系主任是方宗熙、李嘉泳、童裳亮、张志南，历任系党总支书记是牟力、刘文浩（代理）、孙秀林、林乐夫（副书记、主持工作），教授有方宗熙、郑柏林、李嘉泳、李冠国、李永祺、王筱庆。

---

[1]《专业介绍》，中国海洋大学档案馆藏，档号：HY-1979-JXGL-329。
[2]《教学计划》，中国海洋大学档案馆藏，档号：HY-1987-JXGL-501。
[3]《报送我院人员编制和机构设置情况表》，中国海洋大学档案馆藏，档号：HY-1979-RS-321。
[4]《山东海洋学院基本情况》，中国海洋大学档案馆藏，档号：HY-1981-KY-131。

水产学部

其前身水产学系成立于1946年。1958年，山大大部迁济，水产系留青。1959年，以水产系为主建立山东水产学院的报告未获山东省委批准，水产系并入山东海洋学院。1971年，水产系并入烟台水产学校，1978年归建。1986年改为水产学部。

1978年水产系归建时，设水产养殖、水产加工和海洋捕捞三个专业。1979年专业调整时，设海水养殖、水产加工、海洋捕捞和海洋渔业资源四个专业。海水养殖专业以研究海洋经济动植物的增殖与养殖为主要内容与方向，开设业务课程有海洋动物学、海洋植物学、微生物学、动物生理学、饵料生物学、组织胚胎学、遗传育种、鱼类学、鱼类增养殖、贝类学与贝类增养殖、藻类增养殖、虾蟹类增养殖、海洋动物病害学、生物技术等。水产加工专业以研究海洋生物的综合利用、鱼品保鲜和冷藏技术为主要内容和方向，开设业务课程有物化与胶化、生物化学、水产化学、微生物化学、水产品检验分析、制图学、电工与工业电子学、机械原理与零件、热工学、水产品加工过程与设备、制冷工程、藻类综合利用工艺学、鱼贝类综合利用工艺学、水产品保藏学等。海洋捕捞专业以研究捕捞技术、渔具理论与工艺、鱼群侦察与渔场、渔船结构与性能为主要内容，开设业务课程有制图学、电工学、机械原理与零件、工程力学、航海技术、海洋捕捞技术、渔具力学、渔具材料工艺学、渔具设计、无线电助渔助航仪器、船舶原理与渔船结构、水产资源与渔场、鱼类学等。海洋渔业资源专业以调查研究鱼群的数量变动、渔情预报及资源的增殖保护为主要方向和内容，开设业务课程有数理统计、无线电技术、电子计算机程序设计、海洋与气象学、水温预报、浮游生物学、鱼类学、渔业生物学、海洋渔场学、鱼群数量变动解析学、渔业资源增殖学、渔业资源调查技术、渔业概论、海洋生态学等。[1]1984年水产加工专业改为食品工程专业，水产养殖专业分为海水养殖和淡水养殖两个专业。1986年海洋渔业资源专业改名为渔业资源与管理专业，海洋捕捞专业改名为渔业工程专业。1987年本科各专业招生情况是海水养殖39人、淡水渔业33人、渔业资源与管理30人、渔业工程32人、食品工程48人。

1979年3月，水产系有教学人员36人，其中海水养殖教研室10人、基础生物教研室8人、海洋捕捞教研室9人、水产品加工教研室6人、机械基础教研室3人，教学辅助人员7人。[2]1981年5月时，养殖教研室有教师11人（副教授3人、讲师6人、教员1人、未定职者1人），捕捞教研室11人（副教授2人、讲师6人、教员3人），水产品加工教研室10人（副教

---

[1]《专业介绍》，中国海洋大学档案馆藏，档号：HY-1979-JXGL-329。
[2]《报送我院人员编制和机构设置情况表》，中国海洋大学档案馆藏，档号：HY-1979-RS-321。

授2人、讲师3人、教员4人、青年教师1人），基础生物教研室10人（教授1人、讲师8人、未定职者1人），机械基础教研室4人（副教授1人、讲师2人、教员1人），渔业资源教研室4人（教授1人、副教授1人、讲师2人）。[①]

1978至1986年尹左芬、李爱杰、高清廉先后任水产系主任，1986年8月高清廉任水产学部主任；1978至1986年李涛、李继舜（代理）、张长业先后任系党总支书记，1986年8月张长业任学部党总支书记，1987年7月吕增尧任学部党总支书记；1977至1987年教授有沈汉祥、尹左芬、陈修白、李德尚、彭其祥、李爱杰、陈世阳、洪文友。

二、应用数学专业的建立与拓展

1958年山大数学系教师大多数迁往济南，初有刘智白、武麦缨、胡正琪、郭梅芳、顾长康（1959年调往上海工作）五人留在青岛，后正在农村锻炼的张炳根、戴介节和住院疗养的冉祥熙也留下来。1959年八人组成山东海洋学院数学教研组，刘智白任主任。1961年学校成立数学直属教研室，刘智白任主任。1970年撤销直属教研室建制，数学教研室划归海洋物理系领导，保留原建制，教研室负责人为冉祥熙。1972年2月学校成立基础课教研室，下设政治、数学、外语、体育四个教研组，10月四个教研组改为直属教研室。1977年3月，学校任命冉祥熙任数学教研室主任。1978年12月，撤销直属教研室，成立基础部，下设政治理论课教研室、外国语教研室、体育教研室、数学教研室，刘鹏任基础部党总支书记，邵平任基础部主任。1979年3月，基础部有教学人员78人，其中政治理论课教研室14人、外国语教研室25人、体育教研室13人、数学教研室26人，有教学辅助人员7人。[②]

1977年恢复高考时学校招收了一个数学班。1978年，学校在填报的《新建专业申请表》中陈述了申请新建数学专业的理由："海洋科学是在数学、物理、化学、地质、生物等基础学科的基础上发展起来的一门综合性新兴学科，学科之间的渗透、依赖很大。目前海院各专业对数学的要求较高，而数学在海洋学科各分支学科的地位越来越重要，在我院设立数学系对我院的教学、科研极有利，对海洋科学的发展极有利。"[③]1979年6月，《教育部属综合大学理科专业设置调整方案》中即含有山东海洋学院新增应用数学专业。按照教育部要求，8月学校上报《新建专业申请表》，其中关于建立应用数学专业的师资力量是"教

① 《山东海洋学院基本情况》，中国海洋大学档案馆藏，档号：HY-1981-KY-131。

② 《报送我院人员编制和机构设置情况表》，中国海洋大学档案馆藏，档号：HY-1979-RS-321。

③ 《新建专业申请表》，中国海洋大学档案馆藏，档号：HY-1978-JXGL-312。

授1人、副教授2人、讲师10人、助教10人、教员3人"①。随后教育部下发《关于印发教育部属综合大学理科专业调整会议文件的通知》，批准学校增设应用数学专业。该专业以研究数学某些分支（侧重于偏微分方程、概率论和数理统计、随机微分方程等）在海洋科学中的应用为主要内容和方向，业务课程有数学分析、高等代数与线性代数、解析几何学、常微分方程、复变函数、数理方程、计算方法与程序设计、实变函数与泛函分析、概率论与数理统计、微分几何、初等群论、普通物理、理论力学、流体力学等。②

学校的数学学科自1930年6月创立后，曾有过兴盛时期，也有过曲折经历。学脉绵延，至应用数学专业成立，又重新走上稳步发展之路，也成为学校拓展学科、转型发展的先行者。

应用数学与管理学部

1979年11月，山东省教育局在《山东海洋学院关于建立数学系的请示报告》上批复，"同意在数学教研室的基础上建立数学系"③。1980年1月，学校发文建立数学系。1983年初，数学系在推行十项改革时提出："为给国家培养急需的建设人才，实行多种形式办学，开办住读班、走读班及各种形式的训练班，特别是培养当前急需的企业管理、质量管理、经济管理、微型机运用方面的人才。"④当年8月，受青岛市经济委员会委托，数学系招收第一届企业管理干部专修科50人。这个班是全日制脱产学习，学制两年，颁发毕业证书。这既为地方培养了急需人才，也是数学系向新学科拓展迈出的第一步，成为学校新时期管理学科和经济学科的源头。1984年数学系在学校事业规划委员会会议上表示："可在已办的企业管理干部专修科的基础上，办一个经济管理专业。"⑤当年8月，学校向教育部申报新增计算机应用专业和经济管理专业，两个专业主要依托数学系筹办。1985年教育部批准新增这两个专业，但要求"均先设两年制专科"。刚刚诞生不久的数学系竟推动学校一次性创建两个新专业，为学校的学科拓展作出重大贡献。1985年和1986年，两个专业连续招收二年制专科生。

1987年两个专业同时开始招收本科生。计算机应用专业开设必修课程有计算机引论、Pascal语言程序设计、电子技术基础、汇编语言程序设计、数理逻辑、集合组合代数结构、数学逻辑、计算方法、图论、计算机原理、数据结构等，指定选修课程有微型机原理

---

① 《新建专业申请表》，中国海洋大学档案馆藏，档号：HY-1979-JXGL-329。
② 《专业介绍》，中国海洋大学档案馆藏，档号：HY-1979-JXGL-329。
③ 张静主编：《中国海洋大学大事记》，中国海洋大学出版社2014年版，第112页。
④ 《数学系本学期施行十项改革措施》，载《山东海洋学院》1983年3月12日。
⑤ 《院事业规委会召开第二次会议》，载《山东海洋学院》1984年4月21日。

及其应用、计算机系统结构、数据库原理、软件工程、编译原理、信息系统工程概论、计算机数据分析与处理、海洋遥感图像处理技术、人工智能概论等；任选课程有数理语言学与汉字信息处理、计算机网络与分布式系统、计算机图示学等。经济管理专业开设主要课程有高等数学、政治经济学、社会经济统计学原理、会计学原理、国民经济管理学、系统工程导论、社会调查、宏观经济管理数学模型、市场学、运筹学、数理统计运用、国民经济核算、海洋经济、财政与信贷、计量经济学、数理经济学等。[①]1987年本科各专业招生情况是应用数学39人、经济管理42人、计算机应用35人；专科招生情况是工业企业管理委托干部班33人、计算机应用委托干部班15人。

图6-7　1984年数学系教师合影

　　1981年5月，数学系有教师26人，其中教授1人、副教授4人、讲师14人、教员4人，青年教师3人。[②]1982年数学系设概率统计教研室、计算数学与偏微分方程教研室、微分方程教研室和高等数学教研室，1983年增设经济管理教研室和计算机应用教研室。1986年1月，数学系改为应用数学系。9月，学校又将应用数学系改为应用数学与管理学部，下设应用数学系、管理科学系和计算机科学与技术系。

　　1980年1月冉祥熙任数学系副主任（主持工作），1982年10月冉祥熙任数学系主任，1984年6月梁中超任数学系主任，1986年6月汪人俊任应用数学系主任，1986年9月汪人俊任应用数学与管理学部主任；1981年10月谈家诚任数学系党总支书记，1983年10月、1984年12月，刘存义先后任数学系党总支代理书记、书记，1987年10月刘存义任应用数学与管理学部党总支书记。这一时期教授有刘智白、梁中超、张炳根。

三、发展工科

　　1959年后，学校在相当长的时间里是一所"面向海洋科学，以理为主"[③]的高等学校，工科相对薄弱。1978年水产系归建后设水产养殖、水产加工、海洋捕捞、基础生物、机械基

---

①《教学计划》，中国海洋大学档案馆藏，档号：HY-1987-JXGL-501。

②《山东海洋学院基本情况》，中国海洋大学档案馆藏，档号：HY-1981-KY-131。

③《加快改革步伐　提高教育质量　为实现我院发展规划而奋斗》，载《山东海洋学院》1985年11月29日。

础等五个教研室。①其中，机电教研室的温保华副教授是留日归国的机械专家，在内燃机、船舶制造等领域均有研究，他是后来筹建海洋机械工程专业的骨干力量之一。②1978年，学校在填报《新建专业申请表》中陈述申请新建海洋机械工程专业的理由是"当前各技术先进国家均已进行较大规模的海洋开发事业。海洋开发不仅在学术意义上与导航开发具有同等重要性，并且可以从人类生存的地球海洋中直接获取相当大的经济收益。我国在海洋开发方面尚处于起步阶段，为了迎头赶上世界先进水平，为四个现代化作出贡献，结合我院条件拟建立此专业"③。1979年6月确定的《教育部属综合大学理科专业设置调整方案》中含有山东海洋学院新设海洋机械工程专业。8月学校上报的《新建专业报表》中，建立海洋机械工程专业的师资力量是"副教授2人（温保华、林俊轩）、讲师5人、助教4人，骨干教师的专业特长有内燃机、能源利用、电子学、数据处理、材料力学、机械工程等方面"④。随后教育部下发《关于印发教育部属综合大学理科专业调整会议文件的通知》，批准学校增设海洋机械工程专业。

海洋工程系

海洋机械工程专业获批后第二个月，学校决定以水产系机械基础教研室为班底筹建海洋工程系。1980年12月，学校任命温保华为筹建中的海洋工程系副主任（主持工作）、陈一鹤为副主任兼党总支副书记、董柏林为党总支副书记。经过调研确定本专业侧重机械方向，同时考虑为适应海洋开发需要，决定把专业面办得宽一些。1983年4月海洋工程系正式成立。随之水产系机械基础教研室撤销，除一名副教授留水产系外，其他人员及实验室、设备等全部转入海洋工程系。8月海洋机械工程专业首次招生，招收本科生32名。该专业开设必修课有高等数学、普通物理学、普通化学、普通海洋学、画法几何及机械制图、金属工艺学、理论力学、材料力学、机械原理、电工学、机械零件、BASIC语言、工程流体力学、电机与拖动、液压技术、工程热力学及传热学等，指定选修课有海洋工程导论、动力机械、流体机械、浅海工程机械、工程海洋动力学、工程测试技术等，任选课有海洋能源利用概论、海洋工程材料与防腐、海工结构设计专题等。⑤

在海洋机械工程专业获批之时，学校的海岸工程学科也在勃发之中。20世纪60年

---

① 青岛海洋大学水产学院编印：《青岛海洋大学水产学院（山大水产系、海院水产系）发展史（讨论稿）1946—1996》，1996年刊印，第15页。

② 《1979年教授、副教授登记表》，中国海洋大学档案馆藏，档号：HY-1979-JXGL-335。

③ 《新建专业申请表》，中国海洋大学档案馆藏，档号：HY-1978-JXGL-312。

④ 《新建专业报表》，中国海洋大学档案馆藏，档号：HY-1979-JXGL-329。

⑤ 《教学计划》，中国海洋大学档案馆藏，档号：HY-1987-JXGL-501。

代，基于社会生产的需求，学校就开始重视该学科的建设。在赫崇本的推荐下，1964年将侯国本从陕西工业大学调入，让他负责筹建海洋动力学实验室。几经周折，1970年建起第一个海洋动力学实验室。1978年实验室荣获全国科学大会"重大贡献先进集体"奖。实验室主任侯国本出席大会期间向邓小平进言，"建议在日照石臼所建设深水大港"。之后在他和几位专家的奔走呼吁下，中央领导作出批示，交通部组织专家进行科学论证后，国家计委于1980年3月批准建设石臼港。而从1978年起，学校就组织人力、物力积极参与日照沿海一线深水港址的调查勘察工作，在海岸地貌、泥沙运动、波浪等方面取得丰硕科研成果。1979年，海院"鲁南选港"项目荣获山东省科学大会二等奖。1980年，在侯国本的说服下，石臼港建港指挥部斥资在今鱼山校区二校门内侧建起第二个海洋动力学实验室。这个实验室在为石臼港建港做好服务的同时，完成数十个国内外港口的建设试验任务。1982—1984年，学校又在黄河三角洲无潮区建设油田专用码头选址中立下头功。所有这些为申报海岸工程专业奠定坚实基础。

1984年8月，学校向教育部报送的《关于调整与增设专业的报告》中包括"设置海岸工程专业"。11月该专业顺利获批。1985年1月学校印发《关于海岸工程专业划归海洋工程系建制的通知》：

一、海岸工程专业划归海洋工程系建制，在海洋工程系领导下进一步落实专业方向和教学计划，做好专业筹建工作。二、海岸工程研究室归属海洋工程系领导。三、原物理海洋与海洋气象系海洋工程动力教研室、实验室和海岸工程研究室所属人、财、物归属海洋工程系。四、原物理海洋与海洋气象系图书室的图书、期刊，仍属该系管理。五、物理海洋与海洋气象系和海洋工程系在教学和科研等方面应继续加强合作。1.两系相互承担的教学任务应继续承担、搞好，物理海洋与海洋气象系应继续支持办好海岸工程专业。2.原海洋工程动力教研室招收的研究生，随同指导教师调整到海洋工程系，物理海洋与海洋气象系应继续承担有关开课任务，并由物理海洋硕士点组织毕业论文答辩。3.双方有关实验室根据需要相互提供方便。[1]

1985年8月，海岸工程专业首次招生。开设必修课有工程数学、理论力学、材料力学、结构力学、工程流体力学、普通海洋学、工程测量、电工学、工程制图、机械概论、土力学、建筑材料、程序设计与算法语言、工程地质、海洋工程模型试验、海岸带调查及资料分析、钢结构与钢筋混凝土等，指定选修课程有海浪、海洋工程动力分析、平台工程及

①《关于海岸工程专业划归海洋工程系建制的通知》，中国海洋大学档案馆藏，档号：HY-1985-RS-451。

设计、海港工程及设计、海洋工程导论、海工测试技术等，任选课程有潮汐、泥沙运动、液体波动原理、海底矿产资源开发概论、海洋工程材料及防腐等。[①]1987年该系本科专业招生情况是海洋机械工程29人、海岸工程30人。

1983—1987年海洋工程系历任主任是温保华（副主任，主持工作）、陈向荣、张就兹，历任党总支书记是陈一鹤、付聿浦（副书记、主持工作），教授有许继曾、侯国本、温保华、陈向荣。

2013年，陈一鹤在工程学院建置30周年庆典上发言时称，海洋工程系的建设和发展是一个艰苦创业的过程。要在一个以理科见长的学校里创建新的工科专业，困难还是很多的。一路走来，克服了重重困难。按照学校要求，系里组织教师多次调研，向教育部工程教育司、一机部机械科学研究总院请教，走访清华大学、上海交通大学、浙江大学、哈尔滨工业大学、北京航空学院、山东工业大学等兄弟院校，收集专业教学计划、教学大纲、实验指导书。还聘请清华大学知名教授潘际銮、杜庆华担任顾问。就这样，从开设海洋机械工程专业开始，然后是海岸工程专业，再后来是工业自动化专业，一步步奠定了学院发展的基础。

这一时期，还有两个工科专业得到调整和加强，1984年水产加工专业改为食品工程专业，1986年海洋捕捞专业改名为渔业工程专业，再加上获批的应用电子学专业和计算机应用专业，这六个工科专业顺应新技术革命的潮流，适应经济建设必须依靠科学技术、科学技术必须面向经济建设的时代要求，为国家四化建设和地方经济社会发展培养了急需人才。更重要的是，这些专业的建立和发展弥补学校长期以来工科薄弱的不足，为学校向多科性大学转型产生了重大影响。

四、重建文科

20世纪30年代和50年代，学校曾两度呈现人文学科兴盛气象。1959年山东海洋学院没有设置人文社会科学方面的专业，这种状况一直持续了20年。学校重建人文社会学科是从党的十一届三中全会后酝酿成立海洋法研究室开始的。1979年，张国中找到中国人民大学法学专业毕业的海洋水文气象系党总支书记张克，对他说："山东海洋学院不仅要研究、传授海洋自然科学知识，还要懂得和研究海洋的法律地位，这是维护国家海洋权益所必需的，如果不研究海洋法，海洋科学知识就是不全面的。"[②]为此，他提出学校应

---

① 《教学计划》，中国海洋大学档案馆藏，档号：HY-1987-JXGL-501。
② 中国海洋大学海洋法学研究所编著：《中国海洋大学海洋法学研究所成立三十年回眸》，中国海洋大学出版社2010年版。

建立海洋法研究室，并委托张克负责筹备。后来张国中病重在上海住院，还把张克叫到上海听取汇报，并联系上海的专家予以协助。1980年9月，海洋法研究室成立。1981年10月，学校任命张克任海洋研究所副所长兼海洋法研究室主任。[①]1983年10月和1984年12月，海洋法研究室又先后划归河口海岸带研究所和海洋环境保护研究中心领导。1983年5月受城乡建设环境保护部委托，学校承担《〈中华人民共和国海洋环境保护法〉实施细则》起草任务，为此成立以海洋法研究室为主，吸收物理海洋与海洋气象学系、海洋化学系、海洋地质系、海洋生物系、水产系等有关教师参与的起草小组，1986年8月完成送审稿。该成果获1986年学校评选的优秀科研成果二等奖，主要研究人员有张克、胡增祥、华敬昕、王秋、王玉文等。1987年受国家环境保护局委托，海洋法研究室又承担《中华人民共和国防治陆源污染物污染损害海洋环境管理条例》和《中华人民共和国防治海岸工程建设项目污染损害海洋环境管理条例》的起草任务。[②]海洋法研究室是全国高等学校首个研究海洋法学的专门机构，也是山东海洋学院第一个文科类研究机构。研究室在为国家重要立法工作作出贡献的过程中，既产出了成果，又培养了人才，成为学校法学学科建立的源头之一。

外语系

1957年山东大学外文系被撤销，调整为外国语言文学教研组和俄语教研组。1958年山大大部迁往济南，两个教研组的赵太侔、乔裕昌、赵森、初汉平、李世珍、戴冠俊、徐维垣、向安伦、翟杰倪、张景洲、曾宪溥、杜曾荫、刘竟融、施琦生等教师留青[③]，1959年组成山东海洋学院外语教研组，负责全校公共外语课的教学任务。1978年学校成立基础部，内设外国语教研室。党的十一届三中全会后，我国对外交流日益增多，社会对外语人才的需求急剧扩大，英语专业成为社会最热门的专业之一。在教育部组织的1979年部属综合大学专业设置调查时，学校曾酝酿新增一个海洋科技英语专业，当时"建立专业的条件是有英语教师20人及专长科技英语（兼职）3~4人"[④]。不过在讨论过程中，有的教师认为海洋科技英语专业培养口径过窄，不利于分配。

1981年6月22日，基础部在给教务处的报告中提出申报英语专业的几项建议，并附有外语教研室草拟的英语专业四年制教学计划。7月9日，学校向教育部报送《关于我院设置外语专业的请批报告》，提出"在我院现有外语教研室的基础上设置外语系，设英语和

---

① 《关于张克等同志任免职的通知》，中国海洋大学档案馆藏，档号：HY-1981-RS-370。

② 中国海洋大学海洋法学研究所编著：《中国海洋大学海洋法学研究所成立三十年回眸》，中国海洋大学出版社2010年版。

③ 《关于外语人员名单及外语人员基本情况登记表》，中国海洋大学档案馆藏，档号：HY-1979-RS-325。

④ 《新增专业申请表》，中国海洋大学档案馆藏，档号：HY-1979-JXGL-328。

日语两个专业，根据目前师资情况先设置英语专业"①。1982年6月，山东省教育厅向教育部上报《关于山东海洋学院增设英语专业的请示报告》。报告说，山东省大、中学外语教师和其他外语人才严重不足，亟须增设本科四年制的外语专业，增加这方面的招生和培养能力。经与山东海洋学院共同研究，特向教育部提出在山东海洋学院增设英语专业的建议。具体意见如下：

一、要增设的专业为本科四年制的英语专业，学生除学习一般英语专业应学的基本内容外，还要适当加修或选修自然科学方面的课程及科技外语，学生毕业后，可分配做中学外语教师、大学公共外语课教师或科技翻译工作者。二、招生条件具备后，每年招生40名，列入海洋学院招生计划。招生和分配全部或主要面向山东省（在专业开办经费方面，我省将给予一定的支持）。三、为了保证这一新专业的教学质量，并不致影响该院公共外语课的教学质量，需在三年内增添质量较高的英语教师20名，请教育部在编制和选调教师方面给以支持和照顾，使这一新专业能尽早招生。②

但教育部对学校与山东省教育厅的报告未予批复。

在全面开创社会主义现代化建设新局面的形势下，1983年3月，学校再次向教育部报送《关于我院设置英语专业的报告》。报告说："二年来，随着我国四化建设飞速发展，我院的外语教学工作也出现了新的面貌。为加强外语教学，我们增开了选修课、提高班；加强了师资培训；聘请了外籍教师；面向社会，培养人材，恢复了夜大学英语专业，举办了几种类型英语科技人员培训班等等。这些做法，都已产生了积极效果。现在，新建的现代化语音听力室、语言实验室已投入使用，教师们的积极性很高。考虑到当前及今后全国及本省对英语专业人材的迫切需要和我院目前的外语师资队伍状况，我们认为，设置英语专业的基本条件是具备的。"③这个报告上报后，不到一个月教育部就作出批复："同意山东海洋学院增设英语

图6-8　1984级英语本科专业学生毕业合影

①《关于我院设置外语专业的请批报告》，中国海洋大学档案馆藏，档号：HY-1983-JXGL-392。

②《关于山东海洋学院增设英语专业的请示报告》，中国海洋大学档案馆藏，档号：HY-1983-JXGL-392。

③《关于我院设置英语专业的报告》，中国海洋大学档案馆藏，档号：HY-1983-JXGL-392。

专业，前几年先办专科，待条件具备时再办本科。"①当年学校就招收二年制英语专科生30人。1984年英语本科专业首次招生，开设课程有教育学、基础英语（含英语精读、英语泛读、英语会话、英语听力、英语语法）、汉语（含写作、现代汉语、古代汉语、现代文学）、英美概论、英语写作、英汉翻译技巧、英美文学选读、语言学概论、英汉比较语法、语言学、语义学、应用语言学等，另开设第二外国语，可以选修日语、俄语、德语、法语任何一门课程。②1987年英语本科专业招收40人。

1983年9月，学校发文，"撤销院基础部建制，建立外语系，夏宗伦、赵森任外语系副主任"③；10月外语系建立党总支，刘文浩任党总支副书记（主持工作）；1984年9月夏宗伦任外语系主任；12月刘文浩任党总支书记；1986年6月戴书绅任系主任；1987年7月，陈一鹤任党总支书记。这一时期教授有徐维垣。

外语系成立后，内设公共外语教研室、电化教研室、日语教研室、英语专业教研室和汉语教研室。1984年，汉语教研室改为汉语言文学教研室，成为学校恢复中文学科的基础。

社会科学系

1959年山东海洋学院成立直属教研室，内设马列主义教研组，开设马克思主义哲学、政治经济学和中共党史课程。后几经分合，于1978年改为基础部，内设政治理论课教研室，后改称马列主义教研室。1980年11月，根据教育部关于《改进和加强高等学校马列主义课的试行办法》的规定，学校将马列主义教研室由基础部领导划归学校党委直接领导，业务上受党委宣传部指导，孙凤山兼任教研室主任；教研室建立直属党支部，尹居诚任党支部书记。④1984年9月，马列主义教研室党支部改为临时党总支，陈杏生任书记。1986年6月，郑可圃任马列主义教研室主任。

1986年9月，学校向国家教委报送《关于申请增设海洋工程地质、马克思主义基础和体育三个专业的报告》。报告说，马克思主义基础专业"主要任务是培养理、工、农、医院校及中等学校政治课师资，该专业现有专业课教师20余人，其中副教授8人、讲师9人、助教6人，还有部分党政干部可以兼课，教学计划所安排的主要课程均可开出，从1984年起已办有干部专修科及接受山东省教育厅委托办有培养中学政治课师资专科，因此已具

①《郑州大学等校增设专业的批复》，中国海洋大学档案馆藏，档号：HY–1983–JXGL–392。

②《山东海洋学院专业介绍》，中国海洋大学档案馆藏，档号：HY–1986–JXGL–465。

③《关于建立外语系并撤销基础部的通知》，中国海洋大学档案馆藏，档号：HY–1983–RS–401。

④《关于马列主义教研室的建制及干部任职的通知》，中国海洋大学档案馆藏，档号：HY–1980–RS–347。

有一定的办专业的经验"①。1986年12月11日，国家教委批准增设马克思主义基础专业。该专业开设必修课程有辩证唯物主义和历史唯物主义、政治经济学、科学社会主义、马克思主义原著选读、思想政治教育概论、自然辩证法、国际政治、法学概论、逻辑学、伦理学、普通心理学、中国社会主义建设、中国现代革命史、国际共产主义运动史、中国通史、世界通史、西方哲学史、经济学说史、科学技术史等，选修课程有政治学、现代西方哲学、现代西方经济学、世界经济、现代自然科学专题等。②1987年8月，马克思主义基础专业首次招生30人；专科招生情况是思想政治教育委托培养40人、自费15人。

　　1986年10月29日，学校发文，在马列主义教研室基础上成立社会科学系。首任系主任是郑可圃。这一时期教授有邹积贵。

　　英语专业获批设置并招生，标志着学校中断已久的文科开始重建。其后经济管理专业、马克思主义基础专业又相继获批，使人文社会学科有了拓展。这些专业在为国家和地方培养急需人才的同时，壮大了队伍，积累了经验，为之后人文社会学科的进一步拓展打下了坚实基础。

五、面向海洋的多学科体系基本形成

　　1960年10月，山东海洋学院被中央确定为全国重点高等学校，且被列为13所综合性大学之一。但客观地讲，此时的学校是一所"面向海洋科学，以理科为主的高等学校"③，不但没有设置人文社会学科，就连工科也很薄弱。经过近20年的努力，面向海洋的学科特点和优势得以保持和发展，但综合性不足的状况没有改变。1978年2月，国务院转发教育部《关于恢复和办好全国重点高等学校的报告》，公布的第一批全国重点高等学校共有88所，海院被列在理工科院校中。虽然经过学校争取，教育部不久时间予以改正，重新将海院归入综合大学，但这在一定程度上反映出当时社会上对山东海洋学院学科设置及办学实际情况的认知。

　　党的十一届三中全会后，改革开放为山东海洋学院学科发展提供了广阔舞台。这一时期历任学校主政者把握住时代大势，并长于谋划，在坚持巩固和强化涉海学科的基础上，把发展"综合性"确定为学校的重大战略，努力构建多科性学科体系，并且一以贯之。1980年制定的《山东海洋学院1981—1990年教育事业发展规划》中明确提出：

①《关于申请增设海洋工程地质、马克思主义基础和体育三个专业的报告》，中国海洋大学档案馆藏，档号：HD–1936–JXGL–463。
②《附件（一）山东海洋学院马克思主义基础专业教学计划（草案）》，中国海洋大学档案馆藏，档号：HY–1986–JXGL–463。
③《加快改革步伐　提高教学质量　为实现我院发展规划而奋斗》，载《山东海洋学院》1985年11月29日。

"力争经过10年的建设……基本形成以海洋为特色的综合性大学的框架。"1983年学校在上报教育部的《关于贯彻武汉高教会议精神的情况报告》中提出，要"增加一些有关经济、管理、海洋法等学科和专业"。1984年建院二十五周年大会报告和制定的《山东海洋学院事业发展规划》，则先后提出要"建成一所高水平的理工为主的多科性重点大学"和"成为一所面向海洋科学技术、以为海洋开发服务为主的多科性高等学校"的奋斗目标。这一表述在1986年召开的学校第五次党代会上得以进一步凝练，就是"努力把我院办成一所面向海洋科学技术，以海洋开发服务为主，包括理、工、农（水产）、文、管理等多科性的综合大学"。正是在这一发展战略指引下，学校着眼于国家和社会需求，大力调整学科和专业结构，促进基础学科、应用学科、人文社会学科以及新兴交叉学科较快发展。

1979年同时获批增设应用数学和海洋机械工程专业，不仅使专业得到拓展，还为此诞生了两个系，专业及学科转型首战告捷。1982年，经教育部批准，海洋物理学专业改为物理学专业，海洋化学专业改为化学专业，专业面得以拓宽，综合性得以加强。1983年，英语专业获批，重建人文学科迈出历史性步伐。最为波澜壮阔的是1984—1986年三年时间，学校通盘考虑，主动作为，系统性增设或调整的专业达到13个，其中工科专业5个，分别是食品工程专业、应用电子学专业、海岸工程专业、计算机应用专业、渔业工程专业，实现了"必须加快发展应用学科，以适应经济建设的需要"[1]的设想。再加上经济管理专业、环境生态学专业、马克思主义基础专业的获批，为构建多科性学科体系再增重要砝码。与此同时，学校持之以恒地加强重点优势学科建设。1987年8月，国家教委启动重点学科评审工作。经学校申报，物理海洋学、水产养殖学先后于1988年和1989年被国家教委批准为全国重点学科。[2]这表明在向"多科性的综合大学"转型发展的十年中，学校面向海洋的特色不仅没有削弱，而且更加稳固和突出了。

1987年11月，根据《普通高等学校理科本科基本专业目录实施办法》，学校对部分现设专业进行整理后，设置的24个本科专业涵盖理、工、农（水产）、文（英语、马克思主义基础）、管理（经济管理）等学科门类。毋庸置疑，到此时，学校已经构建起面向海洋的多科性体系，奠定了向综合性大学发展的坚实基础。

①《院事业规委会召开第二次会议》，载《山东海洋学院》1984年4月21日。
②张静主编：《中国海洋大学大事记》，中国海洋大学出版社2014年版，第143、148页。

第二节　加强师资队伍建设

一、多途径培养师资

"文革"造成教师业务多有荒疏，加之队伍结构极不合理，所以自1977年起，学校就一直把师资培养作为一项战略性任务来抓。改革开放后，学校对教师的业务素养提出更高要求，同时教师工作量又显著增加，如何更好地培养师资成为一个迫在眉睫的问题。为此，1979年2月，张国中在会上指出，要抓好教师队伍建设，"正确引导教师处理好教学、科研、进修的关系"[1]。根据学校统一要求，当年部分系、教研室制订出3～5年师资培养计划，并让每位教师都有明确的专业方向、进修任务、时间安排和具体要求。《海洋系师资培养（业务部分）第一期计划（1979—1981）》具有可行性而受到肯定。其中要求"青年教师要补习四年制的物理、数学和流体力学课程，原则上随适当班次上课并参加考试"[2]，并对教师尤其是中青年教师的外语培训、业务提升和外出进修作出安排。

1980年8月，教务处对学校通过多种途径加强教师培养的情况作出总结。一是帮助教师掌握外语工具。1977、1979、1980年共举办教师外语培训班九期，其中英语脱产班二期（每期半年），以骨干教师为主，人员共41人；英语不脱产班三期（每期1.5～2年），已结业一期，人员共192人；日语班二期（每期1.5～2年），已结业一期，人员共10人；俄语班二期（各1年），人员共11人。还开办英语口语班三期、日语口语班一期，人员共94人。至此，90%以上教师参加了外语轮训，绝大多数中年教师已具有运用一门外语阅读专业书刊的能力。二是有计划地派往国外进修。三年来已派出和正在派往国外进修的教师共35人（时间二年），另派出半年至一年短期进修的10人，出国考察或参加学术会议的10人。三是有计划地派往兄弟院校和科研单位进修的共81人（1977年15人、1979年32人、1980年34人）。四是聘请国外专家3人、国内专家6人来校讲学。五是在系或教研室内举办读书班、讨论班，组织教师听研究生课等。[3]

根据1980年教育部"争取多派一些中青年教师到国外去……把国外的先进科学技术学到手，用于我国的教育事业，提高教育质量和科学技术水平"[4]的要求，学校继续选派骨干中青年教师出国进修。1984年2月在向教育部报送的报告中说：

---

[1]《加强党的领导　把学院工作着重点迅速转移到教学科研上来》，中国海洋大学档案馆藏，档号：HY-1979-XB-196。
[2]《海洋系师资培养（业务部分）第一期计划（1979—1981）》，载《山东海洋学院》1979年6月16日。
[3]《山东海洋学院师资培养工作概况的报告》，中国海洋大学档案馆藏，档号：HY-1980-JXGL-341。
[4]《关于当前加强高等学校师资培养工作的几点意见》，中国海洋大学档案馆藏，档号：HY-1980-JXGL-341。

1978年以来，我院共选派出国进修教师63人（其中男59人、女4人；副教授13人、讲师48人、助教2人）。至1983年10月底前，期满回国者46人，未期满仍在国外学习者14人，待出国者3人。派往国别为：美国37人、英国8人、日本8人、西德4人、加拿大2人、澳大利亚1人、法国1人、瑞典1人、新西兰1人。派出学习的专业门类为：海洋学52人（含物理海洋学、海洋气象学、海洋物理学、海洋化学、海洋生物学、海洋地质学、海洋遥感等），水产学4人，环境工程2人，数学2人，无线电与通讯（应用电子学）2人，英语（公共外语）1人。[①]

这些教师在国外进修期间，学习与工作都很努力、刻苦，绝大多数取得明显的科研成果，有两人因科研成绩卓著取得了博士学位。已回国的46人发表论文125篇、完成技术成果3项，在国际会议上宣读论文24篇。例如，在法国进修的海洋化学系讲师黄薇完成论文9篇，在国际会议上宣读4篇，她的科研工作使法国巴黎高师地质实验室铅污染的研究水平有所提高，她被授予博士学位。再如在英国进修的海洋生物系讲师张志南，在海洋底栖生物方面完成4篇水平较好的论文，在国际会议上宣读后，有些国外专家要求与其合作。又如在美国进修的海洋工程系讲师吴葆仁，一年间在应用电子学方面完成两项技术成果。他们中的大多数成为指导培养研究生的骨干力量。

1978—1983年海院教师出国人员名单见表6-3。

表6-3　1978—1983年山东海洋学院教师出国人员名单

时间	人数	
1978—1980	23	陈成琳、孙士才、戴望镠、王化桐、方欣华、叶安乐、李心铭、蔡亚能、童裳亮、张志南、申钧、徐怀恕、杨作升、侯恩准、高清廉、王恕铨、汪景庸、关福民、彭承基、俞光耀、黄薇、郁伟军、陆贤昆
1981—1982	29	景振华、沈积钧、侍茂崇、周家义、陈敦隆、林俊轩、洪忠瑜、魏世雄、陈向荣、陈桂丛、单启蛰、徐立伦、范元炳、邱永绥、徐德伦、吴铭先、李继亮、赵茂禅、周发琇、刘龙太、王赐震、姚善成、王法勇、王大鸣、于良、吴葆仁、程广芬、王琪、赵焕登
1983	3	李春柱、钱倚剑、张学成

二、择优选留和引进人才

1978年，学校共有教师385人，其中教授14人、副教授27人、讲师196人、助教148人。[②]

① 《关于报送我院出国留学人员工作总结的函》，中国海洋大学档案馆藏，档号：HY-1983-JXGL-394。
② 《青岛海洋大学在改革开放中阔步前进》，载《青岛海洋大学》1989年1月14日。

到1981年12月，共有教师536人，其中教授19人、副教授60人、讲师361人、青年教师96人^①，短短三年，教师就增加151人。这是学校着眼学科建设和教学需要，大力择优留校毕业生和引进人才取得的成果。到1983年8月时，专任教师为556人，其中41岁至50岁212人，占38.1%，51岁至60岁99人，占17.8%，两者合计311人，占55.9%。^②此后学校坚持立足当前、兼顾长远的原则，持续加大择优留校毕业生和引进人才的力度，并重点引进急需和新建专业的教师。仅1984年一年就增加教职工62人，其中接收毕业研究生、本科生30人。

张曼平1983年在北京大学获得博士学位后，来到山东海洋学院海洋化学系任教。1987年根据邓小平关于"培养年轻政治家、科学家、经济管理家和企业家"的指示精神，国家教委设立"资助优秀年轻教师基金"，每年在高校系统选拔几十名年轻有为的科技、教育专家，给予重点资助。张曼平申请的"海水中生态毒性重金属的物理化学测定"项目获准资助，金额为人民币2万元、美元2万元。^③

引进境外人才助推师资队伍建设的典型代表是1980年引进的李明仁、卞伯仲博士夫妇。李明仁原籍台湾省台北县，卞伯仲原籍四川省江津县（亦出生在台湾）。1979年两人来山东海洋学院参观，受到热情接待。1980年两人均获得日本东京大学农学博士学位，于当年6月来到海院工作。^④仅仅六年时间，就把微藻实验室建成国内最大的微藻培育研究中心。拥有藻种1000多个，在种藻和纯度上超过了一些先进国家，海水种藻的品系数量仅次于美国，居世界第二位。他俩还带有研究生七名，其中外籍华人研究生一名。

除此之外，自1978年底至1986年4月，学校邀请美国、日本、西德、英国、澳大利亚、加拿大、荷兰、比利时等国的专家学者82人，来校讲学或作学术报告，涉及海洋物理、海洋气象、海洋化学、海洋地质、海洋生物、海洋工程以及海水养殖等学科，听讲者约2000人。^⑤这一时期聘请外籍名誉教授、客座教授、兼职教授14人。这些专家、学者的到来，促进了学校科研和教学工作，加强了新学科的建设。

经过近十年的人才队伍建设，到1987年时，学校教职工达到1666人，其中教师623人，而教授31人、副教授192人，两者合计占教师总数的35.8%，讲师277人，占教师总数的44.5%，教师总量、学历层次和职称结构均上了一个新台阶。

在进行师资培养和引进的同时，学校还注重褒奖工作，以充分调动教师的工作积

①《山东海洋学院"五定"方案》，中国海洋大学档案馆藏，档号：HY-1981-JXGL-348。
②《人事处1984年度工作总结》，中国海洋大学档案馆藏，档号：HY-1984-RS-427。
③《化学系张曼平获"资助优秀年轻教师基金"》，载《山东海洋学院报》1988年1月10日。
④《李明仁博士夫妇简况》，中国海洋大学档案馆藏，档号：HY-1986-TZ-64。
⑤《统战工作汇报提纲》，中国海洋大学档案馆藏，档号：HY-1986-TZ-64。

极性。1980年3月8日，学校召开师生员工大会，对1979年被命名的全国三八红旗手（1人）、全国新长征突击手（2人）以及学校评选出的28个先进集体和125名先进工作者等进行表彰。之后，对荣获全国、省、市各种荣誉称号的教师以及学校评选出的各方面先进集体和个人进行年度表彰、奖励，已经成为惯例。

　　1985年9月10日是新中国成立后的首个教师节。当天，全校教师和教育工作者喜气洋洋，在青岛市人民会堂隆重集会，庆祝这一节日。山东省委常委、省政府副省长、青岛市委书记刘鹏，市委副书记刘镇等省、市领导和海军北海舰队副政委张慕水等驻青部队首长到会祝贺。学校党委书记施正铿在讲话中说，自党的十一届三中全会以来，海院"有28人次荣获市以上劳动模范、先进工作者等荣誉称号，有52人被评为省、市、校优秀教师"。会上，向从事教育工作30年以上的教师和教育工作者颁发荣誉证书，学生代表献花。大会结束后，举行电影招待会。晚上，学校工会举办"庆祝首次教师节舞会"[1]。本年度物理海洋与海洋气象学系王景明、海洋地质系徐世浙、应用数学系汪人俊、水产系李德尚荣获山东省优秀教师称号。

---

[1]《热烈庆祝首次教师节》，载《山东海洋学院》1985年9月14日。

第五章
教学改革与人才培养

1978年10月，教育部印发"新高教60条"，提出高等学校必须以教学为主。学校坚决贯彻这一原则，集思广益修订教学计划，制定了一系列加强教学秩序的规章，推行学分制和拔尖人才培养等若干改革措施，实施教学评估制度，人才培养质量不断提高。

第一节 落实以教学为主原则

1978年4月22日至5月16日，全国教育工作会议在北京举行，邓小平在讲话中提出，要"提高教育质量，提高科学文化的教学水平"[①]。10月4日教育部印发"新高教60条"，提出"高等学校必须以教学为主，努力提高教学质量"[②]。10月24日张国中就在会上强调，要把学校工作的重点转到教学上去。为此，学校进行教学大检查，"强调了教学在学校工作中的重要地位，提高了师生员工对教学工作的认识……为进一步按'新高教60条'的要求整顿学校，提高教育质量，打下了基础"[③]。

1979年1月学校撤销教革部教务组，恢复设立教务处。其主要职责是：组织编制教学

---

① 中央教育科学研究所编：《中华人民共和国教育大事记（1949—1982）》，教育科学出版社1984年版，第516页。
② 中央教育科学研究所编：《中华人民共和国教育大事记（1949—1982）》，教育科学出版社1984年版，第529页。
③《我院教学工作大检查的情况》，中国海洋大学档案馆藏，档号：HY-1978-JXGL-313。

计划、教学大纲，制定课程表、考试日程表和有关教学工作的规章制度，负责调度教室、实验室及其他有关教学行政方面的工作，负责教材工作，招生工作和研究生、夜大学工作，会同有关部门处理学籍问题等。[①]1979年1月王滋然任教务处处长，1984年5月秦启仁任教务处处长。

　　1979年5月中旬学校进行教育质量大检查，一个月的时间里，校、系、教研室组织检查性听课50多次，并举行汇报交流会。检查结果表明，各专业的课程基本上按教学计划开出，教学内容按教学大纲进行。该学期共开出146门课程，教学效果好的44门，占30.1%；较好的87门，占59.6%；较差的15门，占10.3%。各门课程均有教材，采用自编教材72门，余为采用通用教材。[②]检查中也发现"教师中愿进修、写书、搞科研而不主动搞教学的现象大量存在""基础课教师教学负担过重"等问题。学校经过深入研究后提出：要尽快施行教师工作量制度，把教师的教学、科研、进修、写书、兼课纳入统一管理，以持续提高教育质量。

　　华山于1981年8月到校后，多次强调要狠抓教学质量，对部分教师存在的"重科研、轻教学，重校外、轻校内"的现象予以批评。当年10月，他在全校大会上强调："学校的主要任务应该是培养人才，在学校应该是一个队伍（教师）两项任务（教学与科研），以教学为主。"[③]11月至12月，学校对教学工作进行全面大检查，并将是否贯彻以教学为主、以提高教学质量为中心作为重点。学校党委听取各系和有关部、处、室的检查情况汇报，对海洋物理系落实教师工作量制度的做法给予肯定。针对大检查中发现的问题，学校于1982年1月出台《关于加强教学工作的几点意见》，第一条即规定"正确贯彻以教学为主的原则……每个教师要以百分之七十的时间从事教学工作"[④]，并决定聘请一些热爱教育事业、有高度责任心、有丰富教学经验和较高学术水平的中老年教师为教务处顾问，以便及时了解和研究教学工作中出现的问题。

　　1982年1月，学校出台《教学优秀奖评选办法》，"教学优秀奖分为一等奖、二等奖、三等奖和集体奖四种，由学校发给奖状和奖金。全年承担教学任务者，一等奖50元，二等奖30元，三等奖15元；集体奖按每人平均10元发给总金额。承担半年教学任务者，各等奖按全年金额折半发放"[⑤]，以此引导和鼓励教师积极承担教学任务，努力提高教学质量，把贯彻以教学为主原则落到实处。1984年11月，学校又制定《评选优秀教师及教学优秀奖条例

①《山东海洋学院各部门工作职责范围暂行规定汇编》，中国海洋大学档案馆藏，档号：HY-1982-XB-219。
②《我院教学科研工作大检查胜利结束》，载《山东海洋学院》1979年7月7日。
③《院党委召开政治工作会议》，载《山东海洋学院》1981年10月24日。
④《关于加强教学工作的几点意见（要点）》，载《山东海洋学院》1982年1月12日。
⑤《山东海洋学院一九八一年度教学优秀奖评选办法》，中国海洋大学档案馆藏，档号：HY-1981-JXGL-349。

（试行稿）》，不仅使奖教工作制度化，而且加大奖励力度，规定"凡被评选为优秀教师者，发给优秀教师证书，并给予适当物质奖励，其事迹记入档案，作为提职、晋级的重要依据之一"[1]。1985年1月，学校隆重举行表彰先进授奖大会，其中给评选出的19名优秀教师每人颁发奖金80元，给工作成绩显著的王景明、秦启仁、张兆英各晋升一级工资。

　　"三个面向"的提出指明了教育发展的方向，同时新技术革命的兴起对人才培养提出了新要求。学校经过深入调查研究，于1985年初集中出台"教学改革十七条措施"，其中心思想是让学生拥有更多的学习自主权，鼓励培养复合型拔尖人才，同时也为试行学分制做好准备。其主要内容为：

　　1. 本学期内各专业（包括研究生、本专科、成人教育）均重新修订或制订教学计划。2. 本学期内将做好试行学分制的各项准备工作。3. 本学期起将逐步开设一些公共选修课。学生可根据个人情况及意愿自由选听，考试及格者成绩记档。4. 对某些公共基础课按不同类别开设，各系学生在选高不选低的原则下可以自由选听。同类型、同进度（如本学期某些数学、物理）课程，学生对不同任课教师可以选听。5. 二年级以上（含二年级）成绩优良的学生对某些课程（体育课除外）的课堂讲授、习题课、辅导课等教学环节（实验、实习等实践性教学环节除外），在经过所在系领导批准（政治课需同时经马列主义教研室批准）并报教务处备案后可以不予考勤，但必须参加期中及期末考试以取得成绩。6. 成绩优良的学生在经过所在系领导批准并报教务处备案后可以跨系、跨专业选修课程，考试及格者成绩记档。7. 有某种特殊原因的个别学生经本人申请，系领导同意，教务处审核报院长批准后可以转系、转专业（被选拔为优秀生者按培养选拔优秀生的条例执行）。8. 成绩优秀的学生经所在系及教务处批准后可以参加高一年级的考试，成绩全部及格者即可跳级学习或提前毕业。9. 经教育部批准后，招收具有大专以上学历并有走读条件的人员经考试合格者插班三年级学习，二年后成绩合格者发给本科毕业证书。10. 招收优秀助教作为在职研究生[2]，此类在职研究生免去入学考试，学习期限4～5年。11. 硕士研究生在经过导师推荐、系主任同意，院学位委员会通过后可以提前转为攻读博士学位研究生。12. 院一级体育代表队队员可以免修体育课。其成绩由该代表队教练提出建议，经体育教研室领导批准后决定。13. 从本学期起对尚未单独设课的实验、实习等教学环节实行独立评分，不及格者不能参加该门课程的考试。14 专业之间应重视有

[1]《山东海洋学院评选优秀教师及教学优秀奖条例（试行稿）》，中国海洋大学档案馆藏，档号：HY-1985-RS-470。
[2] 截至1986年11月，有15名青年教师被批准为免试在职研究生。

计划、有重点的培养复合型人才、双学位人才。15. 计算中心及数学系微机室建成后将按各专业、各类型学生的具体情况发放上机计时卡片，供学生在开放时间内自由选择时间上机。16. 部分实验室将逐步实行全日开放或晚间开放。17. 改进考试方法，严格考试纪律。[①]

1985年5月《中共中央关于教育体制改革的决定》颁布，强调提高教学质量是一项十分重要而迫切的任务，并决定建立教育评估制度。1986年3月，党委书记施正铿在第五次党代会上指出："学校的中心工作是教学，教学工作是学校工作的主体。我们要以第一流的教学评估标准为目标，在我们已制订的各项教学改革方案基础上，继续对教学内容、教学方法和考试方法进行改革，以切实提高教学质量。"[②]

正因为坚持贯彻落实"以教学为主"原则，师生教与学的积极性、主动性提高，各项教学改革措施顺利推进，教学质量得到显著提高。其中具有代表性的是1987年在全国大学英语四级统考中，学校取得统考成绩全国前茅、全省第一的佳绩，22名学生获得山东省教育厅颁发的"全国大学英语四级统考成绩优秀"证书，占全省总数的一半。"这显示了我校几年来以教学为中心的一系列改革的明显成效，是我校师生健康的政治思想面貌、优秀的教学水平、良好的教学秩序、严格的教学纪律及科学的管理制度的整体反映。"[③]

第二节　修订教学计划

教学计划是根据一定的教育目的和培养目标制定的教学和教育工作的指导性文件，是学校培养专门人才和组织教学过程的主要依据，决定着教学内容总的方向和总的结构。修订好教学计划是提高教育质量的前提。1979年6月教育部召开直属综合大学理科专业调整会议，会议除讨论修订教育部直属综合大学理科专业目录、专业设置调整方案外，还研究了修订教学计划、教学大纲等工作。根据会议精神和"新高教60条"中所规定的培养目标，在总结前期经验的基础上，学校对各专业教学计划进行结构性、大幅度的修订，9月这项工作基本完成。其主要内容如下。

一、培养目标

各专业总的培养目标是培养德、智、体全面发展的又红又专的海洋科技专门人才，毕

① 《山东海洋学院1984—1985学年第二学期教学改革的若干措施》，中国海洋大学档案馆藏，档号：HY–1985–JXGL–443。
② 《继续解放思想　不断进行改革　努力开创我院工作新局面》，载《山东海洋学院》1986年3月15日。
③ 《百尺竿头　更进一步》，载《山东海洋学院报》1988年1月20日。

业后可以从事本专业范围内的科学研究、教学和生产实际工作。具体有以下几点：

1. 比较熟悉马克思主义基本原理，热爱中国共产党、热爱社会主义，具有爱国主义、国际主义精神和共产主义道德品质，树立无产阶级的阶级观点、群众观点、劳动观点和辩证唯物主义观点，自觉地为社会主义四个现代化服务，为人民服务。

2. 具有为深入研究本专业所必需的基本理论知识和实验技能，初步掌握海洋学某一分支学科的专门知识和调查方法，了解本专业范围内的新成就和现代实验方法，具有运用所学知识从事科学研究、教学和生产实际工作的能力。

3. 具有运用一门外国语阅读专业书刊的能力。

4. 具有健康的体魄和从事海上专业活动所必需的某些基本技能。

二、教学计划修订工作遵循的原则

1. 正确处理政治与业务的关系。在坚持正确的政治方向、重视学生的思想政治教育的前提下，使学生把大部分时间用于业务学习。

2. 贯彻以教学为主的原则。正确处理主学和兼学、教学与生产劳动和科学研究的关系，切实保证为达到培养目标所必需的教学内容、教学环节和教学时间，同时安排一定的时间使学生得到科研训练和生产劳动的锻炼。

3. 贯彻理论与实际相结合的原则。切实加强基础理论的教学，务使学生学到必要的基础理论知识和专业知识；同时也重视实践性教学环节，加强学生的基本技能训练。

4. 贯彻"少而精"的原则。合理安排各类课程，保证主要基础课教学时间和教学内容。明确各门课程的基本要求，以便使学生在规定的教学时间内打好基础，把基本知识和技能学到手。

5. 贯彻因材施教的原则。在保证基础课程的前提下，减少必修课，增加选修课，使学生根据各自的情况有所选择。增设任选课，鼓励优秀学生自由选课，以扩大学生的知识领域。

6. 贯彻劳逸结合的原则。保护学生健康，妥善安排课内外学习时数，周学习总时数一般不超过48小时，立足中等程度的学生经过努力后，既能较好地完成学习任务，又不致负担过重。

三、教学安排

1. 总时间的安排。四年内学生在校时间共203周，1～3学年各为52周，第4学年为47周。教学时间共安排158周（包括上课、考试、实习和科学研究）。生产劳动和军事训练共安排8周。入学教育安排0.5周。毕业教育和鉴定安排1.5周。机动时间为4周。假期共安排31周，其中每年寒假4周、暑假5周。

2. 课程设置。课程共分三类：① 必修课：包括共同基础课、专业基础课以及个别专业课。为了打好学科基础，这类课程一般占总学时80%。② 选修课。这类课程主要是体现专业方向，占总学时20%。③ 任选课。这类课程主要是扩大学生知识领域，学生自由选课，不计入总学时。

各专业共同基础课做如下统一安排：① 思想政治教育报告：共45学时，平均每周0.5学时，可以按月或季集中使用。② 政治理论课开设三门：中共党史、政治经济学和哲学（包括部分自然辩证法内容）共210学时。③ 外语课：第一外国语为300学时，其中基础部分为270学时，安排在前两年修完，第三学年为阅读课，以自学为主，讲课约为30学时。④ 体育课：132学时。⑤ 普通海洋学：一般为70学时。⑥ 高等数学课：全院共分三个类型上课。第一类型为360学时，物理类专业修习。第二类型为210学时，化学、地质、工科类专业修习。第三类型为140学时，生物、养殖专业修习。⑦ 普通物理课：全院开两个类型。第一类型为250学时，物理类专业修习。第二类型为180学时，除物理类专业外其他各专业均修习。⑧ 物理实验（不包括物理专业）共开33个实验，根据各专业的要求选做。⑨ 电子计算机算法语言，一般为40学时（不包括上机实习）。

3. 学时控制及上课与自学时数比例。根据德、智、体全面发展的方针和劳逸结合的原则，教学计划授课总学时为2600学时左右，周学习时数（包括上课及自学）不超过48学时。课堂教学与自学时数比例分配为：思想政治教育报告及体育课为1∶0，政治理论课及外语课为1∶1，数学及物理课为1∶2，专业基础课及专业课为1∶2～1∶1，一般实验课及习题课为1∶0.5，中级物理实验及类似实验课不超过1∶1。

4. 教学实习。为促进理论与实际更好的结合，除加强实践性教学环节外，均安排教学实习与专业实习，其中海上实习一般安排两次。海洋学实习（包括调查方法现场讲课及资料整理）安排2周。海上专业实习时间为2～3周。科研出海根据课题需要确定。

5. 关于生产劳动及军训：为使学生养成劳动习惯，向工农兵学习。四年内安排8～10周，其中：军事训练2周，可以集中安排，亦可结合民兵训练分散安排。生产劳动安排6～8周，其中，农业劳动1.5～3周，公益劳动2～3周，余为专业劳动。

6. 关于科研训练。为使学生获得从事科学研究工作的训练，培养学生独立工作能力，各专业均安排科研训练时间。一、二、三年级着重要求学生学好基础课，不安排科研任务，亦不单独安排科研训练时间，但可以结合课程学习，在自愿的原则下，适当进行课余科研活动，教师给予指导。四年级结合专业学习安排有一定要求的科研课题，使学生获得从事科研工作的训练,部分优秀学生可正常安排做毕业论文。科研时间一般安排为10～12周。①

　　这个教学计划符合高等教育基本规律,契合国家改革开放和四化建设对人才的需要,很多方面具有超前意识和开拓精神。正如时任教务处处长王滋然所说:"这是'文革'结束后第一次全面修订教学计划,学校对此极为重视,上上下下反复讨论若干次才修订而成。这个教学计划体现了党的十一届三中全会后对人才培养的新要求,为20世纪80年代抓好教学工作、提高教育质量打下基础。"

　　1979年教学计划实施后,学校根据教学实践中发现的问题,几乎每年进行一些修订,比较大的修订有两次。1982年,恢复高考后招收的第一批本科生毕业,学校通过对毕业生教育质量的全面调研,发现教学计划中有一些不合理之处,决定修订各专业教学计划。为此,党委常委会会议和院长办公会作专题研究,并专门召开各系党总支书记、系主任和部、处负责人会议进行部署,4月下旬召开全体教师动员大会,开始全面修订。新修订的教学计划注重加强基础,拓宽知识面;坚持德、智、体全面发展,加强德育和体育;注重实践性教学环节,加强学生能力的培养;减少了课堂教学总学时,多数专业减少100～200学时;增加选修课的比重。②新教学计划从1982年秋入校的学生开始试行。为保证新教学计划的顺利试行,学校积极推动教学法的研究和改进工作,并召开全体教师参加的改进教学方法经验交流会,就讲授、实验、实习、习题课、考试、毕业论文等各个教学环节进行研讨,其中在授课环节提倡少而精和启发式教学最为引人关注并成为共识。

　　1985年春季学期,教务处发布《修订(制定)本科各专业教学计划的指导思想及基本依据(讨论稿)》,再次启动教学计划修订工作。本次修订在保证和加强实践性教学环节的前提下,压缩授课总学时,增加学生自主学习时间,以适应学分制的试行,并体现因材施教原则,注重理工结合及文理渗透,拓宽专业面,以顺应新技术革命对培养开创型、复合型人才的要求。③新教学计划从1985—1986学年第一学期开始执行。

第三节　教材与实验室建设

　　教材建设是提高教学质量的关键要素之一,对于从事海洋教育的山东海洋学院来说,

①《我院教学计划修订工作已基本结束》,载《山东海洋学院》1979年10月20日。
②《一九八二年工作总结及82～83学年第二学期工作要点》,中国海洋大学档案馆藏,档号:HY-1982-XB-214。
③《修订(制订)本科各专业教学计划的指导思想及基本依据(讨论稿)》,载《山东海洋学院》1985年4月15日。

专业课无通用教材，教材建设尤为重要。1978年10月进行的教学工作大检查，把教材建设情况列为主要检查内容，发现各系安排在教材建设上的力量远不能适应要求。检查还发现实验和实习课也是教学中十分薄弱的一环，甚至实验室普遍缺少桌凳，海洋生物系长期缺少显微镜，就连教具、挂图、标本、幻灯也严重缺乏。[1]

为此，1979年2月，张国中在新学期开学大会上强调要抓好"三材"（师材、教材、器材）建设，提出"要组织教师落实教材建设计划，着手编写教材，每个专业都要在1981年前编出二至三门水平较高的新教材。提高实验课的教学质量，是当前教学工作中急需解决的薄弱环节，必须加强实验室建设和管理，本学期要重点充实、装备基础实验室，并有计划地新建专业实验室"[2]。学校1980年工作要点进一步提出，对教材内容要不断充实更新，对一些专业课教材要抓紧落实计划，组织教师进行编写，对已编好的教材，要及时组织评审，选择优秀教材铅印出版。因为上上下下的重视和行动，成效立竿见影，1980年"全院有60余门课程的新教材已完成初稿或正在编写中。还订购了75种教材，共8639册，参考书91种，共374册，做到了所开课程均有教材"[3]。

针对写专著、编写教材和讲课、科研之间的矛盾，学校在1981年制订《教师工作量试行办法》时，对教师编写教材（讲义）计入工作量作出专门规定。1983年又针对编写教材只计教师工作量、不计教学工作量的问题，对编写教材和实验室建设的工作量计算作出新的规定，予以倾斜。有了制度作保证，教材建设进入良性发展轨道。1985—1987年，学校共评出优秀专著奖九项，其中就有优秀教材《动物胚胎学》（李嘉泳）、《潮汐学》（陈宗镛）、《海洋化学（上下册）》（张正斌、刘莲生、周迪颐）、《古地磁学概论》（徐世浙）等。1987年，《普通遗传学（修订本）》（方宗熙）获国家教委高校优秀教材一等奖，《潮汐学》获二等奖。

在加强教材建设的同时，实验室建设亦同步进行。学校原有基础物理实验室五个，用房面积近900平方米。"文革"期间因停用而大多荒废。1978年初学校决定恢复重建，到1979年10月时恢复重建实验室四个，用房面积近650平方米，先后为五个系八个专业开出基础物理实验44个。[4]1980年，学校成立仪器维修组，修复各类仪器105台，价值117万余元。1981年，基础物理实验室开出实验数达教育部大纲要求的90%，化学和生物两个

① 《我院教学工作大检查的情况》，中国海洋大学档案馆藏，档号：HY-1978-JXGL-313。
② 《加强党的领导　把学院工作着重点迅速转移到教学科研上来》，中国海洋大学档案馆藏，档号：HY-1979-XB-196。
③ 《关于一九八〇年工作总结的报告》，中国海洋大学档案馆藏，档号：HY-1980-XB-203。
④ 《山东海洋学院物理系基础物理实验室恢复重建工作情况汇报》，中国海洋大学档案馆藏，档号：HY-1979-JXGL-329。

基础实验室开出数达到80%。为克服实验室面积不足、仪器设备套数少而学生人数多的矛盾，学校采取增加实验组、次和增加教师、实验员工作量的办法，提高实验室的使用效率。这一年，学校还从实验基础大专毕业班择优留校30人，补充到实验队伍中。到1982年时，基础物理实验室、基础化学实验室对学生全天开放。1986年12月，基础物理实验室获山东省高校实验室先进集体称号。

在抓基础实验室建设的同时，学校重视专业实验室和重点实验室建设。1979年，"东方红"船和海洋综合实验基地被列入教育部三年重点实验室建设项目，得到重点支持。三年内学校还投资23万多元，维修升级专业实验室50多个，到1982年10月，必修课实验室基本恢复建设起来，满足了教学的需要。[①]1984年5月，学校被批准为世界银行贷款第二批项目院校，获贷款资助390万美元，配套经费1100余万元，重点支持建设物理海洋实验室、测试中心、计算中心、海洋调查实验室以及部分重点实验室。1987年引进教育部第一次招标仪器设备共26台套，单价合人民币5万元以上的共20台套，40万元以上的有美国产IBM4381计算机系统、自动数据测量控制与处理系统，丹麦产二维不规则波造波系统，日本产转靶X射线衍射仪、透射电子显微镜，英国产扫描电子显微镜等。其中二维不规则波造波系统单价合人民币144万元，IBM4381计算机系统高达256万元。[②]

资料显示，1986年末学校仪器设备总计7913台（件）、金额2740万元，其中2万元以上106台（件）、金额1606万元。1987年又增加1122台（件）、金额736万元，其中购置国产的522台（件）、金额126万元，购置进口的104台（件）、金额511万元，其他途径添置496台（件）、金额99万元；1987年减少合计450台（件）、金额131万元。1987年末实有总计8585台（件）、金额3345万元，其中2万元以上136台（件）、金额2165万元。[③]

为提高仪器设备的利用率和投资效益，促进实验室的改进和建设，1987年10月，《山东海洋学院实验室对外服务管理规定（试行）》实施，鼓励各类实验室开展对外技术服务，并规定"实验室对外服务任务的选定、承接及安排，由各系（所、中心）在保证完成学校教学、科研任务的前提下，根据实验室的设备能力、技术力量统筹考虑，由教务处统一归口管理。实验室所有对外服务收入的资金一律入学校财务账号"[④]。资料显示，1987年学校共有实验室（含"东方红"船和三个中心）77个，房屋使用面积12071平方米，开

---

①《三中全会以来我院几项主要工作取得的成绩》，中国海洋大学档案馆藏，档号：HY–1982–XB–214。

②《我院世界银行贷款一标仪器设备接验工作基本结束》，载《山东海洋学院报》1987年10月6日。

③《一九八七年普通高等学校教学、科研仪器设备增减变动情况表》，中国海洋大学档案馆藏，档号：HY–1987–JXGL–511。

④《山东海洋学院实验室对外服务管理规定（试行）》，中国海洋大学档案馆藏，档号：HY–1987–JXGL–510。

出实验课门数190门，其中基础课实验34门、专业基础课实验88门、专业课实验68门（表6-4）。[1]实验室工作人员共有263人，其中教师71人、实验技术人员101人、工人28人、其他人员63人。

表6-4 1987年实验室情况简表

系（学部）	实验室名称	建成年份	房屋使用面积	开出实验		
				门数	个数	时数
物理海洋与海洋气象学系	海洋调查实验室	1958	120	2	8	200
	大气探测实验室	1978	180	2	14	46
	物理海洋实验室	1979	320	3	14	116
	雷达站	1977	400	4	4	28
海洋物理系	基础物理实验室	1959	459	4	69	207
	近代物理实验室	1980	300	1	20	108
	无线电实验室	1958	280	4	41	145
	微机室	1984	60	3	35	105
	应用声学实验室	1985	72	1	6	24
	水声实验室	1963	252	1	9	40
	光学实验室	1979	280	10	10	40
	应用光学实验室	1981	150			
	表征室	1962	73			
海洋化学系	分析化学实验室	1959	300	9	89	548
	无机化学实验室	1977	285	2	45	186
	有机化学实验室	1959	120	1	27	140
	物理化学实验室	1980	322	2	22	104
	仪器分析室	1980	221	6	14	144
	海水化学实验室	1979	80	3	15	96
	海水物化研究室	1984	90			
	麦岛海滨实验室	1971	114	1	1	2

[1]《1986—1987学年度普通高等学校实验室任务及人员情况表》，中国海洋大学档案馆馆藏，档号：HY-1987-JXGL-511。

续表

系（学部）	实验室名称	建成年份	房屋使用面积	开出实验		
				门数	个数	时数
海洋地质系	微机室	1982	30	4	40	160
	地质实验室	1959	141	4	65	248
	岩矿室	1962	252	9	90	460
	测量室	1958	50	1	1	24
	地球化学实验室	1980	20	1	5	20
	物探实验室	1971	180	6	36	72
	海洋地貌实验室	1964	25	2	14	28
	微体古生物实验室	1964	24	3	30	96
	海洋地质与矿床实验室	1962	50	5	23	152
	海洋沉积学实验室	1960	100	2	8	30
	海洋工程地质实验室	1983	63	2	3	6
	海洋地质调查室	1986	30			
	工程钻探实验室	1982	140			
海洋生物系	植物生理实验室	1960	98	1	18	54
	动物生理实验室	1960	108	2	16	54
	生物化学实验室	1960	134	1	16	54
	遗传学实验室	1981	196	1	11	33
	植物学实验室	1959	137	5	57	171
	动物学实验室	1959	131	7	62	186
	组织胚胎实验室	1959	74	5	50	150
	微生物实验室	1961	127	2	20	60
	同位素室	1960	100	3	6	84
	生态实验室	1980	134	2	17	51
水产学部	动物学（一）实验室	1979	67	1	25	75
	动物学（二）实验室	1980	67	2	19	57

系（学部）	实验室名称	建成年份	房屋使用面积	开出实验		
				门数	个数	时数
水产学部	生物化学实验室	1980	67	1	14	56
	微生物学实验室	1980	67	1	13	52
	组织胚胎与生物技术实验室	1981	67	2	25	87
	水化学实验室	1980	67	1	8	32
	鱼病学实验室	1981	67	1	13	39
	食品检验与分析实验室	1981	129	1	16	64
	助渔助航实验室	1984	170	3	14	56
	海滨实验室	1955	346	3	10	40
	贝藻类实验室	1981	67	4	34	102
	淡水渔业实验室	1987	60			
	食品工艺实验室	1985	67	1	4	16
	渔业生态实验室	1986	45	3	36	120
	捕捞学实验室	1982	67	2	5	13
	渔具材料实验室	1981	109	1	10	40
	海洋药物研究室	1982	104			
	微藻研究室	1980	397	3	51	153
海洋工程系	材料力学实验室	1983	150	2	6	12
	电工学实验室	1979	140	8	30	128
	电机与拖动实验室	1986	70	3	16	155
	自动控制与测量实验室	1983	36	3	15	35
	机械原理与零件实验室	1982	63	2	7	14
	热工学实验室	1986	70	1	1	3
	液压传动实验室	1986	20	1	1	2
	光弹实验室	1985	35	1	2	4
	工程海洋动力学实验室	1970	1210	2	4	340

系（学部）	实验室名称	建成年份	房屋使用面积	开出实验		
				门数	个数	时数
外语系	语言实验室	1983	145			
应用数学与管理学部	微机实验室	1981	240	6		
"东方红"船		1965				1452
计算中心		1978	270			
测试中心		1984	650	4	9	280
海洋环境保护研究中心		1984	120			

第四节　加强教学管理

一、整饬考风考纪

学校注重教学管理，尤其是严格考风考纪，始于20世纪30年代。在改革开放新时期，这一传统得以发扬光大。1979年和1980年制定的《山东海洋学院学生学籍管理暂行规定》和《山东海洋学院学生守则》都对考试纪律作出严格规定。1982年出台的《关于整顿校风校纪的几项规定》中重申："凡考试作弊者，该科成绩以不及格论处，不予补考，记分册上应注明'舞弊'字样。"[1]1983年制定的《山东海洋学院学生学籍管理办法》则严令："凡擅自缺考或考试作弊者该课程成绩以零分计，注明'旷考''作弊'字样，并不准正常补考。……考试作弊情节严重的应给以纪律处分。"[2]

1985年学校开始试行学分制，在某些教学环节上放开、放活，如对除体育、实验、实习等外的某些课程实行有条件的免听、免修、选听、选修，取消留级制而代之以重修及延长学习期限。出发点本是给学生更大的自主学习空间，以培养学生独立学习能力和创新能力，"但部分学生平时胸无大志、嬉于玩乐，考试时千方百计伺机舞弊"[3]。这引起学校领导高度重视。在加强对学生学风教育的基础上，学校有针对性地制定《关于改进考试工作的若干规定》，一方面要求教师在辅导、出题、评分等各个环节严格把关，一方面对考试的组织工作进行重大改革：全校基础课由教务处统一安排集中时间考试、不再

① 《山东海洋学院关于整顿校风校纪的几项规定》，中国海洋大学档案馆藏，档号：HY-1982-TW-81。

② 《山东海洋学院学生学籍管理办法》，中国海洋大学档案馆藏，档号：HY-1983-JXGL-395。

③ 《深入进行教学改革　不断提高教学质量》，载《山东海洋学院》1986年3月8日。

复习一科考一科，两个班相间编排考场座位，学生对号入座，加强考场监督，严格考场记录，实行流水线阅卷等。

在教育引导和考务组织工作后，该规定于1985—1986学年第一学期期末考试时实施。这次考试成绩统计，全校全日制本、专科生"一门不及格375人，二门不及格119人，三门不及格32人，四门不及格9人，五门不及格1人，合计536人，占在校生数的18.7%"[①]（不包括体育课和任选课），还有9人考试作弊。学校调查分析认为，主要是部分学生"学风不正，严格考试纪律后暴露出来的结果"[②]，更令人不能容忍的是，个别学生无视规定，顶风作案，"考试时偷看夹带纸条"[③]。学校痛下决心以更加严厉的措施整饬考风考纪，在该学年第二学期期末考试前对《关于改进考试工作的若干规定》作补充规定："凡学期考试、考查课程有四门以上（包括四门）不及格者，不准补考，即行令其退学。对尚未实行学分制的本、专科生，凡学期考试、考查课程有三门不及格者，不准补考，降级学习，无后续班级可降者，即行令其退学。"[④]

在1985—1986学年第二学期期末考试中继续狠抓考试纪律。从考试成绩统计结果看，与上次期末考试相比，全日制本、专科生二门不及格者40人，三门不及格者10人，四门和五门不及格者各1人，有了明显减少，且整体不及格率下降8.8%，这是整饬考风考纪后取得的初步效果。与之相配套，学校更加严格学籍管理，该学期因团伙打架被开除学籍1人、勒令退学2人、警告处分1人，因考试作弊被勒令退学1人、警告处分2人，因旷课超过50学时而令其退学2人，因累计四门课程经补考仍不及格退学4人、留级2人。

1987年9月，《山东海洋学院学生违纪处分条例（试行）》出台，对学籍管理提出新规定："学生违反校纪，视情节轻重给予下列之一的处分：警告、严重警告、记过、留校察看、勒令退学、开除学籍。受留校察看处分的学生，在察看期间有进步表现可按期解除，有立功者可提前解除，表现差者给予勒令退学或开除学籍处分。对受留校察看处分的毕业班的学生，毕业时考察期不满者按结业分配工作，缓发毕业证书一年，届时由所在单位对其在一年内的表现写出考察意见，经我院考核确有进步表现，则由我院给其补发毕业证书，表现差者作结业处理，不再补发毕业证书。"[⑤]这个条例对学生考试作弊作出的处理规定更加严厉："测验作弊者给予警告处分；期中考试（考查）作弊者给予严重警告处

---

①《严格的教育行政管理是培养合格人才的必要保证》，中国海洋大学档案馆藏，档号：HY-1986-JXGL-462。

②《贯彻国家教委（86）教育011号电报通知的情况报告》，中国海洋大学档案馆藏，档号：HY-1986-JXGL-462。

③《贯彻国家教委（86）教育011号电报通知的情况报告》，中国海洋大学档案馆藏，档号：HY-1986-JXGL-462。

④《"山东海洋学院关于改进考试工作的若干规定"及"补充规定"》，中国海洋大学档案馆藏，档号：HY-1986-JXGL-462。

⑤《山东海洋学院学生违纪处分条例（试行）》，中国海洋大学档案馆藏，档号：HY-1987-JXGL-533。

分；期末考试（考查）作弊者给予记过处分；考试（考查）协同作弊者给予严重警告以上处分；替他人代考者给予记过或以上处分；叫他人代考者给予留校察看处分；作弊行为特别严重者给予勒令退学或开除学籍处分。属以上各款但态度恶劣者相应加重处分。"[①]一个学期下来，处理学生违纪问题9起14人，其中勒令退学2人、留校察看1人、记过2人、严重警告6人、警告3人。

整饬考风考纪，作为加强教学管理的一种手段，针对的是当时部分学生嬉于玩乐之弊，制止了学风下滑的势头，收到了良好效果，是恢复和发展优良学风的一剂良方。

二、褒奖优秀学生

在整饬考风考纪和严格学籍管理的同时，学校加大褒奖优秀学生力度。1985年10月，公布表彰先进班级7个、先进团支部7个、三好学生300人、优秀团员156人、优秀学生干部29人。[②]当年评选和表彰三好学生标兵达11人。其中标兵叶深（化学专业1982级本科生）和肖倩（海洋动物学专业1983级本科生），1986年又被共青团山东省委和山东省教育厅授予"尖子学生"称号，成为全校学生学习的榜样。

1986年3月，学校对学生学籍管理办法作补充规定，其中"普通专科班学生，在第一学年和第二学年结束时，经所在系推荐、教务处审查同意，并报院长批准后可转入有关本科专业插班学习，按本科学生对待"[③]。条件是：① 学习成绩优秀，确有培养前途者（每届学生两年内转入本科的总比例控制在班级学生数的5%以内，一般应按总平均成绩高低依次推荐）；② 各方面表现良好，符合三好学生条件者；③ 拟转入专业1～2门主干课程考核合格者。

尽管"专转本"比例较小，但这一新规在专科生中引起不小震动，其学习积极性明显升高。1984级专科生中有8名转入本科学习，1985级有7名转入本科学习。这些学生进入本科班后，"学习成绩也大多在班级里居先，部分学生以优异成绩毕业，又获得继续在校深造的机会"[④]。海洋地质系地理专业1984级专科生赵晓燕是"专转本"中的佼佼者，她1986年转到海洋地质学专业1984级本科班学习，1988年本科毕业时又被海洋地质系免试推选为硕士研究生。该生还是1986—1987学年五名三好学生标兵之一，获奖金150元。

---

① 《山东海洋学院学生违纪处分条例（试行）》，中国海洋大学档案馆藏，档号：HY-1987-JXGL-533。
② 《我院召开三好学生表彰大会》，中国海洋大学档案馆藏，档号：HY-1985-TW-96。
③ 《关于学籍管理办法的若干补充规定》，中国海洋大学档案馆藏，档号：HY-1986-JXGL-462。
④ 《我校一批专科转本科学生脱颖而出》，载《青岛海洋大学》1989年1月14日。

三、实施教学评估

1986年2月，文圣常院长主持召开全校行政干部会议部署该学期行政工作，其中一项是深入贯彻《中共中央关于教育体制改革的决定》，研究和建立教学评估制度。冉祥熙副院长在会上说："实行教学评估制度是为了较客观地全面地综合地评价一个系的办学水平、一个专业或一门课程的质量，也是促进系、专业发展和提高教师素质的有效措施。先在某些公共课和基础课进行试点，并对试点结果做出分析，以便推广，从长远看要与对教师的奖励和聘任挂起钩来。"[1]

经过一段时间的准备，到7月时拟订出《山东海洋学院课程评估指标体系（试行稿）》。指标体系由教学工作、教学效果和教学设施三部分构成。教学工作（60分）包括教学大纲（7分）、教材（7分）、教学方法（10分）、教学态度（10分）、教书育人（8分）、考核工作（8分）、教学改革（10分）；教学效果（29分）包括教学大纲执行情况（7分）、后续课程和毕业生对本课程的反馈（7分）、考核结果（8分）、学习风气（7分）；教学设施（11分）包括仪器设备（7分）、图书资料（4分）。其中对教学方法的评估内容是：① 讲授情况，按要求（概念准确、思路清晰、条理清楚、重点突出、善于诱导、语言简明生动）衡量其程度；② 各种教学形式（讲授课、实验课、课堂讨论、习题课、实习课、辅导答疑、学生自学、社会调查等）的运用及配合情况；③ 各种教学手段（教具示教、幻灯、录像等）的运用情况，自制教具的数量、质量。评估方法是调查了解、实物展评、定性与定量。[2]

10月4日，学校召开动员大会，宣布该学期在部分专业进行课程评估试点。11月6日，学校成立由8人组成的教学评估领导小组，文圣常任组长，王滋然、冉祥熙任副组长；成立由12人组成的教学评估专家委员会，张保民为主任委员，余敬曾、梁中超为副主任委员。1986—1987学年第一学期教学评估试点工作有序展开，共对12门课程进行评估，评估过程包括听课、观摩、召开学生座谈会、实物展评、民意测验等环节。1987年4月，教学评估试点工作圆满结束。经学校教学评估专家委员会评议，最后评出3门优秀课程、5门良好课程。优秀课程（括号内为授课教师）是大学英语四级（赵方）、数学分析（吴保罗）、有机化学（孙明昆），良好课程是岩石学（涂仁亮）、哲学（刘增才）、力学（段存贤）、遗传学（陈登勤）、流体力学（韩丽明）。[3]外语系青年女教师赵方因所授课程评估优

———————————

① 《我院将建立教学评估制度》，载《山东海洋学院》1986年3月8日。

② 《山东海洋学院课程评估指标体系（试行稿）》，载《高教研究》1986年第2期。

③ 《我院召开86—87学年第一学期教学评估表彰总结大会》，载《高教研究》1986年第3期。

秀，加之平时"在教学工作中刻苦钻研，教书育人，并取得突出成绩"①，经学校教学评估专家委员会提议，学校批准，被破例从助教聘为讲师。

1987年4月9日，学校在"六二礼堂"举行1986—1987学年第一学期教学评估试点工作表彰总结大会。施正铿、文圣常为优秀课程的主讲教师颁发奖状、奖品和奖金，并向赵方颁发讲师聘任书。赵方、吴保罗、孙明昆三位教师分别以《大学英语教学的点滴体会》《谈谈我对备讲课的一些看法》《教学工作中值得重视的几个问题》为题作经验交流。

这次以本科课程评估为主的教学评估是学校历史上第一次全校性的教学评估，强调了本科教学的重要性，对提高教学质量，为多出人才、快出人才、出高质量人才发挥了促进作用。自此学校建立起教学评估制度，对养成良好教风、学风、校风，持续提升办学水平产生了深远影响。

第五节　试行学分制和培养拔尖人才

中国近代高等教育效仿欧美大学治理模式，实行学分制是惯常做法，学校历史上曾有过多年实践。新中国成立后，高等教育学习苏联模式，实行学年制。学年制优点是便于管理，有利于保证一定的培养规格和质量。缺点是统得过多，不利于因材施教，不利于学科交叉与渗透，不利于开拓型、复合型人才的培养。1978年教育部印发"新高教60条"，提出"要逐步试行学分制。学习确实优秀的学生，经过考核，可以免修一部分课程，可以跳级，可以提前毕业"。据此并结合当年10月教学大检查情况，学校制定《山东海洋学院试行学分制暂行办法》。主要内容有：

一、关于课程设置。课程设置共分三类：（1）必修课，主要体现学科基础的培养，院定必修课为八门：中共党史、哲学（包括自然辩证法）、政治经济学、第一外语、体育、高等数学（一、二）、普通物理（一、二）、海洋学（包括海上实习）。（2）选修课，主要体现专业、专门组或课程组的方向（毕业论文列入此类课程）。（3）任选课，主要为了扩大学生的知识领域，有利于学科之间的相互渗透，学生可以跨年级、跨专业、跨系自选一些与本专业有联系的课程（第二外语列入此类课程）。

二、关于学分的确定。各门课程学分的确定应考虑各门课程在专业教学计划中的地位、作用和对后继课程的影响情况，重要的学分要高些，要体现重视基础课，基础课都是

①《青年女教师赵方被聘为讲师》，载《山东海洋学院报》1987年4月28日。

必修课，学分要高些，选修课次之，任选课可低些。每门课程的学分要与学期讲授周学时的比例大体一致，并以课外复习、作业负担的多少作为参考上下浮动，总学分额应是大多数学生在专业学制内力所能及。各类课程学分的确定：必修课（院、系确定的公共基础课和专业基础课）占总学分的75%左右，选修课占15%左右，任选课占10%左右。讲课与复习为1∶1的按周学时计算学分，1∶2的按周学时×1.5计学分，1∶1.5的按周学时×1.25计学分，学年课按两学期的周学时相加再计算学分，每学期按16～18周计算。习题课，按周学时×0.5，或每30学时左右计1学分。实验课，按周学时×0.5或×0.75计算学分。实习，按每周（集中的）1学分计算，分散的课程实习按累计4至6天计1学分。体育课，按学期周学时计算学分，学生选拔为院代表队的第二学年免修体育课，以代表队的考核成绩可取得第二学年体育课的学分。毕业论文按论文的课题难易确定，计8～16学分。专业总学分，四年制一般应控制在210～225学分之间。

三、关于主学与兼学的安排。四年按204周计算，1～3学年每年为52周，第4学年为48周。具体安排如下：（1）教学活动四年安排144周，占81.8%。（2）假期：寒假3周，暑假4周，节假日1周，共28周。（3）兼学及其他活动共32周，占18.2%，具体分配是：学军，四年内共3周；学农，四年内安排一次1.5周；学工，专业劳动6周；分散公益劳动4周；入学教育0.5周；毕业教育及鉴定1周；机动4周；时事学习、政治活动、党团组织生活、班级活动，每周半天，共12周。以上活动不计学分，但学生必须参加，每学年考核一次。

四、关于跨系选修。根据学生的基础程度的不同，经系主任批准，准许学生多选修一些课程，可以跨年级、跨专业、跨系选课。计算学分的课程学生必须参加考试，考试满60分者才能取得学分。在一学年内对所学课程学习优秀者，学校给予适当奖励和表扬。除体育课外，其他课程学生均可申请免修，经过考试，成绩及格即给予该课程学分并准予提前选读后行课程。学生提前修满专业规定的总学分可以提前毕业。凡考试不及格的必须参加补考，补考及格后方给予学分；补考不及格，除任选课外，必须重修。毕业前，未取得总学分额度者不得延长学习时间，发给结业证书，由国家分配工作，在两年内仍可申请来校补考一次，取满总学分，换发毕业证书。[①]

　　1979年在修订教学计划后，学校在物理海洋学、海洋气象学两个专业进行学分制试点。1982年进一步修订教学计划，对课程体系进行改革，为全校试行学分制作准备。1985年5月，《山东海洋学院学分制试行草案》出台。草案规定"主学"内容是课堂理论、

---

①《山东海洋学院试行学分制暂行办法》，中国海洋大学档案馆藏，档号：HY-1978-JXGL-312。

实验、实习、毕业论文（设计），都计学分；"兼学"内容包括入学教育、军训、劳动、毕业教育、时事政治学习和党团活动等，一般不计学分，但要求学生必须参加。其中对各类课程的学习要求是草案的核心内容。其要点是：

课程分为必修课、指定选修课、任选课三类。必修课：根据专业培养目标的要求，需要学生掌握的基础理论、基本知识、基本技能属于必修课的内容，每个学生都必须学习和掌握；要求此类课程的学分不高于总学分的75%。指定选修课：这类课程指与专业有关的基础理论、基本知识和基本技能的加深课程，或规定专门组分组课程，规定学生在某几组中选学一组或一组中选学若干门课程，或在不影响培养规格的情况下在几组中交叉选择若干门课程，以达到某一规定的学分；要求此类课程的修习学分不低于总学分的15%（包括毕业论文、毕业设计、毕业专题等）。任选课：主要是加深理论基础，扩大知识面和介绍最新知识与科学成就等方面的课程；要求此类课程的修习学分不低于总学分的10%，其中选修外专业的课程不少于6学分。

公共必修课的学分为：政治课12学分，体育4学分，第一外语（公外）16学分；实验课原则上应单独计算学分，一般是一学期每周实验教学一学时为0.5~1学分；计算机上机实习，完成教学计划规定的40学时定为1.5学分，其余上机学时不单独计学分；实习课大体上每周0.8~1学分；毕业论文（设计、专题、实习、大实验等）为6~12学分；各系各专业本科学生修满最低总学分数为140~160学分。[①]

1985年9月，学分制开始在1984级学生中试行。与之相配套，学校又出台《关于学生转专业、转学的暂行规定》，明确规定学生确有某方面培养前途或特殊志向，转入另一专业更能发挥其所长者，可允许转专业，但必须经拟转入系研究同意并经院长批准。[②]

学分制在前期试行过程中也暴露出一些新情况，既有学分制试行草案需要改进的问题，也有执行上的一些问题。为此，1986年3月，学校对学籍管理办法作补充规定，"凡在前两年内总平均成绩属后10%且在70分以下"的本科生，在第二学年结束时进行一次"阶段综合性考试"。考试课程1~2门，由教务处决定，即"阶段综合性考试"不计学分，但考试及格方能毕业，不及格者，视情况或转入专科学习或毕业前补考一次，仍不及格者，作结业处理，或转入专科学习，按专科毕业。[③]1985—1986学年第二学期，578名1984级本科生中有50人参加"阶段综合性考试"。这对那些误以为实行学分制就可以'60分万岁'者

① 《教务处负责人就我院将实行学分制答本刊记者问》，载《山东海洋学院》1985年7月10日。
② 《关于学生转专业、转学的暂行规定》，中国海洋大学档案馆藏，档号：HY-1985-JXGL-445。
③ 《山东海洋学院关于学籍管理办法的若干补充规定（试行稿）》，中国海洋大学档案馆藏，档号：HY-1986-JXCL-462。

震动很大，解决了"放活"与"严管"的关系问题，确保了学分制沿着正确的方向推进。

试行学分制一年其优越性逐渐显现出来，尤其便于因材施教，培养拔尖人才。1986年，一名应用数学专业学生提前一年修满学分毕业，考取了硕士研究生。而在探索试行学分制的过程中，学校早就开始拔尖人才培养的实践。1981年3月，学校出台《山东海洋学院学生选修、免修课暂行办法》，鼓励"学习有余力的学生，如对本专业必修课程达到优良的成绩，在条件许可的前提下，可申请选修高年级或其他专业所开课程（包括研究生的课程）"。1984年11月，学校制定《山东海洋学院选拔培养优秀生工作试行条例》，对"在学习过程中表现出较强的自学能力，善于独立思考，有强烈的探求精神，在某一学科显露出特殊才能"的部分优秀生，采取特殊培养措施，促其成长为拔尖人才。优秀生的选拔面大致控制在5%之内。对优秀生实行的主要培养措施如下：

1. 加强政治思想教育。帮助优秀生树立为祖国四化而献身的思想，树立勤奋学习、刻苦钻研、百折不挠的良好学风和高尚的道德品质。2. 指导教师帮助制订学习计划，并进行经常性的指导。指导教师应由系主任聘请副教授以上或各学科的骨干教师担任。指导教师指导一名优秀生每学期记100学时教学工作量、指导优秀生做毕业论文时的工作量则按带论文时的工作量计，不另计指导优秀生工作量。对于指导优秀生做出优异成绩的教师，院、系视情况予以奖励，并作为提职晋级的依据之一。指导教师不宜变动，一旦选定最好将学生带到毕业。3. 发给借书优待证，享受研究生借阅图书和使用相关学习条件的相似待遇（如使用计算机等）。4. 由指导教师建议，经系主任审核，可免修某些课程；或根据需要选修外系或本系研究生开设的课程，报教务处备案。对特别优秀的学生，由指导教师提出，系学术委员会审核，系主任批准，可跳级或报院长批准予以提前毕业。5. 在发放奖学金时，对优秀生应予以重点保证，给予系级一等奖，学校每年可给优秀生报销20元书报费。6. 鼓励自拟研究课题或在教师指导下进行专题研究，可以拨给小额研究经费。7. 优秀生报考本校硕士研究生者，按《山东海洋学院推荐免试、推荐加考试攻读硕士学位研究生试行办法》执行。毕业分配时，可在国家下达分配计划后，予以优先挑选能发挥其特长的工作岗位。8. 每年校庆时举行学生科学报告会，被培养的学生必须在报告会上汇报自己的学习成绩，由学校组织学术评议，对优秀成果汇编进行校际交流，对特别优秀的成果向有关刊物推荐发表。9. 对确有必要转换专业或转换学校培养的，可由指导教师建议，系主任同意，教务处审核，院长批准后，按学籍管理办法办理手续。①

①《山东海洋学院选拔培养优秀生工作试行条例》，中国海洋大学档案馆藏，档号：HY-1985-RS-470。

学校对优秀生不搞"终身制"，而是规定每学年末各系都要对所有优秀生进行一次思想和业务总评，对每名优秀生是否继续作为优秀生培养，由指导教师提出意见，系主任审查决定；而对违反校规或因其他原因受到校、系纪律处分的优秀生，系主任有权随时取消其优秀生资格，并报教务处备案。

1985年5月11日，学校公布首批14名优秀生名单，他们都是从1982级本科生中选拔出来的，其中物理海洋与海洋气象学系3人、海洋物理系1人、海洋化学系3人、海洋生物系2人、海洋地质系2人、水产系1人、应用数学系2人。试行学分制以后，学校将这两者有机结合起来，选拔和培养拔尖人才。1986年，学校又从1983级本科生中选拔优秀生14名。资料显示，到1987年7月，1982级11名优秀生有7人被推荐为1986级免试硕士研究生，有3人考取1986级硕士研究生。1983级14名优秀生有1人提前一年考取1986级硕士研究生，有8人被推荐为1987级免试硕士研究生，有3人考取1987级硕士研究生。1987年，学校从1984级本科生中选拔优秀生13名，包括物理海洋专业2人、物理专业2人、化学专业3人、海洋动物专业1人、海洋植物专业1人、水产养殖专业1人、应用数学专业2人、海洋机械工程专业1人。[1]1984级优秀生中李琪、陈戈毕业后留校任教，后成为业界专家。实践证明，这个培养拔尖人才制度是学校教学管理改革的成功尝试之一。

第六节　重视体育工作

学校在各个历史时期都十分重视体育工作。改革开放后，体育工作不断得以加强。1979年新修订的教学计划，明确提出各专业总的培养目标是"培养德、智、体全面发展的又红又专的海洋科技专门人才"，并要求培养的学生要"具有健康的体魄和从事海上专业活动所必需的某些基本技能"。

1978年4月学校成立体育运动委员会，高云昌任主任委员，王滋然、郭谮安等6人为副主任委员，另有委员10人。[2]1980年、1981年、1984年和1987年，学校体育运动委员会进行四次充实调整，高云昌、冉祥熙和秦启仁先后任主任委员。为了更好地贯彻执行教育部、国家体委发布的《高等学校体育工作暂行规定》和《体育工作检查验收标准》，1981年学校体育运动委员会召开全体会议，研究出台《山东海洋学院关于贯彻落实〈高等学校体育工作暂行规定〉和〈检查验收标准〉工作的意见》。主要内容如下：

---

① 《84级优秀生选拔工作结束》，载《山东海洋学院报》1987年7月9日。
② 《公布山东海洋学院体育运动委员会成员名单》，中国海洋大学档案馆藏，档号：HY-1978-DB-148。

一、落实组织，加强领导。1. 院、系都要把体育工作列入工作计划，做到期初有计划、期中有检查、期末有总结。2. 调整充实院体育运动委员会。院体育运动委员会主要任务是组织协调全院体育工作，制定院体育工作计划，指导、检查各系开展体育工作情况，组织全院性竞赛、代表队训练和对外比赛，总结交流先进工作经验，定期了解师生员工身体健康情况，提出改进意见。3. 成立系体育领导小组。领导小组由系团总支、系学生会、系工会、班主任或政治辅导员等5～7人组成，主管体育工作的系副主任或总支副书记任组长。4. 体育教研室直属院领导，在主管体育工作的副院长和教务处领导下，当好参谋。

二、健全规章制度。1. 严格执行作息制度，学生必须按时参加早操。在教学安排上要保证学生每周2～3次课外体育锻炼时间。2. 早操和规定的课外体育活动时间，要认真执行点名制度。3. 坚持把身体好作为评"三好"内容之一。4. 体育课要严格执行考核制度。5. 建立学生技能卡片制度。

三、充分发挥共青团、学生会、班委、政治辅导员和工会的作用。

四、继续贯彻普及与提高相结合，以普及为主的体育方针。1. 坚持集体早操制度。2. 课外体育活动列入课程表，并规定有体育课的班级每周不少于两次，高年级学生每周不少于三次。3. 大力推行"国家体育锻炼标准"，定期进行测验。4. 加强院代表队的训练工作。

五、进一步提高体育教学质量，积极开展科学研究工作。1. 继续提高体育教师政治思想水平和业务水平。2. 体育课改为考试课程。3. 积极开展体育科学研究活动。4. 不断研究和改进体育教材和教学方法。

六、加强后勤工作。1. 做好体育场地的基建规划。逐步做到体育场地和设备规格化，要把大学路400米田径场地和看台以及鱼山路体育馆、游泳馆等纳入基建规划。2. 进一步加强对体育场地器材的经常性管理和维修工作。①

1978年12月学校成立基础部，内设体育教研室，负责全校学生的体育教学和运动队训练工作，并参与组织开展群众性体育活动。1983年9月，学校撤销基础部建制，并根据教育部指示，将体育教研室划归教务处领导。从1977年至1987年，体育教研室主任依次是郭谨安、江福来、吕大英。

1982年，体育教研室根据国家新公布的体育锻炼标准对体育教学内容进行修改，并以"培养学生具有海上生活和工作的身体素质和技能"为目标，继续开展游泳、摇橹、

---

① 《关于贯彻落实〈高等学校体育工作暂行规定〉和〈检查验收标准〉工作的意见》，载《山东海洋学院》1981年6月6日。

划船等海上体育教学活动。1984年9月,
体育教研室除在一、二年级开设普通
体育课,还在二年级开设专攻课和保健
课,并规定体育考试分理论、技术、身体
素质和课堂表现四个部分。

图6-9　学生在汇泉湾进行划船训练

1982年5月,体育教研室制定的《关
于学生早操和课外体育活动的几项规
定》和《关于加强体育运动队训练工作
迅速提高运动技术水平的规定》在院长
专题办公会上通过,并印发执行。规定"实行早操、课外体育活动点名制度……学生的
课外体育活动时间列入课表"[①];各运动队"制定具体可行的训练计划,明确规定指标任
务……对体育骨干按规定降低分数优先录取……优秀运动员毕业分配时优先考虑其志
愿"[②]等。

这一时期学校有田径、男足、男女篮球、男女排球、男女乒乓球和女子艺术体操等运
动队。运动队在各种比赛中屡获佳绩:1980年女排获山东省大学生排球赛冠军,1983年、
1984年女篮连获青岛市大学生篮球赛冠军,1984年男排获山东省大学生"三好杯"排球赛
冠军,1985年男足获青岛市高校足球赛冠军。

学校还积极承办体育赛事。1979年、1982年、1984年先后承办山东省大学生"三好
杯"篮球赛(青岛赛区)比赛、山东省大学生乒乓球赛第一阶段(青岛赛区)比赛、山东
省大学生"三好杯"排球赛第三赛区预选赛等赛事。

田径运动会是学校举办的传统大型体育盛会。1979至1987年共举办田径运动会16
次,除1980年春季、1984和1986年秋季三次田运会时间为1天外,其余均为2天,且师生员
工同场竞技,合计打破学校、青岛市高校和山东省高校纪录192次(表6-5)。田运会的举
办促进了体育教学和体育运动,选拔了体育人才,在赛出成绩的同时也赛出了风格,一批
集体先后被授予"五讲四美"优胜奖、文明礼貌优秀奖、班级风格纪律奖和精神文明奖等
奖项。

---

①《关于学生早操和课外体育活动的几项规定》,中国海洋大学档案馆藏,档号:HY-1982-JXGL-367。
②《关于加强体育运动队训练工作　迅速提高运动技术水平的规定》,中国海洋大学档案馆藏,档号:HY-1982-JXGL-367。

表6-5　1979—1987年学校田径运动会打破省、市、校纪录次数统计表

年月	省高校纪录		市高校纪录		校纪录	
	男	女	男	女	男	女
1979年4月	1		8		18	
1979年10月	6				49	
1980年4月					10	
1980年10月					7	
1981年4月			1		3	2
1982年4月	1	1	1	1	1	3
1982年10月		1		3		5
1983年4月			2	5	4	8
1983年10月				4	1	6
1984年4月				1	1	4
1984年10月		1				
1985年4月	14					
1985年10月	1			1	3	4
1986年4月	3	1		1	1	1
1987年4月				1	1	1

　　这一时期学校经常组织开展单项体育竞赛和群众性体育活动，有球类、棋牌、越野、跳绳、拔河等项目，有班际、系际比赛，也有全校性比赛，形式多样，参与度高，活跃了校园生活，增进了师生身心健康。如1985年3月是山东省"体育活动月"，学校组织开展多种多样体育活动，"有第六套广播体操比赛，男子300米×10、女子300米×5接力赛，男、女乒乓球团体赛，男子引体向上、女子仰卧起坐比赛，男、女跳绳比赛，男、女拔河比赛等11个项目，参加竞赛活动的人数达4446人次"[①]。

---

① 《我院竞赛活动花样多》，载《山东海洋学院》1985年4月15日。

第七节　招生和毕业生分配

一、招生工作

　　1977年学校按照教育部要求进行统一招生,九个专业共录取国家计划为本科生372人,实际入校369人。1978年根据全国招生会议提出的"各高等学校要积极举办专修班,主要招收年龄超过25周岁的考生"的精神,学校开设光学专修班一个,招收40人,学制三年。该班属第一批招生,且学生的入学成绩较其他专业都高,两个学期期末考试成绩(数学、物理)平均分比合班上课的水声物理专业高10分以上。[①]为此,经学校申报,1979年11月教育部批准该班修业年限由三年改为四年。

　　1980年9月,学校向教育部申请,"拟为青岛市开办一期无线电技术自费走读专修班,学制三年,招生人数为60人。……利用下午、晚上、星期天和假期时间上课"[②],获批后实际"招收自费走读生90名,两个班(电子技术专修班58名,基础生物专修班32名),学制2年"[③],两个专修班分别设在海洋物理系和海洋生物系。自费走读生所需经费除由山东省、青岛市按每生每学年补助500元外,学生每学年要缴纳学费60元。自费走读生是在保证完成国家计划招生任务前提下,根据社会需求和自身办学特色招收的。山东海洋学院是国内较早招收自费生的高校之一。

　　1983年,学校贯彻教育部《一九八三年全日制高等学校招考新生的规定》,招生情况出现可喜变化:一是增加了招生数,本科生与硕士研究生共计划招生495名,实际录取509名,比1982年增加143名;二是初步实现多层次办学,招收硕士研究生35名(包括出国硕士研究生10名)、本科生474名、专科生35名(英语专业)、干部专修科90名(其中青岛市经济委员会委托企业管理专修科50名,新疆水产局委托淡水养殖专修科40名)、夜大学56名、进修生12名;三是扩大了招生来源,1982年仅在沿海11个省、直辖市招生,1983年扩大到包括新疆、青海、云南等在内的22个省、自治区、直辖市。[④]其后招生名额和类别总体上呈增加态势,1986年招收本科生661人(含委托1人)、专科生236人(含委托140人)、自费专科生17人以及夜大学224人、干部专修科105人、企业管理干部中专班62人,合计达1305人。当年录取的本科生中党员、团员约占93%,地市级以上优秀学生干部15人、三好学生29人,22名优秀运动员绝大多数属正常录取,理科最高分611分;在山东省

①《关于光学专修班延长学制的请示报告》,中国海洋大学档案馆藏,档号:HY-1979-JXGL-329。

②《关于举办无线电技术自费走读专修班的报告》,中国海洋大学档案馆藏,档号:HY-1981-JXGL-356。

③《关于我院招收自费走读生事备案》,中国海洋大学档案馆藏,档号:HY-1981-JXGL-356。

④《山东海洋学院一九八三年招生工作总结》,中国海洋大学档案馆藏,档号:HY-1983-JXGL-404。

教育厅委托培养的生物、地理和思想政治教育三个专业140名师资中，地市优干及三好学生6人，且140人全部报到，而1984年地理专业7人未报到，1985年地理专业2人、生物专业1人未报到。[①]1987年时共有在校本科生2736人，其中国家计划2699人、委托培养15人、自费走读22人；专科生688人，其中国家计划95人、委托培养326人、委托干部班163人、自费走读104人。这一时期招生情况详见表6-6。

表6-6　1977—1987年招生和在校生情况统计表

年份	招生数		在校生数	
	本科生	专科生	本科生	专科生
1977年	369人		875人	
1978年	396人	40人	1091人	40人
1979年	392人	62人	1207人	62人
1980年	401人	90人	1608人	152人
1981年	368人		1622人	152人
1982年	366人		1556人	
1983年	474人	125人	1653人	125人
1984年	568人	438人	1827人	473人
1985年	712人	308人	2183人	656人
1986年	661人	358人	2417人	771人
1987年	748人	333人	2736人	688人

从表中可见，1977—1982年招生数量虽有变化，但幅度不大，个别年份还略有下降。究其原因，主要是办学自主权所限，办学模式比较单一，特别是部分专业毕业生一度出现"分配难"的问题，导致招生名额减少。自1983年起，招生类别增加，办学层次拓展，招生数量增长较快。这主要受益于国家的改革开放政策，特别是《中共中央关于教育体制改革的决定》颁布实施后，高校招生工作统得过死的情况开始大幅改善。

二、毕业生分配工作

1977—1979年毕业生分配工作均顺利完成。1977级和1978级学生分别于1982年1月

---

① 《一九八六年招生工作总结》，中国海洋大学档案馆藏，档号：HY-1986-JXGL-462。

11日和7月16日毕业离校。1982年学校获批首批授予学士学位高校，分别授予1977级300余名和1978级416名本科毕业生学士学位。

1983年初，根据教育部关于改革直属重点院校毕业生分配工作试点的部署，学校组织力量对毕业生实行"产""销"直接挂钩分配进行调研，一方面抽调人员分成14个组，分赴广东、福建、浙江、江苏、上海、山东、天津、辽宁等地190多个单位实地调查；一方面向16个省、直辖市349个单位发函调查。通过调查得出结论：社会对山东海洋学院毕业生的需要量很大，"分配难"问题是假象。但分配工作中有些环节存在问题，改革现行毕业生分配办法势在必行。为此，当年学校"开始试行供需见面的分配办法"[1]，1984年在总结上年分配办法的基础上，"继续进行供需见面的实践"[2]。通过两年的工作，疏通了毕业生分配的渠道，"83、84两届毕业生的分配基本上做到了专业对口，95%以上的毕业生一次性直接分配到对口单位"[3]。1985年，教育部部属高等学校毕业生全部实行供需见面制订分配计划的办法，据此学校制定《关于编制一九八五年毕业生分配计划中应掌握的原则》，要求从全局出发，对国家重点建设的能源、交通、军工和少数技术薄弱的部门所需毕业生优先给予保证。随着用人单位对学校各专业的进一步了解，到1985年4月有300多个单位来人、来函要求提供毕业生，需求量达1300多人，为当年毕业生人数的三倍多。

1985年5月颁布的《中共中央关于教育体制改革的决定》提出，要改革高等学校的招生计划和毕业生分配制度，扩大高等学校办学自主权。1986年1月，《山东海洋学院试行毕业生提前一年预分的办法》施行，在国家分配计划指导下，学校在与用人单位供需见面的基础上向应用数学、化学和水产加工三个专业108名应届毕业生公布岗位167个，经学校、学生本人和用人单位三方协商，签订《预分协议书》52份。按规定，没有参加预分的毕业生仍参加国家的统一分配。"预分制"可以更好地把学生的培养、分配和使用紧密结合起来，调动学校、学生和用人单位三方面的积极性，更好地体现了学以致用、优才优用。

1987年共有本科毕业生468名，除58名考取硕士研究生外，分配到中央部门的占45%、地方的占55%，其中分配到国家重点建设部门的约占10%。另外1987年审核批准的22名优秀毕业生，按规定允许他们在分配计划范围内选择自己满意的工作单位。[4]

这一时期本科毕业生数是1977年239人、1978年220人、1979年276人、1980年0人、

[1]《人事处学生科负责人就今年毕业生分配问题答本刊记者问》，载《山东海洋学院》1985年5月15日。
[2]《山东海洋学院84年分配工作总结》，中国海洋大学档案馆藏，档号：HY-1984-JXGL-437。
[3]《人事处学生科负责人就今年毕业生分配问题答本刊记者问》，载《山东海洋学院》1985年5月15日。
[4]《总结八七年毕业生分配工作 浅谈八八年毕业生分配设想》，载《山东海洋学院》1987年10月28日。

1981年0人、1982年786人（其中1月毕业的1977级354人、7月毕业的1978级432人）、1983年377人、1984年394人、1985年356人、1986年363人、1987年468人，合计3479人；专科毕业生数是1981年62人、1982年89人、1985年125人、1986年189人、1987年302人，其他年份没有专科毕业生，合计767人。他们在国家各条战线上为四化建设作贡献，其中杰出代表有麦康森、宋微波、蒋兴伟、焦念志、谢尚平、李文波等。麦康森、宋微波均是1982年自水产系本科毕业后又在本校攻读硕士学位，先后于2009年和2015年当选为中国工程院院士和中国科学院院士。蒋兴伟1982年从物理海洋与海洋气象学系毕业，2017年当选为中国工程院院士。焦念志1983年从水产系毕业，1985年考取本校研究生，先后获硕士和博士学位，2011年当选为中国科学院院士。谢尚平1984年从物理海洋与海洋气象学系毕业，2017年成为首位获得美国气象学会斯维尔德鲁普金质奖章的华人科学家。李文波1985年从物理海洋与海洋气象学系毕业后入伍，长年驻守南沙，2012年被评为全国"2011年度海洋人物"，2013年荣获"感动中国2012年度人物"称号。

第八节　研究生教育

一、恢复招收研究生

　　1977年10月，国务院批转教育部《关于高等学校招收研究生的意见》，决定1977、1978两年的研究生招生工作合并于1978年通过全国统考方式进行。1978年山东海洋学院成为首批恢复招收研究生的高校之一，录取海洋生物遗传学研究生5名，导师是方宗熙教授。

　　1979—1987年，学校共招收硕士研究生349名，其中1979年6名、1980年9名、1981年13名、1982年15名、1983年35名、1984年48名、1985年74名、1986年74名、1987年75名。至1987年时，硕士研究生在校生数达217人。1981—1985年的招生人数中含受教育部委托分五批招收的出国预备硕士研究生54名。1986年，国家教委对公派出国研究生选派办法进行改革。原先是由教育部委托，招生单位代招出国研究生，在国内培训一年后派遣到国外学习，学成回国后，由教育部统一安排工作。改革后由国家教委根据专业，向各招生单位下达出国研究生指标，招生单位从当年入学的硕士研究生中选拔优秀生派遣出国，学成后回派出单位工作。根据新办法，1986和1987年，学校共选拔5名硕士研究生出国攻读博士学位，第一批3名、第二批2名。

　　1984年，学校首次招收博士研究生3名。

　　1984年10月，学校出台《山东海洋学院推荐免试、推荐加考试攻读硕士学位研究生试行办法》，推荐免试人数不超过应届本科人数的5%，推荐加考试人数不超过应届本科人数的10%，推荐条件包括思想政治、身体和业务三方面。对推荐免试者学习成绩的要求如下：

已通过本院外语水平测验取得优秀证书，各考试课程成绩一般在90分以上，低于90分的课程门数不得超过四门并须在75分以上；考查课程成绩，二级计分为及格、四级计分为良好以上；推荐免试的考生只进行以口语为主的复试；报考出国预备生者不得推荐免试。对推荐加考试的学习成绩的要求是：已通过本院外语水平测验取得优秀证书，各考试课程成绩超过90分的门数一般在半数或半数以上，其他课程的考试成绩不得低于75分；考查课程成绩，二级计分为及格、四级计分为良好以上，凡符合上述推荐加考试条件的考生初试可免试已学且取得优秀成绩的业务课1~2门；在毕业前被评定为海院优秀生而未达到推荐免试和推荐加考试条件的学生报考研究生，初试成绩总分低于复试成绩要求10分之内准予参加复试，同等条件下优先录取。[①]

该办法还就部属兄弟院校推荐生报考本校硕士研究生、本校推荐生报考外单位硕士研究生，以及推荐方法、步骤均作出规定。

1984年，学校确定12名1985届优秀应届本科毕业生免试攻读硕士学位；1985年，确定1986届13名优秀应届本科毕业生免试攻读硕士学位；1986年，确定1987届10名优秀应届本科毕业生免试攻读硕士学位。

二、学位点建设

1980年2月，《中华人民共和国学位条例（草案）》经五届全国人大常委会第十三次会议讨论通过，高等学校授予学位制度得以恢复。随后，国务院学位委员会成立，下设若干学科评议组，有步骤地审批全国学位授予单位及其学科专业。1981年4月，学校向教育部报送申请授予硕士、博士学位点材料，申请授予硕士学位点的是海洋气象学、海洋物理学、海洋化学、海洋地质学、海水养殖和水产加工六个专业，申请授予博士学位点的是物理海洋学专业和海洋生物学专业。

物理海洋学专业情况如下：

该专业建立于1952年，是我国海洋学科方面建立专业最早的一个，至今在国内也是唯一的，是我院的重点专业。在师资力量方面，实力也是比较强的，现有教授3人、副教授8人、讲师30余人，在讲师中近年来选派出国进修的中年骨干有10人，在教学上可以开出全

---

① 《山东海洋学院推荐免试、推荐加考试攻读硕士学位研究生试行办法》，中国海洋大学档案馆藏，档号：HY-1985-JXGL-449。

部研究生课程。在海浪学、风暴潮、潮汐学、海流学、海洋热学和海洋工程动力学等六个分支学科领域，从事科研工作有20多年历史，取得了很多科研成果，大都是国内第一流水平的。在物理海洋学的理论和生产建设上作出了贡献，不少论文进行了国际交流并得到较好的评价，在指导研究生的论文工作上，已具有相当基础，该专业在"文革"前就培养三年制研究生，现在在校有两届四年制研究生，具有一定的培养研究生的经验，在图书资料和调查船方面也具有较好的条件。[①]

海洋生物学专业情况如下：

该专业正式建立是1958年，但在1958年前，学校就开设有海洋生物学方面的课程，同时也开展了海洋无脊椎动物、鱼类学、胚胎学、遗传学和海藻分类学等方面的科研工作，在无脊椎动物胚胎学、海藻分类和藻类遗传学等方面都取得了较好的科研成果，国际上也取得较好的评价，该专业在五十年代和六十年代均培养有研究生，目前在校有三年制研究生，在师资力量方面有教授4人（已具有学术领导人的条件），副教授4人，讲师40余人，在讲师中近年来已派往国外进修的有5人（美国4人、英国1人），在国外均取得较好的成绩和科研成果，可做为培养研究生的中年骨干教师，在图书资料和调查船方面也具有一定条件，因此授予该专业博士学位资格经研究认为是具备基本条件的。[②]

1981年11月，国务院学位委员会下文，公布国务院批准的《首批博士学位授予单位及其学科、专业和指导教师名单》，山东海洋学院在列，获批博士学位授予学科是物理海洋学专业，指导教师是文圣常教授。[③]同时获批硕士学位授予的学科是物理海洋学、海洋气象学、海洋生物学和海洋化学四个专业。

1984年，获批博士学位授予学科是海洋气象学专业，硕士学位授予学科是海洋地质学、水产养殖、海洋捕捞、水产品贮藏与加工四个专业。1986年，获批博士学位授予学科是海洋化学、水产养殖、水产品贮藏与加工三个专业；硕士学位授予学科是应用数学、海洋物理学两个专业。至此，博士学位授予学科达到五个，硕士学位授予学科达到十个。博士生导师是文圣常、冯士筰、秦曾灏（兼）、张正斌、李德尚、陈修白。

三、研究生培养与管理

1978年，研究生工作由教革部教务组负责，1979至1987年，由教务处负责。1987年

---

①《"申请授予硕士、博士学科、专业"表格材料》，中国海洋大学档案馆藏，档号：HY-1981-JXGL-351。
②《"申请授予硕士、博士学科、专业"表格材料》，中国海洋大学档案馆藏，档号：HY-1981-JXGL-351。
③《关于下达首批博士和硕士学位授予单位的通知》，中国海洋大学档案馆藏，档号：HY-1981-JXGL-351。

12月，学校撤销教务处研究生科，成立研究生部，专门负责研究生工作。

学校把培养质量作为办好研究生教育的生命线。首先加强制度建设。1982年，实施《研究生工作条例》《研究生请假暂行规定》《硕士研究生学业成绩考核管理暂行规定》，以确保研究生教育秩序。1984年11月，施行《关于研究生兼任助教工作的试行办法》，以加强研究生的能力培养与训练。1985年3月，在对《研究生培养计划》进行修订时，"鼓励跨学科、专业选修课程"①，以培养复合型人才。1985年10月，《山东海洋学院关于攻读硕士学位研究生培养方案的意见》实施，其中在专业、研究方向及课程设置方面提出：

各系（所）应按学科专业修订培养方案，课程设置计划可按照研究方向制订。课程设置的改革是修订培养方案的重点，要注意分清研究生和本科生的课程层次，开拓知识视野，改善知识结构，增开选修课，加强能力培养。

1. 学位课程及学分要求。硕士研究生的学位课程为五至六门，其中包括马克思主义理论课（3学分），第一外国语（4学分），以及基础课、专业基础课和专业课三至四门（13～15学分），学位课程累计为20～22学分。学位课程应能反映本学科最重要的基础理论和国内外发展趋向。

2. 选修课及学分要求。学位课程以外的课程统称为选修课，选修课包括指定选修和任选两类，指定选修范围和门数由各专业根据实际情况确定，任选课由研究生自己确定并告知导师和教务员，选修课应获学分为12～14学分。各系（所）应创造条件增开选修课，特别是边缘学科、新兴学科和学科交叉渗透的课程。为适应新技术革命的需要，除文科外各专业硕士生应选修计算机课程，教学实习作为指定选修课。鉴于我院专业特点，凡外校本科毕业生考取我院硕士生指定选修本科生海洋方面课程的，可以给予1～2门课程（学分不超过5学分）计入总学分，亦可适当加大总学分但不得超过38学分。

3. 硕士研究生必须修满至少34学分。②

1987年3月，学校制定《山东海洋学院研究生学籍管理暂行条例（试行）》。其中，在"成绩考核"部分，规定"研究生可以申请免修、免听除马克思主义理论课和实践性课程外的其他课程，免修课程必须事先通过课程考试，成绩及格。免听课程可不予考勤，但必须参加学期结束或课程结束时的考试，考试成绩不及格者不能补考，必须重修"。为切实保证研究生培养质量，拟定"中期筛选"专条：

---

① 《山东海洋学院关于修订研究生培养计划的几点意见》，中国海洋大学档案馆藏，档号：HY–1985–JXGL–449。

② 《山东海洋学院关于攻读硕士学位研究生培养方案的意见》，中国海洋大学档案馆藏，档号：HY–1985–JXGL–449。

　　导师、教研室和系对研究生要经常进行德、智、体等方面的考核，如有不宜继续培养者，取消其学籍。硕士研究生在课程学习结束后要进行一次综合考核，考核结果处理如下：（1）政治思想方面表现突出，学习成绩优秀（所有必修课成绩均在90分以上），并表现出有较突出的能力，确有进一步培养前途者，经批准可以直接转为博士研究生，在本院或推荐至外单位攻读博士学位。（2）政治思想表现好，学习成绩好（外语课、马列主义理论课70分以上，其它必修业务课程平均75分以上，单科成绩一般不低于70分），经核准，即可进入硕士论文阶段。（3）学习成绩较差或明显表现出缺乏业务能力或因其它原因不宜继续攻读学位者，经批准后即终止学习，对其中修满学分、成绩及格者发给研究生班毕业证书，分配工作。对博士生若已取得硕士学位的，仍按硕士毕业生分配工作，未取得硕士学位的，改写硕士学位论文。（4）在课程学习阶段未修满规定之学分者，取消学籍或自费延长学习期限以取得要求之学分。[1]

　　狠抓指导教师队伍建设，是开展好研究生教育工作的基本保证。1985年8月，学校在《山东海洋学院关于研究生指导教师工作的若干规定》中，除明确导师具有指导研究生的课程学习、教学实践、社会调查、科学研究和论文撰写等职责外，特别强调"应是研究生在治学态度、科研道德等方面的表率，不仅要传授自己的学术专长，还要在精神文明方面做研究生的师表"[2]。1987年3月，在《山东海洋学院关于研究生工作的若干规定（试行稿）》中，对导师遴选条件除要求有坚实的理论基础和系统的专门知识外，再次强调"能为人师表、教书育人"[3]。

四、研究生学位授予

　　1982年3月，学校公布经教育部批准的院学位评定委员会名单，他们是赫崇本、高云昌、方宗熙、文圣常、薛廷耀、王彬华、李嘉泳、郝颐寿、杨有棋、尹左芬、郑柏林、陈修白、孙玉善、张正斌、景振华、张保民、于良、冉祥熙、王滋然。赫崇本任主席，高云昌、方宗熙、文圣常、薛廷耀任副主席。[4]同时公布下设的物理海洋与海洋气象学系、海洋物理系、海洋化学系、海洋生物系、海洋地质系、水产系、数学系七个分会组成人员名单。学位评定委员会主要职责是"审查通过申请硕士学位和博士学位的人员名单""确定硕士学位的考试科目、门数和博士学位基础理论和专业课程考试范围，审批主考人和论文答辩

① 《山东海洋学院研究生学籍管理暂行条例（试行）》，中国海洋大学档案馆藏，档号：HY-1987-JXGL-510。
② 《山东海洋学院关于研究生指导教师工作的若干规定》，中国海洋大学档案馆藏，档号：HY-1985-JXGL-449。
③ 《山东海洋学院关于研究生工作的若干规定（试行稿）》，中国海洋大学档案馆藏，档号：HY-1987-JXGL-510。
④ 《关于山东海洋学院学位评定委员会的批复》，中国海洋大学档案馆藏，档号：HY-1982-JXGL-375。

委员会成员名单""通过学士学位获得者名单""审批申请博士学位人员免除部分或全部课程考试的名单""作出授予硕士学位和博士学位的决定""作出撤销违反规定而授予学位的决定""通过授予名誉博士学位的决定"等。当月，学位评定委员会第一次全体会议研究并原则通过《山东海洋学院学位授予工作细则》。

　　1985年4月6日，学校学位评定委员会决定授予孙孚理学博士学位，这是学校历史上培养出的第一位博士，也是我国自己培养的第一位海洋科学博士。1986年3月1日，学校召开首次博士学位证书颁发大会，向获得理学博士学位的孙孚颁发博士学位证书。孙孚，山东青岛人，1961年毕业于山东师范大学物理系，1979年考取山东海洋学院物理海洋学专业海浪理论方向硕士研究生，在导师文圣常教授的精心指导下，刻苦攻读，取得优良成绩，根据导师建议，继续攻读博士课程，又用两年时间完成博士论文。他的博士论文受到十几位同行专家的好评，并用中、英文刊发在《海洋学报》上。①

图6-10　1985年博士研究生孙孚（右）和导师文圣常教授在博士论文答辩会上合影

　　1987年，学校在《山东海洋学院关于研究生工作的若干规定（试行稿）》中对学位的申请与授予作如下新规：

　　1. 研究生论文完成后应呈交系（所）有关负责人，并提出学位申请。系（所）领导在征得院研究生主管部门同意后，聘请校内外有关专家（副教授以上职称）2～3人进行评阅。2. 关于论文答辩：① 博士论文答辩委员会一般由副教授以上专家7人组成，其中教授应超过半数，外单位专家不少于3人。硕士论文答辩委员会一般由副教授以上专家5人组成，其中外单位专家不少于2人。答辩委员会成员由系主任推荐，院学位评定委员会主任批准后聘请。② 指导教师不参加答辩委员会，但在答辩时可以列席。答辩委员会决议以无记名方式投票，经全体成员三分之二以上通过作出。③ 未通过论文答辩的研究生，经答辩委员会建议，系主任同意，院研究生主管部门核准，硕士生在一年内可补行答辩一次，博士生在二年内可补行答辩一次。3. 系主任或系主任指定的专人负责将已通过论文

①《孙孚同志荣获理学博士学位》，载《山东海洋学院》1986年3月8日。

答辩的学位申请人的有关材料提交系学位评定分会。系学位评定分会研究讨论，以无记名投票方式进行表决，并将表决结果及有关材料由专人一并提交院学位评定委员会。4.院学位评定委员会根据学位申请人整个学习期间德、智、体全面表现情况，讨论并无记名投票表决，决定是否授予相应的学位。开会出席人数应为委员会总数三分之二以上，表决结果应是委员总数半数以上同意方为通过。[①]

图6-11　1981届研究生毕业留影

这一时期共有硕士毕业生113人，其中1981年5人、1982年6人、1983年9人、1984年13人、1985年15人、1986年25人、1987年40人，他们被授予理学或农学硕士学位。

一系列研究生教育规章制度的确立与实施，使学校研究生教育与管理渐趋规范化，为后来研究生教育的健康发展奠定了基础。但客观地讲，这一时期学校的研究生招生数量、毕业人数，与同类高校相比明显偏少。这是有原因的，一方面与学校发展历史相关，受总体规模偏小掣肘；另一方面在遴选研究生导师和申报学位点时，学校从严执行了国家相关规定，初衷是保证研究生培养质量，这毋庸置疑是值得肯定的。但因执行标准相对严格，制约了导师数量和学位点设置的适度增长，导致这一时期研究生教育滞后于同类高校，也成为此后相当长的一个时期内学校事业发展的一块短板。

第九节　成人高等教育

学校成人高等教育自新中国成立后就开始了，1962年底停办。1982年3月，学校向教育部申报恢复举办夜大学，提出1985年前拟设置应用数学（侧重统计）、物理学（侧重应用）、化学（侧重分析或化工）、海洋生物学（侧重水产）和英语五个专业，并申请英语专业于1982年8月招生。[②]6月，学校向教育部呈送的报告中说，计划安排英语专业于1982

①《山东海洋学院关于研究生工作的若干规定（试行稿）》，中国海洋大学档案馆藏，档号：HY-1987-JXGL-510。

②《山东海洋学院举办夜大学工作的意见》，中国海洋大学档案馆藏，档号：HY-1982-JXGL-379。

年暑假招生30人。①7月15日，《山东海洋学院夜大学英语专修科1982年招生简章》发布，简章载明：上课时间是每周四个晚上、二个下午；考生条件是坚持四项基本原则，身体健康，30岁以下，高中毕业或同等学力及有二年以上工龄的在职职工；考试科目是政治、语文、英语、史地（合为一门）；录取原则是坚持德、智、体全面考核，在政审、体检合格的情况下，从高分到低分择优录取；学员学习期间按省规定每人每学期交学杂费20元。②8月，学校又按教育部要求报送《关于山东海洋学院夜大学专业设置的补充意见》，把拟订的每个专业的学制、招生年份、招生对象等全部上报。③9月3日，学校公布夜大学英语专业录取结果，共录取31人。学生来自工厂、公司、研究所、学校等单位，其中山东海洋学院7名员工被录取。④录取的学生于9月27日报到，10月4日正式上课。

山东海洋学院恢复举办夜大学顺应了时代需求，设置专业的原则，一是"根据青岛市四化建设的需要，尽可能做到对口培养"⑤；二是学校的现实办学条件，之所以先开办英语专修科，主要是青岛地处我国改革开放前沿，外语尤其是英语人才格外紧缺。

1983年1月，教育部公布普通高等学校举办函授和夜大学名单，山东海洋学院夜大学（专科）位列其中，当年招收化学专科和生物专科共56人。1984年招收应用电子专科119人，1985年招收自动控制专科79人、英语专科78人、日语专科25人，1986年招收应用电子专科61人、化学专科37人、会计专科125人，1987年招收自动控制专科84人。至1987年9月，夜大学实际在校学生为484人。

夜大学的管理部门是教务处，具体教学工作由开办专业所在系负责。1983年5月《山东海洋学院夜大学学生学籍管理暂行办法》印发，其中有严格的奖惩条款，既规定"凡政治思想好，学业成绩优秀，热心为集体服务，或有其他突出先进事迹的学生，可授予三好学生称号或其他单项荣誉称号"；又"明确实行淘汰制，即对少数因基础较差、学习又不努力，跟不上正常教学进度的学生，决不放低要求放其过关"。到1986年，"先后从学籍上处理了近10人，其中发给结业证书的1人"⑥。

1985年，学校对成人高等教育考试制度进行改革，"改变复习一科考一科的旧办法，实行集中时间复习，集中时间考试；打破专业、班级、课程之间的界限，实行统一混合

---

①《关于山东海洋学院夜大学1982年招生的报告》，中国海洋大学档案馆藏，档号：HY-1982-JXGL-379。

②《山东海洋学院夜大学英语专修科1982年招生简章》，中国海洋大学档案馆藏，档号：HY-1982-JXGL-379

③《关于山东海洋学院夜大学专业设置的补充意见》，中国海洋大学档案馆藏，档号：HY-1982-JXGL-379。

④《山东海洋学院夜大学八二级英语专科录取名单》，中国海洋大学档案馆藏，档号：HY-1982-JXGL-379。

⑤《山东海洋学院举办夜大学工作的意见》，中国海洋大学档案馆藏，档号：HY-1982-JXGL-379。

⑥魏世江：《我院成人高等教育的现状与发展之我见》，载《高教研究》1986年第1期。

编排考场；同类型课程统一命题，统一阅卷"[1]，并严格考场纪律，收效显著。1987年10月制定《山东海洋学院夜大学学生学籍管理暂行条例》，规定"无故不参加考试者，注明'旷考'字样，其成绩按'0'分记，不得参加正常补考。考试作弊者，除成绩以'0'分计、注明'作弊'字样、不准参加正常补考外，给予警告以上处分，通报学生所在单位。旷考和作弊的学生，若确有悔改表现，由系提出，经教务处批准，在毕业前一学期内，可给一次补考机会。给作弊学生以方便者，以协同作弊论处，与作弊者同样处理"[2]，严格实施后基本上刹住了考场舞弊歪风。与此同时，学校也加大了对优秀学生的表彰力度，1987年11月，《山东海洋学院夜大学评选优秀学生和先进班级试行条例》施行，规定优秀学生奖励登记表归入学籍档案，并通报学生所在工作单位。[3]

函授教育不受校舍限制，是一种既经济又有效的培养人才的重要途径。1986年6月，学校发文成立函授部（系级单位，暂由教务处代管），开始筹备举办函授教育。7月，学校向国家教委报送报告，申请开展函授教育和批准设立函授部。9月，按照国家教委要求上报1987年函授教育招生计划，拟招生专业为思想政治教育、水产养殖、自动控制、日语、地理和生物。[4]

1987年1月国家教委批复，同意山东海洋学院成立函授部，开办高等函授教育。暑假前学校发布《山东海洋学院函授部1987年秋季招生简章》，"从1987年秋季起，分别在青岛、烟台、潍坊、惠民四个地区设立函授站，面向社会招收函授专科学生，毕业后发给毕业证书，国家承认其学历，不包分配"[5]，并说明按教育部、财政部文件规定收取学杂费，每学年学费理科170元、文科120元，杂费80元，书籍、讲义只收成本费。当年实现函授生首次招生，招收专业是水产养殖、生物、地理和自动控制，学制均为三年，人数为498人。

这一时期，学校每年都接受有关部门或单位委托举办各种成人培训班、短训班、讲习班、专修班等。仅1983年就举办气象进修班、对虾养殖培训班、海藻工业质量分析检测训练班、新疆水产训练班、网络讲习班、生态科学讲习班、应用数学讲习班、企业管理专修班、计算机学习班、企业质量管理学习班等，学员近2000人。[6]1985年，招收水产养殖、海洋科技管理、工业企业管理和政治理论四个干部专修班，共255人。至此，成人高等教育共有在校生达617人，约占全校在校生总数的五分之一。[7]

---

① 魏世江：《我院成人高等教育的现状与发展之我见》，载《高教研究》1986年第1期。
② 《山东海洋学院夜大学学生学籍管理暂行条例》，中国海洋大学档案馆藏，档号：HY-1987-JXGL-510。
③ 《山东海洋学院夜大学评选优秀学生和先进班级试行条例》，中国海洋大学档案馆藏，档号：HY-1987-JXGL-510。
④ 《关于我院开展函授教育的报告》，中国海洋大学档案馆藏，档号：HY-1986-JXGL-477。
⑤ 《山东海洋学院函授部1987年秋季招生简章》，中国海洋大学档案馆藏，档号：HY-1987-JXGL-520。
⑥ 《关于报送一九八三年自然科学研究统计年报表和年终总结的函》，中国海洋大学档案馆藏，档号：HY-1983-KY-159。
⑦ 魏世江：《我院成人高等教育的现状与发展之我见》，载《高教研究》1986年第1期。

第六章
科学研究及海洋开发服务

学校以建设教学和科研"两个中心"为统领，肩负起"把我国海洋科学技术搞上去"的历史重任，从编制科研规划、增设科研机构、加强专兼职科研队伍建设等方面发力，使学校的科研工作呈现出蒸蒸日上的新气象，产出了一批颇有分量的科研成果，为国家的海洋开发与利用作出了重要贡献。

第一节　建设海洋科学研究中心

一、科研导向与管理

1977年7月，邓小平在对教育工作的一次谈话中指出："重点大学既是办教育的中心，又是办科研的中心。"[①]同年8月，他在主持科学和教育工作座谈会时再次强调："高等院校，特别是重点高等院校，应当是科研的一个重要方面军，这一点要定下来。……重点大学都要逐步加重科研的分量，逐步增加承担科研的任务。"[②]1978年10月发布的"新高教60条"重申，高等学校是科学研究的一个重要方面军，要逐步增加科学研究的比重，认真搞好科学研究，建设成为既是教学中心，又是科学研究中心。建设"两个中心"成为这一

①《邓小平文选》（第2卷），人民出版社1994年版，第423页。
② 邓小平：《关于科学和教育工作的几点意见》，《邓小平文选》（第2卷），人民出版社1994年版，第53页。

时期国家重点大学的行动指南。

　　基于此，1977年12月，学校在制定科学技术发展规划时就提出，"在培养我国海洋科技人才，发展我国海洋科技水平方面，负有重要的责任。我们要积极响应党中央的号召，把我国海洋科学技术搞上去，把我国海洋科学教育搞上去，努力把学校建设成为我国海洋科技的一个教育中心和研究中心"，并绘就"到本世纪末，造就若干世界第一流的海洋科学家、教育家，在海洋科学领域若干方面进入世界先进行列"的发展蓝图。[①]此后几任学校主要领导都对建设海洋科学研究中心给予高度重视，提出方向性指导意见。1979年2月，张国中在传达党的十一届三中全会精神时说："我院科研工作本着起点要高、方向要准、决心要大、见效要快的精神，集中力量在重大项目上开展科学研究。"[②]1983年1月，华山在谈开创学校新局面时，强调要端正科研方向，"结合我院特点，科研要面向海洋、面向应用、面向综合"[③]。1984年10月，文圣常主持制定的《山东海洋学院事业发展规划》中提出："要充分发挥我院海洋科学专业科类齐全的特点，集中力量，协同攻关，为我国海洋开发解决一批重要课题。"[④]1986年3月，施正铿在第五次党代会上指出："我们一定要继续重视基础理论的研究，大力开展海洋开发应用技术的研究，不断提高我院的学术水平，为在我院逐步形成教学、科研两个中心而努力。"[⑤]

　　这一时期学校设两个机构管理科研工作，一个是1978年11月成立的学术委员会，其主要任务是在院长领导下指导全校学术活动，审议重大学术成果，对教学、科研和其他有关工作的重大问题提出建议。另一个是1979年1月恢复设立的科研处，"在院长或主管副院长领导下，负责科学研究的日常组织管理工作"[⑥]。1979年1月，赵磊任科研处处长；1980年12月，施正铿任科研处处长；1981年10月，姚明达任科研处处长；1984年9月，沈剑平任科研处处长。

　　随着我国改革开放的深入推进，学校对科研管理的改革力度不断加大。1979年，学校进行两项改革试验，一是对科研项目实行二级管理，科研处主要管重点项目，一般项目由有关的系或研究室负责，以此调动系（室）的工作积极性和责任心；二是改革科研经费管理办法，以解决过去个别项目之间支错经费和非科研开支使用科研经费的问题。

---

①《1978—1985年山东海洋学院科学技术发展规划纲要（草稿）》，中国海洋大学档案馆藏，档号：HY–1977–JXGL–301。

②《加强党的领导　把学院工作着重点迅速转移到教学科研上来》，中国海洋大学档案馆藏，档号：HY–1979–XB–196。

③《院党委提出开创新局面的措施》，载《山东海洋学院》1983年3月12日。

④《报送〈山东海洋学院事业发展规划〉的函》，中国海洋大学档案馆藏，档号：HY–1984–XB–234。

⑤《继续解放思想　不断进行改革　努力开创我院工作新局面》，载《山东海洋学院》1986年3月15日。

⑥《山东海洋学院各部门工作职责范围暂行规定汇编》，中国海洋大学档案馆藏，档号：HY–1982–XB–219。

1982年5月，学校出台《山东海洋学院科学技术管理工作暂行条例》，其中规定，严格执行新开题必须提出开题报告，经院、系及同行评议通过方可立题的程序，并提出设立"院内奖励基金"①。1984年正式建立"院内科研奖励制度，对未获院外奖励或打算进一步向上级申请奖励的优秀科研成果、专著、论文进行奖励"②。1985年1月，对评出的1978—1982年优秀科研成果奖和专著奖进行奖励，其中海洋遥感图像实时光学假彩色编码（刘智深、贺明霞）、海洋化学微观研究（张正斌、刘莲生）、PS型胃肠双重造影硫酸钡制剂（田学琳、陈正霖、管华诗）获科研成果一等奖，各得奖金500元。另评出科研成果二等奖2项，各得奖金300元，三等奖6项，各得奖金200元，四等奖4项，各得奖金100元；专著奖二等奖1项，得奖金200元，三等奖3项，各得奖金100元。③1986年3月，对1983—1985年13项优秀科研成果和1983—1984年4部优秀专著、6篇优秀论文进行奖励，其中海水中微量元素-有机物-固体粒子相互作用的等温线的分级离子交换理论研究（张正斌、刘莲生、郑士淮、王修林）、新药PSS及其制剂的研究（管华诗、兰进）、长江口海域综合调查和边缘西北太平洋调查（苏育嵩、朱而勤、黄世玫、孙秉一、刁传芳）获科研成果一等奖。④1987年根据新制定的《山东海洋学院科研成果管理条例》评出优秀科研成果奖12项、专著奖1部和论文奖6篇，其中MCP-1型微机化极谱仪（王庆璋、王维新、姬光荣）获科研成果一等奖。⑤

1985年3月，《中共中央关于科学技术体制改革的决定》发布，提出"经济建设必须依靠科学技术、科学技术工作必须面向经济建设"⑥的战略方针，对科研拨款制度、成果商品化、扩大自主权等作出新规。据此，学校4月出台科研工作"八条改革意见"，其要义是"简政放权"，实行所长（室主任）负责制和课题承包责任制，并健全科研奖励制度，提出"对科技成果推广和承接科研任务有功人员也要进行奖励"⑦。在一年的科研改革实践过程中，学校"改进科研事业费分配使用办法，将上级拨给的科研事业费分成三大部分使用：第一部分为院的公共设施费和日常科研事业开支；第二部分为科研人头费；第三部分为本院自拟课题的科研费，按照学科发展和国内技术市场的需要支持了一批短、

①《山东海洋学院一九八二年科研工作总结》，中国海洋大学档案馆藏，档号：HY-1982-KY-138。
②《山东海洋学院科技工作贯彻两个决定的情况报告》，中国海洋大学档案馆藏，档号：HY-1986-KY-192。
③《关于颁发我院1978—1982年度科研成果奖、专著奖的决定》，载《山东海洋学院》1985年1月31日。
④《院科研成果授奖大会隆重召开》，中国海洋大学档案馆藏，档号：HY-1986-KY-195。
⑤《1986年我院科研成果、专著、优秀论文奖已评出》，中国海洋大学档案馆藏，档号：HD-1987-KY-207。
⑥张西水、陈清龙主编：《20世纪的中国高等教育》（科技卷），高等教育出版社2003年版，第84页。
⑦《科研处提出本学期科研工作八条改革意见》，载《山东海洋学院》1985年4月15日。

平、快的项目和有远景应用价值的基础研究项目"[①]。学校还对计划外的横向科研任务制定相应的经费管理办法，按照国家和地方的已有规定，确定各项分成比例，以利于兼顾国家、集体与个人三方面的利益。为进一步搞好对外科技服务，学校于1985年7月成立科技服务公司，作为对外联系和承接科技任务的窗口。

二、科研机构及队伍

1977年12月，学校在制订科学技术发展规划时提出，积极建设研究机构，加强学校科研力量，计划1980年前筹建八个研究机构：海洋研究所（下设动力海洋学研究室、海-气相互作用研究室、海藻遗传研究室、海洋化学研究室、实验海洋生物研究室、海洋物理研究室），浅海港湾研究所（下设海岸河口研究室、浅海动力学研究室），海浪研究室，水产资源研究室，遥感海洋学研究室，海岸工程动力学研究室，海洋调查技术研究室，海洋数据信息中心。[②]

在1978年全国科学大会精神鼓舞下，6月学校向教育部申请成立山东海洋学院附属海洋研究所[③]，8月内部发文成立海洋研究所，赫崇本任所长，方宗熙、薛廷耀、文圣常、杨有楙、郝颐寿、尹左芬任副所长，下设十个研究室的架构与前述规划相似度颇高，但大都是与各系教研室结合在一起开展研究工作。9月教育部回复学校："最近我们根据需要与可能条件，考虑到合理布局和突出重点、照顾一般的原则，审定首批部批的科研机构，其中拟同意你院建立海洋科学研究所。"[④]1979年3月，学校按要求将《山东海洋学院海洋科学研究所计划任务书》上报教育部，提出"需要增加大波浪槽试验厅、海洋遥感实验室、海洋数据信息中心楼、太平角海水养殖试验场"[⑤]等设施。但教育部迟迟未予答复。1981年11月学校再次报教育部审批，此时海洋研究所已初步建成海洋法研究室等直属机构，有专职干部两名。[⑥]三个月后学校正式发文将数据信息处理研究室、海洋调查研究室、海洋法研究室、海洋仪器研究室、海洋科技情报编译室等划归海洋研究所管理。1983年1月时海洋研究所有人员59人。[⑦]

①《山东海洋学院科技工作贯彻两个决定的情况报告》，中国海洋大学档案馆藏，档号：HY-1986-KY-192。
②《山东海洋学院科学技术发展规划纲要》，中国海洋大学档案馆藏，档号：HY-1977-JXGL-301。
③《关于在山东海洋学院建立海洋研究机构的申请报告》，中国海洋大学档案馆藏，档号：HY-1978-KY-97。
④《关于编报部批的科研机构计划任务书的通知》，中国海洋大学档案馆藏，档号：HY-1978-KY-97。
⑤《山东海洋学院海洋科学研究所计划任务书》，中国海洋大学档案馆藏，档号：HY-1978-KY-97。
⑥《呈批正式成立院属海洋研究所》，中国海洋大学档案馆藏，档号：HY-1981-RS-370。
⑦《高等学校机构、人员统计表》，中国海洋大学档案馆藏，档号：HD-1982-RS-385。

可能是因为不符合"高等学校的科研机构规模不宜过大,下设的室或组不要过多"①的原则,教育部最终没有批准学校建立海洋研究所,而是于1983年10月下文批准学校建立物理海洋研究所、河口海岸带研究所和海洋生物遗传研究室、海洋藻类培养研究室,这是山东海洋学院成立以来获教育部批准成立的第一批科研机构。当月学校发文任命文圣常兼任物理海洋研究所所长,任命赫崇本兼任河口海岸带研究所所长。其中河口海岸带研究所以原海洋研究所为班底组建而成,1983年12月时有94人。②

为更有利于科研工作的开展,自1984年5月开始,学校在制订事业发展规划过程中对部分科研机构进行调整。首先将河口海岸带研究所一分为二,以其大部分组建成立海洋环境保护研究中心,挂靠物理海洋与海洋气象学系,其余部分组建新的河口海岸带研究所,挂靠海洋地质系。9月学校又发文"建立测试中心,归属教务处领导;原计算机室改为计算中心,归属教务处领导;建立海洋调查实验室,归属调查船办公室领导"③。11月学校发文公布以前批准成立和新建科研机构名单:

一、院管研究机构5个:物理海洋研究所(挂靠海洋系);河口海岸带研究所(挂靠地质系);海洋生物遗传研究室(挂靠生物系);海洋藻类培养研究室(挂靠水产系);海洋环境保护研究中心(科研处代管),设环境预测与评价研究室、海洋法研究室、环境化学研究室(挂靠化学系)、环境生物学研究室(挂靠生物系)、数据库(设在计算中心)。

二、系管研究机构7个:海岸工程研究室(归海洋系管)、海洋应用光学研究室(归物理系管)、海洋物理化学及海水防腐研究室(归化学系管)、海洋生态研究中心(归生物系管)、水产增养殖研究所和水产食品加工及海洋药物研究室(归水产系管)、应用数学研究室(归数学系管)。④

1984年12月,学校发文公布一些科研机构的负责人名单,除物理海洋研究所保持1983年10月的任命不变外⑤,另任命:杨作升任河口海岸带研究所副所长(主持业务工作)⑥;方宗熙任海洋生物遗传研究室名誉主任,戴继勋任副主任;李明仁任海洋藻类培养研究室主任;赫崇本任海洋环境保护研究中心名誉主任,奚盘根任主任。⑦其他机构负

①《关于编报部批的科研机构计划任务书的通知》,中国海洋大学档案馆藏,档号:HD-1978-KY-97。
②《高等学校机构、人员统计表》,中国海洋大学档案馆藏,档号:HD-1982-RS-385。
③《关于建立测试中心、海洋调查实验室和改设计算中心的通知》,中国海洋大学档案馆藏,档号:HY-1984-RS-424。
④《关于设立研究机构的通知》,中国海洋大学档案馆藏,档号:HY-1984-RS-424。
⑤ 1985年10月,学校发文,任命冯士筰为物理海洋研究所所长。
⑥ 1985年8月,学校发文,任命杨作升为河口海岸带研究所所长。
⑦《关于研究机构干部任职的通知》,中国海洋大学档案馆藏,档号:HY-1984-RS-424

责人分别是：环境预测与评价研究室主任陈时俊、海洋法研究室主任张克、环境化学研究室主任史致丽、环境生物学研究室主任张志南、数据库主任徐斯、海洋应用光学研究室主任郑国星、海洋物理化学及海水防腐研究室主任张正斌、水产增养殖研究所所长王如才、水产食品加工及海洋药物研究室主任管华诗、应用数学研究室主任汪人俊。

与建立科研机构相辅相成，科研队伍建设也取得长足发展。1979年3月，学校向教育部报送《我院人员编制和机构设置情况表》，共有科研人员116人。其中海洋研究所3人，计算机室12人，海洋工程研究室[1]15人，海洋动力模拟研究室20人，海洋动力学研究室17人，海洋与大气相互作用研究室6人，海洋遥感研究室10人，海洋化学研究室12人，海洋生物研究室9人，海岸与大陆架研究室6人，海洋水产研究室4人，"东方红"船2人。[2]这些科研人员大多数是教学人员兼职，部分虽专门搞科研，但仍属教学编制。至1981年5月，海洋工程研究室、海洋化学研究室、海洋调查研究室、计算机室有专门从事科研工作的40余人。1982年12月全校有专职科研人员72人、兼职科研人员249人。[3]1984年12月学校制定《关于专职科研人员编制的使用管理办法（试行）》，继而于1986年7月修订为《山东海洋学院科研编制核定工作的暂行办法》，规定所有科研机构都要进行科研编制核定，核定的主要依据是科研经费额、科研成果的学术和技术水平、经济和社会效益及创收额，适当照顾重点学科和博士、硕士点等，并明确科研编制核定后，再实施聘任，凡超编或缺编单位按人才交流有关规定，向学校缴纳或提取超编或缺编费。[4]经过科研编制核定和聘任后，到1987年底学校共有专职科研人员约200人。

这一时期，学校着眼于国家需要和自身优势，初步建立起一个管理有序的科研体系和一支专兼职相结合的科研队伍，有力促进了科研工作的发展，为"两个中心"的建设奠定了良好基础。

三、科研项目推进与拓展

基于国家发展海洋科学的需要和自身学科的优势，1977年学校在制订科学技术发展规划时，将海浪理论及应用研究、海岸与河口基础理论及应用研究、海洋资源化学新技术及理论研究、海水中化学成分富集分离理论研究、海洋与大气相互作用研究、海洋环境遥

---

① 海洋工程研究室即海洋仪器研究室。

② 《报送我院人员编制和机构设置情况表》，中国海洋大学档案馆藏，档号：HY-1979-RS-321。

③ 《科学研究力量统计表》，中国海洋大学档案馆藏，档号：HY-1982-KY-138。

④ 《山东海洋学院科研编制核定工作的暂行办法》，中国海洋大学档案馆藏，档号：HY-1986-KY-193。

感理论及应用研究、海藻遗传理论和育种新技术研究、海水稻培育研究等列为重点科研项目。①随着改革开放的推进和经济社会的发展，学校不断调整重点项目与一般项目的力量部署。到1986年时，按照科学技术工作必须面向经济建设的要求，学校"在科研方面抓了转向的改革"，提出"对海浪、海流、潮汐及海-气相互作用，海洋环境调查及质量评价，海洋生物增养殖技术，海洋药物，海洋遥感技术及应用，海洋仪器研制等重点项目，在人员配备、经费分配和设备充实等方面给予重点支持和保证"②。

学校实际的科研工作基本契合了这一科研项目规划路径，且随着我国科技事业的发展和学校科研实力的增强，学校的科研项目得到了持续推进与拓展。1979年学校计划内科研项目有61项，其中"走航温盐深自记仪"和"水下激光电视"两个项目属国家重点项目。③"海水综合利用项目"是山东省科委下达的重点项目，包含海水提碘、海水提铀、海水稻培育、海带遗传育种等四个课题，"以海水稻培育研究工作最好"④。

1980年计划内科研项目有50项，属国家部委项目14项、省厅（委、局）项目11项、学校自选项目25项。年内完成7项，其中通过鉴定的"水下光散射仪"填补了国内空白。⑤当年上级拨给科技三项经费63万元，实支61万元。学校与社会签订科研合同4项，3项由委托单位提供研制经费，另1项AD-1型极谱仪转让给江苏金坛电子仪器厂，学校获得产值10%的收益。

1981年计划内科研项目有62项，其中"东中国海与西北太平洋海域综合调查"项目，当年组织三个航次出海，进行水文、气象、地质、生物、化学等方面调查及样品分析；"中国海大陆架和海岸带调查"项目，当年完成4个月的水文、化学、生物、地质地貌调查和11个月的渔业试捕任务。⑥另有基础理论研究项目17项、应用研究项目38项、应用仪器研制项目5项。

1982年计划内科研项目有75项，其中承接外单位委托或协作项目25项，学校自拟项目28项，各系自拟项目22项。这些项目中基础研究24项、应用研究36项、开发研究15项。25项外接项目绝大部分按计划完成任务，其中"胶州湾重金属迁移转化规律的研究"通过鉴定，"培育抗盐水稻"已扩大试验，"扇贝育苗和养殖技术研究""虹鳟鱼养殖研究"均

① 《山东海洋学院科学技术发展规划纲要》，中国海洋大学档案馆藏，档号：HY-1977-JXGL-301。
② 《山东海洋学院科技工作贯彻两个决定的情况报告》，中国海洋大学档案馆藏，档号：HY-1986-KY-192。
③ 《山东海洋学院一九七九年科学研究工作总结》，中国海洋大学档案馆藏，档号：HY-1978-KY-101。
④ 《山东海洋学院1979年上半年科研工作小结》，中国海洋大学档案馆藏，档号：HY-1978-KY-101。
⑤ 《山东海洋学院一九八〇年科研工作总结》，中国海洋大学档案馆藏，档号：HY-1980-KY-122。
⑥ 《山东海洋学院一九八一年科研工作初步总结》，中国海洋大学档案馆藏，档号：HY-1982-KY-137。

取得显著成果。学校和系自拟的"光学信息处理在海洋科学中的应用""海浪谱理论及应用""浅海风暴潮数值计算及预报"等项目也都取得新成果。[①]本年教育部下拨科研三项补助费50余万元，重点科研项目补助费7.9万元，从学校事业费中拨付科研费40余万元，外接委托项目拨款20余万元，对外科技咨询服务收入30余万元。

1983年计划内科研项目有85项，其中外接委托项目31项，校管项目22项，系管项目32项。上半年"海浪理论及其在海洋开发利用中的应用"项目取得多项理论和应用成果；"培育海水稻的试验研究"完成加代、杂交中间试验材料92份；"海水提铀""海水提钾""对虾复合饵料""鱼虾贝类疾病"等方面的研究都有新进展。

1984年"海浪航空遥感方法及其信息处理的研究"和"小尺度海–气相互作用研究"等9项重点课题获教育部批准，经费总额为35.3万元。科研成果"藻酸丙二酯"转让给青岛海洋化工厂，农牧渔业部向该厂投资48万元用于建生产车间。

1985年学校承担较大科研项目中有中国科学院科学基金5项、国家计委的1项、国家教委的20项、农牧渔业部的9项、国家海洋局的3项、国家环保局的9项、水电部的1项、省市科委及有关厅局的25项。[②]中国科学院科学基金主要用于资助全国自然科学方面的基础研究和应用研究中的基础性工作，从1982年开始受理申请。到1985年底学校共获批科学基金项目7项，资助金额共35.6万元。其中"海水中微量元素–有机物–固体粒子相互作用的等温线分级离子交换理论研究课题"获科学基金资助后，在等温线分类法、界面分级离子和配位子交换理论和S形曲线左右移动、摆动等方面取得国际首创性成果。[③]随着我国对外开放步伐加快，学校开展国际合作科研项目日益增多。1985年学校作为国内唯一参与单位，分别与美国、法国合作，对黄河口及其附近海域进行以动力沉积学和海洋地球化学为主要内容的综合性国际联合海洋调查研究。[④]

1986年国家自然科学基金建立。当年学校获国家自然科学基金资助项目15个，总金额37.9万元。申报项目数获准率35.7%，高于全国的28.9%。[⑤]本年共有计划内科研课题183项，其中校外109项、校内74项（含往年结转课题）。在"六五"国家科技攻关计划中，学校仅承担一个分课题。学校对"七五"国家科技攻关计划立项招标工作极为重视，组织精干力量主动出击，1986年一举实现重大突破。第76项"海洋环境数值预报研

---

① 《山东海洋学院一九八二年科研工作总结》，中国海洋大学档案馆藏，档号：HY-1982-KY-138。

② 《贯彻〈决定〉改革科研管理》，中国海洋大学档案馆藏，档号：HY-1986-KY-192。

③ 《关于科学基金申请工作的情况通报》，中国海洋大学档案馆藏，档号：HY-1986-KY-195。

④ 《山东海洋学院科技工作贯彻两个决定的情况报告》，中国海洋大学档案馆藏，档号：HY-1986-KY-192。

⑤ 《一九八六年科研工作总结》，中国海洋大学档案馆藏，档号：HY-1986-KY-192。

究"是"七五"国家科技攻关计划中唯一单独为海洋科技领域立项的项目,学校牵头承担该项目的1个二级课题、6个专题,参加8个专题。由文圣常教授和中国科学院海洋研究所毛汉礼教授主持的76-01课题为整个项目的核心课题。另外,学校还承担第54项和第75项中7个专题的攻关任务。为此,学校成立"七五"科研工作协调办公室,以强化管理和服务。

1987年学校狠抓"七五"国家科技攻关项目,76-01课题负责人文圣常教授与各专题负责人签订合同,明确责任,层层落实,"各级课题和专题均按合同进度要求进行,计划执行情况良好,多数课题已取得可喜的进展"[①]。1987年15位教师的项目获国家自然科学基金资助,总金额33.6万元。学校连续获得中国科学院科学基金和国家自然科学基金的资助,"使一批在学科前沿的基础研究和对海洋开发技术有重要意义的应用基础研究得到了稳定性的发展;同时也为海洋新兴交叉学科的开拓性研究创造了良好的物质条件"[②]。截至1987年底,学校承担的中国科学院科学基金和国家自然科学基金项目获国家科技进步奖1项、部委级奖2项、省级及其他奖6项,另外共完成论文145篇,其中在国际会议上报告10篇,在全国性会议上报告26篇,在刊物上发表92篇,出版专著2部。

四、主要科研成果

这一时期,学校科技工作蓬勃发展,在基础理论研究和直接为生产、国防服务的海洋环境调查、海洋资源开发利用、海洋仪器研制等方面取得一批科研成果,其中有的达到国际水平或居国内领先地位。一些成果获得国家自然科学奖、国家科学技术进步奖、国家重大科技成果发明奖和国家教委、农牧渔业部颁发的奖项(表6-7、表6-8、表6-9)。

表6-7　科研成果获国家级奖项情况

年份	获奖成果名称	获奖情况	主要完成人员
1982年	浅海风暴潮动力机制及预报方法	国家自然科学奖三等奖	秦曾灏、冯士筰、孙文心
1982年	HD-2型实验室海水电导盐度计	国家重大科技成果发明奖四等奖	陈国华、吴葆仁
1985年	对虾工厂化全人工育苗技术	国家科学技术进步奖一等奖	王克行、李德尚、孟庆显

①《我院承担的国家"七·五"攻关第76项专题研究工作取得可喜进展》,中国海洋大学档案馆藏,HY-1987-KY-207。
②《总结经验　提高认识/搞好1988年利新基金申报工作》,中国海洋大学档案馆藏,HY-1987-KY-207。

续表

年份	获奖成果名称	获奖情况	主要完成人员
1985年	港口工程技术规范——海港水文	国家科学技术进步奖二等奖	文圣常、张大错、郭佩芳、陈伯海、王伟、台伟涛
1985年	渤、黄、东海近海区大面积水温预报	国家科学技术进步奖三等奖	苏育嵩、苏志清、李凤岐
1987年	海水中液-固界面分级离子/配位子交换理论	国家自然科学奖三等奖	张正斌、刘莲生、郑士淮
1987年	我国渤海和十个海湾水质预测及物理自净能力研究	国家科学技术进步奖三等奖	陈时俊、俞光耀、孙文心、孙英兰

表6-8　科研成果获国家教委奖项情况

年份	获奖成果名称	获奖情况	主要完成人员
1985年	海带单倍体应用研究	国家教委科技进步奖二等奖	欧毓麟、崔竞进、戴继勋
1985年	多通道光学图像处理技术	国家教委科技进步奖二等奖	刘智深、贺明霞
1985年	降糖素的研制及对糖尿病等纤维饮食治疗的研究	国家教委优秀科技成果奖	管华诗、兰进
1985年	PS双重造影硫酸钡制剂	国家教委优秀科技成果奖	田学琳、陈正霖、管华诗
1985年	黄河三角洲水文特征分析及泥沙运动规律研究	国家教委优秀科技成果奖	侍茂崇、赵进平、王喜瑞、李显烈
1985年	螺旋桨导管防蚀装置	国家教委优秀科技成果奖	洪文友、高清廉、周玉光
1985年	鲁南大港可行性研究	国家教委优秀科技成果奖	侯国本、侍茂崇、崔承琦、沈育疆
1986年	海水中微量元素-固体粒子相互作用的等温线研究	国家教委科技进步奖一等奖	张正斌、刘莲生、郑士淮、王修林
1986年	中国标准海水（实用盐度二级标准）	国家教委科技进步奖二等奖	陈国华、谢式南、刘洪熙、冯维、刘江
1987年	"1985国家高程基准"和用流体动力水准测海南岛高程的研究	国家教委科技进步奖一等奖	陈宗铺、汤恩祥、周天华、于宜法

表6-9　科研成果获农牧渔业部奖项情况

年份	获奖成果名称	获奖情况	主要完成人员
1983年	对虾工厂化育苗技术	农牧渔业部技术改进奖一等奖	王克行、李德尚、高洁
1983年	渤、黄、东海近海区大面积水温预报方法的研究	农牧渔业部技术改进奖一等奖	苏育嵩、苏志清、李凤岐
1985年	降糖素的研制及对糖尿病等纤维饮食治疗的研究	农牧渔业部技术改进奖二等奖	管华诗、兰进
1985年	螺旋桨导管防蚀装置	农牧渔业部技术改进奖二等奖	洪文友、高清廉、周玉光
1985年	PS双重造影硫酸钡制剂	农牧渔业部技术改进奖二等奖	田学琳、陈正霖、管华诗
1986年	栉孔扇贝自然海区采苗技术研究	农牧渔业部科技进步奖三等奖	王如才、张祥乐、曲学存、高洁、刘竹伞

　　这一时期取得的成果还有：北太平洋海域海洋气象导航研究（秦曾灏、李志申、胡基福、张大错、刘秦玉），斗式含沙比自控装置（孙志楷、许龙江），JGCG-1型激光细胞手术仪（赵白、张闻迪、楼宝城），海水及天然水中痕量汞冷原子吸收直接测定方法（潜婉英、周家义），胶州湾污染状况及其自净能力研究（陈时俊、俞光耀、周家义、潜婉英），泰山赤鳞鱼人工驯养和繁殖研究（田恩善），海螺酶Ⅰ号和Ⅱ号的制备、性质、应用研究（刘万顺、唐延龄、刘学武、朱仁华），农作物及鱼类激光育种方法的诱导谱研究（张闻迪、赵白、邹建华、王秋、葛国昌），黄河口区潮间带及拦门沙海岸地貌及沉积动力过程调查和研究（沈渭铨、杨作升、崔承琦、范元炳、庄振业），BM-A微机中间系统（申钧、冯天瑾、许健康、毛海葶、朱珍美），彩虹全息术重要进展（陈桂丛、单启蛰），现代海洋沉积相的研究（王琦、周莉、张建华、涂仁亮），聚类分析法在浅海水团分析中的应用及黄东海变性水团的分析（苏育嵩、喻祖祥、李凤岐），虹鳟鱼人工孵化与养成技术的研究（田恩善、徐铭忠、王书琴），抗盐水

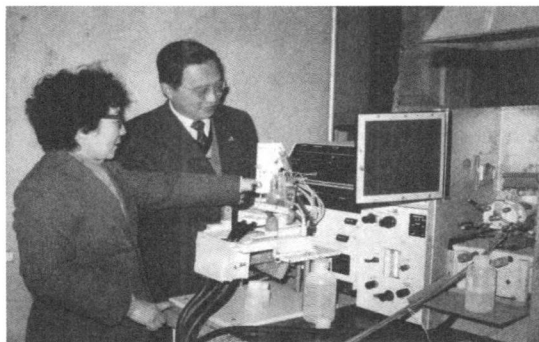

图6-12　1987年，张正斌（右）在实验室

稻品种试验（周汝伦），宽视角水下激光电视（郑国星），压裂液交联比自控装置（孙志楷、蔡明华、张永玲、徐仁声），海面温湿风梯度仪（刘连吉、王凤聪、徐烈忠、王维新、赵玉芝），SLC6–1型直读式海流计（宋文洋、吴葆仁、冯德顺、刘湘华）等。

这一时期，学校教师出版或发表了一大批优秀著作和论文。其中，冯士笮编著的《风暴潮导论》获1983年全国优秀科技图书一等奖，文圣常、余宙文编著的《海浪理论与计算原理》获1986年国家教委科技进步奖二等奖，马绍先等编著的《中国海洋渔具图集》获1986年农牧渔业部科技成果二等奖。

第二节　海洋开发服务和参与中国首次南极科考

资料显示，1977年9月至1980年9月，学校完成科研成果91项，其中应用性成果53项，已在工农业生产上应用48项。[1]数字背后折射出的是学校着眼于国家和地方需要，大力实施海洋开发服务的不懈努力。此后学校不断强化"大力开展应用研究"的科研导向，产生出更多应用性科研成果，这些成果包括海洋仪器研制类、海洋资源利用类、海洋环境保护类和实用技术研发类等。在1985年5月首届全国技术成果交易会上，学校完成交易32项，成交率56%，总金额为385.4万元，有效金额名列教育部直属重点院校第17位，并在部属院校评比中获单项二等奖。[2]

在开展海洋开发服务中，学校坚持走科研、教育与生产横向联合之路。一是与地方政府建立联合体。如1984年与荣成县人民政府建立校地联合体，在荣成推广养殖"单海1号"海带新品种5000亩，增收约23万元，同时推广栉孔扇贝人工育苗技术，仅一年使俚岛从年年亏损到盈利50余万元。[3]二是与企事业单位联合研发。如主持完成的"渤、黄、东海近海区大面积水温预报"项目，就吸收国家水产总局下属的东海水产研究所、黄海水产研究所和烟台水产研究所科研人员参加，从而保证研究成果满足渔业部门的要求；再如由山东省科委下达的"新药PSS及其制剂的研究"项目，是与青岛第三制药厂合作完成的，成果获1986年山东省科技进步奖一等奖。三是接受委托科研项目。1984和1985两年承担委托科研项目95项，总经费为146.6万元；1986年承担委托项目47项，总经费达223.62万元，已成学校科研经费第一来源；1987年1至8月接受横向委托研究项目和科技服务项

---

① 《关于报送我院自77年以来科技研究成果推广应用情况》，中国海洋大学档案馆藏，档号：HY–1980–KY–115。
② 《山东海洋学院科技工作贯彻两个决定的情况报告》，中国海洋大学档案馆藏，档号：HY–1986–KY–192。
③ 《关于科研、教育与生产横向联合的情况报告》，中国海洋大学档案馆藏，档号：HY–1986–KY–192。

目51项，经费113.5万元。如"排铅奶粉"课题就是农牧渔业部下达的委托项目，学校与青岛市防疫站等协作单位共同完成，1986年通过鉴定，专家一致认为"该成果属国内首创，达国际先进水平"[①]。四是注重成果转让与推广。仅1986年就转让与推广成果12项，其中转制药业3项、食品业4项、电子仪器业3项。学校还积极开展人才培训、科技咨询、技术服务等工作。另外从1986年开始，学校加大崇明岛和海南岛合作开发工作力度，重点"放在水产养殖业和环境调查论证方面"[②]。

　　"对虾工厂化全人工育苗技术"是这一时期取得显著社会效益和经济效益的最具代表性的成果。山东海洋学院是全国最早开展大面积对虾养殖研究和推广的单位之一。早在1964年，水产系尹左芬领导的课题组到山东省乳山县进行初步探索。1968年又到山东省文登县指导渔民养殖对虾，第二年该县后岛大队就破天荒地收获对虾2000多斤。此后，天敌关、饵料关、虾池关全被攻克，后岛大队养殖对虾的总产量逐年提高，1979年达到六万多斤。

　　对虾养殖成功了，养殖单位迅速增加，单靠采捕天然虾苗不仅破坏水产资源，而且满足不了市场的需要。1979年学校选派精干团队到文登县进行对虾人工育苗研究，他们和养殖场工人同吃同住同劳动。1980年5月，学校与文登县渔业公司联合进行的"对虾养殖技术及饵料研究"初步获得成功，孵化出虾苗7000余万尾，参加此项工作的王克行等七名教师受到文登县人民政府的表彰和奖励。与一同进行该项研究的其他合作单位相比，不仅孵化出虾苗时间最早，而且数量最多。1981年，"对东方对虾进行工厂化育苗的研究"在育苗设施、工艺、饵料和防病害等方面取得突破性收获，并已应用于生产，保证了幼苗的安全生长、降低了成本、增加了产量。[③]1982年3月，王克行、李德尚、孟庆显等承担的"对虾人工育苗和养殖技术的推广"研究项目获国家科委、国家农委联合颁发的农业科技推广奖。胡耀邦总

图6-13　20世纪80年代初，水产系教师王克行（左）在实验室

①《研究海洋　开发海洋　海洋水产学科优秀科技成果选编（一）》，中国海洋大学档案馆藏，档号：HY-1995-KY11-19。

②《关于1986年横向经济联合和技术协作的情况报告》，中国海洋大学档案馆藏，档号：HY-1986-KY-192。

③《山东海洋学院一九八一年科研工作初步总结》，中国海洋大学档案馆藏，档号：HY-1982-KY-137。

书记对此给予充分肯定，在这项研究成果的新闻稿上批示：这才是应该大力表扬的科研方向。[1]文登县养虾二场1981年建有5000亩水面的大型养虾池，1984年在课题组负责人王克行副教授指导下改进养虾措施，产量猛增到13.7万斤，使该场增加了几十万元的收入。[2]王克行等人是我国以对虾养殖为代表的第二次海水养殖浪潮的引领者。

在对虾养殖技术取得突破的同时，海带单倍体遗传育种研究及应用同样取得重大成果。这项研究始于1973年，由海洋生物遗传学家方宗熙教授主持。方宗熙教授及其合作者欧毓麟、崔竞进、戴继勋等潜心研究，1983年培育出"单海1号"海带新品种，开创中国海洋生物细胞工程育种的里程碑，这一成果成为

图6-14　1978年，方宗熙教授在实验室

中国褐藻遗传育种领先于世界同类研究的标志性成果。1984年首次完成海带杂种优势研究，1985年应用技术成功转让福建省。

王如才、张群乐、曲学存、高洁等完成的"栉孔扇贝人工育苗研究"，李爱杰、楼卫风、徐家敏等完成的"对虾营养及配合饲料的研究"，孟庆显、俞开康等完成的"鱼虾贝类疾病的研究"，均取得重要成果。正是这样一批海洋养殖领域的科研人员集中发力，使学校从20世纪80年代开始引领和主导中国海水养殖浪潮的发展。

1985年，山东一南一北两大港口连传喜报：石臼所煤炭专用码头胜利竣工，黄河口油田专用码头正式开工。而这两个大港从选址到动工传奇般的历程中，凝聚了山东海洋学院学者为国家海洋开发服务的决心和智慧。

1977年，国家决定在江苏省连云港建设煤炭专用码头，以打通山东兖州煤矿煤炭外运的便捷通道。当年山东省在兖州至连云港铁路规划讨论会上提出煤炭专用码头由建在连云港改为日照岚山头的建议，得到煤炭部领导的初步认可。可是建议方案上报国家有关部委后，没有得到回应。山东省遂决定自己组织勘查，用实际勘察结果说话。1978年1月，省里召集14个单位的专家研究鲁南建港勘查事宜，出席会议的山东海洋学院教师侯国本提出在日照石臼所建港的建议。后来的勘查结果证实石臼所建港比岚山头更优，侯

① 张静主编：《中国海洋大学大事记》，中国海洋大学出版社2014年版，第121页。

② 《山东海洋学院"六五"期间科研成果小结》，中国海洋大学档案馆藏，档号：HY-1986-KY-192

国本的建议被省里采纳。这期间，江苏省请中共中央副主席李先念到连云港视察，并在多个工程区开始作业。1978年9月，侯国本与侍茂崇、沈育疆、王涛等撰写建议信《关于在连云港或石臼所建设深水大港的看法》，请曾呈奎先生利用出席国庆招待会的机会交给方毅同志。12月23日，在上海出差的侯国本和王涛又给李先念写信。翌年1月1日，李先念作出批示："现在有同志提出不同意见，这些同志的心情是好的，我想他们是对这么大的工程抱负责态度的。为了慎重起见……再召集不同意见的同志和赞成这个方案的同志一起，多议几次，听取不同意见，大有好处。"[1] 1979年4月，依据论证会的意见，国务院决定暂停连云港煤炭码头建设。1979年学校正承担着教育部"中国海大陆架和海岸带调查"项目和山东省科委"海岸与河口基础理论及应用研究"项目，于是将两个项目结合山东省拟建大型港口选址工作进行，"在日照县沿海石臼所、岚山头等地进行海岸地貌、地质、泥沙运动、潮汐潮流、波浪等方面的调查勘测工作，工作做得细致深入，提交的资料图和研究报告获得交通部的好评，认为是建国以来选港基础工作最详细完善的一份资料"[2]。1980年3月，国家计委正式批复新建石臼港码头工程。

20世纪80年代初期，随着胜利油田开发步伐加快，建设油田专用码头已迫在眉睫。1983年正月，山东海洋学院党委副书记王滋然、副院长徐家振和侯国本、侍茂崇等应胜利油田党委书记兼东营市委书记李晔邀请，到东营共商建港事宜并到黄河口做实地调研。3月侯国本将撰写的《关于黄河三角洲海港建设与水运的设想》一文寄给李晔，李晔阅后深受鼓舞，赞其"吼出天下第一声"[3]。1983年春，胜利油田同山东海洋学院签订港口建设部分调查勘探任务委托书。1984年初，侯国本、侍茂崇、崔承琦、沈育疆、沈谓铨等

完成《黄河三角洲无潮区深水港港址可行性研究报告》。2月13日和4月8日，胡耀邦、赵紫阳先后在东营接见侯国本，听取关于黄河三角洲保护、开发和港口建设的汇报。1984年10月学校派"东方红"船进一步勘查无潮区五号桩港址。1985年3月，国务院批准在无潮区建设先2万吨、后10万

图6-15 1985年，侯国本（左）、李晔（中）和任美锷在黄河三角洲合影

---

[1] 侍茂崇、纪玉洪：《传奇教授——侯国本》，中国海洋大学出版社2018年版，第57页。

[2]《山东海洋学院1979年上半年科研工作小结》，中国海洋大学档案馆藏，档号：HY-1978-KY-101。

[3] 侍茂崇、纪玉洪：《传奇教授——侯国本》，中国海洋大学出版社2018年版，第107页。

吨油田专用码头。

　　1986年4月3日，中共中央政治局委员、书记处书记、国务院副总理万里，在青岛与近70名科技工作者就海洋资源的开发利用与保护问题进行座谈后，专门来校视察，对学校的科研开发工作给予肯定和鼓励。国家教委副秘书长郝克明，山东省委常委、青岛市委书记刘鹏，青岛市委副书记刘镇等陪同。万里先后参观了鱼类生物学研究室、海洋药物研究室、应用光学实验室、微藻研究室。在海洋药物研究室，他拿起桌上的新药藻酸双酯钠（PSS）制剂，仔细地看说明，询问该药的研制情况和疗效。负责研制该药的管华诗副教授告诉他，PSS是用海带提取物合成的新药，对防治心血管疾病疗效显著。万里鼓励在场的科研人员

多研制诸如"排铅奶粉"之类的保健食品，为人类造福。在微藻研究室参观时，卞伯仲副教授从筹建研究室谈到卤虾的养殖，从家乡台湾省的养殖业讲到祖国大陆的养殖业，兴奋地说："我国有广阔的海域，开发海洋资源，发展水产养殖业非常重要！"坐在万里身边的李明仁副教授插话："我们要解决人民吃鱼难的问题。"万里赞许道："凡是人民需要的我们就要搞。"[1]

图6-16　20世纪80年代初，管华诗（左二）与团队在开展 PSS 中试试验

　　1984年11月20日，中国首次南极科学考察编队从上海启航。编队由南极洲考察队、南大洋考察队、"向阳红10"船和海军"J121"打捞救生舰组成。成员来自全国60个单位，共591人。历经20多天的海上航行抵达南极洲。54名首批登陆南极队员经过三个月艰苦卓绝的拼搏，建成中国第一座南极考察站长城站。考察编队在南极洲和南太平洋进行了海洋生物、水文、地质、气象、地球物理、海洋环境等6个学科23个项目的考察，取得14项突破性的成绩，考察活动历时142天，航程4.9万千米。

　　山东海洋学院是参与单位之一，物理海洋与海洋气象学系教师赵进平、张玉林和海洋化学系教师李福荣属于南大洋考察队员，被安排在一个小组，主要负责船用走航温盐深自记仪（CTD仪器系统）的维护和使用。

　　到达乔治岛，考察队决定考察民防湾，并试用各种仪器。CTD是一套先进的海洋仪

①《万里同志视察我院纪实》，载《山东海洋学院》1986年4月19日。

器，由数据采集系统、信号传输系统、三重信号记录系统和数据分析系统组成，是本次南极科考最先进的水文仪器，但它从未正式联机运行过。联机试用之日，出现电缆内部断路的突发状况，在全船人员的热心帮助下，学校三名考察队员奋战到第二天凌晨两点，及时解决了问题，为顺利完成科考任务作出了贡献。

　　首次登上南极开展科考的54人中，超过一半（39人）是山东海洋学院毕业生。这些校友既有20世纪60年代毕业的，也有七八十年代毕业的。董兆乾1966年毕业于海洋物理学专业，是此次南极洲考察队副队长，参与领导中国南极长城站的建设，获己一等功。其他校友也多是考察队的骨干力量，其中王玉衡、赵金三和陈时华分别担任南大洋队海洋化学组组长、南大洋队物理海洋学组组长、南大洋队海洋生物学组组长，为首次南大洋考察的成功作出重要贡献。

　　1985年4月10日，文圣常院长等赴上海参加"热烈庆祝首次赴南极洲、南大洋考察编队胜利归来大会"。4月11日，在"向阳红10"船会议室里，文圣常亲切会见参加这次考察的校友，向他们赠送纪念画册和纪念章。文圣常向为母校增光的勇士们表示热烈的祝贺和感谢。长城站副站长董兆乾代表校友们感谢母校的关怀并汇报工作情况。

图6-17　1985年4月，参加南极首次科考的部分校友合影

　　4月19日，学校召开会议，热烈欢迎赴南极考察胜利归来的赵进平、张玉林、李福荣三位教师。李福荣在汇报时说："我们受学校委托参加了我国首次南极建站、考察工作，感到很光荣。大家克服了许多困难，尤其是'向阳红10'船进入南极圈后，遇上了12级风浪，我院的三位同志，还有几位校友都争先恐后地去抢救、保护CTD测盐深精密仪器，一次次被大浪冲倒、漂起，当时谁也顾不上考虑个人安危，唯恐损坏了仪器。幸运的是经过一场同狂风巨浪的搏斗，仪器完好无损，保证了此次科考工作的顺利进行。"学校党委书记施正铿向凯旋的三名教师表示欢迎，赞扬他们为我国首次南极考察立了功，为学校赢得了荣誉。三位老师还将进入南极圈的纪念章，采集的南极石、南极海底泥，以及珍贵的南极磷虾等生物标本，赠送给学校、学生南极研究会以及幼儿园小朋友。[1]

---

①《欢迎赴南极考察同志胜利归来》，载《山东海洋学院》1985年4月30日。

第七章
对外交流与合作

　　随着我国对外开放步伐的逐步扩大，学校国际交流与合作的形式日益多样，内容不断丰富。到20世纪80年代中期，学校先后与国外70多所高校和科研机构建立业务联系，派出70余名教师出国进修、120余人次出国访问、进行科研合作、参加国际会议，每年接待约250人来校访问、合作研究或讲学。

第一节　出国考察与联合科研

一、组团访日并开展海上调研

　　1980年10月，应日中海洋水产科学技术交流协会会长佐佐木忠义教授邀请，教育部组织山东海洋学院、厦门大学、大连工学院组成中国高校海洋科学考察团，赴日本进行为期22天的考察。考察团以山东海洋学院副院长方宗熙为团长，九名成员中六人来自山东海院。其间，考察团到东海大学海洋学部、东京大学海洋研究所、东京水产大学坂田实验实习场和"海鹰"丸调查船、筑波大学生物系及水利研究所、大阪大学海岸工程研究室、京都大学宇治川水理实验室，以及日本科技厅海洋科技中心、保安厅水路部、运输省港湾技术研究所和船舶技术研究所、三井造船厂昭岛研究所、鹤见精机株式会社、新日本气象海洋株式会社、日本共同工业株式会社、古野电气株式会社等单位进行了考察。代表团每到一处，都受到热情接待，不少单位还赠送了有关科技资料和书籍。[1]

1983年10月，"东方红"船友好代表团一行116人赴日本访问。此前，东京水产大学"海鹰"丸、东海大学"丸二世"和东京大学"白凤"丸等海洋调查船先后来我国进行友好访问，"东方红"船这次是回访。代表团以山东海洋学院副院长侯连三为团长，成员除来自山东海洋学院外，还有厦门大学、南京大学、同济大学、华东师范大学、天津大学、大连工学院和华中工学院等高校的海洋科技工作者，以及教育部、国家海洋局、山东省教育厅、青岛市外事办公室等单位的相关负责人。代表团在日本期间访问了东京、清水、鹿儿岛、长崎等地海洋、水产方面的高校和科研单位，并进行学术交流，在回国途中对有关海域进行海上科学调查，开展对边缘西北太平洋的研究，了解黑潮势力的变化对我国渔场的影响。[2]

图6-18　1983年，"东方红"船友好代表团赴日本访问

1987年5月，经国家教委批准，"东方红"船执行山东海洋学院与日本鹿儿岛大学"东海水团分布机制多学科研究"合作项目首航调查任务，并顺访鹿儿岛大学。中方共有103人（其中教师、实验技术人员37人，研究生10人，管理干部10人，船员46人）组成调查队。山东海洋学院参加该航次的专家、科技人员共50人，副院长徐家振为领队。日方有3位学者参加。这次合作调查共设8个断面56个测站，获得112800多个数据，采集各种水样、泥样和生物、矿物标本6300多个。这些资料对进一步研究黄海、东海的海洋资源及开发利用提供了新依据。[3]

二、选派学者赴欧美考察

1978年4月，文圣常教授作为中国海洋科学代表团成员之一赴美国进行了为期一个月的考察。

1984年8月，方宗熙教授等应邀到美国加州大学圣芭芭拉分校访问，为期两个月，与

[1] 《我院赴日海洋科学考察团成员返校》，载《山东海洋学院》1980年11月22日。

[2] 《我院"东方红"号海洋调查船赴日科学考察和友好访问》，载《山东海洋学院》1983年10月8日。

[3] 《关于我院与日本鹿儿岛大学合作进行东海调查研究的首次海上调查和顺访鹿儿岛大学的总结报告》，中国海洋大学档案馆藏，档号：HY-1987-WS-56。

美国专家合作进行海藻遗传学研究，研究的课题是海带和巨藻单倍体细胞的突变。[①]

1986年5月，国家科委组织由四人组成的考察团，赴挪威、英国进行为期三周的鲑鱼养殖技术专业考察，主要目的是了解鲑鱼育苗繁殖和海区围养的适宜环境、饵料要求、养殖工艺与设备，以及市场经济情况等。水产系讲师葛国昌是考察团成员之一。通过考察和对我国水产养殖业的情况进行研究，考察团提出了加快我国鲑鱼养殖的五点建议。[②]

1987年3月24日至4月23日，文圣常应邀到美国查尔斯顿学院、马里兰大学、德拉威尔大学（今译作特拉华大学）、华盛顿大学、俄勒冈州立大学、美国国家地质调查局等进行访问。访美期间，文圣常与美方专家签署多个合作协议及合作研究意向书。在德拉威尔大学，文圣常为该校师生作《山东海洋学院的昨天、今天和明天》的报告，报告配以幻灯图片，生动直观，深受欢迎。他还看望了学校在美国的部分访问学者和留学生。[③]

第二节　开展学术交流与合作

一、接待来访和开展合作研究

1978年，美国植物学专家代表团、德国青年访华团、美国海洋代表团等先后来校访问。从1979年4月开始，美国国家海洋大气管理局、哈佛大学、伍兹霍尔海洋研究所等20多个单位派人来校访问，并捐赠图书教材和仪器设备等。

随着中美关系逐渐升温，不少在美国工作、定居的校友纷纷回国，或拜访母校，或交流讲学。美国国际电脑公司工程师杨华林、美国夏威夷美中友好协会主席方天倪、美国哥伦比亚大学拉蒙特海洋地质研究所教授彭宗宏、美国迈阿密大学气象系教授汪尧章、美国迈阿密大学教授林绍文、美国俄亥俄州多尔顿大学生物系教授李汉光、美国德拉维尔大学教授吴京、美国伯克德公司顾问李肃然、美国俄勒冈州立大学放射中心主任汪志馨教授、美国芝加哥大学教授何炳棣、美国天主教大学机械工程学系教授林松青等先后来校访问，并开展讲学、学术研讨等活动。

随着交流的深入，一些美国大学和研究机构的学者通过项目联系，来校开展合作科学研究。1980年10月，美国西伊里诺大学马德修教授与方宗熙教授等合作进行用植物染色体监测环境研究，获得显著成果。1983年10月6日至27日，根据我国与联合国开发计划

①《访美杂感》，载《山东海洋学院》1985年1月26日。
②《简讯》，载《山东海洋学院》1986年6月28日。
③《文圣常教授应邀到美国、香港有关大学访问》，载《山东海洋学院》1987年6月13日。

署及教科文组织的合作项目协议，美国加利福尼亚大学斯克利普斯海洋研究所藻类学家拉尔弗·柳文教授和夫人郑兰娜博士与水产系教师李明仁、卞伯仲夫妇，在校合作开展了海洋藻类分离培养研究。

　　这一时期，学校与日本科研机构之间开展了密切的交流合作，接待了来自东京水产大学、东海大学、国立佐贺大学、长崎综合科学大学、山口县渔业代表团、日本海洋科学技术中心等单位的专家和学生访问。日方学者来校作学术报告，赠送图书资料。两国青年大学生还多次开展别开生面的文体联欢活动。其中东京水产大学原校长、日中海洋水产科学技术交流协会会长佐佐木忠义教授，四次率团来访，切实推进双方科技交流及人员互访，为中日两国海洋水产事业的发展以及东京水产大学与山东海洋学院之间的合作交流作出了重要贡献。1980年11月，经国家有关部门批准，学校授予佐佐木忠义名誉教授称号。[①]

　　随着我国改革开放的不断深入，学校与境外高校及专家、学者之间的合作不断发展，与美国、日本、法国、比利时等国已进入实质性的科研合作阶段，有效扩大了学校在国际上的影响，并促进了学术水平的提高。1980年，学校与日本东京水产大学签订校际合作协议，两校同意互派教师进行讲学、互派留学生、进行图书资料交流，并为海洋调查船互访提供方便等。[②]1984年10月和12月，学校先后与美国俄勒冈州立大学和法国巴黎高等师范学院签署科研合作协议。两项国际合作协议于1985年开始执行，中美合作项目是"渤海中南部及黄河口毗邻海域沉积动力学研究"，中法合作项目是"黄河口痕量金属和有机物的地球化学行为研究"。两项合作研究填补了渤海及黄河口区域多年来缺乏综合考察的空白。合作也对学校提高有关领域的学术水平和科研能力，培养一批掌握国外先进技术和方法的专业人才起到了推动作用。1985年5月，学校邀请比利时肯特大学卤虫研究中心教授李柯劳斯[③]来校举办学术讲座。

　　1985年5月8日，日本日中海洋水产科学技术交流学会副会长、明华贸易株式会社社长安藤贞行来访。他以山东海洋学院顾问、老学友和赞助人身份为太平角滨海实验室题字"通力合作，发展水产，开发海洋，造福人类"，并刻在大理石板上镶嵌到主楼墙面以表心愿。文圣常院长为题字揭牌，并赞赏安藤社长多次向学校赠送教学仪器和无偿提供技术帮助。

---

① 《日本海洋学者访华团来我校参观访问》，载《山东海洋学院》1980年11月22日。
② 《海院与日本东京水产大学建立校际交流合作关系的协议书》，中国海洋大学档案馆藏，档号：HY-1987-WS-15。
③ 即Patrick Sorgeloos教授，今译为帕特里克·所阁罗斯，2014年荣获中国政府友谊奖。

二、参加国际学术活动

　　联合国教科文组织下属的政府间海洋学委员会（下称海委会，IOC）成立于1960年，是为通过科学调查增加人类关于海洋自然现象及资源的知识而建立的机构。1977年10月，海委会第10届大会在法国巴黎召开，国家选派以国家海洋局局长沈振东为团长、山东海洋学院教授方宗熙为顾问的中国代表团参会。1979年10月，海委会第11届大会在巴黎举行，国家海洋局、中国科学院和教育部三个单位共选派11人组成中国代表团与会，山东海洋学院副院长方宗熙、科研处副处长施正铿随团参加。[①]1982年12月，山东海洋学院副院长文圣常教授出席海委会第12届大会。[②]

　　国际大地测量学和地球物理学联合会（下称联合会，IUGG）是国际科学联盟理事会的组成机构之一，1919年成立。其基本任务在于促进世界各国开展地球外形、地球物理方面的研究工作，对需要国际合作完成的科研活动进行筹划、组织和协调，并开展国际学术交流和资料交换。1979年12月，联合会第17届大会在澳大利亚堪培拉举行，共有45名中国代表出席，山东海洋学院教师陈成琳、周家义与会。[③]1983年8月15日至27日，联合会第18届大会在联邦德国汉堡举行。山东海洋学院副院长文圣常教授以国际海洋物理科学协会（IAPSO）分团长的身份出席会议并宣读论文。在这次大会上，文圣常与联邦德国汉堡大学海洋研究所所长孙德曼（Jürgen Sündermann）教授会面，两人交谈融洽，就两校合作达成初步意向。此后，两人书信往来频繁。1985年，文圣常院长邀请孙德曼教授来校讲学。1986年7月至8月，孙德曼教授再次应邀来校讲学，并开设了一门课程，双方就合作事宜进一步作了商讨。同年11月，孙德曼应邀参加在青岛召开的国际浅海海湾、河口及陆架物理学学术讨论会。11月6日，文圣常院长与孙德曼教授签署第一份正式合作协议，这一合作得到国家海洋局和德意志研究联合会（DFG）的支持。[④]在1987年中国和联邦德国签订的科技合作协定框架下，当年2月在北京召开的首届中国-西德两国政府间海洋科技合作联合委员会会议通过了这一合作机制，拉开了双方长期合作的序幕。

　　1985年8月，第二届国际藻类学代表大会在丹麦哥本哈根召开，山东海洋学院郑柏林教授和李明仁副教授参会，并分别在会上宣读学术论文《中国西沙群岛仙菜的分类研究》和《环境因子对嗜盐隐杆藻生长的影响》。同月，国际气象和大气物理、国际海洋

①《方宗熙、施正铿同志参加政府间海委会第十一届大会胜利归来》，载《山东海洋学院》1979年12月10日。

②《文副院长出席海委会大会胜利归来》，载《山东海洋学院》1982年12月18日。

③《简讯》，载《山东海洋学院》，1980年1月19日。

④冯文波、陈鹭、张丽、袁艺：《耕海踏浪谱华章》，中国科学技术出版社2021年版，第102页。

物理科学两协会联合会议在美国夏威夷召开，物理海洋与海洋气象学系冯士筰副教授与会，并宣读题为《论三维空间的潮致拉格朗日余流及其对物质输运的动力学》的学术论文。会后，应美国内政部地质调查署水资源研究所的邀请，冯士筰参加了为期三周的合作研究工作。也在当月，国际地震及地球内部物理学会第23届会议在日本东京召开，海洋地质系徐世浙副教授在会上宣读了题为《二维各向异性地电断面的大地电磁场的有限元解》和《视电阻率年变的定量计算》的学术论文。①

1986年3月，太平洋海洋科技学会会议（PACON）在美国夏威夷召开，海洋工程系侯国本教授参会。②早在1984年，侯国本教授受邀加入太平洋海洋科技学会，成为国内首位加入该学会的海洋科技工作者。

与此同时，学校还积极承办国际性学术会议。如1986年11月，由学校筹办的国际浅海海湾、河口及陆架物理学学术讨论会在青岛召开，会期三天。这是在我国首次召开的

该领域学术会议，来自美国、英国、日本、比利时、荷兰、联邦德国、苏联以及我国的80余名专家、学者与会。会议交流了浅海海域中有关潮汐、风暴潮、环流、海浪及内波、沉积物运输等方面的研究成果。会间，学校就东海水团分布机制的多学科研究项目与日本学者达成合作协议。③

图6-19　1986年，国际浅海海湾、河口及陆架物理学学术讨论会在青岛召开

①《简讯》，载《山东海洋学院》1985年11月9日。
②侍茂崇、纪玉洪：《传奇教授——侯国本》，中国海洋大学出版社2019年版，第250页。
③《参加"国际浅海海湾、河口及陆架物理学学术讨论会"的学者聚集我院，浅海物理学前景广阔，我院研究成果显著》，载《山东海洋学院》1986年11月15日。

第八章
后勤改革与办学保障

1983年学校在食堂实行经济承包制，拉开后勤改革的序幕。取得良好效果后，又在招待所、汽车队、修配厂等推行这一措施，调动服务人员积极性，提高了服务质量和经济效益。在筹措办学经费、改善办学条件等方面，学校付出了巨大努力，取得了一定成效。

第一节　校园整治和后勤改革

一、整治校园环境

"文革"期间，校园内"由于开凿了五个干道口，再加上缺乏管理"[1]，校园环境变得脏乱不堪。1977年、1978年学校大力整治校园环境，"除了对校舍进行维修外，把校园里的主要道路由砂石路面改成沥青路面"[2]。

1979年整修一校门至"胜利楼"一段马路旁的花坛，新建牡丹园、月季园。1980年整修马路两旁的挡土墙千余米。1981年整治学生宿舍区环境，用三合土打地面2000多平方米，撤销垃圾点，改用垃圾车运垃圾，基本做到学生生活区不存垃圾。至1981年底，"拆除五个干道口临时工棚近20间，拆除主要马路旁过去用于饲养试验动物的破旧平房15

---

[1]《努力搞好校园绿化管理》，载《山东海洋学院》1982年1月12日。
[2]《山东海洋学院校史（征求意见稿）》，中国海洋大学档案馆藏，档号：HY-1986-XB-263。

间，运走碎石脏土320多立方米，运进优质土200多立方米。还组织全校师生员工参加整修绿化校园劳动，种植各种树木近2万株，铺草皮3600多平方米"[①]。

在整治过程中，学校坚持自力更生、就地取材的原则，以节省开支。修建挡土墙时，尽量利用挖干道打下的碎石。修建马路时，捡用基建开山的乱石。利用零散地块建苗圃，培育苗木两万余株，既美化了校园，又节省下购买苗木的资金。

1982年3月，在"全民文明礼貌月"活动中，校园绿化与环境整治再结硕果。一个月时间里，全校共出动15000多人次，先后进行6次大中型集中大扫除，清除卫生死角18个，清除垃圾726吨，清挖水沟1400多米，粉刷房屋58间。在"胜利楼"前修建一个2000多平方米的花园。在几条主要道路两旁和学生宿舍区周围，栽植冬青墙1000多米。全年共栽、插各种树木46000多株，其中有樱花、玉兰、桂花、碧桃、蔷薇等观赏树木，成活率达90%以上，铺草皮3000多平方米。校园更绿，环境更美，更可喜的是师生员工爱护环境的自觉性有了很大提高。学校顺势建立健全有关规章制度，校园环境治理逐步实现制度化、常态化。

1983年3月，山东海洋学院被青岛市人民政府命名为"花园式单位"。

二、后勤内部管理改革

1979年1月，学校撤销后勤部，恢复设立总务处。1979年1月、1984年5月、1987年7月，高欣山、顾其真、刘文浩先后任总务处处长。1982年，总务处下设总务科、膳食科、房产科、保健科、修配厂、幼儿园。1985年8月，学校任命郭田霖为总务长。

后勤内部管理改革始于1983年食堂实行经济承包制。1983年初学校提出开创新局面若干措施，选择食堂作为改革的试点单位之一。当时食堂是学校的一个"老大难"，领导着急，学生意见多，食堂工作人员心有怨气。穷则思变，学校下决心在食堂实行经济承包制。主要内容是：将原有教工、学生两个食堂改为四个食堂，饭票通用，师生可自行选择就餐地点；膳食科同各食堂签订承包合同，食堂对每个员工实行定额承包，严格责任制，多劳多得，完不成任务的受罚，多年来的"铁饭碗"被打破。

实行承包制的好处很快显现出来。一是各食堂内部挖潜，严格核算成本，劳动效率大大提高，工作人员有所减少，为学校节省一部分开支；二是各食堂从负责人到炊事员都是自愿组合，内部凝聚力增强；三是各食堂拥有更大的人、财、物方面的自主权，利于调

---

① 《努力搞好校园绿化管理》，载《山东海洋学院》1982年1月12日。

动积极性和主动性。实行承包制后不久，食堂就有了明显变化，师傅笑脸相迎，卖饭窗口增多，饭菜花样逐步增加，"有的食堂每餐已达十个菜以上，还增加了冷食，如酱鸡、肉、肝等。……忘带餐票，还可以记账"[①]，灵活方便的服务受到师生称赞。人们在表扬食堂炊管人员的同时，更赞赏正确的改革决策。

1984年3月，党委常委、教务处处长王滋然在系、处负责人会上，谈及食堂一年来的改革时说："食堂实行承包制后，调动了管理人员和工人的积极性，他们主动延长工作时间，想方设法改善餐饮质量，并扩大了服务面，受到师生好评。"[②]

为进一步推动膳食管理改革，解决伙食状况仍不稳定的问题，1984年10月总务处会同人事处在全校公开招聘膳食科科长。聘任时间为三年，若一年工作无成效，免职，退回原岗；若三年内完成指标好，可连聘，且向上浮动一级工资。经选聘，一位基建处干部和一位助理会计师、一位总务科工人于11月1日上任膳食科科长和副科长。在做好准备工作的基础上，膳食科于12月提出《综合定额承包责任制管理办法》，并于寒假期间重新选聘四位食堂主任。膳食科科长与四位主任分别签订食堂承包合同，赋予食堂主任一定的责、权、利，包括有权选聘副主任、班组长和炊事人员，有对内部人员的奖惩权等。同时规定，对各方面指标完成好的食堂，年终时给主任以重奖，反之，则扣发食堂主任全年奖金。经过调整，从科长、食堂主任到班组长，平均年龄为32.2岁。

《综合定额承包责任制管理办法》及其实施细则经批准自1985年1月起实行。实行过程中，膳食科恪守为师生更好服务的改革宗旨，狠抓可靠的定额、严格的管理和合理的分配三个环节，既奖勤罚懒，拉开收入差距，调动炊管人员积极性，又保证半企业化管理不走样，绝不允许片面追求营业额。譬如规定一角五分左右的低档菜为20%，二角五分左右的中档菜为50%，三角五分以上的高档菜为30%。与此同时，大力开展劳动竞赛、技艺培训，并广开门路、放开搞活、以副养炊。由此，伙食质量、饮食卫生、服务态度均有新提升。1985年11月，膳食科出席全国高等学校先进食堂、先进个人表彰大会，受到国家教委、共青团中央、全国教育工会的表彰，荣获"先进集体"光荣称号，并在大会上作《改革路子对食堂面貌新》的典型发言。

在推进食堂改革过程中，自1985年1月起，学校在招待所、汽车队、修配厂同时试行经济承包责任制管理办法，刮起一场后勤管理改革的"小风暴"。这场"小风暴"是乘着党的十二届三中全会的改革东风而起的，旨在加强岗位责任制，破除"干好干坏一个样，干

---

① 《实行承包制　食堂面貌新》，载《山东海洋学院》1983年3月12日。
② 《加快开创我院新局面的步伐》，载《山东海洋学院》1984年3月10日。

多干少一个样"的积弊,端掉"大锅饭",充分调动服务人员的积极性,提高服务质量和经济效益,更好地为教学、科研服务。

第二节　筹措经费与改善办学条件

一、筹措办学经费

1977年和1978年,山东海洋学院教育事业费由国家海洋局拨付,两年的事业费分别为149.68万元和234.95万元。自1979年1月开始,学校的教育事业费由教育部拨付。1979—1987年每年拨付的教育事业费分别是445.9万元、654.2万元、623万元、624.14万元、588万元、661.9万元、806.3万元、890.8万元、848.8万元。除教育事业费外,学校另一主要资金来源是科研经费。1977年至1987年历年科研费为10万元、36.4万元、80万元、63万元、50万元、52万元、60万元、88.6万元、62万元、57.4万元、126.6万元。[①]

开展教学服务既能为社会培养各种急需人才,也是筹措办学经费的重要渠道。1979年,受国家水产总局委托,学校举办海藻养殖师资进修班和水产品分析检验训练班各一个。此后七八年间,又举办误差及实验分析讲习班、对虾养殖训练班、海藻工业利用培训班、气象专业干部进修班、英语补习班、淡水养殖干部专修班、企业管理干部专修科、海洋科技干部专修科、政治干部专修科、会计干部专修科等数十个进修班或培训班。为规范和加强对各类办班行为的管理,1983年8月和1987年10月,分别出台《山东海洋学院委托办学经费管理暂行办法》和《山东海洋学院关于举办各类短期培训班的若干规定》。规定:"委托办学的各项收入按本暂行办法分配,由教务处归口管理,包干使用,由财务室第二财务科统一建账监督核算。收入总额的25%上交学校基金;收入总额的15%作为学校的行政管理费;收入总额的5%作为院教学业务费;总额的40%(外语按35%)作为主办单位的教学业务费;总额的15%(外语按20%)由主办单位自主支配。"[②]1986年3月,第五次党代会报告提出:"为了保证我院规划目标的实现,我们除了积极争取国家在经费等方面支持外,还要积极创造条件,挖掘潜力,在完成国家指令性招生计划的前提下,广开办学门路,采取联合办学、委托办学等形式,增加招生数量,扩大财源。"[③]1987年教学服务纯收入达32.24万元。与此同时,学校鼓励科研机构和科研人员,面向社会积

---

①《山东海洋学院校史(征求意见稿)》,中国海洋大学档案馆藏,档号:HY-1986-XB-265,第42页。

②《山东海洋学院委托办学经费管理暂行办法》,中国海洋大学档案馆藏,档号:HY-1983-JXGL-387。

③《继续解放思想　不断进行改革　努力开创我院工作新局面》,载《山东海洋学院》1986年3月15日。

极开展科技服务。1984年和1985年，学校共有委托科研项目共有95项，总经费为146.6万元。[1]1986年，学校在横向联合和技术协作方面更是获得科研经费高达223万余元，成为学校科研经费的第一来源。[2]1987年，学校科技服务纯收入为35.2万元。

校办工厂是学校筹措办学经费的又一渠道。改革开放初期，山东海洋学院有海洋仪器厂（又称金工厂）、标准海水厂、海洋生物资源利用厂和生物标本供应站等校办工厂，归生产设备处领导。其中，生物标本供应站于1979年4月开始恢复向全国有关院校供应生物标本。校办工厂坚持突出海洋专业特点和为教学科研服务方向，并进行管理制度改革，1979年皆超额完成全年生产计划，总产值比1978年增加3.2倍，总收入增加2.6倍，纯收益增加2.9倍。这不但加强了实验室建设，促进了教学、科研的发展，而且增加了收入，为改善学校的集体福利作出了贡献。[3]1980年5月，经青岛市批准，学校在生物标本站、标准海水厂、海洋生物制药厂的基础上成立海洋生物资源综合利用厂。1981年校办工厂完成产值51.9万元、利润19万元，基本上保证和满足教学、科研的需要。[4]1984年6月，学校撤销生产设备处，建立生产处（对内称山东海洋学院校办工厂），下设办公室、技术室、海洋仪器厂、印刷厂、综合厂。1987年5月，经青岛市工商行政管理局批准备案，海洋生物资源综合利用厂分立为山东海洋学院青岛生物标本厂和山东海洋学院青岛标准海水厂。本年，校办工厂总产值达70.4万元，纯收入为26.7万元。

为更好地筹措办学经费，保障办学需要，1987年新年伊始，学校部署开展增产节约、增收节支工作，提出要完成两个10%，即：学校创收比去年增加10%，各项经费支出压缩10%（但不"一刀切"）。为此，成立"双增双节"工作领导小组和资金创收领导小组，并制定相应措施：一是抓好增产增收，扩大资金来源；二是压缩行政开支，合理使用经费（如严格执行用工计划；节减办公和管理费用；定量限量用水电，对超用者加价收费；包干差旅费）；三是严肃财经纪律，健全制度，加强监督。在开展"双增双节"过程中，各部门、各单位取得的效果明显。设备部门制定改进措施，与总务部门重新划分物资管理范围，组织人员对全校固定资产账进行核对，使账卡不符的老问题基本得以解决。财务、设备等部门严格报批手续，1987年专控商品开支比上年下降35%。总务处重点抓节水节电工作，1987年实支水电费比上年按可比口径核算节约经费5.7万元。船舶管理处通过精打细算，节约开支17.1万元。由于措施得力，1987年经济活动额达1118.2万元，预算外收入

① 《关于科研、教育与生产横向联合的情况报告》，中国海洋大学档案馆藏，档号：HY-1986-KY-192。

② 《关于1986年横向经济联合和技术协作的情况报告》，中国海洋大学档案馆藏，档号：HY-1986-KY-192。

③ 《院校办工厂生产取得显著成绩》，载《山东海洋学院》1980年3月15日。

④ 《一九八二年工作总结及82—83学年第二学期工作要点》，中国海洋大学档案馆藏，档号：HY-1982-XB-214。

达819.99万元,相当于事业费的93.6%,这是历年来从未有过的好势头。净创收达124.3万元,比1986年增长56.6%,计划内开支比较合理,年终尚结余总经费的1.2%。另外,1987年学校基金首次突破100万元大关。[①]

二、改善办学条件

1. 基建工作。1978年,山东海洋学院校舍建筑面积总计为83524平方米,其中教室2983平方米、实验室及实习工厂35113平方米、图书馆2720平方米、学校和系行政用房8274平方米、学生宿舍11901平方米、教工住宅17132平方米、单身教工宿舍1379平方米、食堂2308平方米、福利附属用房1714平方米。[②]

1979年上半年,新时期基建工作加速展开。当年10月,中国人民解放军基建工程兵00221部队63分队奉命来校支援基建工作。至12月,鱼山路、阴岛路(今红岛路)新建教职工住宅基本完工,面积4800平方米,计住房789套、粮店1处。八关山学生宿舍开始施工。另外,8000多平方米的教职工住宅和1000多平方米的印刷厂也陆续开工。

1980年2月,经山东省文教委党组批准,学校将原属总务处领导的基建办公室改为处级单位,顾其真任主任。

1980年建成学生宿舍5号楼,面积达5629平方米,床位计1500个。1986年建成学生宿舍6号楼、7号楼,学生宿舍总面积达21171平方米,床位共计3500个。1987年学生宿舍8号楼开始建设。

1980年5月,"文革"后学校建设的首批102套教职工住宅分配完毕,除安排给拆迁户外,57套分给教师,25套分给职工。1981年1月,再次进行教职工住宅分配,有96户教职工分到新房,加上腾出的旧房再分配,约为130户教职工改善了居住条件。1982年,又解决了83户教职工的住房问题(包括拆迁户10户)。1983年,又有158户教职工住上新房,92户教职工住房得到改善。1984年,教职工住宅及单身宿舍总面积达44493平方米,另在辛家庄二小区长汀路建教职工住宅3606平方米,1986年长汀路教职工住宅建成,40户搬进新房。1987年,根据新分房条例,分配新房95套,并对旧房进行调整,又改善了60户教职工的居住条件。

1981年12月,新教学大楼竣工。新教学大楼中间七层,两侧分别为六层和四层,建筑面积6800平方米(含400平方米地下人防工程)。共有教室54个,其中大教室20个、中教

---

①《我校"双增双节"工作取得初步成效》,载《青岛海洋大学》1988年3月19日。

②《山东海洋学院1978—1985年发展规划》,中国海洋大学档案馆藏,档号:HY-1978-JXGL-312。

室18个、小教室6个、阶梯教室4个，可同时容纳3000多名学生上课。每层均设有教员休息室，供上课的教师课前、课间休息。[①]新教学大楼的投入使用，不仅缓解了教学场所严重不足的状况，而且为扩大办学规模提供了必要条件。

1983年，开工建设新图书馆。

1984年7月，经教育部批准，学校成立教育部青岛学术交流中心筹建处。

1985—1987年基建投资完成额分别为379万元、631万元和615万元。其中，1986年扩建了幼儿园，使入园数由1985年的不足200人增加到300人。1987年，计算中心、物理海洋实验大楼（今文苑楼）等竣工投入使用。1987年校舍情况见表6-10。

表6-10　1987年校舍情况简表

（单位：平方米）

		校舍建筑总面积	被外单位长期借用占用面积	危房面积	当年新增面积	正在施工面积
总计		160596	3780	2101	11279	5340
教学、行政用房	小计	59067				
	教室	8889				
	实验室	1406				
	科研用房	3525				
	图书馆	6671				
	体育馆	648				
	工厂	3551				
	校系行政用房	34377			3051	
生活及福利附属用房	小计	92707	3780	2101	8228	5340
	学生宿舍	22723				
	食堂	4620				2640
	教工住宅	54444	3780	2101	6628	2700
	福利附属用房	10920				
其他用房		8822				

----

① 《我院教学大楼建成》，载《山东海洋学院》1981年12月26日。

2. 图书工作。这一时期图书馆实行馆长负责制。1979—1987年，薛廷耀、赵磊、徐斯先后任馆长。1980年，图书馆内设办公室、采购组、中编组、外编组、阅览组、期刊组、资料室等机构。

1981年，图书馆经费达到21万元，接近学校日常经费的5%。馆藏图书41万余册（另有9万余册分藏于各系图书资料室）。

1983年7月，馆藏图书48.8万余册，其中中文图书29.6万余册、外文图书11.6万余册、中文期刊合订本2.3万余册、外文期刊合订本5万余册。藏书类别较多，但以理工科为主，尤以物理海洋、海洋气象、海洋化学、海洋地质、海洋生物、海洋工程以及水产方面的图书居多。另外，还有一些珍贵的科技书刊，如德文版《硅藻图谱》、英文版《爱丁堡皇家学会论文集》《那泊利高尔夫海湾动植物志》《海洋科学调查报告（挑战号）》、日文版《动物杂志》，以及《万有文库》《丛书集成》《四部备要》《古今图书集成》《四明丛书》。

1984年12月，馆藏图书55万余册，其中中文图书30万册、外文图书13万册、中文期刊合订本2.4万册、外文期刊合订本5万余册。除图书馆外，各系、室和研究所都设有图书资料室，收藏一定数量的专业图书资料。图书室的业务工作由图书馆指导，主要服务于本单位的教师、科研人员、研究生和高年级本科生等。初步形成图书馆与各个图书资料室文献互补、资料共享的服务系统。

1985年9月10日，新建图书馆正式开放。新馆总建筑面积6670平方米，除藏书库房外，设有期刊阅览室、报纸阅览室、自修室等。新图书馆沿用著名书法家舒同所题馆名。

自20世纪80年代中期，随着学校事业发展，系、专业和学生人数急增，相比之下国拨教育经费不足，加之书刊涨价幅度较大，致使购书量逐年下降，复本数减少。为此，1987年暑假，图书馆将开架书库面积扩大三分之二，上架图书增加5万册左右。当年秋季学期，图书馆多措并举，服务工作又有新进展：一是将采购工作由采编部分离出来，成立采访部；二是继续进行从暑期开始的扩大开架书库工作；三是修订各部、室的规章制度，在编目部试行定量工作制；四是为物理海洋与海洋气象学系、水产学部部分班级开文献检索与利用选修课；五是尝试计算机在图书管理中的运用；六是改造科支图书借阅处，增设新书展示点。

1987年底，图书馆共藏书596530册（其中期刊102309册），阅览座位950个。

3. 档案工作。山东海洋学院档案室成立于1963年9月，主要负责管理党政、工团档案，一直归党委办公室领导。1963—1980年档案室有工作人员2人，1980—1983年1人，

1984—1987年2人。1982年8月，成立科技档案室（原来的档案室改称文书档案室），归院长办公室领导。1982—1983年科技档案室有工作人员1人，1983—1985年2人，1985—1987年1人。

"文革"期间，档案工作遭受极大破坏，到1979年时，大量档案材料堆积在库房里，没有分类，没有上架，一些档案材料已破烂不堪，部分档案材料还散存于各单位。1980年，学校开始整顿档案工作，主管副院长多次召开专门会议推动工作开展。至年底，基本完成对"文革"期间积存的文书档案材料的清理任务，组成案卷539个，库存案卷总计达到2518个。[1]

与此同时，积极建立档案工作制度，到1987年6月制定了《山东海洋学院档案工作细则》《山东海洋学院科技档案工作实施办法》《山东海洋学院文书立卷归档范围》《山东海洋学院不归档文件规定》《山东海洋学院文书档案保管期限表》《山东海洋学院档案库房管理制度》《山东海洋学院档案借阅与保密制度》《山东海洋学院档案工作检查评比制度》等。

1982年初有文书档案库房一间，面积38.5平方米。设备有双面木质档案橱6个、木橱10个、战备橱5套、底图橱1个、卡片橱1个、干燥箱2个。[2]后来逐步添置设备，到1987年6月，共有大小橱61个，并新添干燥器、吸湿机等。

到1987年6月，把从山东海洋学院建立以来的档案全部整理一遍，按照年代、机构进行分类，以永久和长期两个流水号进行保管。共保管文书档案3050卷、资料384卷、图书100余册、会计档案209卷、科技档案822卷。[3]

4."东方红"船完成中修。1979年"东方红"海洋实习调查船由国家海洋局北海分局移交后，调查船专业队建制取消，专业队留守人员组建海洋调查研究室，其他人员有的回到系里从事教学工作，有的调任其他岗位。海洋调查研究室负责调查船上实验室、附属设备的管理、使用及维

图6-20　1980年6月，教育部部长蒋南翔（右一）考察"东方红"船

---

[1]《关于我院档案工作的情况汇报》，中国海洋大学档案馆藏，档号：HY-1982-DB-162。
[2]《关于我院档案工作的情况汇报》，中国海洋大学档案馆藏，档号：HY-1982-DB-162。
[3]《关于我院档案工作情况汇报》，中国海洋大学档案馆藏，档号：HY-1987-XB-275。

护工作。建成于1965年的"东方红"海洋实习调查船一直没有中修，加之"文革"期间受到一些损坏，需要进行中修。

1980年1月上旬，党委副书记、副院长王辉到财政部申请修船专项经费（后财政部批准拨修船经费300万元。另外，教育部大力支持修船工作，除经费和物资给予保证外，还专门进口七项航海新设备[①]）。1月29日和2月21日，王辉代表学校同上海沪东造船厂签订两个修船协议。3月，调查船进厂中修。1981年5月，调查船完成中修。中修的具体情况是：

1. 新装从日本进口的MK160A型雷达、劳兰CJSS-21型组合电台和从美国进口的MX1112型卫星导航子午仪各一部，更新了国产定位仪、计程仪、测探仪以及电罗经、自动操舵仪。

2. 更新、修复了甲板机械、救生设备、消防设备、机舱舱底管路、大部分机舱泵，修理了三台主发电机、一台应急发电机，拆除原一吨锅炉，增加两台700千克锅炉，改装了餐厅。

3. 新换装山东潍坊动力机械厂制造的3000马力柴油机一台。

4. 船上实验室是中修的重点工程。新建了卫星云图接受室、物探室，调整了原地质实验室、生理生态微生物和底栖浮游生物实验室，整修了原水文、化学、航海、气象、物理实验室，修复了四台1200米水文绞车和地质、物理绞车各一台，新安装6000米液压水文绞车一台、6000米地质绞车一台，更换八根绞车附属采样小吊标，拆除两台5吨双标杆，增加一台1.5吨回转吊车。[②]

1981年6月，完成中修后的"东方红"船首次出海，在青岛外海执行海洋调查与教学实习任务。这次出海人数为94人，其中1979级海洋化学专业学生46人、1979级海洋物理专业学生31人、教职工17人。此后，"东方红"船每年都出海执行科研或实习任务（表6-11）。出海实习者除河海大学、同济大学、厦门大学等高校学生外，大部分为本校学生。

[①]《在教育部和有关单位的大力支持下　我调查船抵上海沪东造船厂中修》，《山东海洋学院》1980年4月19日。

[②] 吴德星主编：《中国海洋大学海洋实习调查船大事记》，中国海洋大学出版社2004年版，第62页。

表 6-11　"东方红"船 1981—1987 年出海情况简表

年度	航次	天数	实习航次	实习学生数
1981	8	133	7	323
1982	11	110	8	540
1983	6	91	4	252
1984	11	127	9	463
1985	7	121	4	320
1986	10	78	8	417
1987	9	162	4	368

　　资料来源：根据吴德星主编《中国海洋大学海洋实习调查船大事记》整理。

　　"东方红"船自1979年回归海院，至1985年未发生等级事故，顺利完成科研、教学调查任务42航次，出海470多天，安全航行39800海里，接待上船调查、实习师生2678人。[①]

―――――――――

①《我院举行庆祝会》，载《山东海洋学院》1986年1月18日。

第九章
党建和思想政治工作

党的十一届三中全会后,改革开放不断推进,青年学生的思想观念也在不断改变。学校党委高度重视党建工作和思想政治教育,注重加强干部队伍建设和青年干部的培养。旗帜鲜明地坚持四项基本原则,反对搞精神污染和资产阶级自由化,保证了社会主义办学方向,保持了学校的稳定和良好秩序。

第一节 党建工作

一、学校党的自身建设

"文化大革命"结束后,随着拨乱反正的深入推进,党建工作逐步走上正轨。1978年1月,山东海洋学院党的核心领导小组发文,撤销各系下属的专业委员会和学生级队建制,建立各系的教学研究室和学生班级党支部、教工党支部。到1978年底,共有党总支6个、党支部26个、党员468名,其中教职工党员314名、学生党员154名。①

1979年1月,经山东省革命委员会文教办公室党组批准,孙洛民任学校党委组织部部长,孙凤山任党委宣传部部长,杨之全任党委统战部副部长（主持工作）。1980年2月,

---

① 《一九七八年中国共产党党组织和党员统计年报表》,中国海洋大学档案馆藏,档号:HY-1977-ZZ-65。

根据中央在大专院校建立纪律检查机构的精神，经山东省文化教育委员会党组批准，学校党委纪律检查委员会成立，王辉兼任纪委书记，李涛任副书记。

1980年4月起，遵照中央关于加强党员教育的指示精神，学校党委举办党员轮训班9期，轮训党员471人，占全校党员总数的93%。轮训班通过辅导、讨论等形式学习《关于党内政治生活的若干准则》等文件，对全体党员进行坚持党的政治路线和思想路线、加强党的民主集中制和组织纪律性的教育。1982年1月，学校党委召开全校教职工党员和非党员副科级以上干部大会。会议认为："自《准则》公布以来，广大党员、干部对学习和贯彻《准则》是认真的，对四项基本原则是坚持的，能按照党性原则办事，党风有了进一步好转。"[①]

1983年10月，学校党委出台《关于学习党的十二届二中全会公报和〈中共中央关于整党的决定〉的意见》，并要求全体党员结合《邓小平文选》进行学习。其后党委从10月10日至12月15日举办四期党员干部《邓小平文选》读书班，35名处级干部和19名政工干部参加学习。读书班上，围绕坚持实事求是的思想路线和发展毛泽东思想问题、教育和改革问题、党的建设和整顿问题四个重点专题进行学习和讨论，并学习二中全会文件和有关清除精神污染的文章。通过学习，大家进一步加深了对党的思想路线的理解，提高了在思想政治上和党中央保持一致的自觉性。

1985年，学校党委根据《中共中央关于整党的决定》和省委、市委的部署，制订《中共山东海洋学院委员会关于整党的计划》，采取自上而下，分期分批，先领导班子、领导干部，后党员群众的步骤，分学习文件、对照检查、集中整改、组织处理和党员登记、总结验收五个阶段进行整党。在整党过程中，抓住统一思想、整顿作风、加强纪律、纯洁组织这个根本，并把整党和实际工作结合起来，边整边改，解决学校各级党组织和党员队伍中存在的问题。1985年11月整党工作结束，全校有814名党员参加，其中正式党员702人、预备党员112人，准予登记的党员有693人，有9人不予登记。通过整党，对全体党员进行了彻底否定"文革"的教育，在清除"文革"遗风、根除派性、纯洁组织上取得决定性进展，增进了团结，改进了作风，有力促进了学校的改革，各项工作出现新局面。

为了巩固整党效果，促进党风的进一步好转，1986年6月，学校党委出台《关于增强党性、端正党风的规定》。要求党委班子要加强马克思主义理论和党的方针政策的学习；要坚持民主集中制，凡属重大问题，应根据情况分别提交党的常委会、全委会集体讨

①《深入贯彻〈准则〉努力搞好党风》，载《山东海洋学院》1982年1月12日。

论决定，不能个人或少数人说了算；严格常委会和全委会的组织生活制度，自觉接受党组织和群众的监督，党委成员都要自觉参加所在支部的组织生活；党委成员要模范地执行《关于党内政治生活的若干准则》和各项规章制度，严格按照中央规定的原则和程序选拔和任用干部，坚持任人唯贤，除外事和统战工作以及其他必需的宴请外，任何人不得用公款请客送礼，也不得收受馈赠。

1986年10月至12月，根据上级党委和纪委要求，学校党委进行深入的党风检查，检查的重点是校、系两级领导班子整党以后出现的问题。检查采取上下结合、领导与群众相结合的方法，广泛发动党内外群众进行查摆，同时党委和各党总支在听取群众意见的基础上召开民主生活会进行自查。学校党委对群众提出的诸如"学校领导深入基层不够、联系群众不够、一些改革措施不落实"等意见进行认真分析，就学校发展的指导思想、进一步转变工作作风、加强民主建设和科学管理等问题进行认真讨论，并有针对性地提出四条措施：一是加强对党员特别是党员干部的教育，提高干部、党员端正党风的自觉性；二是健全深入基层调查研究的制度；三是加强民主监督和科学管理，建立学校领导与学生对话和与教师恳谈制度、民主监督评议干部制度等；四是健全党风岗位责任制。1987年3月，为改进领导作风，加强民主建设，学校设立群众来访接待日，每周一下午校级党、政领导各一人，在教学大楼接待群众来访，直接处理和解决群众提出的问题。

1987年11月，学校党委举办第一期学习党的十三大文件党员干部学习班。在为期六天的学习班上，"大家集中学习了社会主义初级阶段的理论和党的基本路线、关于政治体制改革、在改革开放中加强党的建设三部分内容，并结合思想与工作实际进行了深入讨论"①。

做好党员发展工作是党的组织建设的重要一环。1979年学校党委共吸收44名师生员工为预备党员，其中以教学人员居多，占57%。个别教师在20多年前就提交了入党申请，由于受家庭出身的牵连一直未能如愿，这次在家庭成员、本人历史审查清楚的基础上，根据本人的一贯表现被接收入党。1982年4月，学校党委对知识分子工作进行全面检查，检查结果显示：自党的十一届三中全会以来，学校在知识分子中发展党员31人，这是学校党委落实党的知识分子政策的一项重要体现，在全体教师中产生良好反响。一批著名专家、学者积极向党组织靠拢，申请加入中国共产党。1983年2月，文圣常教授光荣入党，他

---

① 《我院首期学习十三大文件党员干部学习班圆满结束》，载《山东海洋学院》1987年12月16日。

激动地说："我要珍惜时间，决心将有生之年奉献给党和人民的事业。"①1984年春，学校党委召开组织工作会议，座谈交流在知识分子和大学生中发展党员的工作经验。会议指出，做好在知识分子中发展党员的工作，不仅是广大知识分子的强烈要求，也是改变党员队伍结构、落实知识分子政策、加强领导班子建设的迫切要求。会议要求："今后发展党员工作要从新生入学时抓起，对积极申请入党的学生要建立培养教育制度……对已经确定为发展对象的学生，要有专人负责，进行重点培养和考察。"②资料显示，党的十一届三中全会召开至1984年春，学校共发展党员177人，其中教师和学生145人，占发展党员人数的81.9%。③ 1977—1987年党员情况见表6-12。

表6-12　1977—1987年党员情况简表

年份	总数	正式党员	预备党员	教职工党员	学生党员	发展新党员
1977年	510	505	5	277	233	
1978年	468	453	15	314	154	20
1979年	475	443	32	420	55	44
1980年	508	479	29	442	66	21
1981年	558	505	53	458	100	46
1982年	506	483	23	485	21	20
1983年	586	555	31	512	74	45
1984年	735	689	46	540	195	54
1985年	875	756	119	600	275	136
1986年	957	823	134	656	301	136
1987年	945	848	97	711	234	142

　　在做好党员发展的同时，学校党委认真抓了基层党组织建设。1987年时共有12个党总支和14个直属党支部，分别是物理海洋与海洋气象学系党总支、海洋物理系党总支、海洋化学系党总支、海洋地质系党总支、海洋生物系党总支、水产学部党总支、应用数学与管理学部党总支、海洋工程系党总支、外语系党总支、社会科学系党总支、教务处党总支、总务处党总支和党群一党支部、党群二党支部、院办党支部、人事保卫党支部、科研

①《文圣常教授光荣入党》，载《山东海洋学院》1983年3月12日。
②《党委召开组织工作会议》，载《山东海洋学院》1984年3月17日。
③《党委召开组织工作会议》，载《山东海洋学院》1984年3月17日。

处党支部、财务处党支部、生产处党支部、基建处党支部、图书馆党支部、调查船党支部、体育室党支部、服务公司党支部、学术交流中心党支部、老干部党支部。

这一时期，先后有两名党员出席党的全国代表大会。1982年9月1日至11日，党的十二大在北京召开，赫崇本副院长出席大会。9月23日，学校党委召开党员大会，赫崇本在会上报告十二大盛况和主要精神。1987年10月25日至11月1日，党的十三大在北京召开，施正铿院长出席大会。从11月5日起，施正铿先后向全校党员、非党员教职工和学生代表传达大会精神。另外，1983年7月，党委副书记王辉出席山东省第四次党代会。在本次党代会上，数学系主任冉祥熙当选为中共山东省第四届委员会候补委员，党委书记华山当选为中共山东省顾问委员会委员。

二、干部队伍建设

根据党中央和山东省委关于选拔优秀年轻干部工作的精神，逐步实现校、系两级领导班子的革命化、年轻化、知识化、专业化，1981年11月，学校党委研究出台《关于院系领导班子建设的几点意见》。意见说，要充分认识加强院、系两级领导班子建设的紧迫性，院各级领导班子总的情况是好的或比较好的，但也存在问题。主要有：① 二部普遍老龄化。院正、副书记和正、副院长9人，平均年龄62.9岁；处级干部44人，平均年龄57.3岁；科级干部88人，平均年龄49.8岁（以上各级干部均含专业技术干部）。② 干部身体健康状况不佳。③ 缺职干部急需配备。党的十一届三中全会以后，虽已提拔院级干部5人、处级干部26人、科级干部33人，但仍缺职不少。在15个部处中，7个部处为单职；在8个系党总支中，3个系党总支缺书记。④ 文化程度偏低。现有处级党政干部38人，大专程度18人，占47.4%；科级党政干部71人，大专程度者33人，占46.5%。

意见提出，要在五年内把各级领导班子配备成政治上、业务上强有力的精干的工作班子。一是院、系两级领导班子配职人数不宜过多，在1982年内逐步有计划地做到：院级党委常委9人，正、副书记不超过党委常委人数的半数；正、副院长5～7人。各党总支委员会5～7人，直属支部委员会3～5人，正、副书记不超过3人，系正、副主任一般3人。部处室正副职配备2人，一般不超过3人。二是要重视妇女干部的培养、选拔和使用。三是要在领导班子中配备熟悉业务、懂教育、会管理的干部。四是对现有干部进行有计划的轮训。

意见进一步提出，大胆提拔使用中年干部，大力培养选拔青年干部，解决好接班人的问题。要大胆放手地把那些经过政治考验和实际工作锻炼的、优秀的、年富力强的干部，逐步地提拔到领导岗位上，特别优秀的也可破格提拔。5年内要选2~3名40~55岁的干部进入院级领导班子，有条件的可任二至三把手；部、处、室、系级领导班子中，要配备2~3名30~40岁的青年干部担任重要领导职务。在1982年底以前，对8个系党总支进行改选调整，要求干部平均年龄不超过45岁，逐步做到各级领导班子中年富力强的干部占大多数，但是年龄必须服从德才兼备的条件，防止只看年龄勉强凑数。要建立后备干部名单，院级党政各推荐后备干部2~3名，各处均推荐处级后备干部2~3名，对后备干部要深入考察，并建立个人考察档案。[①]

1986年5月，根据中央关于干部工作的有关精神，学校制定《山东海洋学院党政干部考核制度和实施办法》。学校成立干部考核领导小组，对全校党政管理干部从德、能、勤、绩四个方面进行考核。考德，是考核干部的政治立场和思想品质；考能，是考核干部是否具备胜任现职的能力；考勤，是考核干部的工作态度和事业心，重点考察是否有开拓精神，是否肯学习、肯钻研、对业务精益求精，工作中是否任劳任怨并能充分发挥积极性；考绩，是考核干部的工作成绩，即作出的直接或间接的贡献。考核办法分为学期考核、综合考核和专题考核。其中学期考核是每学期末，所有干部要对自己的政治思想、工作、学习等情况进行全面总结，在本单位汇报交流，相互评议；由单位领导在广泛征求意见的基础上，在每个干部的书面总结上签署对本学期的考核意见。部、处、系级干部的期末考核和各级干部的综合考核、专题考核由组织人事部门负责；各部门所属干部的学期考核由本部门负责。学期考核材料由负责考核的部门留存备查，综合考核和专题考核形成的材料由考核部门负责存入干部的本人档案。[②]

1987年6月，按照中央《关于严格按照党的原则选拔任用干部的通知》等文件精神，学校党委制定《关于干部选拔任免等有关问题的暂行规定》。要点有：① 选拔、任用干部必须坚持德才兼备、任人唯贤的原则，做到公道正派，光明正大，同时要认真执行干部革命化、年轻化、知识化、专业化的方针。② 党政机关干部一律实行任期制，任期四年（总支、支部书记任职时间按党章规定办理），每年考核一次，任期满，经考核称职，可以连任；对实践证明由于各种原因不适宜再任现职的，应及时调整，干部调整工作岗位后，按所任职务确定工资待遇。③ 选拔任用干部必须按照中央规定，实行民主推荐，广泛听取群众意见，提出选拔对象；经组织人事部门组成的考核组考察评议，认

①《关于院系领导班子建设的几点意见》，中国海洋大学档案馆藏，档号：HY-1981-ZZ-82。

②《山东海洋学院党政干部考核制度和实施办法》，中国海洋大学档案馆藏，档号：HY-1986-ZZ-143。

为合格者报党委集体讨论决定。④ 为了确保干部队伍的年轻化，并逐步使领导班子的梯队结构更加合理，凡45岁以上的，一般不再提任副科级干部；50岁以上的，一般不再提任副处级干部；55岁（女同志53岁）以上的，一般不再提任正处级干部。⑤ 各级干部一般不越级提拔。⑥ 选拔任用干部必须走群众路线，应提倡个人自荐和群众推荐，然后由组织人事部门在本人所在单位干部和群众中进行民意测验和广泛听取群众意见，进行严格考核。⑦ 凡由科级提到处级的干部，一般要有一年试用期；凡由副处级提到正处级的干部，必须在一个单位主持工作或试用一年以上；在试用期内，仍享受原职级待遇，经考核称职者，职级相符并补发给试用期间的职务工资差；考核不称职者，另行安排工作。⑧ 由教师调任党政岗位的同志，任期已满或经考核不适宜做所担任的工作，仍回原单位从事教学并给予半年以上的业务进修时间。①

第二节　统战与群团工作

一、统战工作

1979年中央有关文件下发后，按照要加强统战政策再教育、提高全党对统战工作重要性的认识、切实贯彻党的各项统战政策的要求，学校党委两次召集系、部（处、室）负责人进行学习和讨论，并摘印文件中有关内容和其他相关材料下发各单位，由党总支（支部）组织所属人员进行学习。在学习讨论中，大家认识到我国进入了新的历史时期，统一战线也进入了一个新的历史发展阶段，并明确了新时期统战工作的任务和范围，作为高等学校，统战部门主要是做好知识分子工作，就是要充分调动党外知识分子的积极性，为国家培养更多的有用之才，同时做好民主党派工作、侨务工作、对台工作等。②

1980年1月17日，民盟海院支部、九三学社海院支社恢复组织活动大会在"胜利楼"会议室召开。张国中到会祝贺。会上宣布：刘智白为民盟海院支部主委、马绍先为副主委，郭谨安为九三学社海院支社主委、景振华为副主委。③学校党委支持民主党派独立自主开展活动。两个民主党派一般一个月左右活动一次，除学习上级文件、交流学习体会外，还开展有关教学科研问题的调研、座谈、联谊以及节庆活动等。如1980年4月，九三学社海院支社组织开展"怎样认识和处理教学与科研关系"专题讨论会。1984年3月，民

①《关于干部选拔任免等有关问题的暂行规定》，中国海洋大学档案馆藏，档号：HY-1987-ZZ-202。
②《山东海洋学院统战工作情况综合汇报》，中国海洋大学档案馆藏，档号：HY-1981-TZ-54。
③《我院民盟支部、九三支社恢复组织活动》，载《山东海洋学院》1980年1月19日。

主党派联合举办"现代海洋科学讲座"40讲，长达一月之久。1986年9月，九三学社海院支社举办中共统战方针提出30周年座谈会。1987年民主党派活动更加活跃，组织参观青岛开发区等，加强横向联系。

　　学校党委支持和帮助民主党派加强自身组织建设。资料显示，1981年10月，民盟海院支部有盟员20人、九三学社海院支社有社员17人[①]。1983年，新建中国致公党海院小组，这一年三个民主党派共发展成员16人。1984年10月，民盟海院支部有盟员34人、致公党海院小组有党员5人、九三学社海院支社有社员21人[②]。1986年4月，民盟海院支部有盟员43人、致公党海院小组有党员6人、九三学社海院支社有社员23人[③]。1986年12月，民盟海院总支成立，郑柏林当选主委，马绍先、尹左芬当选副主委。至1987年底，民盟海院总支有盟员60人、九三学社海院支社有社员24人。[④]

　　学校党委认真执行党对民主党派的"十六字"方针，充分发挥民主党派的重要作用。1986年10月，根据中共中央批转的《关于新时期党对民主党派工作的方针任务的报告》，学校党委出台《关于加强和改善对民主党派工作的领导的意见》，其中规定"每学期党委定期召开一次党派联席会议，平时可根据需要召开不定期联席会。有关学校的党政工作计划、改革措施、发展规划等重大问题均要与民主党派进行研究协商。……党委要关心并帮助民主党派解决工作中所遇到的困难，提供并改善他们的活动场所，保证民主党派的活动经费和活动用车"[⑤]。仅1987年一年，学校党委就召开六次民主党派座谈会，就学校重大问题进行通气、协商。

　　资料显示，1986年11月，学校共有归侨13人、侨眷31人，其中教授10人、副教授21人、讲师8人、干部4人、工人1人。截至当月，涉及归侨、侨眷的冤假错案和历史遗留问题全部解决，补发工资、安排工作、子女就业、归还财务、清理档案等善后工作也基本结束。学校党委遵循"一视同仁、不得歧视和根据特点、适当照顾"的原则做好侨务工作。自1978年至1986年11月，接受7名归侨、侨眷入党；选拔13名归侨、侨眷担任校、系领导职务；选派23名归侨、侨眷出国考察或进修；提升8名归侨、侨眷为教授，21名归侨、侨眷为副教授。[⑥]同期有台胞1人、台属63人、港澳眷属20人，学校党委对他们政治上信任、生活

①《山东海洋学院统战工作情况综合汇报》，中国海洋大学档案馆藏，档号：HY-1981-TZ-54。

②《山东海洋学院各项统战政策落实情况汇报提纲》，中国海洋大学档案馆藏，档号：HY-1984-TZ-59。

③《统战工作汇报提纲》，中国海洋大学档案馆藏，档号：HY-1986-TZ-64。

④《海洋学院一九八七年统战工作总结》，中国海洋大学档案馆藏，档号：HY-1987-TZ-66。

⑤《中共山东海洋学院委员会关于加强和改善对民主党派工作的领导的意见》，中国海洋大学档案馆藏，档号：HY-1986-TZ-64。

⑥《关于平反归侨、侨眷冤假错案，解决历史遗留问题和落实归侨、侨眷知识分子政策的情况汇报》，中国海洋大学档案馆藏，档号：HY-1986-TZ-64。

上照顾、工作上支持。台胞李明仁夫妇来校后，四次被选派出国考察或参加学术会议，到过六个国家。学校还推荐李明仁担任全国青联委员、山东省青联副主席，工资定为教授五级，并特地建了1000多平方米微藻实验室。

这一时期，方宗熙为第五届全国人大代表，许继曾、薛廷耀为第五届、第六届全国政协委员。

二、工会工作

学校第四届、第五届工会代表大会，先后于1979年5月、1981年10月召开，均选举马秉伦为工会主席。1986年5月，学校第六届工会代表大会召开，选举王滋然为工会主席。

1981年全校有16个部门工会委员会，1986年部门工会委员会（含直属工会组）为24个。到1987年时，部门工会委员会（含直属工会组）达到26个，工会小组为137个，工会会员为1689人，其中女会员523人、发展新会员85人，专职工会干部3人。1987年，学校各级工会组织开展（或联合开展）"爱党、爱国、爱校知识竞赛""教书育人座谈会""三八妇女知识竞赛"等活动。在教职工生活福利工作方面，全年用于困难补助12793元，计324人次；用于教职工安装煤气管道补贴、危重病号补助、幼儿园节日礼品等事项共34367.5元；主办教工子女高考辅导班，学生达140多名。在丰富教职工文体活动方面，举办歌咏比赛、联谊舞会和观影等活动，参与或举办田径、球类、象棋、桥牌、广播操、越野等体育比赛30多次。

1985年11月8日至9日，学校首届教职工代表大会在"六二礼堂"召开，189名正式代表、27名列席代表、16名特邀代表及来宾出席大会。党委副书记、工会主席王滋然主持会议。党委书记施正铿在讲话中说："这是我院管理制度的一项重要改革，也是我院政治生活中的一件大事，教代会要通过制定条例和各种管理办法，把自己的职权具体化并明确起来。"[1]文圣常院长作《加快改革步伐　提高教育质量　为实现我院发展规划而奋斗》的报告。大会通过了《教职工代表大会暂行条例实施细则》《教职工代表大会提案工作暂行办法》《教职工福利费掌管使用暂行办法》，讨论了《住房分配及管理暂行办法》。1986年1月，学校党委转发《关于我院工会组织参政议政的几点意见》，指出教代会是体现教职工主人翁地位、加强学校民主管理的好形式，"院的事业发展规划、教职工奖惩条例、职称评定、工资调整、基金使用、教职工住房分配等条例和办法，应经教代会

[1]《我院首届教职工代表大会隆重举行》，载《山东海洋学院》1985年11月29日。

审议通过，并监督实施"①。1987年3月，首届教代会二次全会召开，会议通过了《教职工住房分配条例》。②

三、共青团和学生会工作

1978年12月16日，学校第五次团代会召开，五届一次全会选举张长业为团委书记。1982年5月8日，学校第六次团代会召开，六届一次全会选举王庆仁为团委书记。1986年6月21日，学校第八次团代会召开，八届一次全会选举李耀臻为团委书记（正处级）。

学校团委在搞好对青年学生进行思想政治教育的同时，积极组织开展文艺活动，以高尚文化占领课余文化阵地，引导大学生健康快乐地成长。如1984年新中国成立35周年之际，学校团委、学生会联合开展"歌颂祖国"征文、"祖国山河美"集邮展、"祖国啊，我对您讲"诗歌朗诵会以及文艺晚会等系列庆祝活动。各系团总支、学生会还开展国庆晚会、知识抢答赛等活动。"其活动规模之大、气氛之热烈、水平之高、内容之丰富，是我院近年来少有的。"③1985年12月，团委、学生会联合举办纪念一二·九运动五十周年歌咏比赛，由党委书记、老教授、各系党总支书记、新老团干部和学生组成的联队演唱《没有共产党就没有新中国》等革命歌曲，洋溢着昂扬、奋发的精神。1986年10月，学校青年艺术团和管乐队成立。艺术团下设声乐队、舞蹈队、曲艺队、话剧队和乐队。当年青年艺术团赴引黄济青工地进行慰问演出。1987年五四青年节期间，团委组织开展了艺术团汇报演出活动。

1978年9月23日，学校第五次学代会召开，选举陈万顺为学生会主席。1981年6月13日，学校第六次学代会召开，选举王卫为学生会主席。1983年10月29日，学校第七次学代会召开，选举张达平为学生会主席。1984年9月，调整后的学生会主席为叶深。1985年7月6日，学校第八次学代会召开，选举陈翔为学生会主席。1986年6月29日，学校第九次学代会召开，选举魏明为学生会主席。1987年6月14日，学校第十次学代会召开，大会决定撤销学生会外联部、勤工助学部，增设社会实践部；设立主席团，并由主席团选举产生执行主席一人，任期半年或一年；十届一次全会选举5人为主席团成员，杨鲁成被推选为执行主席。

1985年4月6日，学校研究生会成立。

---

①《关于我院工会组织参政议政的几点意见》，中国海洋大学档案馆藏，档号：HY-1986-DB-177。

②《山东海洋学院首届教代会第二次全体会议公告》，中国海洋大学档案馆藏，档号：HY-1987-GH-16。

③《庆祝建国三十五周年活动圆满结束》，中国海洋大学档案馆藏，档号：HY-1984-TW-91。

第三节　思想政治工作

1979年4月上旬，学校党的核心领导小组召开部（处、室）和系以上负责人参加的扩大会，研讨如何加强和改进思想政治工作，强调要"用党的十一届三中全会精神统一全院师生员工的思想"。与会者一致认为，"搞社会主义现代化……政治思想工作决不能削弱，相反对政治思想工作提出了更高的要求。要努力做到全党抓政治思想工作，各级组织抓政治思想工作，把政治思想工作做到教学、科研过程中去"[①]。会后不久，学校党委下发《关于加强学生政治思想工作的通知》，要求学生工作干部深入班级、以理服人，帮助学生"学会正确运用批评与自我批评的武器，经常扫除思想上的'灰尘'"，并要求各系每月都要总结检查一次学生思想政治工作，向学校作汇报。

1980年7月，学校党委召开思想政治工作经验交流会。这是粉碎"四人帮"后学校召开的一次大规模、内容丰富的思政工作会议。物理海洋与海洋气象学系、水产系、海洋化学系、数学系和海洋地质系等师生代表作经验交流发言。会议强调，加强思想政治工作是学校培养又红又专的社会主义合格建设人才的保证，那种认为工作着重点转移后，只要一心抓教学、科研就行，而思想政治工作抓不抓无所谓的思想是错误的。新的历史时期对思想政治工作提出了新的更高的要求。[②]

1980年，学校开展"学雷锋、创三好、树新风"活动和"革命理想教育月"活动，要求每名团员和青年做到"五个一"：每人读一本有教育意义的书，看一部有革命教育意义的电影，学唱一首革命歌曲，至少做一件好事，进行一次革命理想讨论。活动的开展，增强了团员争做又红又专青年的积极性和自觉性，出现了一批好人好事。1981年3月5日，学校召开"学雷锋、创三好、树新风"表彰动员大会，决定继续开展这项活动，并同"五讲四美"活动相结合。活动中，给灾区捐款、义务修理公物、拾金不昧、捐赠图书等善举层出不穷，并且讲文明礼貌的学生多了，讲究卫生的多了，组织纪律性也增强了。1982年2月，中央下发《关于深入开展"五讲四美"活动的报告》，规定每年3月为"全民文明礼貌月"。学校1982—1984年连续三年组织开展"全民文明礼貌月"活动。1985年3月，根据中央"五讲四美三热爱"活动工作会议精神和省、市文明单位经验交流会议精神，学校出台《关于开展创建文明单位活动的意见》。据此，命名表彰了一批文明班级、文明学生宿

---

① 《院党的核心小组召开扩大会议》，载《山东海洋学院》1979年4月21日。
② 《院党委召开思想政治工作经验交流会》，载《山东海洋学院》1980年7月12日。

舍、文明教研室（研究室）、文明实验室、文明科室、文明车间（班组）、文明招待所和文明食堂。

1981年8月，学校党委出台《关于贯彻省文委〈关于加强高等学校政治辅导员、班主任建设的试行意见〉的意见》，提出要选配好专（兼）职学生政治辅导员、班主任，一、二年级配专职政治辅导员（全校15～18人），高年级配兼职政治辅导员，专职政治辅导员可按党政干部的办法晋级，政治辅导员的工资待遇及其他福利待遇，应与同期毕业的教学人员一视同仁；教师兼任班主任、政治辅导员，按教师工作量的一半左右时间计算；政治辅导员、班主任在阅读文件、听报告等方面，可享受行政21级党政干部的待遇；政治辅导员、班主任在学校党委学生工作部和系党总支领导下开展工作。[1]1982年3月，学校制定《学生品德评定制度（试行）》，规定"学生品德评定工作由班主任和辅导员主持，于每学期末进行一次，品德评定材料作为毕业分配的重要依据之一"[2]。当年10月时，学校共有专职政治辅导员8人、兼职政治辅导员和班主任39人。1985年1月15日，学校召开颁发班主任聘书及经验交流会，首次由院长向班主任颁发聘书。12月25日，公布新修订的《山东海洋学院班主任工作条例》，并向新聘任的56名班主任颁发聘书。

1981年11月，学校制定《关于加强毕业生思想政治工作的意见》，提出对毕业生的思想政治工作，要采取疏导的方针，坚持实事求是，联系实际，注意工作方法，讲求实效。通过举办革命理想教育报告会、召开毕业生党员座谈会、组织党小组给党委写决心书、召开毕业班学生家长会，以及在校报上刊发大学毕业生分配政策和纪律、毕业生家长来信等形式多样的教育方式，引导毕业生响应党的号召，自觉服从组织分配，到祖国最需要的地方去。

1983年，学校举办马克思诞辰100周年和毛泽东诞辰90周年纪念活动。全校学生自愿组织起马列主义、毛泽东思想学习小组52个，450多人参加学习。在广大师生员工中广泛进行爱国主义和共产主义教育，其中举办中国近现代史讲座18次，听众达4000多人次。为切实激发学生的爱国主义热情，还举办了走向社会、为人民服务、到社会大课堂吸取政治营养活动和尊师爱生活动。

1984年3月31日，著名诗人、学者、民主战士闻一多先生雕像在山东海洋学院落成。竖立闻一多先生雕像是在广大大学生积极倡导下，经学校党委研究决定的，并得到中宣部、

---

①《关于贯彻省文委〈关于加强高等学校政治辅导员、班主任建设的试行意见〉的意见》，中国海洋大学档案馆藏，档号：HY-1981-DB-156。

②《山东海洋学院学生品德评定制度（试行）》，中国海洋大学档案馆藏，档号：HY-1982-TW-82。

图6-21　1984年3月，闻一多塑像落成

教育部及省、市有关部门的大力支持。落成典礼在"一多楼"前举行，青岛市委书记王今吾，民盟中央常委、山东大学校长吴富恒，山东省政协副主席、民盟山东省委主委郭贻城，闻一多之子、中央美院油画系主任闻立鹏等出席。学校党委书记华山为雕像揭幕。党委副书记、副院长高云昌在讲话中说："这对于我们缅怀闻一多先生的英雄业绩，继承先生的革命遗志，促进社会主义精神文明建设，激励为振兴中华而努力工作和学习，都有着重要的意义。"①雕像由花岗岩雕成，高四米多，底座背面刻有闻一多先生的学生、诗人臧克家撰写的碑文。

1985年3月，学校党委召开思想政治工作会议。党委书记施正铿要求思想政治工作干部要跟上形势，要注意学习，要运用新的理论去指导实践。②在1986年3月8日召开的第五次党代会上，施正铿提出要进一步改进和加强思想政治工作，切实开展好精神文明建设，强调学校的思想政治工作要以学生为重点。为此，他提出要加快对政治理论课教学的改革，使课程既能提高学生的理论水平，又能解决他们的实际问题。同时，要重视德育课的改革和教学。③4月15日，学校成立思想政治教育研究会。研究会"联系师生员工的思想实际，开展专题研究活动，撰写理论联系实际的论文，用以指导思想政治工作"④。研究会由专（兼）职政工人员、离退休革命老干部和政治理论课、思想品德课教师等组成。1987年10月，学校将共产主义思想品德课教研室（原德育基础教研室）改为思想政治教育研究室。

这一时期，学校还组织开展向对越自卫还击作战英雄群体、大学生优秀代表张华、优秀共青团员张海迪和中国女排等先模人物或群体学习活动，引领青年学生自觉做"四有"新人。1985年6月和1986年5月，海洋物理系1983届毕业生、解放军某部连长傅明和两次回到母校，同师生进行座谈。傅明和在对越自卫还击作战中荣立三等功。

改革开放之初，山东海洋学院各级党组织就把坚持四项基本原则作为思想政治工作的重中之重来抓。1979年5月4日，在纪念五四运动60周年大会上，张国中指出："我们当

---

① 《在闻一多先生雕像落成典礼上的讲话（摘要）》，载《山东海洋学院》1984年4月7日。
② 《施正铿同志在思想政治工作会议上的讲话》，载《山东海洋学院》1985年3月30日。
③ 《继续解放思想　不断进行改革　努力开创我院工作新局面》，载《山东海洋学院》1986年3月15日。
④ 《我院成立思想政治教育研究会》，载《山东海洋学院》1986年4月26日。

前和今后一个相当长的历史时期的主要任务，就是搞社会主义现代化建设。要在本世纪内实现四个现代化，把我国建设成为一个伟大的社会主义强国，是一个非常艰巨的任务，为此，必须坚持四项基本原则。"[1]

1981年8月，学校党委召开专题会议，传达全国学校思想政治教育工作会议精神。会议强调，要运用批评与自我批评的锐利武器，同一切违反四项基本原则的形形色色的错误思潮和倾向进行斗争。[2]9月末，学校党委召开思想政治工作会议，学习贯彻全国和全省思想战线问题座谈会精神。会议认为："我院领导上也存在涣散软弱状态，少数师生员工也受到了资产阶级自由化错误思潮的影响。"[3]对此，华山强调："要坚决贯彻党的十一届三中全会提出的方针，坚持开展两条战线的斗争，当前的重点是批评资产阶级自由化倾向。"[4]会议研究提出七条切实加强思想政治工作的措施，包括健全政工队伍、成立德育基础教研室、抓好马列主义教学工作、加强对宣传阵地的检查指导、组织开展健康的文娱活动以及"对个别严重违反四项基本原则而又屡教不改者，要绳之以法纪，以儆效尤"[5]等。这一年，学校党委举办了《关于建国以来党的若干历史问题的决议》学习班和宣讲会若干次，提高了师生员工的政治觉悟和思想认识水平。

1983年10月召开的党的十二届二中全会指出，思想战线不能搞精神污染，对于现代西方资产阶级文化，一定要用马克思主义进行分析、鉴别和批判。根据全会精神，全国思想文化领域开展反对精神污染和反对资产阶级自由化的斗争。[6]全会文件下达后，学校党委常委立即组织学习，在统一认识的基础上，分别召开各种会议，本着先干部后群众、先党内后党外的原则进行传达，研究清除和抵制精神污染的措施。党委及有关部门负责人，结合师生员工中存在的思想认识和精神污染的表现进行座谈、宣讲。马列主义教研室举办批判关于"异化""人道主义"问题的讲座。开设共产主义思想品德课，并把坚持四项基本原则和清除精神污染纳入课程内容。这不仅解决了部分师生员工的模糊认识，也提高了他们反对精神污染的自觉性。11月26日，校报发表署名文章《反对精神污染具有重大战略意义》，文章在剖析了精神污染的各种形式和危害后，斩钉截铁地指出：清除精神污染，关系到我国社会主义事业的兴衰成败，关系到我国能否坚持社会主义方向，关

①《我院隆重举行纪念五四运动六十周年大会》，载《山东海洋学院》1979年5月11日。
②《院党委传达全国学校思想政治教育工作会议精神》，载《山东海洋学院》1981年9月12日。
③《关于贯彻省思想战线问题座谈会精神的情况报告》，中国海洋大学档案馆藏，档号：HY-1981-DB-153。
④《院党委召开政治工作会议》，载《山东海洋学院》1981年10月24日。
⑤《关于贯彻省思想战线问题座谈会精神的情况报告》，中国海洋大学档案馆藏，档号：HY-1981-DB-153。
⑥《中国共产党简史》，人民出版社、中共党史出版社2021年版，第253页。

系到年轻一代的健康成长。只有从这样的高度上去看待当前这场反对精神污染的斗争，才不会左瞻右顾、畏缩不前，要怀着高度的革命责任感，下决心在党中央的领导下，把这场具有重大战略意义的斗争进行到底！

1985年，国家进行物价改革，部分商品价格出现上涨。这被一些不怀好意的人利用，在部分大学生中引起思想波动。12月，山东省委常委、青岛市委书记刘鹏，市委副书记刘镇，市委常委、副市长郭松年等来校，同40多名本科生和研究生就当前形势问题进行座谈。施正铿、王滋然、徐家振及有关部门负责人参加座谈会。在坦率诚恳的气氛中，同学们与市领导就当前国内形势、改革与开放、党风以及青岛市的建设进行交流。刘鹏在谈到物价改革时说："过去的物价既不反映价值，也不反映供求关系。不改革，不利于调动生产者的积极性，不利于生产发展，最后还是消费者吃亏。只有生产者积极性调动起来了，生产的东西多了，物价才会稳定，所以有些商品价格虽然上涨了，但人民生活仍然有很大的改善。"他还列举一些生活实例和统计数字，请同学们对照分析。刘鹏在谈到党风问题时称，看党风要全面看，分清主流和支流，并举例说："在9号台风袭击青岛时，城乡许多通讯线路遭到破坏，人民的生命财产受到威胁。在这种情况下，广大党员没有接到任何通知，便自动冲上抢险救灾第一线，涌现出许多可歌可赞的事迹。当然，我们要实现党风的根本好转，还要付出很大的努力。"[①]参加座谈的同学争先恐后地发言，提出许多意见和建议，并纷纷表示，要做四化建设的主人，为青岛的建设出力。刘鹏对同学们提出的意见和主人翁精神表示欢迎和赞扬，勉励同学们认清大好形势，维护安定团结的政治局面，珍惜良好的学习条件，努力学好科学文化知识，早日成才。

1986年末和1987年初，合肥、上海、北京等地一些高等院校的少数学生相继上街游行，不仅破坏了校园学习环境，还引起了社会各界人士的不安和忧虑。1987年1月15日校报发表文章《抵制错误思潮　为中华腾飞刻苦学习》，一针见血地指出，这是部分学生受到资产阶级自由化思潮侵袭的具体反映，值得重视和对待。文章在深刻剖析产生这一问题的根源后，谆谆告诫青年学生的主要任务是认真读书。文末写道：

我院学生近来忙于复习迎考，争取以优异的成绩向祖国和人民汇报，而没有步入后尘，去搞什么毫无价值的游行活动。这是令人高兴和满意的。希望同学们在新的历史时期加强自身的思想建设，提高分辨是非的能力，自觉抵制各种错误思潮的侵袭，为中华腾飞而刻苦学习，努力掌握真本领服务于社会，服务于人民。[②]

---

①《市委领导同志与我院学生举行座谈》，载《山东海洋学院》1985年12月14日。
②《抵制错误思潮　为中华腾飞刻苦学习》，载《山东海洋学院》1987年1月15日。

　　1987年1月，党委统战部就此事召开民主党派负责人座谈会。大家一致认为，学生上街是近几年来资产阶级自由化思潮泛滥的结果。资产阶级自由化思潮正在毒害青年，危害社会的安定团结，干扰改革和开放，妨碍我国现代化的进程，这是绝对不能允许的。要建设有中国特色的社会主义，就必须坚持四项基本原则，旗帜鲜明地反对资产阶级自由化。景振华、郭谨安、张保民等纷纷发言，明确表示反对学生上街游行。景振华说："一些大学生对资本主义自由民主的实质是理解不够的……只有在我们人民是主人的国家里才有真正的民主和自由。"郭谨安说："什么是真正的民主和自由要搞清楚，社会主义和资本主义制度的根本区别要搞清楚，大学生应学习中国近代史，特别是对'文革'给我国人民留下的惨痛教训应深刻了解。"张保民也深有体会地说："今天我国安定团结的政治局面确实来之不易。我年纪大，是过来人，我就怕不安定……我希望国家有一个安定团结的局面。"①

　　1987年3月至7月，学校党委在全体党员中开展"新时期共产党员如何发挥先锋模范作用"的讨论。讨论的主要内容之一就是关于改革、开放、搞活和坚持四项基本原则、反对资产阶级自由化的问题。②各级党组织都进行了周密组织、精心指导，认真贯彻党中央关于坚持四项基本原则、反对资产阶级自由化的指示，紧紧围绕社会形势，密切联系党员的思想和工作实际进行，使得全体党员提高了认识，端正了思想，并影响了其他教职员工的思想认识。

①《珍惜安定团结的政治局面》，载《山东海洋学院》1987年1月15日。
②《在全体党员中开展"新时期共产党员如何发挥先锋模范作用"的讨论》，载《山东海洋学院》1987年4月4日。

第七篇
特色鲜明的综合性大学
（1988—2000）

1988年1月，经国家教委批准，学校更名为青岛海洋大学，校名由改革开放总设计师邓小平题写。施正铿任校长，之后曾繁仁任党委书记，管华诗任校长（后兼任代理党委书记）、党委书记，1999年冯瑞龙任党委书记。

20世纪90年代，学校实现国家教委与山东省人民政府共建体制，顺利进入国家"211工程"建设序列。浮山校区投入使用，缓解了办学空间紧张局面。学校不断推进课程体系、教学内容、教学方法、考试方法改革，教育教学水平和学生培养质量受到社会各界认可，"学在海大"声名远播。

学校承担了大量国家科技攻关、"863计划""973计划"、国家自然科学基金、地方政府及大型企业的科研课题和技术研发，科研成果的水平和层次大幅提高。6个学科获准进入教育部"长江学者奖励计划"，文圣常、管华诗、冯士筰先后当选中国科学院院士、中国工程院院士，宋微波等9人成为"长江学者"、国家"杰青"或入选国家人才计划。海洋科学等3个学科成为博士授权一级学科，有博士后流动站5个、博士点10个、硕士点28个，高层次人才培养格局初步形成。有本科招生专业38个，覆盖理、工、农（水产）、医（药）、文、经、管、法八大学科门类，学校转型为一所特色鲜明的综合性大学。

第一章
继续改革　加快发展

　　进入20世纪80年代，中国高等教育发展和改革进入快车道。为响应邓小平"面向现代化、面向世界、面向未来"的号召，尽快适应现代化建设对各类人才的需要，高校内部的改革热潮迭起。学校顺势而为，继续改革，先后推动了更名、制订"八五"事业计划、实施校内管理体制改革等，科技企业从无到有逐步走上轨道，学校事业不断向前推进。

第一节　学校更名与邓小平题写校名

　　经过10年改革开放，山东海洋学院在专业结构、办学规模、师资队伍、教学科研、基础设施等方面有了长足的发展，已经成为一所多学科大学，也是全国唯一的综合性海洋高校。作为隶属于国家教委的全国重点大学之一，山东海洋学院的名称理应反映其全国海洋高等教育科研综合实力第一和青岛高等教育龙头的现实地位。

　　学校提出把"学院"更名为"大学"，20世纪80年代初就有动议。1982年6月19日，院党委书记华山主持召开座谈会，讨论学校更名事宜。会议认为，随着学校事业的发展，更名是必要的、适宜的。关于校名，有人认为，从历史渊源考虑，学校应恢复青岛大学名称；有人提出应改为中国海洋大学或海洋大学，其主要理由是"海洋"为学校的特色和优势。[①]1984年，在山东海洋学院向教育部提交的报告中，申明了更名的主要理由：

一是调整学校的性质与发展方向、改变专业结构问题，即改变以理为主的单一的海洋基础学科专业设置，以面向海洋科学技术，以为海洋开发服务为主的，包括理、工、水产、环境科学、管理科学及应用文科等多学科综合性的高等学校，这一调整得到原教育部的同意，并批准了七个应用学科新专业于1985年招生。二是扩大我院发展规模问题，即根据海洋基础学科发展的需要，海洋开发事业发展的需要以及地方四化建设的需要，国家教委批准，将原定4000人的发展规模，扩大为6000人并同意征地300亩。三是关于学校改名为中国海洋大学或海洋大学问题。[②]

1985年5月，《中共中央关于教育体制改革的决定》颁布，教育体制改革的热潮迅速在全国兴起。决定指出：改革管理体制，在加强宏观管理的同时，坚决实行简政放权，扩大学校的办学自主权。[③]为了推动学校走上快速发展的道路，当年8月26日，学校再一次向国家教委提交更名报告。

1986年底，国务院颁布《普通高等学校设置暂行条例》，为学校更名提供了机遇。1987年3月1日，山东海洋学院第三次向国家教委提出《关于改变我院校名为中国海洋大学或海洋大学的补充报告》，对海洋科学的重要性及其特点作了深入阐述，特别是对学校更改校名的必要性和条件给出更加充分的论证和说明：

其一，学校名称首先应反映学校的性质和任务。称为大学，主要反映学校的性质是多学科综合性。山东海洋学院通过近年来的专业结构调整已经形成了多学科综合性。23个专业中属理科的有8个，属应用学科的有2个，属工科的有5个，属农科的有5个，属文科的有2个，属财经类的1个，另有为山东省教育厅培养中学师资属教育类3个。按国务院《普通高等学校设置暂行条例》要求的八大学科类中，学校已涉及六大门类，另外正在规划筹建的工科专业有3个。同时，由于学校性质与专业结构的调整，专业大幅增加，规模扩大，国家教委已批准建立新校区。

其二，国际合作与学术交流的需要。海洋科学的国际性特点决定了学校对外交往十分频繁，在国际交流活动中往往要涉及校名问题。因为他们认为以一个大学与中国一个学院签订协议是不对等的，经常发生误解，往往需要做很多解释工作。因此从国际交流方面看，更名为海洋大学也是很必要的。

---

① 张静主编：《中国海洋大学大事记》，中国海洋大学出版社2014年版，第121页。
② 《山东海洋学院事业发展规划报告》，中国海洋大学档案馆藏，档号：HY-1984-XB-234。
③ 《中共中央关于教育体制改革的决定》，中发〔1985〕12号，1985年5月27日。

其三，学校更名有利于招生、毕业生分配和其他办学工作。长期以来，国内广大中学生及一些单位误解山东海洋学院是地区性学校，负面影响显而易见。

其四，基本条件成熟。学校有教职工1700余人，教师700人。其中高级职称者近200人，中级职称者400余人。教学科研具有一定实力，人才培养质量受到社会普遍好评，海洋与水产战线的骨干力量大都是学校毕业生，海洋基础学科与水产诸学科在国内占有明显优势，在国外也有相当影响。海洋基础学科现有3个博士点，水产学科全国仅有的2个博士点都在学校，现有的老专业均为硕士点。①

9月19日，院长施正铿向来校考察工作的国家教委副秘书长、计财局局长朱育理当面汇报学校改名的迫切性和必要性。24日，施正铿和院党委书记冉祥熙写信给国家教委领导，对更改校名一事作进一步陈述。根据国家教委领导的意见，11月26日，学校向国家教委呈送《关于更改校名的请示》："据悉国家教委已原则同意我山东海洋学院更改校名，至于具体名称，经我院研究，建议改为青岛海洋大学。若无不妥，请予批准。"

1988年1月4日，国家教委批复，同意山东海洋学院更名为青岛海洋大学。②经过多年努力，海大人终偿所愿。

1988年1月21日，学校举行隆重的更名仪式。施正铿校长在会上号召全校师生员工以更名为契机，团结一致，深化改革，为实现祖国四个现代化的宏伟目标作出积极的贡献。③

青岛海洋大学作为国家教委重点高校，有理、工、农（水产）、人文社会科学（外国语言文学、经济、管理学、马克思主义理论）等学科，并具有海洋科学方面的特色优势。1988年，设有14个系33个专业，各类在校学生4000余人。学校是国务院学位委员会首批批准具有学士、硕士、博士学位授予权的单位，有5个博士学位授予点、10个硕士学位授予点、24个学士学位授予点。教师700余人，其中教授、副教授300余人，讲师及中级技术人员400余人。学校设有物理海洋研究所、河口海岸带研究所、海洋生物遗传研究室、海洋微藻研究所、海洋环境保护中心、水产增养殖研究所、水产品加工及海洋药物研究所等研究机构，不少成果获得国家、省、部各级奖励，有的在国际展评中获得金牌。与国外70多所大学和科研机构建立了联系。学校为国家培养了大批专门人才，1985年在我国第一次南极科考中，登上南极洲进行科学考察的队员里，半数以上是学校的毕业生。

---

①《关于改变我院校名为中国海洋大学或海洋大学的补充报告》，中国海洋大学档案馆藏，档号：HD-1988-XB-278。
②国家教委：《关于同意山东海洋学院、大连工学院改名问题的批复》，〔88〕教计字003号。
③晓萱：《山东海洋学院改名为青岛海洋大学》，载《青岛海洋大学》1988年3月19日。

图7-1 邓小平题写的校名

学校更名后，师生员工都有一个热切期盼，那就是希望关心教育、关心人才培养的我国改革开放的总设计师邓小平同志能为学校题写校名。学校通过海洋生物系副教授张学成联系到邓小平同志办公室的工作人员，提出请邓小平同志题写校名的请求。

不久，邓小平同志办公室来信，提出两个问题：一是青岛海洋大学是不是国家教委批准的校名；二是青岛海洋大学是不是国内唯一的综合性海洋高等学府。在学校提供了必要的材料不久，1988年11月2日，84岁高龄的邓小平同志欣然题写校名，同时题写的还有"中国南极长城站"。由此可见邓小平同志对教育和科技的重视，体现了他对国家海洋事业和青岛海洋大学的关怀、支持与期待。当学校师生员工获知此喜讯时，都深受鼓舞。遵照上级关于对邓小平题写校名一事不发消息、不登报宣传的指示，学校于1989年4月25日举行了一个简单的挂牌仪式。①

山东海洋学院更名为青岛海洋大学，标志着学校一直坚持不懈地向综合性大学发展的努力及成效，得到上级主管机关的认同及肯定，对学校事业发展是十分有利的。

第二节　维护校园安定与出台"八五"事业计划

20世纪80年代末，随着国家改革开放步伐的加快，西方各种思潮泥沙俱下，激荡着社会的各个层面。标榜着民主、自由标签的思潮迷惑了部分民众，其中就有涉世未深的青年学生。为维护校园稳定，保持正常教学秩序，学校各级党政领导和教师十分重视，及时开展工作。按照党中央的指示精神，深入开展形式多样的坚持四项基本原则和改革开放的思想教育，旗帜鲜明地反对资产阶级自由化。学校召开党委扩大会、教师干部大会、教职工党员和学生党员大会，各级人大代表、政协委员及各民主党派和群众团体负责人会议，要求全校师生员工真正做到在政治上、思想上、行动上与党中央的路线、方针、政策保持一致；开辟民主对话的多种渠道，加强与学生的交流对话，组织机关部门领导和教师深入班级沟通思想，面对面地做学生思想政治工作，为学生解决学习生活实际问题；学校党委加强理论学习，着力提高思政干部和班主任的理论水平，解决学生中有一定理论深

---

① 张学成：《忆邓小平同志为我校题写校名》，载《青岛海洋大学报》1997年3月10日。

度的思想认识问题；抓好对学生党员的教育，强化党员意识，发挥他们在学生中的先锋模范作用，带动广大学生提高明辨是非能力。

1989年4月，北京出现示威游行并很快波及青岛。学校党政领导和广大教师、干部出于维护校园稳定和爱护青年学生的愿望，深入细致地开展教育、引导和防范工作，劝阻学生上街游行，维护正常的教学秩序。28日，党委书记冉祥熙参加国家教委召开的相关会议后返校，相继召开党委扩大会议、副处级以上党员干部会议，传达邓小平同志讲话精神。校党委表示，要坚决贯彻党中央"必须旗帜鲜明地反对动乱"的指示，并根据学校的具体情况，作出坚守岗位、防止示威游行和动乱的有关规定。①5月29日，校党委发出《关于坚决执行〈中共中央、国务院迅速结束动乱的指示〉的通知》，要求学生停止游行。并组织近百名干部到青岛市各学生集会现场劝阻，希望学生顾全大局，返校上课。大部分学生听从劝阻，纷纷返校。

为了维护教学秩序，教务处5月19日发出《关于维护学校正常教学秩序的通告》，要求师生不受校外冲击，自觉遵守教学制度。5月26日发出《关于尽快全面复课，向同学们的呼吁书》："同学们忧国忧民，关心国家大事，表现了高度的爱国热情，你们和全国广大青年学生一样，已经用各种方式表达了自己的意见和要求，要相信党和政府一定会认真考虑，并按民主和法制的程序加以解决。老师们始终坚守岗位，殷切希望同学们去上课。我们诚恳地希望你们尽快全面复课，并吁请你们，通知和劝告已经离校的同学立即返校复课。我们将按照国家教委的精神，尽一切努力来弥补已经造成的损失。"5月30日发出的《关于尽快全面恢复教学秩序的通告》称："全面复课不仅是党和国家对广大同学的期望和要求，也完全符合广大同学的切身利益。希望广大同学尽快全面恢复教学秩序，并相信政府和学校会充分考虑实际情况，对今后的教学工作作出妥善安排。"6月3日发出《关于进一步维护教学秩序的通知》："我们希望广大同学认清当前形势，多作独立思考，不听信谣言，不受少数人煽动，珍惜由全校师生共同努力得来的逐步恢复的正常教学秩序和稳定局面，进一步为维护教学秩序而努力。"学校发布的通知通告有力保障了教学工作按计划进行，毕业生如期毕业，招生工作进展顺利。②

6月初，党和政府依靠人民，旗帜鲜明地反对动乱，平息在北京发生的反革命暴乱，捍卫了社会主义国家政权，维护了人民的根本利益，保证了改革开放和现代化建设继续

---

① 张静主编：《中国海洋大学大事记》，中国海洋大学出版社2014年版，第146页。
② 教务处：《关于维护学校正常教学秩序的通告》等，中国海洋大学档案馆藏，档号：HD-1989-JXGL-602。

前进。^①首都秩序恢复正常,全国各地的政治风波相继平息。

6月9日,邓小平在接见北京戒严部队军以上领导干部时发表重要讲话。他指出:"这场风波迟早要来。这是国际的大气候和中国自己的小气候所决定了的,是一定要来的,是不以人们的意志为转移的,只不过是迟早的问题,大小的问题。"他说:"如果说有错误的话,就是坚持四项基本原则还不够一贯,没有把它作为基本思想来教育人民,教育学生,教育全体干部和共产党员……十年最大的失误是教育,这里我主要是讲思想政治教育,不单纯是对学校、青年学生,是泛指对人民的教育。对于艰苦创业,对于中国是个什么样的国家,将要变成一个什么样的国家,这种教育都很少,这是我们很大的失误。"^②

6月23日至24日,党的十三届四中全会召开,确立了以江泽民同志为核心的第三代中央领导集体,重申全面坚持十一届三中全会以来党的路线、方针、政策,提出了改革、发展、稳定的大政方针。按照国家教委的统一部署,青岛海洋大学组织学习邓小平讲话和十三届四中全会精神,对这场政治风波进行深刻反思。学校党政领导班子带头学习,召开民主生活会,对党委在这场政治风波中的工作进行回顾反思,肯定成绩,总结教训,并开展了批评与自我批评。

9月29日,中共中央总书记江泽民在庆祝中华人民共和国成立40周年大会上发表重要讲话,提出"各级各类学校不仅要建立完备的文化知识传授体系,而且要把德育放在首位,确立正确的政治方向"的要求。围绕学习贯彻江泽民讲话精神,校党委先后举办校、系两级党政领导干部学习班,对教职工和学生的学习也作出全面部署。12月15日,党委召开思想政治工作交流会。党委副书记王滋然说:"今年春夏之交的政治风波和半年来的工作实践告诉我们,对青年学生的理想信念教育、人生观世界观教育、奉献精神教育,只能加强不能削弱;思想政治工作是一项塑造人的系统工程,需要齐抓共管,形成合力,并且要不断改进方式方法;思想政治工作者要加强理论修养,不断提高自身素质。"会议特别强调社会主义大学必须坚持正确的办学方向,坚持用马列主义、毛泽东思想、邓小平理论教育学生,坚持把坚定正确的政治方向放在第一位,坚持把培养社会主义事业的建设者和接班人作为根本任务。^③

学校结合不同阶段的社会热点,针对大学生受西方思潮影响,大力开展以国情、人生、爱国为基础的社会主义教育,开展民主法制和纪律教育。组织青年学生参加诸如"农

① 中共中央党史和文献研究院编写:《中国共产党一百年大事记》,人民出版社2021年版,第132页。
② 邓小平:《在接见首都戒严部队军以上干部时的讲话》,《邓小平文选》(第三卷),人民出版社2001年版,第302、305、306页。
③《学校召开思想政治工作交流会》,载《青岛海洋大学》1990年1月3日。

村一日调查""工厂一日锻炼""军营一日活动"等校外实践教育活动,让他们接触社会,了解国情,学以致用;大力开展科技文化体育活动,营造积极向上的校园环境。为了加强青年教师的思想政治素质,校党委举办"关于社会主义若干问题学习纲要"学习班,分期分批对青年教师进行教育。党委书记冉祥熙先后为青年教师作《在当前形势下,加强党的建设的重要性和迫切性》《党的领导地位在高校如何体现》《关于坚持党的群众路线问题》的报告。通过学习和教育,青年教师领会关于社会主义一些重大理论观点的精神实质,消除在社会主义问题上的一些困惑和疑虑,坚定社会主义信念,坚持社会主义方向,提高搞好社会主义教育事业的责任感和积极性,推动学校改革发展。

1990年12月,《青岛海洋大学"八五"事业计划和十年规划方案框架》制订完成并上报国家教委,明确提出"在发展海洋、水产等重点学科的同时,注重学科交叉渗透,培养高层次人才"。要点如下:

一、关于指导思想。继续贯彻"坚持方向,稳定规模,优化结构,深化改革,改善条件,提高质量"的方针,不断完善内部运行机制,密切与社会的联系,增强人才培养对社会要求的适应性,保持教育、科研、科技开发事业持续、稳定、协调发展。

二、关于"八五"事业计划和十年规划。(1)学生规模稳定在4000人左右,其中本专科生3700人、研究生300人;到2000年,在校生规模达6100人,其中本专科生5500人、研究生500人、留学生100人。"八五"期间成人教育保持1800人的规模,其中夜大学生810人、函授生990人;到2000年发展到3000人,其中夜大学生1200人、函授生1800人。(2)调整学科结构,改革专业设置。在发展海洋、水产等重点学科的同时,注重学科交叉渗透,培养高层次人才;应用数学、物理、化学、生物等专业要控制招生数量,计算机应用等应用性专业,在进一步拓宽专业口径的同时,适当扩大招生数量;拟增加工业与民用建筑工程专业、远洋船舶驾驶专业、食品化学专业、国际贸易专业、体育专业等,使本科专业"八五"期间达25个,到2000年达到30个。(3)调整内部科研机构,"八五"期间专职科研编制达到250人;争取物理海洋实验室成为国家重点实验室,水产养殖实验室成为国家教委开放研究实验室,并逐步建设成国家重点实验室;拟增设海洋化学、海洋药物、食品工程等学科为博士点。(4)师资队伍建设重点解决同步老化带来的青黄不接问题,注重学术梯队建设,采取选派出国攻读学位、定向培养、吸引留学回国人员等措施,保证骨干教师队伍的新老交替。(5)加强科技开发和科技产业工作,"八五"期间,以海洋药物和生物材料为主要内容建立科技产业,进一步开发废水处理技术;到2000年计划开创以海洋化工和电子技术为主要内容的科技产业,逐步形成几个有特色的拳头项目及实用产品。

（6）完成麦岛新校区的建设，加快教职工住宅建设进度，更新通讯设备等，改善办学条件和师生生活条件。①

按照"八五"事业计划，学校坚持正确的办学方向，深化改革，完善机制，不断将学校事业发展推向前进。

第三节　曾繁仁任党委书记与内部管理体制改革

一、曾繁仁任党委书记

1992年7月21日，国家教委党组下发文件，任命曾繁仁为青岛海洋大学书记。

曾繁仁（1941—　），安徽泾县人，著名美学家、当代中国生态美学的主要倡导者之一。1964年毕业于山东大学中文系，同年任教于山东大学中文系，1987年晋升为教授。曾先后担任山东大学教务长、常务副校长，1992年7月任青岛海洋大学党委书记。

在邓小平南方谈话精神指引下，我国改革开放的大潮汹涌澎湃，教育战线改革亦势如破竹。国家教委连续发布一系列关于直属高校转变职能、加快改革的文件，启动了高校深化改革的快捷键。曾繁仁此时上任，如何团结带领

图7-2　党委书记曾繁仁

党政领导班子加快青岛海洋大学改革步伐，是面临的首要任务。而加强班子建设，调动各级领导干部和广大党员解放思想、转变观念、积极投身改革大潮乃是重中之重。

9月2日，曾繁仁在全校党总支正、副书记和直属党支部书记会上，就当前的形势和任务、学校新学期工作的基本思路、加强和改善党的领导等问题发表了意见。

关于当前形势和任务，曾繁仁说："邓小平同志南方谈话的发表，以及建设有中国特色社会主义理论的形成，标志着我国社会主义建设事业进入了一个新时期，我们对社会主义的认识有了一个新飞跃，主要表现在经济的活跃和改革开放的不断深化，很多深层次问题的解决都提到议事日程，并将在改革中得到逐步解决。委属高校内部管理体制的改革已全面铺开，并进入实施阶段，这不但给我们提供了机遇，也提出了挑战。机不可失，时不我待。我们一定要抓住这个契机，深入学习、贯彻、落实邓小平同志谈话精神，

①《青岛海洋大学"八五"事业计划和十年规划方案框架》，中国海洋大学档案馆藏，档号：HD-1990-XB-299。

坚持党的基本路线，努力搞好我校的改革和发展，这是学校的中心工作也是党的中心工作。因此，各级党组织要主动积极地参与和领导改革，这是责无旁贷的历史责任。"[1]

关于学校新学期工作的基本思路，曾繁仁说，一是抓紧制定和实施学校内部管理体制改革方案。指导思想是：有利于坚持社会主义办学方向，有利于培养合格的社会主义事业的建设者和接班人，有利于调动广大师生员工的积极性，有利于提高学科发展的综合水平和学校的综合实力。要坚持教学、科研两个中心，发挥教学、科研、社会服务三个职能，逐步转换办学机制，实行"一校三制"（即事业单位事业管理、企业单位企业管理、后勤服务性事业单位企业化管理），从而增强学校的活力，调动各方面的积极性，真正把学校办好。人事制度改革是先导，分配制度改革是杠杆，科技产业管理体制改革形成的产业与经济发展是后盾。坚持配套改革，结合进行教育的综合改革。二是修订完善学校的发展规划。主要包括事业发展规划、学校发展规划、基建规划等。三是召开科技工作会议，推动学校科学研究与科技产业的发展。通过会议动员和部署，统一认识，逐步从以基础研究为主转入为经济建设服务的主战场，达到上水平、创效益的目的。四是努力节支开源，尽快使学校的财政状况进入良性循环。

关于加强和改善党的领导，曾繁仁强调，一定要紧密联系思想和工作实际，进一步学习领会邓小平同志重要谈话和江泽民总书记重要讲话精神，坚持党的基本路线，切实加强思想政治工作，加强教师、干部、学生骨干队伍和党支部的建设，克服政治与业务"两张皮"的现象，把思想政治教育做到业务领域中去。关心群众疾苦，化消极因素为积极因素，继续做好学校的稳定工作，从而保证学校的各项工作更好地开创新局面。[2]

为落实中共中央政治局委员、山东省委书记姜春云1993年6月考察青岛海洋大学时提出的"办好青岛海洋大学，为我省两个跨世纪工程服务"要求，8月10日至17日，曾繁仁和校长管华诗带队，组织18位有关学科的专家赴黄河三角洲考察。其间，先后同东营市与胜利油田的干部、专家与群众进行广泛接触，参观考察了黄河入海口、东营港、广利港、广北港、孤东油田、自然保护区、养虾场、水库等，分别签订合作协议与意向书，共计合作项目25个。这次考察，是学校十多年来在黄河三角洲开发所做工作基础上新的开端，以学校整体综合力量为这一巨大跨世纪工程服务，既是重大责任，也是学校发展的内在需要。[3]

① 《部署加快我校改革和发展步伐》，载《青岛海洋大学报》1992年9月15日。
② 《部署加快我校改革和发展步伐》，载《青岛海洋大学报》1992年9月15日。
③ 《校组成考察团赴黄河三角洲现场考察》，载《青岛海洋大学报》1993年9月15日。

二、实施管理体制改革

1992年，国家教委拨给学校的事业费为1300万元，用于师生员工的工资及奖学金等支出为586万元，余下的经费拨给总务处245万元，约占剩余经费的三分之一。此比例可谓不低，但全年支出电费72万元、水费15万元、电话费26.8万元、取暖费48.6万元，合计162.4万元，约占学校拨给总务处全年经费的66%。数字说明，余下为改善师生员工学习、工作和生活条件的经费捉襟见肘。况且，物价还在不断上涨，如果不改革，将面临难以为继的窘境。①

后勤管理如此，教学、科研、人事、分配、产业、住房等，都面临着不改革就无出路的困局。全面推行内部管理体制改革迫在眉睫，势在必行。

5月5日，校长施正铿主持召开各单位负责人会议，研讨加快学校改革步伐。他提出，要进一步解放思想，不等不靠，大胆地试，大胆地闯，把改革引向深入。13日，校党委常委会研究决定，成立学校综合改革领导小组，施正铿为组长，王滋然、秦岿仁、管华诗为副组长，另有成员12人。

8月21日，国家教委在一天内印发两份关于直属高校深化改革的文件：一是《关于国家教委直属高校内部管理体制改革的若干意见》，提出为全面贯彻党的教育方针，深化高校综合改革，推动学校办学的整体水平再上一个新台阶，适应国家经济和社会发展的需要，国家教委直属高校要积极稳妥地推行校内管理体制改革。同时对校内人事制度改革，分配制度改革，校内住房、医疗、退休保险制度改革以及学校内部管理的权限提出意见，对改革工作的领导和实施提出原则要求。②二是《关于国家教委直属高校深化改革，扩大办学自主权的若干意见》，提出国家教委直属高校深化改革、扩大办学自主权的意见。在学科发展、专业设置、招生计划、科研编制、继续教育、基本建设、学费标准、经费管理、校内分配、人事管理、职称评聘、机构设置、副校级干部任免、国际交流、来华留学等方面简政放权，大开绿灯。③

大氛围、小环境都要求青岛海洋大学深化改革。9月9日，经反复酝酿讨论，学校出台内部管理体制改革的初步方案，要点有：

1. 对改革实行整体规划，分步实施，小步走、快节奏，既积极又稳妥的方针。重点抓校内人事制度与校办产业管理体制的改革，逐步延伸到分配、后勤服务等方面，配套进行

① 鸣文：《后勤管理改革迫在眉睫》，载《青岛海洋大学报》1993年3月15日。
② 国家教委：《关于国家教委直属高校内部管理体制改革的若干意见》，教直〔1992〕37号，1992年8月21日。
③ 国家教委：《关于国家教委直属高校深化改革、扩大办学自主权的若干意见》，教直〔1992〕38号，1992年8月21日。

住房、医疗与退休保险制度的改革，结合进行教育改革。

2. 人事制度的改革实行"四定"（定规模、定编制、定岗位、定人员）、"二评"（单位考评、个人考核）、"一包"（工资总额包干）和"一校三制"（事业、企业、后勤企业化三种管理制度）。

3. 校办产业实行政企分开、经营权与所有权分离；对从校外招聘的企业编制人员不包工资、不包住房、不包破产后的出路；经过一定过渡期后，实现自主经营、自负盈亏。

4. 总务后勤实行任务与经费承包制，强化考核，人员待遇与服务质量挂钩。

5. 在分配制度上变奖酬金平均发放为校内津贴，在考核的基础上按劳分配，逐步做到国家工资与校内津贴双轨运行。

6. 各项改革工作自本月起陆续启动，梯次展开。[①]

在当天学校召开的副处级以上干部会上，党委书记曾繁仁、校长施正铿就实施《青岛海洋大学内部管理体制改革初步方案》作动员部署。强调，鉴于学校经济实力较弱和理顺内部管理体制工作量较大的现状，目前侧重于校内人事制度与校办产业管理体制的改革，逐步延伸到分配、后勤服务等方面的改革，配套进行住房制度的改革，结合进行教育改革。改革过程中，实行整体规划、分步到位、既积极又稳妥的方针。将内部管理体制改革与教学、教育改革结合进行。专业调整按已有计划进行，当前重点抓青年学术带头人的选拔、培养、奖励和重点学科的建设。[②]

1992年的岁末，青岛海大人是在改革浪潮涌动中度过的。

12月1日，学校推出人事权、财务管理权、设备管理权、经营决策权、质量管理权、项目审批权、定价权等八项权限下放校办企业的改革措施，极大地调动起校办企业干部职工的积极性。

12月12日，学校出台《青岛海洋大学关于加强科技工作的意见》，就进一步深化学校科技体制改革提出指导。

12月16日，为深化教学改革，学校召开会议布置全面修订各专业教学计划。指导思想是：继续拓宽专业面，加大改革教学内容的力度，逐步建立适应我国社会主义经济建设及现代科技、文化发展的教学内容和课程结构。同时，加强数学、外语、计算机应用、汉语写作等公共基础课，侧重培养学生的基本素质和能力，以主动适应社会经济发展对人

① 张静主编：《中国海洋大学大事记》，中国海洋大学出版社2014年版，第164页。
② 《校召开副处以上干部会部署全面实施内部管理体制改革》，载《青岛海洋大学报》1992年10月1日。

才的需求。

12月23日，学校打破工人与干部的界限，变任命厂长为公平竞争厂长，对学校生产处所属的海洋仪器厂、汽车修理厂、制冷设备厂、印刷厂，本着"能者上、庸者下"的原则，进行公开公平答辩竞争，当场宣布四位竞争获胜的新任厂长。

12月30日，学校对科研机构进行调整，更趋向于有效管理，有利于调动科研人员积极性。

学校内部管理体制改革，无异于一场打破落后观念及旧有制度、触及灵魂的思想革命。这场内部管理体制改革在统筹谋划、精心组织、全员参与下稳步推进，促使学校教学、科研、管理各项工作开创新局面，师生员工的积极性得到极大调动，学校事业呈现出久违的生机与活力。

三、创办科技企业

早在1986年，由管华诗领衔研制的我国第一个现代海洋药物藻酸双酯钠就转让给青岛第三制药厂，使其年产值达到5000万元，获利2800万元。至1992年，累计产值已达2亿元。[①]全国已有20余家制药厂生产此药，产值约4亿元。然而，学校仅仅获得转让费120万元。如何更好地加强校企合作，实现科研成果转化价值最大化，成为学校必须破解的一道难题。

1992年5月，学校依托青岛海洋药物与食品研究中心与青岛第三制药厂联合建立以研究、中试为目的青岛海洋大学实验药厂，探索校企合作进行科技开发的新模式。[②]

1992年12月召开的青岛海洋大学科技工作大会总结了"七五"以来科学研究和科技产业工作的经验教训，讨论并原则通过《青岛海洋大学1993—2000年科技发展规划》和《"八五"科技产业发展规划》，表彰一批在科技工作中做出优异成绩的先进集体和个人。校长施正铿作《解放思想，深化改革，尽快提高我校科技工作的水平和效益》报告；党委书记曾繁仁在闭幕式上发表讲话指出，对于高校而言，科技水平是学术水平的重要标志，要始终高度重视。稳定并培养学科带头人，尤其是青年学科带头人和学术骨干，更是特别重要的工作。

"七五"以来，学校认真贯彻经济建设必须依靠科学技术、科学技术工作必须面向经济建设的方针，在力量部署、学科建设、政策导向、增加投入等方面采取一系列有效措

---

① 魏世江主编：《中国现代海洋药物研究的开拓者》，山东科学技术出版社2002年版，第124—125页。
② 《我校举行联合建立实验药厂签字仪式》，载《青岛海洋大学报》1992年6月1日。

施，努力发挥海洋与水产学科的特色和多学科交叉的综合优势，组织教师和科技人员，开展全方位、多层次的科技工作。在承担国家科技攻关课题、稳定基础研究与应用研究、跟踪高新技术、加速科技成果推广应用、创办科技企业等方面，取得了可喜的成绩。

在解放思想、转变观念方面，国家改革科技拨款制度，通过设立基金制、合同制、招标制和开拓科技市场，转变了教师和科技人员长期存在的等、靠、要的传统观念，增强了凭实力积极参与竞争的意识，全校75%的教师和科技人员走出校门，活跃在科技和经济的各个领域。

在科技任务和经费方面，通过多渠道的争取与竞争，"七五"期间，学校共承担国家和地方各单位的科技课题1004个，累计科研经费3700多万元，年均科研经费536万元，比"六五"期间有较大的增长。专职科研编制人员年经费强度一直处于部委属高校的上游水平。[①]

在科技成果的数量和质量方面，"七五"期间，学校共取得科技成果181项，其中达到国际先进水平的35项、国内首创或领先的74项，出版专著79部，发表各种学术论文1571篇。科技成果获国家级大奖的6项、省部级47项、地市级73项、学校级247项，国际展览会金奖7项。

在科技成果开发应用方面，"七五"期间，学校在海洋药物与保健食品、水产增养殖技术和新品种培育、生物卫生材料、精细化工与农药、节能降污产品等方面，开发了一批水平高、效益大的应用科技成果，如海洋药物PSS和海珍品系列、创伤愈合海绵、XP系列污水处理凝聚剂、无频闪直流荧光灯、生物制品AHA、精细化工产品二氧化氯、"灭多威"农药、麦饭石溶出液、人工皮肤，共转让科技成果和开展技术服务155项，直接经济收入973万元，校办产业收入500万元，取得了较好的经济和社会效益。

面对"七五"期间存在的应用成果开发推广薄弱、科技成果转化为生产力不足及科技产业发展缓慢等问题，学校提出，加强科技成果转让和横向科研合作，积极投入经济建设主战场。即要进一步加强与经济部门和大中企业的横向联合，积极承担地方经济发展中亟待解决的科技难题，并努力将科技成果尽快转化为生产力。以市场为导向，以本校科技优势为后盾，有计划、有重点地发展校办科技产业，以利于实现教学、科研、生产三结合，促进科技成果的转化和人才的培养。[②]

---

① 施正铿：《在科技工作大会上的报告》，载《青岛海洋大学报》1992年12月15日。以下"七五"以来成果均引自此。
② 海闻：《校提出加强科技工作十条意见》，载《青岛海洋大学报》1992年12月15日。

1992年校办产业交上优秀的成绩单：总收入约700万元，利润183万元，上缴税金30万元，上交学校150万元，上交学校基金比1991年增加50%。创收单位由上年的2个增加到6个，总体开发实力提高，逐步形成技、工、贸一体化模式。海洋药物PSS、矿泉资源开发、印染废水处理技术等项目都产生重大社会效益，1992年对台湾省转让印染废水处理技术获得了10万美元的技术转让入门费。科技开发实体化，兴办4个校办产业实体，成立了12个系办（二级）科技产业实体，加强与地方的横向联合，取得社会广泛支持。

1993年3月，青岛海洋大学与山东省食品进出口公司、台湾省陈耀民先生、山东省郓城银达公司和澳门南光集团公司合作经营的青岛海洋大学华海制药厂成立。合同规定，该合营企业投资人民币3000万元，其中学校出资1800万元（包括土地25亩使用权16年，锅炉房、水电等附属设施，PSS第二代产品甘糖酯、海寿尔康、东海三豪、海力威等系列产品的技术作价900万元），其他四方各出资300万元。合作经营期限为16年。主要经营海洋药物、卫生材料及保健食品的开发、生产和销售。[①]6月28日，占地40多亩的青岛海洋大学华海制药厂奠基。代表青岛市委、市政府出席奠基仪式的青岛市委副书记徐长聚评价说："海大人的思想解放，带来了科技的解放，使科学技术走上了经济建设主战场，祝愿青岛海洋大学的科技成果在青岛落地生根，结出丰硕成果。"[②]1994年10月22日，华海制药厂成功试车运营，标志着海洋生物制药从科研到生产有了中试基地，学校成为海洋生物制药的科技辐射中心。

随着校企合作和创办科技产业的不断发展，1993年11月15日，校党委研究决定，撤销校办产业管理委员会、办公室和产业处，成立校办产业管理处和青岛海洋大学高科技发展总公司，下辖校办工厂、校办科技企业及院（系）各类经济实体，进一步理顺了管理机制。

经过近十年的探索，青岛海洋大学的科技产业从无到有，克服投入不足、条件简陋、历史遗留问题多、人员包袱重等困难，通过不断调整和整顿，促使校企合作和科技产业沿着健康轨道逐步发展，构建起以华海制药厂为支柱企业，生产海洋药物、海水素、环保、新型建材、海洋仪器、计算机等技术和产品的科技产业体系。[③]

---

① 《校华海制药厂合作经营合同签字生效》，载《青岛海洋大学报》1993年4月1日。

② 《校华海制药厂举行奠基仪式》，载《青岛海洋大学报》1993年7月15日。

③ 产业处：《1998年年报校办产业部分》，中国海洋大学档案馆藏，档号：HD-1998-XZ19-1。

第二章

深化改革　开拓工作新局面

经过十几年改革发展，青岛海洋大学在国家教委、山东省和青岛市支持下，主动适应社会需求，勇担科教兴国、人才强国使命，坚持以人为本，遵循高等教育发展规律，以深化改革、扩大开放、整体上水平为主旋律，以进入"211工程"建设序列为标志，以确立特色鲜明的综合性大学建设目标为引领，积极作为，富有活力和发展动力的办学体制机制逐渐形成。

第一节　领导班子调整与管华诗任校长

进入20世纪90年代，我国改革开放步伐加快，世界科技迅速发展、高科技浪潮席卷全球，中国高等教育体制改革正在深入，将怎样的教育带入21世纪成为中国高等教育关注的焦点。

深化改革，建设一个坚强有力的党政领导班子是关键。1992年10月15日，中共山东省委组织部下文，同意秦启仁、管华诗任青岛海洋大学党委常委；1993年2月27日，国家教委下文任命冯瑞龙为青岛海洋大学副校长；2月29日，国家教委下文任命李耀臻为青岛海洋大学党委副书记；7月13日，国家教委下文任命管华诗为青岛海洋大学校长。1994年3月10日，国家教委发文任命侯家龙为青岛海洋大学副校长，5月30日，国家教委发文任命冯士筰为青岛海洋大学副校长。学校党政领导班子建设向着年轻化迈出一大步，为学校改革取得突破，发展步伐加快提供了保障。

管华诗（1939—　　），山东夏津人。1964年毕业于山东海洋学院水产系，同年任教于山东海洋学院水产系，先后为助教、讲师、副教授、教授。1982年任水产系海洋药物研究室副主任，1984年任水产系副主任，1986年任水产学部副主任，1988年任海洋药物研究所所长、水产学院副院长，1991年任青岛海洋大学副校长，1993年7月担任青岛海洋大学校长。

1994年6月3日，国家教委党组下文，管华诗任青岛海洋大学党委副书记、代理书记。6月10日，学校召开领导班子调整

图7-3　管华诗校长

大会。国家教委人事司司长陈文博宣布国家教委党组批准的青岛海洋大学领导班子的调整意见。因工作需要，党委书记曾繁仁调任山东省委高校工委第一副书记、省教委第一副主任，校长管华诗代理党委书记，王元忠任党委副书记，侯家龙任党委委员、常委，冯士筰任副校长。陈文博说，由于校党政领导的团结合作和各级领导及师生员工的努力，青岛海大前段时间工作成绩是显著的，特别是曾繁仁同志事业心强，工作投入，积极带领党委一班人团结奋进，虽来青岛海大时间不长，但取得的成绩是明显的。这次曾繁仁调到省委高校工委和教委工作，虽对青岛海大工作带来一定损失，但由于仍分管高校工作，这样对国家教委与山东省共建青岛海大和山大，是很有利的。陈文博希望新调整的学校领导班子要充满信心，团结一致，发挥优势，挖掘潜力，进一步做好工作，开创新局面。

管华诗对离任的曾繁仁给予很高评价：“曾繁仁同志在青岛海洋大学工作期间，积极抓党建和思想政治工作，重视抓领导班子和队伍建设，抓规范化管理，使党政关系克服了‘两张皮’现象；团结合作，在学校发展规划、学科建设、深化改革等工作中，做出了显著成绩，这是全校师生公认的。民主、踏实、务实、平易近人，是他的一贯作风，为我们树立了很好的榜样。”

曾繁仁感谢大家对自己工作的支持。他表示，虽因工作调动离开学校，但今后仍会以曾是海大人而自豪。作为海大输送的干部，会为海大的发展继续努力。

管华诗代表学校领导班子表示：“我们一定会团结一致，努力工作，绝不辜负上级和师生员工的期望，把学校各项工作做好。”①管华诗以他敏锐的洞察力、勇于担当和坚韧

①《校领导班子调整》，载《青岛海洋大学报》1994年7月1日。

执着的品格和气质，影响着学校。海大人在以他为首的党政一班人的带领下，抢抓机遇，攻坚克难，推动学校事业发展进入快车道。

第二节　进入"211工程"建设序列

1993年2月颁布的《中国教育改革和发展纲要》提出："要集中中央和地方等各方面的力量办好100所左右重点大学和一批重点学科、专业，力争在下世纪初，有一批高等学校和学科、专业，在教育质量、科学研究和管理方面，达到世界较高水平。"[①]即要在21世纪重点建设100所大学和一批重点学科，简称"211工程"。"211工程"是国家推进高等教育发展、促进高等教育与经济社会发展相适应的一项战略性措施。7月15日，国家教委《关于重点建设一批高等学校和重点学科点的若干意见》公布，决定实施"211工程"。建设的中心任务是提高高等学校的教育质量、科研水平和办学效益；建设目标是经过十年或者更长一点时间的努力，使相当一批高等学校和重点学科能够成为培养高层次专门人才和解决国家经济建设、科技和社会发展重大问题的基地，在教育质量、科学研究和管理等方面处于国内先进水平，并有一定的国际影响，其中若干所高等学校和部分重点学科达到或接近世界先进水平。基本形成适应社会主义现代化建设需要、结构布局合理、水平较高、各具特色的重点学科和示范带头学校，建立适应社会主义市场经济体制和政治、科技体制改革需要的高等教育新体制。[②]据此，青岛海洋大学着手准备，争取首批进入"211工程"。

"211工程"建设是青岛海洋大学发展的重大机遇，尽早进入"211工程"建设行列是全校上下的共同心愿。1993年9月4日，党委常委会研究决定，成立"211工程"领导小组，管华诗任组长、秦启仁为副组长，另有成员16人。

学校决策层密切关注国家高等教育管理体制改革动向，积极争取为国家教委和山东省共建青岛海洋大学创造条件。管华诗校长与山东大学校长潘承洞一起向山东省省长赵志浩汇报提出，希望省政府支持青岛海洋大学与山东大学首批进入"211工程"序列。1994年7月，国家教委和山东省人民政府联合下文，决定共建青岛海洋大学，对学校实行双重领导、联合办学，争取尽早进入"211工程"。实行共建后，学校原建制和投资渠道不变，山东省自1994年起每年为学校提供1000万元共建费（含青岛市每年给学校投入的400

① 中共中央、国务院：《中国教育改革和发展纲要》，中发〔1993〕3号。
② 张静主编：《中国海洋大学大事记》，中国海洋大学出版社2014年版，第170页。

万元）。山东省把青岛海洋大学作为人才培养和发展科技的重要依靠力量，学校要在专业设置、招生、毕业生就业、科研方向等方面优先满足山东省经济建设和社会发展的需要；学校要充分利用国家和山东省给予的各项支持，加强重点学科、重点实验室和博士学科点、硕士学科点建设，逐步成为山东省培养高层次人才的主要基地。要充分发挥知识和智力密集的优势，面向经济建设主战场发展高新技术及其产业，在科技兴鲁及建设"海上山东"和开发黄河三角洲两项跨世纪工程中，在发展关键性技术，加快高新技术产业的发展，以及引进消化先进技术与企业技术改造等方面，为山东省多作贡献。①

国家教委和山东省共建青岛海洋大学，为学校进入"211工程"创造了条件，加强了国家教委和山东省政府对青岛海大的领导和管理，从体制上理顺了山东建设与发展依托青岛海洋大学的科技与人才、青岛海洋大学的发展背靠山东支持的互动关系，为把青岛海洋大学建设成国内一流、在国际上有影响的大学与山东省"两跨工程"有机结合提供了体制保障。1994年9月18日，山东省省长赵志浩，中共山东省委常委、青岛市委书记、青岛市市长俞正声来校考察时明确表示，山东省、青岛市两级政府积极支持学校首批进入"211工程"。②

1995年3月，国家教委组织专家对青岛海洋大学"211工程"预审前各项准备工作进行了系统检查和梳理，查漏补缺，为顺利通过正式预审打下良好基础。

1996年1月10日至12日，以厦门大学校长林祖赓教授为组长，包括中国科学院院士刘鸿亮、秦蕴珊和国家教委副主任周远清在内的十几名学者、专家组成的专家组到校考察。专家组听取校长管华诗院士关于《青岛海洋大学"211工程"整体建设规划》的报告，观看专题录像片，实地考察部分教学、科研单位，分别召开学术带头人和中青年学术骨干座谈会，并经过认真评议后宣布：青岛海洋大学通过"211工程"部门预审。专家组认为，青岛海洋大学在为国家特别是海洋、水产事业培养大批高级专门人才的同时，取得了一批较高水平的科研成果，是我国海洋、水产事业培养高层次人才和科学研究的重要基地，已成为一所学科特色鲜明、优势突出、师资力量较强、教育质量较高，居国内高校前列的大学。学校的"211工程"建设自我评估报告符合实际，建设目标是适合的，围绕这个目标提出的改革与发展思路和具体措施是基本可行的，经过努力是可以实现的。专家组还对学科间交叉渗透，加强应用基础和高新技术研究提出了建议。山东省副省长张瑞凤，中共山东省委常委、青岛市委书记俞正声等省、市领导出席预审开幕式并讲话，他们表示

---

① 《关于共同建设山东大学和青岛海洋大学实行双重领导联合办学的意见》，中国海洋大学档案馆藏，档号：HD-1994-XZ11-2。
② 张静主编：《中国海洋大学大事记》，中国海洋大学出版社2014年版，第176页。

要从各方面更加支持青岛海洋大学的建设和发展，使之尽快成为整体办学水平更好、办学效益更显著、国内一流并具有国际影响的综合性大学。[1]

1997年6月26日，以天津大学党委书记杨渝钦教授为组长的9名专家，对青岛海洋大学"211工程"建设项目进行论证。专家组全体成员经过认真论证审核后，一致通过《青岛海洋大学"211工程"建设项目可行性研究报告》，原则同意"九五"建设资金的安排。建议学校对部分内容作进一步补充完善后上报，争取尽快批准实施。[2]

1998年7月，山东省人民政府批复《青岛海洋大学"211工程"建设项目可行性研究报告》，同意青岛海洋大学作为山东省"211工程"项目院校，在"九五"期间进行建设，全部工程在2000年前建成。总体建设目标是：立足山东、服务山东、面向全国，力争到20世纪末，使青岛海洋大学在教育质量、学科建设、科学研究、管理水平和办学效益等方面有显著提高，重点建设的学科处于国内前列，其中部分学科达到或接近国际先进水平，总体办学水平达到国内同类高校先进水平，成为国内高等教育领域培养高层次、高素质专门人才，解决国家和地方经济建设、科技进步和海洋开发利用与保护等重大问题的基地之一，为到21世纪初把青岛海洋大学建成在国内外有重要影响的高水平特色大学奠定坚实的基础。建设的主要内容包括：重点学科（物理海洋、水产养殖、海洋药物、海洋化学等）建设；公共服务体系（校园网、海上综合实验室、图书资料等）建设；基础设施（教学、科研及服务）建设。青岛海洋大学"211工程"建设投资总额为1.2亿元，其中国家投资1600万元、山东省共建资金4000万元、学校自筹资金6400万元。[3]

学校对"211工程"项目运行管理机制进行了充分论证、精心设计，采取科学管理与民主决策机制、特色与综合互动的学科发展机制、效益最大化的资源配置机制和以体制创新带动发展的项目推进机制，并在实践中不断加以丰富，有效地保障了"211工程"建设的顺利实施。

"九五"期间，"211工程"建设是青岛海洋大学建设高水平特色大学的启动阶段。全校上下齐心协力，紧紧围绕建设目标，经过不懈努力，至2000年底全面完成"211工程"一期建设项目，被国家"211工程"验收专家组赞誉为"是中央和地方共建高校的典范，也是国家'211工程'建设中的一个特色范例"[4]。

① 张静主编：《中国海洋大学大事记》，中国海洋大学出版社2014年版，第184页。
② 《校"211工程"立项通过专家组论证》，载《青岛海洋大学报》1997年6月30日。
③ 《山东省人民政府关于青岛海洋大学"211工程"建设项目可行性研究报告的批复》，中国海洋大学档案馆藏，档号：HD-1998-XZ11-23。
④ 王宣民：《我校"211工程""九五"建设按计划高效益圆满完成》，载《青岛海洋大学报》2001年5月24日。

通过"211工程"建设，"学校学科整体水平大幅度提高，学科结构更趋合理，重点学科整体水平处于国内前列，其中部分学科达到或接近国际先进水平；建立了一支以3名院士和66名校聘关键岗位第一、二层次教授为代表的高素质师资队伍；成为国家海洋和水产学科重大科技计划的主要承担单位，'九五'期间科研经费达1.5亿，取得15项标志性重大科技成果；构建了融知识、能力、素质为一体的人才培养机制；公共服务体系和基础设施建设投入大幅增加。整体办学水平上了一个新台阶，为学校在新世纪的发展奠定了坚实的基础"[①]。

历史地看，以管华诗为首的学校领导班子以敏锐的战略眼光，抢抓机遇，积极作为，促成国家教委和山东省共同建设青岛海洋大学，争取到宝贵的资金支持，使学校顺利进入"211工程"建设序列，扭转了学校因经费制约而发展受限的局面，对学校的发展产生了重大而深远的影响；海大人不畏困难，齐心协力，拼搏进取，高质量、圆满地完成一期建设任务，青岛海洋大学在国家高等教育第一方阵中的地位得到巩固与提升。

第三节　校史溯源与七十周年校庆

一、校史源头追溯

1994年春季刚开学，在3月3日的党委常委会上，审议学校本年度工作计划，确定把校庆工作纳入其中。[②]之后发布的《青岛海洋大学一九九四年工作要点》，虽未作专条表述，但明确提出要举办校庆活动。这里的"校庆"，其含义应是指建校70周年纪念庆祝活动。很自然地，追溯校史源头至1924年创立的私立青岛大学，就成为首先要解决的事情。

青岛海洋大学动议追溯校史源头，是由各种内外因素决定的。

首先，基于校园变迁和学科继承的史实。现中国海洋大学鱼山校区北半部分，是20世纪20年代北京政府准予私立青岛大学的永久校址[③]，是南京国民政府筹备成立国立青岛大学时最基础的条件，再经国立山东大学、山东大学两个时期后，由山东海洋学院完整地继承下来。另外，山东大学在青岛这个校园30年的办学历史中，涉海学科的发展脉络清晰，成效明显，为山东海洋学院成立创设了学科基础、专业条件，在学科建设上具有承

①《管华诗校长在我校"211工程""九五"建设项目验收会上的汇报》，载《青岛海洋大学报》2001年5月24日。
②《常委会研究工作会议记录》，中国海洋大学档案馆藏，档号：HD-1994-DQ11-4。
③《准青岛兵营拨作校址案》，山东档案馆藏，卷号：J110-01-21。

前启后的连续性。校园的完整继承和学科发展的连续性，是学校溯源的核心要素。

其次，学校动议追溯校史源头有其深刻的社会背景。自20世纪80年代始，尤其是1984年6月教育部下发《关于编写校史的通知》后，"文革"前建立的一些高等学校便组织力量编写校史。至1993年底，已有近30所高校先后出版了校史或史稿。[①]其中的部分高校还上延建校历史，包括几所著名大学。如山东大学把校史源头追溯至1901年山东巡抚袁世凯设立的山东大学堂[②]，天津大学把校史源头追溯至津海关道盛宣怀1895年创建的北洋西学学堂（翌年改称北洋大学堂[③]），上海交通大学把校史源头追溯至盛宣怀1896年创办的南洋公学[④]。这些大学校史溯源之所以得到认可，其主要依据便是校园变迁和学科发展的继承关系。足见，这两点是一所大学沿革一脉相承、办学一以贯之的不争之证。不仅如此，还有不少高校举办了隆重的校庆纪念活动，以此来增强师生凝聚力，加强校友认同感，扩大社会知名度。不可否认，此种风气的一时之盛，也成为学校要办70年校庆的动因之一。

再次，学校动议追溯校史源头亦有不可忽视的内部原因。自1990年起，不断有教师和干部谈论，呼吁学校将办学源头追溯至1924年。时任党委常委、副校长冯瑞龙回忆：

> 我记得在这（1994年3月）之前，几位校领导曾在非正式场合议论过此事，而且不止一次。大致的意思是：当时已有不少委属高校搞了校庆，扩大了社会影响力。有的高校还把校史往前延伸了，如山东大学追溯至山东大学堂。山东大学在青岛这么多年办学就在这个校园里，海大和山大的历史是紧密联系着的，我们应该以校园史为主要依据往前延伸。……还有，就是避免青岛的某所高校"借壳"，把这段历史归于他们名下。[⑤]

应该说，这段话反映了海大人的共同看法。后来的实际情况也证明，学校追溯校史源头的正当性、正确性。

1993年6月，学校成立校庆筹备领导小组，秦启仁副校长任组长[⑥]，着手校史溯源的论证和校庆筹划。这项工作先期重点是搜集史料，以校园变迁为主要依据，以涉海学科为脉络，以人员关系转换的关联性为支撑，来追溯校史源头至1924年创办的私立青岛大学。中期则沿着两条路径推进，一是与国家教委保持沟通，就怎样进行论证取得指导；二

---

① 涂上飙等：《大学校史研究三十年来的成就、特点、不足与建议》，王杰、张世轶编：《学府史论》，天津大学出版社2017年版，第155页。
② 山东大学档案馆编：《山东大学大事记（1901—1990）》，山东大学出版社1991年版，第1页。
③ 天津大学校史编撰室：《北洋大学-天津大学校史》（第一卷），天津大学出版社1990年版，第21页。
④ 王宗光主编：《上海交通大学史》（第一卷），上海交通大学出版社2016年版。
⑤ 魏世江整理：《冯瑞龙关于70周年校庆的口述史资料》，中国海洋大学档案馆藏，档号：HD-2020-XZ18-C-0060。
⑥ 海文：《校成立校庆筹备领导小组》，载《青岛海洋大学报》1993年7月15日。

是在校内外宣传,向师生员工和广大校友说清楚校史溯源和举办70年校庆的意义。后期则是协助论证、按规定要求报备和推进校庆筹备工作。

1994年6月17日,国家教委办公厅电话通知:"关于你校七十年校史,需请有关方面专家论证。"[1]此前的3月,校办主任刘龙太教授遵校领导安排,赴北京向国家教委直属高校办公室主任陈小娅汇报学校拟举办70年校庆事。陈小娅明确以告:上延学校历史是个学术问题,必须经专家论证才行。这个电话一方面是表明上级主管部门的态度,另一方面是督促学校抓紧进行论证。

6月23日,根据上述要求,刘龙太主任专程赴上海,向国家教委指定的专家——华东师范大学教育科学研究所教授朱有瓛及其副手钱曼倩副教授提交了校史资料。这些材料有《山东大学大事记(1901—1990)》《山东大学校史资料(第二期)》[2]和学校的一份材料,大体内容是校史简述、建校以来的重要成就和学校现状。7月6日,两位专家给出了评审意见:

关于青岛海洋大学校史,在查阅了《山东大学大事记》和《山东大学校史资料》以后,我们认为青岛海洋大学校史,从1959年向前追溯至1924年10月私立青岛大学成立是可以的,理由有二:

1. 根据史料记载,现青岛海洋大学校舍是继承了1924年私立青岛大学校舍的。1924年私立青岛大学创办,选用了俾斯麦兵营作校址(现青岛鱼山路5号)。1928年该校因经费无着落而停办。1929年国立青岛大学筹备委员会,除接收济南的旧省立山东大学以外,同时收用私立青岛大学校产。1930年国立青岛大学在原私立青岛大学校址成立。1932年易名为国立山东大学。1938年因战乱停办。1946年复校。直至1958年山东大学由青岛迁济南,校址由山东海洋学院——现青岛海洋大学继承至今。这是一座老校舍,打上了时代烙印,是值得保存和纪念的校园文化遗产。

2. 现青岛海洋大学与国立青岛大学在专业学科上有前后连续的关系。据史料所述,国立青岛大学设文、理两学院,文学院下分中文、外文、教育学三系;理学院下分数学、物理、化学、生物四系,1931年当时担任校长的杨振声,针对青岛地理环境特点和气候条件,主张创设海边生物学,并意欲将国立青大办成海边生物学研究中心。"不但中国研究海边生物者,皆须于此求之,即外国学者,欲知海边生物学之情形,亦须于青大求之。"(《山东大学校史资料》第二期)。杨振声校长早就预言青岛海洋学发展的前景。1934

① 《关于我校70周年校史专家论证工作情况汇报》,中国海洋大学档案馆藏,档号:HD-1994-XZ11-16-1。
② 朱有瓛、钱曼倩:《关于青岛海洋大学校庆纪念日论证意见》,中国海洋大学档案馆藏,档号:HD-1994-XZ11-15-3。

年山大农学院成立，农学院院长曾省等8人发起组建青岛海洋生物所。1946年农学院内设有水产学系。1947年国民政府教育部在理学院规划设置海洋学系，附设海洋研究所。1952年院系调整中，厦门大学海洋系部分教师调入山大，山大海洋学系正式成立。1958年山大搬迁至济南，而水产、海洋两系留青岛原校址。1959年扩建为山东海洋学院。1988年改校名为青岛海洋大学，并被确定为国家重点大学，为国内外所瞩目。可见，海洋专业源远流长，不是1959年建立海洋学院才有的。①

7月13日，根据校领导与陈小娅主任再次电话沟通的结果，学校又派副校长冯瑞龙和刘龙太主任，到国家教委向直属司副司长温纯汇报了华东师范大学两位专家的论证意见，重申学校举办70周年校庆的诉求。按照温纯副司长的指定，又将校史资料送达北京师范大学郭齐家教授和中央教育科学研究所宋恩荣研究员，请他们予以评审。②为慎重起见，郭、宋两位专家于25日来学校，进行了为期两天的实地考察。他们参观了校园，重点考察了水产馆、"一多楼"、海洋馆、地质馆、科学馆、化学馆和原图书馆楼（现铭史楼），还利用晚上召开了校史座谈会。③此次青岛之行给专家们留下了深刻印象，他们先后给出正式的评审意见。

郭齐家教授《关于青岛海洋大学校庆纪念日的审定意见》节选如下：

青岛海洋大学是1988年1月由国家教委批准更名而成的国家重点综合大学。其前身是山东海洋学院（1959.3），再前身是山东大学（1949.6），再前身是国立山东大学（1932.7），再前身是国立青岛大学（1930.5），最后上溯到私立青岛大学（1924.10.25）。这种上溯是有根据的，符合历史事实的。

究其历史，青岛海洋大学不仅在办学地址、校舍及生活空间上继承了私立青岛大学、国立青岛大学、国立山东大学、山东大学的全部房舍及部分校产，而且在学科和专业设置、教学组织与课程安排、师资队伍等方面，都与山东大学迁校之前有着自然的历史联系，在办学传统、校风学风等方面，也受其前身的重要影响，有着深刻的、内在的历史渊源。

现将青岛海洋大学校庆纪念日定为1924年10月25日私立青岛大学成立之时，是合情合理的，历史资料是充足的。我赞成这个意见，并衷心祝贺青岛海洋大学成立七十周年。在迎接校庆七十周年之际，敬望总结经验、检验成果、继承传统、迎接挑战，把青岛

---

① 中国海洋大学档案馆藏，档号：HD-1994-ZLZ11-16-1。
② 魏世江整理：《袁崇久关于建校70周年校庆的口述史资料》，中国海洋大学档案馆藏，档号：HD-2020-XZ18-C-0059。
③ 中国海洋大学档案馆藏，档号：HD-1994-XZ11-16-3。

海洋大学办成国内第一流、在国际上有重大影响的名牌大学。①

宋恩荣研究员《关于青岛海洋大学校史源头的论证意见》节选如下：

将青岛海洋大学的校史源头确定为1924年10月25日成立的私立青岛大学，我以为是适宜的。对此，我发表以下三点意见：

1. 从历史沿革的发展线索来看，青岛海洋大学的发生与发展具有一定的独立性。虽然说从1930年至1959年间，今青岛海洋大学的校史与今山东大学的校史有过29年（实为30年，编者注）的共同发展的历史（包括抗战期间的1938年至1945年校产保管委员会时期），或者可以说前者是包容在后者主体之中发展的。但从追溯青岛海洋大学的校史角度看，我们也应当承认海大与山大的校史，"起不同源，今不同果"。

山东大学的前身是成立于1901年设立在济南的山东大学堂。青岛海大其源头则是成立于1924年10月设在青岛的私立青岛大学。这两所高等学府当时在山东并存，为山东高等教育的发展发挥了前导作用。到1928年时，由于时局变化（主要是军阀混战，争夺山东地盘与政权），两校办学都遇到了困难而分别相继停办。时贤蔡元培等先生，深为齐鲁大地高等教育事业的受挫而忧虑，因而积极倡议恢复大计。当时的教育部决定于1930年在青岛原私立青大原址成立国立青岛大学并收用二校校产。此时国立青大可以看作是原省立山东大学与原私立青岛大学合二为一的结果。直到新中国成立后的1958年，山东省委决定山东大学迁往济南。第一、二梯队迁济形成济南部分，而留在青岛小鱼山校址的海洋、水产、地质等专业即青岛部分就地继续办学。1959年3月，在山大（青岛部分）的基础上组成山东海洋学院，至此，海洋学院脱离山大走上了独立发展的道路。这一过程，实际上是青岛海大与山东大学一分为二的过程。

2. 从专业方向与办学特色来看，1958年第一、二梯队的迁济，标志着山大二种不同专业方向的分道扬镳。济南部分带走了以文史哲等骨干专业而逐渐发展为门类齐全的全国性的著名的综合性重点大学；而青岛部分则以原山大海洋相关专业为基础发展为我国唯一的一所海洋研究与教学为特色的实力雄厚的综合性高等学府。从专业方向上讲，仅仅追溯至山大成立是不够的。应往上溯至1930年"合二为一"时期的国立青大。当时的校长杨振声先生首倡筹建海边生物学、海洋学、气象学，生物系主任曾省先生也积极倡导。在校系两级的倡导下，海洋生物方面的教师实力不断壮大，有关研究逐渐凸现。如1931年校生物学会举行学术演讲会10次，讲题中涉及青岛之渔业、青岛之鲨鱼、海洋原生物、

----

① 《关于青岛海洋大学校庆纪念日的审定意见》，中国海洋大学档案馆藏，档号：HD-1994-XZ11-16-3。

八带鱼调查；1933年山大成立海滨生物学研究所；至1936年时，建成海洋生物学实验室。海藻学研究室、鱼类饲养及标本陈列室、海洋生物研究一时兴盛，为日后的海洋专业方向之发展奠定了坚实的基础。

另外，从校址校舍校产以及人事等方面，今天的青岛海大与当时的私立青大、国立青大都是有直接承继的关系。

3. 还有一点需要说清的是，在青岛海大与山大校史发展中曾经出现过二段停办"断线"的问题——即私立青大与省立山东大学在1928至1930年间的停办与1938年至1945年间山大的停办。对于这种"断线"现象，我以为这是在政局动荡与外来侵略导致民族矛盾尖锐特殊时期的教育应变过程。停办促成了日后山东高等学校事业的更大发展。第一阶段私立青大与省立山大的停办，导致了1930年国立青岛大学的成立与1932年改名国立山大，1938年国立山大停办，学生转入中央大学等校，组成国立山东大学校产保管委员会，辗转于四川万县与重庆牛角沱等地。这是当时教育大规模西迁的组成部分。抗战胜利后，在教育复员的过程中，国立山东大学于1946年得以在青岛原址复校。这一时期的"断线"，实质上是非常时期调整保持民族高等教育的一种特殊应变方式。在这一过程中，西迁内地大后方的各高校组成了西南联大、西北联大等校，使不同类型不同风格的各地高校人员与学科有了相互交流、融合促进的机会。应当看到，战后山东高校的重建与发展，也颇得力于这种学术的嫁接。一大批成绩、学养卓越的学者在战后高教复员中来到山东从教，为山东高教注入了活力。因此，"断线"不应当成为今天青岛海大与山东大学"续源"的困难与问题。[1]

7月27日，根据四位专家的结论，学校向国家教委呈送《关于我校70年校史专家论证工作情况汇报》[2]，按隶属关系和规定程序正式作了报备。至此，青岛海洋大学的校史源头是1924年创立的私立青岛大学的论证工作结束，10月25日为校庆纪念日亦随之而定。

青岛海洋大学校史溯源所折射出的深刻意义在于：对一所高校而言，在处理学术问题时或在学术管理上，应当具有规则意识，遵循实事求是原则。具体说来，青岛海洋大学校史源头追溯显示出以下特征。

第一，权威性。青岛海洋大学校史溯源，由学校提出申请，中央政府主管部门指定专家进行评审，体现了程序合规、政府主导的权威性。国家教委指定的评审专家来自不同城市、不同的学术机构：朱有瓛是华东师范大学教育科学研究所教授，代表作有《中国近

---

[1]《关于青岛海洋大学校史源头的论证意见》，中国海洋大学档案馆藏，档号：HD-1994-XZ11-16-4。
[2]《关于我校70年校史专家论证工作情况汇报》，中国海洋大学档案馆藏，档号：HD-1994-XZ11-16-1。

代学制史料（四辑）》；郭齐家是北京师范大学教授、博士生导师，编著有《中国教育思想发展史》和《简明中国高等教育发展史（修订本）》；宋恩荣研究员是中央教育科学研究所教育史研究室主任，长期从事中国近代教育史研究。他们皆为我国教育史、教育学研究领域的知名学者，其深厚的学术造诣、严谨的治学态度和正确的历史观，均寓于各自的评审意见之中，体现了学术上的权威性。

第二，科学性。这主要表现在青岛海大历史变迁及其因果关系上。郭齐家说："撰写学校历史沿革，关键是写清楚学校变迁中的衔接关系、继承关系；表现出教师、学生等人员的传承关系；专业学科前后的存续关系等等。……其前身是山东海洋学院（1959.3），再前身是山东大学（1949.6），再前身是国立山东大学（1932.7），再前身是国立青岛大学（1930.5），最后上溯到私立青岛大学（1924.10.25）。这种上溯是有根据的，符合历史事实的。究其历史，青岛海洋大学不仅在办学地址、校舍及生活空间上继承了私立青岛大学、国立山东大学、山东大学的全部房舍及部分校产，而且在学科和专业设置、教学组织与课程安排、师资队伍等方面，都与山东大学迁校之前有着自然的历史联系，在办学传统、校风学风等方面，也受其前身的重要影响，有着深刻的、内在的历史渊源。"宋恩荣说："将青岛海洋大学的校史源头确定为1924年10月25日成立的私立青岛大学，我以为是适宜的。……今青岛海洋大学的校史与今山东大学的校史有过29年（实为30年，编者注）的共同发展的历史。……当时的教育部决定于1930年在青岛原私立青大原址成立国立青岛大学并收用二校校产。此时国立青大可以当作是原省立山东大学与原私立青岛大学合二为一的结果。……1958年，山东省委决定山东大学迁往济南。第一、二梯队迁济形成济南部分，而留在青岛小鱼山校址的海洋、水产、地质等专业即青岛部分就地继续办学。……组成山东海洋学院。这一过程，实际上是青岛海大与山东大学一分为二的过程。"又说："从专业方向上讲……应往上溯至1930年'合二为一'时期的国立青大。当时的校长杨振声先生首倡筹建海边生物学、海洋学、气象学，生物学系主任曾省先生也积极倡导。在校系两级的倡导下，海洋生物方面的教师实力不断壮大，有关研究逐渐凸现。……另外，从校址校舍校产以及人事等方面，今天的青岛海大与当时的私立青大、国立青大都是有直接承继的关系。"①

综上可见，四位专家一致的评审结果与证据链之间，有着逻辑上的因果关系。这完全符合我国历史学家吕思勉给予"历史"一词的定义："历史者，研究人类社会之沿革，而

---

① 《关于青岛海洋大学校史源头的论证意见》，中国海洋大学档案馆藏，档号：HD-1994-XZ11-16-4。

认识其变迁进化之因果关系者也。"①充分彰显其评审结论之科学性。

第三，继承性。关于人事关系的承继，据史料记载，1958年10月山东大学大部迁济后，留在青岛的教师、职员、学生共1116人，占当时山东大学总人数的37.9%②，其中包括28名教授、副教授。这些人员的"身份"，无一例外由"山大人"成为"海院人"，符合高校校史溯源核心要素的整体继承性原则。③他们中不乏代表性人物，如山东大学党委副书记高云昌留下主持中共山东大学（青岛）委员会的工作，是随后成立的山东海洋学院第一任党委副书记。还有一位代表人物最为典型，那就是赵太侔先生。他是国立青大教授、教务长，两度出任国立山东大学校长，是山东海洋学院的教授、院务委员会委员，由"国立青大人"成为了"海院人"。赵先生在海大园工作、生活了近30年，是这一时期学校沿革、人事关系传承的亲历者。

具有权威性、科学性和整体继承性，青岛海洋大学校史溯源的说服力便不言而喻了。

还有一个细节不应该被忽略。论证专家的评审意见显示，青岛海洋大学提供给他们的史料，主要是山东大学档案馆和校史编委会编撰的《山东大学大事记（1901—1990）》和《山东大学校史资料（第二期）》等。从变迁史角度看，不论是形势所迫、历史必然，抑或是风云际会、机缘巧合，山东大学与青岛海洋大学在发展过程中形成了长达30年的共同期是客观事实。共同期内的历史资料自然是相同的，也应当被共享。这一点，1998年两校就以官方名义、正式文本予以了确认。④而从校史溯源角度看，应该说具有典型的他者论证特征，比起自己编撰史料进行源头求证，更具客观性，这无疑从另一个侧面增强了说服力。

二、隆重庆祝建校七十周年

1994年，是青岛海洋大学建校70周年。民国时期，学校在年荒世乱中艰难图存，尽其在我；新中国成立后，学校于时通运泰中发愤蹈厉，矢志图强，为祖国培养了大量优秀毕业生。他们中英才辈出，建功立业于各行各业，尤其在海洋科技与教育领域，很多人成为栋梁之材和领军人物。学校在服务于祖国经济发展、文化繁荣、科技进步和海洋事业兴

① 吕思勉：《中国通史》，天津人民出版社2014年版，第1页。

② 张静主编：《中国海洋大学大事记》，中国海洋大学出版社2014年版，第63页。

③ 刘海峰：《关于中国高校建校时间溯源标准的初步意见》，王杰、张世轶编：《学府史论》，天津大学出版社2017年版，第7页。

④ 《档案馆1995—1998年关于编写校史、大事记工作的请示、意见进程表》，中国海洋大学档案馆藏，档号：HD-1998-XZ18-6。

盛的进程中,贡献了大量的科技成果和智力成果,作出了奠基性、开创性的巨大贡献。

1993年底,学校有8个学院、21个系(部)、32个本科专业;2个国家重点学科、5个省级重点学科,1个国家理科基础科学研究与教学人才培养基地;1个博士后流动站、8个博士学位授权学科、16个硕士学位授权学科;2个教育部重点实验室、4个省级重点实验室、20个研究所;一艘2500吨级的"东方红"海洋实习调查船;教职工总数1892名,其中中国科学院院士1名、国务院政府特殊津贴享受者61名、教授131名、副教授231名;在校学生7338名,其中博士生56名、硕士生216名、本科生4432名、大专生1594名,成人高等教育本、专科生2634名[①];学校占地967.2亩(含浮山校区),建筑面积208945平方米;图书馆藏书65万册、中外文期刊2703种。[②]

作为中国海洋科教事业的开创者和改革开放时代振兴海洋事业的排头兵,青岛海洋大学的发展一直受到国家、省、市和海洋界的大力支持,70周年校庆也同样受到各级领导和社会各界的热切关注。至10月24日,学校先后收到国家教委、国家海洋局、中国科学院和清华大学等80多个部门、国内外高校和企业发来的贺信贺电,陆续收到了党和国家领导人李鹏、乔石、李岚清、姜春云、宋健及山东省省长赵志浩同志的题词[③]:

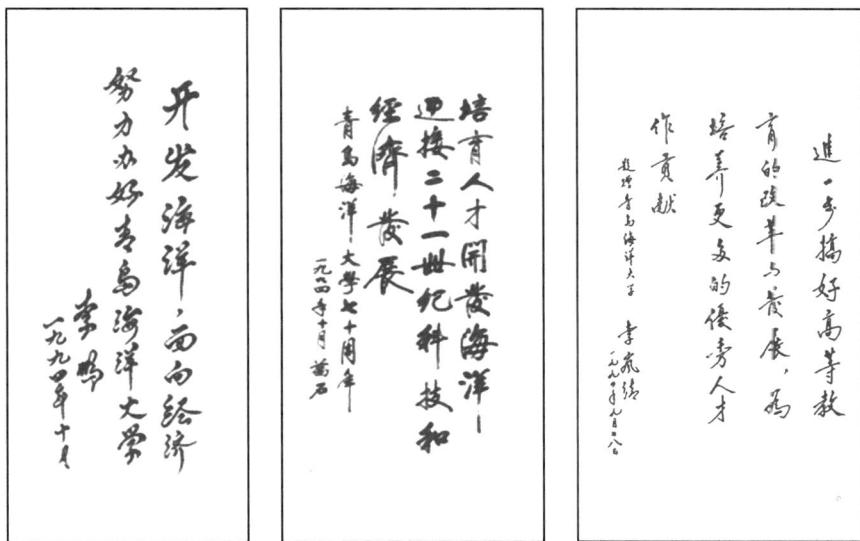

---

① 据《青岛海洋大学综合统计报表》,中国海洋大学档案馆藏,档号:HD-1993-XD326。

② 据《山东省高等学校图书馆基本情况调查表(1993年)》,中国海洋大学档案馆藏,档号:HD-1993-TS-32。

③ 中国海洋大学档案馆藏,档号:HD-1994-SWZH。

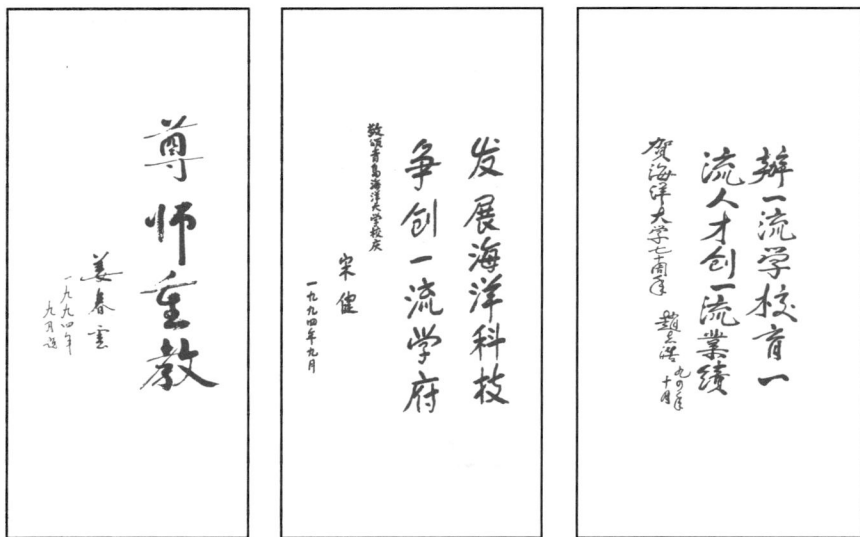

图7-4　题词

　　这些题词蕴含着国家和山东省领导对学校的殷殷期盼，指明了学校未来发展的方向与目标，更是对正走在改革发展爬坡路上的海大人一种莫大的激励。

　　10月25日，庆祝青岛海洋大学建校70周年大会在青岛市人民会堂隆重举行。中共山东省委常委、青岛市委书记、青岛市市长俞正声，山东省政协副主席、省委高校工委书记、省教育厅厅长崔惟琳，山东省人大常委会副主任、中国科学院院士曾呈奎，国家教委学生司司长王炽昌，国家海洋局副局长李文鹤，青岛市人大常委会主任孙炳岳，青岛市政协主席杨在茂，青岛市委副书记徐长聚，北海舰队副政委、少将张铭，北海舰队航空兵政委、少将李光林，海军基地副司令、少将亢正浩，以及国内外来宾、高校代表和师生代表近千人出席大会。

　　庆祝大会由副校长秦启仁主持。当党委副书记王元忠宣读完党和国家领导人和山东省主要领导的题词时，会场上掌声雷动，反响热烈。俞正声、王炽昌、崔惟琳分别致辞。他们充分肯定学校70年来尤其是改革开放以来，在人才培养、科技进步和促进国家地方经济社会发展，特别是海洋、水产事业发展所作出的巨大贡献。俞正声说，青岛海洋大学建校70年来，特别是党的十一届三中全会以来，充分发挥海洋、水产学科的特色和多学科交叉渗透的综合优势，为国家和地方经济建设、社会发展、特别是海洋、水产事业的技术进步，作出了突出贡献。青岛是国家首批开放的沿海城市之一，全国6个计划单列市之一。像青岛这样一个国际知名的开放城市，理应有青岛海大这样一所重点大学，青岛市一定会在各个方面尽力支持青岛海大的建设和发展。青岛海洋大学已被列入国家教委和山东省人民政府共同建设的高校，实行双重领导，这是改革办学体制的一项新举措，必将会推动海洋大学早日进入"211工程"计划。①王炽昌代表国家教委热烈祝贺青岛海大建校70周年，认为学校在人才培养、学科建设、科技开发、内部管理及党建和思想政治工作等方面，都取得了令人瞩目的成就，已发展成为一所具有很高声誉、极富特色的综合性大学，并希望学校百尺竿头，更进一步，再创新的业绩。②北京大学党委副书记朱善璐、韩国群山大学总长代表朴钟大分别代表国内外高校致辞，表达对学校70年校庆的祝愿和进一步加强合作与交流的愿望。

校长兼代理党委书记管华诗代表学校作题为《团结起来，为创办国内一流、国际知名的青岛海洋大学而奋斗》的讲话。首先，他向给予学校支持与帮助的各级政府、兄弟单位和社会各界表达诚挚谢忱，向在各历史时期奠基铺路、孜孜奉献的历届校领导、老一辈科学家、老教师、老员工致以诚挚敬意。其次，简略回顾了学校自1924年创立，几经变迁，图存图强的不平凡历史。再次，从教育改革与人才培养、科技研发与推广、内部管理体制改革与校办产业发展、国内外交流与合作，以及党建与思想政治工作等方面，综述了建校70年来的主要成就。管校长在讲话中明确指出学校未来发展目标：面向21世纪，把学校建成以海洋、水产学科为特色、学科门类较为齐全的国内一流、国际知名的社会主义综合大学。③自此始，创办一流大学成为海大人不懈追求、勇攀高峰的内在动力和奋斗目标。

校庆期间，校内彩旗飘扬，校容焕然，氛围浓厚，喜迎八方宾朋。据史料显示，全校共接待国内外来宾及校友1220余人。举办水产养殖、海洋药物两个国际学术研讨会，各院系举办51场学术报告，交流论文310多篇，参会者2000多人。据不完全统计，《人民日报》、新华社、《光明日报》《科技日报》《中国教育报》《中国海洋报》《大众日报》《青岛日报》、山东电视台、青岛电视台等20多家媒体对海大校庆活动做了报道。④由于时间集中、密集度高，显著提升了青岛海洋大学的社会影响力。校庆活动达到预期目的，取得了成功。

---

① 俞正声：《在庆祝青岛海洋大学建校70周年大会上的讲话》，载《青岛海洋大学报》1994年11月1日。
② 王炽昌：《在庆祝青岛海洋大学建校70周年大会上的讲话》，载《青岛海洋大学报》1994年11月1日。
③ 管华诗：《在庆祝青岛海洋大学建校70周年大会上的讲话》，载《青岛海洋大学报》1994年11月1日。
④ 海闻：《校庆70周年活动达到预期目标》，载《青岛海洋大学报》1994年11月15日。

第四节　第六次党代会召开与确立新发展目标

正值深入学习邓小平建设有中国特色社会主义理论，全面推进改革，全校师生员工为顺利通过"211工程"部门预审奋力拼搏的关键时刻，中国共产党青岛海洋大学第六次代表大会于1995年6月27日至29日召开。出席会议的正式代表113人，列席代表117人。管华诗代表第五届党委作《加强党的建设，深化教育改革，为把我校建成一流的社会主义大学而奋斗》的工作报告，王庆仁代表上届校纪律检查委员会作《中共青岛海洋大学纪律检查委员会向中国共产党青岛海洋大学第六次代表大会的工作报告》。中共青岛市委副书记徐长聚到会并讲话。

党委工作报告指出，9年来，学校各项工作都取得了明显的成绩。深化教育改革，办学水平有了较大提高；面向经济建设，提高科研水平，对外学术交流不断扩大；培养跨世纪优秀人才，教师整体素质有了明显提高；深化校内管理体制改革，取得较好效果；加强基本建设，办学条件有了很大改善；校办产业走上健康发展道路。第五次党代会以来的9年，是学校贯彻党的基本路线，坚持社会主义办学方向，不断加强党的建设和思想政治工作的9年；是学校全面贯彻党的教育方针，不断深化教育改革的9年；是学校既办出特色又全面发展，争上一个新水平、新台阶的9年；也是学校不断探索办学规律和路子，不断总结经验教训，不断调整，不断进取的9年。[①]

党委工作报告列举了学校的发展状况数据。"七五"以来，全校共承担各类科研课题1416个，取得国际领先和先进水平的科研成果35项，国内首创和先进的成果80多项，出版专著、译著87部，在国内外学术刊物上发表论文2338篇；科研成果获国家级奖16项，省部级奖65项，国际金牌10项，获专利203项，一批单位被评为国家和省科技先进集体；先后举办6次国际会议，与21个国家和地区近60所大学、科研机构建立了合作交流关系。教师队伍梯队初步形成，结构趋于合理，水平明显提高。征地379亩建成浮山校区并投入使用。新建3000吨级"东方红2"综合性现代化海洋实习调查船。初步形成了支柱产业、骨干产业和基础产业相结合的产业网络和体系。

关于今后学校改革和建设的主要任务，工作报告指出，根据《中国教育改革与发展纲要》和"211工程"建设的要求，学校的总体发展目标是：经过十年左右的重点建设，到21世纪初，使青岛海洋大学的整体办学水平进入国内高校前列；海洋、水产类学科达到或

---

① 管华诗：《在中国共产党青岛海洋大学第六次代表大会上的报告》，中国海洋大学档案馆藏，档号：HD-1995-DQ11-13-18。

接近世界先进水平，其他学科达到或接近国内先进水平；建成海洋和水产类学科特色鲜明、国内一流、在国际上有影响的社会主义综合大学。使青岛海洋大学成为我国和山东省现代化建设事业高层次人才重要培养基地；成为海洋、水产学科基础性和高技术研究中心；成为海洋科学和水产科学国内外学术交流中心。学校改革和发展的思路是：在建设有中国特色社会主义理论的指引下，全面贯彻党的基本路线和教育方针，积极探索与市场经济相适应的、有自己特色的办学模式和路子，抓住机遇，深化改革，真抓实干，注重实效，全面提高教育质量、科研水平、管理水平和办学效益。①

大会审议并通过关于党委工作报告的决议。决议认为，第五次代表大会以来，校党委在上级组织的领导下，坚持党的基本路线，全面贯彻党的教育方针，坚持社会主义办学方向，深入进行校内改革，加强党的建设和思想政治工作，使学校的各项工作上了一个新的台阶，为今后的建设和发展奠定了较好的基础。大会同意报告中提出的学校今后工作的指导思想和奋斗目标，认为报告中提出的今后一个时期学校事业发展的奋斗目标和各项任务，加强党的建设和思想政治工作的意见，符合党的十四大和十四届四中全会精神及学校的实际情况，是积极可行的。大会要求新一届委员会认真贯彻落实。大会号召，全校各级党组织和广大共产党员，要在新一届校党委的领导下，继续深入学习建设有中国特色社会主义理论，加强自身建设，发挥党组织的政治核心作用和共产党员的先锋模范作用，团结和带领全校师生员工，坚持党的基本路线，全面贯彻党的教育方针，抓住机遇，深化改革，振奋精神，真抓实干，大力提高教育质量、科研水平、管理水平和办学效益，为把学校建设成为一流的社会主义大学而努力奋斗！②

大会选举于慎文、山广恕、王元忠、王庆仁、王安民、方胜民、冯瑞龙、朱福勤、刘建坤、李凤岐、李耀臻、吴成斌、吴德星、邹积明、陈维胜、赵新民、侯家龙、秦启仁、管华诗为第六届党委委员；王庆仁、邓桂荫、刘贵聚、宋志远、陈兰花、陈合乾、陈淑珠、赵庆礼、徐天真为新一届纪委委员。新一届党委和纪委先后召开第一次全体会议，分别选举管华诗、王元忠、李耀臻、冯瑞龙、侯家龙、王庆仁、刘建坤组成新一届党委常务委员会。管华诗为党委书记，王元忠、李耀臻为党委副书记；王庆仁为纪委书记，赵庆礼为纪委副书记。7月20日，中共山东省委组织部通知，同意中共青岛海洋大学第六届委员会和中共青岛海洋大学纪律检查委员会第一次会议的选举结果。

① 管华诗：《在中国共产党青岛海洋大学第六次代表大会上的报告》，中国海洋大学档案馆藏，档号：HD-1995-DQ11-13-18。
②《中共青岛海洋大学第六次代表大会关于第五届委员会工作报告的决议》，中国海洋大学档案馆藏，档号：HD-1995-DQ11-13-18。

党委书记管华诗表示："学校的改革和建设任务十分艰巨，我们将迎接新的考验。我们坚信，在建设有中国特色社会主义理论和党的基本路线指引下，有以江泽民同志为核心的党中央的坚强领导，有国家教委、山东省、青岛市的领导和大力支持，只要全校共产党员和广大教职工齐心协力，共同奋斗，我们一定能够战胜前进道路上的一切困难，办一流学校，育一流人才，创一流业绩，使我校的各项工作再上新台阶，为改革开放和社会主义现代化建设作出我们海大人的新贡献！"[1]

第六次党代会的召开凝聚起学校共产党员和师生员工的智慧和期盼，特别是提出建设国内一流、国际知名的社会主义综合性大学目标，为学校发展明确了方向。全校党员和师生员工精神振奋，干劲倍增，决心在新一届党委的领导下，齐心协力，艰苦奋斗，为尽快实现党代会提出的新目标贡献力量。学校各单位积极贯彻第六次党代会精神，思考和落实党代会精神的具体措施。外国语学院院长杨自俭教授表示："1988年学校更名为青岛海洋大学时，文科比较薄弱，只有一个英语本科专业。后来，随着外国语学院的成立，为学科上层次、上水平提供了机遇，尤其目前日语与韩国语人才需求大量增加，日本和韩国都在等待资助我院创办本科专业和系，这是十分难得的。因此，我们一定要认真学习和贯彻落实第六次党代会精神，抓住机遇，加快发展。我作为一个单位的负责人，今后一定加倍努力工作，为开创学院工作的新局面而奋斗！"[2]

青岛海洋大学这艘航船在新一届党委的带领下已经充满动力，扬起风帆，朝着既定目标开启新的航程。

第五节　校园文明建设评估成绩优秀

1991—1993年，国家教委先后对清华大学等13所直属高校进行文明校园建设的检查评估，并对各校所取得的优秀成绩予以表彰和奖励。实践证明，文明校园的建设与评估，对增强学校的凝聚力、提高综合管理水平、推动各项工作开展，都有着积极的促进作用。为此，国家教委继续在直属高校范围内开展文明校园建设的检查评估工作，并以获"文明校园"称号作为直属高校申报"211工程"预审的必备条件之一，以促进直属高校坚持不懈地抓好文明校园建设，使学校的校风学风建设不断取得更大的成就。[3]

①《校党委六届一次全会会议记录》，中国海洋大学档案馆藏，档号：HD-1995-DQ11-13-18。
②杨自俭：《抓住机遇，加快发展》，载《青岛海洋大学报》1995年7月1日。
③王亚利、温纯：《抓好文明校园评估，促进校风学风建设》，载《中国高等教育》1994年第9期。

建设特色鲜明的综合性大学，必须要有优良的文明校园作为基础。为比，青岛海洋大学的改革发展与校园文明建设同步推进。1990年9月国家教委关于高等学校校园秩序管理的若干规定下达后，学校即成立了校园文明建设领导小组，把校园文明建设摆上重要地位，持之以恒地建设，促使学校连年被评为青岛市卫生先进单位，长期保持青岛市花园单位、绿化先进单位、市级文明单位等光荣称号。

1995年初，学校正式向国家教委申请进行校园文明建设的评估检查，并确定把迎接校园文明建设评估与通过"211工程"部门预审有机结合，作为全年工作的重点，进一步优化育人环境。4月27日，学校举行迎接校园文明建设检查评估动员大会。党委副书记李耀臻传达《青岛海洋大学关于校园文明建设的意见》，就校园文明建设的目标意义、组织领导、工作部署、监督检查等作了阐述。管华诗校长在动员时强调，进一步加强校园文明建设，不仅是迎接国家教委检查，更重要的是学校争取顺利进入国家"211工程"的需要，是培养"四有"人才的需要。他要求全校各级干部、全体师生员工积极行动起来，把这项对学校的发展具有重要影响的基础性工作抓实、做好。以此为开端，全校上下借迎接校园文明建设检查评估和"211工程"部门预审的东风，打响了一场校园文明建设的"攻坚战"。[1]

学校校园文明建设的总体目标是：到21世纪初，在合理规划、逐年投入、分期达标的基础上，校园文明和环境建设达到全国高校的一流水平。1995年的任务是：在进一步完善各种规章制度的基础上，加强文明教育，倡导文明之风，优化育人环境，创建优良校风。为此，各单位要广泛开展"让文明之风在海大永驻"活动，在广大师生员工中形成"热爱海大、建设海大、美化海大"的良好风气。为保证目标实现，整体工作分动员自查、整改实施、检查评估、整改完善、模拟检查和国家教委检查六个阶段进行。要求全校上下把校园文明建设作为一项跨世纪的工程来抓，加强责任制，培养典型，以点带面，抓出成效。[2]

校园文明建设领导小组为确保工作深入开展，下设办公室和校园环境、学习环境、生活环境、综合检查等11个工作组，各院、系也成立了由党政一把手为组长的领导小组，具体负责本单位各项任务的落实。

为了使全校师生员工明确开展校园文明建设的意义、内容和方法，明晰自己的责任，

① 张静主编：《中国海洋大学大事记》，中国海洋大学出版社2014年版，第179页。
② 《校召开校园文明建设达标检查动员大会》，载《青岛海洋大学报》1995年5月15日。

学校各级领导多次召开各类人员会议，并充分利用培训班、党团活动日等时机，广泛进行宣传发动，使得校园文明建设意义更加深入人心，爱校、建校、荣校成为全体海大人的自觉行动。学生处、总务处、教务处在全校学生中开展建设优美校园、树立优良学风、创建优秀班集体、争做文明大学生的"三优一做"活动，校团委在广大团员、青年中开展"让文明之风在海大永驻"活动，校工会在全校评选"十佳青年"活动，校爱委会结合青岛市创建卫生城市开展爱国卫生活动。在这些活动中，各级领导率先垂范，广大师生员工热情高涨，积极参与，涌现出一批先进集体和个人，有力推动了校园文明建设的深入开展。

在校园文明建设中，学校十分重视硬件和软件的建设。在经费紧张的情况下，本着不花钱也办事、少花钱多干事的原则，将有限的经费发挥最大的效益。从1992年起，在硬件建设方面，先后投入300多万元，维修、粉刷全校的办公楼、学生宿舍，更换部分教学楼及学生食堂门窗，拆除校内违章建筑5处，清理卫生死角30余处，清运垃圾5000余吨，新增垃圾箱20多个，更换果皮箱40多个，为优化校园环境创造了条件。在软件建设方面，重点围绕育人中心任务，建立健全一系列规章制度，汇编《青岛海洋大学校园文明建设规章制度汇编》，在师生中广泛开展爱国主义、集体主义和革命传统教育，连年举办大学生科技文化艺术节，组织学生深入工厂、农村、老区，广泛开展社会实践活动，使学生的文明素质不断提高。

1995年10月9日至11日，以国家教委直属司副司长温纯为组长的国家教委校园文明建设检查组，对青岛海洋大学的校园文明建设工作进行检查评估。评估意见说：

一、青岛海洋大学校园文明建设工作取得了显著成效，达到了国家教委校园文明建设检查评估的基本要求，做到了校园安定、文明、整洁、秩序、有纪律，教室、实验室、图书馆管理有序，学生宿舍做到了文明、整洁、朴素、安全，学生食堂环境整洁，饭菜丰富，炊管人员服务思想明确，学生比较满意。

二、青岛海洋大学校园优美，有着浓厚的高等学府的文化气息和氛围，学校良好的校风、学风、教风，"团结、勤奋、求实、创新"的校训和"热爱海大、建设海大"的精神，在校园得到充分体现。学校党政领导高度重视，认识统一，组织落实，上下齐心，把校园文明建设作为全面贯彻党的教育方针、培养跨世纪人才和接班人的有力措施，广泛发动群众积极参与校园文明建设，校园面貌发生了较大的变化，师生员工的精神面貌为之一新，学校的凝聚力得到进一步增强。通过校园文明建设，学校整治了校园环境和秩序，解决了长期难以解决的问题，不仅改善了育人环境和条件，而且提高了学校管理和整体建设水平，也为今后的建设和发展奠定了基础。

三、检查组全体同志一致认为,青岛海洋大学校园文明建设成绩优秀。建议国家教委给予表彰和奖励,并授予"文明校园"光荣称号。

四、希望青岛海洋大学要巩固已取得的成绩,继续深入提高广大师生员工积极参与校园文明建设的自觉性,在加强硬件建设的同时,注重软件建设,强化管理,发扬成绩,找出差距,长抓不懈,不断进取,并通过校园文明建设进一步促进学校教学、科研等各项工作。[1]

1997年5月,《青岛海洋大学社会主义精神文明建设规划纲要》实施,从加强理论学习、师德建设、"三育人"工作、"两课"教学改革、完善德育制度、校园文化建设等不同方面明确提出了校园精神文明建设的目标任务。

2000年10月22日至25日,山东省委高校工委、山东省教育厅高校校园文明建设检查评估组再一次对学校的校园文明建设进行检查评估。

省检查评估组听取党委副书记李耀臻代表学校作的工作汇报,观看校园文明建设专题电视片,并分成三个检查评估组通过实地察看、个别访谈、问卷调查、测验和听课、查阅档案资料以及观看《蓝色的辉煌》文艺晚会等,对学校的校园文明建设工作有了较为全面深入的了解。经过认真讨论、测算、评议,检查组提出评估意见:青岛海洋大学高度重视校园文明建设和检查评估工作,把这项工作作为促进精神文明建设、全面提高教学质量和办学水平的跨世纪工程来抓。通过多种形式的宣传教育,开展丰富多彩的创建活动,调动广大师生的积极性、主动性,形成了共创文明校园的局面。经过建设,校园面貌发生了巨大变化,师生精神面貌焕然一新,思想道德素质和文明素质显著提高。校园环境整洁优美、格调优雅、安全有序。景观建设高雅别致,体现了学校的悠久历史和鲜明特色。绿化工作规划科学、养护良好。道路、教室、办公室、实验室、图书馆、食堂、学生公寓干净整齐。学生管理工作严格规范,学生文明礼貌,课余文化娱乐活动丰富多彩。宣传文化设施高标、齐全、效果良好。青岛海洋大学校园文明建设达到了优秀标准。[2]

在25日的总结反馈会上,山东省委高校工委、山东省教育厅高校校园文明建设检查评估组组长、原山东工程学院院长许万敬宣布:青岛海洋大学校园文明建设达到优秀标准,在全省已评估过的30多所高校中得分最高、建设最好。山东省委高校工委副书记、省教育厅副厅长田建国把学校校园文明建设的成果概括为"海大现象"和"海大精神"[3]。

---

[1]《国家教委校园文明建设检查组对青岛海洋大学检查评估的意见》,中国海洋大学档案馆藏,档号:HD-1995-XZ11-18。
[2] 张静主编:《中国海洋大学大事记》,中国海洋大学出版社2014年版,第227页。
[3] 王宣民:《我校顺利通过山东省高校校园文明建设检查评估》,载《中国海洋大学报》2000年10月26日。

12月1日，学校召开校园文明建设检查评估工作总结表彰大会，45个先进集体、169名先进教职工、150名先进学生和110个先进宿舍受到表彰。党委书记冯瑞龙、校长管华诗先后发表讲话，强调巩固校园文明建设取得的成果已成为每一位海大人的强烈要求，各级领导、各个单位都有责任来巩固和维护全校师生为之付出大量心血换来的成果，使之发扬光大，在高水平特色大学建设中发挥基础性作用。[①]

通过1995年和2000年两次校园文明建设检查评估，师生员工以主人翁姿态参与校园文明建设，对校园综合治理、校风学风建设，营造健康向上的校园文化氛围，增强海大人的凝聚力和向心力等方面，是一次显著的提升，标志着青岛海洋大学校园文明建设迈上新台阶。

---

① 张静主编：《中国海洋大学大事记》，中国海洋大学出版社2014年版，第229页。

第三章
校内管理体制改革

面临世纪之交的挑战和机遇，一场以出效率、出效益、出人才为根本目的的新一轮管理体制改革正在高校兴起。学校第七次党代会对改革发展作出全面部署，首次"崂山会议"研究提出一系列措施，深化改革迈出关键一步，为学校跨世纪发展打下良好基础。

第一节　第七次党代会召开与冯瑞龙任党委书记

1995年第六次党代会后，抢抓机遇、改革发展成为青岛海洋大学的主旋律。全校在邓小平建设有中国特色社会主义理论指导下，解放思想，锐意进取，内部管理体制改革稳步推进。通过"211工程"建设，办学规模逐年扩大，学科建设、师资队伍、科研水平逐年提升，综合实力稳步增强，合作办学实现突破，为学校的可持续发展创造了有利条件。

面向即将到来的新世纪，中国共产党青岛海洋大学第七次代表大会于1999年9月24日至25日召开。出席大会的正式代表141人，党外民主人士、全校副处级以上党员干部共178人列席会议。管华诗代表第六届党委作《抓住机遇，开拓创新，努力开创我校改革与发展的新局面》的工作报告，王庆仁代表上届纪委作《以高度的政治责任感和求真的作风，努力做好新时期我校纪检监察工作》的报告。党委报告提出青岛海洋大学跨世纪的发展目标是"创建以海洋和水产学科为显著特色、各学科协调发展的国内一流综合大学"。为实现跨世纪发展目标，提出"两步走"发展战略，即："第一步，从现在起到2004年（即建校80周年），主要任务是进一步深化改革，加快建设，使海洋和水产学科达到或接近世界先进水平，其他学科达到或接近国内先进水平。努力把我校办成学科结构合理、师资力量雄厚、办学效益显著、整体水平居于国内高校前列的综合大学。第二步，从2005年到2014年（即建校90周年），要按照国家高校教育质量评估体系的指标，全面推进各项事业。各项主要指标均达到一流综合大学的要求，海洋和水产学科达到世界先进水平，其他学科达到国内的先进水平，成为具有一定国际影响的国内名校，成为海洋和水产学科国家创新体系的中心，成为培养高素质创新人才的摇篮。"①

　　大会选举于利、于宜法、方胜民、王庆仁、王洪欣、冯瑞龙、刘孔庆、刘贵聚、朱胜凯、宋志远、宋微波、李华军、李耀臻、吴成斌、吴德星、邹积明、武心尧、赵新民、侯家龙、徐天真、管华诗为第七届党委委员，丁灿雄、刘贵聚、李八方、李建平、张彦臣、陈兰花、陈合乾、肖鹏、赵庆礼、董淑慧、管长龙为纪委委员。

　　七届一次全会差额选举产生中共青岛海洋大学第七届委员会常务委员会委员7名：冯瑞龙、李耀臻、王庆仁、管华诗、于宜法、吴德星、刘贵聚。选举冯瑞龙为书记，李耀臻、王庆仁为副书记；选举刘贵聚为纪委书记、张彦臣为纪委副书记。9月30日，中共山东省委组织部发文同意以上选举结果。

图7-5　党委书记冯瑞龙

　　冯瑞龙（1947—　），山东青岛人。1982年毕业于山东海洋学院应用数学系，同年任教于山东海洋学院应用数学系，先后为助教、讲师、副教授、教授。1984年任山东海洋学院应用数学系教师兼党总支副书记，1987年任山东海洋学院学生工作委员会办公室副主任（主持工作），1988年任青岛海洋大学学生处处长，1991年任青岛海洋大学党委副书记，1993年任青岛海洋大学党委常委、副校长，1999年任青岛海洋大学党委副书记、副校长，1999年9月任青岛海洋大学党委书记。

　　党委书记冯瑞龙在七届党委一次全会上表示："当选新一届党委书记，唯恐因自己能力有限而使学校和党的事业受到损失。欣慰的是，有校长管华诗的支持，有上届党委留

---

① 管华诗：《在中国共产党青岛海洋大学第七次党代会上的报告》，中国海洋大学档案馆藏，档号：HD-1999-DQ11-6-3。

下的优良传统和工作作风作基础，努力做到像管校长那样把全部精力投入到学校工作中去，与党委一班人团结一致，贯彻落实好党的路线方针政策和上级党组织的部署，贯彻执行组织条例，充分发挥各级党组织和广大党员的先锋模范作用，支持校长独立负责地开展工作，就没有克服不了的困难，就一定会把工作做好。希望同志们对我一要帮助，二要支持，三要批评。我们新一届班子要共同努力，勤奋工作，开拓进取，向全校党员交出一份出色的答卷。"①

12月3日，七届党委二次全会研究部署深化内部管理体制综合改革工作会议，讨论通过《中国共产党青岛海洋大学委员会全体会议（常务委员会）议事规则》和《中共青岛海洋大学委员会关于几项重要制度的规定》。修订《中共青岛海洋大学委员会关于加强和改进思想政治工作的若干意见》，研究确定学校2000—2001年在校生规模以及所需要的支撑条件，提出了学校事业发展计划草案。

一、对校内管理体制改革的再认识

世纪之交，高校新一轮管理体制改革拉开帷幕。这是在20世纪90年代初期高校内部管理体制改革基础上的进一步深化，无论在深度、广度上，还是在难易程度上，都有新的拓展，显示出新的特点。在新的形势和任务面前，高等学校如果不能建立起高效的管理体制和充分调动教职工积极性的运行机制，想快速健康发展是不可想象的。为此，学校把新一轮内部管理体制改革作为寻求自身发展的推动力，努力有所作为。

学校第七次党代会工作报告指出，今后几年，是为建设一流大学奠定基础的关键时期，要重点做好以下几项工作：认真贯彻"共建、调整、合作、合并"方针，努力建设一所学科结构合理、特色鲜明、有较高知名度的国内一流综合大学；提高教育质量和办学效益，继续深化内部管理体制改革；实施"211工程"建设，优化学科结构，提高办学水平；实施高层次创造性人才工程，建设高素质的师资队伍；继续深化教学改革，培养高素质的创新人才；以创新为灵魂，加强科学研究，提高研究水平和效益；加强国际合作与交流，进一步提高学校的国际知名度；多渠道、多元化筹集办学经费，尽快改善办学条件；加强党的建设和精神文明建设，为学校跨世纪改革和发展目标提供思想保证和组织保证。②

学校第七次党代会对继续深化内部管理体制改革作出部署：

---

①《校党委七届一次全会会议记录》，中国海洋大学档案馆藏，档号：HD-1999-DQ11-5。
②管华诗：《在中国共产党青岛海洋大学第七次党代会上的报告》，中国海洋大学档案馆藏，档号：HD-1999-DQ11-6-3。

深化校内管理体制改革是学校发展的动力。在前段改革的基础上，要建立起以责权利统一为基础、以分类管理为原则、以人事制度改革为重点、以校内工资总额动态包干与工作目标责任制相结合为主体的校内管理体制，并逐步向管理科学化、现代化的方向发展。

进一步改革和完善校、院、系管理体制，强化学校宏观调控，扩大学院办学自主权；进一步更新教育思想，转变教育观念，本着积极慎重、先易后难的原则，进行以学科建设为核心的院系调整、学科重组，尽快适应新教育模式的要求，进一步提高教学质量。

进一步改革人事和分配制度。加强编制管理，实行工资总额动态包干；完善固定编制与流动编制相结合的用人制度，逐步形成相对稳定、精干高效的骨干层和进出有序的流动层，控制人员规模，提高办学效益；建立科学合理的考核评估指标体系及考评办法，完善人事代理制和教授职务阶段确认制；强化工资、津贴的激励机制，将有限的增量工资与工作业绩挂钩，合理拉开档次，多劳多得。

进一步深化后勤改革。积极稳妥地开拓校内市场，重组校内第三产业，逐步引进社会服务，使后勤服务与社会服务互补、渗透、结合，形成新的学校后勤产业，逐步与学校分离，最终实现后勤社会化。

加快校办产业管理体制改革步伐，逐步实行"校企分离"，深化企业内部改革，大胆探索，在试点的基础上推动建立现代企业制度。[①]

二、"崂山会议"凝聚共识

1999年8月2日至4日，校长管华诗主持召开扩大的学校党政联席会议，就青岛海洋大学的发展和下一步改革进行专题研讨，即第一次"崂山会议"[②]。

与会人员认真学习了《教育部面向21世纪教育振兴行动计划》《中共中央国务院关于深化教育改革全面推进素质教育的决定》等文件精神。一致认为，在21世纪，国家的综合国力和国际竞争力将越来越取决于教育的发展、科学技术和知识创新的水平，教育将始终处于优先发展的战略地位。随着科教兴国战略的实施，我国高等教育发展的指导思想已发生了变化，由"适当发展"改为"积极发展"。单从规模扩张而言，到2000年，高等教育的入学率要达到11%左右；到2010年，入学率要接近15%，若干所高校和一批重点学科进入或接近世界一流水平。这为学校的改革与发展提供了良好的宏观环境和政策依

---

① 管华诗：《在中国共产党青岛海洋大学第七次党代会上的报告》，中国海洋大学档案馆藏，档号：HD-1999-DQ11-6-3。

② 魏世江：《抓住机遇加快发展步伐　以人为本加大改革力度》，载《青岛海洋大学报》1999年9月9日。

据,学校要在认真审视自身办学条件与能力的前提下,打破思想上条条框框的禁锢,大胆改革,加快发展,把建设国内一流、国际知名的综合性大学推向新阶段。研讨会对学校发展的一些重大问题达成了共识。

（一）关于学校的发展定位与规模

学校的发展目标定位为"建设以海洋、水产为显著特色,各学科协调发展的国内一流综合性大学"。在处理特色与综合性的关系上,坚持"强化优势学科,重视基础学科,努力发展应用学科和新兴学科"的指导思想,在海洋、水产两大优势学科中,做到"人无我有、人有我强";继续加强相对薄弱的文科、工科、管理类学科的建设,并办出特色,以特色促发展。

关于学校的发展规模,会议认为,目前学校规模偏小,特别是研究生的比例太低,不能适应国家和地方经济建设的需要,整体办学效益不高。参照国内外一流大学的相关指标（国际一流大学本/研比一般为1∶1,北京大学时为2∶1）,会议提出两种规模设想:一是本科生8000人、研究生2500人;一是本科生10000人、研究生2500～3000人,使本/研比达到4∶1,接近国内一流大学的水平。学生规模确定后,根据教育部现行规定,教职工总数控制在员生比6∶1、生师比13∶1,管理人员占教职工总数的15%。会议还认为,创办国内一流大学有一定规模是必要的,但单靠规模扩张也不行,必须走提高办学层次和发展特色之路,不断提高教育质量,着力增强学生的创新能力和实践能力。当务之急,要积极开拓与相关科研院所合办研究生教育的途径,加快研究生院的建设步伐,使研究生教育不断上层次、上规模。

（二）关于办学支撑体系建设

按照会议提出的发展规模,学校现有办学条件尚不完备,需要多渠道筹措资金,抓紧鱼山校区学生食堂改造和基础课实验楼的建设;加快麦岛校区学生宿舍、留学生楼、教学楼的建设;集中部分财力重点支持建设一批实验室,使其设备和实验手段基本达到国内高校先进水平;努力取得青岛市的支持,在合理规划和利用校园土地的基础上,积极争取扩大校园用地,为学校提供进一步发展的空间;要加强对外联系,尽快实现后勤社会化。

（三）关于人事分配制度改革

会议认为,青岛海大的发展靠改革,早改革,早主动。人事分配制度改革是校内管理体制改革的中心内容。要牢固确立以人为本的理念,加大人才队伍建设的力度,通过转换运行机制、优化和重组人力资源配置,推动学校各项事业的发展。

1. 机构改革是先导。主要措施有:① 进一步精简机关处科级机构。使机关机构总数在现有基础上再下调15%~20%，具体方案需进一步征求意见。② 科学设置党政管理人员岗位。在机关精简机构的基础上，通过剥离、转岗、分流，使机关工作人员的编制数原则上掌握在教职工总数的8%。对学校管理人员实行教育职员制度，在管理上由身份管理转变为岗位管理。③ 当前院系设置过多，不利于学科资源的充分利用，应按照学科发展的方向和科学与工程一体化的原则进行重组。

2. 建立能进能出、能上能下、能高能低的用人制度。以实施教育部"长江学者奖励计划"①为契机，重点加强学科带头人队伍建设。科学设岗、竞争上岗、按岗择人，真正体现干多干少不一样、干好干坏不一样、干与不干不一样。具体意见为：① 设置若干学科带头人岗位，并实行"四定"（定岗位、定目标、定任务、定期考核）。初步设四个层次的岗位：一是两院院士；二是特聘教授岗位（含"长江学者"岗位）；三是学科带头人岗位，包括博士点、硕士点、未设博硕点但有发展前途的本科专业，国家和教育部开放实验室学科带头人岗位；四是有发展潜力的高学历高职称的青年骨干教师岗位。② 为提高全校性的基础课教学质量，保证教授上基础课的数量和质量，在高等数学、普通物理、化学、英语、计算机、马克思主义基本原理等6门重要的基础课设置主讲教师岗位，主讲教师岗位超过3人的增设责任教师岗位。主讲教师和责任教师同样实行"四定"，并按照重新核定的工作量进行聘任。专业基础课、专业课和研究生学位课由各学院参照学校的办法自行设岗和聘任。③ 对科研岗位要严格课题考评，将课题的级别层次、数量、经费、产出成果等作为设岗的重要依据。④ 建立固定编制与流动编制相结合的师资队伍结构，建立相对稳定的骨干层和出入有序的流动层，压缩固定编制人员，逐步使固定教师编制人数低于教师总数的70%。

3. 分配制度改革打破"铁饭碗"和平均主义"大锅饭"。合理拉开分配档次，加大向中青年学术骨干的倾斜力度，使教职工的工资收入与岗位职责、工作业绩和贡献直接挂钩，真正实现按劳分配、优劳优酬。具体意见是：① 施行与工作任务、工作效益相联系的校内结构工资。新的校内结构工资分为四个部分：第一部分为基础工资，由原有的70%职务工资和国家保留的各种政策性补贴组成；第二部分为岗位职务工资，由原有的30%职务工资、省内职务补贴和校内岗位津贴组成，根据教职工在岗位承担的任务发放；第三部分为业绩工资（效益工资），用于鼓励教职工在教学、科研、管理工作上出高质量、高水平成果的业绩津贴；第四部分为奖励工资，由各单位根据职工年度考核结果分等级发放。②

---

① 1998年8月，教育部和李嘉诚基金会共同启动实施"长江学者奖励计划"，每年评选一批特聘教授、讲座教授、青年学者予以支持。

建立关键岗位的特殊津贴,将有限的增量资金用于不可缺少的教学科研骨干,与教育部"长江学者奖励计划"相匹配,对关键岗位的人员面向国内外招聘,高薪聘任,提高各层次学科带头人的待遇,鼓励他们心无旁骛地安心本职,为教育教学和学科发展贡献聪明才智。其资金来源由学校统一解决。③业绩工资是体现竞争激励、效率优先原则的新型工资形式,主要用于对在教学、科研和管理上作出贡献,取得国家级的各类奖励和其他重要奖项的教职工进行奖励,学校将制定具体政策。业绩工资所需资金由学校和学院合理分担,学校统一掌握使用。④奖励工资由各单位的各种服务收入中的劳务酬金组成。奖励工资的发放不再搞平均主义,要按照工作优劣、贡献大小,分等级发放。⑤工资结构调整后,机关各部门的各项收入全部上缴学校,统一使用。⑥对经过竞争没有上岗的部分人员,学校只发给其工资的第一部分(即原工资的70%)和政策性补贴部分,并自行寻找新的岗位。

世纪之交,青岛海洋大学如何应对复杂激烈的挑战?在学校发展进入关键时期,这些以改革和创新促发展的思想火花和具体措施让人眼前一亮,精神为之一振,思路豁然开朗。这种以"启迪智慧,谋划发展"为宗旨、集中封闭式深入研讨学校改革与发展重大问题的扩大的党政联席会议,因首次在位于崂山北九水附近的青岛日报社培训中心举行,而被称为"崂山会议"。

第二节　校部机关和人事分配制度改革

一、校部机关改革

1999年1月,国务院发布《国务院批转教育部面向21世纪教育振兴行动计划的通知》,要求"各级人民政府和各有关部门要切实把教育摆在优先发展的战略地位,充分认识全面振兴教育事业的重要性,认真实施《面向21世纪教育振兴行动计划》,把生机勃勃的中国教育带入21世纪"[①]。

行动计划特别对大力推进高校内部管理体制改革提出要求:高等学校应当面向社会,依法自主办学,实行民主管理,扩大高校办学自主权。加快高等教育体系改革步伐,继续实行"共建、调整、合作、合并"的方针。积极推进高校的教学改革,本科教育要拓宽专业口径,增强适应性;继续推进"面向21世纪教学内容和课程体系改革计划",并建成

①《国务院批转教育部面向21世纪教育振兴行动计划的通知》,国发〔1999〕4号,1999年1月13日。

文、理科基础性人才培养基地、基础课程教学基地和大学生文化素质培养基地；积极稳步发展专业学位研究生教育，进一步完善专业学位体系。大力推进高校内部管理体系改革。推行聘任制，加速后勤工作社会化改革，精简分流富余人员。高校招生计划的扩大要同学校后勤工作社会化的进度挂钩。[①]

据此，学校新一轮内部管理体制改革拉开帷幕。

1999年1月8日，学校召开会议，党委副书记王元忠传达教育部高校工作咨询会议精神。高校工作咨询会议的主题是，要求部属44所高等学校兴起新一轮内部管理体制改革的新高潮，进一步优化教育资源配置，提高办学效益和水平。重点是机构改革、后勤改革和人事分配制度改革。校长管华诗希望全校教职员工解放思想，坚定信心，以对历史高度负责的态度支持和参与改革。学校新一轮内部管理体制改革的思路是：以邓小平理论为指导，对学校内部管理体制改革全面规划，突出重点，抓住关键，加大力度，加快速度，以改革促进学校发展迈上新台阶。[②]

2月27日，党委常委会研究深化新一轮校内管理体制改革问题。决定先从校部机关改革着手，要求3月份确定校部机关改革方案框架，广泛征求意见后率先实施。[③]

3月1日，学校召开内部管理体制改革动员部署会。管华诗发表动员讲话指出："1999年是学校改革发展进程中的关键一年，我们要积极稳妥深入地进行内部管理体制改革。改革是一场革命，从一定意义上讲，就是理顺关系、优化配置教育资源，其目的是挖掘现有资源的潜力，最大化地提高办学质量及效益。由此，就要涉及利益关系的调整及再分配，触及单位及个人的一时利益。这就要求我们必须有大局观念和把握大局的能力以及服从大局的觉悟。只要从全局出发，找准自己在大局中的坐标，才能正确处理好各种矛盾，协调各种利益。改革是做好中心工作、事业发展的根本出路。为大局服务，就要满腔热情地支持改革，参与改革。今年学校各方面改革任务相当繁重，每位同志都要以强烈的使命感，积极投身到改革中来，切实把心思用在改革上，功夫下在改革上，以改革为己任。改革的成功，靠的是实践，改革的良方只能从实践中来。这就需要我们有一种韧劲和锲而不舍的精神，不管遇到什么困难与曲折，都要持之以恒地坚持改革。对改革我们还要具备担当风险、付出代价的心理素质和承受能力。正确对待改革过程中的利益关系调整，胸怀全局，放眼长远，不论遇到什么情况，都要一以贯之地为改革探路子。说理解

① 《国务院批转教育部面向21世纪教育振兴行动计划的通知》，国发〔1999〕4号，1999年1月13日。
② 管华诗：《加快步伐加大力度，深化内部管理体制改革》，载《青岛海洋大学报》1999年1月20日。
③ 《党委全委会记录》，中国海洋大学档案馆藏，档号：HD-1999-DQ11-5。

改革的话，做支持改革的事，这就是服务大局对每位同志的要求。"①

3月31日，本着"精简、理顺、统一、高效"的原则，经充分酝酿讨论，校党委常委会研究决定，批准校部机关改革方案。依照该方案，学校党政机关部门的总数由29个调整合并为22个，全校副处级以上党政管理干部通过竞争，重新上岗，改革产生了良好的效果。

基层看机关，群众看干部。作为学校新一轮内部管理体制改革的关键点，校部机关改革的成功，为此后的以校内分配制度改革为核心的人事分配制度改革，以及教学和后勤等一系列综合改革，带了个好头。

二、人事分配制度改革

与校部机关改革同时谋划的，还有校内人事分配制度改革。长期以来，"'不患寡而患不均'的平均主义所导致的'大锅饭越做越大、越吃越香'的局面无法冲破；'酬不符劳，玉石同价'的现象在不同岗位不同程度地存在着。导致学校吸引优秀人才有限，校内优秀人才不断外流，传统的分配制度严重阻碍着学校事业的发展"②。

1999年8月，教育部印发《关于新时期加强高等学校教师队伍建设的意见》，要求加大分配制度改革力度，建立特殊岗位津贴和基础科研津贴等符合高校特点的岗位津贴制，吸引和稳定优秀拔尖人才。9月，教育部《关于当前深化高等学校人事分配制度改革的若干意见》下发，要求高校要加大学校内部分配改革力度，教职工的工资收入与岗位职责、工作业绩和贡献直接挂钩，真正实现按劳分配、优劳优酬。对优秀拔尖人才、学术带头人和中青年骨干教师采取重大措施，提高他们的待遇。对在教学科研方面作出重大贡献者，要给予重奖。在此背景下，2000年7月，学校第三届教职工代表大会第一次会议通过了《青岛海洋大学校内分配制度改革方案》。

根据这个精神，学校确立分配制度改革的思路是，坚持以人为本的原则，合理配置人才资源、优化学校人员结构，争取实现建设一支精干高效的师资队伍、管理干部队伍和企业经营队伍，加快建设高水平特色大学步伐的目标。以实现有利于推动学校的改革和发展，有利于增强学校对学科发展的调控能力，有利于形成建设高水平的两支队伍的择优体系，有利于调动各类人员的积极性为原则，淡化身份管理，强化岗位管理，进一步强化竞争机制。积极推行聘任制，建立符合办学规律、充满生机与活力的用人制度。充分发

---

① 李建平、魏世江、陈鹭主编：《管华诗教育文集》，中国海洋大学出版社2007年版，第200页。
② 李建平、魏世江、陈鹭主编：《管华诗教育文集》，中国海洋大学出版社2007年版，第263页。

挥分配制度的杠杆作用，建立以岗位目标责任为依据的重实绩、重贡献和向重点岗位倾斜的适合学校特点的分配激励机制。以岗定薪、岗变薪变，能上能下、能高能低，存量不变、增量拉开，真正体现干多干少不一样、干与不干不一样、干好干坏不一样。

改革方案规定，教师等专业技术岗位实行专业技术职务津贴制度，设置校聘关键岗位、院聘重点岗位和基础岗位；专职党政管理干部岗位，建立津贴制度；校办产业和后勤总公司，按企业化要求改革现行的分配制度。

在2000年秋季开学全校副处级以上干部、教授大会上，校长管华诗对实施分配制度改革提出三点要求：一是要坚持标准不降低；二是要标准不能搞"一刀切"，不同学科应根据具体情况有不同的要求；三是干部队伍与教师队伍的分配制度改革同步进行。[①]学校力求通过分配制度改革，建设一支结构优化、精干高效的师资队伍、管理队伍和企业经营队伍，增强学校各方面管理调控能力，充分调动各类人员的积极性，加快学校事业发展。

为了体现公开、公正、公平，学校专门成立申诉委员会。对在聘任过程中出现的问题和意见，进行收集、调查、了解、核实，提出整改建议，报学校专业技术职务聘任领导小组议定。

经过前期的酝酿讨论和七个学院的改革试点，2000年12月，学校党委决定实施人事分配制度改革。下发了《青岛海洋大学专业技术岗位设置与人员聘任办法》等一系列文件，要求各单位精心组织实施。青岛海洋大学具有里程碑意义的校内人事分配制度改革正式启动。

在学校党政领导精心组织和广大教职工积极参与下，校内人事分配制度改革得以稳步推进。经各单位专业技术聘任委员会评议推荐、校聘任委员会评审，并经校聘关键岗位资格审定专家组审定，首批144人获得校聘关键岗位上岗资格，306位教师应聘学院重点岗位，其他序列上岗也陆续展开。获得首批校聘关键岗位上岗资格的144人中，董双林等16人进入第一层次（A1）岗，李华军等50人进入第二层次（A2）岗，史宏达等78人进入第三层次（A3）岗。[②]

这次校内人事分配制度改革之所以成功，原因是多方面的。一是试点先行。选择不同类型的学院进行试点，在发现问题、总结经验的基础上适当调整方案，然后全面铺开；二是借鉴北京、上海兄弟高校的成熟做法，避免了走弯路；三是发扬民主，准备充分，统

① 李建平、魏世江、陈鹭主编：《管华诗教育文集》，中国海洋大学出版社2007年版，第308页。
② 张静主编：《中国海洋大学大事记》，中国海洋大学出版社2014年版，第235-236页。

筹兼顾各方面群体的利益,得到广大教职工的理解与支持。校长管华诗对此次人事分配制度改革给予高度评价:"赢得教职员工的奉献就是赢得学校的未来。我们校内分配制度改革的根本目的就是以利益调整为手段,逐步建立一系列新体制和新机制,以此赢得广大教职员工投身于学校的改革与发展中,投身于高水平特色大学的建设中,并让每一位教职员工体会到学校取得的成就与自己密不可分。"[1]

第三节　后勤住房和校办产业改革

一、后勤社会化改革

后勤工作是高等教育事业不可或缺的组成部分,是高等学校发展的基础性保障。1985年5月,中共中央颁布的《中共中央关于教育体制改革的决定》指出:"高校后勤服务工作的改革,对于保证教育改革的顺利进行极为重要。改革的方向是实行社会化。学校所在地方的党政领导机关要把解决好这个问题的责任担当起来。"1993年2月,中共中央、国务院颁布的《中国教育改革和发展纲要》再次明确提出,学校后勤应通过改革逐渐实现社会化。

1994年4月,《青岛海洋大学总务后勤改革方案(试行)》公布实施。方案提出:在现阶段,以改革总务后勤管理体制和运行机制为重点,积极推进后勤行政管理和服务职能的分离,建立精干、高效的行政管理机构和独立核算的经济实体,实现自我激励、自我约束和自我发展的运行机制,逐步达到"小机关、大实体、多服务"的新格局,从而取得较好的社会效益和经济效益。总务后勤改革分三步走:第一步,根据1994年运行情况,争取1995年实现总务处奖酬金自理;第二步,从1997年开始,实现全处人员的工资补贴、奖酬金自理,同时学校拨给的事业费,以1993年拨款为基数减少30%;第三步,到本世纪末或再长一点时间,学校不再向总务后勤投入事业费,后勤成为自主经营、自负盈亏的经济实体。[2]

1997年,学校进一步强化后勤管理体制、运行机制、人事制度、分配制度的改革,引入企业化管理模式,在全省高校中率先实行准企业化管理,走出了一条后勤改革的创新之路。[3]

① 李建平、魏世江、陈鹭主编:《管华诗教育文集》,中国海洋大学出版社2007年版,第317页。

② 《青岛海洋大学总务后勤改革方案(试行)》,中国海洋大学档案馆藏,档号:HD-1994-XZ15-5。

③ 《学校布置今年总务后勤改革方案》,载《青岛海洋大学报》1997年3月20日。

1999年3月，《青岛海洋大学深化后勤改革方案》发布实施，同时成立青岛海洋大学后勤服务总公司。新一轮后勤改革实行行政管理与经营服务职能分离，由学校后勤工作办公室和后勤服务总公司实行甲、乙方契约合同关系。后勤服务总公司实行总经理负责制，按企业化模式管理，拥有自主经营权、相对独立的人事权和独立的分配权；校内搞活、校外拓展，逐步成为自主经营、自负盈亏、独立核算、自我约束、自我发展的经济实体，形成"小机关，大实体"的格局。后勤工作办公室代表学校行使国有资产产权管理、后勤工作规划实施及服务质量监督等职权，以保障后勤工作为教学、科研和师生生活服务等职能不因转制而削弱。

新一轮后勤改革实现了后勤与学校的政企分开、职能分离，为后勤从学校规范分离、实现后勤社会化奠定了坚实基础。随着改革逐步深入，后勤工作取得明显成效。如电话模块局的建成，校内班车准公交化运行，学生宿舍公寓化改革和学生食堂的建设等，使学校育人环境和后勤保障体系有了很大改观，向着后勤社会化迈出了坚实的一步。

二、住房改革

为教职工解决住房是学校在办学中长期面临的问题，关系到教职工切身利益，是稳定教师队伍、构筑人才高地、促进学校发展的重要保障。

教职工住房长期以来实行国家投入，学校自建、自行分配和自行管理的制度。住房分配主要依据教职工家庭人均居住面积、职称、职务、工龄、年龄等因素积分排队的福利性分配。由于办学经费短缺，学校的住房建设不能满足教师职称晋升后达到最低标准的需要。20世纪80年代后，学校集中有限资金投入浮山校区的建设，同时办学规模进一步扩大，教职工队伍不断扩大，长期积累造成教职工住房欠账过多，影响师资队伍的稳定，住房问题成为影响学校发展和上水平的"瓶颈"。

在国家经费投入严重不足的情况下，学校通过多渠道筹措资金，下大气力改善教职工住房条件。1988—1993年学校集中基建经费盖宿舍楼，共建了1736套宿舍，让大部分教职工分到了住房，基本结束了长期共用卫厕、乱搭厨房的苦恼。[1]

根据国家房改有关规定和房改属地化原则，自1992年8月起，学校按照青岛市房改规定实行住房公积金制度。1992年对在职教职工按工资基数的2.5%，分别由个人和学校缴纳并存入教职工个人公积金账户，1997年增长到5%。1998年住房货币化政策出台后，

---

① 施正铿：《不忘初心的七十年》，载《青岛海洋大学报》2021年5月27日。

又按工资总额的7%缴存,随后公积金的缴存按上年教职工工资总额的比例缴纳,逐年上升。截至1999年10月,由学校为教职工承担的公积金累计410万元,享受到青岛市对实行住房公积金单位给予优惠贷款的政策500万元,解决了建房资金短缺的问题。同时,为以后教职工住房货币化分配打下基础,也为教职工进入市场购房提供了必要的经济来源。

根据国家教委解决直属高校教职工住房问题的要求,学校在1994年召开的教代会代表团团长会议上,通过《青岛海洋大学收取住房保证金的实施办法》。按照这个办法,将学校1992年按青岛市房改规定收取的住房建设债券并入学校的住房保证金。截至1994年底,共收取保证金115.8万元,对学校住房建设起到了积极的推动作用。

1993年,为深化住房制度改革,学校制定《青岛海洋大学筹措住房建设资金实施细则》,规定在每期分配房源中,50%用于集资分配,学校根据建房各项费用测算建房综合造价。为鼓励校内单位为教职工解决住房,按综合造价的50%集资,校内企业按综合造价的85%集资,单位集资后的住房可循环分配。实行集资后,学校既解决了部分教职工的住房问题,又筹到了较多的资金。按照规定,在50%的集资房中,教职工可按综合造价的25%缴纳集资款,教职工可申请比本人住房标准高一类的住房,超标部分按综合造价的50%收取集资费。此项措施在很大程度上弥补了学校建房经费的不足,教职工个人缴纳的费用占建筑安装费的50%~60%,使急于解决住房又有一定经济承受能力的教职工优先解决了住房。因集资款与以后的房改挂钩,也调动了教职工参加集资分房的积极性。

1996年6月1日,学校二届二次教代会通过《青岛海洋大学教职工住房分配和管理暂行条例》,学校教职工住房分配和管理更加趋于合理规范。

根据教育部、建设部《关于进一步深化学校住房制度改革,加快解决教职工住房问题的若干意见》的精神,在1992—1998年房改的基础上,结合教职工住房的现状,学校充分利用住房货币化措施出台后国家给予的优惠政策,加快住房建设速度和分配改革。经多方努力争取,在1998年底开工建设,面积33565平方米,总投资近3000万元,共375套住房,加之腾空周转房分配,一次性同时解决了600余户教职工住房问题,使多年来职工住房困难得到明显改善。[①]

在1999年的住房建设中,全部采用集资建房形式。集资建房分配后,对集资房按已租住公房政策出售给教职工,教职工的集资款与公房出售款差额部分,学校在一定时期后归还给教职工。此项措施既符合国家在1998年以后一律不得进行实物分配住房的

---

① 基建处:《1998年基建处工作总结》,中国海洋大学档案馆藏,档号:HD-1998-JJ11-04。

有关规定，又相对缓解了学校资金短缺的压力，既改善了教职工的住房，也保护了学校的利益。1999年11月，第二届教职工代表大会第三次会议召开，通过了《青岛海洋大学一九九九年房改和集资建房工作的实施意见》，为3万余平方米的集资所建教职工宿舍的分配提供了政策依据。至12月25日，学校1999年教职工集资建房分配工作圆满结束，有347名教职工陆续乔迁新居。[1]

在1999年教职工集资建房分配结束后，随即制定《青岛海洋大学1999年集资建房分配后腾空房集资分配实施细则》，校第三届教代会代表团团长会议审议通过，并经校长办公会研究审定后执行。近300套腾空房参与了第二轮分配，第二轮分配后的腾空房滚入房源内再分配，形成良性循环，极大地改善了教职工住房条件。

为进一步深化学校住房改革，促进住房商品化、社会化，按教育部和青岛市不同时期的文件规定，学校采取积极措施，稳步出售公有住房。自1995年以来，先后出售了红岛路、鱼山路14号甲、辛家庄、丹东路8号公房。截至1998年底，共出售住房633套，收入682万元，除维修基金外全部用于住房建设。1999年底，公房出售工作全部顺利完成。经过十余年的艰苦努力，学校教职工的住房问题得到初步缓解。资料显示，至1992年，学校教职工住宅面积为75159平方米，人均居住面积6.9平方米；1996年，教职工住宅面积为94352平方米，人均居住面积7.1平方米；1999年，教职工住宅面积为151943平方米，人均居住面积9.82平方米。[2]2000年，学校基本实现住房良性循环，教职工住房困难大为缓解。

实事求是地说，住房难是绝大多数高校长期面临的困扰。一方面，学校决策层为解决教职工住房这一切身利益，充分利用国家和青岛市相关政策，迎着困难上，尽心竭力；另一方面，广大教职工顾大局、识大体，以学校事业发展为重，保证房改和集资建房分配顺利实施。其中展现出的精神风貌和凝聚力，是学校一笔宝贵的精神财富，成为这一时期推动学校事业发展的强大力量。

三、校办产业改革

20世纪90年代初期，在社会主义市场经济兴起的热潮下，有些教职工跃跃欲试，寻机"下海"创业。学校在科技成果转化、产业开发、人员分流、产业创收补充办学经费不足等方面做了一定尝试，有一定成绩。但在服务性事业单位实行企业化管理以及兴办科技

---

[1] 张静主编：《中国海洋大学大事记》，中国海洋大学出版社2014年版，第214页。
[2] 管华诗：《在青岛海洋大学三届一次教代会上的报告》，中国海洋大学档案馆藏，档号：HD-2000-DQ-16-2-9。

企业上,出现了事业与企业不分、重创收轻服务和上缴学校资金甚少等问题,不同程度地侵蚀着学校的权益。

为促进校办企业健康成长,学校坚持通过改革,用市场经济规则把校办企业的经营权同所有权分离开来,实现学校对企业的宏观管理与企业的自主经营、企业人员的分配与效益挂钩,通过"一脱一挂",来规范企业的行为,做到"活"与"管"的统一,促使校办产业逐步走上企业发展轨道。

1991年9月,学校提出校办产业要在边整顿边改革中发展,争取实现1991年上缴学校基金百万元的指标,力争今后每年按50万~70万元的收入递增,争取在"八五"期间达到每年稳定收入400万元。同时,制定政策性文件,规范校办产业,鼓励学校的科研成果尽快在校内外产业转化。[1]

学校出台改革措施,下放管理权限,使企业适应市场,大展身手。下放的权利有:人事权,即各厂有权聘用职工和临时用工;财务管理权,即各厂有权实行工资总额包干,进行工资、奖金分配,审批万元以下经费开支;设备管理权,即各厂有权决定进行厂房维修、设备更新及报废;生产经营决策权,即各厂有权决定内部机构设立、调整、撤销及物资采购、产品销售等;产品质量管理权,即各厂要对产品计量标准、许可证等质量问题负责;新增项目审批权,即各厂有权决定对新增项目的洽谈、审查等;产品及劳务定价权,即在物价管理部门认可下,各厂可自行对产品及劳务定价;废旧物品处理权,即各厂有权对厂内的废料、下脚料及淘汰废旧物品进行处理。上述权力下放后,学校主要抓好"四个一":即一个厂长、一个承包合同、一个利润完成上交指标、一个监察审计。改革措施极大地调动了干部职工的积极性。[2]

学校打破工人与干部的身份界限和领导任命厂长的传统做法,对所属4个厂的厂长公开竞聘,凡校办企业正式职工均可参与。厂长承包的原则是:定死基数、确保上缴、超收多留、歉收自补。4个厂先后有9批近20人报名参加竞聘,1992年12月23日,经过答辩,评审委员会当场投票决定:曲君绪以年完成利润8万元,上缴学校4万元任海洋仪器厂厂长;李青山以年完成利润16万元,上缴学校8万元任汽车修理厂厂长;王永凯以年完成利润23万元,上缴学校10万元任印刷厂厂长;王敬祥以年完成利润10.5万元,上缴学校5.25万元任制冷设备厂厂长。[3]

[1] 校产业办公室:《加速将科技成果转化为生产力》,载《青岛海洋大学报》2021年5月27日。
[2] 日月:《生产处八项改革措施出台》,载《青岛海洋大学报》1992年12月1日。
[3] 《生产处所属四个厂竞争厂长》,载《青岛海洋大学报》1993年1月1日。

1993年起，学校校办产业空前活跃，创办了一批公司、企业，先后有几个具有一定规模的科技企业应运而生，如华海制药厂、海水素厂、新星计算中心、兰德环境开发公司。这些企业已成为校办产业中的支柱企业，为学校发展作出了一定的贡献，但内部管理出现问题，有的企业乱铺摊子、贷款及担保混乱，致使负债多、遗留问题多，困扰了产业的发展。

为了摸清家底，探讨对策，学校于1993年10月至11月连续召开三个不同形式的工作会议，出台《青岛海洋大学关于发展校办产业的意见》。党委书记曾繁仁强调，充分发挥学校科技优势，多争取科研项目和经费，发展拳头产品，逐步形成几个具有一定规模的科技产业实体，并在人事、政策等方面给予支持。

至1993年年底，全校完成企业登记的全民所有制企业43个，其中校办企业13个，系、处办企业20个，以学校为主合资、联营的企业5个。另外，劳动服务公司办的集体所有制企业5个。矿物资源开发公司开发的天然矿泉水，已有4项通过国家级鉴定，2项通过省级鉴定，1993年计划总收入50万元，上缴学校利润10万元；生物制品公司开发研制的创伤愈合海绵"一敷灵"取得生产许可证，正式列为1994年国家级重大科技成果推广项目，已少批量投放市场；兰德环境开发公司正在深入开展印染废水处理工程承包及废水处理技术的生产经营，并已进入台湾等市场，同时正在加快用废水处理污泥无烧结制造建筑材料技术的开发；生物科技公司以新型防虾病药物"虾安乐"为拳头产品，已进入市场。另外，水质浮菌数量测定剂、106内墙涂料、HAH等一系列产品处于开发或试生产中；信光高科技公司利用计算机、激光、光纤等专业技术优势在积极开展技术服务和销售业务，并参与上海浦东开发等。[①]学校的校办产业以学校的特色学科为依托，以科技成果为源头，沿着产学研三结合的方向得到了较快发展。以PSS为代表的海洋药物的研制和投产，在国内率先带动这一新兴产业的崛起，并取得了良好的经济效益和社会效益。投资3000多万元的华海制药厂作为学校产业的支柱已经在青岛高科技工业园区建成。同时，在矿物资源利用、工业污水处理、海洋生物材料与制品开发、水产养殖等方面，已有一批被国家确定的重点推广项目和高新技术产品，展示出良好的商品化、产业化前景。在校办产业发展中，成长起一支科、工、贸为一体的产业队伍。[②]

1995年6月，学校第六次党代会明确提出："有计划、有重点地发展校办产业，融科

① 晓声：《校办产业的喜与忧》，载《青岛海洋大学报》1993年12月15日。
② 李建平、魏世江、陈鸶主编：《管华诗教育文集》，中国海洋大学出版社2007年版，第25页。

研、生产、经营、服务、教育等多种功能于一体,促进教学、科研及科技成果商品化、产业化,广辟财源,支持学校改革和发展。要把科技开发、兴办高科技产业、促进科技成果向现实生产力的转化,作为学校办学功能的一个重要方面。"① 为进一步加强校办产业干部队伍建设,12月20日,学校党委印发校办产业处级干部考核办法。规定考核分定期和不定期两种,定期考核每两年进行一次,不定期考核主要根据干部的选任或晋升个别进行。考核工作包括定量考核和定性考核,内容包括德、能、勤、绩四个方面,重点考核工作实绩,注重考德。②

自1995年以来,在清产核资的基础上,对产业结构和产品结构不断进行调整,并注重资产优化配置,重点发展科技企业;将商贸型企业合并到实业公司进行一体化经营;对长期亏损、资不抵债、经营无望的企业进行关停并转,促使科技企业发展持续向好。至1998年,实现利润105万元,上缴学校35万元,企业无一亏损,结束了长期连续亏损的局面。③

1999年4月2日,学校召开产业工作会议,表彰奖励校办产业优秀厂长(经理)和先进生产(工作)者,兑现完成生产经营目标的企业经营者奖金,签订新一年度企业经营目标责任书。会议提出,三年内力争使销售收入、利润总额均实现翻番,并初步建立起符合现代企业制度要求的管理体制和运行机制,成为独立的经济实体。④

学校进一步整合企业,加快无形资产有形化的运作,逐步向健康运行轨道迈进。科技产业瞄准海洋药物与保健品、海洋生物技术、海洋精细化工、信息技术、海洋仪器、环保技术领域的开发与生产经营,凸现了学校海洋和水产科技的特色和优势。主要表现在以下四个方面。

一是高新技术产业初见端倪。由学校主持的863/GIMS项目、颐中集团和青岛整流器厂的GIMS项目分别通过国家863/GIMS主题专家组、国家烟草专卖局、青岛市科委组织的鉴定。由青岛海洋大学新星公司开发的海尔模具设计和制造过程中的数据管理系统通过山东省组织的鉴定,在企业产品销售中产生良好的效益。

二是中小型示范科技企业初见成效。海水素厂年创利润150万元,发展模式与经验被教育部科技发展中心编录为典型案例在全国推广。

三是科技创新有所突破。通过招商引资,创办以生产海洋生物增长素叶面肥为先导

---

① 管华诗:《在中国共产党青岛海洋大学第六次党代会上的报告》,中国海洋大学档案馆藏,档号:HD-1995-DQ11-13-18。
② 《关于印发〈青岛海洋大学校办产业处级干部考核办法〉的通知》,中国海洋大学档案馆藏,档号:HD-1995-DC13-15。
③ 产业处:《校办产业工作汇报》,中国海洋大学档案馆藏,档号:HD-1998-XZ19-1。
④ 《建一流大学要有一流产业》,载《青岛海洋大学报》1999年4月20日。

的科技企业——生物工程有限公司，同时还筛选储备了一部分科技开发项目；多渠道筹集资金，在小麦岛中试基地建立起学校第二个海洋生物技术企业孵化器，为科技成果转化和高新技术产业化走出了一条新路子。

四是企业制度创新有所突破。大胆探索企业制度的创新，办起产权明晰、权责明确、政企分开的股份制企业——生物工程有限公司，在该公司和海水素厂实行技术持有人持股的企业制度；在分配制度方面，试行经营者年薪制，把经营者的责任、业绩与收入紧密挂钩，逐步建立起一整套新的分配机制。现代企业制度开始逐步在校办产业中建立起来。①

---

① 《青岛海洋大学"211工程""九五"期间建设总结报告》，中国海洋大学档案馆藏，档号：HD-2000-XZ11-19。

第四章
学科发展和师资队伍建设

　　1988—2000年，学校坚持"强化优势学科，重视基础学科，努力发展应用学科和新兴学科"的指导思想，持续建设现有的代表国家水平、具有海大特色的重点学科、重点实验室，并按照学科间的内在联系，依托"211工程"，重点建设了物理海洋、水产养殖、海洋药物、海洋化学四个重点学科。同时，新建一批省级重点学科以及博士点、硕士点。在稳定和提高现有学科的同时，加强学科渗透，鼓励发展边缘学科和交叉学科，相对薄弱的文科、管理学科、工程类学科得到有力加强，学科发展和师资队伍建设迈上新台阶。

第一节　继续拓展学科领域

一、大力加强重点学科建设

　　重点学科是国家根据发展战略与重大需求择优确定并重点建设的，是培养创新人才、开展科学研究的重要基地，在高等教育学科体系中居于骨干和引领地位。国家教委于1987年8月发布《国家教育委员会关于做好评选高等学校重点学科申报工作的通知》，决定开展高等学校重点学科评选工作。1988年7月、1989年11月，学校物理海洋学、水产养殖学先后被国家教委批准为国家重点学科。

　　1991年，学校"八五"计划提出，要保持和发挥物理海洋和水产养殖两个国家重点学科的优势和特色，争取使海洋化学达到国家重点学科水平。[①]

1993年7月，国家教委《关于重点建设一批高等学校和重点学科点的若干意见》公布，决定设置"211工程"重点建设项目。学校随即成立以校长管华诗为组长的"211工程"领导小组，专门负责学科规划的论证及管理工作，决心抓住机遇，争取首批进入该项计划。重点学科所在的院系也相应成立学科建设规划专家组，确保学科建设的质量和水平。学校激励学科交叉，发展和培育国家急需的新兴、交叉和边缘学科。

1994年10月，学校以申请进入"211工程"为契机，依据既有基础，结合国家和山东省及青岛市的需要，遵循突出重点、分步建设方针，确定到2010年学科项目建设规划：重点学科群4个，即物理海洋、水产养殖、海洋药物、海洋物理与海洋探测技术；在现有2个国家重点学科点的基础上，通过建设使海洋药物、海洋化学、环境海洋、海洋物理、海洋气象达到国家重点学科水平，并争取建成2～3个国家重点学科点；在现有5个省级重点学科的基础上，再建设6个；在现有8个博士点的基础上，争取另外8个达到博士点水平；在现有16个硕士点的基础上，再选择建设20个以上；在现有博士后流动站的基础上，再增建1～2个；在现有35个本科专业的基础上，再增设5～8个。[②]

1997年1月，应用数学、水产品贮藏与加工、海洋生物学、海洋渔业4个专业被确定为山东省重点专业。

2000年，通过"211工程""九五"建设，学校的物理海洋、水产养殖、海洋药物、海洋化学学科总体水平均达到国家重点学科水平或接近国际先进水平。在科研经费的数量、成果奖励的层次、人才培养的数量和质量、师资队伍建设、仪器设备的购置、实验室条件的改善等方面得到很大提高。海洋药物、水产养殖、物理海洋、海洋生物和海洋遥感等被批准设立"长江学者奖励计划"[③]特聘教授岗位，其中有2名特聘教授和1名讲座教授已经上岗。物理海洋学和水产养殖学学科分别获得国家科技进步奖二等奖，海洋药物和物理海洋学科各获得国家科技进步奖三等奖。[④]

1. 物理海洋重点学科。物理海洋学是海洋科学的分支学科，以海洋调查为基础，用动力学、热力学原理结合实验室实验、数学方法和计算机计算技术，研究海洋中的密度分布及热盐结构和各种时空尺度上的海水运动和变化，研究海洋中的物质、动量、能量

① 《青岛海洋大学"八五"事业计划和十年规划设想》，中国海洋大学档案馆藏，档号：HD-1991-XB-310。
② 《青岛海洋大学211工程建设简介》，载《青岛海洋大学报》1996年1月15日。
③ 1998年8月，教育部和李嘉诚基金会共同启动实施"长江学者奖励计划"，每年评选一批特聘教授、讲座教授、青年学者予以支持。
④ 《青岛海洋大学"211工程""九五"期间建设总结报告》，中国海洋大学档案馆藏，档号：HD-2000-XZ11-19。

交换和转换的机理，为保护海洋、利用海洋提供科学依据。经过"211工程"一期建设，共有博士学位授权一级学科点2个，博士点3个，硕士点5个，博士后流动站2个；院士2名（"九五"期间新增1名），"长江学者奖励计划"特聘教授岗位3个，国家杰出青年科学基金①获得者1人，教育部"跨世纪优秀人才培养计划"②基金获得者1人，国家"百千万人才工程"③入选者1人；85%的青年教师具有博士学位，1999年被教育部评为国家理科基础科学研究和教学人才培养优秀基地，研究生与本科生的比例已达1：2。发表论文420篇，SCI收录论文80余篇，出版国家级"九五"重点教材、国家"面向21世纪课程教材"和专著21部，获国家级奖励4项，省部级奖项共计22项，全国百篇优秀博士论文奖1篇。标志性成果"中国沿岸现代海平面变化及其应用研究"获国家科技进步奖二等奖，另获教育部科技进步奖一等奖2项、二等奖1项。

2. 水产养殖重点学科。水产养殖学是关于在人为控制条件下繁殖和培育水生经济动植物的理论和技术的学科。主要研究水产动植物与环境的关系，鱼、虾、贝、藻繁殖技术、苗种培育技术和各种疾病病理学、诊断防治技术，水产资源遗传多样性，水产动物营养学与饲料配制技术等。经过"211工程"一期建设，共有博士后流动站1个，博士学位授权一级学科点1个，博士点3个，硕士点4个。形成了完整的本科生、硕士生、博士生、博士后培养体系，国内水产养殖专业博士97%以上由本学科培养；"长江学者奖励计划"特聘教授岗位2个，国家杰出青年科学基金获得者3人，教育部"跨世纪优秀人才培养计划"基金获得者1人，"百千万人才工程"入选者1人，研究生与本科生的比例已达1：2。主持完成和在研国家级项目51项；出版教材、专著20部；5年发表论文475篇，其中SCI收录60篇；科研成果转化直接经济效益达30亿元以上，为"海上山东"建设作出了重大贡献；获国家科技进步奖二等奖1项、省部级一等奖4项及"863计划"突出贡献奖先进个人1人；建立了联合国教科文组织海洋生物工程中心；教育部海水养殖重点实验室在人才培养、实验条件、科学研究等方面具备了良好条件。标志性成果是"牡蛎三倍体育苗与养殖技术研究"，课题负责人获得国家"863计划"突出贡献奖、山东省人民政府一等功。

3. 海洋药物重点学科。该学科是20世纪后期发展起来的药学新兴分支学科。其研究的主要内容是综合运用现代技术手段，开发海洋资源特别是海洋生物资源中的药用先导

---

① 为促进青年科学技术人才的成长，并鼓励海外学者回国工作，加速培养、造就一批进入世界科技前沿的跨世纪优秀学术带头人，1994年国家特设国家杰出青年科学基金。
② 1993年，国家教委启动"跨世纪优秀人才计划"，旨在促进优秀人才的成长，到2000年培养造就出一批高水平的年轻学科带头人。
③ 1994年，国家人事部提出国家"百千万人才工程"，1995年底在全国范围内组织实施，旨在加强中国跨世纪优秀青年人才培养。

化合物，并研究其成药的生物学基础，进而开发成海洋药物。经过"211工程"一期建设，共有博士后流动站1个，博士学位授权一级学科点1个，博士点1个，硕士点2个；院士1人，"长江学者奖励计划"特聘教授1人，国家杰出青年科学基金获得者1人，青年教师中有硕士学位者占90%以上，有博士学位者占50%以上，形成了从本科生到博士后的海洋药物化学人才培养体系。发表论文120余篇，SCI收录论文30篇，出版专著4部；获国家级奖励1项，省部级奖励4项；研制了我国第一个海洋药物PSS，研制的3个一类新药已获准进入临床研究；已建成我国唯一的国家海洋药物工程中心及产业基地并通过国家验收；重点新（扩）建了糖工程实验室、生物技术、天然产物化学药物设计及合成实验室，与日本电子株式会社共建了核磁共振实验室，研究手段接近国际水平。经20余年的发展和"九五"期间的重点建设，海洋药物学科具有了显著的特色和优势。标志性成果是"新药藻酸双酯钠的研究"，获得国家科技进步奖三等奖。

4. 海洋化学重点学科。该学科是海洋科学中的一门分支学科，是研究与全球变化和海洋环境、海洋生态与资源有关的海洋物质迁移、变化的科学。经过"211工程"一期建设，共有博士后流动站1个，博士学位授权一级学科点1个，博士点1个，硕士点2个。"长江学者奖励计划"岗位1个，国家杰出青年科学基金获得者1人，教育部"跨世纪优秀人才培养计划基金"获得者1人，洪堡基金获得者1人，"国家理科基础科学研究和教学人才培养基地班（海洋化学）"经教育部中期评估为优秀；海水分析化学和化学海洋学课程成为教育部名牌课程。发表论文300余篇，SCI收录48篇；获省部级以上奖励5项；有关生源要素和化学污染物在海洋四大界面上的迁移、转化规律，控制机理和环境生态效应等的研究，处于国际同类研究前沿；完成海水素、白泥脱硫、凝油剂等科研成果转化。标志性成果是"海水中液–固界面分级离子/配位子交换理论及其应用"，获国家自然科学奖三等奖。

1996年4月，学校公布首批"九五"校级重点学科：水产品储藏与加工（水产学院）、海洋生物学（海洋生命学院）、应用数学（经贸学院）、海洋渔业（水产学院）、环境地质学（海洋地球科学学院）、近海工程（工程学院）、会计学（经贸学院）、英语（外国语学院）。[①]

继1998年11月海洋药物、水产养殖学科入选教育部"长江学者奖励计划"特聘教授岗位设置后，1999年3月，物理海洋和海洋生物入选第二批特聘教授岗位设置，同年10月，海洋遥感学科入选第三批特聘教授岗位设置。至1999年底，青岛海洋大学已有海洋药物、

①《"九五"校级重点学科和重点实验室》，中国海洋大学档案馆藏，档号：HD–1996–XZ11–13。

水产养殖、物理海洋、海洋生物和海洋遥感5个学科设置"长江学者奖励计划"特聘教授岗位。

与此同时,学校列入山东省"八五"建设规划的环境海洋学、海洋气象学、海洋地质学、海洋物理学等5个学科,均以"优秀"等级通过山东省专家组验收,成为山东省重点学科。

"我们要有这样的意识:一所学校不可能所有学科都走在前列,但总得有一些学科走在前列!只有这样,学校才能有特色,才能有立身之本。"[①]校长管华诗对处理重点学科建设与一般学科建设的辩证关系可谓思路清晰、见解独到。学科建设是高校一项综合性、长远性的工作,也是一项根本性的任务。一流的学科支撑一流人才的培养和一流成果的培育,而一流人才和一流成果的产出能够反哺并不断推动一流的学科发展。因此,一定数量的一流学科才能真正支撑起一所一流大学并成为其显著特征。学校几十年的发展实践充分表明,加强重点学科建设,是加强学校核心竞争力、提高办学质量、增强自主创新能力的重要举措。

二、着力发展工科

1988年,学校将海洋机械工程专业更名为机械设计及制造专业,海岸工程专业更名为港口及航道工程专业,同时向国家教委申报增设工业与民用建筑工程和工业自动化两个专业,增设理由为:在改革开放的新形势下,学校已发展为一所具有海洋学科特色,包括理、工、农(水产)、社会科学(管理、外语、马克思主义理论教育)等多学科的综合性大学。根据学校发展规划,为主动适应经济建设和社会需要,调整专业结构,发挥办学潜力,增加办学效益,另外根据山东省对工业与民用建筑和工业自动化人才的需求,学校已开办过几届工业与民用建筑和工业自动化专科班及成人教育班。鉴于以上考虑和基础,经过反复论证,学校拟在工程系的基础上,增设工业与民用建筑工程和工业自动化两个专业。[②]

到1989年4月,学校设有包含工科专业的海洋地质系、海洋工程系、计算机科学系、食品工程系4个系,勘查地球物理、水文地质与工程地质、机械设计及制造、港口及航道工程、计算机及应用、食品工程、工业自动化等7个工科专业。[③]

进入20世纪90年代,为主动适应经济建设和社会需要,学校不断调整专业结构,加大

---

① 李建平、魏世江、陈鹥主编:《管华诗教育文集》,中国海洋大学出版社2007年版,第216页。
②《关于申报增设工业与民用建筑工程和工业自动化专业的函》,中国海洋大学档案馆藏,档号:HD-1988-JXGL-544。
③《关于报送本科专业设置情况的函》,中国海洋大学档案馆藏,档号:HD-1989-JXGL-605。

工科发展力度，工科实力不断增强，有力地服务于国家需要，彰显和支撑了学校特色。经过十几年的努力，到2000年，学校工学专业共有10个。

1. 电子信息科学与技术。1985年设置。随着"互联网+"以及人工智能产业的发展，相关行业需要大量电子工程师、软件工程师、算法工程师和数据分析师等，学校顺应社会需求和学科发展而设立电子信息科学与技术专业。该专业以电子信息技术在海洋中的应用为特色，以海洋观测、探测与监测为主要方向，培养能够在电子技术、信息技术和海洋技术及其相关领域从事研究、开发、设计、制造和技术管理的复合型人才。课程主要包括电路与电子学系列课程、计算机技术系列课程、信号与信息处理系列课程、海洋信息技术模块化特色课程以及电子技能实训、工程项目实训等。毕业生可到高等院校、科研机构、政府机关、部队以及与电子信息、计算机或者海洋信息技术有关的企业就业；可攻读信号与信息处理、通信与信息系统学术型硕士研究生及电子与通信工程专业硕士研究生。该专业毕业生一次就业率均在90%以上，且就业专业对口率超过90%，每年30%～40%的毕业生到国内外高校和研究机构攻读研究生。

2. 计算机科学与技术。1985年设置。主要面向国家海洋战略需求，结合青岛先进制造行业优势和智能家居服务特色，培养具有良好的工科科学素质，系统掌握计算机科学与技术的基本理论、专业知识和基本技能与方法，有自主学习和终身学习的意识，具备一定的研究创新、沟通交流和团队工作能力，能够从事计算机软硬件系统设计与开发的高层次工程技术人才。课程主要包括数字逻辑、计算机组成原理、操作系统、数据结构与算法、离散数学、编译原理、面向对象的程序设计、软件工程、软件测试、数据库系统、计算机网络等。

3. 电子信息工程专业。1994年设置。为了培养能够在电子技术、信息技术和声信息工程及其相关领域从事研究、开发、设计、制造和技术管理的复合型工程人才而设。该专业以电子信息工程和现代声信息技术理论及其应用为主要方向，课程主要包括电路与电子学系列课程、计算机技术系列课程、信号与信息处理系列课程、声学系列专业特色课程以及电子技能实训、工程项目实训等。毕业生具有宽领域工程技术适应性，就业面较广，既可到高等院校、科研机构、政府机关、部队以及企业从事电子技术、信息技术或者与电子信息技术交叉的工作，又可攻读信号与信息处理、通信与信息系统及声学学术型硕士研究生和电子与通信工程专业硕士研究生。毕业生一次就业率均在90%以上，就业专业对口率超过90%，每年30%～40%的毕业生到国内外高校和研究机构攻读研究生。

4. 机械设计制造及其自动化。1980年设置，1983年开始招生。该专业旨在为国家和地方培养具备机械设计原理与方法、机械制造工程原理与技术、机械系统中的传动与控制、计算机应用技术等基础知识及应用能力，同时具有海洋相关知识背景，能够在机械设计制造及自动化领域从事设计制造、科技开发、应用研究和企业运营管理等方面工作的高级工程技术人才。主要课程有画法几何与机械制图、理论力学、材料力学、工程流体力学、电工电子学、机械原理、机械设计、机械制造工艺学、机电系统计算机控制、工程测试技术、海洋工程装备技术、水下机器人等。毕业生大都进入中石化、中海油、海尔、海信、中国中车、徐工集团等大中型企业和政府机关等；每年约1/5的毕业生进入上海交通大学、华中科技大学、哈尔滨工业大学深造。

5. 港口航道与海岸工程。1985年设置。该专业旨在培养掌握港口、航道与海岸工程领域以及相关工程领域（水利工程、海洋工程和土木工程等）基本知识与技能，能在水利、能源、交通等部门从事港口与航道工程、海岸与近海工程、工程环境的规划、勘察、设计、施工、管理等方面工作的高级工程技术人才。拥有港口、海岸及近海工程国家重点学科、国家特色专业，水利工程博士后流动站，港口、海岸及近海工程博士点，港口、海岸及近海工程、水文学及水资源、水力学及河流动力学、海洋能利用技术硕士点。主要课程有工程力学、水力学、土力学、工程水文学、钢筋混凝土结构、河流动力学、海岸动力学、港口规划与布置、港口水工建筑物、航道工程学、海岸工程学、水运工程项目管理等。毕业生主要去向为与该专业相关的工程设计、施工、管理、科研等单位及海军相关部门。

6. 自动化。自动化专业前身为1989年设置的工业自动化专科专业，1991年本科专业招生。主要课程有电路原理、模拟电子技术基础、数字电子技术基础、自动控制原理、信号与系统、现代控制理论基础、微机原理及接口技术、自动化仪表与过程控制、检测技术及海洋智能仪器、电机与拖动基础、电力电子技术、电力拖动控制系统、计算机控制技术、控制系统仿真等。自动化专业定位于培养应用研究型人才，面向国民经济各行业的自动化系统，培养具有系统思维、协同创新、国际视野的高级自动化应用和研究人才，并依托于学校的海洋优势学科，在海洋测控技术与海洋智能仪器人才培养方面形成特色。注重培养学生的创新精神、实践能力和团队合作意识，通过建设课程教学、实践教学、科技竞赛、创新创业"四位一体"的教学模式，构建大学生创新平台，全方位提升学生的综合素质。在校学生至少参加一项大学生科技竞赛，45%的学生获得过省级以上的科技竞赛奖励。毕业生主要去向：自动化公司，从事系统的分析、设计、调试和维护；生产/制造类企业，从事自动化系统技术管理与运行维护；电子类、通信类公司（华为、中兴、海信等），从事嵌入式系统研发、系统软件研发；涉海类企业和研究所（中船重工、中集集团），从事海洋仪器装备的研发与维护；金融/政府/事业单位，从事技术管理和信息化工作。35%的学生进入国内外著名高校攻读研究生。

7. 土木工程。土木工程专业的前身为1990年设立的工业与民用建筑专业，1998年更为现名。该专业旨在系统培养学生掌握土木工程学科的基础理论和专业知识，具备从事土木工程的项目规划、设计、研究、开发、施工及管理的能力，获得工程师基本训练，能在房屋建筑、岩土工程、道路及桥梁工程、临海建设工程等土木工程领域从事技术或管理工作的创新复合型人才。该专业注重基础理论和工程技术的教学，注重综合素质和创新精神的培养，注重提高学生理论与实践相结合的能力，使其具备土木工程设计、施工和管理过程解决实际问题的能力。主要课程有理论力学、材料力学、结构力学、土力学、房屋建筑学、土木工程材料、工程测量、混凝土结构设计原理、钢结构设计原理、基础工程与地基处理、房屋结构设计、建筑结构抗震设计、高层建筑结构、土木工程施工、桥梁工程、路基路面工程等。毕业生可在设计院所、施工企业、高等学校、科研院所、政府职能部门、各类房地产开发公司等从事土木工程的勘测设计、施工技术、经营管理、教学科研、基本建设管理、工程咨询、工程质量监督和监理等方面的工作。具有一定工作经验后还可考取国家注册结构工程师、注册岩土工程师、注册建造师、注册监理工程师及注册造价工程师等。毕业生一次就业率95%以上。继续深造可报考结构工程、防灾减灾工程及防护工程、桥梁与隧道工程、岩土工程、工程管理等专业方向的研究生或出国留学。每年被全国各重点高校土木工程专业录取为研究生的学生接近当年毕业本科生总数的30%。

8. 食品科学与工程。食品科学与工程学科源远流长，早在1946年国立山东大学时期就在水产系面向全国招收第一届本科生。新时期，食品科学与工程专业的培养目标是根据社会、经济和科学技术发展的需求，培养能够胜任食品科学与工程及相关专业的科学研究、技术开发、工程实践、生产检验、教育教学和管理等岗位的创新型复合人才。毕业要求总学分为155，其中实践环节总学分不低于总学分的25%。专业核心课程有生物化学、微生物学、食品化学、食品工程原理、食品加工与机械、食品工厂设计、食品保藏原理与加工工艺学、食品营养、食品安全与卫生学、食品检验与分析；还有海洋食品开发技术专题和海洋生物资源精深加工技术等专业特色课程。毕业生主要去向为食品生产经营、检验、认证、监督管理等企事业单位及高等院校、科研院所等教学与科研单位。

9. 勘查技术与工程。勘查技术与工程专业是我国最早设立的、以培养海洋地球物理勘探领域专门人才为目标的学科基地。该专业起源于1963年成立的地球物理勘探教研室，1971年建立海洋重磁本科专业并开始招生，后称海洋地球物理专业和应用地球物理专业，1998年教育部专业调整后称勘查技术与工程专业。该专业培养具有坚实的数学、物理、计算机、外语和人文基础，掌握现代地球物理探测技术、信息处理技术、海陆工程勘探评价等方面的基本理论与基本知识，富有创新精神、终身学习能力、国际视野和家国情怀，能够独立从事海洋、陆地工程勘查等工程设计、应用研究和生产管理工作，能够在研究或者生产团队中担任重要角色，能够通过继续深造或者自我学习等其他途径更新自身知识、提高自身能力，紧跟相关领域新理论和新技术发展的复合型工程科技人才。毕业生能够在资源和能源探测、地质结构调查、海洋工程、海洋环境保护等领域从事科学研究、技术开发、施工监理、行政管理以及高等教育等工作。主要课程有地震勘探、电法勘探、磁法勘探、重力勘探、计算方法、信号分析、弹性波动力学、电磁场论、计算机程序设计、数字处理方法、信息软件系统工程开发等。

　　10. 环境工程。1998年，环境工程专业由水文地质与工程地质专业调整而来，由海洋地球科学学院下设的环境建设系负责。同年，1993年获批的环境地质硕士点也调整为环境工程硕士点。1990年获批我国首个环境海洋学博士点，1999年设立环境科学与工程博士后流动站，2000年成为我国首批环境科学与工程博士学位授权一级学科。

　　环境工程专业主要培养具有深厚的环境、地质、海洋基础知识，能够胜任复杂的污染控制工程和地质环境的科学研究、技术开发、设计及运营管理工作，具备在复杂环境工程与社会背景条件下进行沟通和协作的能力，具有国际视野和适应社会可持续发展的终身学习能力，富有创新创业精神的高级工程技术人才、管理人才和科学研究人才。主要专业课程包括环境微生物学、大气污染控制工程、环境工程原理、固体废物处理与处置、环境监测、环境影响评价、水污染控制工程、环境规划与管理等核心课程，以及环境与人文、环境海洋学、海洋环境调查实习、环境地质学、环境地质学实习、海洋环境工程、场地修复模块、地质环境模块等特色课程。注重对学生实践能力的培养，实践环节包括各门课程的配套实验、专业认识实习、课程设计、上机实践、环评实践、社会调查与社会实践、毕业实习、毕业设计（论文）、生产实习、创新创业实践活动等。

　　与工科发展相适应，相关院系建设了海洋信息技术教育部工程研究中心、山东省海洋工程重点实验室、青岛市光学光电子重点实验室等近百个比较完整的工科实验教学体系，有力地促进了教学科研的开展。

三、适时拓展新学科（专业）

　　1988年，学校以更名青岛海洋大学为契机，进一步优化学科（专业）结构，在重点促进海洋和水产学科上水平、上档次的同时，适时拓展新学科。经过"七五"建设，学校设置本科专业共24个，其中理科类12个，工科类5个，农科类4个，文科、财经、政法类各1个，各专业学制均为四年。[①]"八五"期间，适逢国家启动"211工程"建设。学校积极布局新专业，创办了我国第一个以海洋药物研究为特色的药学本科专业——药物化学，并陆续增设了生物技术、环境科学、海洋技术、应用电子技术、计算机软件、金融学、国际金融、国际贸易、汉语言文学、法语、朝鲜语、旅游管理等本科专业。其中，代表性的新专业如下。

1. 药物化学。1994年设置，1995年招生，学校"211工程"重点建设学科之一。是山东省品牌专业和教育部高等学校特色专业。拥有药学一级学科博士学位和硕士学位授予权、药学博士后流动站以及药学和制药工程硕士专业学位授权点，形成了从学士、硕士、博士到博士后完整的药学人才培养体系。

2. 生物技术。1994年设置。该专业具有基础理论与应用技术紧密结合、前沿理论与前沿技术平衡发展的特点，培养的本科生具备生命科学基本理论和较系统的生物技术基本技能，以及海洋特色的理论和生物技术应用基础，适合去医药、化工、农业、水产养殖、环境保护、国防、食品等领域的大专院校、科研院所、厂矿企业等机构，从事科学研究、教学、技术开发和行政管理等工作。

3. 环境科学。2000年设置。是国家级一流本科专业建设点和山东省高等学校品牌专业。支撑专业建设的环境科学博硕士学位点前身为1990年获批的我国首个环境海洋学博硕士点，是国家重点学科。因此，环境科学专业具有鲜明的海洋环境特色。环境科学专业培养具有社会责任感、职业道德和可持续发展理念，适应社会、经济和科学技术发展需求，掌握环境基础理论和专业知识，具备创新创业意识、自主学习能力、团队意识和协作精神及国际视野，能在科研机构、高等学校、企事业单位及行政部门等从事科研、教学、环境保护和环境管理等工作的高级专门人才，特别是海洋污染防控与生态修复领域的高级专业人才。

4. 海洋技术。1998年设置并招生。是首批国家级一流本科专业和国家级特色专业建设点，该专业依靠学校强大的涉海学科门类齐全特色和综合大学优势，交叉融合了物理海洋学、物理学、地理学、光学工程、计算机科学与技术、信号与信息处理、电子科学与技术、环境科学与工程等学科，以海洋探测技术和海洋信息技术为专业方向，具有鲜明的专

---

①《关于报送普通高校现设本科专业登记表及核查汇总表的函》，中国海洋大学档案馆藏，档号：HD-1990-JXGL-671。

业特色和优势。

5. 环境科学与工程。关于培育新学科，校长管华诗认为："培育新学科，根据就是国家发展的需要以及自己的基础。我们学校是以海洋和水产为特色的综合性大学，国家发展需要各种各样的人才，所以我们发展新学科，开拓新专业，要按照综合大学的框架，根据自己实力，结合国家的需要，进行科学设计。"[1]这方面，环境科学与工程一级学科的开拓和发展，是一个很有代表性的例子。

学校自20世纪70年代后即开展海洋环境相关的研究。1992年以海洋环境保护研究中心为主体，合并成立海洋环境科学研究所，1993年将研究所整建制划入新成立的海洋环境学院。1998年为加强环境科学与工程学科的建设，学校决定成立环境科学与工程研究院，暂挂靠于海洋环境学院。研究院下设海洋环境科学研究所、工业水回用技术研究所（由化学化工学院划入）、资源与环境工程勘察设计检验中心、海洋生态动力学实验室等。[2]2000年海洋环境保护研究中心更名为环境保护研究中心。环境科学与工程研究院实际上承担了发展环境海洋学学科（博士点）并拓展为环境科学与工程一级学科（博士点）的使命，也为成立环境科学与工程学院奠定了基础。

1998—2000年，学校积极推进文理渗透、理工结合，成立了以海洋经济、海洋法学、海洋灾害为研究领域的海洋经济与海洋法学研究院，建立了海洋地球有机化学及海洋生物动力实验室等。先后设置了全国高校首批信息与计算科学专业，将海洋学、天气动力学专业分别更名为海洋科学、大气科学专业，将应用地球物理专业调整为勘查技术与工程专业；将机械设计及制造、工业自动化、港口航道及治河工程、建筑工程4个本科专业分别更名为机械设计制造及其自动化、自动化、港口航道与海岸工程、土木工程等。同时，学校博士学位授权一级学科点增至3个，分别是海洋学、环境科学与工程学、水产学；新上博士点7个，博士点总数达到15个；新增一批硕士点，硕士点总数达到41个。[3]

四、加大经管文法等学科建设力度

在我国高等教育改革中，一个重要任务就是加强学生素质教育，而人文社会学科对于实现这一目标具有特殊的重要作用。作为一所有着悠久人文传统和浓郁人文氛围的高校，青岛海大在这一时期加大了经管文法等学科的建设力度。

[1] 李建平、魏世江、陈箦主编：《管华诗教育文集》，中国海洋大学出版社2007年版，第142页。
[2] 张静主编：《中国海洋大学大事记》，中国海洋大学出版社2014年版，第202页。
[3]《青岛海洋大学"211工程""九五"期间建设总结报告》，中国海洋大学档案馆藏，档号：HD-2000-XZ11-19。

管华诗校长认为："我们一定要支持大文科的建设，使文科在三年内要有明显的成效。如果没有文科的发展，学生整体素质的提高就要受到影响。文科发展过程中可能会有很多问题，一定要从发展角度去支持它。关于海洋文化的问题，我从一本杂志看到有关的文章，可惜不是海洋大学老师发表的。我给外国语学院和文化交流学院一个具体任务，就是抢占这个阵地，要采取有力措施，要当作一个硬性任务来完成。海洋大学不研究海洋文化，岂不是笑话！讲这个问题，是为了说明我们一定要把握学科发展这个大学的永恒主题，发展文科要从发展海洋法学、海洋经济、海洋文化等特色入手，找准方向。要注意学科交叉，衍生新的学科生长点。"[1]学校的人文社会学科（专业）发展，就是这样从海洋特色入手，一步一步快速发展起来。

为适应沿海经济发展战略的需要和为山东省对外开放培养急需人才，学校先后在外语系和社科系从1987年自费专科生中选拔组建专门用途英语（国际贸易）专科班和国际经济专科班。专门用途英语（国际贸易）专科班主要以英语语言学习训练为主，同时学习有关外经贸专业知识，国际经济专科班主要学习外经外贸专业理论和涉外经济活动实践知识并加强英语语言训练。[2]1991年6月，经济管理专业改名为国民经济管理专业，后又相继改名国际企业管理专业、企业管理专业、工商管理专业。1992年学校获批设置国际经济贸易本科专业，后更名为国际经济与贸易专业，经过发展设立了国际贸易学硕士点，下设资源、环境、贸易战略与政策、世界区域经济与贸易、国际经济与国际投资、国际技术与服务贸易、港口经济与贸易、货物进出口实务等六个培养方向。1992年12月，学校撤销管理学院，成立经济贸易学院；撤销社科系，成立社科部。将原属管理学院的国民经济管理专业、应用数学专业和原属社科系的国际经济贸易专业划入经济贸易学院。经济贸易学院下设经济管理系、国际经贸系、应用数学系，三个系建有独立的党总支。

1993年9月，学校在报送国家教委关于申报增设会计学等本科专业的报告中说："随着我国社会主义现代化建设事业的发展，我校在深化教学改革的进程中，结合山东省、青岛市经济建设对人才的要求，根据我校的师资和办学条件，从1988年以来，先后设置了财务会计、市场营销、工业与民用建筑工程（建筑工程）、电气技术等专科专业，已培养了多届毕业生，深受山东省和青岛市的欢迎。针对市场经济对人才的需求，结合我校发展规划，现设置的26个本科专业中经济学、文学类专业偏少，为了改善我校本科专业的合理

①李建平、魏世江、陈鹭主编：《管华诗教育文集》，中国海洋大学出版社2007年版，第142页。
②《关于呈报我校设立专门用途英语（国际贸易）专业和国际经济专业的函》，中国海洋大学档案馆藏，档号：HD-1988-JXGL-544。

布局，提高办学效益，增设部分适应市场经济建设人才需求量大的本科专业，也有利于学校的发展。"[1]

1992年设置金融学专业，后获批硕士学位授予权，在国际金融研究和教学方面呈现出明显的特色和优势。

1995年1月，经济贸易学院党总支成立，撤销经济管理系党总支、国际经贸系党总支、应用数学系党总支，经济贸易学院成为管理实体，下设应用数学系、经济管理系、会计学系、经济贸易系和法律研究所。10月，学校成立经济贸易学院法律系，下设国际经济法研究所、海洋法研究所，撤销法律研究所。1996年9月，学校和海尔集团签署合作办学协议，经济贸易学院更名为海尔经贸学院。

1988年3月，应用数学与管理学部更名为管理学院，下设应用数学系、管理科学系、计算机科学与技术系。2000年，管理学科设有会计学专业、市场营销专业和工商管理专业。

会计学专业1994年设置。培养适应我国市场经济建设和发展实际需要，可从事会计学及相近专业的理论和应用研究、专业教学或在有关部门从事会计、财务等专业性管理工作的复合型创新人才。

市场营销专业1988年设置。培养具有营销管理特长，并胜任国内、国际与涉海企业等营利性和非营利性组织机构的复合型管理工作的人才。

工商管理专业的前身是1985年设立的国民经济管理专业，后根据1998年颁布的《普通高等院校本科专业目录》调整为工商管理专业。培养具备扎实的工商企业管理的基本理论知识和实践技能，熟悉企业经营管理的政策法规和规则惯例，能够运用各种定性和定量的管理方法分析并解决相关的管理问题，具有较强创新能力和实践能力的高级专门人才。

旅游管理专业2000年经教育部批准正式招收本科生。旅游管理专业拥有贯通一体的本、硕、博培养体系，专业师资力量较强，教师都具有博士学位或是博士在读。

学校的文学与语言学科有着厚重的历史，一大批文学大家曾执教于此。20世纪30年代、50年代，曾出现两度人文兴盛。80年代中期，学校顺应新时期自然科学与社会科学高度融合的发展趋势，人文社会学科逐渐恢复和发展。

外国语学院的前身为20世纪30年代创立的文学院外文系，后历经变迁，于1983年在

---

[1]《关于申报增设会计学、应用电子技术、建筑工程、市场营销、声学、计算机软件等本科专业的函》，中国海洋大学档案馆藏，档号：HD-1993-JXGL-852。

公共外语教研室基础上重建外语系。当时，只有从事大学英语课教学的英语教师24名及几位日语外语教师，专业教学条件只有1个语言室、1个听力室和2个语音室，当年招生75名。1993年，外国语学院成立，下设英语系、东方语言系、大学外语部、对外汉语教学中心，杨自俭教授任院长。对外汉语教学中心1998年更名为汉学系。1994年，国家教委批准学校增设汉语言文学本科专业，自1995年开始招生。1985年设立日语系，1996年招收第一届日语本科生，2000年开设日语语言文学硕士专业；1992年设立朝鲜语系；2000年设立法语系。2000年全国英语专业八级考试，学校英语专业1996级一次通过率为91%，比全国综合性大学平均成绩高出29.9%，比全国普通高校平均成绩高出35.4%，成为历史最好成绩。①

中国语言文化学院。在20世纪30年代和50年代，闻一多、梁实秋、沈从文、老舍、陆侃如、冯沅君等一大批著名学者、作家云集于海大园。1984年，学校在外语系设立汉语言文学教研室；1993年成立对外汉语教学中心；1995年，设立汉语言文学专业并恢复设置中文系，当年招收本科生，中文学科得以恢复。1997年，成立国际语言文化交流学院，下设中国语言文学系、对外汉语教学中心，同年成立的海洋文化研究所亦隶属该院；1998年设立汉语言本科专业（留学生教育）；1999年7月，国际语言文化交流学院更名为中国语言文化学院。

社科部。前身是1953年9月成立的山东大学马列主义教研室，1959年8月更名为山东海洋学院马列主义教研室。1972年2月，学校成立基础课教研室，下设政治、数学、外语、体育教研组，至10月，4个教研组又改为学校直属教研室。1986年10月，学校在马列主义教研室基础上成立社科系，设置马克思主义基础和思想政治教育2个本科专业。1992年12月，学校撤销社科系，成立社科部，负责全校马列主义基础课和德育课。2000年4月，成立基础教学中心，由计算机基础部、社科部和体育部组成。

法学学科。学校的法学学科源于20世纪80年代初期建立的海洋法研究室。1993年海洋法学研究室改为海洋法学研究所，管理学院国际贸易系成立国际经济法教研室，招收第一届国际经济法专业专科学生；1995年1月成立经济贸易学院法律研究所并筹建法律系；1995年10月，经贸学院法律系成立，下设国际经济法研究所和海洋法研究所；1996年，开设国际经济法本科专业；1998年，法学院成立，下设法律系、政治学与行政学系，海洋经济与海洋法学研究院挂靠法学院。

① 张静主编：《中国海洋大学大事记》，中国海洋大学出版社2014年版，第221页。

五、特色鲜明的综合性学科体系基本形成

改革开放以来,学校为适应国家经济建设、社会发展和科技进步的需要,遵循"规模有较大发展,结构更加合理,质量和效益上一个新台阶"的办学指导思想,"深化教育改革,调整专业设置和专业方向,在重点加强海洋和水产学科上水平、上档次的同时,发展了工科、经贸、管理、人文等学科专业"[1]。先后增设了电子学与信息系统、计算机及应用、生态学与环境生态学、港口及航道工程、企业管理、英语等十几个本科专业和以海洋药物为代表的一大批新兴学科或学科方向。至1988年,学校的基础学科与应用学科的比例由1983年的7∶3调整为3∶7,实现了学科、专业结构的历史性转折,为学校再次迈向综合性大学的发展之路奠定了坚实的基础。

通过"211工程"建设,学校的物理海洋、水产养殖、海洋药物及海洋化学四大特色学科群得到进一步加强,物理海洋与水产养殖两个国家级重点学科继续位居国内领先和国际先进地位。

1996年学校的学科点建设得到了快速发展。至2000年,硕士学位授权点达到41个,博士学位授权一级学科点达到3个,博士学位授权点达到15个,博士后流动站达到5个。学科门类横跨18个一级学科,学科结构进一步优化,布局更加合理,综合性得到加强。学校已经成为一所海洋和水产学科特色鲜明,涵盖理、工、农、文、经、管、法、医八大学科门类的综合性大学。

2000年7月,管华诗校长在学校三届一次教代会上对学科发展作出总结。他说:"在'综合强化特色,特色带动综合'的学科建设原则指导下,学校在注意强化特色学科的同时,还特别加强了基础学科、经济学科、管理学科、人文学科的建设。对因起步较晚,基础相对薄弱,社会需求又相对旺盛的人文学科和工科加大了建设力度,调整新建了经济贸易、外国语、中国语言文化和法学四个学院,信息科学与工程学院的学科方向进行了合理调整,数学系成为独立的建制,成立了基础教学中心、海洋经济和海洋法学研究院、海洋文化研究所,这些学科已经成为学校整体学科建设中的重要组成部分和新生代。"[2]

世纪之交,青岛海洋大学特色鲜明的综合性学科体系基本形成,善抓机遇、不畏艰难、埋头苦干的海大人以崭新的姿态,迎接新世纪的新挑战。

---

① 管华诗:《在中国共产党青岛海洋大学第六次代表大会上的报告》,中国海洋大学档案馆藏,档号:HD-1995-DQ1-13-18。
② 管华诗:《在青岛海洋大学三届一次教代会上的报告》,中国海洋大学档案馆藏,档号:HD-2000-DQ16-2-9。

第二节　大力加强师资队伍建设

一、1990年师资状况

由于历史原因，中国高校在20世纪80年代一度出现师资队伍结构严重断层的情况。这种断层在表象上的有形以及在思想意识上的无形，已然到了严峻地步。青岛海洋大学也不例外。

1990年6月，教务处《关于我校师资队伍现状分析及其建设对策》的调查报告摆上学校领导和各部门、院系负责人的案头。它反映了当时学校师资队伍的真实情况。

调查报告显示，学校师资队伍共有860人，其中专任教师665人，工程实验技术系列教学人员195人。情况如下。

1. 年龄结构。在665名专任教师中，50岁及以上（老）272人，占教师总数的41%；49～36岁（中）94人，占教师总数的14%；35岁及以下（青）299人，占教师总数的45%。分析得出，53岁和27岁的两代，形成约10年的断层。10年以后，现任教师的41%将退休。

2. 职称结构。在665名专任教师中，高级职称239人，占教师总数的36%；中级职称169人，占25.4%；初级职称257人，占38.6%。职称结构也呈两头大、中间小，且高级职称主要集中在50岁以上的年龄段。全校高级职称239人，50岁以上226人，占总数的94.6%。10年以后，这些高级职称教师将退休。

3. 学历、专业、学缘结构。学历结构：近年所进青年教师，学历多在硕士研究生以上。前几年所进部分本科学历教师，通过在职研究生及派出进修等培养途径，亦已取得硕士学位或达到相当学历。近10年来，有100多名专任教师出国学习、交流，提高了教师学历结构水平。专业结构：海洋学科专业教师结构基本合理，工科、文科等专业教师结构尚未配套。目前急需有计划地补充工程、外语、中文、管理、法律等专业教师。学缘结构：在665名专任教师中，本校毕业生197人，占30%，部分院、系本校毕业生高于这个比例。今后要严格限制研究生留校比例，尤其要限制本科为本校毕业的研究生留校比例，有目的、有计划地引进青年教师。

4. 工程实验技术系列的教学人员是师资队伍不可缺少的组成部分，在教学和科研工作中具有不可替代的地位和作用。现状是：老教师虽然多数人学历较低，但工作多年，经验丰富，并且态度认真，都能很好地履行岗位职责；物理系大专班毕业留校担任教学辅助人员的一批青年教师，业务素质较好，现在已成为各单位的骨干力量；少数本科毕业生担任实验员,自以为大材小用工作不够安心,有些已离开实验员岗位;队伍老化情况严重,并且许多老教师健康状况较差,急需着手培养接班人;实验员管理和考核制度尚不健全,各单位以及同单位各实验室忙闲不均;有些实验员不从事实验室工作,主要忙于创收活动。

这些数据通过教学管理系统收集,真实可靠,数据分析的结论发人深省,校、院(系)两级领导强烈感受到师资队伍面临的危机。把解决师资队伍断层问题当作重中之重,很自然地成为学校共识和必然选择。

调查报告提出五点建议:一是青年教师是师资队伍建设的重点,应创造条件让每个青年教师都有机会充分展示。对青年教师需要加强思想教育,规定培养程序,落实培养计划,严格考核制度,制定考评和激励政策等;二是确定一批骨干教师,发现培养一批拔尖人才,使之成为学科带头人;三是关心老教师的健康和青年教师的职称、住房等切身利益问题;四是成立综合领导机构,为师资队伍建设提供组织保障;五是1991年招收一期理化结合的大专班,两年以后选留一批补充生物、化学、水产、地质等系的实验员队伍。[①]

客观地说,上述建议针对问题而出,操作性强,对解决师资队伍建设面临的急迫性问题极具建设性。

二、着力培养青年教师和干部

1992年4月,学校召开首届青年教师、青年干部工作会议,表彰一批优秀青年教师和青年干部。会议提出,到"八五"末,培养青年骨干教师80余名,选拔培养学科带头人20人左右。党委书记冉祥熙在《努力加强青年教师、青年干部队伍的建设》的报告中,希望广大青年教师、青年干部不断提高素质,承担起学校发展的历史责任。会议出台《青年教师队伍建设规划》和《关于加强青年教师工作的若干规定》,对加强青年教师政治思想工作、提高业务能力提出目标和具体规定,并在科研经费、晋升、提薪、出版、住房等方面给予倾斜。这些措施鼓舞了全校青年教师和干部,对促进青年师资队伍建设产生了积极影响。

12月11日,学校在科技工作会议上通过《青岛海洋大学科技发展规划(1993—2000年)》,进一步明确中青年学术骨干和学科带头人的培养措施。特别强调在教书育人工作成绩突出、科研工作成绩显著的青年教师中,每三年评选一次,实行优胜劣汰,能上能

---

① 据教务处《关于我校师资队伍现状分析及其建设对策》整理,中国海洋大学档案馆藏,档号:HD-1991-JXGL-719。

下。评选以后学校公布名单并享受相应待遇。新形势下，把教书育人和科研工作纳入表彰优秀青年教师的条件，形成了鲜明导向。"在破格选拔中青年学科带头人和骨干等重大问题上，胆子要大一点，步子要快一点，勇于探索，敢于试验，努力干一番敢为人先的事业。"①

学校对青年教师、青年干部工作会议上受表彰的青年教师跟踪进行教学评估，28名被评估者评估结果全部良好以上。学校实施的《关于加强青年教师工作的若干规定》，提出了优秀博士生选留教师优先、选派进修在职攻读学位优先、破格晋升高级职称优先、住房分配优先的政策。到1993年，已选留了28名优秀博士生；10余名青年教师破格晋升为教授，有的已成为博士生导师，年纪最轻的31岁；40余名青年教师破格晋升为副教授；学校专门拿出资金为青年教师盖了一栋"鸳鸯楼"和一批宿舍，使优秀青年教师优先住进新居。1993年，学校又评选出32名青年骨干教师，给予他们每月30元津贴。学校还在政治上关心他们，举办岗前培训班、社会主义理论学习班，鼓励他们到基层参加社会实践锻炼等，提高青年教师的政治素质。青年教师已经占教师总数的50%，成为教学科研的骨干力量。②

学校积极派遣青年教师参加教育部举办的各类教师进修班，每年都安排一批青年教师在校内外进修硕士学位的主要课程。重视发挥老教师学术造诣深厚的优势和传帮带作用，举办多种形式的进修班、培训班，请他们传经送宝；组成老教师教学督导团开展教学督导，帮助中青年教师在业务上尽快成长。鼓励在校内举办国际会议，积极推进对外交流和国际合作。选派优秀学生和中青年教师出国留学、进修，攻读博士学位，改变师资队伍的年龄结构及学历结构。1988年以后，按照党中央提出的按需派遣、保证质量、学用一致的出国留学方针，选派中年骨干教师出国进修、合作科研，或选派国内培养的博士生到国外做博士后，以提高业务水平和科研能力。

1995年，学校先后实施《青岛海洋大学教师高级职务岗位设置实施意见》《青岛海洋大学专业技术职务聘任制实施办法》，进一步完善教师岗位设置及聘任制度，并向青年教师倾斜政策，促使他们不断提高能力、提升水平。实施《青岛海洋大学关于选拔培养学科带头人、跨世纪青年学科带头人、优秀青年骨干教师的意见》等，建设青年教师队伍的力度不断加强。

---

① 施正铿：《在科技工作大会上的报告》，载《青岛海洋大学报》1992年12月15日。
② 教务处：《主动适应经济发展，加快教学改革步伐，为尽早进入"211工程"而努力》，中国海洋大学档案馆藏，档号：HD-1993-JXGL-851。

1996年8月，《青岛海洋大学"九五"师资队伍建设规划》出台。提出：

（1）到2000年，教师总数达到800人，师生比稳定在1：10。

（2）教师职称结构（教授：副教授：讲师：助教）稳定在2：4：3：1；具有研究生学历的占80%～85%，其中具有博士学位的占25%，省级、国家级重点学科具有博士学位的分别达到40%、70%以上。

（3）年龄结构上，教授的平均年龄由现在的57岁下降到50～52岁，教师平均年龄不超过40岁。

（4）到2000年，选拔培养学科带头人、跨世纪学科带头人50名左右，优秀青年骨干教师80人左右。

（5）造就10～15名国际上知名度较高的学者。经过5年建设，形成一支忠于祖国教育事业、结构合理、学术水平高、学风严谨、有一批国内外同行专家公认的知名教授作为学术带头人的教师队伍。[①]

1997年，学校继续推出多项加强师资队伍建设新举措。比如施行《青岛海洋大学教学拔尖人才评选办法》，对评选条件、程序，教学拔尖人才的待遇、管理、培养等作了明确规定；出台《青岛海洋大学优秀骨干教师培养和考核意见（试行）》，进一步明确对优秀骨干教师的职业道德和业务要求，以及考核办法和激励措施；实施《青岛海洋大学专业技术职务推荐评审办法》及修订后的各类各级人员申报专业技术职务的条件等。

为打破教授职务评聘终身制，建立合理的竞争激励机制，1998年学校实施《教授职务阶段确认制实施意见》，对年龄不满50周岁，已取得教授任职资格并被聘任的人员，任职每满三年进行一次考核确认，并对考核条件、确认程序和办法等作出具体规定。

学校还经常举行骨干教师政治理论学习班，使他们通过深入学习提高政治理论水平，增强识别错误思潮的能力，正确处理红与专的关系；进一步加强师德修养，正确处理国家、集体、个人之间的利益关系，堂堂正正做人，踏踏实实治学，担负起学校建设和发展的历史责任。[②]

学校将加强师德建设作为师资队伍建设与管理的重要内容，着力在教师职业理想和职业道德教育、师德风范的树立等方面加大力度。在对师德状况作出调查分析的基础上，有针对性地组织广大教师深入开展师德、"三风"（校风、教风、机关工作作风）和"三育人"大讨论。1997年在教师中开展的"铸造师魂，陶冶师德，提高师能"活动，在

① 张静主编：《中国海洋大学大事记》，中国海洋大学出版社2014年版，第186页。
② 王宣民：《管华诗寄语学员：堂堂正正做人，踏踏实实治学》，载《青岛海洋大学报》1996年10月10日。

全校师生员工中引起轰动，使广大教师在思想上树立起献身教育、敬业爱岗的师德风范，在行动上为人师表、教书育人，真正成为学生健康成长的指导者和引导人。实施"四种称号，四种补贴"制度，全校有近200名优秀教师被评为学术带头人、跨世纪学科带头人、优秀骨干教师和优秀教学能手，每月享受学校发的专项补贴，并实行跟踪调查，滚动管理，定期优胜劣汰。[①]

在师资队伍管理方面，学校先后出台《教师工作条例》《"三育人"工作条例》等。对新教师坚持岗前培训；现职教师实行年度述职，既述"职"又述"德"，学校给予客观公正的评价，并存入本人档案。在教师职称评聘中，将职业道德表现列为评审的重要内容进行严格考核；在教学评估中，设"师德表现"一项，对教师的教学工作从德、能、绩等方面作出综合性评估；在评优选先中，重点培育选拔职业道德好、业务能力强、贡献突出的教师给予公开表彰、奖励、宣传，并在业务进修、出国深造、职称评聘等方面优先考虑这些先进教师。每年都有一批优秀教师受到学校和各级政府表彰奖励，起到了良好的示范带动作用。

1996年以来，学校先后推荐10位教师参加国家教委重点高校系主任和研究所/实验室骨干出国研修项目；有计划地选拔推荐优秀青年教师到国内其他科教单位进修学习达300人次左右；推荐教师在校内外脱产或在职攻读学位200人次左右；选派180余名优秀教师出国留学深造；派出200多人次出国讲学、合作研究；参加各类国际学术会议，组团出国访问考察的人员达500余人次；培养博士后研究人员30余人。[②]1998年教育部实施"长江学者奖励计划"以来，学校5个学科准予设立特聘教授岗位，宋微波教授成为学校的第一位"长江学者奖励计划"特聘教授。1999年教育部设立"高等学校优秀青年教师教学和科研奖励基金"，陈戈成为学校第一位获得该奖励基金的教授。

三、大力引进人才

根据学校事业发展需要，为了促进教师队伍年龄结构、学缘结构、学历层次的进一步改善，提高师资队伍的整体素质，学校加大引进国内外人才的力度。1996年进入"211工程"建设之后，着力实施"高层次创造性人才工程"与"百人计划"；借国家实施"长江学者奖励计划"的契机，积极争取增加部批特聘教授岗位数量，主动建立校设特聘教授岗位；在教育部和学校批准设置特聘教授岗位的学科内，匹配设置若干个不同层次的享受

---

① 侯家龙：《在1998年教学工作会议上的讲话》，载《青岛海洋大学报》1998年12月10日。
② 《青岛海洋大学"211工程""九五"期间建设总结报告》，中国海洋大学档案馆藏，档号：HD-2000-XZ11-19。

特殊津贴的教授岗位等,以构建知识结构、年龄结构合理的学术梯队,吸引和培养杰出人才,大力造就新一代学术带头人。[①]同时,按照顶尖学术大师、办学中坚人才、办学骨干以及高学历和高职称青年教师四个层次,采取提高待遇和"事业留人"相结合的方式,吸引国内外优秀海洋科技人才来校工作,构筑人才高地,增强教学科研实力。

学校将"人才工程"作为"211工程"建设的一个子项目,健全并强化人才流动管理机制,加大人才引进力度,设立人才引进基金1000万元予以重点建设[②],并先后启动人事制度和分配制度改革,旨在吸引人才、留住人才、培养人才。突破单一的人才评价模式,一切以是否有利于学校的发展为标准,推出"以人为本,建设学科特区"机制,对于特殊人才和特殊学科"特事特办"。

为吸引人才,"九五"期间实施"百名人才工程",即引进百名左右具有博士学位(教授职称)的专业人才,为建设一支高水平的师资队伍提供有力的保证。1997年,推出《关于引进优秀留学人员来校工作的实施办法》,鼓励和吸引国外优秀留学人员来校工作。这些措施都有效地促进了学校师资队伍的建设。

1998年11月,为促使高层次人才引进工作更加合理科学,学校成立人才引进专家咨询委员会。咨委会委员由不担任校(部、处)领导职务、来自不同学科的老中青专家组成,主要职责是,就拟引进人才的专业方向、学术水平等进行评估、审查。在11月12日举行的首次会议上,对引进的三位博士进行了评议和审查。

关于人才引进,校长管华诗认为:在观念转变上,一是转变终身制和身份制,树立与市场竞争规则相适应的能进能出、能上能下的观念;二是逐步淡化身份管理,强化岗位管理;三是逐步打破分配体制中的平均主义、大锅饭,树立多劳多得、优劳优酬、责权利统一的分配新观念。要积极探索并建立有利于学科带头人和骨干教师脱颖而出并健康成长的行之有效的激励机制。要在进一步争取教育部批准的选聘教授岗位基础上,尝试建立校设特聘教授岗位,以此引进和推动竞争机制的实行,从而吸引和留住一批骨干,让他们充分发挥帅才作用,推动一部分学科努力争取走在世界前沿。这种竞争机制将逐渐成为学校师资队伍建设的一种活力源、激活剂,进而形成一种优者优得的良好氛围。在具体工作中,实行政策倾斜,要倾斜年轻的、保证骨干的、支持冒尖的,以此做好构筑人才高地的基础工作。[③]

---

① 管华诗:《在中国共产党青岛海洋大学第七次党代会上的报告》,中国海洋大学档案馆藏,档号:1999-DQ11-6-3。
② 李建平、魏世江、陈鹭主编:《管华诗教育文集》,中国海洋大学出版社2007年版,第103页。
③ 李建平、魏世江、陈鹭主编:《管华诗教育文集》,中国海洋大学出版社2007年版,第215页。

　　1996年以来，学校共引进和培养具有博士学位或正高级专业技术职务的人才120余人，其中留学回国人员27人；聘请国内外兼职（客座）教授100余人；同时把博士后流动站作为引进人才的重要途径和培养人才的重要基地，先后接收25名博士后研究人员。[①]

　　以实施高层次创造性人才工程为重点，加大力度从国内外吸引一批能够主导所在学科进入国际先进水平的带头人，取得明显成效，更重要的是创造了良好的人才环境。正是得益于此，青岛海洋大学才能够实现又好又快发展。

四、高水平师资队伍建设成效明显

　　青岛海洋大学坚持以人为本，把师资队伍建设置于优先发展的战略地位，采取多种切实可行的措施，致力于师资队伍结构的优化和整体素质的提高。经过多年努力，到2000年，形成了以两院院士及一批中青年学术带头人为核心，以一批年富力强的教授和副教授为骨干，以高素质青年教师为后备的人才体系。同时，高学历的中青年教师比例逐年提高，师资队伍的学历结构、年龄结构和知识结构更趋合理，人才梯队建设初见成效。

　　（一）专任教师数量增加，高层次人才队伍初具规模

　　到2000年7月，学校的教学科研人员总数增加到704人，生师比由1992年的7.2∶1到12.5∶1；生员比由1992年的2.5∶1到4.7∶1；教师占教职工总数比由1992年的34.3%提高到37.9%；具有硕士以上学位的教师占教师总数的比例由1992年的29%提高到68%；具有博士学位的比例由1992年的4%提高到2000年的18%，其中海洋、水产等重点学科达到28.4%。[②]

　　具有国际影响的高层次专家人数大量增加。1993年文圣常当选中国科学院院士，1995年管华诗当选中国工程院院士，1997年冯士筰当选中国科学院院士。至2000年，学校有"国家人才计划"入选者8名、国家级有突出贡献的中青年专家9名、国家杰出青年科学基金获得者6名、"跨世纪优秀人才计划"入选者2名、教育部"高等学校优秀青年教师教学科研奖励计划"入选者1名、享受政府特殊津贴专家86名。博士生导师123名，培养和引进具有博士学位或副高级专业技术职务的人才625名，其中留学归国人员51名。[③]

---

① 《青岛海洋大学"211工程""九五"期间建设总结报告》，中国海洋大学档案馆藏，档号：HD–2000–XZ11–19。
② 李建平、魏世江、陈鹭主编：《管华诗教育文集》，中国海洋大学出版社2007年版，第286–287页。
③ 参见《青岛海洋大学"211工程""九五"期间建设总结报告》第18–19页、《管华诗教育文集》第286–287页。

图7-6　文圣常院士

图7-7　管华诗院士

图7-8　冯士筰院士

文圣常（1921—2022），河南光山人。1944年武汉大学毕业，1946年赴美国进修。1960年在《中国科学（英文版）》发表《普遍风浪谱及其应用》和《涌浪谱》，被国内外称为"文氏风浪谱"。1961年出版《海浪原理》，被列为国际五大海浪巨著之一。1984年出版《海浪理论与计算原理》，1985年获国家科技进步奖二等奖。1986年提出"新型混合型海浪数值预报模式"，获国家"七五""八五"重大科技成果奖、国家教委科技进步奖一等奖。1990年开始享受国务院政府特殊津贴，1993年当选中国科学院院士。

管华诗（1939—　），山东夏津人。1964年毕业于山东海洋学院水产系并留校任教。1978年参与研制的海藻丙二酯和农业乳化剂获得全国科技大会奖。20世纪80年代主持研制海洋新药藻酸双酯钠等，产生巨大社会效益和经济效益，先后获国内外多项奖励。90年代又研制了甘糖酯、海力特和降糖宁散等海洋新药和藻维胶囊等系列功能食品，并全部投产。创建了我国第一个海洋药物化学本科专业，形成了我国海洋药物领域唯一的相对完善的人才培养体系。1991年开始享受国务院政府特殊津贴，1995年当选中国工程院院士。

冯士筰（1937—　），天津市人。1962年毕业于清华大学工程力学数学系流体力学专业，分配到山东海洋学院任教。20世纪70年代初开始进行风暴潮研究，建立了超浅海风暴潮理论，于1982年获国家自然科学奖三等奖，并出版我国首部风暴潮理论专著《风暴潮导论》。先后主持国家"七五""八五""九五"科技攻关项目，并获科技攻关重大成果奖。1983年赴美国做高级访问学者。1989年其成果"拉格朗日余流和长期输运过程———一种弱非线性理论"获国家教委科技进步奖一等奖、国家自然科学进步奖。1991年开始享受国务院政府特殊津贴，1997年当选中国科学院院士。

1988—2000年，学校涌现出一批全国模范教师、师德标兵、"五一劳动奖章"获得者、全国教育系统劳动模范、全国优秀留学回国人员等先进人物，文圣常、汪人俊、王滋然、管华诗、张正斌、孙文心、李凤岐、王建国、麦康森、张经等，就是其中的代表。

（二）教师队伍结构不断优化

青年教师队伍日益壮大。学校教师队伍中青年教师的数量和所占比例均有明显提高，教师的平均年龄明显下降，45岁以下的青年教师占教师总数的70%，基本实现了教师队伍的新老交替，师资队伍的断层问题得以解决。

教师的职称、学历结构更趋合理。具有高级专业技术职务的教师占教师总数的53%；具有研究生学历的教师占86%，其中具有博士学位的教师由12%增加到26%，45岁以下具有博士学位的青年教师占青年教师总数的35%，海洋、水产等国家重点学科青年教师中具有博士学位的比例已超过60%。[①]

据学校上报教育部的《青岛海洋大学10年来教师职务评聘工作总结》，1986—1996年，10年内共评聘高、中级教师职务2101人次，其中教授282人次，副教授772人次，讲师1047人次，教师职务结构变化趋于合理（具体见表7-1）。[②]

表 7-1　1986、1996 年教师职务结构变化对比

时间	教师总数	教授		副教授		讲师		助教	
		人数	比例（%）	人数	比例（%）	人数	比例（%）	人数	比例（%）
1986年	584	20	3.4	137	23.5	279	47.8	148	25.3
1996年	680	149	21.9	190	27.9	207	30.4	134	19.7

2000年，学校已初步建成了一支以院士、特聘教授、讲座教授和校聘关键岗位第一、二层次教授为代表的高层次人才队伍。

青岛海洋大学积极应对教师队伍青黄不接带来的严峻挑战，实践再次表明，办法总比困难多，关键是要勇于面对、认真去做。教师是办学的主体，青年教师是学校的未来，高水平、高素质的师资队伍是赢得竞争的关键，只有把师资队伍建设当作战略任务常抓不懈，才能赢得未来。

---

① 《青岛海洋大学"211工程""九五"期间建设总结报告》，中国海洋大学档案馆藏，档号：HD-2000-XZ11-19。
② 《青岛海洋大学10年来教师职务评聘工作总结》，中国海洋大学档案馆藏，档号：HD-1997-XZ12-19。

第五章
人才培养与教育改革

在高等教育大调整、大改革的背景下，学校确定了"重特色、求质量，先做强、再做大"的事业发展策略，适度扩大办学规模，教师总量增长了约40%，平均每年增长5%。在校学生数量增长了120%，平均每年增长15%。同时，拓展专业面，由1993年的32个本科专业，拓展到2000年的本科专业38个、专科专业25个，覆盖了八大学科门类，学校发展成为一所学科门类较为齐全的综合性大学。深化教育教学改革，按照"加强基础、拓展专业、注重素质、增强能力、因材施教、突出特色"的原则，先后三次修订教学计划，采取主辅修、双专业、完善学分制等一系列举措，不断改革教学内容、课程体系、教学方法、教学手段和考试方法，尤其重视外语、计算机等基础课的教学。研究生教育、成人教育都得到了较快发展，为社会培养大批急需人才。用人单位普遍反映，海大培养的学生基础理论扎实、外语水平高、适应能力强，"学在海大"声名远播。

第一节　教学机构设置与调整

为深化教育教学改革，向社会输送更多优秀人才，学校不断因势制宜，适时设置和合理调整教学机构。

1988年3月，水产学部改为水产学院，高清廉任院长；应用数学与管理学部改为管理学院，汪人俊任院长；海洋药物研究室改为海洋药物研究所，管华诗任所长；微藻研究室改为微藻研究所，李明仁任所长；成立海洋生物材料研究所，楼宝城任所长；成立海洋仪器研究室，高慎月任主任。

1992年下半年开始，经充分酝酿讨论，教学机构进一步调整为6个学院、18个系、部。经过调整，使学校在保持特色及优势的同时，能积极发展应用学科（专业），也解决了原有部分教学机构发展方向模糊，同类专业教师分布在不同系所，形不成梯队的老问题。教学机构的调整，调动了二级单位的办学积极性，提高了办学效益。

学校教学机构陆续调整情况如下：

成立海洋环境学院。下设海洋系（原海洋科学系）、海洋气象系、物理海洋研究所、海洋环境科学研究所、物理海洋实验室。冯士筰任院长。

成立工程学院。下设机电工程系、土木工程系、海岸工程设计研究所。张就兹任院长。

成立技术科学学院。下设物理系、电子工程系、计算机科学系、海洋遥感研究所，林俊轩任院长。后技术科学学院更名为信息科学与工程学院。

成立外国语学院。下设英语系、东方语言系、大学外语部、对外汉语教学中心。杨自俭任院长。

设置社科部。负责全校的马列主义基础课和德育课教学。王安东任主任。

成立经贸学院。下设应用数学、国际经贸、经济管理三个系，学院设有应用数学、国际经济、国际贸易、金融学、国际经济法、国民经济管理学（工商管理、国际经济管理方向）、会计学（电算化会计、国际会计方向）、市场营销、公共关系等本、专科专业。李淑霞任院长。在经贸学院增设法律系，下设国际经济法研究所、海洋法研究所，撤销法律研究所。

成立青岛海洋大学对外汉语教学中心（不久改为汉学系）和中国语言文学系，两个牌子、一套班子。

成立海洋文化研究所、外国语学院语言文化研究所。

成立海洋生命学院。下设海洋生物系、海洋生物工程系、环境生态系、海洋生物工程研究所。曾呈奎任名誉院长，李永祺任院长。

成立化学化工学院。下设海洋化学系、应用化学系、海洋化学研究所。张正斌任名誉院长，张经任院长。

成立海洋地球科学学院。下设海洋地球科学系、地球物理勘探系、环境建设系、旅游系、河口海岸带研究所、地质地球物理研究所；撤销海洋地质系。徐世浙任名誉院长，杨作升任院长。

成立基础教育中心。由计算机基础部、社科部和体育部组成。

应用数学系从海尔经贸学院分离出来，独立建制。后更名为数学系。

调整后，教师按专业归口，形成梯队结构，明确发展方向；教师教学科研围绕自己擅长的专业开展，积极性得到调动；学院和系的调整凝练了学科方向，在不增加教师负担的前提下，增加了授课时数，办学效益显著提高。

至2000年，学校设置海洋环境、水产、海洋生命、工程、海洋地球科学、信息科学与工程、化学化工、经济贸易、外国语、中国语言文化、高等职业技术、法学和成人教育13个学院，33个系、部，5个博士后流动站，10个博士点，28个硕士点，38个本科专业，20多个专科专业和30多个夜大及函授本、专科专业，分布在理、工、农（水产）、医（药）、文、经济、管理、哲学和法学等九大学科门类中。

在不断调整完善教学机构的同时，管理体制机制也在不断改革。1995年11月，学校实行校、院、系三级管理体制，建立起学校主抓宏观和目标管理，学院为管理实体，系集中精力抓教学、科研的运行机制，努力做到职责分明，运转灵活，效益提高。院系职责如下。

（一）学院职责

学院是在校党委和校长领导下的业务行政管理单位。学院实行院长负责制，负责全院的教学、科研、行政管理和思想政治教育等工作。院党总支对学院的行政工作起保证监督作用。

1. 根据学校总体规划，制定本院的发展方向、规模、学科建设的规划，负责重点学科、博士点、硕士点的申报和学位初审工作。

2. 按照学校有关规定，负责本院研究生（博士生、硕士生、研究生班）及本、专科生的培养、管理及思想政治教育工作，组织本院教职工教书育人、管理育人、服务育人。

3. 审查系本、专科生及研究生的教学计划，协调各系的教学工作，统筹安排全院性基础课教学，不断提高教育质量。

4. 负责领导全院的科学研究、科技协作工作，确定本院的科研方向和重点科研项目，承接跨系的重大科研课题，审定系、所的科研计划，积极培育新的学科生长点，加强学科交叉和渗透，开展跨学科综合研究。

5. 加强本院教职工队伍建设，制定师资队伍建设规划，创造条件，通过进修、培训等方式提高教职工业务水平，统一组织本院教职工的考核。在学校核定的编制内，根据学校有关规定和程序，审定人员的调动及各类人员的聘任方案，报学校批准后实施。负责审定和上报院、校范围内奖惩人员名单。

6. 按照国家财务制度和学校有关规定，全面负责本院预算内资金的管理使用，多渠道筹措经费，并调动系创收的积极性，增加办学资金总量，不断改善办学条件。

7. 管理好本院的国有资产，统一规划、建设、管理图书室、资料室、仪器室及其他公用设施，充分发挥其作用。

8. 完成学校下达的其他任务。

学院设院务委员会，为学院行政的决策机构，由正、副院长，党总支正、副书记，系主任，系级研究所所长，院部门工会主席和院办公室主任组成，审议决策学院有关业务行政方面的重要问题。学院设常务副院长，在院长缺席时，由其行使院长职权。

（二）系职责

系为学院领导下的教学、科研行政单位，实行系主任负责制，负责本系的教学、科研、开发、行政管理工作。

1. 根据学校和学院的发展规划和自身条件，对本系的发展规模、专业设置提出方案，经学院研究报学校批准后组织实施。

2. 搞好本系教学工作，安排各专业的课程。依据社会对人才规格要求，拟订专业培养目标，制定和修订教学计划，经学院审核报学校批准后组织实施。组织教学活动，确保教育质量。

3. 选派班主任和导师，负责本系学生的管理和教育工作。

4. 制订科研计划，组织和领导本系的科研工作和实验室建设工作，开展学术活动，活跃学术空气，提高学术水平。

5. 负责本系教职工的工作考核及津贴分配工作，对本系成绩突出的各类人员给予奖励，配合学院或学校对违纪人员按有关规定进行处理。依照核定的编制和工作需要，向院提出调出或调进人员计划，经院研究后报学校批准。

6. 按照财务管理有关规定，管理使用好本系支配的各项费用，并积极筹措经费，改善办学条件。

7. 完成校、院下达的其他任务。

（三）其他有关事宜

1. 社科部、体育部直属学校领导，其管理体制暂按原规定执行。

2. 实行校、院、系三级管理体制后，系属教研室（研究室）为从事教学和科研的业务组织，其负责人由系主任聘任。

3. 为保证教学与科研紧密结合，校属研究所原则上按学科方向划归相关学院领导与管理。

4. 为加强学生教育与管理工作，由院党总支副书记兼任副院长（党总支书记不再兼任）。

这个文件的基本原则及其内容，在以后很长一段时间里，对学校管理运行有着重要影响。

第二节　本科生教育

一、专业调整与增设

1988年，学校设有物理海洋与海洋气象学系、水产学院（包括水产养殖系、食品工程系、海洋渔业系）、管理学院（包括应用数学系、管理科学系、计算机科学系）、海洋物理系、海洋化学系、海洋生物系、海洋地质系、海洋工程系、外语系、社科系等2个学院14个系。有本科专业24个、专科专业9个，本、专科生及函授生、夜大生等各类学生共6000余人。学校的基础学科与应用学科的比例由1983年的7∶3调整为3∶7，实现学科、专业结构的历史性转折，奠定了综合性大学的基础。如何进一步调整专业设置，增强人才培养的社会适应性，是学校面临的一个重要问题。

1989年3月，山东省教委下发《关于进行专业调整改造工作的通知》指出，目前高校专业设置和建设仍存在许多不足之处，如划分过细、口径太窄，使培养的学生知识结构不太合理。为了使我省高等教育更好地满足经济建设对人才的需要，要求各校对现设专业认真进行一次调整改造工作。[①]5月24日，青岛海洋大学向山东省教委报送专业调整方案。

学校共设置本、专科专业39个，其中本科专业27个。为了进一步拓宽专业口径，增强人才培养的社会适应性，根据国家教委对普通高等学校本科专业调整的意见，学校于1988年上半年对设置的27个本科专业进行了调整。在调整的基础上，对基础课教学要求相近的专业实施按大类培养的教学计划，具体如下。

（一）按大类实施基础课教学的专业

物理、海洋类：物理海洋学、天气动力学、海洋物理学、物理学、勘查地球物理。

---

① 山东省教委：《关于进行专业调整改造工作的通知》，中国海洋大学档案馆馆藏，档号：HD-1989-JXGL-603。

生物、养殖类：海洋生物学、生态学与环境生物学、海水养殖、淡水渔业、渔业资源与管理。

工程类：机械设计及制造、港口及航道工程、渔业工程。

化学化工类：海洋化学、化学、食品工程。

地质类：海洋地质学、水文地质与工程地质。

（二）各大类专业（本科）设置情况（表7-2、7-3、7-4）

表7-2　理科专业（1989年4月）

序号	系（专业大类）名称	所含专业（专业方向）名称
1	物理海洋与海洋气象学系 （海洋科学类） （大气科学类）	物理海洋学 天气动力学
2	海洋物理系 （物理学类） （海洋科学类） （电子与信息科学类）	物理学 海洋物理学 电子学与信息系统
3	海洋化学系 （化学类） （海洋科学类）	化学 海洋化学
4	海洋生物系 （生物学类） （海洋科学类）	生态学与环境生物学 生物学 海洋生物学
5	海洋地质系 （地理学类） （海洋科学类）	地理学 海洋地质学
6	水产养殖系 （养殖类）	海水养殖 淡水渔业
7	海洋渔业系	渔业工程 渔业资源与管理
8	应用数学系 （数学类）	应用数学
9	管理科学系	经济管理

表 7-3　文科专业（1989 年 4 月）

序号	系（专业大类）名称	所含专业（专业方向）名称
1	外语系 （外国语言文学）	英语
2	社会科学系 （马克思主义理论思想政治教育类）	马克思主义基础

表 7-4　工科专业（1989 年 4 月）

序号	系（专业大类）名称	所含专业（专业方向）名称
1	海洋地质系 （地质类）	勘查地球物理 水文地质与工程地质
2	海洋工程系 （机械类）	机械设计及制造
3	海洋工程系 （水利类）	港口及航道工程
4	计算机科学系 （电子类）	计算机及应用
5	食品工程系 （轻工、粮食与食品类）	食品工程
6	海洋工程系	工业自动化

　　1990 年 9 月，学校《关于专业调整与改革规划工作的基本思路和实施意见》提出，专业调整与改革必须坚持社会主义办学方向，把培养社会主义建设者和接班人作为根本任务。切实解决好专业结构、培养目标、教育方式与社会主义建设实际需要不相适应的问题。着重体现以海洋、水产两大学科为重点的特色，把专业调整与深化改革紧密地结合起来，有力地推动学校以教学为中心的各项事业的全面发展。[1]学校对现有本科理科专业，从专业设置、培养方向、社会需求、教学计划等方面进行了深入的调查论证和调整。论证和调整工作分三步进行。

　　第一步，对学校的海洋类学科专业和水产养殖等专业进行论证，进一步明确人才培养规格，拓宽专业口径，增强对社会需求的适应性。

　　第二步，对现设数、理、化、生等理科专业进行论证，按照社会需求，根据国家教委

---

[1]《青岛海洋大学传达贯彻全国高等理科教育工作座谈会情况的报告》，中国海洋大学档案馆藏，档号：HD-1991-JXGL-722。

适当控制招生规模的要求，结合拓宽专业口径，进一步修订教学计划，增强培养人才的适应性。初步确定近期采取减招和与相近专业合招的方式控制招生规模，即应用数学专业1991年减招，物理学、化学、生态学与环境生物学3个专业1991年分别与海洋物理学、海洋化学、海洋生物学等专业合并招生。

第三步，对现设的工科、文科等应用学科专业，从进一步明确人才培养规格入手，完善教学计划，拓宽专业口径，增强培养人才的适应性。

1991年6月，国家教委同意青岛海洋大学设置24个本科专业：物理海洋学、天气动力学、海洋物理学、海洋化学、海洋生物学、生态学与环境生态学、海洋地质学、应用数学、物理学、化学、电子学与信息系统、计算机及应用、海水养殖、海洋渔业、渔业资源、淡水渔业、食品工程、水文地质与工程地质、勘查地球物理、机械设计及制造、港口及航道工程、英语、国民经济管理学、马克思主义基础等。

同时，学校上报国家教委《青岛海洋大学"八五"事业计划和十年规划设想》。其中专业建设的计划是："八五"前期，专业总数不增加；"八五"后期视情况，在条件成熟、社会需求量较大的专科专业的基础上增设1～2个本科专业。着力加强工科和应用文科专业和社会需求量较大的专科的建设。专科主要面向实际应用，要办出特色，积极探索为城乡集体经济培养专门人才的路子。要根据社会需求的变化，不断调整有关专业的招生数量，注意专业的调整、改造，进一步修订教学计划；充分利用学校的师资、教学条件，拓宽专业口径和服务范围。在"八五"后期至2000年，继续发展海洋、水产专业及一批社会需求量大的专业，着重发展计算机、电子、海运和国际经贸等专业。[①]1992年后，学校增设了一批社会急需的本、专科专业，到1994年本科专业达到32个、专科专业减到8个。为更多地培养应用型人才，设置相应的专业方向，扩大社会需求量大的专业招生人数，为山东省、青岛市培养了更多的急需人才。

学校坚持走内涵发展之路。在特色学科内设置属于理学门类海洋科学二级类的所有本科专业和农学门类水产二级类的所有本科专业，形成并发展了一批属于海洋、水产与其他学科交叉、理工结合、文理渗透的新专业。同时，适应改革开放，为沿海外向型经济、贸易发展服务的学科专业得以长足发展。学校由1983年仅有的13个专业（70%侧重于基础理论理科专业），发展为1997年的38个本科专业及十余个专科专业，本、专科基础学科与应用学科的比例变为3：7。在校生5046人、研究生510人。理学门类专业

---

① 《关于报送"八五"事业计划和十年规划设想的函》，中国海洋大学档案馆藏，档号：HD-1991-XB-310。

学生占28%左右，工学26%左右，哲学、经济学、文学、法学门类专业学生合计37%，农学（水产）、医学合计9%。成人学历教育的夜大、函授生2740人。学校已经建立起学士、硕士、博士、博士后完整的人才培养体系，成为我国海洋、水产学科培养高级专门人才的主要基地。

1998年，教育部公布对所属高等学校现设的本科专业按新颁布的专业目录整理的结果，青岛海洋大学设置34个本科专业（按专业代码顺序）：政治学与行政学、国际经济与贸易、金融学、法学、汉语言文学、英语、日语、数学与应用数学、信息与计算科学、物理学、化学、生物科学、生物技术、地质学、大气科学、海洋科学、海洋技术、电子信息科学与技术、生态学、勘查技术与工程、机械设计制造及其自动化、自动化、电子信息工程、计算机科学与技术、土木工程、港口航道与海岸工程、环境工程、食品科学与工程、水产养殖学、海洋渔业科学与技术、药学、工商管理、市场营销、会计学。

按照目录，1999年学校以"加强基础、淡化专业、增强能力、提高素质"为原则，进行新一轮教学计划的修订，将素质教育研究成果固化于教学计划中，本科专业数调整为32个，同时增设法语、朝鲜语、环境科学、旅游管理等6个新专业。把语言表达艺术和海洋文化概论作为文化素质类必修课列入教学计划，加强大学生的综合素质培养。设立科技活动奖励基金，对获校级（含校级）以上的科技竞赛奖、论文奖的学生给予奖励学分，鼓励学生尽早参加教师的科研项目，培养学生的科研能力，注重个性、创新精神和实践能力的培养。

2000年，学校有全日制本科专业38个，在校本科生6609人[①]。其中理科占1/3，工科占1/4，文科、经管、法学类占1/3，农、医（药）类占1/10，专业结构更加趋于合理。

二、课程改革

1992年，学校进行内部管理体制改革，并同步进行教学改革，提出了"解放思想，实事求是，逐步建立主动适应国民经济和社会发展的办学机制，提高办学质量和效益"的指导思想，结合学习贯彻党的十四大精神和全国普通高等教育工作会议精神，遵循教育必须为社会主义建设服务和面向现代化、面向世界、面向未来的方针，教学改革的方向更加清晰，针对性更强。

在教学改革中，学校继续拓宽专业面，加大教学内容改革力度，逐步建立起适应我

[①] 张静主编：《中国海洋大学大事记》，中国海洋大学出版社2014年版，第230页。

国社会主义建设及现代科技、文化发展趋势的课程结构和内容体系。加强数学、外语、计算机应用、汉语写作等公共基础课，着重培养学生基本素质和能力，以更好地适应改革开放的需要，适应社会主义市场经济发展的需要。

一类课程建设是学校课程建设的重要内容，是学校教学质量与教学改革的重要组成部分，是促进教授上讲台全面提高教育教学质量的有效途径。学校不断加大课程建设的力度，采取有力措施提高校级一类课程的教学水平。1995年5月，《青岛海洋大学一类课程建设管理办法》施行，对学校各专业一类课程体系建设、教学内容改革提出指导性意见。5月10日，学校五项课题进入国家教委高等理科教育面向21世纪教学内容和课程体系改革计划第一批项目：海洋科学类专业教学内容和课程体系改革研究（冯士筰等）；面向21世纪海洋生物专业课程体系的研究（钱树本等）；海洋学专业课程体系的研究（李凤岐等）；面向21世纪化学专业课程体系的研究（王永辰、李静）；面向21世纪物理学专业（声学方向）课程体系的研究（王恕铨等）。

与此同时，学校按照加强基础、拓宽专业、注重实践、突出特色的原则，进行新一轮教学计划的修订工作，构建起包括"公共基础、学科基础、专业基础"三个层面的必修课和"专业选修、跨专业选修、文化素质"三类选修课新的课程体系。

从1986年起，开始有计划、不间断地在全校开展课程评估和建设。到1997年全校进行校级评估的课程达141门，建成校级一类课程33门，并配套进行教材建设，促进了教学质量的稳步提高。1998年后，对1995年、1996年批准的校级一类课程进行验收。同时，推荐计算机文化基础、海洋文化概论、语言表达艺术3门课程作为山东省教学改革试点课程予以建设。除了评选校级一类课程外，结合海洋学人才培养基地建设，1999年经教育部批准，启动基地名牌课程建设物理海洋学和化学海洋学；2000年度教育部批准启动基地名牌课程建设达到5门，即海洋学、海洋调查与资料处理、海水分析化学、物理海洋学和化学海洋学，当年均通过评审。

至2000年，学校建设校级一类课程51门，使海洋、水产类专业的主干课程及一批全校公共基础课达到国内领先或先进水平；重点建设了公共基础课和部分专业基础课25门，教育部基地名牌课程5门，省重点课程（计算机文化基础、语言表达艺术、海洋文化概论、微生物学、物理实验）5门。大学英语采用分级教学，四级英语年均通过率为94%。非计算机专业计算机基础教学自1996年全省高校计算机文化基础课程统考以来，学生历年的考试成绩均名列驻鲁高校前茅，该课程1999年被山东省列为省级教学建设与改革试点课程。

另外，学校还积极组织开展课程改革的研究。资料显示，"水产养殖专业产学研结合的教学研究"（马甡）、"电子学科信息处理系列课程的教学内容和体系研究"（姬光荣）、"高等学校日语专业高年级精读课程改革与研究"（李庆祥）、"面向21世纪《通用英语口语教程》"（乔爱玲）、"《自动控制理论》多媒体辅导教学软件开发"（褚东升）、"以改革教学内容、方法、手段为中心，完善我校计算机教育课程体系的建设"（赵茂祥）、"多媒体电脑在中文系专业课程教学中的应用"（李杨）等，获山东省面向21世纪教学改革项目资助。[①]这些项目的研究，对学校的专业建设、课程建设、教材建设等都起到较好的促进作用。2000年，这些课程通过山东省教育厅专家组的结题验收。

学校下大气力深入开展面向21世纪教学内容和课程体系改革研究，按期完成经国家教委批准立项资助的海洋科学等学科专业的教学改革研究课题任务。1998年以来的3年里，共承担国家、省教学内容和课程体系研究项目16项，2000年已完成8项。其中"海洋学人才基地建设与改革""海洋科学专业教学改革与实践"获国家优秀教学成果二等奖，"学研产相结合为主线，建设高水平水产养殖专业""加强实践教学，促进专业教学水平的提高"获山东省优秀教学成果一等奖。

学校结合教学内容和课程体系改革及校级一类课程建设，组织编写出版了一批优秀教材。2000年正式出版115部，评选出校级优秀教材43部，超额完成原计划"资助出版100部教材，评出30部左右的校级优秀教材"的目标。《海洋科学导论》《海洋水团分析》和《海洋调查方法》3部教材为国家面向21世纪教材，其中由冯士筰院士主编的《海洋科学导论》为国家"九五"重点建设教材，全国统编教材《虾蟹类增养殖学》和《海水养殖动物病害学》分获教育部优秀教材三等奖和山东省优秀教学成果二等奖。

改革教学手段，加强现代化教学条件建设。建成14个多媒体教室，建成远程教育教室。全校公用微机室的微机全部更新换代，保证了学生上机实习的需要。每学期30%以上的课程教学运用了多媒体教学手段。

三、国家理科基础科学研究与教学人才培养基地建设

1988年以来，学校在向综合性大学转型过程中，学科（专业）的调整偏向于应用。但同时注意保护重点理科专业，以保证连续稳定地为国家培养涉海理科基本理论扎实的学术型人才。

---

① 《山东省高等教育面向21世纪教学内容和课题体系改革计划项目结题报告汇编》，中国海洋大学档案馆藏，档号：HD-2000-JX1311-08。

1991年8月，国家教委公布第一批15个专业为国家理科基础科学研究和教学人才培养基地，学校的物理海洋学专业入选。学校高度重视基地建设，修订专业教学计划，按学科群设置公共基础课，加强数理、计算机及英语课教学，在高年级设置甲、乙两类选修课系列，实行分流培养，拓宽专业口径。实行学分制，学生不论在校学习时间长短，一旦修完规定学分即可毕业，也可以提前报考硕士研究生。为该专业配备一流教师授课，授课教师由物理海洋与海洋气象学系与教务处协商并报主管校长审定。加强实验室建设，建立专用微机室。在办学政策上给予倾斜：学校每年按国家自然科学基金委下达经费相应比例给予约30万元配套补助；规定该专业课程全部开小班课，大幅度提高授课教师的课时补贴；提高实施奖学金比例，另设立赫崇本奖学金，鼓励学生冒尖；对不适宜在该专业学习的学生建立退出机制，改学其他专业，同时从全校其他专业中选拔优秀生补充到该基地专业。

1992年6月，学校向国家教委报送《青岛海洋大学国家理科基础科学研究和教学人才培养基地物理海洋学专业改革建设计划实施方案》。该方案就未来五年内基地专业改革建设的目标、配套措施、建设项目及投资计划等，均作出规划和安排。其中，计划在1991—1995年国家教委投入115万元，学校投入121万元；1991年度国家教委投入15万元，学校投入17万元。[①]

1993年3月，学校向国家教委申报海洋化学专业为国家理科基础科学研究和教学人才培养基地，并获国家教委批准："青岛海洋大学的海洋化学专业，并入学校的第一批'理科基地'的海洋学专业，我委和学校都要适当增加对第一批这两个专业点的投资强度。各校对'理科基地'第二批专业，要按照我委有关文件的精神，从今年下半年开始进行建设和教学改革工作。学校主管部门要给予专项投资，学校也要给予相应的经费支持，使这些专业建成具有先进教学设备和教学水平的专业，提高教学质量。"[②]这样学校就有了一个基地、两个专业点（海洋学专业、海洋化学专业）。

经过多年建设，基地教学实验室和办学条件得到显著改善，能够适应21世纪初海洋科学高层次人才培养的需要，成果显著。

建设了一支教学水平高、科研能力强、结构优化的高水平师资队伍。基地专业教师共出版教材12部，专著11部，译著3部，在国内外重要学术刊物上发表论文875篇，共有91项课题获科研成果奖，共获科研经费1827.2万元。

① 《关于报送〈青岛海洋大学国家理科基础科学研究和教学人才培养基地物理海洋学专业改革建设计划实施方案〉的函》，中国海洋大学档案馆藏，档号：HD-1992-JXGL-784。
② 国家教委：《关于批准"理科基地"第二批专业点的通知》，中国海洋大学档案馆藏，档号：HD-1993-JXGL-850。

形成了"课堂教学—实验教学—科研活动"三元一体的教学模式。学校通过课堂教学给学生打下扎实的基础，通过实验教学锻炼学生实验操作能力，而科研活动则使学生在实践中增长才干、磨炼意志，提高创新意识。

培育了优良的班风和学风，学生综合素质明显提高。基地班多次被评为优秀班集体，在国家四六级考试、计算机考试中均表现优秀，为国内许多著名高校和科研机构输送了一批优秀研究生生源。已毕业学生受到用人单位的好评。

学校承担的"面向21世纪的海洋科学教学内容和课程体系改革研究"项目，积极探索人才培养模式，修订教学计划，编写面向21世纪教材，并将研究成果在基地专业进行试点，提出的海洋科学和海洋技术专业的培养规格被海洋科学教学指导委员会采纳，《海洋科学导论》教材正式出版。

形成了良好的开放式建设格局。与国内外众多著名高校和研究机构建立了经常性的交流与合作关系，为基地人才培养拓宽了发展空间，增强了发展活力。

发挥了基地建设的示范和辐射作用。除基地专业开设海洋学课程外，基地教师还为学校相关专业开设此课程，学校所有专业均开设海洋文化概论课，形成了三个层次的大海洋教育。基地建设与改革形成的先进科学的人才培养方案及配套的管理措施，为校内外其他相关专业的建设提供了借鉴和示范。基地以先进的教学设施、高水平的教师、雄厚的科研力量，为兄弟院校师资和科研单位基础研究人员的培训作出了贡献。

"海洋学人才基地建设与改革"教学成果获得1997年国家优秀教学成果二等奖。[①]

1999年10月13日，教育部专家组通过对基地全面验收后认为，青岛海洋大学历届领导高度重视基地建设，很好地发挥了基地在学科建设和人才培养等方面的重要作用，为国家培养了一批高素质理科人才，成绩显著，已形成鲜明特色，并对进一步搞好基地建设提出了建议。[②]

四、完善学分制实施方案

1991年9月，学校制定《〈普通高等学校学生管理规定〉实施细则》，对学分制、实行主辅修等内容作出补充规定。1995年7月，公布实施《青岛海洋大学完善学分制的实施方案》，学分制在实践中得到不断改进和完善。

① 《发挥优势　深化改革　培养高质量海洋科学基础性人才——青岛海洋大学理科人才基地建设与改革工作汇报》，中国海洋大学档案馆藏，档号：HD-1999-JX1311-08。
② 张静主编：《中国海洋大学大事记》，中国海洋大学出版社2014年版，第213页。

　　1996年12月，为更好地适应社会主义市场经济对人才的需求，学校推出新举措，制定《关于实行完善学分制的本科生选专业的实施办法》，规定自1995级起，大多数本科专业的学生按"大班"组织教学，学完两年基础课后，允许学生在相近学科或"大班"所含专业范围内再选择一次专业。要点有：

　　（一）在"大班"内学习的学生，不论在招生时被录取为哪一个专业，均可在本"大班"所含专业范围内再选一次专业。"大班"内各专业的分配名额由所在院、系根据教学条件在12月末提出，经教务处审核，报主管校长批准。

　　（二）未受到"淘汰警告"（黄牌）和"淘汰"（红牌）及处分的学生，经所在院、系审核批准，可申请跨"大班"（专业）选择专业。各专业接受跨"大班"（专业）选专业学生的名额由所在院、系在12月末提出，经教务处审核，报主管校长批准。

　　（三）"大班"内各专业的分配名额和各专业接受跨"大班"（专业）选专业的名额，于二年级下学期开学第四周前由教务处公布。

　　（四）申请跨"大班"（专业）选择专业的学生必须参加考试。考试于6月下旬至7月上旬举行，由教务处负责组织。

　　（五）学生在"大班"内选专业和跨"大班"（专业）选专业均在所在院、系报名。按前三个学期的"累计平均学分绩"排名确定。

　　（六）选专业手续在二年级下学期的7月份办理，三年级开学进入专业学习。

　　（七）学生再次确定专业后，其专业不再予以变更。[①]

　　虽然学校此前已试行学分制、选课制，但实际运行依旧存在对学生所学专业统得过死的现象，不少学生仍不能选择自己喜欢和擅长的专业，在一定程度上限制了学生学习的积极性、主动性。学校此次对试行多年的学分制方案进一步予以完善，允许学生根据兴趣和所长，在一定范围内再次选择所学专业，应该说是一次改革的尝试，其积极意义不言而喻。

五、加强本科基础课教学

　　1988年5月，学校为优化基础课教师队伍，加强本科基础课教学，提高本科教学质量，制定实施一系列加强本科基础课（公共课、基础课、专业基础课）教学的规定。其中较为突出的有：

---

① 《关于实行完善学分制的本科生选专业的实施办法》，中国海洋大学档案馆藏，档号：HD-1996-JX1315-04。

1. 担任基础课教学工作的教师，按其承担的教学学时，发给基础课教学补贴。

2. 基础课一般由讲师以上职务的教师担任主讲教师，其中正、副教授占比一般不应低于50%；直接关系到全校本科教学质量的公共基础课（数学、物理、化学）的主讲教师中，正、副教授所占的比例要求达到60%以上，争取在1990年达到80%。对从事科学研究及指导研究生的正、副教授，每两年至少要有一个学期担任基础课的主讲任务，大力提倡知名教授率先为本科生上基础课。

3. 对长期从事基础课教学、工作量大、教学效果突出的教师，在各级职务晋升时，给予优先考虑，学校在分配晋升限额时指标单列；担任各类课程教学工作的教师，在任本职期间曾两次被评为校优秀教师，并在此期间至少有一次经校课程评估确认为优秀者，免评晋升高一级职务。

4. 担任公共基础课教学工作的教师，其所得的奖励酬金应高于全校职工的平均奖酬金的10%，对奖酬金低于前述水平的系，其公共基础课教师的奖酬金，由学校补贴到上述标准。学校设立教学奖励基金，建立教学优秀奖励制度。对从事各类教学工作成绩优秀的教师进行奖励。1～2年评选奖励一次。[1]

毋庸置疑，这些举措在当时基础课教学普遍出现"滑坡"的背景下，对调动基础课教师的积极性、提高基础课教学水平起到了积极作用，为学校本科教学质量提高并长期保持良好口碑增添活力。

六、改进教学评估

1986年2月，学校建立教学质量评估制度，旨在客观、全面、综合地评价课程质量，促进学科专业发展和提高教师教学水平，并与教师的奖励和聘任挂钩。[2]11月，成立文圣常任组长的山东海洋学院教育评估领导小组、张保民任主任的教学评估委员会。

至1988年，专家队伍不断壮大，评估方法、操作程序不断改进。评估课程从大学英语、高等数学、普通物理、程序设计与算法语言、政治课等公共基础课，逐步扩展到专业基础课、专业课，从本、专科课程逐步扩展到研究生课程。

教学评估专家委员会在教学评估工作实践中，摸索并建立起一整套比较严密的评估工作程序和科学的评估方法。评估工作程序既反映教学全过程各个环节的情况，又体现

[1]《关于加强本科基础课（公共课、基础课、专业基础课）教学的若干规定（试行稿）》，中国海洋大学档案馆藏，档号：HD-1988-JXGL-539。
[2]《我院将建立教学评估制度》，载《山东海洋学院》1986年3月8日。

评估工作的公开性和民主化原则。在课程评估中，教师的教学态度、教学水平和教学效果是评估的重点。因此，评估工作包括现场听课，检查教学计划、教学大纲、教学日历等教学文件；召开学生座谈会，分析考试成绩；听取班主任、教研室主任、系主任等的意见；召开教学情况讲评会，被评教师自我总结，专家委员会评定等。为使考试成绩更真实，成为课程评估的可靠信息，还组织统一由专家组命题与阅卷的学期考试。

为了做好课程评估工作，专家委员会制定了关于理论课、实验课和体育课的课程评估指标体系。需要指出的是，在非体育院校内对体育课进行评估的高校为数不多。每学期评估工作结束时，都要对参评的课程和教师进行评比，对教学成绩优良的教师予以表彰奖励。同时，把对教学质量的书面评价反馈教师本人，以利他们改进不足，提高教学水平。

教学评估专家委员会在全校教师中有着很高声誉，在社会上也产生良好影响，吸引全国十多所院校和高教研究团体前来学习交流。学校教学评估的做法和经验，在1990年武汉国际教育评估研讨会上作了介绍，得到中外专家的一致好评。

对研究生教学的检查评估一直是高等学校教学评估工作的薄弱环节，包括研究生学位课程在内，教学上普遍存在着随意性现象。为了保证研究生课程的教学质量，从1990年开始，学校开始对研究生学位课程进行评估。到1993年，被评估的课程达22门，结果显示，优秀课程4门、良好课程8门，达到基本要求课程5门，未达到基本要求课程5门。评估结果比较客观地反映出研究生课程教学的基本情况，对学校下决心扭转研究生学位课程教学随意性起到了促进作用。

为配合学校对青年教师的培养，从1991年开始在全校开展针对青年教师教学质量的评估，专门制定青年教师课程评估办法。评估工作分教研室、系、校三级进行，对由教研室和系通过初评推荐的青年教师，填写课程评估申报表后，由校教学评估专家委员会进行评审；对教学大纲、教学日历、讲稿、批改的作业、学生试卷等进行展评；每人作10分钟讲演，然后召开讲评会；以无记名投票方式，共评出教学质量优良的青年教师36名。1992年又组织若干专家组跟踪评估，帮助他们巩固成绩，继续提高。至1993年，除各系组织的课程评估外，由学校直接进行评估的课程共计123门，占全校开设课程总数的17%；被评估课程的授课教师共153人，占全校教师总数的27.3%。通过评估涌现出以周天华、赵方为代表的一批优秀教师。对极少数经评估确定为不合格课程的教师，停止其教学工作，限期达标，有的调离教学岗位。[1]1993年，秦启仁、陈宗镛等完成的教学评估成果"搞好课程评估，确保教学

[1] 教务处：《搞好教学评估，确保教学质量》，中国海洋大学档案馆藏，档号：HD-1992-JXGL-788。

质量"，获得国家级优秀教学成果二等奖、山东省优秀教学成果一等奖。

1986—2000年，经学校评估的课程达170多门。在校、院两级建立了常设评估机构，使评估的覆盖面更广，更好地发挥以评促改、以评促建的作用。从1999年开始，学校又连续开展教师自评和学生评教活动，定期组织开展教学观摩，坚持校领导、部门负责人听课制度，促使教师注重自我评价、自我认识、自我提高，同时通过师生的交流反馈，推动教师积极进行教学内容的更新、教学方法的改革和先进教学手段的引用。开展教学评估，有效地保证了教学质量，尤其有助于促进青年教师教学水平的提高，对树立良好的教风，促进教学管理规范化具有积极作用。

2000年，学校聘请校内外40多位专家参与评估，填写教学评估表222份，被评教师人均16份；向学生发放问卷2138份，回收率为93%，被评教师人均141份。扩大校内外专家和学生参与评估的做法，使教学评估更具客观性、公正性、全面性和合理性，进一步调动了教师参与教学评估和教学改革的主动性，教学精力更加投入。

比较而言，学校对教师的教学评估做法是当时高等学校中程序细化并有师资管理、人事制度和教学评优制度的支撑，极具特色，在全国高校中是不多见的。[1]

七、激励措施奖惩并举

1992年，学校有三件事在学生中引起较大反响。一是国家教委公布《有权推荐优秀应届本科毕业生为硕士生的高等学校名单》，青岛海洋大学名列其中；二是在全国大学英语四级统考中，1990级学生取得了及格率94.3%、优秀率24.6%的历届最好成绩，学校对外语系和通过率达100%的物理海洋专业1990级等6个班集体，以及取得优秀成绩的学生予以表彰和奖励；三是《青岛海洋大学"定线定额淘汰制"规定》9月开始实施，凡触及淘汰线的学生，一次"黄牌"警告，二次则被淘汰，发给肄业证书。[2]

学校推荐优秀应届本科毕业生为硕士生的激励措施，无疑为勤奋学习的优秀学子增添动力。成绩优秀者奖励，成绩不合格者淘汰，如此奖惩并举、奖罚分明，不过是学校众多激励学生发奋成才的举措之一。

"定线定额淘汰制"，即在学籍管理中进一步引入竞争机制，旨在纠正学生"60分万岁""混文凭"等错误思想，调动学习的主动性、自觉性。它规定了四条"淘汰线"，限定了"淘汰定额"，列出具体执行办法。制度试行一学期后，有370名学生受到淘汰警告，30名

[1] 宋文红、马勇主编：《质量之本　孜孜以求——中国海洋大学教学评估和督导回顾与展望》，中国海洋大学出版社2007年版，第177页。
[2] 记文：《本学期开始试行"定线定额淘汰制"》，载《青岛海洋大学报》1992年10月1日。

学生转为交费试读生，10名学生被淘汰，对于促进校风建设起到了推动作用。①

自1995年5月青岛天泰集团股份有限公司率先在学校设立"天泰奖学金"起，社会企业捐资助学蔚成风气。"华金奖学金""金穗奖学金""工行奖学金""阜康奖学金""外语教育奖学金"等丰富了学校激励机制。校内也陆续设立"曾呈奎奖学金""赫崇本奖学金""文苑奖学金"等，激励大学生努力学习。与此同时，学校不断加强奖励举措，建立了学生科技创新奖励机制。在学业管理制度上，试行取消补考，实施重修，进一步完善学分制，实施弹性学制；采取跨院系选修、主辅修等多种途径培养复合型人才，试行本硕连读选拔培养优秀人才。这些举措有力地激励了学生发奋学习、早日成才。学校将这些好的经验和做法进行凝练，完成的"以学生为本，构建新型人才培养模式的探索与实践"课题，获国家教学成果二等奖、山东省教学成果一等奖。

八、实施"双专业培养"

为更好地适应社会主义市场经济对人才的需求，学校于1996年10月实施《关于试办双专业教学改革的意见》，旨在让学有余力的学生在学好原修专业的同时，根据兴趣和志愿，修读"另一专业"课程，以拓宽知识面，增强适应能力，经考核合格者可获得双学位。

"另一专业"课程为该专业的主干课程，总学分为50学分，一般设置12门课程，并设毕业论文或毕业设计教学环节（在总学分内安排6学分），以保证"另一专业"的教学质量。"另一专业"的教学计划一般在五个学期内安排课堂教学，原则上"另一专业"从"二上"开始进行，到"四上"结束。每周安排8学时，利用双休日进行教学。"四下"安排毕业论文或毕业设计。

申请修读双专业的学生，其原专业所修的必修课与指定选修课必须正常考试及格方可报名，限额择优批准修读。双专业修读期间，原专业的必修课、指定选修课或"另一专业"的课程正常考核有一门不及格者，即终止其"另一专业"的修读。终止双专业修读或"另一专业"达不到毕业要求者，"另一专业"课程已取得的学分计入原专业任选课学分。修读双专业的学生，原专业任选课最多可减免10学分。

修读双专业的学生，凡完成双专业学业、符合教学管理规定者，发给双专业毕业证书，其学业成绩符合"双专业、双学位改革意见"要求的，经校学位委员会审核批准，可获

---

① 教务处：《主动适应经济发展，加快教学改革步伐，为尽早进入"211工程"而努力奋斗》，中国海洋大学档案馆藏，档号：HD-1993-JXGL-851。

得双学位。①

　　试办双专业教学改革后，1995—2000级共有463名学生获得双专业毕业证书（表7-6），成功探索出一条拓宽知识面、增强适应能力的人才培养新路。海洋化学1995级学生姚劲波修读计算机应用专业，毕业时获得海洋化学与计算机应用双专业证书，海洋生物技术1998级学生王师修读计算机科学与技术专业，毕业时获得海洋生物技术与计算机科学与技术双专业证书，就是其中的优秀代表。

表 7-5　青岛海洋大学 1995—2000 级获得双专业毕业证书学生统计表

入学年份	毕业年份	国际金融	计算机应用	双专业毕业人数合计	备注
1995	1999	65	17	82	
1995	2000	2		2	五年毕业
1996	2000	59	27	86	
1996	2001		1	1	五年毕业
1997	2001	42	29	71	
1998	2002	31	16	47	专业名称改为：金融学/计算机科学与技术
1999	2003	47	36	83	专业名称改为：金融学/计算机科技
2000	2004	67	24	91	
人数合计		313	150	463	

注：数据由教务处学业与学籍管理科提供。

九、改革招生和毕业生分配制度

　　青岛海洋大学从招生到毕业分配都定有系列规章制度，严把招生质量关和人才输送关。招生工作实行"三公开"，即招生计划、程序、结果公开，确保公平公正和生源质量。另外，明确规定品学兼优的专科生可转入本科学习，优秀本科毕业生可免试读硕士学位等。在确保考试成绩的前提下，优先录取政治素质好的三好学生、学生干部。同时，抓好毕业教育，向社会输送合格人才。对毕业生坚持开展服从国家需要、服从分配的教育

① 《青岛海洋大学关于实行完善学分制的本科生选专业的实施办法（试行）》，中国海洋大学档案馆藏，档号：HD-1956-JX1315-04。

和走向社会的预备教育，号召毕业生以国家利益为重，走与工农、与实践相结合的成长之路。贯彻国家的毕业生分配政策，保证择优分配，在保证完成国家重点分配计划前提下，积极向社会各领域推荐毕业生。

1. 实施优秀高中生保送制度和优秀新生本硕连读制度。按照国家教委《招收保送生办法》，1985年5月，学校获准在全省13所重点中学招收保送生，当年招收20名。1988年，国家教委发布《普通高等学校招收保送生的规定》，学校开始面向全国招收保送生，每年招收数量由国家教委确定，人数不超过招生计划总数的3%。

学校按照公平竞争、公正选拔、德智体美等全面考核、综合评价、择优录取的原则，采取中学推荐和个人申请相结合的方式，选拔特长突出、品学兼优、全面发展的学生。中学及学生本人应本着诚信原则，保证推荐材料的真实可靠，对于报送虚假材料的考生取消其保送资格，对于弄虚作假的中学取消其向学校推荐保送生的资格。学校对收到的保送生申请材料进行初审，初审合格的考生需参加学校组织的测试。测试包括笔试和面试，笔试科目有数学、语文、英语；面试采取回答既定题目和即兴回答现场提问的方式，主要考查考生的社会责任感、语言表达能力、逻辑思维能力、应变能力、团结协作精神等。依据考生参加学校测试的成绩，并参考其高中阶段学习成绩、综合素质等情况，确定拟录取考生名单并公示。经公示无异议者，学校将按教育部和各有关省（自治区、直辖市）招办的统一要求办理录取手续。

同时，学校不断创新人才选拔培养机制。为向海洋、水产等学科提供优秀的硕士研究生生源，学校压缩本、硕培养学制，从2000级新生中选拔优秀学生组成本硕连读强化班。根据学校确定的报名办法，163名新生报名参加统一考试，最后分别录取39人和26人组成海洋和水产类两个强化班，分别由海洋环境学院和水产学院管理。学生前两年不分专业，强化学习数学、物理、化学、生物等基础课程，二年级末，根据学生学习成绩及个人志愿，分别进入海洋和水产类十余个专业学习，进行本硕连读培养，用6年完成原需7年的本硕阶段学习任务，学生取得硕士学位。对于前两年没能通过英语六级、国家计算机等级考试二级和其他必修课程成绩不合格者，取消其本硕连读资格。他们可选择到相近专业，补修所缺课程，继续进行本科学习，完成学业后取得学士学位。这一年，65名新生搭上新开通的本硕连读"直通车"，成为首届海洋、水产类强化班学生。

成立本硕连读强化班，是学校坚持走特色办学之路的有益探索，走出了一条教学改革的新路。这在当时驻鲁高校中尚属首创，全国也不多见。

2. 改革毕业生分配制度。从1983年开始，学校就试行供需见面的毕业生分配制度改革。1988年在总结经验的基础上进一步扩大规模，在全校范围内实施这一办法。同时根据国家教委提供的信息，确定对部分供需缓和的物理学、海洋生物、海洋地质等六个专业实行"双向选择，敞开分配"的办法。1989年1月，学校举行毕业生供需见面洽谈会，来自全国各地150多个部委、企业、科研单位的代表，与应届毕业生直接见面洽谈。仅青岛地区就有50多个单位来校招聘，有60余名毕业生被录用。

随着我国经济体制改革的不断深入，高等学校毕业生的分配工作出现了新情况、新问题。学校在供需见面的基础上，实行"在国家分配方针政策指导下，招聘推荐考核录用毕业生"的新探索。具体做法如下。

一是推荐考核录用。学校在掌握需求信息的基础上，有针对性地采取多种方式向对口部门推荐、征询需求计划；根据国家分配原则确定招聘范围，向用人单位发出邀请信或推荐考核表。依据学校与用人单位协商的结果，落实分配计划。这种办法，用人单位放心，毕业生满意，总体反映效果很好。

二是敞开分配，双向选择。学校把分配权限下放到院（系），把分配原则和政策交给学生，允许毕业生联系并提供分配工作单位，采取广泛的供需见面和双向选择活动来落实分配计划，分配到专业对口部门发挥作用的毕业生大幅度增加。随着改革的不断深入，供需矛盾进一步缓和，对以后向不包分配过渡起了积极的作用。

学校改革毕业生分配制度的指导思想十分明确，即按照既有利于分配计划宏观管理，又有利于微观搞活的原则，逐步将竞争机制引入其中，扩大用人单位录用毕业生的自主权，使学校增强主动适应经济与社会发展的动力，激发学生学习的积极性，引导毕业生服从国家需要，正确择业。为此，学校遵循优先考虑国家急需的原则，学以致用的原则，专业对口发挥作用的原则，择优分配、因才量用的原则，同时制定29条措施，确保这些原则落到实处。[1]

学校逸夫馆作为历年毕业生供需见面洽谈会的大型会场，见证了每年1月双向选择的热烈场面。1998年1400多名毕业生与来自北京、广东、辽宁、山东等地的科研、军工、大型国有企业、合资企业等60多家用人单位现场进行双向选择。有540多名毕业生或签订就业协议，或达成就业意向，仅海尔集团就录用130多人。1999年的毕业生供需见面洽谈会上，1300多名毕业生与来自省内外的国家党政机关及事业单位、高校及科研院所、国有大中型企业、外资企业等40多家用人单位进行双向选择。2000年，酒泉卫星发射中心、海

---

[1] 学生处：《试行招聘、"双选"办法，向社会输送毕业生》，中国海洋大学档案馆藏，档号：HD-1989-JXGL-638。

尔集团等50余家用人单位带来700余条用人信息，300多名毕业生与用人单位达成就业意向。用人单位对学校毕业生综合素质评价较高，认为他们专业基础扎实、外语好、创新意识强、敬业精神好、适应能力强、集体荣誉感强。

用人单位对学校毕业生的评价，更加印证了"学在海大"的美誉，也成为学校持之以恒深化改革、改进学风、提高人才培养质量的强大动力。

第三节　研究生教育

一、研究生教育管理

1988年，青岛海洋大学有博士学位授权点5个，博士后流动站1个，硕士学位授权点10个，招收硕士生的专业19个，在校博士、硕士研究生不足300名。第一个博士后流动站（物理海洋学）已被批准设立，物理海洋及海洋化学专业获得在职申请硕士学位授予权。

为了使研究生的培养更好地适应国家经济建设和社会发展的需要，学校对研究生的专业方向、课程设置、培养方式和招生途径进行了一系列改革。

海洋学科在一个时期里偏重于理论研究，培养的研究生大部分从事高等学校的教学及科研工作。由于去向较窄，影响了研究生规模的发展，也影响了学科发展的活力。学校根据海洋学科的交叉性和应用性的特点，探讨新增交叉学科——环境海洋学的专业方向，在已有的物理海洋学、海洋化学、海洋生物学、海洋地质学、海洋物理学专业的基础上，确定了环境海洋学专业的培养目标，确立该学科的主要研究方向为海洋环境监测、评价及预测，海域污染物质的分布、迁移、扩散和转化，海洋环境与海洋生态系统的相互关系，海洋自净能力和环境容量，海洋环境的有效管理及治理，并照此招收研究生。

遵照国家教委《关于改进和加强研究生工作的通知》精神，学校硕士生招生专业逐渐形成各具特色的课程体系。知识面宽，适应性强，促进了学生学习的积极性。研究生课程的教材建设进一步加强。建立了一系列规章制度，使研究生教育与管理逐渐有章可循，有规可依。

史料显示，学校研究生教育发展中亟待解决的问题比较突出：一是在已有的博士点中，海洋气象专业博士生导师秦曾灏已调离，水产品储藏与加工专业的博士生导师陈修白教授已年过70岁，这两个点应及早增补导师；水产养殖专业博士生导师李德尚教授的业务梯队有待加强。二是学校在海洋学科方面的专业已比较齐全，但由于我国海洋事业发展缓慢，这些已有学位授予权的学科，如海洋生物、物理海洋、海洋气象、海洋地质、海洋物理及应用数学等，已成为社会对人才需求较为饱和的"长线"专业。学校急需建设一些社会对人才需求较为旺盛的"短线"专业，但这方面的师资和研究力量不足，需要抓紧规划和扶植。三是第四批审批学位授予权时，要求一个博士点应有3个研究方向，每个研究方向应有教授带头；一个硕士点应有2个研究方向，业务班子成员教授、副教授不少于4名，其中至少有一名教授；应用型的、社会急需的以及过去已招过生的专业点，会优先考虑。①针对以上问题，学校从全局考量，进一步加强研究生教育管理，采取有力措施夯实基础，稳步发展。

1990年11月，国务院学位委员会公布第四批博士和硕士学位授权点。学校的海洋地质学专业被批准为博士学位授权点；冯士筰教授牵头申报的环境海洋学博士点被增列为海洋科学下的二级学科点，这是国内首个环境海洋学博士学位授权点。②

在学科建设方面，学校利用海洋、水产学科齐全的优势，建立起一套较好的研究生培养方案，各专业通过与国内外相近专业的比较，已形成有专业特色的学位课程设计。1992年受国家教委委托完成《全国海洋学科研究生培养方案规范》的制订工作，编写出符合我国实际、反映现代科学水平的研究生教材及参考书十余部，填补了国内空白。

1992年11月，学校向国家教委申请确定研究生规模，提出"我校学生总规模业经教委批示确定为6000人，6000人总规模中确定研究生规模为600人（占学生总数的1/10），对我们这样的直属重点大学是适宜的"③。12月，学校又向国家教委申请成立研究生院，报告中强调："我校学位授予点虽然不多，但体现了海洋的特色，代表了国家教委教育系统的一个方面。从高层次培养的区域分布来说，作为我国的经济大省——山东省，尚没有一个研究生院。对我校本身而言，不成立研究生院，博士点建设、重点学科建设、博士后流动站管理等的关系就不能很好地理顺，海洋学科研究生教育规律的探索、研究，以及国内外学术交流等也受到很大的制约。"④但这个报告并没有得到批复。

1993年，学校博士点增加到7个，硕士点增加到12个，已培养博士生81人，硕士生682人。这些毕业生，不但充实了学校教师队伍，而且遍布全国海洋、水产、近海石油、环境保护等行业，成为这些单位的骨干，不少人已成长为有贡献的专家。据国家自然科学

---

① 研究生部：《一九八八年研究生部总结》，中国海洋大学档案馆藏，档号：HD-1988-JXGL-579。

② 据张静主编：《中国海洋大学大事记》，中国海洋大学出版社2014年版，第152页；李建平、魏世江、陈镴主编：《晋华诗教育文集》，中国海洋大学出版社2007年版，第14页。

③ 《青岛海洋大学申请关于确定研究生规模的报告》，中国海洋大学档案馆藏，档号：HD-1992-JXGL-826。

④ 《关于申请成立青岛海洋大学研究生院的报告》，中国海洋大学档案馆藏，档号：HD-1992-JXGL-826。

基金会反馈的信息，全国在完成海洋方面自然科学基金课题中，有博士生84人，其中青岛海洋大学毕业生就有54人，占65%；硕士生309人，其中青岛海洋大学毕业生150人，占48.5%。学校在国家海洋科学高层次人才培养方面，作出了重要贡献。

至1994年，学校共有8个博士点和16个硕士点，其中有2个博士点被评为国家重点学科，5个博士点被评为省级重点学科，建立了海洋科学博士后流动站。当年，物理海洋学、环境海洋学、海洋气象学、海洋物理学、海洋化学、海洋地质学、水产养殖学和水产品贮藏与加工8个学科专业25个研究方向，计划招收博士研究生50名。为满足更多希望攻读博士学位生的要求，各研究方向均招收委托培养和自筹经费博士生，名额不限。培养目标是：德、智、体全面发展，在本门学科上掌握坚实宽广的基础理论和系统深入的专门知识，具有独立从事科研的工作能力，在学科和专门技术领域里能作出创造性成果。报考条件是：坚持四项基本原则，遵纪守法，品德优良，勤奋学习，决心为社会主义建设服务，已获得硕士学位的在职人员、应届毕业的硕士研究生和具有同等学历者，身体健康，年龄一般不超过45周岁，有两名与本学科有关副教授（或相当职称）以上专家推荐。考生要经过外语和两门业务课初试、复试，然后根据考试成绩，全面衡量，择优录取。录取后，按国家规定享受有关待遇。毕业分配，委托培养、定向培养博士生回委托和定向单位工作；其他博士生根据国家需要和学以致用的原则，按国家政策进行分配工作。[①]

1994年7月8日，学校召开第一次研究生工作会议。总结交流以往研究生教育工作的经验教训，提出了存在的主要问题及其解决措施，讨论了到2002年研究生教育发展的规划。副校长冯士筰作题为《团结奋进，为进一步提高我校研究生质量而努力》的报告。管华诗校长在总结讲话中强调，要不断深化研究生教育改革，加强管理，建设一支良好的研究生导师队伍。

在1997年春季开学全校教授干部大会上，管华诗校长提出，要"以建立研究生院工作为重点，整顿研究生教育。加强研究生培养过程的管理，执行研究生教育的分流、淘汰制度"[②]。4月8日，学校发文，研究生部更名为研究生教育中心，冯士筰副校长兼任中心主任。下设学科建设与学位管理办公室、培养部、管理部和办公室。

1998年6月，在国务院学位委员会第16次会议上，学校的港口、海岸及近海工程和渔业资源2个专业被批准为新增博士学位授权点；大气物理与大气环境、生态学、水生生

① 海闻：《校今年招收博士研究生工作开始》，载《青岛海洋大学报》1994年5月1日。
② 李建平、魏世江、陈鹭主编：《管华诗教育文集》，中国海洋大学出版社2007年版，第89页。

物学、计算数学、地球探测与信息技术、金融学、外国语言学及应用语言学7个专业被批准为新增硕士学位授权点；批准海洋学科为博士学位授权一级学科。按照教育部颁发的《授予博士、硕士学位和培养研究生的学科、专业目录》，学校已有10个博士点、28个硕士点，涵盖7个学科门类、18个一级学科，并拥有海洋、水产学科的全部博士点和硕士点。1998年，学校共录取研究生181人，其中硕士生136人、博士生45人；在校研究生已达555人，其中硕士生405人、博士生150人。

1999年2月，国家人事部全国博士后管委会研究决定，青岛海洋大学新设水产、食品科学与工程博士后流动站，增设大气科学、环境科学与工程博士后流动站，确认和审定海洋科学博士后流动站。

20世纪90年代的10年间，学校的研究生招生规模增加5倍，在校研究生与本科生之比由1∶17增加到1∶6。2000年，共招收硕士研究生349人、博士研究生110人、工程硕士生72人，招生总人数比上年增加91%。使在校硕士生达到680人、博士生达到260人，研究生占在校生的比例达到14%以上。博士学位授权一级学科点有3个，博士点有15个，硕士点总数有41个，有海洋科学、大气科学、食品科学与工程、环境科学与工程、水产5个博士后流动站，涵盖当时的全部博士点学科。学位点的增加进一步优化了学科结构，加强了学科交叉，为学校研究生教育的快速发展创造了条件，高层次人才培养呈现出新局面。

二、研究生培养

20世纪80年代末，青岛海洋大学乘改革开放的春风，积极作为，奋力开拓，转型为一所以海洋科学和水产为特色的综合性大学。但由于学位授权点与研究生招生规模滞后于全国其他重点院校，至1992年，尽管已拥有海洋科学及水产类所有二级学科的硕士学位授予权及70%的博士学位授予权，研究生培养还远远不能满足海洋研究及开发的需要。席卷全国的学术梯队危机同样在海洋界蔓延，学校处于中国海洋科教领域龙头地位，理所应当担负起为国家、为海洋界输送高质量、高层次人才的责任。

为了提高研究生学位课程教学质量，学校于1990年、1991年对各专业研究生的主要学位课程进行了两次评估。从评估结果可以看出，研究生课程的教学正在逐步走向规范化。教师授课有大纲、教学日历、讲稿，有丰富的中外文参考文献，授课方式多种多样。课堂上，教师主要采取启发、指导式教学，注重发挥研究生的主观能动性，在提高研究生独立分析问题、解决问题能力方面下功夫。有些教师在考试中，采用闭卷、开卷、习题、讨论、报告等多种方式进行综合评分，比较适合研究生学习。学生做到听课有笔记，自学有文摘，发言有提纲，讨论有准备，能积极配合教师较好完成教学任务。[①]

1991年6月，学校召开博士生培养工作会议。副校长秦启仁强调指出，博士生培养关系到为国家输送高层次建设人才的质量，也是衡量高校教学水平的重要标志。要高度重视博士生导师的梯队建设，同时制定倾斜政策，在经费、设备等方面创造良好条件，促进博士生培养质量上层次上水平。[②]

1993年1月，国务院批转《国家教委关于加快改革和积极发展普通高等教育的意见》，提出努力扩大研究生的培养数量，实现高层次人才培养基本上立足国内的要求。学校积极扩大研究生规模，增招应用专业的硕士研究生。积极争取增列博士生导师，增设新的博士点。完善研究生兼任助教、助研的工作，加强研究生的能力培养，提高研究生教育质量。

1993年，海洋地质系和海洋化学系采用在用人单位培养研究生的做法，收到良好效果。海洋地质系在胜利石油管理局与地球物理勘探开发公司联办海洋地质专业应用地球物理方向的硕士研究生班，录取该公司在职职工14名；海洋化学系为冶金部钢铁研究总院青岛海洋腐蚀研究所和中国船舶工业总公司第七研究院举办海洋化学专业海水腐蚀与防护方向的硕士研究生班，录取其在职职工10名。上述研究生班的学员，多是具有实践经验的青年技术骨干，学习目的明确，进取心强。教学地点设在用人单位，不但方便学员的学习和工作，而且学校可以充分利用单位内的先进设备和经费，较好地促进生产及科研的深入发展，为学校研究生培养开辟了一条新路。[③]

1995年5月，接国务院学位委员会《关于改革博士生指导教师审核办法的通知》，青岛海洋大学具有自行遴选审定博士生导师的权力。由此，学校加快博士生导师队伍建设，一支以校内为主、校内外相结合，国内为主、国内外相结合的导师队伍不断壮大。学校制定《青岛海洋大学自行审定增列博士生指导教师实施细则（试行）》，确保增列博士生导师的水平和质量。

在处理研究生培养质量与数量的关系上，学校始终坚持质量第一的原则。1997年，完成新一轮学科调整和培养方案修订，培养过程和管理工作更加趋于规范；实行研究生论文盲评制度，使得研究生的论文质量有了较大提高；对博士、硕士学位授予点进行合格评估，切实把学位与研究生教育工作的重点转变到以提高质量为中心的轨道上来。加强

① 崔晓雁：《学校对研究生课程进行评估》，载《青岛海洋大学报》1991年6月1日。
② 《校召开交流研究培养博士生工作会议》，载《青岛海洋大学报》1991年6月15日。
③ 革文：《在用人单位培养研究生，好》，载《青岛海洋大学报》1993年7月15日。

研究生教育的过程管理，严格培养计划，推行研究生日志制度、学术报告制度及强化中期筛选，促进了优良学风的形成。①

1999年，学校毕业博士生28人、硕士生107人。文圣常院士指导的博士生吴克俭的博士论文《海浪随机性、混乱性与局域性研究》入选1999年度全国百篇优秀博士论文；学校有5篇博士论文、4篇硕士论文获首届山东省优秀学位论文奖。

2000年，毕业博士生21人、硕士生107人。博士生人均发表论文3.6篇，被SCI、EI收录的论文较1999年增加了一倍。

第四节　成人高等教育

学校成人高等教育发展到1988年，夜大学和脱产干部专修班已初具规模，函授本、专科教育开始发展。1988年，函授招收900名学员，专业由4个增至9个，包括本科和专科起点本科两个层次。1989年3月，国家教委批准青岛海洋大学成立成人高等教育学院，学校的成人高等教育进入较快发展阶段。副校长秦启仁兼任院长，其后招生规模及专业设置逐年扩大，形成了多专业、多层次、多形式的成人教育局面。

1992年起，学校积极挖掘潜力，试行优秀成人专科毕业生经批准后直接升入成人本科学习的学籍管理措施。加强非学历成人高等教育，成立青岛海洋大学外语咨询培训中心，扩大社会服务，积极开展社会急需的岗位培训。有关学院、系积极与企业联合，采取成立董事会等形式争取企业投资，为企业培养急需人才，学生毕业后到企业就业。逐步实行不同专业、不同形式收取不同标准培养费、学杂费的办法等，在保证培养质量的前提下，扩大办学规模，提高办学效益。

到1996年，学校函授教育开设本、专科专业16个，有12个专科起点的本科教育，在校学生1196名，已培养7届3138名毕业生。1991—1996年共有专科起点入校生1908人，生源由山东省扩展到辽宁省。函授教育毕业生中有75人经考试取得学士学位，5人考取清华大学、厦门大学等重点大学硕士研究生。水产专业毕业生孙庆霞荣获山东省科技进步奖和青岛市先进工作者称号，地理专业毕业生刘文兴获得全国观测哈雷彗星成果二等奖、山东科技进步奖，生物专业毕业生慕海丽、郭金芳被选拔到领导岗位等。②

---

① 《青岛海洋大学1997年行政工作总结》，中国海洋大学档案馆藏，档号：HD-1997-XZ-20。

② 王宣民：《创业　奋斗　奉献——学校函授教育十年回眸》，载《青岛海洋大学报》1996年11月20日。

学校一向注重办学质量，成人高等学历教育和非学历教育办学规范，管理严格。1991年，国家教委检查组对学校成人高等教育检查评估，给予高度评价。通过这次评估，学校又从组织上强化了学院管理职能和各院、系的教学职能。1994年，针对社会上存在的各种办班乱象，学校就全校各单位举办非学历教育班的审批、管理、证书发放、违规责任追究等作出明确规定，保证学校的非学历教育规范运行。

学校党委在一份调研报告中指出："要拓宽办学面向，进一步提高办学效益。21世纪经济社会的发展，要求高等学校给社会提供更多的继续教育、终身教育的机会。我校成人教育在现在的基础上，将在规模、办学质量和效益上进一步提高。以不同形式进入企业或同企业合作，走产学研结合的道路。"[1]

1997年学校被国家教委授予全国成人高等教育评估优秀学校，2000年成为教育部全国职教师资培训重点建设基地。2000年底，成人教育在册学生3820人，其中函授生2118人、夜大学生1702人。

第五节 "学在海大"声名远播

"学在海大"的美誉始于20世纪80年代末90年代初，是学校优良校风、教风、学风长期积淀的结果，也是教学改革、教学评估取得显著成效的标志。教育教学质量与水平不断提高并得到社会广泛认可，才使得"学在海大"不胫而走。

其时，"学在海大"美誉最有代表性的事情有三：一是学生参加全国大学英语四六级统考的通过率、优秀率连续数年在省内外名列前茅（英语四级的通过率都在90%以上），严格的考风、严谨的教学管理，赢得来校巡考的上级巡视员极高的评价；二是1994年山东省教委组织全省约50所高校进行计算机基础课程统考，学校学生获得了通过率、优秀率两个全省第一，且遥遥领先于第二名；三是参加全省高等数学统考，获得了很好的成绩。加之严格的学籍管理及考试制度名声在外，学校的优良校风、学风和考风受到山东省教育主管部门的肯定及兄弟院校的赞赏，并成为媒体关注的焦点，"学在海大"很快在省内传为佳话。[2]

历史地看，"学在海大"有其源头。1924年学校创立时开宗明义"教授高深学术，养

[1]《青岛海洋大学关于精神文明建设和高等教育改革发展的调研报告》，中国海洋大学档案馆藏，档号：HD-1997-DQ11-10。
[2] 张永玲：《"学在海大"美誉的由来与回眸》，载《高教研究》2008年第4期。

成硕学宏材，应国家需要"。校纲是这样定的，一代代海大人更是一脉相承如是去做的："课程要有次第的组织，不能凌乱；学则要严格的执行，不得通融；学校一切行政皆严守规程，不能任便。"①严格的学业管理，使学生养成刻苦和勤奋的学风；20世纪五六十年代，学校有艰苦奋斗、无私奉献的海洋普查精神；七八十年代，教学认真、考务严格；九十年代，有跻身国际、为国争光的"TOGA-COARE精神"等②，一代代海大人的不懈追求，积淀下优良学风，薪火相传。

一、管理认真是优良学风形成之基础

学风即学校的学习风气，是学校师生员工在治学精神、态度和方法等方面的风格，也是全体师生知、情、意、行在学习问题上的综合表现，是凝聚在教与学过程中的精神动力、态度作风、方法措施等，它依不同学校的不同特点表现出独有的特色和内涵，并通过学校全体成员的意志与行动，逐步地形成和固化，成为一种传统和风格。这些传统和风格对学生的成长起着潜移默化的作用，对学校的发展和建设产生深远的影响。学风，归根到底是学生对待学习的态度和行为表现，它通过目标、态度、纪律、方法、兴趣、效果等具体地反映出来。

1986年，文圣常院长在"校风建设大讨论"动员报告中说，严谨的治学态度、勤奋的学习风气、朴实的工作作风以及优美的校园环境，都会潜移默化地影响学校的每一个成员，使他们受到熏陶和教育。③

为树立优良学风，确保人才培养质量，学校规定，本科生二年级结束后，经补考或重修后仍不及格的必修课程累计达规定学分者、必修课累计达规定学分正常考试不及格者，由本科转为专科；本科生一学期内考核不及格课程学分达到或超过规定学分者，在校学习期间经补考后仍不及格课程学分累计达到或超过规定学分者、正常考核不及格的必修课学分达到或超过规定学分者，予以退学。④对于从严治教，著名海洋物理化学家张正斌教授曾说："教不严，师之惰。身为人师，在自身行为表率的同时，绝不能降低对学生的要求。高标准、严要求，为的是他们将来都成才。这种严厉才是真正的爱。"⑤

---

① 杨振声在1931年11月2日总理纪念周上的校长报告，载《国立青岛大学周刊》1931年11月9日。
② 《发挥优势深化改革 培养高质量海洋科学基础性人才——青岛海洋大学理科人才基地建设与改革工作汇报》，中国海洋大学档案馆藏，档号：HD-1999-JX1311-08。
③ 《贯彻决议精神，加强校风建设》，载《山东海洋学院》1986年12月13日。
④ 教务处：《关于学生学籍管理的若干改革规定（试行稿）》，中国海洋大学档案馆藏，档号：HD-1989-JXGL-◦02。
⑤ 姬实、陈鹏：《勇猛精进的人生之旅》，载《中国海洋大学报》2007年4月19日。

学校的优良学风是一代代教师秉承"治学严谨、执教严明、要求严格"的"三严"教风和严格的考风考纪"管"出来的。学校以抓考风为突破口，严抓校风、学风建设。全校公共基础课及部分专业基础课都建立了试题库，个别专业课建立了试卷库。对全国四六级外语统考、省计算机统考和教务处统一组织的期末考试工作，规定班主任和任课教师不进本班和本课程考场监考，实行党政干部巡视考场制度，设立考试作弊举报箱，对作弊现象当场公布等，从考试组织、考务安排、考场纪律、监考要求到成绩登记及违纪、作弊处理等，形成一套规范化做法和严格的运行机制。"物理系的秦启仁，数学系的冉祥熙、刘智白、汪人俊，因要求严格、学生挂科率高，被学生戏称为'四大名捕'，其他院系也不乏'名捕教师'，海大教风之严，由此可管窥一斑。"[1]张正斌教授的严是全校闻名的。一次，一个研三学生的实验数据不标准，他让其重做两年来的所有实验。学生当时心存抱怨，但后来当他成为国内海洋化学界的专家忆及此事时，却感激不已。[2]"严格要求、严格管理、严格纪律，总之一个'严'字，这是任何人想要成长为真正有用之才、想在某些方面有所成就、有所创新的必由之路。这个'严'，包括教师教要严，管理要严，学生本人对自己要求要严。"时任副校长秦启仁教授如是说。[3]

"学在海大"中浸透着的"严"，绝不是不通人情、严而过格。相反，严中有爱、严慈相济是"严"的内核。一切为了学生负责，一切为了学生成才。"多年来，学校不断调整专业设置，修订教学计划，合理安排课程，努力建设一支素质精良、结构合理的师资队伍，制定有利于培养学生的措施，如实行学分制、主辅修制，加强基础、拓宽专业，保证实验和实习条件，加强能力培养，安排劳动、军训，加强计算机、外语、中文的教学和训练（又称'三斧头'），加强学籍管理，加强教学秩序管理等，都是为多出人才、出好人才创造条件。既提倡严格管理，又讲究管理方式方法，我们称之为'严慈相济'的育人方法。"[4]

当然，教学管理的规章制度一个都不能少。1991年7月，学校把教学改革多年来经过实践检验科学有效的规定、办法加以系统化、规范化，编印《青岛海洋大学教学管理手册》，对全面加强教学管理，提高教学质量起到积极作用。根据"拓宽基础，注重应用，加强实践，增强学生适用性"的原则，重新审定专业方向，全面修订教学计划，并把外语、数学、计算机、汉语写作等四门课程作为全校各专业重点公共基础课，对这些课的教学质量

---

① 刘海波：《我对"学在海大"的认识》，载《中国海洋大学报》2021年4月1日。

② 魏世江主编：《走近海大园——大师足迹篇》，中国海洋大学出版社2007年版，第246页。

③ 宋文红、马勇主编：《质量之本　孜孜以求——中国海洋大学教学评估和督导回顾与展望》，中国海洋大学出版社2007年版，第127页。

④ 教务处：《严慈相济　管理育人》，中国海洋大学档案馆藏，档号：HD-1991-JXGL-719。

常抓不懈。从校级领导到院、系领导，坚持听课制度，坚持教学评估。颁布实施大学生体育合格标准的意见，规定各学年的平均成绩达到60分，同时毕业当年成绩也达到60分者，方可准予毕业，否则作结业处理。离校半年之后二年之内可向学校申请补考一次身体素质项，补考及格者，可换发毕业证书。[①]一斑窥豹，体育课尚且如此，其他课程的要求之严便可想而知了。

1993年5月，学校根据"定线定额淘汰制"的规定，对98名达到淘汰线的学生及其家长发出淘汰警告通知书，在校内外引起强烈反响。收到淘汰警告通知书的学生家长普遍为自己孩子在校的表现感到震惊，开始关心和督促孩子学习；受到警告的学生，有的后悔地流着眼泪说："若真的被淘汰了，可怎么向父母和亲友交代？从现在起，我得真拼实干了！"同学们普遍表示，"60分万岁的观念必须彻底肃清！今后一定要刻苦用功，取得学习上的优良成绩，免遭淘汰"。对达到淘汰线的学生警告后的当周，参加晚自习专心学习的学生达到85%以上，学习积极性显著提高。[②]

1995年，根据国家要求和学校实际，修订并实施《青岛海洋大学学士学位授予工作细则》[③]，对授予学士学位提出更加严格的要求，学生若不用功，是拿不到学位的。

1996年，学校重新修订学生违反考试纪律和考试作弊的处分规定，违纪、作弊界定情节更细、处分规定更严厉，上紧了考风考纪这根弦。[④]

实践证明，大学教育的制度、规范是必要的，否则治校理学就无法可循；但更重要的是这些制度、规范得以不折不扣地执行，否则，它们就是一纸空文。学校的经验表明，认真管理是优良学风形成的基石。

二、师长表率是优良学风形成之关键

20世纪80年代，中国海洋科学的奠基人之一赫崇本先生在全校师生大会上吐露心声："甘愿做人梯、做铺路的石子，为探索海洋科学奥秘的人搭肩、垫脚！"他以实际行动践行着自己的诺言。"甘为人梯，把毕生精力用在我国海洋科研基地的建设和人才的培养上。为此放弃了许多亲自搞科研的时间，花费大量精力帮助中青年科研人员，将钻研的成果毫无保留地奉献给他们，却从不挂自己的名字。赫崇本就像一支蜡烛，燃烧了自己，

---

① 《关于颁布青岛海洋大学实施〈大学生体育合格标准〉的意见的通知》，中国海洋大学档案馆藏，档号：HD-1991-JXGL-719。
② 《学校向98名学生及家长发出淘汰警告通知书》，载《青岛海洋大学报》1993年6月1日。
③ 《青岛海洋大学学士学位授予工作细则》，中国海洋大学档案馆藏，档号：HD-1995-JX1314-005。
④ 《青岛海洋大学关于学生违反考试纪律和考试作弊的处分规定》，载《青岛海洋大学报》1996年1月15日。

照亮了别人，照亮了中国的海洋科教事业。"①中国海洋生物遗传学和育种学奠基人方宗熙先生在日记本上，写着"生命的价值在于贡献"几个大字，把它当作座右铭，既激励自己又勉励学生。方先生在教学科研50多年的征途上呕心沥血、殚精竭虑、笔耕不辍，既是科学领域的开拓者，又是科学知识的播种者，为后人留下了无尽的财富。②90年代，进入古稀之年的我国海浪学科开拓者和带头人之一文圣常先生，仍然天天步行到学校，忙忙碌碌地工作到深夜。文先生曾语重心长地告诫学生："一个人生下来，就得到前人知识的恩惠，是负了前人债的。就是从普通人的狭义上讲，也应该有还债的意识、回报社会的意识。何况我们作为科研工作者，应该有更高一层的境界，不仅有负债、还债的责任感，还应该像居里夫人那样，无私地奉献自己，献身于科学。"③

在海大校园，每天晚上老师的研究室、实验室总是灯火明亮，备课、研究、带学生实验是常态，日复一日、年复一年。水文地质与工程地质1998级的一位校友，至今仍然记得于志刚教授一次上课的开场白："我是刚做了通宵的实验过来给你们讲课，我在认真履行自己的职责，也希望你们履行好自己的职责。"老师的"履行好自己的职责"成为他的座右铭，毕业多年，母校的优良学风依然深深影响着他。④

打铁还需自身硬。要保证培养人才的质量，教师的教学水平起着关键作用，而课程质量是教学质量的根本。教学过程的质量全面体现在课程质量上，是师生双方共同致力于学识的传递和探索的平台，是师生双主体生命力和生命潜能碰撞、激荡、交融与迸发的主阵地，是师生修养、教养与学养得以外显、内化与教化的舞台。1986年，学校适时启动以课程评估为切入点的教学评估工作，有效保障了课程教学质量，对教师良好教风的形成产生了积极影响。2000年，学校实行教学督察员制度，进一步加强教学质量保障体系的建设和完善，促进教师教学水平提升，有效保障了本科教学质量。

为了鼓励教师精于教学，1997年10月《青岛海洋大学教学拔尖人才评选办法（试行）》实施。对于教学拔尖人才，职称评定时，符合晋升条件的优先晋升，需要在国内外进修的优先安排，对其教学研究课题优先立项并给予经费资助，编写的教材优先安排出版，并享受学校每月150元的特殊津贴。⑤

① 魏世江主编：《走近海大园——大师足迹篇》，中国海洋大学出版社2007年版，第182—183页。
② 青岛海洋科普联盟：《少年立志　终身牧海——海洋生物遗传学家方宗熙》，《中国海洋科学家》，中国海洋大学出版社2019年版，第34—36页。
③ 王宣民：《背影》，载《青岛海洋大学报》2014年12月18日。
④ 刘海波：《我对"学在海大"的认识》，载《中国海洋大学报》2021年4月1日。
⑤ 魏世江：《我校教学拔尖人才评选办法出台》，载《青岛海洋大学报》1997年10月20日。

为了落实向课堂要质量,校领导坚持每学期开学第一天深入课堂听课,确保开学第一天教学系统就高效运转——教师投入精力百分百、学生进入状态不打折。2000年3月21日,管华诗校长主持召开党政联席(扩大)会议。大家坐定后,在毫无思想准备的情况下,他开口第一句话就提议与会者每人随机选定一个教室听一节课,然后再回来开会。管华诗在随后汇总听课情况时指出,向课堂要质量,关键在于不断深化教学改革,千方百计调动教师的积极性。全校教师一定要努力把先进的教育思想、观念融入课堂,把教学改革的成果搬进课堂,把最先进的科学知识和发展动态引入课堂,以高质量的课堂教学来保证和提升整体教育质量,进而确保人才培养的质量。这次学校党政领导"突袭"听课,在师生中引起较大反响。"借此以形成一股无形的力量和压力,引起广大教师和学生对课堂教学的重视。其直接效果是渐渐形成了'学在海大'的声誉,并且这一流行语不胫而走,成为社会的共识。"[1]

正是一位位先生的带领、一门门课程教学的评估、一节节随机选定的听课、一次次开学第一天校领导深入课堂,激励和鞭策着教师坚守教学质量生命线,认真讲好每一节课。教师们的敬业保障了教学质量,赢得了学子的信任,并带动学风更趋向好。也正是得益于有这些无怨无悔、辛勤耕耘的园丁,"学在海大"的美誉才得以保持本色,历久弥新。

三、学生自律是优良学风形成之根本

从进入青岛海大起,海大学子就被优良学风熏染着。图书馆、自习室经常一座难求。鱼山校区图书馆前的林荫小道是晨读圣地,无论春夏秋冬,伴着晨曦,百年梧桐树下总会传来琅琅读书声;浮山校区蔷薇走廊下的英语角,每天凌晨都能迎来学子的第一声"Good morning"。"六二广场""松林坡"……景致环境俱佳的学习之地,在校园里比比皆是。

水产学院海水养殖专业1988级孙焱,凡是遇到晚自习校内停电,就跑到校外的青岛第三十九中学校园"借光"学习。惜时如金的劲头使她学习成绩始终在班级名列前茅,1990年被评为学校三好学生标兵,1991年成为全国优秀大学生报告团14名成员之一,并被评为全国十佳大学生。

1997年,校学生会开展"关于学习精力投入"大型调研活动,对"学在海大"作了有力诠释。调研结果显示,每天将课余时间精力投入学习达4小时以上的学生占51.6%;

---

[1] 宋文红、马勇主编:《质量之本　孜孜以求——中国海洋大学教学评估和督导回顾与展望》,中国海洋大学出版社2007年版,第65页。

65%的学生将学习目标定位于完善自我、夯实专业知识和考研上，69%的学生将课余时间放在外语学习和专业知识扩充上，92.6%的学生希望自己获得优异成绩。调研结果表明，学校良好学风的形成是一代代学子主动参与、自觉践行所营造出来的。"学在海大"不是空话。[①]

1999年4月，在教育部、共青团中央联合开展的第五次全国三好学生、优秀学生干部和班集体评选中，青岛海洋大学药物化学专业1997级硕士研究生邢洪涛被评为全国三好学生，气象专业1997级1班被评为全国先进班集体。

6月，《青岛海洋大学奖励学分实施细则》出台：凡在校本科生，学习期间参加校级以上（含校级）科技竞赛活动获奖、有获得专利的作品、在国内外公开刊物上发表论文等，均可申请奖励学分。法学院国际经济法1996级学生廖卫华，以发表在《青岛日报》上的《精神损害赔偿离我们多远》《列车旅客消费者权益亟待保护》两篇文章，申请并获得2个奖励学分，成为实施奖励学分制度受益第一人。

2000年1月，在首届"挑战杯"全国大学生创业计划竞赛中，海尔经贸学院张大鹏、刘伟，水产学院刘明等设计的"海利德创业公司商业计划"荣获银奖。这是决赛中唯一的海洋科技类创业计划项目。

酒泉、西昌卫星发射中心，南北极科学考察以及远洋卫星监测等国家重大国防、科研岗位都不乏海大学子的身影。"学在海大"的口碑随着英才辈出，越发为世人所知。

机制的奖惩相济、严格管理，教师的呕心沥血、殚精竭虑，学生的刻苦勤奋、自觉践行，铸就学校的优良学风，诠释着"学在海大"的真谛。"学在海大"这面无形的金字招牌已然镌刻在海大人心中，代代传承，并不断增添新内涵，在新时代绽放更加迷人的魅力。

---

① 邱丙岗：《校学生会调研数据表明"学在海大"不是空话》，载《青岛海洋大学报》1997年12月30日。

第六章
科学研究与科技服务

作为一所以海洋和水产学科为特色的综合性大学，致力于海洋科学研究，贡献科技成果，服务于国家和地方经济发展尤其是海洋经济发展，责无旁贷。在"八五""九五"期间，学校承担了国家科技攻关、海洋"863计划"、国家自然科学基金重大项目、国家"攀登计划"B项目、国家重大成果推广计划，参与全国重大海洋调查，为重大海洋工程建设作环境评价和论证，以及在制定国家和地方海洋事业发展规划和立法等方面，都发挥着重要作用，作出了突出贡献。

第一节　加强科技平台建设

高校科技平台是科技创新体系的重要组成部分，是组织开展基础研究、应用研究和前沿技术研究，聚集和培养优秀科学技术研究人才，开展国内、国际科研合作和学术交流，面向社会开放的科学研究基地。科技平台建设促进了学科的交叉融合发展，提高了学校的科研水平，也是高校学科建设成效的重要标志。

1988年，学校设有15个研究机构：物理海洋研究所、河口海岸带研究所、海洋微藻研究所、海洋生物材料研究所、水产增养殖研究所、海洋药物与食品研究所、海洋环境保护研究中心、海洋生物遗传研究室、海洋应用光学研究室、海岸工程研究室、海洋物理化学及海水防腐研究室、海洋仪器研究室、知识产权研究室、高教研究室、思想政治教育研究室等。其中，经国家教委备案的研究所有物理海洋研究所、河口海岸带研究所、海洋生物遗传研究室、海洋微藻研究所，共有研究人员67人，其中教授7人、副教授20人、讲师10人、助教18人，其他技术职务系列12人。另有实验室86个。[1]

在2000年9月学校召开的教授、干部大会上，管华诗校长提出："调整研究机构的原则，要和学科建设相适应，要有利于学科建设，包括专业建设，要有利于人才资源的充分利用，要在不影响稳定的大前提下，科学地进行调整，坚决地进行调整。党政联席会议研究决定，除了环境科学与工程研究院外，其他的研究机构一般都要纳入各个学院内，学校不再直接管理。"[2]

经过调整后的青岛海洋大学理、工、农、医类研究机构有国家海洋药物工程技术研究中心、联合国教科文组织中国海洋生物工程中心、物理海洋教育部重点实验室、海洋遥感教育部重点实验室、水产养殖教育部重点实验室、物理海洋研究所、河口与海岸带研究所、海洋药物与食品研究所、海洋遥感研究所、水产养殖研究所；人文社科研究机构有海洋文化研究所、证券与期货研究所、高教研究室。[3]

学校高度重视科技平台的建设和发展，不断完善和创新实验室管理和服务机制，加大投入，努力改善科技平台条件，及时修订管理办法，为科技平台的建设和发展增加动力。尤其是在加强重点研究平台建设方面效果明显，有力促进了科技平台的良性发展。

一、物理海洋教育部重点实验室

物理海洋教育部重点实验室1989年成为国家教委开放实验室，1999年成为教育部重点实验室。实验室根据国际上物理海洋发展的总趋势和我国物理海洋学面临的主要任务，确立了海浪、海面小尺度过程与小尺度海-气相互作用、浅海动力学等六个研究方向。取得一批国际先进水平成果，如海浪频谱被编入交通部《海港工程技术规范》，在海港工程建设中发挥了重要作用。教育部年投资近50万元为实验室购置科研设备和提供较好的工作和生活条件。

[1]《关于做好一九八八年技术市场统计年报工作的通知》，中国海洋大学档案馆藏，档号：HD-1988-KY-224。
[2]李建平、魏世江、陈鹭主编：《管华诗教育文集》，中国海洋大学出版社2007年版，第304页。
[3]《2000年全国普通高等学校R&D资源清查暨科技统计年报表》，中国海洋大学档案馆藏，档号：HD-2000-KY11-04。

二、水产养殖教育部重点实验室

水产养殖教育部重点实验室1993年成为教育部开放实验室，1999年成为教育部重点实验室。研究方向为水产养殖生态学、水产动物营养与饲料学、水产养殖繁殖生物学。实验室承担着国家杰出青年科学基金项目、国家"九五"攻关项目、国家科委"攀登计划"B项目、国家"863计划"海洋生物技术项目、国家自然科学基金项目、农业部基金项目等科研课题20项，取得了大量的科研成果。学校每年投入经费近50万元为实验室购置设备，改善科研和开放条件，不断增强实力。

三、海洋遥感教育部重点实验室

海洋遥感教育部重点实验室1993年成为教育部开放实验室，1999年成为教育部重点实验室。研究方向为卫星海洋遥感、海洋激光遥感，属于海洋物理新兴交叉学科。实验室主要承担国家级科研项目、国际合作项目以及研究生和高层次人才培养。每年利用科研经费及学校投入购置仪器设备、软件资料等总投资40余万元，条件日臻完善。

四、联合国教科文组织中国海洋生物工程中心

1995年4月，联合国教科文组织巴黎会议决定在中国成立海洋生物工程中心，并将其设在青岛海洋大学。7月，"中国海洋生物工程中心"挂牌，管华诗教授任名誉主任，徐怀恕教授任主任，美国国家基金委员会主席、马里兰生物工程研究院院长Rita. R. Colwell教授和中国科学院院士曾呈奎任顾问。中心的主要任务是为亚洲地区青年科学家开设短期高级培训课程及高级研讨会，接受亚洲地区青年科学家做研究工作和学习（访问学者），在亚洲地区起科技带头作用。1996年7月，联合国教科文组织与青岛海洋大学签署长期协议书。[1]该中心已开设多门培训课程，组织召开多次国际学术研讨会，成为各国生物学者特别是亚洲地区青年科学家交流合作、信息共享的重要平台。

五、国家海洋药物工程技术研究中心

国家海洋药物工程技术研究中心1995年通过论证，1996年经科技部批准组建。中心旨在对现有的海洋活性物质的分离、提取及半合成的技术进行系统的集成，并完善配套。在此基础上进行工程化研究，使其直接应用于海洋药物的规模化生产，加快海洋药

---

[1] 伯玉：《联合国教科文组织中国海洋生物工程中心在青岛海洋大学挂牌》，载《青岛海洋大学报》1995年9月1日。

物科研成果的产业化进程，促进海洋药物事业的发展。1999年8月通过科技部验收，全面投入运行。该中心仪器设备、配套工程建设及项目开发投入资金750万元。"九五"期间，总投入经费将达2141万元。其中，国家海洋药物工程技术研究中心750万元，海洋糖工程实验室1391万元，仪器设备1281万元，图书资料、师资队伍等110万元。[①]

六、海上综合流动实验室"东方红2"船

"东方红2"海洋综合考察船于1996年1月正式投入使用，是学校"211工程"重点建设项目之一。"东方红2"船按计划完成教学和科研任务，承担了一系列国家重点基础研究及国防建设任务，参与国际海洋合作考察，为我国海洋科教事业及扩大国际合作交流作出了重要贡献，成为学校发展的重要支撑力量。

学校持续以重点实验室等科技平台为龙头，凝练科研方向，促进成果产出，不断提升科技综合实力。

第二节　参与国家重大科技攻关

国家重大科技攻关是我国科技计划中历史长、领域广、规模大、投资多的指令性任务，是科技为国民经济服务的主战场，更是高校科研水平的展示。争取更多科技攻关项目，成为"七五""八五"的主要科技工作，对提高学校科技水平起到了极大的促进作用。

一、科技攻关项目

参与国家重大科技攻关，学校给予高度重视并精心组织，在激烈竞争中充分展示海大人勇担国家重大科技项目的信心和实力。"七五"期间学校共承担国家各级重大科技攻关项目28个，涉及物理海洋、海洋气象、海洋物理、海洋地质、海洋生物和水产以及环保等学科，经费总额达300多万元，大大超过"六五"期间承担的任务。广大科研人员经过不懈努力，产出了一批高水平的科技成果，产生了可观的经济和社会效益。

"海洋环境数值预报研究"是学校牵头承担的"七五"国家科技攻关项目之一，该课题及专题全部达到国际先进水平，其中6项达到国际领先水平。这是学校积极参与国家重

---

① 魏世江主编：《中国现代海洋药物研究的开拓者》，山东科学技术出版社2002年版，第159页。

大科技攻关,既重数量,更重质量,出色完成各项课题任务的缩影。

史料显示,1989年,青岛海洋大学承担"大范围海浪数值预报""海流数值预报""海浪光学探测及信息处理""盐藻大面积培养技术"等"七五"国家科技攻关项目27项。[①]

1989年11月,以文圣常教授为首的海浪数值预报课题组,在"七五"重点课题攻关中成绩突出,被国家科委、国家计委授予"国家科技攻关先进集体"称号。

文圣常、张大错、吴增茂等主持研究的"海浪业务化数值预报研究"国家重大科技成果整体达到国际先进水平,获国家有关部委联合颁发的国家"七五"科技攻关重大成果奖,被国外专家誉为"东方思想的产物"。

1990年12月,在国家教委、国家科委联合召开的全国高等学校科学技术工作会议上,青岛海洋大学物理海洋研究所被评为全国高等学校科技工作先进集体,冯士筰、张正斌、管华诗等被评为全国高等学校科技工作先进工作者。

1991年9月,国家"七五"科技攻关总结表彰大会于北京人民大会堂举行。江泽民、李鹏等领导同志出席会议并向获奖者颁奖。文圣常教授主持的"大面积海浪数值预报"、冯士筰教授主持的"风暴潮数值预报模型"、贺明霞教授等承担的"波浪光学探测及信息处理"三个专题,均获国家科技攻关重大成果奖;文圣常教授获科技攻关"有突出贡献的科学家"荣誉称号;青岛海洋大学获"科技攻关先进集体"荣誉称号。

1995年,青岛海洋大学当年承担"ESR-卫星遥感、海水监测、水位监测和研究及巨浪数值预报模式的检验""灾害性海浪客观分析、四维同化和数值预报模式产品研究""风暴潮客观分析、四维同化和数值预报产品的研究""对虾三倍体的研究"等"八五"国家科技攻关项目32项。"八五"科技攻关承担的专题"灾害性海浪客观分析、四维同化和数值预报产品的研制",主要成果达到国际先进水平,被国家海洋环境预报中心用于灾害性海浪业务化预报。

"八五"期间,学校还承担许多地方科技攻关项目,如山东省海岛资源综合调查、青岛市海岛资源综合调查;承担多项军工科技攻关任务,如"蓝绿激光海洋传输的研究""水动力噪声人工神经网络识别研究""潜空激光敌友识别方法研究""机载潜艇尾迹探测系统""潜艇内波尾迹特性研究""水下目标辐射噪声线谱研究"。

1996年11月,《青岛海洋大学科技进步奖励条例(试行)》《青岛海洋大学科技成果管理规定(试行)》实施。同年,文圣常院士被评为国家"八五"科技攻关先进工作者。

---

①《全国普通高等学校科技统计年报表》,中国海洋大学档案馆藏,档号:HD-1989-KY11-237。

1997—1999年，学校每年争取到"九五"攻关项目多达二十余项。"九五"国家科技攻关中，"近岸带浪、流、水位联合计算方法研究"取得创新性成果。

二、自然科学基金项目

1988年10月，国家自然科学基金资助项目公布，学校地学部、生物学部、信息学部有10个项目获得资助，资助总额为45.1万元。

学校是我国海洋基础研究的重要基地之一。国家自然科学基金的设立，为学校的基础研究带来生机，为造就一批高水平的科技人才和理论成果创造了稳定良好的环境。

由于科学基金面向全国择优支持，使高校一大批有造诣、有创新能力、学术思想活跃的优秀人才有了均等的竞争机会和用武之地。同时，获得科学基金的资助已成为一个单位及其研究人员进入基础研究"国家队"的重要标志之一。正基于此，为提高申请项目的命中率，学校坚持不懈地抓选题前的文献调研和科学积累，对有新颖学术思想的立题实行小额资助预研；通过系、所学术委员会评议和校级层面把关，一丝不苟地抓好申请书的填报质量；切实强化基金课题的阶段检查和后期管理，为基金课题研究创造良好的校内支撑环境。对于取得高水平基金项目成果的研究人员，在成果出版、晋升职称上给予支持等，收到良好的效果。

科学基金资助项目选题起点高，是在全国范围的高水平课题中"择优"，获准课题均具有重要的科学意义和应用前景，加上课题申请者的竞争意识和创造性劳动，从而使基金课题取得丰硕的研究成果。截至1989年底，学校共获得国家自然科学基金委资助项目56项，资助金额223.7万元，在地学部获准率和支持强度上均高于全国平均水平。基金在研项目已占学校科研项目数的25%左右，年度拨款占全校科研经费的16%左右，已成为学校基础研究的可靠经费来源。学校科研基金课题累计完成11项，共完成学术论文和研究报告292篇，其中在国际刊物上发表55篇，在全国性刊物上发表154篇，在国际会议上报告21篇，在全国性会议上报告51篇；取得理论研究成果23项，大都具有国际国内先进水平，已获得国家奖2项、省部级奖12项、其他奖8项。张正斌教授等完成的《海水中溶解离子和固体粒子相互作用规律及其应用》和《海洋中微量元素–有机物–固体粒子相互作用等温线的分级离子交换研究》，均属国际首创成果，分别获得第三届国家自然科学奖三等奖和国家教委科技进步奖一等奖。物理海洋与海洋气象学系教师完成的《中国浅海风暴潮动力学机制及数值预报研究》是国家基金委地球科学部主持评审的成果，该成果在理论上有重要创新，并为现代化建设解决实际问题，整体上达到国内先进水平，在分析动力机制上达到国际先进水平。

学校在争取国家自然科学基金项目资助上，1992年获得15项，经费55万元。1993年获得21项，经费达160多万元，项目数、资助额均为历年最高。在21个项目中，海洋学科13项、生命学科5项、数理学科3项；在海洋科学国家自然科学奖全部7项奖中，学校独得4项；在国家自然科学基金会成立10周年成果展中，海洋科学领域新成就共展出3项，全是青岛海洋大学成果。另外还获得国家教委博士点基金3项、山东省基金3项。1990—1993年，海洋学科的基金项目产出与投入之比以青岛海洋大学为最高，执行情况为最好，受到地球科学部和基金委领导的重视。[①]1995年，获得15项，经费162.2万元。国家自然科学基金地学部海洋口共资助40项，青岛海洋大学获得10项，其中冯士筰教授获得地学部主任基金项目，单项经费达28万元。项目数、资助的总经费、单项资助的强度3项与兄弟单位相比均处第一位。1996年，学校获准资助17项，经费为178万元。其中的11项来自地球科学部、4项来自生命科学部，两大领域占获准项目的88%，经费占89%，充分体现出学校海洋、水产学科的特色与优势。[②]工程与材料科学和信息科学有2项获准资助，经费为34万元，为学校科研工作注入新的活力。

1996—2000年，学校共主持国家自然科学基金项目99项，是国家科技计划海洋和水产学科的主要承担单位之一。同时，学校的人文社会科学研究在原有基础上也取得突破，承担国家自然科学基金（管理学科）项目2项。

"七五""八五"期间，海大人孜孜以求，埋头苦干，在国家科技攻关中硕果累累，在为国家作出贡献的同时，学校的科技水平也上了一个大的台阶。

三、"海洋863计划"项目

1986年，国务院批准实施《高技术研究发展计划（863计划）纲要》。该计划选择对中国未来经济和社会发展有重大影响的生物技术、信息技术等7个领域（1996年增加海洋技术领域，即"海洋863计划"）的15个主题项目，作为我国高技术研究发展的重点，以追踪世界先进水平。

早在"海洋863计划"实施之前的1991年，青岛海洋大学就主持"863计划"智能机器人主题基础技术课题。该项课题名为"水下机器人激光差频扫描三维视觉系统"，研

---

① 科研处：《青岛海洋大学1993年科技工作总结》，中国海洋大学档案馆藏，档号：HD-1993-KY11-04。
② 科研处：《青岛海洋大学1996年科技工作总结》，中国海洋大学档案馆藏，档号：HD-1996-KY11-03。

究的目标和主要内容是解决水下无缆机器人的观察和机械手控制的三维视觉问题，并为水下机器人的环境建模以及为其他类型机器人的定位等应用打下基础，具有广泛的应用价值。

1985年研制成功的海洋新药PSS，将人们的关注点由陆地生物延伸到海洋生物，使海洋生物高值化利用受到极大重视。在此基础上，管华诗课题组向国家有关部门建议，将海洋药物的研究列入国家科技计划，被国家主管部委接受。最终，海洋药物的研究被列入"八五"国家科技攻关计划，"九五"期间，又被列入国家高新技术发展计划（国家"海洋863计划"）。

国家"海洋863计划"于1996年正式实施，青岛海洋大学积极争取并参与了一系列项目，彰显出学校的学科特色和优势。当年，"863计划"自动化领域获准资助1项，经费15万元；"海洋863计划"预先启动项目获准资助1项，计划经费210万元；其他预研项目获船舶总公司资助1项，合同经费80万元。[①]

1997年承担"海洋863计划"课题有"海水养殖动物细胞工程育种技术研究"等11项。

1999年承担"海洋863计划"课题有"海面微结构光学测量装袋置实验与理论研究"等30余项。

截至2000年底，学校承担"863计划"项目33项，承担"973计划"项目13项。国家"海洋863计划"重中之重的项目"牡蛎三倍体育苗与养殖技术"，已在全国推广并产生显著经济效益，项目负责人王如才教授因此获得"863计划突出贡献奖"，获此奖项的全国海洋领域专家仅有3人。

四、海洋基础研究及其应用

1. 达到国际先进水平的海浪业务化数值预报研究。海浪，特别是灾害性海浪数值预报模式及业务化预报产品的研制是国家"七五"和"八五"海洋重点科技攻关的重要内容，由文圣常和张大错、吴增茂等负责主持和研究。成果整体达到国际先进水平，1990年获国家有关部委联合颁发的国家"七五"科技攻关重大成果奖，被国家科委列为国家重大科技成果。"八五"科技攻关承担的专题"灾害性海浪客观分析、四维同化和数值预报产品的研制"，主要成果达到国际先进水平被国家海洋环境预报中心用于灾害性海浪业务化预报。该专题极为重视将研究产品转化为生产力的工作，努力加强同业务预报及有

① 科研处：《青岛海洋大学1996年科技工作总结》，中国海洋大学档案馆藏，档号：HD-1996-KY11-03。

关科研部门的合作，促使科研成果为经济建设和国防服务，研制的产品适用性强，用途广泛，受到使用单位的好评。"九五"国家科技攻关中，"近岸带浪、流、水位联合计算方法研究"取得创新性成果。

2. 风暴潮研究取得突破。以秦曾灏、冯士筰、孙文心教授等为代表的风暴潮研究组以"浅海风暴潮动力机制及其预报方法"获1982年国家自然科学奖三等奖。同年，科学出版社出版了冯士筰所著的中国第一部关于风暴潮的专著《风暴潮导论》。20世纪80年代中期至90年代初，两次申请并获准了两项关于风暴潮数值预报基础研究的国家自然基金项目。形成了我国第一代风暴潮数值预报方案，并将预报风暴潮漫滩的可变边界模式与数值计算方法作为主要研究内容，获得两个重要突破——给出了普遍形式的可变边界条件和椭圆型微分坐标变换下的普通方程组及漫滩数值模拟。此外，该项目还研究了风暴潮与天文潮非线性组合问题的数值模拟。研制了我国第二代风暴潮数值预报方案，经鉴定达到国际先进水平。

3. 海温数值预报模式研究成果丰硕。苏育嵩教授主持承担的国家"七五"重点科技攻关项目"海表温度数值预报研究"，经过五年攻关，取得了一系列重大科技成果，为我国研制出了第一个业务化的海表温度数值预报模式。预报模式在国内首创，达到同类预报模式国际先进水平，其中在模式设计和某些技术处理方面居国际领先水平。成果获山东省科技进步奖二等奖，项目被选入《中国技术成果大全》和《中国"八五"技术成果选》。"近海异常海温分析及预报研究"达到国家先进水平。

第三节　服务山东"两跨工程"

一、投身山东"两跨工程"

1993年6月，中共中央政治局委员、山东省委书记姜春云来校考察。校长施正铿汇报学校的教学、科研、人才培养情况，文圣常、侯国本、高清廉三位教授就建设"海上山东"、开发黄河三角洲发表了意见和建议。

姜春云说，建设"海上山东"和黄河三角洲开发是山东省两项跨世纪的工程，青岛海洋大学承担着重要使命，起着举足轻重的作用，希望青岛海大打先锋、当好排头兵。这就要求同志们要进一步解放思想，转变观念，更新对海洋认识的旧观念，树立综合开发利用海洋的新观念，进一步拓宽思路，根据经济与社会发展需要，不断调整办学方向和专业设置，改革教学内容与方法，充分发挥科技和多学科交叉的综合优势，努力为国家和省、市多培养合格人才，多出高新技术成果。今后省、市将给青岛海洋大学更多关心和支持，为学校的更好发展提供更多服务。①姜春云对青岛海洋大学的考察，促成国家教委和山东省共建，有力推动了学校的改革发展。共建之后，青岛海洋大学以自身优势，为"海上山东"建设和黄河三角洲开发发挥了排头兵的作用。

首先，为"海上山东"建设提供人才支持。在为山东省培养大量专门人才的基础上，1994年共建以来，培养人数逐年增加，至2000年为山东省培养毕业生4000余人，占校毕业生总数的61.2%；分配在省内工作的本科生，1998年占校毕业生总数的66%。仅1996—1998年，在山东省录取的博士生、硕士生分别占录取总数的68%和78.5%，留在省内工作的占毕业生总数的60%以上。

其次，发展海洋科技，为"海上山东"建设服务。学校科技工作坚持面向经济建设的方针，努力促进海洋科技成果转化为现实生产力，为"海上山东"做好科技服务，取得很好的经济效益和社会效益。如参加威海等港口和滨海电厂建设，山东核电站选址进行地质勘查、水文勘测和环境评价，海洋灾害预报等。此外在山东省建立起"海洋863计划"中重大项目的5个中试基地。学校的水产品人工育苗和养殖鱼虾贝藻等新技术、新品种的推广，解决了沿海地区许多关键性技术问题，为我国浅海滩涂的水产养殖业上新台阶、山东省养殖业产值在全国名列前茅作出卓越贡献。学校以国家海洋药物工程技术研究中心为核心，以华海制药厂为中试和生产基地，加上设在学校的联合国教科文组织中国海洋生物工程中心，在海洋生物工程制药领域形成了完整的研究开发和工程化体系。在首创新药PSS的基础上，又相继开发出甘糖酯、海力特等一系列海洋药物和保健食品，在科技成果工程化方面闯出了新路。另外，学校以各种方式加强产学研与大中型企业的合作，把高新技术注入企业，使之转化为现实生产力。如学校信息工程中心研发的PDM等软件产品在海尔集团和潍坊柴油集团公司等十几家企业应用，产生了可观的经济效益。1998年5月，学校与鲁北化工企业集团和青岛碱业集团等联合，研发出海洋化学及溴系列精细化工产品，为"海上山东"建设作出重要贡献。

另外，为山东省可持续发展提供决策依据。实施可持续发展是我国海洋经济发展的基本方略，学校为山东省可持续发展战略开展软科学研究。如针对海洋产业总体发展不平衡、存在结构老化和效益偏低等问题进行的海洋产业结构优化研究、为在21世纪取得

①《姜春云等省市领导来校视察工作》，载《青岛海洋大学报》1993年7月1日。

发展主动权而进行的经济发展进程中的海洋环保研究、山东海洋高新技术产业布局及管理体制研究、胶州湾功能区划研究、青岛市科教兴市发展战略研究等，为各级政府决策提供科学依据和咨询意见。

此外，1997年5月，水产学院同山东省海洋与水产厅及省内沿海30多家企业、单位联合成立水产学院董事会，推举山东省海洋与水产厅厅长王曙光为董事长，水产学院院长麦康森为副董事长。根据章程规定，董事会负责筹集资金，用于改善水产学院教学、科研和开发条件，并对学院的发展规划、办学方向、专业设置等重大问题进行指导、咨询和监督；水产学院优先立项解决董事单位提出的生产技术难题，董事单位有选择毕业生和获得技术成果转让的优先权。

客观地说，这些措施取得的成效实实在在，山东省、青岛市和青岛海大实现了互利共赢，共同发展。

二、参加黄河三角洲开发

为尽快投身建设"海上山东"和黄河三角洲开发两大跨世纪的工程，学校成立了以党政主要领导为首的领导小组和相应的专家组，召开了四次项目论证会，初选了参与"两跨工程"的系列项目。学校与东营市人民政府签订《合作开发黄河三角洲协议书》，与胜利石油管理局签订《科学技术合作意向书》，为双方建立长期稳定的合作关系奠定了基础。双方确定在16个方面开展合作，包括"海上东营"战略与区域经济发展研究、黄河河口段整治与入海流路稳定、黄河三角洲港口建设与发展、海洋灾害与海岸侵蚀防护、浅海油田开发工程环境和区域生态环境保护、浅海滩涂和淡水生物水产资源的开发利用、海洋工程设备的防腐、天然资源和地下卤水资源的开发与综合利用、海洋化工产业、海洋保健食品系列产品及饲料饵料的研究开发、石油天然气勘探新技术新方法、地热资源的综合利用、盐碱地的开发利用、利用海洋动力学淤海造陆将浅海油田变辖地油田的研究、广利河排污研究、急需人才和高层次人才培养等。

1993年下半年起，学校组织各方面力量，积极投入经济建设主战场。科技工作从立题开始，各个环节都服从、服务于技术转化的需要；采取多种措施，促进技术成熟，以良好的技术成果和服务态度，为地方经济发展服务。当年承担山东省、青岛市科技兴海课题近20项，其中11项被列入建设"海上山东"和黄河三角洲开发的高技术和攻关课题，获得支持经费44万元；7项技术列入建设"海上山东"和黄河三角洲开发的推广应用项目，4项列入青岛市重点推广技术项目。水产养殖成为学校参与建设"海上山东"和开发黄河三角洲的主要着力点。

学校"863计划"项目成果"盐碱土壤修复材料"应用于东营、烟台、潍坊地区的盐碱土壤，种植品种包括小麦、玉米等七种作物，可使盐碱地年降盐量30%以上，作物增产量20%以上。"海洋多组分调节剂系列产品"通过协同作用可调节和改善生态环境，在沿黄河盐碱土壤改良、提高农作物的产量和质量方面发挥了显著作用。提出的沿黄低洼盐碱地以渔改碱综合治理技术，优选出五种适于盐碱地区水域的养殖模式，推广区实现总产值18840万元，利税4842万元。[①]

学校在黄河三角洲开发中成就斐然，许多项目获奖并产生巨大作用。1996年黄河口"挖沙降河"方案实施一次，河口流路就缩短了60千米，当年洪水安全通过[②]；海岸带调查及治理和胜利油田工程地质调查荣获山东省教委科技进步奖；胜利油田埕岛海洋工程环境及海底不稳定性研究荣获国家教委科技进步奖；黄河大港建港海洋环境调查，为黄河大港的建设提供了可靠的工程数据资料，使神话成为现实；胜利油田120万千瓦发电厂环境评价等，解决了黄河三角洲开发的一系列技术问题；埕岛海域水文气象调查研究，第一次为黄河三角洲开发提供准确可靠的海洋水文气象要素，保证了海域生物资源和油气资源开发；东营海港的考证和兴建，为黄河三角洲的出海通道和胜利油田的进一步开发创造了良好条件。这些成果的取得为发展我国的海洋、水产事业，为实现山东省建设"海上山东"、开发黄河三角洲两项跨世纪工程作出了重大贡献。

1999年1月1日，中共中央政治局委员、山东省委书记吴官正，复信给麦康森教授等48位留学回国的青岛海洋大学青年教师，感谢他们为山东经济建设和社会发展提出的合理化建议，勉励他们为科教兴国、建设"海上山东"继续贡献才智和学识。[③]

第四节　引领海水养殖浪潮与加强应用研发[④]

我国海水养殖经历了20世纪60年代以海带、紫菜为代表的海藻养殖浪潮，20世纪80年代以对虾为代表的海洋虾类养殖浪潮，20世纪90年代以扇贝为代表的海洋贝类养殖浪潮，20世纪末以鲆、鲽为代表的海洋鱼类养殖浪潮，21世纪初以海参、鲍鱼为代表的海珍

---

① 魏世江主编：《走在特色之路上》，中国海洋大学出版社2005年版，第20页。

② 侍茂崇、纪玉洪：《传奇教授——侯国本》，中国海洋大学出版社2005年版，第123页。

③ 张静主编：《中国海洋大学大事记》，中国海洋大学出版社2014年版，第205页。

④ 本节详细内容参阅《海洋水产学科优秀科技成果选编（一）》，中国海洋大学档案馆藏，档号：HD-1995-KY11-19。

品养殖浪潮。海水养殖浪潮又称为"蓝色产业浪潮",我国历次海水养殖浪潮的兴起是与青岛的海洋科研与教育单位紧密联系的,也都是从青岛发起,要么是由学校牵头,要么是由校友牵头,进而推广至全国。作为国家海洋科教领域的排头兵,青岛海洋大学是我国历次蓝色产业浪潮的主要引领者、重要推动者和积极实践者。

一、虾贝鱼类养殖产业化

1. 对虾营养与配合饲料的研究。对虾的营养生理与全价配合饲料的研究是国际性的热门课题。李爱杰、楼伟风教授等坚持基础理论研究与应用研究相结合,经过15年的不懈努力,对中国对虾的摄食行为、消化吸收、营养生理、营养素的需要、营养病理变化、配方设计与生产工艺等方面进行全面深入研究,取得了重大成果。发表学术论文38篇,其中获优秀论文奖8篇。已成功地把饲料效率提高到60%以上,引起了国际同行的注目,使我国在甲壳动物营养与配合饲料的研究方面跻身于世界领先水平。1988年以来,已把饲料配方、添加剂配方及相关技术转让给全国沿海13家饲料企业,创造近3亿元的直接经济效益。获得山东省科委科技进步奖二等奖(1988年)、农业部科技进步奖二等奖(1988年)及国家教委科技进步奖一等奖(1991年)。

2. 栉孔扇贝半人工采苗、人工育苗及多倍体育种技术研究。王如才教授先后主持"栉孔扇贝半人工采苗""栉孔扇贝人工育苗"及"栉孔扇贝三倍体育种技术研究"三个课题的研究,取得丰硕成果,为贝类养殖业的发展作出了突出贡献。"栉孔扇贝半人工采苗"技术使山东多地海水养殖业产量大增,荣成养殖户毕庶全当年获利7万多元,烟台崆峒岛一个村1991年一年获利800多万元,烟台套子湾1994年产值达20亿元以上,该技术被农牧渔业部授予科技进步奖三等奖。"栉孔扇贝人工育苗"研究1986年获山东省科技进步奖二等奖,1990年获国家教委科技进步奖三等奖。山东省海珍品育苗场利用该技术扭转了连年亏损近百万元的局面,山东文登养殖二场利用该技术生产出商品苗1.8亿粒打了翻身仗,胶南灵山卫镇育苗场1992年每立方米水体生产出附着稚贝2400万粒,创国内育苗最高纪录。"栉孔扇贝及大连湾牡蛎三倍体育苗技术研究"在诱导育苗量方面居国内领先,中试养殖2万亩,每亩增产20%,创直接经济效益2亿元,1993年获国家教委科技进步奖三等奖。

3. 网箱养鲤配套技术的研究。李德尚教授课题组完成的网箱配套养鲤技术研究,总结出从鱼种到成鱼配套成龙、体系完整的高产高效益的网箱生产技术和管理体系,把我国网箱配套养鲤提高到了一个新的水平,在国内居领先地位。1988年该技术推广到山东省数个国家"星火计划"项目中，取得显著经济和社会效益，1991年获得山东省科技进步奖三等奖。成果推广后，不仅成为群众脱贫致富的重要门路，还推动了水库渔业的发展。1994年山东省水库鱼产量达到4.1万吨，亩产41千克，其中网箱养鱼产量占总产量的50%。

4. 真鲷工厂化育苗技术研究。姚善成教授等经过多年探索和反复试验，攻克真鲷工厂化育苗的关键技术。在1990年第一代仔鱼培育成亲鱼100余尾，孵出仔鱼约计400万尾，受精率及孵化率均达到90%以上。当年生产共计100万尾左右。为我国海水鱼育苗开创了一个先例，也为我国海水鱼养殖生产奠定了基础。1990年，仔、稚鱼的培育技术被专家鉴定为达到国际先进水平。1992年被山东省评为科技进步奖二等奖，纳入农牧渔业部的科技库向全国推广。随后，课题组又先后试验成功红鳍东方鲀、假睛东方鲀、牙鲆、黑鲷等海水经济鱼类的人工育苗。各种鱼类每年可以向全国各养殖基地提供几十万甚至上百万的苗种。这一时期，该项技术直接经济效益为500万元左右，间接经济效益在1000万元以上。

5. 牡蛎三倍体育苗与增养殖技术研究。牡蛎三倍体育苗与增养殖技术研究是国家"海洋863计划"的重大项目，由王如才教授为课题负责人历时五年完成，取得了创新性的突破。其中，三倍体牡蛎高效诱导技术达到国际先进水平，三倍体牡蛎规模化育苗技术、养成技术、倍性核仁快速检测技术均为国内外首创，亲贝同步促熟技术和卵的离体促熟技术，三倍体牡蛎的规模化育苗技术、育苗规模和养成技术，养成规模、非整倍体及三倍体牡蛎快速生长机理研究达到世界领先水平。成果在经济效益、社会效益和生态效益等方面取得全方位效益，获得2000年全国海洋创新成果一等奖。

二、推广"健康养殖"技术

1. 开创中国对虾疾病的研究。孟庆显和俞开康两位教授自1979年起，在我国率先开展对虾疾病研究。1982年农业部批准为"七五"重点攻关项目，1986年又列为国家"七五"重点攻关项目，子专题为"对虾疾病防治技术研究——对虾疾病的种类、流行情况及有关病理、病原和防治方法的研究"。经过十多年全面系统地调查研究，取得重大成果。拟阿脑虫病和红腿病的研究达到国际领先水平。提高育苗产量约10%，养殖增产约5%，亲虾越冬成活率从24%提高到80%。1988—1991年共增产达7.8亿元，每年平均增产约2亿元。

2. 海水养殖动物的细胞培养与应用研究。童裳亮教授等自1986年以来一直从事海水养殖动物的细胞培养与应用研究,建立虹鳟鱼脾细胞系RTS。利用此细胞系从山东省虹鳟鱼疫情暴发区分离并鉴定出鱼病毒IPNV-VR299毒株,向农业部报告了疫情。承担了国家自然科学基金项目"海水养殖鱼类的细胞培养与病毒病研究"和国家攀登计划B项目"对虾的细胞培养、病毒病原诊断与流行病学研究"。建立牙鲆鱼永久性鳃细胞系FG,完成该细胞特征的测定。获得真鲷、鲈鱼、河豚等重要海水养殖鱼类的传代细胞。研制出适合中国对虾细胞生长的培养基。利用此培养基,对虾细胞可在两三天内形成单层。从海洋生物中分离出一种细胞贴壁素,可用作细胞培养板、培养瓶的高效涂料,该成果获联合国TIPS中国国家分部的"发明创新科技之星奖"。

3. 卤虫卵精加工技术。王贻义教授等1993年承担国家教委重点科技项目"卤虫资源开发和应用",运用生物技术在我国休眠卵的滞育问题上取得突破。该项技术将以往大量被认为不能用作饵料的"质量低劣"的低孵化率的卤虫卵在孵化率上提高20~60个百分点,使其孵化率达到国际卤虫卵的商品标准,同时提高卤虫卵原料的利用率1~2倍。自行研制和设计出全套卤虫卵精加工生产工艺和设备,全部采用国产资源卤虫卵为原料精加工生产商品卤虫卵,主要技术指标达到国际先进水平,产品除内销外还销往英国和泰国等国家。

4. 鲤鱼全价配合饲料的研究。李爱杰教授等1987年承担山东省科委下达的"鲤鱼全价配合饲料的研究"任务,研制出鲤鱼全价配合饲料和饲料添加剂,饲料系数从3降到1.38,池塘亩净产鲤达1314公斤,西苇水库网箱养鲤折合亩净产达83934公斤。枣庄市养鱼场使用该配合饲料,养殖期从两年缩短为一年。该课题1992年获山东省科技进步奖二等奖。山东省枣庄市饲料添加剂厂应用该技术生产的配合饲料获1995年农业博览会鲤鱼饲料唯一的金奖。

5. 卤水高盐水域工厂化放牧。由廖承义教授承担技术指导的"卤虫高盐水域工厂化放牧"课题,1992年列入国家"星火计划",专家鉴定成果属国内领先水平,在国际上也不多见。该项目利用生态控制技术养殖卤虫,既保护了盐场的卤虫资源,达到卤虫长期稳产高产,又对盐田生态系的平衡起到重要作用。项目实施后,收到显著经济效益和社会效益。

6. 系列功能海水素。以国家标准海水生产工艺为基础,开发出功能海水素、调试剂和测试剂系列产品20余种,为鱼类、哺乳动物、无脊椎动物和藻类等海洋生物的健康养殖、暂养、运输和科学研究提供纯净和方便的模拟海水。1996年成立青岛海洋大学通用海水素厂,1998年实现工业化规模生产,年生产能力达到1000吨左右,三年累计产值1000

万元左右，国内市场占有率50%以上，被多个海洋公园采用，并批量出口。礁岩海水素是珊瑚礁水生生物养殖的唯一和必需产品，该厂是当时国内唯一生产企业，主要技术指标达到国际同类产品水平。

7. 紫菜酶法育苗。紫菜酶法育苗研究项目是由戴继勋教授承担的国家"七五"和山东省"八五"科技攻关课题。经过数年研究，取得一系列理论成果和应用技术的重大突破。在国内外学术刊物发表论文12篇，其中《紫菜叶状体细胞的酶解分离及其养殖研究》1992年获山东省第三届自然科学优秀论文奖二等奖，《紫菜叶状体细胞和原生质研究》1992年获国家教委科技进步奖三等奖，《紫菜原生质体的遗传育种和育苗试验》1995年获山东省第四届自然科学优秀论文奖二等奖。

三、海洋药物研发与产业化

海洋药物学是一门新兴的交叉应用学科，其研究的内容是药学研究的新领域，其成果是高新技术产业一个新的增长点。1991—2000年，管华诗教授及其团队先后完成国家级、省部级课题20多项，发表论文200余篇，出版专著2部、教材3部；获国家科技进步奖三等奖1项、省部级奖16项，获国家专利4项、国际专利2项。4种海洋药物和4个系列保健食品已全部投入工业化生产。其中我国第一个海洋药物藻酸双酯钠（PSS）自投产以来，全国累计产值近30亿元，利税10亿多元，产生了巨大的经济效益和社会效益。

华海药厂，是管华诗教授坚持产学研结合，自己投入部分资金建立起来的专门致力于海洋药物科研成果工业化生产的制药厂。自1993年开工建设，已拥有固定资产5000万元，其中包括原料药、制剂、保健食品3个生产车间共6条自动化生产线及与生产相配套的公用工程设施。有6个海洋药物和4个保健食品投放市场，是当时我国唯一集科研、开发、生产于一体的现代化医药企业。

1. 海洋药物藻酸双酯钠。藻酸双酯钠主要用于缺血性脑、心血管疾病的防治，如脑血栓、脑栓塞、脑动脉硬化、高血脂、高血压、中风和冠心病。此外，对治疗弥漫性血管内凝血、慢性肾小球肾炎疗效明显。产品得到广大患者的欢迎，并销往东南亚、欧美等国家和地区，产生了巨大的社会效益和经济效益。

2. 降脂抗栓新药甘糖酯。甘糖酯是管华诗团队继PSS后发明的一种新型类肝素药物。它是以海洋生物提取物为基础原料，经科学引入有效基因加工精制而成的纯天然无副作用的降脂抗栓新药，1994年经国家卫生部批准投入生产。该药为国内外首创，成果达国际先进水平。由于甘糖酯工艺路线先进合理，产品质量稳定便于生产，产品投放市场后获得显著的社会和经济效益。

3. 保肝抗癌的海洋新药海力特。海力特是以昆布（海带）、麒麟菜的提取物为主要原料，精制而得的一种天然海洋中成药。是管华诗团队研究发明的新型海洋药物。通过对免疫功能的调节，达到抗HBV、HIV及MULV的功效，从而保护细胞，促进肝功能，预防和治疗毒性肝炎（乙型肝炎、丙型肝炎），并能抑制癌细胞生长，减少肿瘤发生，是防治病毒性肝炎、辅助治疗各种癌症的理想药物。1994年山东省医药管理局技术鉴定认为，成果达到国际先进水平。

4. 治疗糖尿病的优选良药降糖宁。降糖宁是辅助治疗消渴病（糖尿病）的优良药物，它是在"降糖乐"保健食品基础上新开发的国家健字号新药，是中医理论和现代科学研究相结合的产物，具滋阴清热、健脾益肾充饥的功效。系列产品由管华诗教授为主研究发明，1992年获得中国优质保健产品银质奖。

四、海洋环保技术研发

1. 海岛资源综合调查及开发试验。1990年，受山东省科委、青岛市科委委托，钱树本教授等承担山东省威海市辖区的海岛与青岛市大管岛群及沐官岛的资源调查2项子课题。学校高度重视，2项课题共投入540余人次，动用各种船只64艘次，航程4400余海里，调查海岛总数111个。科研人员潜水定点取样与大面搜查，对岛区的大型底栖生物，包括海参、鲍鱼、海胆等海珍品及其饵料藻类、经济藻类有害物种等的数量、分布及变化，进行详细调查，取得了可靠的第一手资料。由潜水员水下安装海流计，测得离海底20cm连续数月的底流资料，为海珍品稚幼苗的底播放养提供了有价值的科学参数。山东省与青岛市海岛资源综合调查与开发试验成果达到了国内领先水平，接近世界先进水平，于1994年与1995年分别获得省、市科委科技进步奖一等奖。

1991年10月22日，水产学院青年教师王成海、叶立勋在科研海域潜水作业时不幸英勇牺牲，被山东省人民政府批准为革命烈士[①]。国家教委追授王成海、叶立勋"人民教师"光荣称号，并要求在全国各级各类学校教师和大学生中广泛开展向两位烈士学习的活动。

2. 海上溢油处理剂研究。1997年9月，陈国华教授等承担的"海上溢泊处理剂研究"科研项目，通过国家科委委托山东省科委组织的专家鉴定和验收。专家组认为，该课题

---

① 张静主编：《中国海洋大学大事记》，中国海洋大学出版社2014年版，第159页。

技术材料齐全，数据可靠，符合国家科委有关技术成果鉴定的要求，该凝油剂主要技术指标已达到或超过合同规定的技术指标，综合凝油性达到了国际先进水平。

该凝油剂具有凝油品种多（包括原油、柴油、煤油、汽油、机油、苯等），凝油速度快，原料丰富，无毒，无二次污染等优点，系国内外创新产品。该凝油剂不仅可用于海洋溢油处理，而且与其他破乳剂配合使用，可以有效处理含油工业废水，特别是难于处理的乳化废水。

3. 环境及生态资源保护研究硕果累累。其中陈时俊教授等承担的"我国渤海和十个海湾水质预测及物理自净能力研究"获得1988年度国家科技进步奖三等奖，张就兹教授等承担的"防波堤护面块栅栏板的设计计算方法"和"海上防护建筑物护面块栅栏板的试验研究"分别获得国家教委1990年度科技进步奖三等奖和1995年度山东省科技进步奖三等奖，奚盘根教授等承担的"胜利油田浅海滩涂石油勘探开发对环境及生态资源的影响和控制对策"获得1997年度中国石油天然气总公司科技进步奖二等奖，杨作升教授等承担的"污水海洋处理工程设计参数研究"获得1997年度国家教委科技进步奖三等奖。

五、海洋功能食品研发

1. "三笑"系列功能型保健食品。由管华诗教授主持，海洋药物与食品研究所研究人员与华海药厂技术人员联合研制开发出鱼龙口服液（太太笑）、藻微胶囊（老人笑）、活力丸（冠军笑）"三笑"系列功能型保健食品。该系列保健食品，是对海洋生物进行大量生态学、生理学、生物化学等多年综合性比较研究的结晶；是在对海洋生物生态化活性物质的分析比较及其对不同人群的作用特点的分析比较，对活性物提取工艺反复探索（以保证活性成分被最大限度地保留）的基础上，研制开发的具有特定功能特点的新型保健食品。

2. 海产催乳功能食品研究。"海洋催乳功能食品的研制"项目，以海洋天然催乳食品为开发利用对象，研制具有营养作用与健身功能的催乳活性食品。该食品为乳汁缺少或乳汁分泌不足的产妇所专用。李八方教授等组成的课题组，经基础分析、合理组方，采用先进的加工工艺制成。经生物试验，催乳化效率达94%，临床验证有效率达86.7%，成果属国内先进水平。

六、海洋医用敷料研发

1. 海洋生物敷料膜的研究与开发。楼宝城教授领导的生物材料研究所，1983年开始，从海洋生物中提取大分子的氨基多糖，进行海洋生物医用敷料膜的研究。研制的生物敷料膜有效率达90%以上，是当时国内外的一种较好的创面覆盖物。1989年起，楼宝城与香港的李良平博士又经过五年研究，发明治疗指端损伤的"护创指套"。它不但能治疗单纯的指端软组织缺损，而且能治疗较严重的指端损伤，1993年卫生部定名"海肤康"皮膜。该项目先后获得1988年布鲁塞尔第37届尤利卡世界发明金牌奖、1988年度国家教委科技进步奖二等奖、1991年国家技术发明奖三等奖。

2. 多功能复合医用材料止血海绵。由管华诗教授兼任所长的海洋药物研究所与青岛第三制药厂联合研制的多功能复合医用材料——止血海绵，是青岛市科委主管的国家"八五"攻关项目（地方部分）内容，是一种以海洋生物为主要原料制成的平时、战时及外科手术等导致大量出血又不便缝扎时可用的优良急救止血材料。1994年，经专家鉴定，该成果达到国内领先水平，具有广阔的开发前景和良好的社会效益和经济效益。

七、海洋保健品研发

1. 贻贝系列保健食品的开发研究。山东省科委1988年课题。依照课题计划，李八方教授等课题组成员成功开发出四种产品：海珍健身宝口服液、东海三豪口服液、海珍健身宝冲剂及香辣海宝酱。研究水平国内领先，其系列产品为国内首创。产品1990年完成中试，当年投入批量生产。东海三豪口服液获1991年中国优质保健品金奖、1990年西湖国际食品博览会银奖、1993年泰国国际保健食品展览会金象奖，海珍健身宝口服液获1990年西湖国际食品博览会银奖、1991年中国优质保健品银奖。系列成果获1990年度山东省科技进步奖二等奖。

2. 海洋保健食品四海回春。管华诗教授根据祖国医学"药食同源"的理论以及营养平衡互补的原理，于1995年研制成功四海回春（海珍丸）。它是以海参、海胆、扇贝、牡蛎为主要原料，经科学的加工工艺，既有高营养、配比合理，又能保持生理活性的多功能保健食品。多年来的临床验证，四海回春（海珍丸）对增强体魄、固本提神、滋阴益肾、抗疲劳、抗衰老有显著效果，深受国内外特别是东南亚及我国港澳地区中老年人的青睐。

3. 排铅奶粉的研制。管华诗教授主持的排铅奶粉研究项目，由农牧渔业部下达，青岛海洋大学和青岛市防疫站等协作单位共同完成。从1983年起经毒理试验、动物试验、临床验证至1985底结束。1986年通过鉴定，专家一致认为该研究对防治铅中毒职业病属于国内首创，达国际先进水平。排铅奶粉获农牧渔业部科技进步奖二等奖、1990年国际西湖博览会金奖、1992年曼谷国际保健食品博览会金象大奖。

4. 海洋生物多糖AHA的研制及应用。刘万顺教授等利用丰富的海洋生物资源虾盘壳为基本原料，经过一系列独特的制备工艺技术，研制成功具有兼性的多糖衍生物（简称AHA）。1992年该项目经专家技术鉴定，属国内首创，达国际水平。技术转让给企业并形成工厂化生产规模。利用此技术，全国已有数家日化企业分别开发出具有抗皱、护肤、增白等特色的AHA海洋生物化妆品系列，取得良好的经济效益和社会效益。1994年获全国第八届发明展览会最佳新产品奖，1995年获国家教委科技进步奖三等奖。[1]

第五节　加强人文社科研究

一、海洋法学研究

1980年9月成立海洋法学研究室，1993年升格为海洋法学研究所，1996年成立海洋经济与海洋法学研究院。史料显示，1988—2000年，海洋法学研究室（所）承担和参加国家与地方的立法任务、海洋环境保护规划任务47项，取得如下主要成果：国家法律法规的起草与立法研究方面，有《中华人民共和国海洋环境保护法》等10余项；国家海洋环境保护规划任务方面，有《全国海上污染应急计划》等6项；沿海地区地方性法规和规章的起草与立法研究方面，有《建设海上山东——山东省海洋经济管理法规研究》等13项；编制沿海地区海洋环境保护规划方面，有《浙江省排海污染物总量控制规划》等12项。[2]

海洋法学研究室（所）除承担繁重的科研任务外，还担任校内本科生、研究生的海洋法概论等十余门课程的教学任务，并培养出一批硕士研究生。1988—2000年共出版学术专著12部，在各种公开出版刊物上发表论文58篇。与美国、英国、联合国环境规划署、国际海洋法法庭等国家和国际组织以及我国香港、台湾进行多项合作研究与互访交流。一部分研究人员还兼任联合国环境规划署亚太地区培训网、农业部渔业局全国渔业水域污染事故技术审定委员会、国家海洋局中国海监溢油检验鉴定执法业务运行系统项目专家委员会等相关机构专家组成员。

从学校海洋法学研究的成果不难看出，所承担的立法起草任务和重大研究课题，都是国家和沿海省、市根据海洋管理和海洋环境保护的需要而委托的，其研究成果多被采

---

[1]《海洋水产学科优秀科技成果选编（一）》，中国海洋大学档案馆藏，档号：HD-1995-KY11-19，第70—71页。
[2] 据《中国海洋大学海洋法学研究所成立三十年回眸》整理，中国海洋大学出版社2010年版。

纳和实施，为建立和完善我国海洋环境保护法律体系和加强海洋环境管理作出了应有的贡献。

二、语言学研究

学校语言学研究有着悠久的历史和传统。1924年创校时国文、英语、日语为必修课，所用教材大都为教师自编。[①]1931年5月，校长杨振声在对全校师生作报告时说："文理两院，一方面为其他学院造根基，另一方面亦必求能有树立于学术界，而后其自身始具独立之价值，始足以自园其生存。"[②]足见对于学术研究的要求与期待。闻一多、梁实秋、老舍、杨向奎、郑成坤、王统照、丁山、陆侃如等文学、语言大家都曾在学校担任过教授。他们培养"硕学宏材"的同时，亦"树立于学术界"，独领风骚，颇具影响。

20世纪80年代，学校语言学研究成果屡屡见诸国内外知名语言学期刊*International Journal of the Sociology of Language*、*Journal of Asian Pacific Communication*、《当代语言学》《外国语》《现代外语》《新华文摘》等。

1995年10月，学校成立外国语言文化研究所。该所是一个以文化研究为导向，以跨文化交际与英语教育相结合为目标，对外国文学、语言学、翻译学、教学法等学科进行专题研究的校级综合性研究机构，杨自俭教授任所长。研究所以研究文化的深层结构为主线，用跨学科和比较研究的方法和视角审视外国语言文化现象，改变传统单学科孤立地进行研究的方法，从而使外国语言文化研究无论是在内容还是在形式上都有所突破。其中，杨自俭"被视为当今中国外语学界，特别是对比语言学和翻译学界众望所归的学界领袖，是我国为数不多的'三栖学者'，也被称为具有'士大夫精神的学者'。他是中国翻译学科建设历程中的探路者，以其渊博的学识不断为中国翻译研究开疆拓土；他也是中国翻译学科建设的领路人，始终站在学科的最前沿，无私地提携后生新俊；他还是一位躬耕实践的践行者，以其自身的学术素养及人格魅力，以英汉语对比研究协会为平台，打造了中国译学研究的远航之舰，为我们留下了一部部熠熠生辉的译著论集"[③]。杨自俭长期从事英汉对比语言学、对比文化学和翻译学的教学和研究。发表《浅谈语义及其类型》等学术论文上百篇，出版《英汉语比较与翻译》等著述10余部，并有《继嗣佳人》等译著近10部。1998年10月，担任国家一级学会中国英汉语比较研究会会长，"标志着他以知名

① 张静主编：《中国海洋大学大事记》，中国海洋大学出版社2014年版，第1页。
② 张静主编：《中国海洋大学大事记》，中国海洋大学出版社2014年版，第11页。
③ 任东升：《杨自俭对我国翻译学学科建构的贡献》，载《译苑新谭》2019年第2期。

学者兼学术群体领袖的身份投入到学科建设的宏大事业中"[①]。

张德禄教授发表《论话语基调的范围与体现》等论文近10篇，完成山东省人文社科项目"功能文体学研究"，专著《功能文体学》1999年获得山东省人文社科成果二等奖；1998—2001年承担教育部人文社会科学研究"九五"规划项目"论语篇连贯的总体条件"课题，出版专著《论语篇连贯的总体条件》。

刘汝山教授发表《语篇连贯与衔接理论的发展及应用》等论文近10篇，先后合作承担教育部社科立项课题1项（第二位）、国家外语教育研究中心课题1项（第二位），独立承担学校社科课题3项。获山东省高校优秀教学成果二等奖、青岛市优秀社科成果二等奖、学校优秀教学成果一等奖等。

李庆祥教授发表《日语词汇学的意义和作用》等论文10余篇；有《日语教学与研究》等著作5部；编写出版教材《现代日语阅读教程》（1～4册），获得校级优秀教学奖。

邓红风教授发表《汉语中的空动词be》等论文近10篇，参编《语言多学科研究与应用》等著作近10部，并有《杰斐逊集》等译著5部。

从学校语言学研究的文脉传承不难看出，青岛海洋大学文理之道的相辅相成、相得益彰。老校长杨振声先生"为其他学院造根基""能有树立于学术界"的期待经过一代代人文学者的孜孜以求得以实现，为养成人文精神和科学精神兼备的"硕学宏材"作出积极贡献。

第六节　科研综合实力增强

这一时期，青岛海洋大学发挥海洋、水产学科特色和多学科交叉的整体优势，在基础理论研究、高新技术研究、科技开发和成果转化方面得到迅速发展，科研课题不但数量剧增，且层次和水平不断提高，解决重大科技问题的能力不断增强，先后承担了一大批国家科技攻关、自然科学基金、"863计划""火炬计划"及国防科技项目。

史料显示，学校科研项目经费一直呈上升趋势。1988年实际拨付学校的科研项目经费为358万元，其中纵向课题经费110.8万元，横向课题经费247.2万元；1989年实际拨付学校科研项目经费为369.8万元，其中纵向课题经费193.8万元，横向课题经费176万元。纵向课题经费增长的趋势，反映出学校教师在学术水平方面的竞争力有所提高。1989年承

---

① 任东升：《杨自俭对我国翻译学学科建构的贡献》，载《译苑新谭》2019年第2期。

第七篇 第六章 科学研究与科技服务 381

担课题数209项，其中基础研究150项，鉴定成果数30项，其中具有国际水平4项、国内首创4项、国内先进7项。出版科技专著33部，发表学术论文362篇，其中国外学术刊物30篇、全国性学术刊物256篇。[①]

"七五"（1986—1990年）期间，青岛海洋大学共完成国家计划项目40项，省部级计划项目55项，计划外项目61项，鉴定省部级科技成果156项，获得省部级奖励96项。[②]至1994年时，全校共承担各类科技课题1200余项，累计经费5000余万元。在已取得的科技成果中获国际金牌奖10项、国家级成果奖14项，特别是在全国海洋学科颁发的7项国家自然科学奖中，青岛海洋大学获得4项，占57%。在这些科研成果中，达到国际领先或先进水平的35项，国内首创或先进水平的74项，出版专著57部，发表论文2000余篇，有力地促进了科技进步和学科发展。基础理论研究方面，物理海洋、水产养殖、环境海洋、海洋药物、海洋物理化学、海洋遥感和泛函微分方程等学科领域，不少已达到国际领先或先进水平。国家基金委投入产出分析表明，青岛海洋大学基金项目投入产出比名列全国高校前茅。应用技术研究方面，海洋调查与港址选择、海洋药物及保健食品、水产养殖技术、海洋生物材料、优质矿泉水开发、工业废水处理及回用技术、电化学防腐与防污损、精细化工、宽视角水下激光电视等领域研发了一批高水平、高效益的成果，为国家创造了数以亿计的经济效益。如海洋药物PSS的研制与生产，不但创造了高额产值和利税，并在国内带动了海洋药物这一新兴产业的兴起。鱼虾贝藻养殖新技术和新品种的推广，使我国浅海滩涂的水产养殖业上了一个新台阶，并使山东省养殖业产值在全国名列前茅。[③]1989—2000年学校获得国家级科技成果奖励情况详见表7-6。

表7-6 青岛海洋大学1989—2000年作为第一完成单位获国家级科技奖一览表

获奖名称	获奖类型	等级	主要完成人	年度
拉格朗日余流和长期输运过程的研究——一种三维空间弱非线性理论	国家自然科学技术奖	三	冯士筰、奚盘根、孙文心	1989
宽视角水下激光电视	国家发明奖	三	郑国星、谭锐、周汝城	1990
生物敷料膜生产工艺	国家发明奖	三	楼宝城、林华英、刘万顺	1991

① 科研处：《1989年科研处工作总结》，中国海洋大学档案馆藏，档号：HD-1989-KY11-237。
② 科研处：《给国家教委科管中心关于我校1990年度及"七五"期间科技成果统计的函》，中国海洋大学档案馆藏，档号：HD-1990-KY11-255。
③ 李建平、魏世江、陈鹭主编：《管华诗教育文集》，中国海洋大学出版社2007年版，第215页。

续表

获奖名称	获奖类型	等级	主要完成人	年度
风浪频谱的改进及应用	国家自然科学奖	四	文圣常、张大错、郭佩芳	1991
养殖对虾疾病调查及主要疾病防治的研究	国家科技进步奖	三	孟庆显、俞开康、战文斌	1993
海浪数值预报方法	国家科技进步奖	三	文圣常、张大错、吴增茂	1997
新药藻酸双酯钠的研究	国家科技进步奖	三	管华诗、车琼、兰进	1997
大型海藻生物技术研究及其应用	国家科技进步奖	二	戴继勋、张学成、崔竞进	2000
中国沿岸现代海平面变化及其应用研究	国家科技进步奖	二	陈宗铺、郑文振、左军成	2000

资料来源：据赵瑞红、孙厚娟、韩宇亮主编：《科研成果背后的故事》统计，中国海洋大学出版社2015年版，第315—326页。

学校紧紧围绕科技振兴经济这个中心，多层次、全方位地开展科技工作。1995年新上科研课题103项，科研经费到款数为1395.7余万元，比1994年的1100万元增长26.88%左右。其中主要经费来源为纵向课题经费730余万元，横向课题经费585万元，3个国家教委开放研究实验室30万元，科研事业费33万元。1996年新上项目138项，比1995年的103项增长约33.98%；科研经费实际到款数为1734.2万元，比1995年的1395.7万元增长约24.25%。学校在人文与社会科学的项目争取方面有了重要突破，获得国家教委社科司资助项目2项。[①]

1998年，在教育部大幅度削减经费的情况下，学校科研项目、经费仍取得一定增长。12月底实到科研经费3080万元，比1997年增加790余万元，其中纵向项目经费达2002万元，横向项目经费为1078万元。共申请到纵向项目86项，计划经费2307.4万元。纵向项目中，国家自然科学基金面上项目17项，山东省自然科学基金项目7项，合计经费242.5万元；山东省科委项目11项，合计经费334万元；山东省奖励基金项目3项，合计经费26万元；博士点基金项目5项，合计经费27万元；教育部重点项目2项，合计经费18万元；留学回国人员基金项目3项，合计经费13万元；跨世纪人才基金项目1项，经费30万元；"863计划"项目立项工作取得较大成绩，共主持10项、参加15项，另获青年基金6项，合计经费1600万元。人文社科项目取得进展，共申请到教育部人文社科"九五"规划项目4项，经费总额

[①]《青岛海洋大学1996年科技工作总结》，中国海洋大学档案馆藏，档号：HD-1996-KY11-03。

8.4万元。[1]

1999年，科技经费增加到3720万元，人均年度科技经费强度继续稳居部属综合性高校首位；科技服务和科技成果转化经费由1992年的192.4万元、1996年的410万元提高到1078.4万元；发表科技论文由1992年的456篇（7篇SCI）、1996年的556篇（29篇SCI）增加到671篇（53篇SCI）。[2]

2000年，科技经费增长到4002万元，承担国家、省部级科技项目已占项目总数的50%以上；科技服务和科技成果转化经费比上年增长68.6%，专职科研编制人均年度科技经费强度仍居部属综合性大学前列；首次在*Science*发表论文，实现了山东省在该刊物发表文章零的突破；获国家科技进步奖2项和省部级奖14项。[3]

---

① 《青岛海洋大学1998年科技工作总结》，中国海洋大学档案馆藏，档号：HD-1998-KY11-02。

② 李建平、魏世江、陈鹭主编：《管华诗教育文集》，中国海洋大学出版社2007年版，第287页。

③ 李建平、魏世江、陈鹭主编：《管华诗教育文集》，中国海洋大学出版社2007年版，第341页。

第七章
加强对外交流与合作

　　学校适应国家改革开放的新形势，不断加强国际合作与交流。这一时期，学校对外交流的自主性和独立地位开始显现，派出留学、讲学、合作研究与学术交流的人数逐年增加，接收外国留学生越来越多，合作办学形式不断拓展，主办或主持国际学术会议的频次和层次不断提升，学术影响力不断扩大。

第一节　赴外考察与留学生培养

　　1988年后，学校赴境外高校考察办学及科研活动人次呈逐年上升趋势，1988年23人次，1989年29人次，1990年32人次，1991年36人次。

　　1992年1月，学校科学家小组考察访问法国巴黎的欧空局总部，与欧方首席科学家达成"ERS-1卫星资料在中国海和西北太平洋的印证和研究"协议。欧方无偿提供ERS-1卫星资料，并支持中方向欧共体申请资助。这是我国首次与欧空局交流在海洋研究领域取得的收获。

　　1992年10月，由党委副书记王滋然为团长，党委副书记冯瑞龙为副团长的青岛市高校访日代表团75人，乘学校"东方红"船赴日本考察访问。据记载，代表团先后考察访问东京水产大学、东京大学、东京工业大学精密工学研究所、东海大学海洋学部、筑波大学以及横滨国立大学。这些大学特色各异，给代表团留下深刻印象。①

1993年5月，学校派遣工业水回用技术研究所王恕昌教授参加国家教委东京高校技术展团活动，其参展项目引起日、韩等国多家公司关注，成为国家教委参展团中效果最好的项目之一，受到国家教委及驻日使馆的表扬。

1996年11月，由副校长侯家龙、冯瑞龙为正副团长，由国家教委、山东省、青岛市、上海中华造船厂等有关单位代表和青岛海洋大学部分师生共139人组成的友好访问团，乘"东方红2"船成功首航韩国和日本，先后访问了韩国釜庆大学和日本下关水产学院和鹿儿岛大学。学校除教师和考察队员外，还有33名本科生同船参加海洋调查及出访活动，并首次安排学校女排随访，与釜庆大学和鹿儿岛大学女排进行了友谊比赛。②

1999年8月，由管华诗校长率领的赴日访问团一行4人，对日本电子株式会社的核磁共振仪（NMR）技术指标和仪器性能进行考察，同时到日本理化所参观访问，就海洋药物研究开发问题进行交流。10月，以吴德星副校长为团长的代表团一行9人应邀访问美国旧金山州立大学，商讨两校拟议中的"海洋科学教育与研究合作项目"实施，并参加"旧金山湾／加利福尼亚暖流区和黄、渤海海区沿海及河口的生物多样性"及"遗传学和分子生物学在生物多样性研究中的应用"两个学术会议。

1988年更名为青岛海洋大学以后，学校积极主动组织专家、学者和管理干部走出国门，开阔视野，对外交流与合作得到快速发展。到2000年，已与30多个国家和地区的60多所高等院校和科研单位建立合作交流关系，并与其中23所高校结成友好学校。在不断探索的基础上，逐渐形成以优势学科为特色，以合作研究为主要方式的对外交流与合作的局面，有效地促进教学、科研和管理水平的提高，扩大了学校的知名度。

学校是全国少数几个最早接受来华留学生的高校之一。"八五"期间，学校来华留学生工作有了较快发展，共接收220余名长、短期留学生，并实现招收学位生和长期语言生两项突破。1996—1998年共接收530余名长、短期来华留学生，比"八五"期间翻了一番。

1998年5月，山东省教委同意青岛海洋大学招收汉语言专业外国留学生，实施本科学历教育。同年，学校建造留学生楼，为扩大留学生规模创造了条件。当年，接收来自16个国家的长短期各类留学生202人次。至此，青岛海洋大学已开展了包括博士、硕士、本科、高级和普通进修生以及长短期汉语生在内的各个层次的留学生招生及教学工作，留学生

---

① 林乐夫：《访问归来话扶桑》，载《青岛海洋大学报》1992年11月15日。
② 一夫：《校"东方红2"海洋调查船首次远航圆满成功》，载《青岛海洋大学报》1996年12月20日。

教育初具规模。

　　为适应我国对外经济贸易发展的需要，自1997年始，在稳定公费来华留学生及语言进修生数量的基础上，努力开拓渠道，先后与德国罗森汉姆大学和美国俄亥俄州立大学合作创办中国商务基础和中美文化两个培训班，为发展中德、中美贸易关系培养后备人才。2000年，已有四期84名学员参加学习。从反馈信息看，学员回国后大都能找到理想的工作，有的被飞利浦等知名跨国公司聘用。1999年7月，学校与澳大利亚拉筹伯大学合作，共同开展信息应用技术和国际商务会计两个专业的联合培养，很受学生欢迎，也为学校提高办学效益、扩大国际影响作出了贡献。

第二节　拓展学术交流与合作办学

　　随着国家在不同时期对出国留学工作的侧重点和指导方针的调整，学校出国留学人员派出工作也经历了不同的发展阶段。20世纪90年代初自费出国留学成为热点，学校根据党中央支持留学、鼓励回国、来去自由的方针，制定了自费出国留学管理规定。从1996年起，国家实行新的选派办法，调整了留学人员与政府之间的权利、义务和利益关系，留学派遣工作进入了国家宏观调控，具有法制化、市场化特点的新阶段。

　　1979—1999年，学校公派出国留学人员314人，自费出国留学154人。大多数公派留学人员学成回国，其中有158人返回学校工作。随着一批批出国留学人员回校，学校对外合作与交流逐步活跃起来。仅1999年，学校派往国外短期出国访问、考察、合作研究、培训的人员共计51批76人次，出国参加国际学术会议61人次。

　　到2000年，学校已累计派出长、短期各类人员逾1300余人次，校内教学及专业人员中，已有近半数有过出国留学、进修或考察学习经历。其中，优秀知识分子已成为学校的学术带头人或教学、科研工作的中坚力量。博士生导师中留学回国人员占69.2%；担任院级领导职务的占80%，有4人先后被国家人事部授予"优秀留学回国人员"荣誉称号。[①]这支队伍对于学校的教学、科研、学科建设和管理工作发挥着积极的作用。

　　聘请国外专家来校任教、讲学、学术交流和合作研究是开展对外合作交流的主要形式，对于提高教学质量、了解国际学术动态、吸收国外最新成果、更新知识结构具有重要作用。1988年以来，学校聘请外国专家的质量和数量均有较大的提高。至2000年，已

---

① 吴德星：《在全校外事工作会议上的工作报告》，中国海洋大学档案馆藏，档号：HD-1999-WS11-3。

聘请各类外国专家1000人次以上，其中长期专家（包括外教）130人次，短期专家876人次。绝大多数应聘来校的专家都较好地完成了授课、讲学、研究、技术咨询和服务等预期任务，在学校学科建设、重点实验室建设和完成重大科技项目等方面发挥了重要作用。

20世纪80年代，学校的外专经费主要用于聘请长期语言外教，培养本校的外语教师并为部分业务教师和学生授课，这对尽快提高外语教学水平起到了积极作用。90年代，国家聘请外教政策由语言类转向理工类专家，且经费增加。同时，实行短期理工类专家聘请费用由学校、课题组共同负担的做法，以及通过争取世界银行贷款、联合国STAR和TOKTEN项目经费等，支持和鼓励各院系聘请高水平、高层次理工类专家短期来校讲学、合作研究、合作培养人才，使聘请专家人数逐年增长，效果良好。

学校利用"东方红"船和"东方红2"船先后完成与美、加、法、日、德等国有关机构合作调查黄海、渤海、东海部分海区的任务。1991年，学校首次在一年中接待三艘国外海洋考察船的来访，分别是日本长崎大学的"长崎"丸、东京水产大学的"海鹰"丸和鹿儿岛大学的"鹿儿岛"丸。中日科学家开展学术交流、参观访问和中日大学生交流联欢活动，促进彼此了解。在中德合作"渤海生态系统动力学分析与模型研究"项目支持下，1998年和1999年，中德科学家利用"东方红2"船在渤海开展了两个航次的综合调查，德国汉堡大学8名科考人员携价值40万马克的先进仪器设备用于海上观测和实验室样品分析，基于观测得到的数据和后续的模型研究结果，合作形成七篇文章以专辑形式发表。

举办国际学术会议是学校引进智力资源的重要工作。1998年以来学校主持包括"太平洋海洋遥感""海洋生物工程学进展与展望""亚太海洋教育大纲发展""浅海动力学"等有较大影响的国际学术会议20多个，国外专家、学者400余人与会并进行学术交流。仅1998年，就有来自36个国家和地区的281名外国专家参加学术交流会议，规模空前。

学校积极聘请中长期、短期等各类外国专家来校工作，他们为学校的教学科研作出突出贡献。如美国俄勒冈州立大学药学院威廉·格威克教授是国际著名的天然产物化学家，1997年与管华诗院士共同立项承担教育部外国专家重点项目"海洋酸性多糖类药物的构效关系研究"，利用美国先进的仪器设备，获得一系列重要数据，对课题的深化研究起到了推动作用。

这一时期，学校国际科技合作不断发展，承担多项政府间科技合作协议认定的国际合作项目。如中德"陆架海域环流和输运过程"（与汉堡大学合作），是引入中德政府间海洋科技合作计划的课题之一，利用两校在浅海环流研究方面的国际先进地位和各自特色，相互交流数学模型并在对方的海域进行计算验证，自1988年一直通过双方人员的互访完成年度合作任务，且内容与深度不断增加，促进学校在这一领域保持领先地位，有效解决海洋开发中的实际问题；学校还与德国特里尔大学通过原在该校获博士学位的教师从中联络，两校相关对口单位开展了教育与继续教育的国际对比分析、校园网络研究及语言学交流。政府间科技合作协议认定的国际合作项目还有中加"东中国海碳酸钙研究"（与麦杰尔大学合作）、中意"海洋光信息传输研究"（与罗马遥感中心光学研究所合作）、中俄"北太平洋流系的低频振动及其与东亚气候异常的相互作用"（与远东水文气象研究所合作）、中日"副热带环流合作调查研究"（与日本气象厅等单位合作）、中法"ERS，TOPEX/Poseidon卫星资料在西太平洋和中国海的应用研究"（与法国海洋开发研究院合作）等。后又顺利实施与德国汉堡大学合作的"渤海生态系统动力学分析与模型研究"项目，与英国水研究中心（WRC）及南安普敦大学合作的"青岛海洋大学学科发展"（海洋环境工程与海上监测）项目，与澳大利亚乌龙冈大学合作的"海洋环境管理中的科学、法律和政策"项目，以及与英国普里茅斯海洋研究所合作的"渤海生态系统动力学"项目等重大国际合作项目。至2000年，学校已实施和完成的国际科技合作项目80余个。学校不仅在近海海洋研究方面实施多项国际合作交流计划，而且面向大洋，积极参加具有全球性的由多国参加的国际海洋研究合作计划，如"热带海洋与全球大气计划"（TOGA）、"全球海洋通量研究计划"（JGOFS）。

学校在开展多项双边合作研究的同时，还将研究成果输出到国外，如世界海洋环流实验（WOCE）中国委员会副主任委员文圣常教授，委员、专家组副组长冯士筰教授，分别将他们主持完成的成果"海浪数值预报模式"和"风暴潮数值预报模式"输出到俄罗斯等国，为国家和学校争得了荣誉。

第八章
建设麦岛校区与办学条件保障

　　20世纪90年代,学校实现国家教委与山东省政府共建体制,获得重点支持并进入"211工程"建设序列,基本建设力度不断加大,办学条件得到改善。麦岛校区经过多年建设,功能基本完善,以外国语学院整建制迁入为标志,两处办学格局形成;新建3000吨级"东方红2"海洋实习调查船投入使用;办学经费和条件保障都有较大提高,为建设特色鲜明的综合性大学提供了有力支撑。

第一节　麦岛校区的建设与管理

一、选址与获批

　　1959年山东海洋学院成立时,校园占地面积为563.3亩,其中鱼山路5号院内427.5亩,阴岛路(今红岛路)以东坡地135.8亩。由于种种原因,学校部分土地被外单位占用,鱼山路5号院内除去八关山外,实际可用于建设的土地只有317亩。只能承建3000余名学生的额定用房。1982年秋,各类在校生数2000余人,校舍尚可满足办学需要。

　　1983年4月,国务院在批转教育部、国家计委《关于加速发展高等教育的报告》的通知中说:"党的十二次代表大会,把教育定为实现我国现代化的战略重点之一。……这就迫切要求加速发展高等教育,为四化建设培养和输送数量较多、质量较高的各类专门人才。……高等学校是培养专门人才的重要基地，要采取多层次、多种规格和多种形式加快高等教育的发展。……在充分挖掘学校潜力的同时，要切实保证办学条件。对加快发展高等教育所需的事业费和基建投资，要尽最大的努力给予解决。"[1]

根据这个文件精神，学校于1983年6月编制完成并上报教育部《山东海洋学院1983—1985年高等教育事业计划》，积极进行招生改革，扩大招生数额。在办学形式上，除完成国家指令性招生计划外，与用人单位加强联系，开展委托办班。在办学层次上，既招收本科生、研究生，也开始招收专科生，还举办夜大学、干部专修班。1983年招收本科生、专科生、研究生和夜大生共694人，比1982年增加了63%，成为山东海洋学院成立至1983年招生人数最多的一年。[2]1984年，为适应国家海洋开发利用事业迅速发展对人才的需求，学校进一步挖潜，除增加本科生招生数额外，又增加4个专科班，增加招生近200人；并采取计划外个人自费的办法，夜大学扩大招生69人，这样各类招生总数首次破千，达到1028人。由此，"因学生宿舍不足，除按计划对地理专修科的51人、生物专修科的20人、干训班的63人实行走读外……凡1984级有走读条件的学生一律实行走读"[3]。如此，当年包括全日制本科生在内，走读生总数达190人。

增加走读生数显然是权宜之计，就地扩建校舍又几无可能，因而要从根本上解决办学空间不足的问题，征地建设新校区成为唯一选项。1984年党委常委会对此事进行数次专题研究，学校领导对选址的考量是尽量离学校近，且靠近海，起初考虑在辛家庄一带征地，但因不符合城市规划而未果。后同青岛市有关部门多次接触后，目光投到了青岛市规划的东部麦岛高教区一带。经学校向教育部领导和有关司、局请示，并与青岛市进一步商洽，青岛市在规划的东部高教区分配给山东海洋学院用地300亩。此地块依山傍海，环境幽静，是理想的新校区选址。

1985年4月，学校正式向教育部上报《关于扩大学校发展规模和征地问题的报告》。报告提出学校发展规模为6000人，陈述的主要理由是"教育部原定我院发展规模为4000人，是在当时学校专业设置以理为主，对海洋开发利用迅速发展的新形势估计不足，以及当时毕业生分配渠道不通（畅）情况下确定的。通过试行供需见面的改革，打开了毕业生分配的渠道，特别是海洋开发利用事业迅速发展对人才的需求剧增，致使学校毕业生供不应求的矛盾日益突出。另外，学校的专业结构和办学层次已根据需要做了调整。因

---

① 教育部、国家计委：《关于加速发展高等教育的报告》，中国海洋大学档案馆藏，档号：HD-1983-JWGL-388。

② 《我院招生人数比去年增加63%》，载《山东海洋学院》1983年9月14日。

③ 《关于对84级部分学生实行走读的有关规定》，中国海洋大学档案馆藏，档号：HY-1984-XB-238。

此原定的规模已不适用新形势的要求"①。报告还就征地费用、手续等问题向教育部进行了汇报。7月1日，国家教委对此作出批复：

为适应国家海洋开发事业发展对专门人才的需要，经研究，同意你校在校学生规模，由原定4000人调整为5000人（另有委托培养学生1000人），并同意在青岛市征用土地300亩。

鉴于"七五"期间国家基本建设投资的安排不足，你校新调整的发展规模，可以延期到"八五"前期达到。

关于总规模由各类学生的构成，待进一步研究后确定。

接受委托培养学生所需的基建投资和征地费用，由委托部门负责安排解决。②

8月26日，学校在向青岛市城乡建设委员会报送的《山东海洋学院分部（麦岛新区）300亩土地使用安排意见》中提出，国家教委已同意海院发展规模扩大为6000人，"根据国家关于大学办学占地的规定，则分部（新区）300亩地仍是不足，故希望青岛市在准予为分部征地300亩的同时，考虑学校发展需用的土地"③，并恳望尽快划定用地范围，实施征地工作。在与青岛市商洽办理征地手续时，得知需办理国家教委单独批准的300亩地的计划任务书，才能正式给予划界办理征地文件。10月28日，学校上报国家教委《报请批准我院征地300亩的计划任务书》。11月22日，国家教委作出批复："原则同意你院麦岛分部学生发展规模为3000人（其中指令性计划为2000人，联合办学和委托代培1000人），争取'八五'计划期间实现。建筑面积暂定为134000 m²，基建投资以即将下达的你院总体计划任务书所确定的数字为准。请据此从速办好征地300亩的手续。"④1986年3月12日，国家教委下发《关于你院麦岛分部基建设计任务书的批复》："核定建筑面积120500 m²，总投资6260万元，其中国家投资4160万元，由委托培养学生的单位解决2100万元。"⑤根据国家教委上述两个批文，学校于4月1日向青岛市城乡建设委员会报送《申请划定我院分部建设用地范围的报告》。6月17日，青岛市城乡建设委员会通知学校："经研究，将你院安排在中韩镇王家麦岛沿湛流路以北（包括拆迁部分民房）城市总体规划的科教用地内。用地数量将根据你院分部规划的总平面图，参照国家定额核定。"⑥

7月21日至24日，青岛市城乡建设委员会邀请天津大学、南京工学院、国防科工委、

①《上报山东海洋学院总体规划任务书》，中国海洋大学档案馆藏，档号：HY-1985-XB-250。

②《关于扩大学校发展规模和征地问题的批复》，中国海洋大学档案馆藏，档号：HD-1993-JJ1312。

③《山东海洋学院分部（麦岛新区）300亩土地使用安排意见》，中国海洋大学档案馆藏，档号：HD-1993-JJ1312。

④《关于你院分部基建任务的批复》，中国海洋大学档案馆藏，档号：HD-1993-JJ1312。

⑤《关于你院麦岛分部基建设计任务书的批复》，中国海洋大学档案馆藏，档号：HD-1993-JJ1312。

⑥《关于山东海洋学院分部选点的通知》，中国海洋大学档案馆藏，档号：HD-1993-JJ1312。

海军工程局等四个单位的设计研究院和青岛市设计院，参加现场踏勘及规划设计工作会议。各设计单位普遍反映分部的定点范围属青岛市规划的高教区范围内的最好地带，但在300亩内包括职工宿舍共12万多平方米的建设项目，无论如何也安排不下。这是由于该地带为山坡地，利用系数低，特别有些海洋工程特殊项目如平面港池占地多。青岛市城乡建设委员会和有关市领导赞同上述意见，并认为海院系唯一驻青国家重点高校，从长远考虑应适当留有发展余地，决定将现有高教区中剩地约430亩悉数划给海院。[①]11月，经青岛市城乡建设委员会主持专家评委会评定，选定天津大学设计研究院的规划设计方案。

　　1987年1月，学校开始申请办理征地手续。按照征地程序要求，学校于6月同青岛市地震台签订地震台易地重建补偿协议，于9月同崂山县中韩镇王家麦岛村委签订《征地安排村民生活协议书》，同徐家麦岛村委签订《关于征地范围内的工厂、场等搬迁补偿协议书》，并经学校报批，国家教委于9月和10月先后就新校区年度投资计划和总体规划设计方案予以批复同意。11月9日和12月1日，学校又先后向崂山县人民政府和青岛市人民政府报送征地报告书。12月10日，青岛市人民政府向省政府上报《关于山东海洋学院分部建设征用土地的请示》。12月12日，山东省土地管理局发文："经研究批准……山东海洋学院因建分部，征用崂山县中韩镇王家麦岛村耕地一百五十五亩四分六厘、非耕地十亩七分二厘，徐家麦岛村耕地一百六十亩、非耕地十亩六分七厘。共计三百三十六亩八分五厘，其中市政道路占地十八亩八分三厘。"[②]该地块属一期建设用地，由于牵涉面广，加之经验不足，历时一年多才完成征地审批手续。积累了经验后，二期征用大麦岛村的土地就顺利得多。1988年11月1日，学校同中韩镇大麦岛村签订《关于征地有关问题协议书》，经县、市人民政府层层报批，12月19日，山东省土地管理局发文："经研究批准……青岛海洋大学因建设分部第二期工程，征用崂山县中韩镇大麦岛村耕地四十三亩七分七厘、非耕地七亩七分二厘，计五十一亩四分九厘。"[③]

① 关于增加分部征地面积事宜，1986年8月，学校在上报国家教委《关于山东海洋学院分部征地工作报告》中进行了说明。鉴于国家压缩基建投资，国家教委在"七五"期间基建投资十分困难，要求海院尽可能缓征在"八五"计划前期不急用的土地以减少征地投资，山东省土地管理局有关负责人也在与学校领导会面时表示，"使用土地压缩到400亩之内为宜"。1987年6月，学校向青岛市城乡建设委员会报送《关于山东海洋学院分部缓征部分用地的报告》，其中湛流路北王家麦岛村庄占地建设用地约30亩（包括民房80余套）暂不征用。
② 《关于曲阜师范大学等九个单位征用、使用土地的批复》，中国海洋大学档案馆藏，档号：HD-1993-JJ1312。
③ 《关于淄博市交通技工学校等六个单位征用土地的批复》，中国海洋大学档案馆藏，档号：HD-1993-JJ1312。

二、建设与管理

新校区建设得到国家教委和山东省、青岛市等有关方面的大力支持，为学校加快发展奠定坚实基础。

1989年11月，新校区综合楼开工建设。该工程计划投资662万元，建筑面积14319平方米。1991年11月，25000平方米的教学、科研和学生、教工生活用房已经建成，道路、挡土墙、围墙、上下水，操场、篮球场等配套工程也按施工计划进行，供暖工程年底前可实现供暖。昔日荒山野岭，沟壑乱石，已初步展现出一座现代大学的模样。

在新校区建设中，基建处干部职工克服施工条件差、难度大、时间紧以及交通不便等诸多困难，夏顶烈日，冬冒严寒，风风雨雨地在施工现场工作，不少干部和职工牺牲了休息时间甚至带病工作，保证了工程的进度和质量，得到了各方面的好评。

1991年4月，校党委研究决定，建立新校区党委，徐家振副校长兼任新校区党委书记，李耀臻任新校区党委副书记兼党委办公室主任。

1992年1月，新校区包括图书馆、教室、实验室、办公室的综合楼竣工验收。3月4日，学校举行新校区启用典礼，党委书记冉祥熙、校长施正铿为新校区启用剪彩。施正铿发表讲话说，新校区的正式启用，缓解了校舍紧张状况，改善了办学条件。[①]

从3月5日开始，管理学院、物理海洋与海洋气象、物理、工程4个院系15个班级460余名1991级学生，已在新校区正式上课。"主体建筑——图书馆大楼、可容纳3000人就餐的食堂、4幢学生和教职工宿舍楼，总建筑面积26261平方米，已竣工交付使用，与之配套的供暖、供水、供电设备也已建好。为探索教书育人、管理育人、服务育人经验，新校区对学生实行半军事化管理，制订10多项管理制度，以培养学生良好的学风，形成良好的校风。"[②]

学校在千方百计为学生的学习生活提供基本保障的同时，也积极为新校区教职工的生活排忧解难。学校决定，凡分到新校区教职工宿舍者，尚没供给液化气的一律开户供气；开设便民蔬菜供应点；迁新校区教职工的户口，落在市南区管辖的辛家庄派出所；对教职工子女入托，两校区幼儿园均可接收；对有孩子在周边上学的教职工，教职工食堂专设小学生餐桌，供应份饭，家长可预约就餐；新校区保健科医务室夜间有医生值班，提供基本医疗服务，急症病人由值班汽车送往医院就诊；凡分到新校区宿舍的教职工，待建起职工宿舍后，不受分房规定限制，仍可参与分配住房；考虑到新校区教职工宿舍暖气尚未

---

① 伯玉：《新校区启用》，载《青岛海洋大学报》1992年3月15日。
② 张彦臣：《我校发展史上的里程碑》，载《青岛海洋大学报》1992年3月15日。

开通，搬家时间可适当延长。这些为教职工办实事的措施，受到大家的欢迎。[①]

经过近一年的建设和摸索，1993年，新校区有教职工65人，学生866人，其中本科生684人，自费专科生182人。教学、生活配套设施基本得到完善，微机室、绘图室、听力室及几个实验室相继建成使用，为扩大学生规模奠定了良好的基础。

新校区对学生强化自我管理、自我教育、自我服务意识，建立起一系列规章制度和管理体系，采用半军事化管理模式，设有1个学生工作大队、4个中队以及团委、4个团总支，做到思想教育系列化、日常生活规范化、集体活动军事化、业余文体多样化。为适应半军事化管理的需要，对学生宿舍实行目标管理。一是通过大队、中队、班级和宿舍的一条线方式，层层落实目标责任制。舍长、卫生委员、中队干部、大队干部形成完整管理链条，做到上下通达，出现问题及时处理。二是加强宿舍内务卫生管理。新校区的宿舍管理人员每天坚持检查内务状况，并将成绩在黑板上公布，实现内务卫生由学生自我管理，并把内务成绩与综合测评挂钩。

1996年7月1日，新校区正式命名为青岛海洋大学麦岛校区。[②]

1996年8月26日，根据学校工作安排，经过积极筹备，外国语学院迁入麦岛校区办学，成为第一个整建制迁入的学院。9月20日，海尔经贸学院冠名仪式举行。按照协议，海尔集团出资200万元支持经贸学院大楼建设并冠名，有效期20年。这是学校与知名企业海尔集团长期合作的进一步发展，也是企校合作在青岛的新创举。海尔集团总裁张瑞敏受聘担任海尔经贸学院名誉院长。[③]

1998年8月，海尔经贸大楼交付使用，海尔经贸学院和工程学院迁入。至此，麦岛校区已有学生2500人，学校两处办学的格局形成。

2000年8月，麦岛校区学生宿舍东区4座楼共8500余平方米竣工，保证了2000级新生开学使用；后勤服务综合楼、2万余平方米经济适用住宅交付使用；教学实验楼（东组团）完成开工前准备工作；供暖锅炉更新、供暖管网改造按期完成，保证了麦岛校区师生及家属的冬季取暖。

麦岛校区投入使用，改善了办学条件，校舍紧张状况大为缓解，是这一时期学校加快发展取得的重大成就之一。麦岛校区2003年更名为浮山校区。

---

① 晓声：《校采取切实措施为分部首批教职工生活排忧解难》，载《青岛海洋大学报》1992年3月15日。

② 《关于"青岛海洋大学麦岛分部"更名为"青岛海洋大学麦岛校区"的通知》，中国海洋大学档案馆藏，档号：HD-1996-XZ11-13。

③ 《校举行"海尔经贸学院"冠名协议签字仪式》，载《青岛海洋大学报》1996年9月30日。

第二节　建造"东方红2"海洋实习调查船

"东方红"海洋实习调查船1965年投入使用。30年来共出海近300次、航程30万余海里。先后有万余名师生出海，完成了大量教学实习、科研和国防等项任务，对我国海洋科教事业及学校发展作出了重要贡献。

1988年3月，在"东方红"海洋实习调查船在航23年趋于老龄之际，为适应我国经济建设和海洋开发的需要，保持学校海上教学和海洋调查事业可持续发展，学校着手申请建造新的海洋实习调查船并成立筹备小组。其任务是，搜集国内外海洋调查船建造的有关资料，探讨拟建造船的主要性能，预估造船经费，为争取国家立项提供参考依据。学校先后于1989年10月、1991年3月呈文报国家教委关于建造第二艘海洋实习调查船的申请、建议书。1991年5月，国家教委批复，同意学校所提方案及设计技术要求，原则同意学校的立项申请，建议仍由国家安排专项拨款建造新船。

随后，学校举行新建海洋实习调查船设计技术要求座谈会、方案论证会等多个专题会议，成立了由国家海洋局北海分局局长张季栋任主任的论证委员会，并于1991年12月9日，函报国家教委《关于新建海洋实习调查船方案设计等费用的申请》。12月12日，学校接国家教委批文：经与国家计委协商，同意青岛海洋大学所提方案设计技术任务书规定的技术要求，并据此安排新建综合海洋实习调查船的技术方案论证及立项等工作。[①]

1992年7月15日，国家教委对《青岛海洋大学新建海洋实习调查船可行性研究报告》批复四点意见：一是为确保海上教学和科研的需要，并为海洋科学的发展提供先进手段，同意学校建一艘实习调查船。二是新船应为学校和其他相关高校教学实习、科研调查、开放性的海上实验室。承担陆架和世界大洋、水文、化学、生物、地质和物探多学科观测与研究，以及承担国际海洋研究合作项目。三是新船应具有科学性、先进性、实用性、经济和安全性，其设计方案应参照现代法规，在充分论证的基础上确定。四是新船费用应控制在6000万元以内（其中1500万元为仪器设备费）。9月30日，经国家教委批准，学校新建海洋实习调查船技术设计由中国船舶工业总公司708所二室承担，双方在上海正式签订了技术设计合同。

"东方红2"船基本技术参数如下：船长96米，型宽15米，型深8米，设计吃水5.5米，吨位3235吨，航区无限航区（南北纬60°以内，B级冰区加强），主机由德国Mak公司生

---

① 国家教委：《关于青岛海洋大学新建海洋实习调查船可行性研究报告的批复》，中国海洋大学档案馆藏，档号：HD-1992-SB-149。

产，双机并车可调距桨推进，功率1600 kW×2，副机由美国CATERPILLAR公司生产，功率350 kW×2+280 kW×1，导航设备由日本TKC公司生产，空调为荷兰Carrier公司中央空调，最大航速18节（双机）、14节（单机），服务航速16节（双机）、12节（单机），续航力13000海里，自给力60昼夜，甲板作业面积330平方米，房间92个，定员196人。

新建海洋实习调查船建造合同于1993年4月27日在上海中华造船厂签订。合同总造价6390.0万元，分四期，每期按总造价的25%付款，所用外汇总额度为380万美元。交船日期确定为1995年7月31日。

新建海洋实习调查船于1994年8月5日在上海中华造船厂开工。10月9日，由青岛海洋大学蒋六甲（首席代表）等组成的监造小组驻厂，负责施工设计图纸审查和监造工作。12月7日，学校在广泛征求意见的基础上，建议新建海洋实习调查船的船名为"东方红2"，理由是"东方红"海洋实习调查船已为国内外海洋科技界所熟知，具有广泛的知名度，船名应该体现连续性。1995年2月23日，国家教委批复：同意将新建综合性海洋实习调查船命名为"东方红2"。①

1995年4月，学校为解决"东方红2"船建造经费严重短缺问题，专门向国务院副总理李岚清汇报，得到李岚清副总理的支持，纾解了困难。"东方红2"船在建造过程中遇到了很多困难，最终都能一一化解，离不开党中央、国务院以及有关部门的高度重视和大力支持。

1995年7月15日，"东方红2"船在上海中华造船厂顺利下水。9月5日，中华人民共和国青岛港务监督局下发核准使用"东方红2"船名通知书。11月25日，"东方红2"船在长江口试航区和花鸟山海域试航，顺利完成了试航大纲所规定的主要测试任务。专家认为，从总体性能以及关键设备上看，"东方红2"船达到设计要求，在国内现有调查船中具有科学性、实用性、经济性和安全性，是一条先进的海洋调查船，能满足海洋调查、学生实习和国际交往的要求。②

1996年1月9日，"东方红2"船到达青岛，停靠大港码头。10日，"211工程"部门预审专家组在管华诗校长陪同下到"东方红2"船预审检查。1月15日，学校在青岛港务局码头隆重举行"东方红2"海洋实习调查船建成典礼。青岛市委常委、副市长王家瑞出席，他希望青岛市的港口、航运和船舶管理等部门，要为"东方红2"船提供良好的服务。

"东方红2"船作为海上综合流动实验室，设有15个专业实验室，总面积325平方米，

---

① 张静主编：《中国海洋大学大事记》，中国海洋大学出版社2014年版，第178页。
② 船舶处：《新船"东方红2"试航成功》，载《青岛海洋大学报》1995年12月15日。

可同时进行物理海洋、海洋气象、海洋物理、海洋化学、海洋地质、海洋生物、海洋遥感等多学科海上调查和综合研究工作，通过船舶局域网，实现各实验室航行与气象信息共享。船甲板作业面积达330平方米，并设有20英尺（1英尺=0.3048米）集装箱实验室固定装置，为海上作业和综合调查提供了充足的实验空间。学校陆续投资3000余万元，先后购置海气通量观测系统、海鸟CTD、相控阵走航ADCP、L=ADCP、浅地层剖面仪、多波束系统、流式细胞仪、营养盐自动分析仪等国际先进的水文、地质、生物、气象等海洋观测仪器；装备了3000米生物绞车、6000米水文绞车、6000米地质绞车、10000米CTD绞车及船桥监控系统、电子海图、卫星通信系统等必要的装备。

"东方红2"船在学校开启"211工程""九五"建设的关键时期服役，正逢其时，达到了"海上综合流动实验室"的建设目标，获得了一批国家"863计划"（818专项）研制的海洋监测高技术设备，并成为执行我国自行研制和开发的船用海洋监测仪器设备的海上示范试验和产品检验任务的特定船只。"东方红2"船接过"东方红"船的接力棒，承载着学校发展的历史重任，扬帆远航，继续谱写青岛海洋大学锚定特色、经略涭洋的新篇章。

第三节　办学经费与条件保障

一、多渠道筹措办学经费

1988年以来，海大人解放思想，转变观念，多渠道筹措教育经费，为学校事业发展加砖添瓦。首先，积极与企业、单位联系，争取投资和赞助。"一方面，仅靠政府拨款已不能满足学校改革、发展、创新的要求，需要获得社会特别是企业界的支持；另一方面，学校通过帮助企业培养创新人才，或者直接参与技术创新，以创新工作使得企业获得更大的效益。这种校企相互交叉的支持和发展，也正是世界许多国家正在采取的有效方式和方法。"[1]同时，对必须保留的长线专业，采取隔年招生办法，以降低培养成本，提高办学效益。先后争取到世界银行贷款540万美元，陆续增添一批现代化的仪器设备，使教学和科研条件得到进一步改善，办学水平和效益大大提高。1992年，通过多渠道参与科研项目竞争，学校科研经费有了大幅度的增长，达到1077.7万元，师均科研经费居委属高校前列，在研项目有260多项。

1993年12月，学校出台《关于加强经济工作的意见》，强调，经济工作是新时期高校

---

[1] 李建平、魏世江、陈鷟主编：《管华诗教育文集》，中国海洋大学出版社2007年版，第256页。

工作的重要组成部分，是学校上水平、上层次，提高综合实力的必备条件和重要标志之一；转变计划经济体制下"一切都由国家包"的观念，树立"该包的包，不该包的就坚决不包"的观念；转变不算经济账，不讲经济效益的观念，牢固树立社会效益和经济效益并重的观念；转变等、靠、要的观念，树立自己创和实行多方集资并举的观念；要搞好科技创收，增加科研经费来源等。把加强经济工作，多渠道筹措办学经费摆上了更加重要的位置。

这一时期，学校依托国家海洋药物工程技术研究中心及基地优势学科、重点实验室，着重抓好加强海洋药物科研成果转化、开发海洋资源化学、工业废水和固体废料的回收再用、与地方联合办厂及开发鲁北"地下碘泉"等科技产业增加经费来源，同时，充分发挥青岛作为旅游港口城市的优势，抓好学校周边第三产业开发，为学校的发展提供财力支持。

对处理国家投入与多渠道筹措资金的关系，学校领导层有着清醒的认识。校长管华诗认为："随着市场经济体制的确立和教育体制改革的深入，学校办学单靠国家投入既不现实，也难有大的发展前途。在处理这个关系时，我们一靠国家、二靠自己、三靠社会和朋友。一靠国家。1993年国家教委直属的36所高校事业拨款为12.82亿元，加上预算外收入，共35.64亿元，这个数字不如美国有些大学的研究开发经费一项，如约翰·霍普金斯大学7.5亿美元。二靠自己。要实现学校发展有较大的自主权，必须在经济上自己有主宰权，靠学科优势、地理优势、政策优势发展自己，这是实现'211工程'建设目标的基础。三靠社会、朋友。利用学校整体优势，广交朋友、包括国际朋友，以此来求得多方支持，拓宽办学渠道。各单位的发展、投入也要按此精神统筹安排。"[①]

学校积极促成国家教委和山东省人民政府共建青岛海大；与有关科研单位实行资源、人才共享，条件、优势互补，联合建立海洋科学研究生教育中心；建立经贸学院董事会等，多渠道筹措经费。有计划、有重点地发展校办产业，融科研、生产、经营、服务、教育等多功能于一体，促进教学、科研及科技成果商品化、产业化，广辟财源，用以支持学校改革和发展。

1997年6月，在国家教委、青岛市政府的大力支持下，学校与青岛裕源集团公司就国家教委青岛学术中心土地出让达成协议，出让金为1.05亿元人民币。在呈报教育部《关于学术中心土地出让情况及其出让金使用意见的报告》中，建议出让金主要用于学校的麦岛校

---

① 李建平、魏世江、陈鹥主编：《管华诗教育文集》，中国海洋大学出版社2007年版，第61页。

区、"211工程"和"人才工程"的基建项目、教职工宿舍供暖、海洋科技综合大楼等项目建设，以改善学校的办学条件。11月国家教委批复，同意学校留用大部分出让金。

12月18日，青岛阜康集团公司出资200万元人民币作为奖励基金，其利息用于奖励学校海洋药物研究和语言文化交流，第一期暂定四年。

1998年8月，学校在教育部世界银行贷款"高等教育发展"项目中获得贷款210万美元，用于本科教育中物理、化学与环境化学、生物学与环境生态、电子与电工等基础实验室建设。

客观地说，改革开放以来青岛海洋大学所取得的一系列成绩，在很大程度上得益于国家、山东省及青岛市的投入与支持。但海大人在改革和发展的实践中深深地认识到，要提高办学水平和办学效益，仅仅依靠政府投入是不够的。这一时期，学校改革办学体制，充分利用社会资源，积极拓宽投资渠道，走出了一条以国家财政拨款为主，辅以走共建联合办学、承接委托科研项目、开展对外教学科研服务、发展校办产业、接受捐资助学、建立学校基金等多渠道筹措办学经费的新路子，学校的财政状况有了很大改善。

二、图书、档案和出版工作

（一）图书工作

高校图书馆是学校的文献信息中心，是教学科研的重要组成部分，是学科重点建设的公共支撑体系。学校十分重视文献资源建设，至1991年，图书馆借阅量达到183317册，远远超过国家教委评估指标的人均值。国际赠书转运工作由1989、1990两年只收到一个集装箱，到1991年接收五个集装箱，由此产生的收入进一步支持了图书馆建设；开始按照《中国图书分类法》进行编目，在标准化、正规化方面迈出重要一步。文献检索已拥有检索专用微机系统，具备了国际联机情报检索、脱机光盘检索和磁盘脱机检索的能力，使图书馆初步具有了现代学术图书馆所必备的检索功能。

1992年4月，图书馆通过国家教委高校图书馆办馆水平评估，对推动图书馆发展起到了积极作用。1998年，学校投入和图书馆自筹经费达到184万元，创历史新高。建成电子阅览室，实现局域网数据库检索查询免费开放。率先在全校建成校园网图书馆主页，建成本馆馆藏部分期刊数据库，麦岛校区图书馆建成418座位自修室、大型教师资料室，开架藏书超过10万册，购入新书万余册。[①]图书馆1988年与1998年部分数据对比见表7-7。

---

① 图书馆：《图书馆1998年工作总结》，中国海洋大学档案馆藏，档号：HD-1998-XZ16-1。

表 7-7 青岛海洋大学图书馆 1988 年与 1998 年部分数据对比

内容	1988年	1998年
正式职工	54人	67人
高级职称	3人	12人
中级职称	14人	18人
初级职称	6人	18人
文献购置费	364052元	1273060元
建筑面积	6500 m^2	15600 m^2
开架图书	40000册	345678册
开架现刊	1250种	1522种
阅览座位	950个	1452个
校内读者	192233人/次	665400人/次

资料来源：据校图书馆《高等学校图书馆统计表》（1988年）、《图书馆、校舍情况统计表》（1988年）、《图书馆、文献中心等情况调查表》（1988年）、《图书馆1998年工作总结》等整理。

2000年，引进《清华中文学术期刊》《重庆电子科技期刊》《人大复印资料电子版》等资料，数据涵盖近10年各学科近万种期刊的上千万篇文章全文，全校师生可通过校园网方便、快捷、免费查阅。与清华大学等一起集团购置11177种国外刊原文和北美1000所大学硕士、博士论文的网上资源使用权，供全校师生随时上网查阅。建成麦岛校区、鱼山校区两个图书馆电子阅览室，对师生免费开放。读者使用计算机可查阅所有数字图书资源，也可学习外语和上网。[①]

（二）档案工作

1987年9月《中华人民共和国档案法》（简称《档案法》）颁布实施。1988年10月，国家教委召开委属高校档案工作会议，部署贯彻《档案法》工作。1989年10月，《普通高等学校档案管理办法》（简称"六号令"）发布施行。施正铿校长在一次主持全校专兼职档案工作人员学习会上指出："档案工作是办好学校的重要基础，可我们过去在某种程度上存在着重视不够，有得过且过的思想。从现在起，全校要认真贯彻《档案法》和教委'六号令'，明确档案工作在学校工作中的地位与作用，要在有关政策方面对档案工作事事落实、件件兑现，制度要完善，管理要严格，不断提高队伍素质，以期达到'六号令'的

[①] 图书馆：《图书馆2000年工作总结》，中国海洋大学档案馆藏，档号：HD-2000-XZ16-1。

要求。"①

1989年，学校在已有科技档案室的基础上建立综合档案室（副处级），编制由原来的3人增加到6人，管理学校除人事、财会档案外的全部档案。发动全校力量，对各单位历年积存的文书档案材料进行一次全面清理归卷。②在原有档案门类的基础上，增加教学、声像、人物等新的档案门类，由库存量不足万卷骤增至数万卷。库房面积由原100余平方米增加一倍多，配备复印机、微机、去湿机等，为档案的管理及利用创造了较好的条件。按照《档案法》、"六号令"的要求，学校档案工作由校长直接领导，校长办公室主任分管。学校各部门、各单位也确定了档案工作分管负责人及兼职档案员，形成由120余人组成的档案工作网络。整理、修订、新建规章制度20余种，基本上理顺了管理和运行机制。

1995年7月，青岛海洋大学设立档案馆，正处级建制。实行按职能分工管理，改变过去业务工作缺乏连续性和整体性的弊端，提高了工作效率和服务水平。1997年，制定《青岛海洋大学档案管理办法》，修订档案借阅、保密、库房管理诸项规章制度，档案工作的制度化取得进展。

1999年，档案馆被国家档案局确定为国家科技事业单位二级馆。

（三）出版工作

1988年3月，学校以更名为契机，向国家教委提出建立青岛海洋大学出版社的报告。1989年4月，新闻出版署发文：经研究，同意成立青岛海洋大学出版社。该出版社要为教学和科技服务，立足本校，发挥自己的优势和特色，出版范围包括教材和本校教师的科研著作。并要求学校加强领导，配备符合条件的专职编辑人员，建立健全的编辑、出版机构及相应的印刷生产能力，注意提高出书质量，办出特色。③

1989年5月，经中国ISBN中心分配，青岛海洋大学出版社出版者前缀号为"ISBN 7-81026"④。

出版社成立当年，出版图书11种，其中教材4种、专著及其他图书7种。效率、质量均居当年同批新建的全国高校出版社前列，得到国家教委和有关部门的好评。在1990年的出版计划中，列选图书86种。其中教材和学术著作占83.7%（本校教师编写的教材著作44种，占总数的52%），其他图书占16.3%，特别是《中国海洋文库丛书》《物理海洋学丛

---

① 《关于我校贯彻国家教委6号令的情况汇报》，中国海洋大学档案馆藏，档号：HD-1991-XB-316。
② 《关于对历年积存文书档案材料进行清理工作的通知》，中国海洋大学档案馆藏，档号：HD-1989-XB-295。
③ 新闻出版署：《同意成立青岛海洋大学出版社》〔89〕新出图字第366号，中国海洋大学档案馆藏，档号：HD-1989-CB11-2。
④ 新闻出版署：《关于分配中国标准书号的通知》〔88〕新出标字第122号，中国海洋大学档案馆藏，档号：HD-1989-CB11-2。

书》《海水养殖丛书》《青少年海洋百科知识丛书》《青岛作家丛书》等5套丛书的选题计划、得到国家教委和山东省出版局的肯定。出版社先后制定并完善《领导体制及机构设置》《岗位责任制》《稿件处理流程》《办公室收文发文登记制度》《党政例会制度》《出版社财务管理办法》《印刷厂厂长负责全员承包暂行办法》等规章制度，建立起全国高校出版社图书代办站、读者服务部，以及由校内外10余名专家组成的特聘编辑队伍，使出版工作逐渐走向正轨。1996年出版各类图书共60种，编校质量、印刷质量显著提高。出版社成立社委会，成立图书质量检查小组，同时在原有规章制度的基础上，重点对三审三校作出规定，出台编辑目标管理办法。多种举措促进图书质量提升，有近20种图书在各级评奖活动中获奖。[1]

1999—2000年，出版社按照海洋、教育、外语三个重点板块带动一般图书的思路，积极进行选题策划，共出版新版图书214种，其中教材、教学参考书和专著120种，约占新版图书的60%；重印书86种；总印数138万余册；库存码洋976.68万元；销售收入1358万元；实现利润总额292万元；全社资产总额达到658万元。[2]近20部教材和学术专著获得国家、省部级优秀教材奖、图书奖。

经过11年发展，出版社至2000年拥有职工30人，其中专职编辑达20人。编辑队伍专业结构、职称结构、年龄结构基本合理，其中副高级职称以上编辑人员11人，占编辑人员总数的50%以上。同时，出版社已具备与规模、业务需要相适应的保证资金，为后来的发展奠定了基础。

三、实验室（研究室）建设

1988年，学校利用世界银行贷款100万美元，购进一台具有世界先进水平的4381型计算机，为教学科研工作提供了优良条件。[3]

1991年6月，学校"八五"事业计划和十年规划提出，对全校实验室用房进行承担任务量、承担任务类别和环境条件的普查，整顿实验室用房不合理的问题，建立有效的使用制度。对承担基础课实验任务的实验室使用仪器设备状况进行调整，从财力上保证基础课实验教学所必需的仪器设备，重点开展好听力、语言、普通物理和化学等公共基础课实验室建设，使之达到国内先进水平。利用世界银行贷款的条件，建立校管微机室。加强

---

①《1997年出版社工作总结》，中国海洋大学档案馆藏，档号：HD-1997-CB11-2。

②《青岛海洋大学出版社年检情况调查表》，中国海洋大学档案馆藏，档号：HD-2000-CB11-4。

③ 文川：《落实十三大精神的实际步骤》，载《山东海洋学院报》1988年1月10日。

对计算中心、测试中心、电教中心的管理，使之为教学提供良好的服务。

1994年，学校有物理海洋、水产养殖和海洋遥感信息3个国家教委开放实验室，4个山东省重点实验室，10个研究所和90多个教学与科研相结合、具有不同专业特点的实验室，仪器设备总价值4600万元；1个国家海洋药物工程中心，1艘"东方红"海洋实习调查船。另外，还有20多个校外实习基地，实行教学、科研、生产三结合，保证了教学、科研水平的不断提高。[①]

1996年4月，学校公布首批12个"九五"校级重点实验室（表7-8）：[②]

表7-8 青岛海洋大学首批"九五"校级重点实验室

序号	实验室名称	主要单位
1	海洋调查与监测	海洋环境学院
2	海洋生态动力学	海洋生命学院
3	近海工程与环境	工程学院
4	海洋腐蚀工程	海洋化学系
5	光学光电子	技术科学学院
6	超微颗粒制备	工程学院
7	海洋渔业	水产学院
8	海洋气象	海洋环境学院
9	计算机海洋信息	技术科学学院
10	海洋生物地球化学（与青岛市共建）	海洋化学系
11	海洋开发环境工程（与青岛市共建）	海洋环境学院
12	石油与工程技术（与青岛市共建）	海洋地球科学学院

学校十分重视学生的实验实践活动，不断更新仪器设备，有条件的院系开设开放实验室，对学生实践能力的培养起到重要作用。1998年起，学校本着资源共享、提高效益的原则，对教学实验室管理体制进一步进行改革，将原设置的30个教学实验室调整为13个，并实现了校、院（系）两级管理的体制。

随着教学手段的不断改善，实验室建设有了新的进展。各院系在教学改革、专业和课

---

① 李建平、魏世江、陈鹭主编：《管华诗教育文集》，中国海洋大学出版社2007年版，第22、24页。

② 《"九五"校级重点学科和重点实验室》，中国海洋大学档案馆藏，档号：HD-1996-XZ11-13。

程建设中都很重视现代化教学手段的运用，部分院系建设多媒体教室和实验室，自行研制一批多媒体课件。学校重点建设多功能教室和远程教室，开始了远程教育网的建设。

1999年4月，山东省教委专家组对列入山东省"八五"重点建设计划的环境科学、海洋气象学、海洋化学、海洋地质学、海洋物理学5个学科，海洋药物、海洋生物工程、电子信息系统、海洋物理化学等4个实验室进行验收。9个项目除电子信息系统实验室为合格外，其余均为优秀。9个项目分别被授予山东省重点学科和山东省重点实验室。另外，基础课教学实验室通过山东省教委复评，共评出物理、基础化学、生物基础、机电工程、养殖基础和地质基础教学实验室6个一类实验室；电子技术、流体力学、土木工程和食品科学基础实验室4个二类实验室，对加强实验教学、实施素质教育起到积极的促进作用。

至2000年，学校有教学科研仪器设备价值近10亿元，其中单价10万元以上的大型仪器设备近千台件，价值近亿元。为促进大型仪器设备资源的优化配置，提高使用效益，学校建立大型仪器设备开放共用管理体系，面向校内外开放共享。学校是重大科研基础设施和大型科研仪器国家网络管理平台、教育部高等学校仪器设备和优质资源共享系统（CERS）、山东省大型科学仪器设备协作共用网、青岛市大型科学仪器设备资源共享服务平台的成员单位。

2000年，"东方红2"船在参与国家"863计划"海洋领域海洋监测技术——"船用海洋监测高技术集成和示范试验"竞标中中标，得到价值近1000万元的具有国际先进水平的海洋调查与监测仪器设备，进一步增强了该船海洋调查与监测的能力。

第四节　基本建设

一、加大基建力度

资料显示，1978—1992年，学校共完成基建投资7668万元，其中国拨投资6893万元、自筹资金525万元，以及香港慈善家邵逸夫赠款项目200万港币。平均每年完成基建投资539.8万元。学校所得到的国拨基建费按学生人数的平均值，在国家教委36所直属院校中名列前茅。[1]

1992年学校实际完成国拨投资683万元，比年初计划数增加27万元。新增校舍122174平方米，比1979年前增加158%，其中教工住宅增加50596平方米、845套住房，比1979年以

---

[1] 基建处：《1993年副处以上干部会发言稿》，中国海洋大学档案馆藏，档号：HD-1993-JJ11-43。

前增加303%，平均每年增加60余户，教职工住房条件有了比较大的改善。鱼山校区新教学楼、图书馆、电教楼、测试中心、计算机房、物理海洋实验室，新建学生食堂、教工食堂相继投入使用。新校区建设不到3年初具规模，综合楼、学生食堂、宿舍等近30000平方米的建筑投入使用，对学校的发展起到重要作用。造型美观，设备先进，功能齐全的3700余平方米的邵逸夫赠款工程——海洋科技馆建成。鱼山校区有了带看台的田径场，新校区建了操场和球场等，校园环境得到优化，水电暖等设施不断完善，教学科研和广大师生的学习工作生活条件得到改善。[1]

资料显示，这一时期基建工作任务繁重。1992年麦岛校区建成，共新建教学、科研、实验用房27000多平方米，新建教工住宅41000多平方米，新建学生宿舍10000多平方米，新建其他用房6900平方米。[2]

学校进一步加强用招投标的办法选择施工队伍，加强工程项目审计，深入市场掌控议价材料价格，严格工程量签证和工程变更签证制度等，基建工程效益和质量上了一个新的台阶。1996年国家下达的基建投资计划总计1407万元，完成总投资额的100%。国拨计划是1035万元，其中建安工程投资502万元，建造"东方红2"船投资500万元，交通车购置费19万元，其他基建投资11万元，预备项目投资3万元；自筹投资计划372万元，其中红岛路宿舍投资61万元，麦岛校区教工住宅投资175万元，麦岛校区正门投资100万元，其他工程投资36万元。总施工面积15121平方米，竣工面积10679平方米，其中教工住宅竣工面积8651平方米，交付的所有工程经市、区质检站评定全部为优良工程。[3]

资料显示，1997—2000年，学校投资建设了校园网初期工程、办公自动化、校内电话模块局、"2110"报警联动服务系统等。[4]共投资5300万元，建设职工住宅、学生宿舍、教学楼等共3.4万平方米，为部分教职工解决了宿舍冬季取暖问题。

二、实施"解困工程"和"温暖工程"

1."解困工程"。资料显示，1990年底，全校在职教职工中，无房户304户（包括现住非正式规划住宅的住户），住房严重拥挤户186户（不包括副教授以上的96户困难户）。另外，1991—1994年全校因自然减员需补充新教职工240人（每年60人），按60%需分配

① 基建处：《1993年副处以上干部会发言稿》，中国海洋大学档案馆藏，档号：HD-1993-JJ11-43。
② 李建平、魏世江、陈鹭主编：《管华诗教育文集》，中国海洋大学出版社2007年版，第30页。
③ 基建处：《1996年工作总结》，中国海洋大学档案馆藏，档号：HD-1996-JJ11-4。
④ 李建平、魏世江、陈鹭主编：《管华诗教育文集》，中国海洋大学出版社2007年版，第238页。

住房计为144户。1992—1994年共需解决无房户、住房严重拥挤户528户，需建教职工住宅面积约27970平方米（副教授以上96户拥挤户，调剂解决）。

为了解决这些职工的住房困难，1991年底，学校向国家教委报送《青岛海洋大学1992—1994年缓解教职工住房困难计划》，提出了三年基本解决教职工住房困难的目标（表7-9）。

表7-9　缓解教职工住房困难计划表（单位：平方米、万元）

年份	教职工住宅建筑面积	解困户数	需要投资	资金来源		
				国拨	自筹	集资
1992	8940	170	515	410	75	30
1993	9610	184	563	403	60	100
1994	9420	174	533	398	65	70
合计	27970	528	1611	1211	200	200

资料来源：根据《青岛海洋大学1992—1994年缓解教职工住房困难计划》（91）海大基字12号整理。

为确保该计划的如期实现，学校党政领导视其为一项政治任务。一是确保国家正常基建投资的50%～60%用于住房建设，并千方百计抓好自筹投资和集资的落实。二是职工住宅以建一、二类房为主，控制三类房，不建四类房；一类房的建设实行多功能、小体量。三是加强对现有住房的管理，制定措施和管理办法，使住房得到合理使用。四是收取住房保证金，这是集资建住房的重要措施，按照教委的文件精神，旧房、新房的保证金30元～50元每平方米，一次或分期收取。五是完善住房分配办法，分配住房必须与集资、保证金等挂钩。[①]

1992年，学校"解困工程"自筹资金85万元，比计划75万元超额13%；麦岛校区单身教工宿舍完成101万元，教工住宅完成62万元；全年用于住宅建设以及为住宅配套工程配套费共计294万元，占学校国拨投资的47%。自筹建设住房进度较快，为保证1993年投入使用打下基础。也因此，国家教委在1993年国拨经费中特别奖励学校26万元。

1993年，建成并交付使用教工住宅6750平方米，共120户；1994年，交付使用两幢教工住宅，建筑面积4200平方米，共72户（套二）。

---

① 《关于报送缓解教职工住房困难计划的文》，中国海洋大学档案馆藏，档案号：HD-1991-JJ11-43。

　　"解困工程"的实施，大大缓解了教职工住房紧张的困境，极大地调动了广大教职工的工作积极性，为学校跻身"211工程"增添了巨大动力。"解困工程"积累的经验，为以后的发展增强了信心。

　　2."温暖工程"。与"解困工程"相继实施的还有"温暖工程"。被称为"老后勤"的时任校长助理邹积明回忆起这段往事时，仍感慨不已：

　　20世纪90年代，我从麦岛校区调到总务处工作。当时正是改革开放初期，学校和院系工作蒸蒸日上，日新月异。相应地，改革和发展也给学校的财政带来很大压力，总务处的经费很长一段时间存在较大缺口。

　　总务工作千头万绪，做好教职工的服务是保证教学和科研工作的重要方面。当时在教职工中反映比较强烈的问题，是希望学校能帮助解决住房漏雨问题。因为住的是楼房，各家各户没有能力维修，这些住房又是校产房，学校有责任帮助解决这个问题。总务处把此事作为专题向学校领导作了汇报。学校领导非常重视，在经费紧张的情况下，同意总务处在年度维修经费中列支专项，逐年加以解决。并提出要作为"温暖工程""民心工程"，好事办好。

　　总务处根据教职工反映和实地考察，规划了维修方案。从1996年起对红岛路47、49、51、53号楼，安排整个楼顶的全面整修。包括换瓦、楼顶屋架、楼顶飘窗，能够想到的、可以做到的都作了安排。为了把好事做好，要求施工单位全面做好安全工作，要求修配厂领导做好各方面的协调工作，把施工中出现的问题及时解决，尽量做到让住户满意。

　　鱼山路14号院的修缮比较复杂，因为它的2、3号楼坐落在小山坡上，院子比较狭窄。如果采用通常扎脚手架的方法，会给住户带来更多的不方便。经修配厂领导与施工方协商，采用吊车运送施工材料的方案，使住户在施工期间能方便出入，保障了工程施工和住户生活两不误。

　　鱼山路36号是德式建筑，坐落在青岛风貌保护区内，青岛市要求必须修旧如旧。针对屋顶的舌形瓦是特殊建筑材料，许多厂家不再生产，修配厂领导与多家厂商联系，终于找到能生产的厂家，根据需求定了货，保证了维修的需要。针对36号院楼内地板因多年失修，多处出现主梁断裂的情况，总务处心系住户，加大工作量，一并给予妥善维修。①

　　"温暖工程"的实施，解决了这部分教职工的后顾之忧，受到普遍称赞，成为真正的"民心工程"。

－－－－－－－－－－

① 《邹积明关于20世纪90年代学校在红岛路鱼山路实施"温暖工程"工作的回顾》，中国海洋大学档案馆藏，档号：HD-2022-XZ18-C-0049。

第九章
党的建设和思想政治工作

　　党的建设和思想政治工作是学校事业发展的政治动力和根本保障。培养德才兼备、全面发展的人才，是大学教育的要义，也是大学作为教育机构存在的唯一理由。学校历届党政领导班子以马列主义、毛泽东思想、邓小平理论为指导，密切结合教育改革和学校实际，不断加强和改进党的建设和思想政治工作，不断提升思想政治工作质量和水平，保障了学校坚持社会主义办学方向，切实肩负起培养社会主义事业建设者和接班人的根本任务和历史使命。

第一节　党建工作

一、学校领导班子建设

　　资料显示，1988年3月11日，校党委召开常委民主生活会，总结党政工作，检查工作上、思想上、作风上的不足，开展批评与自我批评，研究加快改革的措施。党委常委冉祥熙、施正铿、王滋然、秦启仁、徐家振、王元忠、蔡国楷认为，回顾过去进步不小，横向比较差距很大，展望未来任重道远。大家深刻检查了自身存在的诸如思想还不够解放、学校长远发展战略研究不够、从严治党和对党员教育与管理措施不够得力、工作作风不够深入等问题，表示要在今后工作中密切结合学校实际，深入学习贯彻党的十三大精神，努力加强自身建设，不断改进工作作风，带领师生员工投身改革，使学校各项工作取得新的进展。①坚持民主生活会制度，提高生活会质量，是青岛海洋大学党委加强领导班子自身建设长期保持的良好传统，为基层党组织和中层干部作出了表率。

1990年7月，中共中央发布《关于加强高等学校党的建设的通知》，强调高等学校实行党委领导下的校长负责制，党委应以主要精力研究学校的重大方针、政策问题，加强党的建设和思想政治工作，支持行政领导充分行使职权，力戒包揽行政事务。学校党委就此提出进一步加强领导班子建设的意见：要继续实行和进一步完善党委领导下的校长负责制，既要保证党委对全局工作的集体领导，又要保证校长和各级行政部门行使职权，党政密切配合，共同做好工作；对学校重大行政工作，由党委集体讨论决定；进一步抓好思想建设，提高领导班子的政治理论水平，增强领导班子的凝聚力和战斗力；坚持民主集中制，增强团结；进一步加强党风和廉政建设；进一步加强后备干部队伍建设。②

1991年3月，校党委制定《关于校级党政领导干部深入师生员工做好工作的规定》，就进一步加强校级党政领导干部同师生员工的联系作出11项规定，包括每周至少两个半天深入基层、每学期都要有计划地召开座谈会和参与师生活动、深入课堂听课、坚持周三接待师生来访日制度、建立走访师生员工宿舍和食堂制度、加强与分管工作口的指导、关心支持群众团体工作、通过多种形式及时听取和处理师生意见建议、与教职员工一起参加劳动、抓好检查督促把工作落到实处等。

多年来，学校领导班子成员坚持党委中心组学习，积极参加上级组织的脱产理论培训，提高了领导班子观察、分析和解决问题的能力，党委在重大问题的决策上保持清醒的头脑，起到了领导核心、政治核心和团结核心的作用。

学校党委十分重视校级领导班子的思想建设、作风建设、组织建设和制度建设。思想建设上，重视加强全心全意为人民服务和勤政廉政的教育；作风建设上，重视密切联系群众，把师生放在心中最高位置；组织建设上，特别注重民主集中制的全面贯彻；制度建设上，先后制定《青岛海洋大学党委（常委）议事规则》《青岛海洋大学重要决策执行情况督查工作规则》《党政领导干部党风廉政建设责任制》《中共青岛海洋大学委员会全体会议（常务委员会）议事规则》《中共青岛海洋大学委员会关于几项重要制度的规定》等，并做到率先垂范。

---

① 《校党委召开民主生活会》，载《青岛海洋大学》1988年4月9日。
② 资料来源：党委1993年度发文汇编（《中共青岛海洋大学委员会关于贯彻落实1993年高校党建会议的意见》）。

2000年5月开始，按照中共中央、教育部党组和山东省委高校工委的部署，学校领导班子和117名处级以上党员领导干部，开展了以"讲学习、讲政治、讲正气"为主要内容的党性党风教育。通过"三讲"教育，全校领导干部接受了一次系统而深刻的党性和党风教育，校领导班子的政治思想、理论水平有了新的提高，精神面貌更加振奋，工作干劲更加高昂，收到了坚定理想信念、开拓世界眼光、培养战略思维、增强大局意识、提高党性修养的效果，为学校加强和改进党的建设、促进学校改革发展起到了积极的作用。根据《中共青岛海洋大学委员会领导班子"三讲"教育整改方案》，党委对《中共青岛海洋大学委员会关于几项重要制度的规定》进行了修改完善，对加强党委常委自身建设提出了更高、更严格的要求。[①]

青岛海洋大学自1993—2000年，连续8年被评为山东省党的建设和思想政治工作先进高校，并荣获山东省思想政治工作创新奖，党委副书记王滋然被评为全国优秀教育工作者。

图7-9　1993—2000年学校连续获得山东省高校党建和思想政治工作先进高校

二、党员教育与干部队伍建设

这一时期，尤其是经过1989年春夏之交的政治风波，学校高度重视党的建设和思想政治工作，深入持久地组织师生员工学习邓小平理论，用正确的理论武装人。坚持"三项学习制度"，即校党委中心组两周一次学习制度，院党总支中心组两周一次学习制度，教工隔周半日学习制度。学习内容突出"五结合"，即与学习马列主义、毛泽东思想、邓小平理论相结合，与学习党的基本路线、方针政策相结合，与学习现代科学文化知识相结合，与学校的中心工作和本部门的工作实际相结合，与个人的思想工作实际相结合。发挥党校的教育阵地作用，分层次、有重点、分期分批举办以邓小平理论为主要内容的党政干部、骨干教师理论学习班以及党的基本知识培训班，收到了良好的效果。

为抓好党员教育工作，努力提高党员和入党积极分子的政治素质，学校党委于1988年创办业余党校，党委书记冉祥熙兼任党校校长。党校的主要任务是对党员和入党积极分子进行党的基本知识、基本理论教育，举办党员干部理论学习班、专题研讨班等，旨在加强学校党的思想建设和组织建设，更好地发挥党员的先锋模范作用和党组织的战斗堡

---

① 《中共青岛海洋大学委员会关于几项重要制度的规定》，中国海洋大学档案馆藏，档号：HD-2000-DQ11-4。

垒作用。1990年9月，中共青岛海洋大学业余党校更名为中共青岛海洋大学党校。党校逐步形成了自己的办学特点，做到了加强计划性、增强针对性、突出党性；教育内容系统化、教育形式多样化、党员培训正规化、党校管理规范化。至2000年，党校举办多种不同类型、不同层次和不同内容的学习班36期，共培训党员、干部、教师和入党积极分子学员2000余人。由于成绩突出，党校被评为青岛市一级党校、先进基层党校等，青岛市委还在青岛海洋大学召开经验推广现场会。

1990年6月12日至7月21日，根据中共中央组织部关于要按照从严治党的方针，认真进行做合格共产党员的教育，在部分单位进行一次党员重新登记的要求和山东省委的部署，全校开展党员重新登记工作。839名党员获准重新登记，3名预备党员被取消预备资格，1名预备党员延长预备期，6名党员不予登记或暂缓登记。通过重新登记，每个党员重温党章和党纲，对照党员和干部标准，普遍接受坚持四项基本原则、反对资产阶级自由化的教育，坚定了走社会主义道路的信念。党支部作用得到较好发挥，批评与自我批评的传统得到恢复和发扬。

学校党委1991年着重抓党员的政治学习和党员组织生活会的纪律。10月，制定《关于处级以上干部马克思主义理论学习、培训工作的意见》。党校举办江泽民总书记"七一"讲话学习班、"反和平演变"理论研讨班、《关于社会主义若干问题学习纲要》学习班、党的基本知识学习班等不同类型、不同层次的学习研讨班，党委主要负责同志多次作辅导报告，校党政领导与学员一起参加讨论，学员普遍反映收效较大。当年培训干部234人次、教师144人次、党员301人次、入党积极分子161人。加上1989、1990年的培训，3年对全校党员、干部普遍轮训了一遍，有的还参加过多次学习。校党委制定《政治辅导员工作条例》和《考核实施意见》，对政工干部加强了社会实践锻炼，如到部队当兵、到工厂当工人、到农村参加社会主义思想教育等。注重加强以党员为主体的教师队伍建设，精心组织副教授以上党员和青年教师参加《关于社会主义若干问题学习纲要》培训，使他们坚定社会主义信念。加强对院、系两级学生学习马克思主义理论和毛主席著作中心组的指导，积极组织他们参加社会实践活动等，中心组成员逐步扩大，要求入党和吸收入党的人数逐步增多，在学生中起到了骨干带头作用。

在加强党员教育和干部队伍建设中，校党委重点抓了院、系领导班子的思想建设、作风建设和制度建设。建立领导班子的学习制度，坚持开好民主生活会，出台《关于加强校处级后备干部工作的意见》，选送后备干部到国家高级教育行政学院和山东省委党校学习培训，加强考核以及对新任命正、副处级干部实行一年试用期制度等。

　　1993年11月，学校党委提出在部分党政管理干部中确定行政职务的实施意见，主要针对部分任职年限较长、贡献较大、已具备承担高一级职务的能力和水平，由于领导岗位职数所限且已超过晋升高一级职务的年龄，而未能晋升的干部。[①]该意见对调动党政管理干部的工作积极性起到积极作用。

　　1994年9月，学校党委出台《关于加强党员干部学习的意见》，强调全校党员干部系统深入地学习建设有中国特色社会主义理论，学习社会主义市场经济理论和基本知识，学习现代科学技术知识，是一项政治任务，是党的干部队伍建设的一项基础性工作。各级党组织要高度重视，周密安排，精心组织，切实抓好。党员领导干部要率先垂范，带头学习，力求学得多一点，学得深一点，学得好一点。全校党员干部都要努力用建设有中国特色社会主义理论和现代科学技术知识武装头脑，指导工作，推进学校的改革和发展。[②]1997年5月，校党委发文成立青岛海洋大学邓小平理论研究会，党委副书记李耀臻兼任会长。研究会成立以后，举行八期研讨活动，有力地推动邓小平理论的深入学习，并带动学生在全国高校率先成立了大学生邓小平理论学习研究会，在全校兴起学习邓小平理论的热潮。

　　1996年，学校干部队伍中处级干部284人，其中党政干部147人、业务干部117人。他们政治素质好、工作热情高，有一定的组织和管理能力，在学校重大工作尤其是校园文明建设和迎接"211工程"部门预审中，拼搏奉献，带头苦干，圆满完成任务，经受住了考验。

　　在此期间，学校党委先后制定《青岛海洋大学关于加强干部队伍建设的意见》和《干部职业道德规范》；建立健全了各种会议制度；认真坚持"三会一课"制度，民主评议党员工作取得了明显成效；加强干部的交流换岗和培养，一部分政治素质好、学历层次高、工作能力强的年轻干部走上各级领导岗位；开办党政管理干部研究生课程进修班；重视在大学生和优秀中青年教师中发展党员工作；积极推进党风建设，制定关于廉政建设的有关规定，加强党员干部党性党风党纪教育，增强了党员遵守和维护党纪的自觉性；通过大力开展纪检效能监察，机关干部强化了服务意识，提高了管理水平和工作效率，做法和经验得到教育部的肯定和推介，并在全国纪检监察理论工作研讨会上作了典型发言，纪委书记王庆仁1998年12月被教育部评为全国教育系统纪检监察工作先进个人。学校党

---

①《关于一九九三年确定部分管理干部行政职务的实施意见》，中国海洋大学档案馆藏，档号：HD-1994-DQ13-3。

②《关于加强党员干部学习的意见》，中国海洋大学档案馆藏，档号：HD-1994-DQ14-3。

员教育与干部培训、交流、考核、评优、等级评定等工作已经制度化。

三、基层党组织建设

1992年，青岛海洋大学党委下属一个新校区党委、14个党总支、79个党支部，其中教师党支部31个，职工党支部38个，研究生党支部2个，大学生党支部8个。有党员987人，其中教师党员280人，干部党员242人，专业技术党员98人，工人党员96人，离、退休党员155人，研究生党员47人，大学生党员69人。[①]

学校高度重视基层党组织建设，校党委先后制定《教职工党支部工作条例》《学生党支部工作条例》《离退休职工党支部工作暂行条例》，对基层党支部进行整顿，对党支部书记进行调整和培训。在此基础上，重点抓了教师党支部的建设。落实教师党支部书记的职责和待遇，鼓励他们积极主动地扎实做好具体工作，支部书记兼任教研室正、副主任的，减免一定的工作量。

1995年6月召开的学校第六次党代会提出："切实加强基层党组织建设，充分发挥党员的先锋模范作用，要采取措施，努力把基层党组织建设成能团结带领广大师生员工在改革和建设中开拓前进的坚强战斗集体""党支部要紧紧围绕学校的根本任务和中心工作，动员、教育、组织党员发挥先锋模范作用，做好深入细致的思想政治工作，协调关系、化解矛盾，调动各方面的积极性。要定期召开支委会和党员会议，严格组织生活制度。教职工党支部书记要参与研究本单位的重要问题，支持行政领导开展工作；学生党支部要教育广大学生明确学习目的，完成学习任务。"[②]

学校党委认真贯彻中央制定的《中国共产党普通高等学校基层组织工作条例》，重新修订《青岛海洋大学党的总支、支部工作条例》。进一步明确学院党总支和行政领导班子的关系，学院党总支在学院事业发展、学科建设、多渠道办学等方面发挥着重要作用，党总支的政治核心和保证监督作用进一步加强。多数学院较好地实现党的工作与行政工作相配合、管人与管事相结合、思想政治工作与业务工作相结合的党政共同负责的管理模式。在支部换届改选的基础上，对选举产生的80多名党支部书记进行政治和业务培训。在评议和推荐的基础上，有4个党支部分别被评为山东省高校和学校先进党支部。按照"坚持标准、保证质量、改善结构、慎重发展"的方针，积极做好发展党员工作，共发展教工党员33人。

---

① 资料来源：党委1992年度发文汇编（校党委：《关于我校党的建设和思想政治工作的总结报告》）。
② 李建平、魏世江、陈鹭主编：《管华诗教育文集》，中国海洋大学出版社2007年版，第39—40页。

　　1999年11月，校党委公布《青岛海洋大学党的总支、直属支部任期目标管理实施意见（试行）》，通过细化目标管理，进一步加强基层党组织建设。

　　由于学校持之以恒地抓基层党组织的建设，重视发挥党员的先锋模范作用，广大党员在政治上能够坚持"一个中心、两个基本点"，把教书育人、管理育人、服务育人的要求贯穿到自己的本职工作中去，成为群众的表率和带头人，涌现出一批省、市、校级先进党支部和优秀共产党员。

第二节　学生党建与思政工作

一、学生党建与思想政治教育

　　做好大学生党团组织建设，是学生思想政治工作重要的内容。多年来，学校先后制定《关于进一步做好发展学生党员工作的意见》《发展党员工作实施细则》《学生党支部工作条例》等一系列制度，不断加强学生党建和思想政治工作。

　　鉴于1989年春夏之交政治风波的教训，学校在大学生中开展"坚持立国之本、确立人生航标"主题教育。通过一系列深受欢迎的活动，青年大学生的思想发生很大变化，出现了"四多四少"现象：要求进步的增多了，勤奋学习的增多了，助人为乐的增多了，关心集体的增多了；迟到早退的减少了，打架起哄的减少了，发牢骚的减少了，情绪低落的减少了。一些系和班级还成立了读书小组和党章学习小组等。[1]党委副书记王滋然在全校思想政治工作经验交流会上说，1989年春夏之交的政治风波和半年来的工作实践表明，对大学生的理想信念教育、人生观世界观教育、奉献精神教育，只能加强，不能削弱；思想政治工作是一项塑造人的系统工程，需要齐抓共管，形成合力，并且要不断改进方式方法；思想政治工作者要加强理论修养，不断提高自身素质。[2]

　　1990年起，学校按照国家教委的规定，在全校各类学生中开设马克思主义公共理论课和思想品德课，并采取有力措施加强与改进马克思主义公共理论课和思想品德课教学，确保教学质量。由于各方面的重视，学生的听课率、听课态度以及学习成绩等大大提高，对学生树立马克思主义的世界观、人生观有着很大的帮助，对学生思想修养起到了有效的指导作用。

---

① 校团委：《在实践中学习共产主义》，中国海洋大学档案馆藏，档号：HD-1989-TW-126。
② 张静主编：《中国海洋大学大事记》，中国海洋大学出版社2014年版，第148页。

学校党委坚持利用党校阵地，每学期对入党积极分子进行党的基本知识培训，把学马列、学党章与推荐优秀团员入党、骨干队伍的培养和共青团的建设有机结合起来。各院（系）成立了学生党支部并由分管学生工作的党总支副书记或团总支书记兼任学生党支部书记。1990年成立由学生党员和入党积极分子参加的学马列基础理论中心组，到1992年全校已有学马列、学党章小组98个，有1847人参加学习，有608人递交入党申请书，有69人加入党组织。1995年，已有学生党员221人，占学生总数的5.2%，有1356名学生递交入党申请书，占学生总数的34%。1993—1997年，共有3000多名学生递交入党申请书，发展党员977人；申请入党人数、学生党员数分别占学生总数的51.8%和9.3%。[①]

学校在全校范围内开展"让文明之风在校园永驻"主题教育活动，提出了校园文明建设创建一个文明环境、组织一个文明礼仪服务队、聘请一批文明监督员、推广一套校园文明用语、开展一系列文明讲座的"五个一工程"，以及参观10个明星企业和优质工程、调查10个交易市场、走访10个岛城名人的"三个十工程"，促进了大学生精神文明建设。

1993年10月，学校党委就积极做好在大学生中发展党员工作提出意见：发展学生党员，在坚持党员标准的前提下，按照"一年级个别发展，二、三年级重点发展，毕业班适量发展"的精神，积极而有计划地把政治素质好、学习优秀、在同学中有威信、具备党员条件的学生骨干及时吸收到党内来，逐步做到低年级有党员、高年级班有党小组、年级有党支部，建立一支以党员为核心的学生骨干队伍。进一步加强发展学生党员工作的规范化和制度化建设，进一步发挥团组织在学生党建工作中的助手作用，并加强对学生党员的继续教育，使他们不仅在组织上入党，更重要的是在思想上入党，始终保持共产党员的先进性。[②]学生党员的素质较高，在学生中有较高的威信，在德、智、体全面发展中起到了模范带头作用。据跟踪调查，学生党员毕业后，大都成为所在单位的骨干力量。

1994年，学校有专职学生工作干部41人，与在校学生的比例为1∶118。为加强专职学生工作干部队伍建设，学校采取一系列行之有效的措施稳定这支队伍。如制定《关于加强专职学生工作干部队伍建设的有关规定》和较为详细的工作条例；每年从品学兼优的本科生或研究生中选留部分毕业生，充实专职学生工作干部队伍；有计划地选送他们攻读思想政治教育双学位、到省委党校进修或参加学校党校的培训班学习；支持他们读在职研究生；鼓励和支持他们参加业务（教学、科研）活动，逐步向"双肩挑"过渡等。

---

①《青岛海洋大学关于精神文明建设和高等教育改革发展的调研报告》，中国海洋大学档案馆藏，档号：HD-1997-DQ11-10。
② 资料来源：党委1993年度发文汇编（《中共青岛海洋大学委员会关于贯彻落实1993年高校党建会议的意见》）。

学校成立思想政治教育系列专业技术职务评审组，按教师系列解决他们的职称，原则上与同届毕业从事教师工作的同志相当。

在思想政治教育中，学校注重发挥学生会和研究生会的作用。认真抓好学生会、研究生会的骨干队伍建设，指导他们把握好坚定正确的政治方向；发挥学生组织自我教育的功能，组织开展适合青年大学生特点的丰富多彩的校园文体活动，寓教其中；凡是与学生有关的重大工作，都要求学生会、研究生会积极参与，提高他们的参与意识。学生骨干通过伙食管理委员会、宿舍管理委员会、学生自律委员会、勤工俭学指导中心等组织参与一些事务的管理，既沟通了学校与学生之间的联系，又在实际工作中得到锻炼。

二、实施院级德育工作考核评估

学校坚持德育为首地位毫不动摇，将德育工作列入重要议事日程，每年年初有布置，年中有检查，年终有总结，形成制度。成立以校长任组长、分管副校长和党委副书记任副组长、党政有关职能部门参加的德育工作领导小组。各院成立以党总支书记任组长、院长和党总支副书记任副组长的德育工作小组，并由一位副院长分管德育工作。教师在申报晋升职称时，要考核马克思主义基本原理、教书育人情况。建立学生入学教育、军训教育、劳动教育、毕业教育制度，在评选各类先进、优秀毕业生和免试推荐研究生中坚持德育标准。

为促进德育工作逐步实现规范化和科学化，学校在制定和完善《青岛海洋大学德育实施大纲》《青岛海洋大学德育工作评估体系》的基础上，又制定了关于德育工作的有关规定，主要有《教书育人、管理育人、服务育人工作条例》《分管学生工作的党总支副书记岗位责任制》《班主任工作条例及考核办法》《学生工作干部值班制度》《关于优良班风建设的评估办法》《普通高等学校学生管理规定实施细则》《学生安全教育的管理规定》等。

深化"两课"教学改革，更好地发挥其主渠道和主阵地作用。学校"两课"改革遵循理论联系实际的方针和"少而精""要管用"的原则。在教学内容上，增设人文社会科学辅修专业、公选课、邓小平理论选修课。在教学方法上，逐步实行课堂讲授与电化教学、课堂讨论、"请进来、走出去"相结合的方式，丰富教学环节，活跃课堂气氛，增强"两课"的吸引力、说服力和有效性。学校"两课"改革成果被《光明日报》专题报道并荣获山东省优秀教学成果二等奖。[①]

1994年，校党委制定《关于贯彻〈爱国主义教育实施纲要〉的意见》，对党员干部尤其是学生工作干部进行培训。结合重要节日、纪念日和国内外重大事件，对师生员工进行经常性的爱国、爱党、爱社会主义教育。在青岛市举行的大型纪念活动中多次获得最佳组织奖和单项奖；1993—1995年，连续三年获得青岛地区高校"读书演讲比赛"第一名。

学校特别重视发挥环境的育人功能。校园里矗立的著名诗人闻一多、中国物理海洋学奠基人赫崇本等雕塑，激励了一代又一代海大人；坚持每周一举行升国旗仪式，开展床头设计、教室美化评比，精心设计宣传橱窗、人文景观等，营造良好育人氛围。

1994年8月，《中共中央关于进一步加强和改进学校德育工作的若干意见》颁布以后，学校党委对贯彻落实作出部署，并提出本科生及研究生各教育阶段的德育目标和要求。[②]

学校进一步完善、拓宽德育实施途径，形成综合育人的运行机制。充分发挥马克思主义理论课和思想政治（品德）课的主渠道作用。先后制定了《教书育人工作条例》《班主任工作考核细则》《优秀青年教师选拔办法》《教师职业道德规范》《党政干部职业道德规范》《后勤工作人员职业道德规范》等十几项规章制度，实施教书育人、管理育人、服务育人。为推动"三育人"工作扎实有效地开展，学校每年都进行"三育人"工作考评和召开"三育人"工作经验交流会，对先进集体和个人予以表彰奖励。

学校德育工作始终坚持思想教育和科学管理相结合。一是开展创建优良学风班的活动。开展学习竞赛活动。进一步完善学生综合测评制度，建立学生奖学金、专升本、选拔优秀生、推荐免试研究生等制度。二是狠抓考风。期终考试实行统一考试时间、统一编排考场、统一组织监考，学生单人单座的考试制度，安排领导干部巡视考场检查考风。三是制定《大学生文明行为规范》，对学生的仪表举止、交际礼仪社会公德等方面提出明确要求，落实《青岛海洋大学"普通高等学校学生管理规定"实施细则》，进一步健全和完善了校规校纪。四是实施《学生宿舍标准化管理条例》，每天检查学生宿舍并公布成绩，定期评比表彰，改变了学生宿舍的面貌，促进学生良好生活习惯的形成。

1995年11月28日至29日，山东省委高校工委德育工作检查组对学校德育工作进行检查评估，评估结果在驻鲁60所院校中名列第一。

---

① 《青岛海洋大学关于精神文明建设和高等教育改革发展的调研报告》，中国海洋大学档案馆藏，档号：HD-1997-DQ11-10。

② 校党委：《关于贯彻落实〈中共中央关于进一步加强和改进学校德育工作的若干意见〉的意见》，中国海洋大学档案馆藏，档号：HD-1995-DQ14-2。

为把德育工作做细，增强德育工作考评的可操作性，在反复讨论、修改的基础上，经过一年的试行，1999年正式出台《青岛海洋大学院级德育工作考核评估体系（试行）》。该体系所列考评内容共7个大类、19个二级指标、60个三级指标，总计分值600分。同时对评估的标准、考核方法作出详细规定。[①]

1999年11月11日，学校召开会议部署院（系）德育考核评估工作，要求全校从贯彻落实党的教育方针和党中央《关于加强和改进思想政治工作的若干意见》，全面推进素质教育，培养合格社会主义事业建设者和接班人的高度，来认识和对待德育考核评估工作。通过考核评估，交流德育工作的新方法，推广德育工作的新经验和优秀成果，评出德育工作先进单位和个人，并找准学校在德育工作中存在的主要问题，提出相应的改进措施，促进德育工作上水平上层次。

依据评估体系，学校对各院系德育工作进行了全方位的考核评估，并评出1999年度德育工作先进学院2个、德育工作先进个人4人。以此为开端，学校连续进行院级德育评估，并不断总结经验，树立典型，凝练特色，促使学校德育工作稳定发展。

三、开展社会实践教育

社会实践活动是大学生的第二课堂，学校成立由党委副书记任组长的社会实践活动领导小组，每年拨专款支持社会实践活动。

这一时期，学校改革社会实践教育方式方法，采取假期和平时相结合、集中与分散相结合的形式，使之制度化、规范化，坚持不懈地对大学生开展行之有效的社会实践教育，帮助他们更好、更全面地了解社会，了解国情、世情与民情，培养实事求是、艰苦奋斗、脚踏实地的实干作风，树立正确的人生观和价值观。

1988年暑假，学校安排了一系列社会实践项目，得到大学生的积极响应。一是组织"国情与改革"考察团，二是开展"我为家乡献技能"活动，三是开展"我为母校供信息"活动，四是组织"国情与改革"征文活动，五是组织"希望之路"自行车运河考察团。

1990—1995年，青岛海洋大学大学生社会实践考察报告《对当前企业思想政治工作的调查与思考》《黄海造船厂考察纪实》《腾飞中的荣成渔业》《官塘乡农村生活见闻》等35篇获得山东省优秀考察报告奖，其中有一半以上获得一等奖。在中宣部、国家教委、团中央、《大学生》杂志社联合举办的"大学生看中国"《浪潮》奖学金征文竞赛中，社

---

① 李建平、魏世江、陈鹭主编：《管华诗教育文集》，中国海洋大学出版社2007年版，第293页。

科系学生张锐华的寒假考察报告《边城印象》获得一等奖（全国只有10人），获得奖学金800元。

除了寒暑假社会实践活动，学校还十分重视加强学生平时的实践锻炼，制定《关于组织学生参加校内管理和劳动实践的意见》，开设劳动课并作为必修课列入课表，对考核不合格者不予毕业。成立勤工俭学指导中心，有计划地组织学生开展勤工助学活动，约四分之一的学生从事过助教、助研、家教、钟点工等校内外的勤工助学活动，学生既获得经济收入，又得到锻炼。学校组织多支青年志愿者服务队，立足校内，面向社会，开展"真情献社会，奉献在岛城"的志愿者无偿献血活动以及助老、助残等多种形式的志愿者服务活动。"爱心社"志愿者服务队被评为山东省青年志愿者先进集体和青岛市十佳青年志愿者服务队，其先进事迹在全省作巡回报告。截至1997年，全校共有2900多名学生自愿加入志愿者行列，他们利用自己的知识、技术优势，为社区群众解决了许多实际问题，产生了广泛的社会影响。1996年12月15日至17日，团中央、国家教委、民政部联合在青岛召开全国大学生社区援助现场经验交流会，青岛海洋大学作为全国高校唯一先进典型代表在大会上介绍经验。团中央书记处书记孙金龙等有关领导出席会议，赞扬青岛海洋大学社区援助活动走在了全国高校的前列。[1]

2000年，青岛海洋大学3000余名大学生参加了不同形式的"三下乡"社会实践活动。其中，向青海、山东、江苏等省贫困农村派出重点服务队14支，参加人数约220人；向山东农村派出由院系组织的一般服务队15支，参加人数约300人；以其他方式参加家乡当地的社会实践活动学生约3000人。共撰写社会实践报告3120篇。赴青海科技扶贫博士团，受到青海省省长赵乐际、共青团中央书记处书记巴音朝鲁等领导同志接见。组织赴南京"生存体验"小分队，每人发20元生活费，依靠自己的知识和能力在南京独立生存10天，对每位队员都是难得的锻炼机会。山东电视台派记者跟踪采访10天，南京、济南、青岛的新闻媒体天天跟踪报道，一时成为社会关注的热点。

这一时期，学校连续13年被中宣部、国家教委、团中央评为全国大学生社会实践先进单位。

四、特色鲜明的校园文化体育活动

史料显示，学校文化体育活动传统悠久。鱼山路操场留下过第十一届奥运会中国体

---

[1]《全国大学生社区援助现场经验交流会在我校举行》，载《青岛海洋大学报》1996年12月20日。

育代表团运动员训练的身影；1932年诞生的革命戏剧团体海鸥剧社至今弦歌不辍；全国大学生运动会田径代表队破纪录、摘金夺银；女排蝉联省冠军、进入全国前五名，被列为全国高校10个重点队之一。[①]

1988年3月3日，青岛海洋大学女排应北京高校体协邀请，赴北京与访华的日本东京都高校女子排球联队进行了一场友谊赛，以3∶1战胜日方女排。双方球队互赠排球，合影留念，联欢交流，传为佳话。[②]青岛海洋大学女排历来在全国高校名气不凡，这次作为友谊使者驰援北京，再添荣誉。

学校采取多种措施营造健康向上的文化体育氛围，开展丰富多彩的文体活动，积极打造文化体育精品，培养优秀的文化体育人才，为学校建设增光添彩。

1991年5月4日晚，学校以歌颂党、歌颂社会主义、弘扬民族文化为主题的第四届大学生科技文化艺术节在大学路操场开幕。青岛市委领导、学校领导与大学生一起联欢，观看大型歌咏会和舞龙灯、舞狮子、扭秧歌、跑旱船等丰富多彩的民间艺术表演，气氛热烈。

在迎接山东省校园文明建设检查评估期间，200余名学生党员和学生骨干组成四支青年突击队、两支校园文明督察队，为学校争创山东省文明校园发挥了重要作用。组织学生开展"海大人谈海大精神"专题大讨论，从院士到学生，从王成海、叶立勋烈士的事迹到登上南北极考察的校友，一个个兢兢业业、拼搏进取的身边故事，激发了海大人的自豪感，并转化为干事创业的强大力量。

1996年10月，学校组队赴上海参加第二届中国名校大学生辩论邀请赛，获得优秀组织奖，化学化工学院学生张薇获得优秀辩手称号，展示了学校经常性开展大学生辩论赛的成果；1998国际海洋年，学校举办海洋科普开放日等一系列独特的海洋文化活动。自1998年5月起，每逢周末免费为大学生放映爱国主义影片。建设海大学子的"网上家园"——"海之子"网站。

1999年，在全国电子设计竞赛中，青岛海洋大学获得国家一等奖1项、省二等奖1项。在第七届全国大学生田径锦标赛上，青岛海洋大学男子团体和女子团体双双获得总分前六名，庄振平打破2项全国大学生运动会纪录并荣获2枚金牌，被授予最佳运动员称号。

2000年，在全校开展向1997届优秀毕业生、革命烈士郝文平学习系列活动，在工程学院命名"郝文平班"和"郝文平团支部"。海鸥剧社推出新编话剧《海大英烈郝文平》，感人至深。

----

① 雨洪：《进一步做好高水平运动队工作》，载《青岛海洋大学报》1994年6月1日。
② 体育室：《友谊赛我方以3∶1胜日方高校》，载《青岛海洋大学》1988年3月19日。

　　至2000年，学校逐步形成以六大典范式活动为支撑，以日益丰富的学生社团文化活动为主体，点面结合、特色鲜明的校园文化新格局，为学校人才培养、人文精神培育发挥了重要作用。六大典范式活动为大学生科技文化艺术节、海大论坛、大学生辩论赛、大学生科技创新活动月、校园歌手大赛、"校庆杯"系列球赛。

第三节　统战与群团工作

一、统战工作及民主党派基层组织建设

　　"文革"结束后，学校党委积极支持、协助民主党派恢复活动并做好发展工作。史料显示，至1988年，全校民主党派成员共有107人，其中民盟盟员71人、致公党党员7人、九三社员29人。[①]

　　1988年8月，校党委发布《关于进一步发挥我校民主党派、无党派代表人士协商、监督作用的意见》。《中共中央关于坚持和完善中国共产党领导的多党合作和政治协商制度的意见》下发以后，根据文件精神和实际情况，学校出台《中共青岛海洋大学委员会关于贯彻落实中央〔1989〕14号文件的意见》，规定学校重大全局性工作和教学科研等方面的重要问题、重大人事安排、教职工住房等方面的大事等，皆要在决策前先征求民主党派的意见；建立校级党员领导干部与重点统战人士的分工联系制度，增进了解，融洽关系，畅通言路；建立校级党政领导与民主党派成员和无党派人士的"双月协商会"制度，通报学校一个阶段的工作情况、重大措施等，并听取党外人士意见；除一些需单独与民主党派协商的议题，一般的通报、协商会议都吸收各级人大代表、政协委员和台联、侨联小组负责人参加，以发挥学校"小政协"的作用；党委统战部与民主党派建立每月一次统战工作例会制度，关心和支持民主党派加强自身建设。

　　据统计，1990年学校有中层干部180名，其中民主党派成员和无党派人士23名，占中层干部的12.8%；2个学院、14个系和15个研究所中有22个单位有民主党派成员和无党派人士担任领导职务；58个教研室中正、副主任90名，其中民主党派成员和无党派人士42名，占总数的46.7%；行政科级干部112人，其中民主党派成员和无党派人士25人，占总数的22.3%。他们在学校教学、科研、管理等方面都作出了积极贡献。[②]

---

① 统战部：《1988年海洋大学党委统战部工作总结》，中国海洋大学档案馆藏，档号：HD-1988-TZ-67。
② 资料来源：党委1990年度发文汇编（校党委：《中共青岛海洋大学委员会关于学校统战工作情况的汇报》）。

1992年，学校建立党外知识分子联络员制度，联络员队伍由基层党组织选派组成，成为党委与民主党派联系的桥梁。学校根据改革与发展中大事、急事需要，不定期召开协商会议征求意见，每年达10次以上，既让民主党派和无党派代表人士参政议政、知情出力，又促进了学校的民主管理、科学决策。

为了使民主党派更好地履行政治协商、参政议政的职能，学校党委重视选拔培养年轻非党知识分子。1997年民主党派省、市级组织换届中，学校有12人（18人次）被选拔进省、市领导班子。他们中有博士7人，博士生导师5人，45岁以下7人。同时，学校一些民主党派成员和无党派人士被省、市有关部门聘任为非党知识分子联络员或特约检察员等。

至2000年底，学校20余位有高级职称的党外人士担任各级人大代表、政协委员及民主党派中央或省、市领导者，他们中有全国人大代表侯国本，山东省人大常委会委员陈修白、徐世浙，山东省政协常委文圣常、刘智白、郑柏林，全国政协委员许继曾、薛廷耀，民建中央常委、全国政协委员、民建山东省委副主委、民建青岛市委主委冯士筰，民革中央委员、山东省人大常委会委员、民革山东省委副主委、民革青岛市委主委杨作升，民盟中央委员、山东省人大常委会委员、民盟山东省委副主委、民盟青岛市委主委张正斌，山东省政协委员、九三学社青岛市委副主委孙孚，山东省人大代表、青岛市政协常委、民革青岛市委副主委且钟禹等。他们在各级人大、政协中积极履行政治协商、参政议政职责，有些提案获得优秀提案奖。

2000年，学校共有民革、民盟、民建、民进、致公党、九三学社6个民主党派的成员150人。民盟、民建、九三学社建立了基层组织。

二、工会与教代会工作

校工会根据全国总工会的要求，结合学校创建特色鲜明的综合性大学的目标，切实履行工会组织的各项职责，在推进民主管理、民主监督，配合有关部门加强师德建设，大力开展文体活动，为教职工多办实事、好事等方面不断努力，对促进学校的改革、发展与稳定起了重要作用。

1991年11月29日至30日，青岛海洋大学第二届教职工代表大会暨第七次工会会员代表大会召开，168名正式代表、59名特邀代表和列席代表等出席。校长施正铿作题为《高举社会主义旗帜，为开创我校工作新局面而奋斗》的报告。选举产生了吕增尧为主席的19人组成的第七届校工会委员会。大会共收到提案224件，立案216件，分别责成有关职能部门提出解决意见。① "双代会"讨论通过的《青岛海洋大学关于〈高等学校教职工代表大会暂行条例〉实施细则》规定："学校在实行党委领导下的校长负责制的同时，建立党委领导下的教职工代表大会制。教职工代表大会是增强教职工主人翁责任感，保障教职工行使民主权利民主管理学校的重要形式。"②

1996年5月31日至6月1日，青岛海洋大学二届二次教职工代表大会召开。会议讨论通过了常务副校长秦启仁代表学校行政班子所作的工作报告；通过了《青岛海洋大学教职工住房分配和管理条例》《青岛海洋大学公费医疗管理暂行条例》；共征集议案152件，立案处理6件，其余转交有关部门提出处理意见并尽快解决。③1998年7月3日，青岛海洋大学第八次工会会员代表大会召开。大会选举出由于慎文任主席的21人组成的新一届工会委员会。④1999年11月12日，青岛海洋大学二届三次教职工代表大会召开，144名正式代表出席会议。会议审议通过了《青岛海洋大学1999年房改和集资建房的实施意见》，为3万余平方米的集资所建教职工宿舍的分配提供了政策性依据。⑤

工会积极为教职工办实事好事，帮助他们解决生活中实际问题。组织全校教职工集体参加青岛市互助互济储金会；从福利费中为每位教职工交纳一次性会费；对生病、住院、生活困难等教职工给予困难补助，认真做好以帮困和医保为主要内容的生活保障工作。组织全校教职工开展每年一次的"爱心一日捐"和帮困送温暖活动，基本上做到特困职工重点帮、突发事故及时帮、逢年过节普遍帮，体现党和集体对困难教职工的关怀。积极组织"春蕾计划""扶贫济困送温暖""爱心奉献西部，捐建集水雨窖"等各类慈善募捐活动，向社会奉献爱心。

工会以师德建设为重点，大力开展教书育人、管理育人、服务育人活动。通过建立青年教师社会实践基地、组织青年教师课堂教学竞赛、"树、创、献（树师表形象、创文明校风、为实现跨世纪宏伟目标作贡献）""三交流（思想、学术、工作）"以及评选优秀青年教师和"心目中的好老师"等活动，促进了青年教师教学积极性和教学能力与水平的提高。1998年，在全校教职工中广泛开展"我的学生我的爱"演讲赛，一等奖获得者秦玉清老师代表学校参加山东省演讲比赛，获得三等奖。

1999年9月，工会组织开展评选学校首届师德建设先进集体和师德标兵工作，经校党

---

① 张静主编：《中国海洋大学大事记》，中国海洋大学出版社2014年版，第159页。
② 校工会：《青岛海洋大学关于〈高等学校教职工代表大会暂行条例〉实施细则》，中国海洋大学档案馆藏，档号：HC-1991-GH-45。
③ 张静主编：《中国海洋大学大事记》，中国海洋大学出版社2014年版，第185页。
④ 张静主编：《中国海洋大学大事记》，中国海洋大学出版社2014年版，第199页。
⑤ 魏世江：《校二届三次教代会召开》，载《青岛海洋大学报》1999年11月18日。

委审批，食品科学基础实验室、海洋科学理科基础科学研究和教学人才培养基地、物理实验室、微生物工程实验室、幼儿园、海洋化学系、教务处、东语系被评为师德建设先进集体，陈淑珠、郭佩芳、刘万顺、王宝升、栾光忠、张国、张静、潘鲁青被评为师德标兵。[①]

三、共青团工作

在团中央、团省委、团市委和学校党委领导下，校团委在完善团代会、学代会、研代会制度的基础上，根据大学生特点和学生培养目标，不断创新工作体制和机制，着力引导大学生的全面发展。

1989年春夏之交的政治风波之后，团委开展"坚持立国之本，确立人生航标"的主题教育，通过"飘扬吧，共和国的旗帜""忆传统，讲党史""时代精神论坛""面向社会的思索""我为团旗增光辉""怎样渡过大学时代"等系列活动，使团员明确了历史责任，澄清了模糊认识，进一步加深了对党的基本路线的理解。主题教育有声有色，成效显著，被团省委授予先进团委，海洋生物系环境生态88级等11个团支部被团省委授予先进团支部。

在思想教育中，团委从增强团员的改革意识入手，通过社会实践活动的形式，对团员进行国情教育。先后开展了社会实践调查、国情省情调查、重点工程考察、革命传统考察、科技兴鲁实践、重点工程劳动和挂职锻炼等社会实践主题活动，并注意采取双向受益的原则，既使团员通过实践活动了解国情和改革开放的巨大成就，又使团员在实践活动中为家乡的改革和建设作出贡献。

1990年10月，校团委成立学马列基础理论中心组，围绕社会主义信念的教育，从理论学习、实践活动和发挥模范作用等方面对学生干部进行培训，取得较好效果。1991年，学马列基础理论中心组由83人扩大到159人，经过党校培训的有88人，加入党组织的46人。[②]

校团委坚持每年举办科技文化艺术节，开展科技竞赛和文化系列活动，以提高团员的科技意识、动手能力及文化修养。通过十大歌星、笑星、舞星比赛，周末舞会、周末电影、录像、艺术欣赏讲座等形式来丰富校园生活，使团员在文化活动中提高艺术修养，受到美育教育。大学生军乐队和艺术团不仅在校内文化艺术活动中起到骨干和表率作用，在省、市举办的各类文化艺术比赛中亦屡屡获奖，为学校争得了荣誉。

---

① 《关于表彰青岛海洋大学第一届师德建设先进集体、师德标兵的通报》，中国海洋大学档案馆藏，档号：HD-1999-DQ16-2。

② 《校团委1991年工作总结》，中国海洋大学档案馆藏，档号：HD-1991-TW-141。

校团委积极实施"跨世纪青年文明工程"和"跨世纪青年人才工程",广泛开展校园文化活动,在培养和造就跨世纪优秀人才及学校改革和发展的进程中,发挥了积极作用。随着大学生学习邓小平理论的日益深入,1997年成立山东省高校第一个大学生邓小平理论学习研究会,到1998年,研究会就发展成拥有11个分会、2000多名会员的学生社团。通过对邓小平理论的学习研究,广大团员青年坚定了走有中国特色社会主义道路的理想信念。

团委始终把指导学生会、研究生会开展好工作作为一项重要任务,努力调动学生会、研究生会发挥其自我教育、自我管理、自我服务的作用。学生会、研究生会先后组织开展了专题读书活动和专业知识学习竞赛、评选十佳教师、举行大型文艺演出及文化科技活动等,活跃大学生生活。建立学生提案制,开展学生思想状况调研,选拔学生干部担任校党政有关部门助理,以及设立伙食管理委员会、学习监督促进会、学生图书管理委员会、宿舍管理委员会、学生自律委员会、大学生家教服务中心等组织,在学生与学校之间起到了桥梁和纽带作用。

1991—1998年,全校涌现出优秀团员、优秀团干部、优秀青年志愿者等先进个人4000多名,红旗团支部、先进团支部、先进志愿者服务队等先进集体200余个。共有百余次、30多个集体荣获国家及山东省有关部门表彰。其中,孙焱被评为全国十佳大学生,李景玉被评为全国百名优秀大学生,王伟庆被评为全国三好学生,邢洪涛被评为全国跨世纪优秀大学生,有10余人荣获山东省新长征突击手、十大杰出青年、优秀青年工作者、十大优秀大学生、十大优秀团员等称号。大学生志愿者社区援助服务总队被团中央提名为全国青年志愿者先进集体,校团委多次被评为山东省"红旗团委"。

1992年6月和1998年5月,青岛海洋大学先后召开第九、十次团员代表大会,王磊、吕铭分别当选团委书记。

附录
1959年后学校机关部门与直属单位负责人名录[①]

山东海洋学院机关部门与直属单位主要负责人名录
（1959—1965）

单位（职务）	历任负责人	备注
党委办公室（主任）	刘欣	
党委组织部（部长）	刘欣（兼）	
党委宣传部（部长）	周清和	
团委（书记）	牟力	
第一党支部（书记）	李涛	
第二党支部（书记）	赵子安	
直属教研室党支部（书记）	宗志文	
附属中学党支部（书记）	邵平	1962年6月停办
院长办公室（主任）	洪波	
人事处（处长）	李涛	
副教务长	薛廷耀	
马列主义教研室（主任）	洪波（兼）　周清和（兼）	
体育教研室（主任）	郭谨安	

①本附录由蒋秋飚、杜军华、林鑫、依丽娜、闫学聪整理。

山东海洋学院机关部门与直属单位主要负责人名录（续）（1977—1987）

单位（职务）	历任负责人	备注
机关党总支（书记）	王元忠　方志坚　刘鹏	之前为党群党支部
党委办公室（主任）	蔡国楷	1982年4月成立
纪委（副书记）	李涛　王元忠　刘裕　王庆仁	
党委组织部（部长）	孙洛民　王元忠　谢洪芳	
党委宣传部（部长）	孙凤山　袁宗久	
党委统战部（部长）	杨之全（副部长，主持工作）　牟力　王淑静（副部长，主持工作）	
团委（书记）	张长业（副处级）　王庆仁（副处级）　李耀臻	
工会（主席）	马秉伦（兼）　王滋然（兼）	
老干部处（处长）	刘丕勋	1987年7月成立
妇女工作委员会（主任委员）	胡正琪	1987年10月成立
院长办公室（主任）	吴飞（兼）　张鼎周　高欣山　郭田霖　刘龙太	1982年4月成立
教务处党总支（书记）	戴秋英（兼）	1987年10月撤销
教务处、科研处党总支（书记）	张春桥（兼）	1987年10月成立
教务处（处长）	王滋然　秦启仁	
科研处（处长）	赵磊　施正铿　姚明达　沈剑平	
研究生部（主任）	徐世浙（兼）	1987年12月成立
人事处（处长）	刘裕　何庆丰　孙秀林	
财务处（处长）	钟砺（代）　官荧垲	1985年由财务室改为财务处
总务处党总支（书记）	高欣山　张长业（代理）　顾其真　于文柏　刘文浩（兼）	1981年3月成立
总务处（处长）	高欣山　顾其真　张亭健　刘文浩（兼）	

续表

单位（职务）	历任负责人	备注
基建党支部（书记）	刘存义	
基建处（处长）	刘中华（代理） 郭田霖（兼）	1984年5月，基建办公室改为基建处
保卫处（处长）	王福德（副处长、主持工作） 胡增森	1980年10月成立
外事处（处长）	刁传芳（代理）	之前为外事办公室
学生工作部（部长）	牟力	1981年3月设立，与团委合署办公
船舶管理处（处长）	张春桥	
生产设备处党总支（书记）	杨镇世	1981年3月成立
生产设备处（处长）	蔡国楷 王兴昌（代理）	后改为生产处
审计处（处长）	王岚	1986年5月成立
劳动服务公司党支部（书记）	于文柏	
劳动服务公司（总经理）	张亭健	
科技服务公司（总经理）	高欣山 徐瑜	
学术中心党支部（书记）	谈家诚	
学术交流中心筹备处（主任）	刘中华 刘龙太	1984年7月成立
分部筹建办（主任）	徐家振（兼） 郭田霖（兼）	1986年9月成立
思想政治教育研究室（主任）	牟力	之前为共产主义思想品德课教研室
图书馆（馆长）	薛廷耀 赵磊 徐斯（代理）	
学报编辑部（主任）	刘安国	之前为学报编辑室
直属教研室党总支（书记）	戴秋英	1986年4月成立
体育教研室党支部（书记）	邢福崇	
体育教研室（主任）	江福来 吕大英 王培广	

青岛海洋大学机关部门与直属单位主要负责人名录（续）（1988—2002）

单位（职务）	历任负责人	备注
党委办公室（主任）	喻祖祥　吴成斌　李建平	
校长办公室（主任）	方胜民　徐天真	
党委、校长办公室（主任）	吴成斌　张静	
党委政策研究室（主任）	李建筑　董淑慧　丁灿雄	
纪委（副书记）	陈兰花　赵庆礼　邓桂荫　刘贵聚　于振江	
监察处（处长）	王元忠（兼）　陈兰花（兼）　赵庆礼（兼）　张彦臣	
党委组织部（部长）	孙秀林　刘贵聚　王庆仁　陈维胜　宋志远	
党委宣传部（部长）	朱福勤　王洪欣　魏世江	
新闻中心（主任）	魏世江（兼）	
党委统战部（部长）	王淑静　付聿甫　赵新民　王筱利	
学生处（处长）	冯瑞龙　符瑞文　于利	之前为学生工作委员会办公室
武装部（部长）	李勤斋	
团委（书记）	王磊　吕铭　于利（代理）　初建松	
研究生部（主任）	杨楚良（代理）　张志南（兼）　侯家龙（兼）　麦康森（兼）　李八方　吴德星　顾郁翘　张曼平　管长龙（兼）	后改为研究生教育中心
党委保卫部（部长）	胡增森　陈晓明（兼）	
保卫处（处长）	陈晓明	
公安处（处长）	胡增森　陈晓明	
机关党总支（书记）	王庆仁（兼）　丁灿雄　赵新民（兼）　刘贵聚（兼）	后改为机关工委
离退休干部党总支（书记）	李国璋	
离退休干部工作处（处长）	王厚谦　郭永安	
工会（主席、常务副主席）	吕增尧　张长业　于慎文　刘建坤　王庆仁（兼）　王兴铸　吕铭　于长江	

续表

单位（职务）	历任负责人	备注
妇女工作委员会（主任、常务副主任）	刘秦玉（兼）　丁灿雄　姚云玲	
人事处（处长）	孙秀林　陈维胜　宋志远　李建平	
教务处党总支（书记）	王庆仁	
教务处（处长）	黄希仁　侯家龙　山广恕　武心尧　李巍然	
教务处、科研处党总支（书记）	涂仁亮（兼）　张永玲（兼）	
科研处（处长）	杨楚良　郭田霖　彭凯平　吴德星　潘克厚	后改为科学技术处
文科工作委员会（主任）	刘子玉　庞玉珍	
设备与实验室管理处（处长）	吴忠济（代理）　王思杰　于振江	后改为国有资产管理处
船舶管理处党总支（书记）	蔺耀政（代理）　林建华　张彦臣	后改为船舶中心党总支
船舶管理处（处长）	蔺耀政　赵军	后改为船舶中心
外事处（处长）	沈剑平　徐天真　常宗林	
国际合作与交流处（处长）	戴华	
财务处（处长）	朱胜凯	
会计服务中心（主任）	朱胜凯（兼）	
审计处（处长）	陈合乾　张彦臣	
总务处党总支（书记）	金德寅（代理）　方胜民　朱胜凯（兼）　邓桂荫　符瑞文	后改为总务基建党总支
总务处（处长）	朱胜凯　邹积明	
生产处（处长）	王世理　陈晓明	
基建处（处长）	王思杰　方胜民　陈永兴　王磊	后改为规划建设处
校办产业管理委员会党总支（书记）	王世理　彭凯平　苗深义	
校办产业管理处（处长）	纪明义　陈晓明　马成海	
成人教育学院（常务副院长）	赵焕登　喻祖祥　周旋	

续表

单位（职务）	历任负责人	备注
图书馆党总支（书记）	隋济民　李清修　吴力群　徐天真（代理）	
图书馆（馆长、常务副馆长）	秦鸿才　纪明义　徐天真（兼）　关庆利	
档案馆（馆长）	解淑萍　吴力群	
出版社党支部（书记）	朱福勤（兼）　李学伦　王曙光	
出版社（社长）	谢洪芳　李建筑　刘宗寅　李学伦	
高教研究室（主任）	陈宗铺　涂仁亮　张永玲　王洪欣	
学报编辑部（主任）	严国光　李凤岐	
信息中心党总支（书记）	王思杰	
信息中心（主任）	秦启仁（兼）　秦鸿才（兼）　高新生	后改为网络中心
后勤工作办公室（主任）	邹积明（兼）	
后勤服务总公司（总经理）	符瑞文	
后勤服务总公司党总支（书记）	张庆德	
直属业务部门党支部（书记）	林建华	
体育部（主任）	于文柏　王克达　洪涛	
科技公司（总经理）	纪明义	
海大高科集团公司（总经理）	郭田霖　陈晓明　马成海	后改为高科技发展总公司
青岛学术中心（主任）	谈家诚　郭田霖（兼）　刘龙太（兼）　朱福勤	

中国海洋大学机关部门与直属单位主要负责人名录（续）（2002—2023）

单位（职务）	历任负责人	备注
党委办公室 校长办公室（主任）	张静 董淑慧 陈锐 吴强明 周珊珊 林旭升	
纪委（副书记）	于振江 徐葆良 魏世江 毕芳芳 蒋秋飚 鞠红梅	
机关党委（书记）	魏世江 毕芳芳 丁林 李萍 王雪鹏	
党委组织部（部长）	宋志远 卢光志 丁林 王雪鹏	
党委宣传部（部长）	魏世江 丁林 陈鷟 蒋秋飚	
党委统战部（部长）	王筱利 毕芳芳 卢光志（兼） 李萍 陈忠红 陈鷟	
党委教师工作部（部长）	范其伟（兼）	
党委学生工作部（部长）	于利 王明泉 初建松 林旭升 于淑华	
党委研究生工作部（部长）	李八方 曹志敏 傅刚 史宏达 张猛	
党委巡察工作办公室（主任）	蒋秋飚 张念宾	
离退休工作处（处长）	郭永安 李国璋 曲志茂 刘永平 李鲁明 崔晓雁 胡保革	之前为离退休干部工作处
离退休党委（书记）	李国璋 刘永平 于长江 崔晓雁	之前为离退休干部工作处党总支
工会（主席）	徐天真 王震 毕芳芳	
团委（书记）	初建松 林旭升 王雪鹏 张欣泉	
妇女委员会（主任）	刘惠荣 毕芳芳	
监察处（处长）	于振江 徐葆良 魏世江 毕芳芳 蒋秋飚 鞠红梅	之前为监察审计处
审计处（处长）	朱胜凯 李鲁明 徐葆良 魏军	
人事处（处长）	李建平 万荣 范其伟	
教务处（处长）	李巍然 曾名湧 方奇志	
本科教学工作水平评估办公室（主任）	宋文红 曾名湧 马君 董士军	

续表

单位（职务）	历任负责人	备注
研究生院（常务副主任、副院长）	李八方　曹志敏　傅刚　史宏达　陈朝晖	之前为研究生教育中心
"211工程"、"985工程"办公室（主任）	鲍洪彤　潘克厚　闫菊　刘光兴　周珊珊	之前为"211工程"办公室
发展规划处（处长）	周珊珊　罗轶	
科学技术处（处长）	潘克厚　闫菊　罗轶　李岩	
文科处（处长）	庞玉珍　毕芳芳　王竹泉（兼）　金天宇　董跃	
学生工作处（处长）	于利　王明泉　初建松　林旭升　于淑华	
武装部（部长）	李勤斋　李春雷　林旭升　于淑华	
学生就业创业指导与服务中心（主任）	王玉江　于淑华　于杰	之前为毕业生就业指导中心
财务处（处长）	朱胜凯　徐国君　崔越峰　许志昂	
保卫处（处长）	陈晓明　周旋　庄肃敬　李春雷　商允双	与党委保卫部合署办公
国际合作与交流处（处长）	陈锐　徐家海　戴华　宋文红　李卫东	与港澳台事务办公室合署办公
国有资产与实验室管理处（处长）	王正林　王明泉　王卫栋　荆莹　王哲强	之前为实验室与设备管理处
采购与招标管理中心（主任）	徐葆良　荆莹　魏军　于春玺	之前为招投标管理中心
高新技术产业处（处长）	马成海　杨立敏	2010年1月撤销
基本建设处（处长）	李鲁明　王磊　于利　王卫栋　陈文收	之前为规划建设与后勤管理处
后勤保障处（处长）	陈永兴　王哲强　荆莹	之前为后勤办公室
西海岸校区建设指挥部（总指挥）	于利　王卫栋	
附属学校筹建工作办公室（主任）	李春雷	

续表

单位（职务）	历任负责人	备注
国内合作办公室（主任）	周珊珊　崔福君	
非学历教育管理处（处长）	陈文收　刘召芳	
西海岸校区运行管理部（部长）	王哲强　李永贵	
校庆工作办公室（主任）	陈忠红	
服务蓝色经济发展工作办公室（主任）	周珊珊　范洪涛　范占伟	
高等教育研究与评估中心（主任）	王洪欣　宋文红　段善利	
档案馆（馆长）	吴力群　王震　关庆利　刘永平　董效臣	
出版社（社长）	李学伦　王曙光　杨立敏　刘文菁	
出版社直属党支部（书记）	李学伦　王曙光　杨立敏　刘文菁	之前为出版社党支部
校友工作办公室（主任）	于长江　陈忠红　刘召芳　孟凡	之前为校友总会办公室，与教育发展基金会办公室合署办公
青岛中国海洋大学控股有限公司（董事长）	翟世奎　李华军　范占伟　侯海军	
产业党委（书记）	马成海　范洪涛　朱建相　范占伟　侯海军	之前为青岛中国海洋大学控股有限公司党委
海洋发展研究院（院长）	徐祥民　李耀臻（兼）　王曙光　庞中英	之前为海洋发展研究中心
海洋发展研究院与人文社会科学研究院党总支（书记）	于长江　高艳	之前为海洋发展研究院与人文社科研究院党支部
中国海洋发展研究中心秘书处（秘书长）	高艳	
新闻中心（主任）	魏世江　丁林　陈鷟　蒋秋飚	

续表

单位（职务）	历任负责人	备注
会计服务中心（主任）	朱胜凯　徐国君　崔越峰　许志昂	
职业技术师范学院（院长）	高艳　武心尧　董效臣　董士军	之前为高等职业技术学院
高等职业技术学院党总支（书记）	高艳　董效臣	
继续教育学院（院长）	周旋　武心尧　宋志远　董效臣　董士军	
国际教育学院（院长）	戴华　徐家海　宁爱花　秦尚海　吴慧	
国际教育学院党总支（书记）	刘孔庆　徐家海　吴力群　马成海	之前为国际联合教育学院党总支
图书馆（馆长）	魏世江　曹志敏　王明泉	
图书馆党总支（书记）	张彦臣　曹志敏　鞠红梅　陈国华　刘永平	
网络与信息中心（主任）	高新生　陈国华　辛华龙　张永胜	之前为网络中心
期刊社（社长）	李凤岐　鲍洪彤　赵广涛　杨立敏	之前为学报编辑部
船舶中心（主任）	范洪涛　陈永兴　李岩　王毅	
船舶中心党总支（书记）	张彦臣　陈永兴　李岩　王毅	
后勤集团（总经理）	符瑞文　于利　王哲强	
后勤集团党委（书记）	张庆德　刘永平　王兴建　陈永兴　马成海　崔越峰　王继贵	之前为后勤集团党总支
直属业务部门党总支（书记）	林建华　李建平　吴力群　刘永平　张永胜	
直属业务部门第二党总支（书记）	董效臣　秦尚海　范占伟	
三亚海洋研究院（院长、执行院长）	闫菊　邵长江	